有度

一切皆有法 一切皆有度

刑法的私塾（之二）上

张明楷 编著

北京大学 出版社
PEKING UNIVERSITY PRESS

说　　明

　　2014 年出版《刑法的私塾》时,内心确实忐忑不安。因为缺乏预测可能性,不知道这类出版物会不会遭人唾弃。人生总会经历林林总总的意外! 或许是由于阅读起来比较轻松,甚至有置身讨论的感觉,许多读者没有对《刑法的私塾》嗤之以鼻。有鉴于此,我毫不犹豫地将近几年的周末讨论整理出来,出版《刑法的私塾》(之二)。但是,这并不意味着我对本书充满了信心,因为我不知道读者是否已经厌倦了这类出版物。

　　2014 年之后,我依然和学生们一起在周末讨论各种案例。第一本《刑法的私塾》是由参加讨论的学生将录音转换为文字,再经过丁慧敏博士精心整理,最后由我删改定稿的。与此不同的是,《刑法的私塾》(之二)的录音由相关公司的速记人员转换为文字,然后由我直接整理。速记人员记录了讨论过程中的字字句句和点点滴滴,我在记录稿上经常看到的文字是:"最后再讨论一个案件,这个案例讨论完了大家去吃饭。""老师请客吗?"此外,有时虽然认识速记人员记录下来的每一个文字,却不知道这些文字是什么意思,因而不得不删除许多内容。但可以肯定的是,整理出来的文稿尽最大可能与当时的讨论内容相同,并非由我重新改写。

　　《刑法的私塾》(之二)的内容按教科书的体系安排,而没有按讨论时间安排。案例之外的纯理论性的讨论,没有纳入本书。本书的案例不同于第一本《刑法的私塾》中的案例,本书中的每个案例按照其中的主要焦点问题置于相应标题或罪名之下。但是，在此罪名下讨论的案件未必构成此罪。例如，在过失投放危险物质罪的标题下讨论的案件，很可能仅构成过失致人死亡罪；在盗窃罪标题下讨论的案件，很可能不构成犯罪；如此等等。

与以往一样，每次讨论时一般是我描述案情、提出问题，然后就案例的焦点问题展开讨论（其间也会有学生提出需要讨论的案例）。案例并没有提前告诉参加讨论的学生，我本人有时也不知道会讨论什么案例。任何人的发言都没有事先准备，大家想说就说、想讲就讲，说得无拘无束，讲得无边无际。正因为如此，本书的内容与具有逻辑性的体系书具有重要区别，因而也存在明显的缺憾。例如，内容可能重复。因为经常会讨论类似的案例，尤其是我在发言时，每隔一年就面对不同的学生，不可避免地会讲相同的内容。再如，观点可能矛盾。因为是随心所欲的发言，不可能前思后想、千思百虑，每次发言的内容可能存在冲突或者不协调。又如，结论可能错误。因为有些疑难案件一时难下结论，事后也未能深入讨论，导致案件的结论不明确或者错误。所以，真挚地恳请各位读者匡谬析疑、救弊补偏！

参加周末讨论的主要是我指导的在校硕士研究生（包括公诉人班的公诉人）与博士研究生。此外，也有已经毕业的博士生参加了周末的讨论。十分感谢参加讨论的各位同学！没有你们的参与，就没有《刑法的私塾》（之二）。还要特别感谢王钢副教授！王钢从德国获得博士学位后回清华任教以来，一直参加周末的讨论，并且发表了不少独到见解。但由于速记人员不能识别王钢的声音，只好将他归入"学生"了。

张明楷

2017 年 8 月 18 日于清华明理楼

目 录

第一堂
构成要件

构成要件与犯罪概念的关系

16 岁 5 个月的男孩和一个 13 岁 8 个月的女孩谈恋爱。某天，女孩和妈妈吵架后就住进男孩家里，连续住了 5 天。有一次，两个人在床上接吻，各自脱掉了衣服，双方性器官也接触了。后来女孩说，年纪还小，算了，这样不好。男孩就没有再继续实施行为。

张明楷：检察机关以强奸罪起诉了，法院根据《刑法》第 13 条但书宣告无罪。你们怎么看？

学生：我觉得行为挺轻微，二人是恋人关系，早恋现在很普遍，女孩也同意，而且女孩说停止男孩也就停止了。这种现象越来越多，双方家长也谅解，也就没有必要追诉了。如果一旦进入刑事诉讼，可能反而对女孩的伤害更大。

张明楷：按照"两高"的司法解释，奸淫幼女的，双方性器官接触就强奸既遂了，故没有中止的余地。如果按照普通强奸罪的既遂标准，还可以认定男孩成立强奸中止。不过，虽然强奸中止，但猥亵儿童已经既遂。在德国，就是强奸中止和猥亵儿童既遂的想象竞合，会被认定为猥亵儿童罪。在我们国家，如果对强奸罪的既遂标准采用插入说，男孩的行为就是强奸中止，但由于造成了损害结果，应当减轻处罚。当然，在这个案件中，不处罚男孩的结论或许不失正当性，但是要找到一个合适的理由。如果行为符合了构成要件，出罪却不需要任何理由，构成要件就没有意义了。

学生：理由就是《刑法》第 13 条啊。"情节显著轻微危害不大的，不认为是犯罪"。

张明楷：《刑法》第 13 条这么管用吗？第 13 条只有在不构成犯罪的前提下才能适用；如果行为已经构成犯罪，怎么可能还适用第 13 条？也就是说，在肯定了构成要件符合性且没有违法阻却事由的前提下，以犯罪概念为根据否认犯罪的成立，就表明我们对构成要件的解释不是以犯罪概念为指导的，这显然是自相矛盾的。因为刑法理论认为犯罪构成是犯罪概念的具体化，既然如此，怎么可能在行为符合犯罪构成的时候又以犯罪概念为根据否认犯罪的成立呢？

学生：认定为强奸中止，同时否认猥亵儿童罪的构成要件符合性与违法性，因为幼女对前面脱衣服的行为是愿意的。

张明楷：这个承诺无效吧。幼女即使愿意，也是无效承诺。

学生：男孩也是未成年人，还不满 18 周岁。

张明楷：可是，16 周岁以上的人对任何犯罪都要承担刑事责任。非法侵入住宅等犯罪，以及最高刑只是拘役、管制的犯罪，他都要承担刑事责任，而猥亵儿童罪在一般情形下只要既遂就要处 5 年以下徒刑，凭什么就不用承担刑事责任？难道要学日本现行刑法把幼女年龄统一下调到 13 岁？日本的刑事责任年龄为 14 岁但是幼女的年龄却是 13 岁。

学生：男孩与女孩都同意，是否可以否定男孩有故意？

张明楷：没法否定故意，男孩知道对方是幼女，且知道自己要与幼女发生性关系。

学生：能不能用违法性认识错误来给其开脱？男孩以为有幼女的同意，就可以这样做，但法律对这种行为说 NO。男孩不是对违法阻却事由前提的认识错误，而是对违法阻却事由的适用产生了认识错误。

张明楷：问题是，即使存在违法性的认识错误，这个错误是不可避免的吗？显然不能得出这样的结论吧。

学生：能不能适用《刑法》第 37 条，以情节较轻不需要判处刑罚为由，对男孩仅作有罪宣告，而不判处刑罚？

张明楷：按照最高人民法院的相关司法解释，是可以这样处理的。但我一直反对这种做法。道理很简单，既然没有法定的减轻处罚情节时，减轻处罚的都要报最高人民法院核准，没有法定的免除处罚情节的，怎么反而可以直接适用《刑法》第 37 条不给予刑罚处罚？我以前在教科书上就说过，这样的观点会导致《刑法》第 37 条的滥用，雷洋案就充分说明了这一点。

学生：这样说来，对男孩就必须定罪量刑了。

张明楷：如果要宣告无罪，最好的办法是否认行为符合犯罪成立条件。以抽象的理由宣告行为无罪，虽然结论可能是容易被人接受的，但这样会导致犯罪成立条件丧失意义。犯罪成立条件丧失意义后，可能导致不符合犯罪成立条件的行为也成立犯罪。

学生：多年前发生过一起案件。被告人离婚后，将户口迁出了。后来打算租房住，但她的身份证丢了，去原派出所办身份证时，原派出所说户口已经迁出了不给办。被告人没有身份证寸步难行，于是被告人提供自己全部真实的身份证明信息给了制造假身份证的人，让对方给自己制造了假身份证。老师您看除了《刑法》第 13 条外，怎么去说明被告人无罪呢？

张明楷：伪造身份证件罪的设立是为了保护身份证件的公共信用，无权制作就不能制作，因此制作身份证的人当然构成伪造身份证罪；但是，被告人的行为可以从期待可能性角度去说明其不具备有责性。

学生：我们讨论的这个案件能不能说男孩没有期待可能性呢？

张明楷：感觉有点勉强。按照我的观点，男孩的行为属于强奸中止，但由于造成了猥亵儿童的侵害结果，应当减轻处罚，当然可以宣告缓刑。

不 作 为

案例一

被害人向行为人借款 50 万后很久不还。某天，行为人带了三个人开车去找被害人。行至一大桥上（桥下是河，河面与桥面距离几十米）时，行为人和被害人就在桥上谈判。被害人说："你不要逼我了，再逼我，我干脆死了算了，反正我也还不上。"行为人说："那你要这么说，就写个遗书吧。"被害人就写了遗书："今生还不上了，来世做牛做马也还给你。"然后，被害人自己拿着这个遗书坐在大桥的栏杆上抽烟，行为人等四人就陪着被害人站着，也没有对被害人实施任何行为。十几分钟之后，被害人说了一声"我跳了"，然后就真的跳了下去，第二天发现被害人死亡了。行为人的辩解是，首先我不知道被害人真的会跳；其次，当他跳下去之后，我只是觉得他可能是逃走了。

学生：我们司法机关一直争议的是，行为人有没有杀人的故意与过失。

张明楷：首先要从客观方面开始讨论，如果首先讨论故意与过失，就意味着直接肯定了杀人罪的构成要件符合性与违法性，这显然不合适。

学生：对，还有就是被害人自我答责的问题。

张明楷：你们最后定罪了吗？

学生：定了间接故意杀人。

张明楷：哎呀，这一定就处罚很重啊。

学生：因为是行为人逼被害人跳下去的。

张明楷：哪里有逼的行为呢？

学生：就是四个人围在河边不让被害人走啊。

学生：不让被害人走也不等于逼他跳河啊。

张明楷：这个案件在德国有可能定见危不救罪。但是，在我国可能是定不了罪的。

学生：能不能定过失致人死亡罪？

张明楷：故意杀人罪是绝对不可能成立的，过失致人死亡罪也不能定。有一种可能是，如果四个人一直不让人家离开，确实符合非法拘禁罪的构成要件，倒是可以考虑非法拘禁罪。

学生：但是行为人逼他跳了啊。

学生：实际上行为人还是想要债，被害人跳下去死了他还怎么要债啊。所以很难说行为人主观上有想要被害人死亡的故意。

张明楷：又跳到故意过失那里去了。首先要判断行为人的行为是什么？被害人的死亡能否归属于行为人的行为？如果说构成过失致人死亡罪的话，过失行为是什么呢？这个案件中，根本没有致人死亡的行为嘛。既然如此，怎么能将结果归属于行为人的行为呢？

学生：如果说没有作为的话，那不作为呢？不救助的行为不需要评价吗？

张明楷：如果要评价为不作为的话，首先要考虑作为义务是什么。不能跳过作为义务直接认定行为人有不作为。以前发生过一起案例，一个局长可能是官场失意，到基层考察时晚上喝了酒，科长没喝酒，一直陪着局长。科长开车载着局长回城里，高速路上局长要求下车，科长不同意，局长就自己把车门打开，科长没办法只能停车。科长在路边劝了一个多小时要局长上车，局长还是不上车。当时可能还没有手机，科长没办法就把车开回去，想找局长的老婆来劝局长。但是局长老婆不肯去，然后科长就找到另一个人，想让他帮忙回去把局长拖上车。但是回到原地怎么也找不到局长，然后再回去问局长有没有回家，发现没有回家，又回到高速路上找，发现局长已被轧死，但具体是怎么死的，根本查不清楚。

学生：科长没有把局长强拽上车的可能吧。

学生：但科长必须一直陪着局长吧。

学生：这种要求也太高了吧。

张明楷：局长精神正常，也不是小孩，为什么要求科长必须一直陪着他？科长当然知道高速路上是一个危险的地方，但不能因此就认为科长必须陪着局长。而且，如果局长想死的话，在高速路上，科长陪着也不管用，局长随时可以撞车死亡。在这个案件中，局长究竟怎么死亡的，也不可能查清，有没有可能确实是局长自己撞车死亡的呢？如果是这样的话，也要追究科长的责任吗？实践中为了平衡各种利益，有可能定科长过失致人死亡罪，然后判处较轻的刑罚或者判处缓刑。但这样做在法理上未必说得通。你们一定要注意，类似这样的案件，一旦跳过客观方面的判断，行为人的过失就不成问题了。因为行为人肯定知道有危险，既然如此，就免不了有过失。所以，一定要先考虑客观方面的行为，以及结果能否归属于行为人的行为。在我看来，上面的两个案件，都难以将被害人的死亡结果归属于行为人的行为。

学生：老师，出租车司机的义务要不要达到保护乘车人生命的高度呢？他只收了十几块钱的车费。

张明楷：那要看具体情形吧，不能一概而论。

学生：醉酒乘客强行下车呢？

张明楷：出租车司机当然对车内乘客的安全负有一定义务。但是，如果乘客突然强行打开车门下车，出租车司机也没有作为可能性吧。如果乘客不是强行下车，而且问司机可不可以下车，司机在危险的状态下让乘客下车，乘客下车时被后面的车辆撞死的，不排除出租车司机的行为构成过失致人死亡罪或者交通肇事罪。总的来说，还是要具体分析，不能笼统地说出租车司机有罪还是无罪。

案例二

合租房里住了四个人，其中两个关系很好的女孩住一间，另有一对恋人住了一间。但这对恋人和这两个女孩关系不密切，平时只是打个招呼而已。某天半夜，恋人中的女孩因为事情吵架，女孩要拿打火机烧被子，男朋友阻止了四次，之后男朋友就不管了，心想你想怎么着就怎么着吧，女孩又把打火机拿出来点燃了被子。刚开始燃烧的时候，男的没有扑火。之后看着火势变大了，男的立马去扑火，但怎么都不能扑灭。这对恋人眼看自己要被烧死了就跑了出来，结果另一房间的两个女孩被烧死了。

张明楷： 这个案件显然涉及作为义务的问题。男的是有义务阻止女的放火，还是有义务扑灭火？抑或有义务叫醒另一房间的两个女孩？

学生： 男的有义务阻止女的放火。

张明楷： 为什么有义务阻止女的放火？义务来源是什么？因为是男女朋友关系吗？

学生： 男的对这个房间所产生的危险应该要阻止。

张明楷： 危险来源于什么地方？

学生： 危险是火，火在他的房间里。

张明楷： 租房子的人都有扑灭火的义务吗？

学生： 当然有。

张明楷： 从哪个角度去讲义务？租房子的人对这个房子本身的安全有义务吗？

学生：对另外两个女孩有义务。

张明楷：对另外两个女孩有什么义务？

学生：肯定是有义务的。这个案件对男的定了失火罪吧？

张明楷：对，定了失火罪，判了 7 年。

学生：女的判了多少年？

张明楷：女的被判了无期还是死缓。如果是租房子，则因为你租了房子，对这个房子本身的安全有管理义务，但不是说他有阻止他女朋友放火的义务。她女朋友是成年人，他没有义务阻止女朋友犯罪。但是，如果女朋友的犯罪是放火烧毁房子，男的当然要阻止女朋友放火。

学生：男的有救火的义务。

张明楷：这样说也是对的，因为他租了房子。可是，他也救了，但没救成功。

学生：需要看具体情况。单纯从男女朋友关系来说，他肯定没有阻止女朋友犯罪的义务。但如果在这个过程中，男的对于这个事件的升级有一些刺激行为，有可能被考虑进去，比如形成了放火的教唆。

张明楷：这个案件没有说男的刺激女朋友放火，如果刺激她放火就是作为了，不是不作为。租房的人对这个房子本身有管理义务、保护义务，问题是，那两个女孩死亡怎样办？能否说，男的只对财产损失负责？

学生：不能只对财产损失负责吧。

张明楷：那么，对另一房间的两个女孩的救助义务来源于何处？因为他是租房人？

学生：作为租房的人对于房间里面出现的危险源，应该要及时予以控制。

张明楷：如果房子是男的租下来后，再租给另外两个女孩的，男的对房间里的危险源肯定有控制义务。但如果另外两个女孩也是直接从房东那里租来的，可能就有疑问了。假如另外两个女孩知道着火的话又该如何判断呢？比如男的在扑火，两个女孩看着，结果男的和他女朋友跑出去了，她们俩没跑出去。这个时候，男的是否构成犯罪？

学生：要看情况，合租的时候如果双方分的区域比较明显，不好说一方对另外一方管的区域有什么义务。比如我们以前跟人合租的时候，别人在家里干什么我们都不知道，基本上没有往来。

张明楷：但这个房子一烧就全部烧了，不是只烧哪一间。

学生：还有另外一个问题，如果单纯考虑发生在房屋里的危险的控制义务，比如女的放火，如果一开始放很大的火，火点着之后，男的根本没有把火扑灭的可能性，也就麻烦了。

张明楷：那就没有作为可能性了。现在是有作为可能性，因为男的是过了一会儿才扑火，早点扑的话是可能扑灭的。另外，在女朋友放火时，他还可以对她实行正当防卫。

学生：正当防卫不是作为义务。

张明楷：我的意思是通过正当防卫阻止女的放火。对男的不定罪不行吗？

学生：不定罪不合适。

张明楷：为什么不合适？

学生：如果她女朋友一开始放火放很大，根本扑不灭，对男的可以不定罪。但一开始可以扑灭而不扑，还是可以定罪的。

张明楷：问题还是在于作为义务来源于什么地方？

学生：还是从租房保护义务的角度来说。

张明楷：对房子有管理义务是说得通的，但是管理义务的具体内容或者范围是什么？

学生：房间里可能出现危及他人生命的危险源时要及时加以控制。危险源本身是火燃烧起来了，要在第一时间扑灭而没有扑灭。

张明楷：危险源是放火的人造成的。

学生：如果换个情形，别人从窗户外边将一把火扔到男的房间，男的可以不管就看着它烧吗？当然不行，男的还是有义务扑灭。

张明楷：这与本案有没有区别？

学生：没有区别吧。对于男的来说一样，就是自己房间起火了，他要把它扑灭。

张明楷：男的当然对房子有管理义务。一般来说，男的对女的放火犯罪没有阻止义务，我觉得即使是夫妻也没有阻止义务；夫妻之间没有阻止对方犯罪的义务，或者说，夫妻之间基本上只有保护义务，没有监督义务。但是，如果犯罪行为导致的是房子烧毁，男的还是要阻止。但这个时候不是从阻止犯罪的义务角度来说的，而是从保护房子安全的义务角度来说的。

学生：我在想，如果只是考虑对于房屋的管理义务，把案件改一下，妻子在屋里洒上了汽油，拿着火柴说我真的要点了，男的还在说我没有阻止义务，你点吧。一点以后，火马上烧起来，根本扑不灭，男的不构成犯罪吗？

张明楷：如果男的说"你点吧"，这句话肯定有心理的帮助，而且也有作为义务，是保护房屋安全的义务。但是，即使有义务但没有作为可能性时，也不成立不作为犯。但这个案件中，更重要的是男的有没有作为义务？作为义务从哪里来？他有没有阻止女的放火的义务？或者说要不要把他保护房子的义务再提前一点？

学生：肯定要提前。

张明楷：提前的话，就意味着不是说男的有阻止女的放火的义务，而是男的有保护房子免受火灾的义务。

学生：那也就没有必要区分阻止女的放火的义务和灭火的义务。

张明楷：在这个案件中进行区分或许意义不大，因为男的原本可以阻止，也可以及时扑灭。但在其他案件中，两个义务的作为可能性会存在区别。因为男的租这个房子，别人对这个房子放火时就对房子产生了危险，男的当然要阻止。这里还是讲对房子的管理义务，而不是阻止女的犯罪的义务。前面讲的有人从外面将火把扔进房子里时，男的有义务扑灭，也是这个意思。

学生：假如一个外来第三人钻进了这两个恋人的房间里，放了一把火，意图把房子里的所有人都烧死，但两个恋人直接跑出去了，也没有阻止他放火，结果隔壁的两个女生被烧死了。这时候要定这对恋人的不作为犯罪，理由是他们对于房子有管理义务。

张明楷：这时候要考虑作为可能性吧。

学生：假如四个人合租一套房，突然跑进来一条疯狗，咬了两个女孩，那个男的没有管，会怎么样处理？

张明楷：刚才我们讨论的基本结论是，男的对所租的房子有管理义务，放火意味着烧毁房子，男的就有义务防止火灾的发生。但是疯狗进来不是咬房子的，所以，疯狗进到房间与火把扔到房子是不一样的。我换一种情形，假如那个女的说，这样吵架不如死了算了，把房间煤气打开了，女的执意留在房间不走，男的自己离开了房间。另外一个房间的两个女的死亡了。这个案件该怎么处理？

学生：说男的无罪有点接受不了。男的还是对房子的安全有管理义务。

张明楷：房子没被火烧，而且男的出门时并不是自己特意关上门，门是自动关上的。如果说这个男的没义务救人，会发现不对劲。如果房子烧掉了，人没死，由于男的对房子有管理义务，男的构成不作为犯罪。现在是房子没事人死了，男的反而不构成犯罪，显得房子的价值比人珍贵。问题出在哪里？

学生：另一房间的两个女的虽然和两个恋人没有什么来往，但他们四人事实上是一个生活共同体。他们有共同的客厅、洗手间、厨房，煤气来自厨房，是他们共同的生活区域。

张明楷：有共同生活区域就一定成了生活共同体吗？生活共同体不是讲住在一块，肯定要在生活上有相互的帮助、相互照应等等，才能叫生活共同体。

学生：两个恋人能不能说是共同生活体？

张明楷：一起生活的恋人可以说是生活共同体。我刚才讲的不是说恋人不是生活共同体，而是说恋人和另外两个女孩不是一个生活共同体。

学生：所谓对于房间危险源的控制，并不是说只是为了保护财产，而是说这个危险源在你房间里你就要控制，不管危险源是损害人的生命还是损害财物。

张明楷：所以，还是前面说的对房间的管理义务的内容与范围究竟如何确定的问题。如果说男的对自己房间的危害人或者财产的危险源都有控制义务，男的没有及时灭火，就会构成不作为犯罪。问题是如此宽泛是否合适？我再改一下案情。如果另外房间的两个女的吵架，其中一个女的打开煤气后逃走了，这个房间的男的把女朋友带跑了，另外一个女的煤气中毒身亡。男的要成立不作为犯罪吗？

学生：要看在谁的控制领域内。

张明楷：谈不上在谁的控制领域内，四个人都能打开煤气。这时候跑掉了的这对恋人也成立犯罪吗？

学生：不成立犯罪吧。

学生：男的女朋友点燃被子，和您说的另一房间的女孩打开煤气是不一样的。

张明楷：对，是不一样，问题是哪里不一样。分析案件时，要善于找类似或者稍微有点差别的案件来比较。在讨论不作为犯罪时，要考察作为义务究竟来源于什么地方。危险源存在于房间时，不管是人造成的或是自然力造成的，住在这个房子里的人都有义务消除吗？

学生：发生火灾时都不能先走，都要先灭火。

张明楷：刚才说的另外房间的两个女孩吵架，如果其中一个放火，这个男的带着女朋友跑了，结果另外房间的一个女的被烧死了，三个人都要负故意杀人罪的刑事责任吗？

学生：看她在哪儿放火？

张明楷：这个可以自己设定，比如在自己房间放火、在共用客厅放火，或者打开厨房煤气放火等等。

学生：一个女的开了煤气，同住一个房间的另外一个女的有优先管理的义务。

张明楷：那个女孩睡着了呢？在我刚才设想的这个案件中，

不管另一房间的女孩和谁有矛盾，反正她把煤气打开自己就跑了，这对恋人知道后也跑了，睡着的女孩没人救就死了，这对恋人要对死亡负责吗？我估计不会吧！

学生：应当不会。

张明楷：德国刑法中，会让恋人负责吗？

学生：我觉得肯定会。

张明楷：定故意杀人罪？

学生：是不是故意杀人罪是另外一回事。

张明楷：如果是定见危不救罪，则是另一回事了。问题是我国刑法没有这个罪。

学生：首先考虑这对恋人是否有作为义务，如果有作为义务就是以不作为的方式参与他人犯罪。我觉得在德国应该会认为有作为义务，除非打开煤气的这个女的五大三粗，根本无法期待其他人与她做斗争。

张明楷：难怪德国要有客观归责理论，就是因为他们定罪定得太宽了。我觉得在中国不会定罪。

学生：在德国定什么罪？故意杀人罪？

学生：定故意杀人罪太重了。

学生：可以定故意杀人罪的帮助犯。

张明楷：在德国还不一定能定帮助犯，因为不作为的犯罪可能是正犯。

学生：那是罗克辛的观点，不是所有人都认为不作为犯都是正犯。

张明楷：我觉得罗克辛教授实在不该这么说，这么说明显跟他自己的基本理论相冲突。他那么强调法益保护，却偏要弄一个义务犯出来，我感觉明显不协调。

学生：到底应该怎么定？

张明楷：虽然可以说，四个人合租一套房子时，每个人都对房间里存在的危险源具有控制义务，而不管危险源是源自自然力还是其他人。但是，危险源的内容还是要考虑的，或者说对房间的保护义务的范围是要考虑的。我认为，其中一人打开煤气逃走后，另外两人也逃走，一人死亡的，单纯逃走的两人不应当承担不作为犯罪的刑事责任。疯狗进来后，生活共同体之间有保护义务；非生活共同体之间没有保护义务。但是，如果是其中一人放火，则其他人都应当有灭火的义务。在我们讨论的真实案件中，当男的女朋友放火时，男的就有义务防止火灾发生，在女的点火后，男的应当及时灭火。男的或许以为不会燃烧起来，或者以为女朋友会自己扑灭，所以，火势大了才开始扑火，结果来不及了。法院认定他构成过失犯罪，还是有道理的。

学生：假如有严重患者跑到这个房间求助时，就倒在房间里了，另一房间的两个女孩在睡觉不知道，只有这个男的和他的女朋友知道，他们有没有作为义务？如果不救助的话，应该怎么定？

张明楷：按照我的观点，这个可以根据自己的支配领域来确定作为义务。当法益在自己的支配领域内发生危险时，处于支配地位的人有保护义务。至于是成立故意杀人罪还是遗弃罪，则需要根据具体案情进行判断。

学生：要不要考虑排他的支配地位？

张明楷：在刚才这个案件中，男的和他女朋友当然处于排他的支配地位。而且我认为，只有发生在自己支配领域的危险，才需要排他的支配地位，其他情形产生的作为义务不需要排他的支配地位。

学生：德国以前就有这种案件，四个工人安装缆车，最后那个缆车安装完以后要把钩子挂上，四个人都没挂，结果缆车第二天运营的时候就掉下来了。

张明楷：在这种情况下下，不需要有排他的支配地位。四个人应该是典型的过失的共同正犯。

学生：我们前面讨论的案件也一样，这对恋人对于发生在自己房子里的火灾，都有控制的义务，不能说男的可以控制，女的就不用管了，女的可以控制，男的就不用管。否则，大家就都没罪了。

张明楷：还是我前面讲的，男的不是有阻止女朋友犯罪的义务，而是有防止火灾发生的义务。反过来说，是因为有防止火灾发生的义务，所以，女朋友点火时男的要阻止，女朋友点燃后男的要扑灭。

学生：我们大学生或者研究生宿舍里，一人放火，其他室友有救助义务吗？

　　张明楷：在中国的大学里，比如一个寝室住八个人，一个人放火之后跑出去了，另一个人在睡觉，其他人都跑出去了，睡觉的人被烧死了，跑出去的室友不会被认定为不作为犯吧。

　　学生：我们进行安全消防教育的时候都说有义务救助。

　　张明楷：安全消防教育不是从刑法意义上讲的。你们现在一个房间住三个人，一个放火，一个睡觉，另外一个跑出去了，跑出去的人肯定不会被定罪。德国也没有像你们这种大学生宿舍三个人住一间的吧。

　　学生：他们一般都是类似于两室一厅或者三室一厅，一人住一间。

　　张明楷：他们叫不叫生活共同体？

　　学生：不叫，因为他们不是为了相互扶助而在一起的，宿舍是学校随便分的，不管他们是不是相互扶助。如果他们自己内部有约定是另外一回事，属于自愿接受这样一种扶助义务。

　　张明楷：放火跟别的情形不一样。在有人放火时，住在这个房子里的人对房子有管理义务。但如果不是放火，而是要把房间里的某人毒死、杀死就不一样了。杀人犯跑到寝室内杀人，另外两个人跑了，其中一人被砍死，肯定不会认定跑了的学生成立不作为犯罪。

　　学生：这种情况，肯定不能期待学生跟歹徒去搏斗。

　　张明楷：首先还是有没有作为义务的问题，然后才讨论作为可能性。

学生：在最开始讨论的案件里，从租房者对房子具有管理保护义务的角度出发，男的到底是有阻止他人放火的义务还是有灭火义务？

张明楷：我刚才说了，在本案中的区分没有意义，说成保护这个房子安全的义务就行了。再如，我们通常说，夫妻间没有阻止对方犯罪的义务。但是，在妻子杀子女时，丈夫有义务救助子女。这个时候制止妻子杀子女，就是在救助子女。而不是说，丈夫不需要阻止妻子的杀人行为，但需要保护子女，丈夫肯定要通过阻止妻子的杀人行为来保护子女。

学生：德国判过这样的案子：一个人把自己的房间租给别人住，住在他房间里的 A 对 B 进行抢劫，房主没有对 A 加以阻止，B 被打死了。这个房主被判了不作为犯罪。

张明楷：这个可以用自己支配领域内发生的危险源来说明作为义务。

学生：对。

张明楷：我以前指导的研究生小何去美国的大学交换时，美国老师讲了美国的一个案件：一个女精神病人带着两个小孩在外流浪，被告人觉得他们冬天没地方去，很可怜，就让女精神病人和两个小孩住在自己家里。被告人将他们带到家里去之后，女精神病人就打小孩、杀小孩，被告人就看着她打杀，没有管她，后来小孩被打死了。美国老师在课堂上问，把三个人带到家里的被告人有没有义务阻止女精神病人杀小孩？都没人回答说有，但小何回答有，结果课堂上哄堂大笑。

学生：冷漠的资产阶级。

张明楷：小何就很郁闷，问我被告人有没有义务阻止精神病患者杀小孩，我觉得有阻止义务。危险发生在自己支配的空间里，别人介入不了，况且是被告人让精神病人到自己家里来住的。如果是在你的支配领域内，你既有监督义务，也有保护义务。危险发生在自己的支配领域内，就成了支配者作为义务的一个来源。我当初在修改《刑法学》第四版时，基于这个想法才把自己的支配领域独立出来，因为分不清对于发生在自己支配领域内的危险，支配者是具有监督义务还是具有保护义务，或者说，没有办法把基于对特定领域的支配产生的作为义务归入监督义务或者保护义务。这次修改第五版时，我原本想要不要跟德国学者一样，将作为义务分成监督义务与保护义务，想去想来还是觉得不理想，于是保留了基于对特定领域的支配产生的作为义务。

学生：德国人会把这个算作监督义务，就是监督自己支配下的场所。但实际上客观效果是一样的，因为要履行这种监督义务，表现出来的是阻止他人杀人，所以最后结果是一样的。不过监督义务、保护义务有时候确实分不清楚。

张明楷：分清楚之后，有利于讲谁为什么、在什么情况下有监督义务，什么情况下有保护义务。比如人家打你小孩的时候，你有保护义务。你的小孩打别人时你有监督义务。这样比较容易理得顺。

学生：有时候也蛮难理顺的。

张明楷：肯定有时候理不顺。比如先前行为引起的是一种什么样的义务，是监督义务还是保护义务？实际上既可能是监督义务，也可能是保护义务。

案例三

大街上躺了一个人快死了，有人要救这个被害人时，甲一看是自己的仇人，就阻止别人来救他。

张明楷：这个案件应当如何处理？

学生：这是不作为犯罪吗？

张明楷：阻止别人救助肯定属于作为犯了。

学生：为什么是作为犯呢？

张明楷：这就是理论上所讲的救助因果关系的中断。例如，当他人救助落水者时，你阻止他人救助，导致落水者溺水身亡的，你的行为中断了救助行为与被害人不死亡之间的因果关系，你的行为显然是一种作为。

学生：但我并没有提高风险。

张明楷：你阻止他人降低危险，阻止了他人对危险现实化的防止，因而是你的行为导致危险现实化了。

学生：这个危险不是我创设的。

张明楷：别人在救助被害人时就不是在挽救生命吗？如同医生抢救病人时，你阻止医生抢救导致患者身亡一样，当然是作为。这已经没有任何争议了。即使别人不是职业行为，只是基于道义救助他人生命，你如果进行阻止，也成立作为犯。比如，被害人落水了，有人丢了救生圈，落水者马上就能抓住救生圈或者已经抓住了救生圈，但你把救生圈拿走或者夺走了，你就是作为形式的杀人。

学生：别人本来想救助的，我只是劝说别救了，别人真的没救，被害人死亡了。这个也是杀人的作为犯吗？

张明楷：如果别人是有义务救助，你就是不作为犯的教唆犯。如果别人没义务救助，但有救助的想法时，你只是劝说不要救助的，就不好认定你是作为犯了。但是，如果没有救助义务的人正在实施救助行为时，你阻止他救助的，则是作为犯。另外，如果按照德国理论，当你误以为别人有义务救助的时候，劝说别人不救助的，就是不作为犯的教唆犯的未遂犯。不过，我不赞成这种主观未遂犯论的观点。

案例四

甲出于杀害的故意，造成了乙的重伤，如果甲不实施救助行为，乙必然死亡。甲此时开始悔悟，想救助乙，打算把乙送到医院。丙刚好路过此地，丙尽力劝说甲不要救乙。甲在丙的劝说之下，放弃了救助乙的打算，乙没有得到救治而死亡。

张明楷：这个案情虽然简单，但还是有讨论的价值。

学生：按我们现在的看法，甲成立一个故意杀人既遂，对吧？前面是一个作为的故意杀人，后面的不救助是不作为的故意杀人。老师认为，故意犯罪行为也可以成为不作为犯中的先前行为，于是，丙就是故意杀人既遂的教唆犯。现在的问题是，如果我们认为故意犯罪本身可以奠定一个保证人义务，或者说可以成为先前行为，这个时候丙教唆甲放弃对乙的救助时，教唆行为本身能不能被认为是一个先前行为？

张明楷：将故意犯罪行为作为先前行为对待时，没有将教唆行为排除在外吧。

学生：如果丙教唆甲放弃对乙的救助，教唆行为本身也是一个故意犯罪行为，也可以构成一个先前行为，于是，丙对乙也有救助义务。后来甲没有救乙，丙也没有救乙，导致乙死亡，丙就不仅仅是对甲构成一个不作为的故意杀人罪的教唆犯，而且因为丙对乙有作为义务而不履行义务，构成不作为的故意杀人罪的正犯了。这是不是很奇怪？

张明楷：我知道你的意思，你是按照不作为犯一概是正犯的结论来提问的。

学生：我们把案件改一下，譬如 A 教唆 B 杀 C，B 出于伤害的故意，造成 C 的重伤。A 这个时候有没有救助义务？给人的感觉是 A 应该是有救助义务的。

张明楷：对啊，当然有救助义务。

学生：如果像我们说的第一个案件，说丙有救助义务，在结论上肯定是不合适的。因为如果说丙有救助义务，丙就不仅仅是教唆犯，他还会变成一个不作为的正犯，几乎会导致所有的教唆他人不作为的时候，教唆犯都会变成不作为的正犯，于是，基本上就不存在对不作为的教唆犯了。在承认故意犯罪行为可以构成一个先前行为时，是不是应该稍微限制一下？

张明楷：怎么限制？限制为正犯行为才能成为先前行为吗？

学生：对，限制到正犯行为是一种方案。

学生：教唆不可以，帮助也不可以。

张明楷：这个限制的根据是什么？与共犯从属性有关系吗？

学生：这跟从属性好像没有关系。

学生：如果我们认为故意犯罪行为本身可以作为先前行为，丙劝说甲不救助乙的行为，也是一个故意犯罪行为。这个时候，当甲想要救助乙的时候，乙的生命危险已经有所降低了，如果丙把甲劝说回去了，丙是不是也提升了乙的生命危险？

学生：他是作为共犯提升危险，还是作为正犯提升危险？不一定要作为正犯处理吧？

张明楷：先前行为产生了危险或者提升了危险时，行为人就有义务控制危险。这是一个层面的问题；至于是正犯、共同正犯还是狭义的共犯，是另一层面的问题。

学生：丙教唆甲不要救助乙，教唆行为是先前行为，于是导致丙对乙有救助义务，丙不对乙进行救助，就会变成一个不作为的正犯。而且他还可能和甲一起就后面的不作为，构成一个不作为的共同正犯。当然，他是共同正犯也好，单独正犯也好，结论是一样的。

张明楷：你再仔细想想，你的这个说法在哪里出了问题。

学生：我就是没有想出哪里出了问题，才提出教唆行为能否成为先前行为的问题。

张明楷：这样的问题在德国刑法理论中有没有讨论？

学生：他们好像不太讨论这个问题，大家说到丙构成对不作为的教唆犯就打住了，没有再往下面说了。

张明楷：从方法论上说，首先要考虑将故意的犯罪行为作为先前行为有没有问题？德国的通说认为肯定是没有问题的。如果把故意犯罪行为排除在先前行为之外，很多问题不能解决。既然没有问题，接下来判断在这种场合，把丙和甲都当成杀人的共同正犯行不行？这肯定就不行了。

学生：这好像也不行。

张明楷：这样几乎没有共犯了，都成了正犯。如果没有共犯，第一不符合事实，第二也不符合法律的规定。接下来要考虑的，要么就是如何对作为先前行为的故意犯罪行为进行限制，要么就是如何说明丙仍然只是教唆犯，而不是正犯或者共同正犯。

学生：如果对作为先前行为的故意犯罪行为进行限制的话，可不可以认为这个故意犯罪行为必须是使法益处于危险状态的行为？

张明楷：教唆犯没有使法益处于危险状态吗？

学生：平时都是讲不作为的先前行为是使法益处于危险状态的行为，那就将其限定为符合构成要件的行为，客观上符合构成要件的行为，包括间接正犯。

张明楷：这样限制会不会造成不公平的结论或者形成漏洞？

学生：行为人没有间接正犯的故意，不太可能成为间接正犯吧。

张明楷：我觉得说某个行为客观上符合间接正犯的条件还是可以的。有这样一个案例，不知道谁编的：咖啡厅的老板想杀死一个顾客，把毒药都备好后交给店员，跟店员说："下次这个客人来的时候，把有毒的咖啡给我。"几个月之后客人才来，店员把咖啡递给老板了。但是老板已经完全忘了杀人的事情，老板以为客人点了咖啡，就给他递咖啡。但店员还记得老板要杀这个客人。这个案例设想得不是太好，但人家就是这么设定的。如果这个时候店员知道老板已经忘了，店员就肯定是间接正犯，即他利用了老板没有故意的行为。但是，店员以为老板没有忘，所以，店员没有杀人的间接故意。但是我们也不能说，就是因为店员具有了间接正犯的故意，他的客观行为才成为间接正犯的行为。而是应当反过来说，只有客观上能够评价为间接正犯的行为，才有可能因为行为人有间接正犯的故意，而将其评价为间接正犯。既然是这样的话，我们就可以说，店员的客观行为就是间接正犯的行为，他当然对客人有救助义务。

学生：您的论文说，店员只构成从犯。如果说他有救助客人的义务，是不是应该说店员是不作为犯的正犯了？

张明楷：我的论文是说店员是从犯，而不是间接正犯。但这里还是有一个问题，如果说故意犯罪行为能够成为先前行为，那么，没有故意却引起了法益侵害的行为，也能成为先前行为，店员的行为客观上符合间接正犯的条件，于是产生了作为义务，没有履行作为义务，不就是正犯了吗？

学生：可是为什么要讨论到不作为呢？

张明楷：如果客人没有被直接毒死，发现中毒后还有救助可能性时，还是有必要讨论作为义务的吧。别人编的这个案例，估计是说直接毒死了。

学生：被害人如果直接被毒死了，就没有讨论后面的不作为的必要性了。

张明楷：还是接着说店员。他把有毒的咖啡递给老板了，老板已经忘了有毒药的事情了，没有杀人故意，老板直接给被害人喝了。但是，这个时候，直接制造危险的还是老板吧。可是，能够因为店员没有间接正犯的故意，就否认他有作为义务吗？这个结论也不行，因为先前行为本来就不要求行为人有故意过失。

学生：如果说将先前行为局限于符合构成要件的正犯行为，还是有蛮多行为排除出去了。

张明楷：问题是，这样排除是否合适？

学生：有一些过失行为或者行为人本身没有任何过错的情况下，也是可能成为先前行为的。

张明楷：没有过错也没有关系，制造了危险的行为都可能成为先前行为。

学生：纯客观地符合构成要件的行为也能成为先前行为？

张明楷：对。但是，还是要回过头来考虑，将先前行为限定为客观上符合构成要件的正犯行为是否合适？例如，张三跟李四说，你把这个东西扔下去吧。李四扔下去了，把人砸伤了，在被害人有死亡的危险的时候，能说张三没有救助义务吗？恐怕不能吧。再如，工地上的工头跟工人说，你把这个东西从窗户扔下去，工人扔下去把人砸了，这个时候工头有没有救助义务？如果有的话，不是先前行为是什么？需要用别的义务来源说明吗？如果李四救了，张三当然可以不救，如果工人救了，工头也可以不救。问题是，如果李四不救、工人不救的话，张三和工头不救助被害人也不构成犯罪吗？

学生：老师讲不作为的时候，强调行为人具有支配性，单纯的教唆或者帮助行为，是不是对危险源没有达到这种支配程度？

张明楷：讲支配性的时候是从正犯角度来说的，如果是教唆、帮助行为产生的先前行为，是不是不需要达到这种程度？德国也好像没有讨论这样的问题。

学生：如果要求教唆犯、帮助犯也达到支配程度，那么，前面证明的 A 教唆 B 去杀 C，B 造成 C 重伤的时候，A 可能就没有救助义务了。

张明楷：教唆犯没有救助义务合适吗？

学生：教唆犯在现场还是不在现场？

张明楷：在现场就有救助义务，也有作为可能性；如果不在现场，虽然可以说有作为义务，但不一定有作为可能性。

学生：又回到了前面的问题，一方面，说教唆犯没有救助义务不行；另一方面，说教唆犯有救助义务，他不救助的时候就成为正犯，于是，教唆犯就都可能成为正犯了。

张明楷：是不是正犯是另一问题。

学生：看来还是不能将先前行为限定为正犯行为，应当认为先前行为包括教唆行为与帮助行为。

张明楷：所以，只能回到我前面讲的，如何说明前面案件中的丙和 C 仍然是教唆犯而不是正犯或者间接正犯。

学生：那怎么说明啊？

张明楷：我前面就说过，能不能说没有履行义务就是正犯。先说后面一个问题，认为不作为犯都是正犯，在德国也只是少数学者的观点，而不是大多数人的观点。不要以为罗克辛教授的学说就是通说，更不能认为他说的都是真理。况且，即使他说的在德国行得通，在中国也未必行得通。在日本，通说也承认不作为可能是帮助犯。所以，即使是教唆犯丙唆使甲不救助乙，或者 A 唆使 B 不救助 C，也不意味着必然成立正犯。既然如此，就可以说丙与 A 可能仍然是共犯，而不是正犯。再说前一个问题。例如，在张三唆使李四以作为方式杀人，李四同意后，张三的作为义务首先是直接使李四放弃杀人故意。同样，在前面讲的案件中，丙唆使甲不救助乙，甲不救助的，丙的作为义务首先是要求甲救助乙。同样，A 唆使 B 不救助 C 之后，他的作为义务首先是让 B 救助 C。而你们刚才直接就说，丙与 A 有救助乙与 C 的义务。这是不是有疑问？作为义务的内容不同，就必然影响正犯与共犯的判断。所以，对于前面讨论的案件，最好不要限制故意犯罪行为成立先前行为的范围，只要合理认定正犯与共犯就可以了。

案例五

家里发生火灾时，儿子原本可以救出亲生母亲，但他没有救，而是救出了自己的女朋友，导致母亲被烧死。

学生：这是老师出的司法考试题，后面还有一句话：如果没有阻却犯罪的事由，儿子成立不作为犯罪。

张明楷：之所以加后面一句话，是担心有争议。我原以为加了这句话之后，不会有争议的，结果还是有很大争议。这个题在德国会有争议吗？据说以前的德国刑法理论认为儿子的行为阻却违法性，但现在认为儿子的行为阻却责任。当然也可能是我记反了。我看到金德霍伊泽尔教授的教科书上也是说阻却责任。

学生：德国学者这样说的时候，其中的女朋友已经不是一般的女朋友，而是订婚了的女朋友。

张明楷：可以说已经是一个生活共同体了。

学生：他们一旦订婚以后就视为近亲属了。

张明楷：对，跟我们不一样。有点像妻子与母亲之间的关系了，如果发生火灾时，只能救一个人，儿子救出了妻子，没有救出母亲，当然不可能构成犯罪。你可以说是义务冲突，但两个义务是等同的，因而不违法。在德国，如果说订婚的女朋友与妻子不一样的话，由于女朋友即将与自己结婚，即使认为救母亲的义务重大，也可能从期待可能性的角度认为儿子无罪。如果是一般的女朋友（即有恋爱关系但没有订婚），儿子不救母亲成立的是不作为的杀人罪，而儿子不救一般的女朋友构成的是见危不救罪。前者的义务重大，后者的义务轻于前者，所以，儿子必须救母亲。我们中国的女朋友就是相当于德国的一般恋爱关系的女朋友，所以，我出的题应当是没有问题的。但是，我还是担心有争议，就加了后面那句话。加上后面那句话之后，就更加没有问题了，而且我当时觉得加了后面那句话之后，题目太简单了。加了后面那句话之后，就相当于说：警察把小偷关了 24 小时，如果没有排除犯罪事由就构成非法拘禁罪。这样说就是永远正确的，但等于是讲了一句废话。尽管如此，居然还是有争议。

学生：没办法，一些人根本不懂这个题的真实意思，就随便发表看法。

张明楷：不少人拿生命平等说事。生命当然是平等的，可是为什么我们讲作为义务时，只是说儿子有义务救母亲，而没有说儿子有义务救邻居呢？生命不是平等的吗？而且如果讲生命平等的话，就可能意味着任何人对于任何人的生命都有保护义务。因为既然你有义务救你母亲，而你母亲的生命和其他人的生命都是平等的，那么，其他任何人的生命有危险时，你就有义务救助。表面上，拿生命平等说事的人想将这一点作为出罪理由，但是他不知道，这一点同样可以成为入罪理由。

学生：还有人说在发生火灾时，根本没有时间考虑先救谁。

张明楷：这是另外一个问题，与我出的题目没有直接关系。因为我的题目说得很清楚，能够救出母亲但儿子不救。如果在现实案件中，不能得出这样的结论，比如当时只能救身边的人，当然就不能说儿子构成不作为犯罪了。事实上，在现实生活中，人们也不是不考虑这一点的。例如，发生火灾时，婴儿在房间。不管多么紧急，人们想到的必然是先救婴儿，而不是说先救身边的财物。

学生：不知道那些批评这个题目的人是怎么想的。

张明楷：其实，不少人还有一种观点，那就是：当自己的小孩与别人的小孩都掉进水里时，一个人先救别人家的小孩，后救或者不救自己的小孩，反而是道德高尚的。按照这个逻辑，一个儿子看到自己的母亲与别人的母亲同时掉进河里时，儿子先救别人的母亲也是道德高尚的。姑且不说这种行为是不是道德高尚的表现，但将这种观念作为刑法上的评价标准显然是不合适的。

学生：有一些人太容易相信国外的某个人的学说，而且是最先看到了国外的什么观点就以为那种观点是国外的通说。

张明楷：的确是这样的。我们国家许多人把罗克辛教授的任何观点都看作通说，其实不是这样的。此外，很多人只是看翻译过来的文献，也未必能真实理解其中的意思。有一次，一个杂志社让我评审一篇论文，这篇论文是就某个问题写德国、日本与中国的比较的，但所引用的文献不仅是翻译过来的，而且关于德国、日本的文献只有一两本教科书。我在评审意见中说，没有任何一手资料，而且所引用的翻译过来的文献很有限，这样的比较研究从形式上来说就会让人产生疑问。

案例六

徐某以找工作为名，将一名女孩带至被告人陈某家中，徐某谎称自己有一个妹妹也住在陈某家里。实际上，陈某是徐某的姨夫，徐某也是第一次带女孩到陈某家中。当晚徐某与女孩睡同一张床上，陈某睡另一张床，中间有一道布帘隔开。徐某以暴力强迫与女孩发生性关系，女孩向陈某求救，陈某却对徐某的行为听之任之，徐某强奸既遂。

张明楷：徐某肯定构成强奸罪，问题是对陈某的行为如何定性？

学生：这女孩为什么跟徐某睡在一张床上啊？

张明楷：我怎么知道啊。也可能是天黑了、夜深了，女孩是从外地来的，没有地方去了。陈某家只有一间房两张床。

学生：这显然不能让女孩自我答责。

张明楷：我们今天不是讨论自我答责的问题，而是讨论陈某的行为是否成立不作为的共犯。

学生：陈某没有以作为方式帮助徐某强奸，如果是不作为的共犯，陈某就是没有对女孩履行保护义务。或者，是不是也可以说陈某没有履行监督义务？

张明楷：保护义务与监督义务有时确实难以区分。问题是，为什么认为陈某有保护义务或者监督义务？我认为，当危险源发生在行为人自己的支配领域内时，行为人就有监督义务或者保护义务。陈某对自己的房间处于排他性的支配地位，只有他可以保护法益。在这种情况下，应当认为他有保护女孩的法益免受侵害的义务。

学生：陈某是不作为的正犯还是不作为的帮助犯，二者到底怎么区分？

张明楷：按照罗克辛教授的观点，不作为犯都是正犯。但是，这不是德国的通说。日本学者也不认为不作为犯都是正犯。我觉得作为犯的正犯与共犯的区分，同不作犯的正犯与共犯的区分，应当采用相同的标准。这是因为，既然我们认为不作为与作为是等价的，为什么在区分正犯与共犯的问题上采取不同的标准呢？

学生：只要不认为不作为犯都是正犯，不管采取其他什么标准，陈某都不是正犯。

张明楷：我认为将陈某认定为共犯就可以了。

案例七

甲乙丙三人晚上在餐馆喝酒，丙喝醉了，甲乙商量由甲把丙送回家。甲叫了一辆出租车，把丙送回家，但到了丙家门口后，丙坚持不下车、不回家，一定要再回去喝酒。甲又陪丙一起回餐馆，但回到餐馆时，餐馆已经关门了，甲要丙回家，丙还是不肯回家。于是，甲就将丙留在餐馆院子里，自己准备回家。甲在回家之前给乙打电话，说丙还在餐馆院子里，乙表示由自己来送丙回家，甲就先回家了。乙来到餐馆的时候没有找到丙，于是自己也回家了。第二天早上有人发现丙在餐馆院子附近冻死了。

张明楷：我先问一下，这个案件在德国会不会定见危不救罪？

学生：这个不一定，需要看救助义务的履行可能性。

张明楷：从这个案件的情况来看，甲或者乙单个人是难以让丙回家的；甲乙两个人合力则有可能使丙回到家里。如果说有救助义务的履行可能性，是不是两个人都有呢？

学生：很难说乙具有救助义务的履行可能性。

张明楷：乙履行义务的可能性应该小一点，因为毕竟他在餐馆找了丙但没有找到。甲应当有履行义务的可能性，至少可以说，甲履行义务的可能性比乙大。第一，甲先承诺将丙送回家；第二，送到丙家门口后，丙不下车时，甲完全可以通知丙的家人或者邻居；第三，甲应当并且能够等到乙到了餐馆之后再离开，但他却提前离开了。

学生：甲肯定具有救助义务的履行可能性。

张明楷：在德国，见危不救罪不需要考虑作为义务的来源。问题是在中国，需要考虑甲的作为义务的来源。丙醉酒后缺乏自我保护的能力，生命、身体法益处于脆弱的状态，甲的保护义务源于什么？

学生：甲自愿接受了这个保护义务。

张明楷：对。如果甲乙二人当时都各自回家了，没有人管丙呢？是不是甲乙二人都没有履行义务？

学生：是啊。

张明楷：那么，当初甲乙二人都各自回家了，会不会有刑事责任的问题？

学生：三人一起喝酒是不是生活共同体？

学生：不是生活共同体，否则这个范围也太宽了。

张明楷：我认为几个人一起喝酒，一般不可能成为生活共同体。在现实生活中，如果甲乙离开了，丙还在餐馆房间里。如果丙没有能力回家，就将保护义务转移给餐馆了吧。

学生：完全可能。

张明楷：话说回来，在我们讨论的真实案件中，如果说甲有救助义务并且有履行义务的可能性，应该定什么罪呢？

学生：感觉不应当定故意杀人罪，可以定过失致人死亡罪。

张明楷：难以认为甲对丙的死亡有故意。除了过失致人死亡罪之外，还有没有别的可能性？

学生：按照老师的观点，有可能成立遗弃罪吧。

张明楷：在日本，判例与刑法理论都认为，醉酒的人属于遗弃罪中的没有独立生活能力的人。以前日本有个案例，丈夫醉酒以后回家，妻子在浴缸里放满水让丈夫泡澡，自己去睡觉了，后来发现丈夫在浴缸里淹死了。妻子被认定为遗弃罪。

学生：我们刚才说定过失致人死亡罪时，甲的责任形式是过失；如果说甲的行为也触犯遗弃罪的话，遗弃罪的责任形式是故意。二者之间有没有矛盾？

张明楷：遗弃罪是危险犯，过失致人死亡罪是实害犯。定遗弃罪时，是说甲对丙的生命、身体处于危险状态这一结果是故意的，而不是说他对死亡是故意的。定过失致人死亡罪时，是说甲对丙的死亡结果是过失的。这当然不矛盾。就像我们说故意伤害致死罪，行为人对伤害是故意、对死亡是过失一样，不存在矛盾。

结 果 归 属

案例一

农夫住在森林边上，在一个雷雨交加的晚上，他让他的孩子穿过森林，去森林的另一边去采蘑菇，目的是让孩子掉在唯一的一条小路的陷阱中死亡，但是孩子被雷击身亡。

张明楷：你们想一想，这样的案件，当然是设想的案件，存在哪些需要研究的问题。

学生：一个是农夫能否构成利用被害人本人的间接正犯的问题。

学生：还有急迫的危险在何时发生即什么时候着手的问题。

学生：孩子被雷击身亡的结果能否归属于农夫的行为。

学生：农夫的先前行为与法益主体的脆弱关系，孩子到森林后，法益就变脆弱了，农夫因此产生作为义务，而其没有防止结果发生，也存在不作为的问题。

张明楷：作为义务肯定是有的，不过，在本案中讨论作为义务的意义不大吧。

学生：农夫想让孩子掉在唯一的一条小路的陷阱中死亡，可以说是利用不知情的被害人的举动，可以说是间接正犯。

张明楷：问题是，孩子不是掉在陷阱里死亡，而是遭雷击身亡。这是狭义的因果关系错误吗？

学生：是的吧？

张明楷：如果雷击身亡不能归属于农夫的行为，也能叫狭义的因果关系错误吗？

学生：茂密的森林中，一进去就会有危险。只要让孩子去森林中就是使孩子处于危险中，还是可以将雷击身亡的结果归属于农夫。

学生：雷电致死属于意外事件吧。

张明楷：是不是意外事件是在客观归属问题解决后才讨论的问题。

学生：德国的客观归责理论，都是以行为人以杀人故意在雷雨天气让被害人去森林为例，结论都是不能归责的。

张明楷：既然行为人希望被害人遭受雷击身亡而让被害人前往森林时，都不能进行客观归责，那么，在我们这个案件中，就更不能将孩子雷击身亡的结果归属于农夫的行为吧。

学生：按照德国的客观归责理论应当是这样的。

张明楷：既然雷击身亡的结果不能归属于农夫的行为，就不能说本案属于狭义因果关系的错误。

学生：为什么？

张明楷：只有当行为人的行为与结果之间有因果关系，结果客观上可以归属于行为人的行为时，才能说这个客观上的因果关系和行为人主观上所预想的因果关系是否一致，因而是否存在狭义的因果关系的错误。如果被害人的死亡不能归属于行为人的行为，就不存在因果关系的错误。只是需要讨论，农夫让孩子去森林希望他掉入陷阱的行为是否成立故意杀人罪的未遂的问题。

学生：那就看是否已经产生了紧迫的危险。

学生：孩子离陷阱还有多远的时候遭雷击身亡的？

张明楷：这不是真实案例，也不是我编的案例，编的人也没说，我就不知道了。

学生：那就只能设想了。

张明楷：你们知道问题焦点在哪里就可以了。如果离陷阱比较近了，肯定可以认定为故意杀人未遂；如果刚出门就遭雷击身亡，就只能认定为故意杀人预备了吧。

学生：客观归责方面的判断总是有争议的。

张明楷：是的，这方面的案件你们可以看看罗克辛教授的教科书以及其他相关论著。周光权老师在一篇论文中举了不少有关客观归责的案件，你们可以讨论一下。其中有一个是，被告人甲与邻居有仇，把农药洒在邻居种的丝瓜上，被害人吃了丝瓜后上吐下泻出现中毒症状，这个中毒引发了被害人糖尿病、高血压等症状，医生就按照普通的糖尿病、高血压来治疗，结果被害人死亡。法院认定被告人甲的行为构成投放危险物质罪，判处死刑缓期二年执行。本案中死亡结果应不应该归属于甲的行为？

学生：要看医生是否误诊，即甲的行为与被害人的死亡结果之间是否存在因果关系。

张明楷：如果患者不知道中毒了，医生只进行常规检查，就不会发现患者中毒。应当说，医生没有刑法上的过失，最多只是技术上的失误。鉴定结论是被害人死于中毒及糖尿病的共同作用。如果按照前田雅英老师的观点，判断介入因素异常与否以及介入因素对结果发生的作用的大小，还是可以将死亡结果归属于甲的投毒行为。在日本，有法官批评山中敬一教授的客观归责理论，说他的客观归责理论太过繁琐，比德国的客观归责理论还复杂，认为前田教授的三个判断原则比较实用。如果按照三个判断原则，主要就是判断医生的行为是否异常以及对死亡结果所起作用的大小。如果仅仅是上吐下泻，没有告诉医生其他原因，那么医生的常规检查，是否包括检测毒性的实验，即医生的检测是否异常？如果一般的检测都是这样，就不能认定为医疗事故，如果一般的医生都会进行排毒实验，那么本案中介入行为就会比较异常，不能将死亡结果归属于甲的行为。所以，主要是看医生是否有严重的诊断失误。

学生：应当是这样的。

张明楷：还有一个案件涉及不作为。被告人驾驶车辆在高速路的隧道中行驶，本身也有违章行为，他不仅超速而且没有开大灯。被告人发现前面有老人迎面走在马路中间，因为避让不及，将老人撞飞，但是他停车后仅仅查看车辆是否有问题，没有理会老人的情况，然后驾车逃离现场，老人被随后过往的多辆汽车碾压。检察院以交通肇事罪批准逮捕被告人。这个案件首先涉及的是老人的死亡结果能否归属于被告人的行为。

学生：被告人违反规章的行为与危害结果的发生之间是否存在关联？

张明楷：超速且没有按规定开大灯，是导致没有及时发现老人以及避让不及的重要原因，应当认为存在关联性。

学生：老人究竟是怎么死的？

张明楷：问题就出在这里。这个案件可能没有办法查明老人是当场被被告人撞死了，还是被后面的车辆碾压而死。只有这两种可能，如果是前者，当然要将结果归属于被告人的行为；如果是后者呢？

学生：如果是后者也应当将死亡结果归属于被告人吧。

张明楷：对。被告人把老人撞飞之后，就有救助义务；而且在高速路的隧道里行驶，一般司机难以注意到已经倒下的老人。或者说，后面车辆的介入并不异常。既然如此，行为人如果没有履行救助义务，即使老人被后面的车辆碾压死亡，也要将死亡结果归属于被告人。

学生：这里还存在不作为问题。

张明楷：能够因为被告人存在不作为，而认定为故意犯罪吗？

学生：撞人后不履行救助义务显然是故意的，而不是过失的。

张明楷：尽管如此，也不能认定为故意犯罪吧。

学生：为什么？

张明楷：只有查明老人的死亡是由于被告人的不救助所导致，才能认定为故意犯罪。但在本案中存在另一种可能，那就是被告人可能一开始就将老人撞死了，但这一行为是过失的。根据事实存疑时有利于被告人的原则，只能认定为过失犯罪了。

学生：存疑时有利于被告人的原则，在客观归责的判断中会经常发生作用。

张明楷：还有一个真实案例。在一个下雨天，道路限速40公里，但被告人的车时速为60公里，路上有一个井盖，被告人的车把井盖撞飞，井盖砸死了路人。

学生：问题是被告人是否能预见到路上有个井盖？

张明楷：首先要讨论的是，如果按40公里的时速驾驶，是否会发生死亡结果？

学生：按照罗克辛教授的观点，只要提升了危险就可以进行客观归责。

张明楷：不过他的风险升高理论遭到了许多批判。如果按照日本最高裁判所的观点，假如按 40 公里的时速行驶，十有八九不会发生结果时，就可能认为有相当因果关系。但是，本案不一定能说按 40 公里的时速行驶，十有八九不会发生结果。风险升高理论好像也没有讲升高多少风险才能进行客观归责。另外，许多人认为这个原则违反了事实存疑时有利于被告人的原则。

学生：即使能够进行客观归责，被告人也不一定能够预见到井盖。

张明楷：我们的道路上到处都是井盖，在过失层面，不是能不能预见井盖的问题，而是能不能预见到可能把井盖撞飞，而且把井盖撞飞后会砸中行人。

学生：应当说没有预见可能性。

张明楷：还有一个类似的案件。道路限速 60 公里，被告人的行车时速是 77 公里，被告人的车压在井盖上后，车辆失控，冲到隔离带进入辅路，撞死了 3 个人，撞伤了两个人。

学生：按照罗克辛教授的风险升高理论，就可以进行客观归责。

张明楷：我觉得还是要考虑，按照 60 公里的时速行驶时能否避免结果发生？避免结果发生的可能性有多大？如果不能得出肯定结论，我认为还是不能将结果归属于被告人的行为。

学生：但实践中难以得出明确结论。

张明楷：那就贯彻事实存疑时有利于被告人的原则。大千世界，无奇不有。几个被告人绑架被害人，将被害人拖到出租车上，出租车在行驶中发生车祸，导致被害人死亡。这在《刑法修正案（九）》颁布之前，可否认定为绑架致人死亡？

学生：如果是被告人自己开车、自己违章，就可以认定为绑架致人死亡。出租车司机自己过失致使被害人死亡，或者是对方过失致使被害人死亡，就不能认定为绑架致人死亡。

张明楷：绑架是持续犯，如果是被告人自己开车、自己违章，倒是可以考虑绑架致人死亡。但是，本案是出租车，出租车司机有过失的话，能否认定为绑架致人死亡？

学生：应该不能认定。

张明楷：《刑法修正案（九）》之前的绑架致人死亡是结果加重犯，结果加重犯要求绑架行为的危险直接现实化。既然是出租车司机开车，而不是被告人开车，就不能认为绑架行为本身的危险已经直接现实化了，所以，不能认定为结果加重犯。《刑法修正案（九）》删了绑架致人死亡的规定，以后遇到绑架致人死亡的案件，就只能认定为绑架罪与过失致人死亡罪的想象竞合了。

学生：这样处罚就比以前轻了。

张明楷：以前对绑架致人死亡的一概判死刑，明显是过重了。但是，完全忽视绑架致人死亡的现象也不合适。不过，司法机关现在遇到绑架致人死亡的案件时，就会认为情节并非轻微，就直接适用"10年以上有期徒刑或者无期徒刑"的法定刑了。

学生：有个案件是这样的：被告人将被害人绑架后控制在山

顶的小屋子里，结果狂风暴雨，山洪暴发，屋子塌了，导致被害人死亡。这个案例应该属于绑架致人死亡，因为被告人选择的那个地方致使了被害人死亡。

张明楷：这个可能认定为绑架致人死亡，因为绑架的场所是被告人选择的，场所的危险性当然要由被告人负责。如果被告人有过失，就可以认定为绑架致人死亡。还有一个案件是：甲驾驶农用三轮车载客，按照规定农用三轮车的限高是 2 米，农用车本身高 1.47 米，甲在车顶上焊接了行李架，车高 2.35 米。被告人乙在路上接电线，按照规定电线的高度必须是 2.5 米以上，但是乙接的电线只有 2.28 米。甲开车经过时，碰到了电线的结头，致使车身带电，导致 1 人死亡。检察院未起诉乙，起诉甲过失致人死亡罪，但法院判决甲无罪。

学生：这个案件在因果关系与客观归责问题上应当是没有问题的，只是有无预见可能性的问题。

张明楷：有人认为甲的行为与被害人的死亡之间没有因果关系，有人认为有因果关系，应当将结果归责于甲的行为。我也认为死亡结果能够归属于甲的行为。从规范保护目的来看，也不存在什么疑问。乙是不是也能成立过失致人死亡罪？

学生：甲与乙都是可以归责的，就类似于各人投一部分毒药一样，在本案中是过失的同时犯。

张明楷：死亡结果也能够归责于乙的行为。如果是人车通行的道路，乙当然要对结果负责；如果是基本上没有人车通行的道路，也可以认为乙没有过失。

案例二

半夜一两点钟的时候，甲驾驶的第一辆车把一位老人撞了。撞了之后，甲就把车停在边上，并在老人的后面隔了一点的地方放了一个红色三角架，同时也报了警，还给急救车也打了电话。这个时候乙也开车过来了，他驾驶到三角架附近时，刚好左边有一辆卡车，他要超车，也没有看清前面有撞倒的老人，结果他的车从被害人身上轧了过去。紧接着丙开的第三辆车，又从被害人身上轧过去了。乙和丙都逃逸了。等救护车到来时，老人已经死亡了。交警做了多次责任认定，其中第一次说甲负主要责任，被害人和乙丙均负次要的责任。但是后来意见一致的鉴定结论说，甲和被害人负次要责任，乙和丙负主要责任。但是，无论如何也不能查明，被害人是被第一辆车撞死的，还是被第二、三辆轧死的。

学生：听说还有类似的案件，后面车辆更多，但司法机关就抓前面的三个人。

张明楷：抓前面三个人的理由是什么？

学生：不知道，凭感觉吧。

张明楷：这感觉也比较差吧。

学生：另外，司法机关现在都是直接按交警的责任认定书来认定哪些人的行为成立交通肇事罪。

张明楷：我一直认为这种做法是错误的。首先，交警认定的责任只是行政责任，行政责任不能作为刑事责任的根据。其次，行政责任的认定没有采取事实存疑时有利于被告人的原则，与刑法对事实的判断存在区别。第三，交警常常只是根据谁违反交通法规的数量等因素判断责任主次，但这与刑法上的结果归属明显不同。这一点我在交通肇事罪中也会专门讲到。

学生：检察官、法官不愿意自己判断，不想惹麻烦。

张明楷：不愿意自己判断的检察官、法官不是称职的检察官、法官。这个案件充分说明，刑事司法不可以直接把交警的责任认定拿过来作为认定刑事责任的根据。

学生：我以前办过一些交通肇事的案件，检察官与法官都是直接按交警的责任认定办交通肇事案件。这也是有原因的。如果不抓一两个人，被害人家属就会抬着尸体到公安司法机关闹腾。还有一种可能是，逃逸的人会导致其责任加重，从而减轻了其他人的责任。这个案件中对乙和丙采取强制措施，很可能是因为乙丙逃逸了。

张明楷：交通肇事后逃逸的负全责，只是在行政法上负全责，不是在刑事上也负全责。行为人肇事之后逃逸的，如果查不清结果由谁的行为造成，按照事实存疑时有利于被告人的原则，不能让逃逸者承担刑事责任。

学生：其实我自己办过一个案件，交警说被迫认定被害人负次要责任。

张明楷：即使不是被迫认定的责任，刑事司法也不能直接按交警的责任认定确定谁有罪谁无罪。交警常常看谁有多少个违章，如果甲只有一个违章，乙有两个或者三个违章，交警就可能认定乙负主要责任。我们讨论的这个案件为什么后来一致认定乙丙负主要责任呢？主要是他们不仅没有谨慎确认前方的情况，而且又逃逸了。这里还有如何认定逃逸的问题。如果行为人不知道发生了什么事故，就不能叫逃逸吧。一位律师开着高档的宝马车，有一天后面有一个夏利出租车追尾了。律师当时感觉咯噔一下，也没有在意，就继续开走了。结果夏利出租车盖都撞得乱七八糟了。出租车司机记住了宝马车的车牌号，然后就报警了。交警第二天找到律师，说你肇事后逃逸，需要赔偿。明明是夏利车追尾，就是因为律师没有停下来，就要让他承担赔偿责任。律师说我没有发生交通事故何来逃逸？交警跟他说明了情况，他才看到自己的车后面略微有点痕迹。你们说，要是夏利车的司机重伤或者死亡了，律师还要承担交通肇事罪的刑事责任吗？

学生：当然不能。

学生：我们前面讨论的那个案件是把谁抓了？

张明楷：把丙拘留了，把乙拘留后改成了取保候审，没有对甲采取强制措施。

学生：按理说甲的责任是最大的。

张明楷：在事实不能查清的情况下，只能从一般意义上说甲的责任最大，但从刑事责任的角度来说，不能说甲的责任是最大的。因为不能证明甲把老人撞死了，甲撞人后没有逃逸，而且采取了相应的措施，乙丙的行为造成的结果就不能归属于甲的行为。就是说，在甲放了红色三角架之后，乙丙应当十分谨慎，但乙丙并没有谨慎驾驶。乙丙不谨慎的介入是十分异常的。如果甲没有放红色三角架，乙丙的介入行为就不异常了。既然本案中介入了乙丙的异常行为，就不能将死亡结果归属于甲的行为。

学生： 那么，乙和丙的行为是否构成犯罪呢？

学生： 不能证明老人是乙或者丙轧死的，所以，也不能认定乙丙的行为构成交通肇事罪。

张明楷： 对，根据事实存疑时有利于被告人的原则，也不能将结果归属于乙丙的行为。

学生： 如果甲撞了老人后没有放三角架，导致后面的车辆轧了老人，甲就应当有责任了吧。

张明楷： 当然，如果是这样的话，尤其是在半夜时分后面车辆的介入就是正常的，应当将死亡结果归属于甲的行为。

案例三

被害人和朋友聚会喝多了酒，一对夫妇开车过来接被害人。但是，被害人由于喝多了，在车上乱打人，这时车在高速公路上，夫妇二人也没有办法制止被害人。于是，夫妇二人就把被害人扔在高速公路上，自己离开了。后来，高速公路上的一辆货车先撞了被害人，被害人就倒地了，但不知道死了没有，之后又有三辆车轧了被害人。被害人最后死亡了，但不能判断具体是哪一辆车撞死的。

张明楷： 你们先考虑一下，撞了或者轧了被害人的四辆车的驾驶者，是否要对死亡结果负责。

学生： 都不可能负责吧。

张明楷： 说说理由！

学生： 第一是不能证明第一辆车撞死了人，同样也不能证明被害人是由第二、三、四辆轧死的。所以，死亡结果不能归属于四辆车的驾驶者。

张明楷： 假如能够证明是第一辆车撞死的，第一辆车的驾驶者是否需要承担责任？

学生： 行人是不能进入高速公路的，司机在高速公路上主要注视的是车辆，而不是行人。

张明楷： 如果是第一辆车撞死的，虽然有可能将结果归属于第一辆车的驾驶者，但是，他有没有过失还需要进一步讨论。根据危险分配的法理，一般来说，高路公路对行人的危险是分配给行人的，而不应当分配给司机。所以，在通常情况下，不应认定司机对在高速公路上撞死行人具有预见可能性。当然，我这里讲的是通常情况，不排除在某些情况下，司机仍然具有预见可能性。

学生： 看来，这个案件只需要讨论夫妇二人是否对被害人的死亡负责了。

张明楷： 夫妇两个人和只有一个人的时候还不一样。

学生： 这对夫妇一开始不接被害人上车还没事，但是一旦接他上车了，就自愿承担了法益保护的义务，不能随便将被害人放在高速公路上。

学生：被害人在车上乱打人，能不能说夫妇将被害人放在高速公路上是正当防卫呢？

张明楷：夫妇对被害人使用暴力制止他，可以说是正当防卫。把他放在高速公路上也是正当防卫吗？

学生：不是正当防卫吧。

张明楷：既然夫妇二人自愿承担了法益保护的义务，就不能将被害人置于危险的境地。

学生：这个案件的夫妇二人是作为还是不作为？

张明楷：你们说呢？

学生：按照老师的观点，应该是作为与不作为的竞合。从夫妇二人将被害人扔在高速公路上来说，就是作为；从没有保护被害人的人身安全来说，就是不作为。

张明楷：这样说也是成立的吧。

学生：将需要保护的人置于危险的境地，至少是一种遗弃行为吧。

张明楷：夫妇二人的行为属于遗弃行为是没有问题的，当然按照传统观点是有问题，只是按照我们的观点没有问题。问题是，被害人的死亡结果是否应当归属于夫妇二人的行为？

学生：应当归属于夫妇二人的行为。

张明楷：对。夫妇二人将被害人置于危险的境地，其行为具有高度的危险性。这种危险的现实化，就是表现为没有自我保护能力的被害人被其他车辆撞死。夫妇二人制造的危险已经现实化了。况且，因为是在高速公路上，其他四个驾驶者的介入并不异常。所以，应当将被害人的死亡结果归属于夫妇二人。

学生：不能定故意杀人罪吧。

张明楷：我认为不能。不要因为有人死了，行为人又有作为义务，就只想到故意杀人罪。夫妇二人只是对生命的危险持有故意，对死亡不一定有故意。所以，从故意的角度来说，可以认定为遗弃罪；从过失的角度来说，可以认定为过失致人死亡罪。二者可谓想象竞合。

学生：这个案件如果要定夫妇二人犯罪，老百姓可能接受不了，或者说社会效果不好。人家好心好意去接你，你却在车上乱打人，人家没办法才把你放到高速公路上，被害人的过错太明显了。

张明楷：你这样说也是有道理的。但是，除了行为人成立正当防卫、紧急避险等情况下，被害人的过错只是从宽处罚的理由，而不是无罪的理由。既然夫妇二人自愿接受了对被害人的保护义务，就不能反而将其置于高速公路这种特别危险的境地。前面是好心好意地接，但将被害人放在高速公路上就不是好心好意了吧。当然，如果酌定不起诉，我也可以接受。

学生：我们讨论的许多案件都运用了事实存疑时有利于被告人的原则，看来这个原则很重要。

张明楷：是的。司法实践中，就国家工作人员是不是索取贿赂，行贿人是不是被勒索，常常出现难以认定的现象。我认为，查不清时，就必须适用事实存疑时有利于被告人的原则，行贿与受贿有两个被告人，所以，既要有利于行贿人，也要有利于受贿人。《刑法》第389条第3款规定，因为被勒索给予国家工作人员以财物，没有获得不正当利益的，不是行贿。在很多案件中，行贿人坚持说国家工作人员勒索财物，而受贿一方坚持说自己只是收受财物，没有索取财物。这样的案件又不可能有第三者证明。在这种情况下，应当根据事实存疑时有利于被告人的原则，一方面对行贿人要认定为被勒索；另一方面对受贿人要认定为收受贿赂，而不是索取贿赂。

学生：司法机关会认为这样认定有矛盾，因为行贿与受贿对应不上。

张明楷：要求行贿与受贿完全是对应的说法，显然是错误的。所谓的对向犯，只是从既遂角度来说，需要有对方的对向性的行为。另一方面，既然不能证明受贿人勒索就只能认定他是收受财物。既然不能认定行贿是主动交付财物，就只能认定为被勒索财物。所以，二者并不矛盾。

学生：老师，我想问一下，行为人降低风险的时候，是否需要归责？例如，甲本来想杀丙，乙劝他不要杀人，只要把丙打成重伤就可以了。如果甲把丙打成了重伤，这个重伤结果是否需要归属于乙的行为？

张明楷：可以不归责。

学生：德国是不归责的。

张明楷：从形式上讲，乙的行为肯定是伤害的帮助乃至教唆，但这个行为却挽救了丙的生命。

学生：甲只是想杀丙，还没有开始实施杀人行为，怎么说乙保护了丙的生命呢？

张明楷：这要看你究竟是怎么设定案情的。如果甲还处于犹豫之中时，乙当然是教唆伤害了，丙的重伤结果就要归属于乙的行为。如果甲已经确定了杀害丙的计划，只是等待时机时，即使承认乙是伤害的教唆，也因为他保护了更为优越的法益，而不应当将他的行为作为犯罪处理。

学生：乙的行为本身是一个符合教唆犯构成要件的行为，所以需要其他理由来阻却违法，而不是否认客观归责的问题吧？

张明楷：问题是，在这种情况下，能不能认为乙的行为符合教唆犯的构成要件？在这个意义上说，否认客观归责或者说否认教唆犯的构成要件符合性，可能更好一些。如果你说乙的行为本身符合了教唆犯或者帮助犯的构成要件，就只能用违法阻却事由来出罪。

学生：德国也可能用否认客观归责来说明。

张明楷：所以，客观归责是一间大杂屋，什么都往里边放。用客观归责来说明时，就要否认乙的行为符合教唆犯、帮助犯的构成要件。

学生：风险降低与提升往往是很难判断的。

张明楷：一般情况下并不难，当然有时候可能证据问题或者事态的异常变化导致难以判断。例如，X 想伤害 Y，并准备砍几刀教训 Y，这时候 Z 对 X 说，给他几巴掌就够了。一般来说，这个时候就是降低风险了。不过，如果 X 几巴掌反而把 Y 打死了，就不那么好说了。再如，对方要杀人，行为人建议了更合适的杀人时间的，肯定提升了风险，必须认定为帮助犯。

学生：提升风险时肯定要归责，就是降低时是不是一概不归责？

张明楷：一般来说，可以得出这个结论。再如，如果说服已经决意实施加重犯罪的人只实施基本犯，这根本不成立教唆犯，除非他有义务阻止对方犯罪。

学生：按照我们国家现行刑法的规定，可以直接说因为风险降低而不成立犯罪吗？

学生：德国刑法里没有什么风险降低，都是学者弄出来的理论。

张明楷：如果要适用刑法的表述，就是不符合教唆犯、帮助犯的成立条件吧。

学生：但是，在风险降低的时候，人们也会认为行为与结果之间有因果关系，难以认为不符合教唆犯、帮助犯的成立条件。

张明楷：如果是这样就是阻却违法，这应该能够被接受吧。

学生：阻却违法的理由是什么？

张明楷：保护了更优越的法益。

学生：正当防卫、紧急避险之外的超法规的违法阻却事由吗？

张明楷：这样说也没有问题。

案例四

A 打了 57 岁的 B 的头面部数拳，后 B 因特殊体质病发死亡。法医鉴定认为，A 打 B 的头部是 B 死亡的诱因。C 打了 D 头面部数下，致 D 体表有轻微伤，后 D 因特殊体质病发死亡，法医鉴定没有写明 C 的行为是 D 死亡的诱因。E 打了 F 头部数下，致 F 体表轻伤，后 F 因特殊体质病发死亡，法医鉴定没有写明 E 的行为是 F 死亡的诱因。

张明楷：这类案件是经常发生的，死亡结果在什么样的情况下能够归属于行为人的行为？对 A、C、E 行为的认定是不是会有区别？

学生：司法机关都按照故意伤害罪处理了 A、C、E。第一个案件定了 A 故意伤害致人死亡。后面两个案件都定了故意伤害罪，没有认定为故意伤害罪的结果加重犯。因为在后两个案件中，法医没有在鉴定书中写行为人打击被害人头部的行为是被害人死亡的诱因，司法机关认为行为人的行为与被害人死亡之间的因果关系不明，不能按照故意伤害致人死亡处理。

张明楷：司法机关的处理基本上取决于法医对死亡结果与行为之间的关系是如何表述的。但是，检察官与法官还是需要有自己的判断。一方面要判断，行为人所实施的行为是普通的殴打行为，还是明显的伤害行为。如果不是明显的伤害行为，行为人只是普通殴打的故意，我一直主张认定为过失致人死亡罪。当然，如果没有过失，就不能定罪了。如果行为人实施的是伤害行为，接下来再判断，死亡结果能否归属于伤害行为。行为人打击被害人头面部这种要害部位，尤其是用工具打击时，肯定是可以认定为伤害行为的。行为人打击要害部位，最后被害人因特殊体质死亡时，能否把死亡结果归属于行为人的伤害行为，就要看死亡结果是不是伤害行为的危险的现实化。故意伤害致死，要求伤害行为有致人死亡的危险，并且危险直接现实化了。

学生：A、C、E 三人的这种行为本身并没有致人死亡的危险。

张明楷：打击别人的头部这样的行为是有致人死亡的危险的，问题是，这种危险是否已经现实化了。

学生：在这三起案件中，被害人确实都因为行为人打击头部而死亡了。

张明楷：但是，介入了特殊体质之后，就难以得出这样的结论。当然，在这样的案件中，不能只是考虑伤害行为是不是死亡的诱因，还要进一步考虑，这种诱因的作用力的大小。换言之，这种伤害行为是否通常能成为具有特殊体质的人死亡的诱因。对A、C、E 三人的行为都可以认定为伤害行为，但能否说危险已经现实化了，则还存在疑问。

学生：有一起案件是这样的：甲在路边拍照，路人乙经过时挡了甲的风景，甲和乙争吵起来，乙先动手打甲，甲还击。乙拿出自己服用的治疗心脏病的药物对甲说："这是我喝的药，我有心脏病。"当时乙也没有什么伤情。报警后，警察调解处理，甲赔偿了乙200元。但当天下午，乙在家中因心脏病发作死亡。

张明楷：这个案件不能将乙的死亡结果归属于甲的行为吧。乙自己先动手打人，完全可能是自己过于激动导致心脏病发作而死亡。

学生：我处理过一起案件。婆媳二人不合，因琐事争吵打了起来，互相揪头发，婆婆患有冠心病，当场病发身亡。能认定媳妇的行为成立故意伤害致人死亡吗？

张明楷：这个案件定一个过失致人死亡罪就可以了吧。有人问过我一起案件。甲违章搭建，乙并没有执法权却要求甲拆除，甲乙发生争执打了起来，甲拿出一把大砍刀，乙立即逃跑，甲追赶时朝乙的背后砍了一刀，砍破了乙的棉大衣，但并没有伤到乙的皮肤。乙跑了一会儿后就倒地身亡。事后查明，乙因心脏病发作死亡。有人问我，我感觉也不能认定为故意伤害致死罪。虽然甲实施了伤害行为，但难以认为伤害行为的危险已经现实化了。不过，在这些案件中，都又涉及另外一个问题，如果行为人一开始就知道被害人有特殊体质，比如知道被害人有严重心脏病，不能受惊吓，行为人实施的行为虽然不能导致被害人外伤，但却极有可能导致被害人心脏病发作时，是不是应当将死亡结果归属于行为人，并且认定为故意杀人罪？

学生：我国台湾学者许玉秀认为，之所以在这种情况下可以客观归责，是客观归责的判断资料因行为人有特殊认知发生了变化，比起行为人没有特殊认知，这种情况归责的判断资料增加。也就是说，在行为人不知道被害人有心脏病的情况下，被害人有心脏病这个事实就不能用作客观归责的判断资料；行为人一旦知道了被害人有心脏病，这个事实就可以作为客观归责的判断资料了。

学生：这不是台湾学者的观点，是德国学者的观点吧。

张明楷：将特殊认知作为判断资料时，并不是将主观认识作为判断资料，而是将行为人认识到客观事实作为判断资料。在此基础上，特殊认识又会成为判断故意的资料。在这个意义上说，行为人知道他人有心脏病但仍然伤害对方，明知他人心脏病发作可能死亡，仍然实施伤害行为，还是可以将死亡结果归属于行为人的伤害行为的。

学生：好像学者们基本上都同意这样的观点。

张明楷：行为人可能知道被害人有特殊体质的情况又该如何处理呢？也就是说，行为人如果对被害人的特殊体质有预见可能性，被害人的特殊体质这个事实能不能成为客观归责的判断资料？

学生：根据客观归责理论，当行为人有特殊认知或者有预见可能性时，他的认知就会不同于没有认知或没有预见可能性的情形，当风险已经为人所知，就应该认为行为人违反了行为规范，因为行为规范就是要求大家要避免这样的风险。

　　学生： 特殊体质的被害人是不是可以对进行普通伤害行为的不法侵害人进行无过当防卫？比如，甲患有严重心脏病，乙不知情，眼看着乙一拳就要打到甲的心脏附近，甲是不是可以拔枪打死乙？

　　张明楷： 只要乙的行为在客观上可以评价为行凶、杀人等，就可以对他进行无过当防卫。对有严重心脏病的甲来说，乙的行为有可能评价为行凶、杀人，甲可以对乙实施无过当防卫。

　　学生： 我觉得这样的处理结果对乙不利。乙不知道甲有严重心脏病，他认为自己实施的甚至只是普通的殴打行为，结果就会因此遭受无过当防卫。

　　张明楷： 行为人对自己行为风险的错误判断，应当由行为人自己负责吧，不能由正当防卫的一方负责。话说回来，这类案件的处理，我认为还是需要区分什么是伤害行为，什么是殴打行为。不过，提出一个具体标准太难了。很多判决书写得又太简单，比如有的判决书写道"朝头面部打了四拳"。然而，到底是哪个具体部位没有交代，实际上具体部位也是很重要的。判决书也不交代被告人打击的力度大小情况。这些都不交代，学者们就很难判断，更难以通过判例进行归纳整理，提升出有用的标准。我觉得，还是要看被告人的行为在通常情况下会不会有导致被害人轻伤及以上结果的可能，如果被告人的行为通常不具有导致被害人轻伤的可能，最后被害人因特殊体质或者其他偶然因素死亡的，就不能认定为故意伤害致人死亡。当然在具体的案件中，被害人总是有胖有瘦有男有女，有自己的特殊性，或者患有不同的疾病，被告人的身体状况也不尽相同，不能绝对地认为，只要打到某个部位最后被害人死亡的，就肯定能认为是故意伤害致死的，还是需要具体分析。

学生：我们今天讨论的案件中，法医写没写"诱因"二字显然对司法机关认定因果关系起到了很重要的作用。您觉得这种做法正确吗？

张明楷：法医写了"诱因"，就肯定说明死亡结果和行为是有条件关系的。其实，后两个案件中，法医没有写诱因的，也是有条件关系的。只是诱因的作用程度不同，人们对诱因的理解也不同。在行为是死亡的诱因的情况下，首先要判断被告人的行为在通常情况下能否评价为伤害行为，然后再按照结果加重犯的认定标准来判断，比如要看死亡结果和伤害行为之间有没有直接性，行为本身是不是包含了致人死亡的危险，是不是这种致人死亡的危险直接导致了被害人的死亡，把这些都进行判断后才能得出结论。不能仅根据法医写没写诱因，来得出肯定或者否定结论。总的来说，我认为我们国家的司法机关对故意伤害致死的认定过于宽泛。

学生：可不可以认为，在这些案件中，如果不能认为成立结果加重犯，行为成立故意伤害罪与过失致人死亡罪的想象竞合？

张明楷：这是完全可能的，因为一个行为造成了两个法益侵害结果，当然符合想象竞合犯的条件。

学生：有一个类似的案件。被害人乙 30 岁，是心脏病患者，甲打了乙两记耳光，均打在了乙耳朵附近，结果乙心脏病发作当场死亡。法院认为甲的行为成立过失致人死亡罪，不成立故意伤害致死。法院可能也是考虑到两个耳光打在一个 30 岁人的脸上，很难说是伤害行为，只是普通的殴打行为。

张明楷：你的案情介绍得太简单。甲的体型如何、出手的力度大不大、被害人的身体等都需要考虑。有的彪形大汉一耳光下去就会在对方脸上留下五个指头印，力度大得很，这样的一耳光下去致聋都有可能。所以，还是需要在具体的案件中非常具体地判断，不能想着要提出一个什么标准一劳永逸地解决问题。这就是检察官、法官的存在意义，他们就是要在具体案件中非常具体地判断这些行为到底是伤害行为还是普通殴打，不能总想着一股脑抛给别人去考虑。不过，即使两个耳光打在脸上属于伤害，也不意味着一定成立伤害致死。因为这个伤害行为的危险的现实化并不是致人死亡。

学生：如果行为人实施的只是普通的殴打行为，不是伤害行为，被害人因自己的特殊体质死亡的，可不可能认定为过失致人死亡罪中的情节较轻的情形？

张明楷：不能一概而论。认定是不是情节较轻，要考虑的因素还包括行为人过失的程度等具体案情中各种各样的因素。我的感觉是，在被害人具有特殊体质的情况下，一般不要认定为故意伤害致死，如果符合过失致人死亡罪的成立条件，可以认定为故意伤害罪与过失致人死亡罪的想象竞合。

学生：德国有学者主张，只有伤害行为造成了伤害结果，并且由这个伤害结果再导致被害人死亡的，才能认定为伤害致死，但司法实践并没有采纳这样的观点。比如，德国有这样一个判例，行为人拿了一把上了膛的枪敲打被害人的脑袋，结果敲的过程中枪走火打死了被害人。这个案件最后上诉到了联邦最高法院，还是被认定为故意伤害致死。

张明楷：我觉得这个判决有问题。用枪敲打头部时，没有认识到枪支会走火打中被害人，就是说，没有认识到会用子弹打伤人。既然是这样的话，就只能认定为故意伤害未遂与过失致人死亡，二者属于想象竞合。再如，被告人用一个木板击打被害人，但木板上的钉子击中了被害人的太阳穴，导致被害人死亡。可是，被告人没有认识到有这个钉子，因而没有认识到行为的特殊危险性。既然如此，就不能认定为故意伤害致死，只能按故意伤害罪与过失致人死亡罪的想象竞合处理。

学生：德国联邦最高法院认为，用上了膛的枪敲别人脑袋，本身蕴含了枪走火打死人的危险，所以这样的行为成立故意伤害致死。但是，主张死亡结果必须是伤害结果的延续的学者就会认为，用枪敲打别人头部的行为并没有导致任何伤害结果，被害人的死亡完全是个意外，所以，认为联邦最高法院的判决有问题。

张明楷：我觉得即使不采取这样的观点，就是说即使不要求死亡结果是由伤害恶化造成，德国的这个案件也不应当是故意伤害致死。这是因为，成立故意伤害致死时，要求行为人认识到了伤害行为的高度危险性，要求伤害行为与死亡结果具有直接性。例如，被告人打算开枪把被害人的大腿打伤，但碰巧打中腹部致人死亡的，或者用枪托击打头部直接致人死亡的，都可以认定为故意伤害致死罪。

学生：拿着上了膛的枪敲打别人头部，社会一般人还是会预见枪可能走火打死人的，死亡结果的发生并没有超出行为人的预见范围。

张明楷：行为人对死亡的出现肯定是有过失的，现在要讨论的是这样的行为到底是不是故意伤害致死。其中的一个问题是，是否要求行为人认识到伤害行为的特殊危险或者高度危险。我觉得应当有这样的要求。如果不能认定为故意伤害致死，就认定为故意伤害罪与过失致人死亡罪的想象竞合。

学生：如果行为人触犯的故意犯罪与过失犯罪的法定刑相同，想象竞合从一重罪处罚时，应当按哪个罪处罚比较合适？

张明楷：肯定是按故意犯罪处罚更合适，因为故意犯罪会涉及累犯问题，过失犯罪不会构成累犯。所以，虽然法定刑相同，但实际上还是故意犯罪的处罚重于过失犯罪。

学生：在故意的认定上，德国的故意认定要比我们国家的故意认定容易很多，只要行为人出手打人，就认为有伤害的故意。所以，很容易认定行为人的基本行为构成故意伤害罪。在德国，打年纪大的人的头部，后被害人因为特殊体质死亡，可能会根据客观归责理论把死亡结果归责于行为人，认定为构成伤害致死。可是要是打的对象是年轻人，就很可能不把死亡结果归责于打击的行为。

张明楷：我们国家的故意伤害罪的构成标准远远高于德国。在我们国家，必须出现轻伤及以上结果，所以行为人只是想殴打对方，没认识到可能会造成轻伤以上结果的，往往认为行为人没有伤害故意。我们国家轻伤的认定标准也很高，很多我们认为轻伤的，在德国或者日本甚至可能被认定为重伤。

学生：也就是说，我们国家需要区分普通的殴打行为和故意伤害的行为，但在德国，即使是普通殴打行为也会被认定为伤害。同时，德国刑法规定伤害致死的法定刑很高，所以，在出现死亡结果的时候，就必须判断伤害行为本身有没有蕴含死亡的风险。如果事前来看，非常普通的殴打行为本身没有致死的危险，就不能把死亡结果归责于伤害行为，这样的行为往往会被认定为两个罪，一个是故意伤害罪，一个是过失致人死亡罪。所以可以看出，虽然德国对故意伤害入罪的条件放得很低，但在出现死亡结果的情况下，认定死亡结果可不可以归责于伤害行为时，条件又比较高，要求伤害行为与死亡结果之间存在非常紧密的联系，要求的归责程度比一般的客观归责要高。

张明楷：是这样的。如果构成基本犯特别容易或者说基本犯的成立范围很宽，就必然要对相应的结果加重犯进行严格限制。反过来说，如果基本犯的成立范围就很窄，人们可能就不严格限制相应的结果加重犯的成立范围了。不过，后一种情况比较少见。

案例五

甲乙二人赴某市找工作，不仅没有找到工作，还染上了毒瘾。为了购买毒品，二人开始行窃。2014 年 1 月 22 日凌晨，甲乙二人窜至某居民小区，发现某单元五楼的一个窗户未关，甲负责望风，乙顺着下水管爬到五楼推开窗户进入卧室，乙在盗窃手机时被户主丙发现，乙迅速从原路逃跑，丙在追赶乙时坠楼身亡。

张明楷： 有观点认为乙入户盗窃，逃跑中致人身亡，所以乙的行为构成抢劫罪。你们觉得这样的观点合理吗？

学生： 按照这种观点，难道爬楼逃跑的行为也是一种暴力行为？显然不能，所以这样的观点不合理。我觉得需要讨论是否可以把丙的死亡结果归责于乙，如果可以的话，乙可能构成过失致人死亡罪。

张明楷： 确实不能认为乙逃跑的行为是事后抢劫罪中的暴力行为，也不能把丙死亡的结果归责于乙的逃跑行为。当然，可以说，如果乙不逃跑，丙就不会追赶因而不会死亡。但这只是条件关系，仅有条件关系还不能将结果归属于乙的行为。尽管丙的追赶行为是完全正常的，他主观上也没有任何过错，但是，死亡结果不能归属于乙的行为。我上大学的时候，老师就讲过类似的案件。被告人在火车的站台上扒窃乘客或者送站人的钱包，得手之后就跑，被害人立即追赶。被告人跑到站台尽头时穿过铁轨，被害人追赶时刚好被进站的火车撞死。由于被告人扒窃的数额没有达到数额较大的标准，有人就主张定过失致人死亡罪。这个主张很不合理。被告人肯定是只顾自己逃跑，不可能对他提出一个保护被害人生命的义务。他的逃跑本身也不是一个致人死亡的危险行为。所以，不应当认定被告人的行为构成过失致人死亡罪。

学生：以前看到过这样一个案例。甲乙等人把被害人丙绑架后，让不知情的丁在一个8楼的房间看守丙。在被丁看守的过程中，丙瞅准空当就从楼外的排水管往下爬。丁当时向丙喊话："太危险了，你不要爬了，会摔死的。"丙还是执意往下爬，爬到一半坠楼身亡。当时有人认为丙的死亡完全归责于丁的看守行为，丁的行为成立故意杀人罪。您觉得这样的观点正确吗？

张明楷：我国的司法机关都会认为丙的死亡结果可以归属于丁的看守行为的。司法机关在结果加重犯的认定方面是很宽泛的，大体上只要基本行为与加重结果之间具有条件关系就可能认定为结果加重犯。事实上，一般来说，在类似的案件中，不应当将死亡结果归属于丁。因为丁的绑架行为原本就没有致人死亡的危险。当然，除非在个别特殊情况下，比如丁看管丙时对丙实施严重暴力，甲乙等人打算撕票，丙如果不逃走就具有生命危险时，即使丙采取危险方式逃走因而导致死亡，也能将死亡结果归属于绑架犯的行为。如果甲乙等人只是勒索财物或者提出其他要求，绑架行为对丙并没有生命危险与严重的身体危险，丙采取危险方式逃走因而导致死亡的，我觉得不应当将死亡结果归属于甲乙等人。

学生：行为人对被害人实施了伤害行为后掉头就跑，被害人追赶行为人，结果在追赶的过程中遭遇意外死亡。比如，被害人在追赶的过程中被车撞死，或者掉进河里淹死。这样的案件，司法实践也可能将死亡结果归属于行为人先前的伤害行为。

张明楷： 这样的案件在德国、日本都不会按照故意伤害致死处理吧。在我们国家也不能认定为故意伤害致死。因为行为人前面的伤害行为的危险并没有现实化为死亡，被害人遭遇意外死亡的结果不能归属于行为人的逃跑行为。我举一个案例。行为人开枪打被害人，打中了一枪，但不是致命伤，又开了几枪也没有打中，行为人打算放弃开枪离开现场，结果被害人在逃跑中被车撞死了，能认定开枪的行为人故意杀人既遂吗？

学生： 我觉得这样的行为仍然可以成立故意杀人罪既遂。行为人开枪以后，因为开枪所产生的风险就应该由行为人承担，被害人之所以会被车撞死，也是因为躲避行为人的子弹。虽然行为人主观上想中止犯罪，但被害人还是因为他创造出来的风险死亡了，未能成功地中止的风险应该由行为人承担，所以我认为行为人成立故意杀人罪既遂。

张明楷： 确实是这样的。我再举一个案件。被害人看见行为人要朝自己开枪，拔腿就跑，实际上行为人腿脚不便，根本没有去追，正好被害人的后面有一个运动爱好者在跑步，被害人也不敢回头看，以为开枪的人在追自己，一直加速跑，最后跑到路口被车撞死了。这又该如何处理呢？

学生： 被害人跑了以后，行为人就没有再实施杀人行为，放弃了杀人的故意，不能将被害人的死亡结果归属于被告人的行为吧。

张明楷： 只是有条件关系，不能进行结果归属。因为被告人前面的行为所制造的危险并没有现实化。

学生：能不能认定被告人构成过失致人死亡罪？

张明楷：也不能吧。过失行为在什么地方？另外，被告人也不能预见结果的发生吧。

学生：司法机关认定的结果加重犯范围确实太宽了。我接触过一起案件，债主 A 找欠债的 B 要钱，来到 B 位于 2 楼的办公室，两个人吵起来后，B 摔门走了，这个门虽然从外面看是锁上了，但从里面是可以打开的，也就是说，A 是可以从房间走出来的。不知什么原因，A 竟然从窗户往下爬，结果不小心摔死了。司法机关是按照非法拘禁致人死亡处理了这起案件。

张明楷：你说的这个案件，B 都没有非法拘禁 A，怎么能这样处理呢？而且，A 的死亡结果也不能归属于 B 的行为。

案例六

被害人 A、B、C 躲在屋里躲避追赶他们的甲乙丙等人。甲乙丙找到 A 等人躲藏的房间后，用力砸门，边砸边喊："再不开门，进去打死你们。"A、B、C 三人非常害怕，就想跳窗逃走，虽然只有两层楼，因为跳得太急都摔死了。

学生：司法机关按照故意伤害致死处理了这起案件，您觉得合适吗？

张明楷：我觉得这个案件连过失致人死亡都不一定能定。行为人只是敲门砸门，还没有对被害人实施伤害行为，怎么就故意伤害致人死亡了呢？另外，行为人怎么可能预见到自己砸门的行为会导致里面的人跳窗死亡呢？所以这样的处理很不合理。这样的行为在国外与旧中国可能认定为胁迫罪，但我国现行刑法没有规定胁迫罪。不过，刑法关于寻衅滋事罪的规定包含了恐吓行为，如果要定罪，只能考虑是否符合寻衅滋事罪的构成要件。但是，即使认定为寻衅滋事罪，也不能将死亡结果归属于几个行为人的行为。

学生：您的意思是不成立结果加重犯？

张明楷：是的，可以肯定地说不成立结果加重犯。

学生：我觉得认定结果加重犯与认定过失犯罪似乎存在一定的矛盾。认定结果加重犯，不仅要求行为人对加重结果有预见可能性，还需要加重结果与基本行为之间存在一定的直接因果关系；但在认定过失犯中，只要结果与行为有因果关系，行为人对结果有预见可能性就可以了。

张明楷：不矛盾。结果加重犯的法定刑往往比基本犯的法定刑加上相应的过失犯罪的法定刑还要重很多，认定结果加重犯严格一些也是应该的。另外，和德日刑法相比，我国刑法的规定也有一定的特殊性。比如，我国刑法规定了暴力干涉婚姻自由致人死亡、虐待致人死亡、滥用职权或玩忽职守致人死亡以及丢失枪支不报导致严重后果中也包括了致人死亡。这些特殊的规定与故意伤害致死的规定不一样，故意伤害致死需要判断死亡结果发生之前的行为是不是伤害行为。以丢失枪支不报罪为例，事实上只要丢失枪支不报的行为和他人死亡之间存在条件关系就可以了。行为人丢失枪支以后是不是成立犯罪，可能取决于运气了，碰到一个善良的人捡到了枪，没准还会还回去；但如果碰到一个恶霸捡到了枪，说不定就会拿去杀人。这两个情形对于丢失枪支的行为人来说，后果就大不相同。又如，我们国家的司法实践和学界都认为暴力干涉婚姻自由致人死亡包括了被害人自杀的情形，这个罪的法定刑很轻，可以这样认定。滥用职权、玩忽职守致人死亡也包含被害人自杀的情形，道理也是一样的。大家一般这样认为，虽然让行为人对自杀等后果负责，但对行为人定的不是故意杀人罪或者过失致人死亡罪，定的是其他故意犯罪，法定刑又那么轻，所以感觉问题不大。在我刚才列举的这几个罪出现死亡结果时，显然不能运用德国的客观归责理论去说明。客观归责理论主要是运用在杀人、伤害这些犯罪构成要件行为缺乏定型性的犯罪中，因为很多时候我们难以判断什么是杀人，什么是伤害，所以需要运用客观归责这样的理论。

学生：在滥用职权、玩忽职守致人死亡的时候，难道不能再定一个过失致人死亡罪吗？

张明楷：在我们国家定两个罪可能有问题，至于滥用职权罪、玩忽职守是否可能同时触犯过失致人死亡罪，则不能一概而论。有的可能触犯了，有的可能没有触犯。我上大学的时候，发生了一起影响很大的案件。被告人是某村的民兵，受了一定的委屈，要向村支书告状，村支书本应理会但不理会，被告人非常愤怒。当时农村大队的民兵连有枪，民兵连连长对枪支管理也比较松散，被告人就把自己所在的民兵连的枪拿了出来，枪杀了一些人。案件发生时，我国刑法还没有规定滥用职权罪，村里的支书、民兵连连长等人也不是国家机关工作人员。当时刑法学界就在讨论，多人被枪杀的结果是不是与村支书不受理的行为和民兵连连长管理不善的行为有因果关系，他们也构成过失致人死亡罪。但在我看来，确实还不好认定为过失致人死亡罪。

案例七

A 和 B 合租一套房，各自向房东交房租。A 收到诈骗短信，短信声称以后的房租汇到某个银行卡里。A 信以为真，把 3000 元钱打到诈骗犯卡上。然后 A 跟合租的 B 说："我们房东卡换了，钱要打到另外一个银行卡上。"B 说："是嘛，你把短信转发给我吧。"A 就把短信转发给 B。B 就把 3000 元租金打到诈骗犯账号里了。

张明楷：B 汇的 3000 元要不要认定为诈骗数额？这也是结果归属的问题。

学生：B 的 3000 元也应算入诈骗数额。诈骗犯一般是群发短信，类似在网上发布虚假广告信息，看到的人也会上当，因此，发虚假广告信息的人也要负责。

张明楷：这个案件能算得上是因果关系的错误吗？如果是因果关系的错误，这个错误重要吗？

学　生：不是我们通常所说的因果关系错误。群发短信的诈骗犯不记得发了多少，也不知道收到短信的人姓甚名谁，谁汇给他钱他都接收。

张明楷：虽然不是因果关系的错误，但本案与群发诈骗短信不同，行为人并没有向 B 发出诈骗短信。本案介入了 A 的行为，所以，需要判断 A 的介入行为是否异常。A 是本案的一个被害人，但是诈骗犯的行为通过 A 的介入又获得了 B 的 3000 元。A 与 B 合租时，A 将所谓房东换卡的信息告诉 B 或者将短信转发给 B 很正常，并不异常。而且，前行为即诈骗犯所起的作用很大。从这个角度来说，B 损失的 3000 元这一结果就可以归属于诈骗犯的行为。

学　生：如果 A 是直接把手机拿给 B 看，没有给他发这个短信呢？

张明楷：这没什么区别吧。

学　生：诈骗犯没有认识到 A 会将短信转发给 B，这是否影响故意的认定？

张明楷：诈骗犯乱发短信，至于谁汇钱来、汇多少、他姓甚名谁，都不管，可能根本不关心。在这个意义上说，也不影响故意的认定。

学生： 这个诈骗犯虽然不存在因果关系的错误，但对于 B 汇出的 3000 元，有点类似于间接正犯。

张明楷： 感觉没有必要说间接正犯，而且说是间接正犯的话，也难以认定诈骗犯有间接正犯的故意。

第二堂

违法性

正 当 防 卫

案例一

2011 年 3 月 10 日，张某驾驶一辆三轮机动车在街上转悠伺机行窃，发现一个街边上锁的烟酒店四周无人，张某停下车，用事先准备好的工具撬开烟酒店门，将货架上价值数千元的烟酒放入机动三轮车内，正欲驾车逃离现场，遇到了李某，李某觉得张某形迹可疑，拦下张某的三轮车对张某说："是公了还是私了，要是公了我就马上报案，要是私了你给我 2000 块。"张某不愿交付 2000 元，表示愿意将盗窃所得的烟酒交给李某，央求李某放过自己。李某不同意，执意要钱。双方厮打，张某猛击了李某的头部，将李某击倒在地后驾驶机动三轮车逃离现场。经法医鉴定，李某为轻微伤。

张明楷：司法机关认为张某的行为构成抢劫罪。如果构成抢劫罪，就是事后抢劫了，那么，张某与李某厮打是为了抗拒抓捕、毁灭罪证还是窝藏赃物?

学生:张某要把盗窃的烟酒都给李某,李某不要,所以不能说张某是为了毁灭罪证或者窝藏赃物。好像也不能认为张某与李某厮打是为了抗拒抓捕,李某并没有抓捕张某,他是要勒索张某。

张明楷:按照你的说法,李某勒索张某,张某与李某厮打都可能是正当防卫了。司法机关可能认为,李某当时对张某说,"是公了还是私了,要是公了我就马上报案",张某不接受李某私了的条件,李某要报警,张某为了阻止李某报警与李某厮打,这样张某就是犯盗窃罪后,为抗拒抓捕对李某实施了暴力,也就可以定抢劫罪了。你们觉得这样分析合适吗?

学生:这样分析也是说得通的。

张明楷:但张某当时可能并不认为李某要报警,认为李某就是要向他勒索2000元。要是李某想公了,他早打电话了,他拿公了说事儿,是为了逼迫张某交2000元。实际上可以认为,李某当时就是在敲诈勒索张某。如果张某当时要走,李某纠缠着张某不让走,甚至李某先动手的话,我觉得可以认为张某的行为是正当防卫。

学生:如果李某纠缠张某,不让张某离开,就是要张某给2000元钱,张某先动手打李某,可以认为张某的行为是正当防卫吗?

张明楷:张某先动手的话,当然不能认为他在正当防卫了。

学生：如果李某拦着张某，就要张某给自己 2000 元，否则不让离开现场，张某为了离开现场把李某打倒在地，打成轻微伤，张某的行为是正当防卫吗？

张明楷：除非能把李某拦着张某不让张某离开的行为理解为合法行为，张某就不是正当防卫。但李某不是在扭送张某，而是在敲诈张某，这是不法侵害行为。所以，在本案中，还是可以把张某后面的行为认定为正当防卫行为，而不能认定为事后抢劫。

案例二

甲教唆乙盗窃，乙盗窃时甲也在现场，乙把盗窃的财物直接扔给甲。财物得手后，乙让甲和自己一起跑。这个时候，被害人丙把教唆犯甲打伤了。

学生：老师，丙的行为是正当防卫吗？

张明楷：当然是正当防卫，有什么疑问吗？

学生：因为一些书上说，只能对正在实施犯罪的正犯实施防卫，不能对教唆犯实施防卫。

张明楷：当书上说不能对教唆犯实施防卫时，一般是指教唆犯不在现场的情形吧。在本案中，教唆犯在现场，而且所盗财物还在他手上，当然可以对他进行防卫。

学生：而且，在这个案件中，甲不只是单纯的教唆犯罪，可以说是盗窃的共同正犯了。即使不是共同正犯，在现场实施帮助行为的人，也是防卫对象。

张明楷：如果在日本，甲肯定是共同正犯了，不会认定为帮助犯。

学生：这里又有一个问题，窝藏和盗窃的帮助怎么区分？

张明楷：这是另外一个问题了。就与正当防卫的关联来说，这个区分或许是有必要的，倘若窝藏赃物是对国家法益的犯罪，而正当防卫只限于对个人法益的不法侵害，那么，区分窝藏与盗窃的帮助是有意义的。当然在我们国家未必有必要，因为在我们国家为了公法益也可以进行正当防卫的。

学生：在现场拿着赃物的人，不管是盗窃的帮助还是窝藏赃物，都可以对他进行正当防卫。这个结论是没有问题的。

张明楷：肯定可以进行正当防卫。因为即使是窝藏，也涉及对个人法益的侵害，当然可以进行正当防卫。实际上，说可以防卫的时候，重点不是说不法侵害者的侵害行为是否既遂或者是否结束，而是从当场能够挽回损失的角度去讲的。就是说，不是侧重于不法侵害行为是否还在持续中，而是当时可否通过防卫行为避免实际的损失。例如，不法侵害者将人杀死之后，即使还在原地，也不能针对杀人行为进行正当防卫。但是，盗窃他人财物后，即使既遂但如果不法侵害人还在现场，当然可以通过防卫行为夺回财物。这个时候仍然是针对盗窃罪的防卫，而不是针对窝藏赃物的防卫。

学生：如果行为人自以为杀人行为已经完成，不需要继续实施杀人行为被害人就会死亡，但事实上如果及时抢救能够挽回生命时，可不可以对杀人犯进行防卫，比如强迫他救助被害人？

张明楷：如果有这种必要性，当然也可以进行正当防卫。不过，这个时候也可以说是针对不法侵害者的不作为进行的防卫。

学生：不能说是对前面的作为行为的防卫吗？

张明楷：对作为行为的防卫是制止作为行为，而对不作为的防卫是强制对方履行作为义务。所以，从防卫内容来看，本例中应当是对不作为的防卫。

学生：那么，对于既遂的盗窃犯来说，在当场要求他返还但不返还的，是不是也可以说是对不作为的防卫？

张明楷：按理说，也是有可能的。但是，由于刑法理论通常认为，行为人盗窃财物后非法持有财物的行为并不另外构成侵占罪，而是不可罚的事后行为或者共罚的事后行为。既然是共罚的事后行为，就表明防卫人还是针对前面的盗窃行为进行的防卫。

学生：那么，盗窃犯已经将盗窃财物拿回家了，几天后被害人知道了，于是就冲到盗窃犯家里索要财物，盗窃犯拒不退还的，是不是也可以进行防卫？

张明楷：也是有可能的。不过，这个时候一般认为不是对不作为的防卫，而是用自力救济去阻却违法的吧。这里涉及对不作为的防卫与自力救济如何区分的问题了。

学生：被害人索要被盗窃财物时，盗窃犯就产生作为义务吗？

张明楷：盗窃犯一直有这个义务吧。

学生：但是你没有找到盗窃犯时，你根本不知道找谁防卫。

学生：如果找到盗窃犯之后，不是找他索要，而是直接对他实施暴力，把财物抢过来，也算是正当防卫吗？比如被害人十年之后才碰到盗窃犯时，也能这样防卫吗？

张明楷：这个时候还是用自力救济来解释好一点吧。你都没有向盗窃犯索要，怎么能认定他有不作为的不法侵害？盗窃犯偷了一辆自行车，放在某个地方。被害人说这车是我的，就直接骑走了，盗窃犯没有阻止，难道被害人一定要把盗窃犯打几拳再骑走车吗？

学生：打几拳出出气。

张明楷：盗窃犯不阻止被害人取回财物，被害人就不应当攻击他。

学生：实践中确实有打几拳之后再把被盗财物拿回去的。

张明楷：没有打死打伤，当然不符合犯罪的构成要件，所以不需要用正当防卫出罪。如果有暴行罪，被害人还是可能构成暴行罪的。

学生：自力救济在刑法中属于超法规的违法阻却事由吧。

张明楷：当然是超法规的违法阻却事由。民法学界也有一部分学者认为自力救济是超法规的违法阻却事由。在德国、日本，侵权法的体系与刑法的体系是一样的，也是构成要件符合性、违法性与有责任。如果民法没有明文规定自力救济，自力救济在民法上就成为超法规的违法阻却事由。一般来说，盗窃犯还在现场的时候，被害人或第三者对他进行防卫，仍然是针对先前的盗窃行为的防卫，而不认为是对盗窃犯的不作为行为的防卫，而且，这个时候肯定不是自力救济。同样，在盗窃行为结束很久之后，被害人要求盗窃犯返还财物，但盗窃犯不返还财物，被害人对盗窃犯使用暴力的，肯定不是对先前的盗窃行为的防卫。剩下的问题是，后一种情况是对不作为（不返还财物）的防卫还是自力救济？这还是需要进一步研究的问题，这个问题又与罪数理论相关，需要考虑各种协调关系。我们以前总是说，只有当不法侵害是财产犯罪时，在既遂之后才可能进行防卫。而且，总是要求不法侵害行为正在进行。如果行为已经结束了，就不能进行正当防卫。于是，在不法侵害状态持续的过程中，由于不法侵害行为已经结束，就不能进行正当防卫。但是，刑法并没有要求不法侵害行为正在进行中，刑法只是将防卫对象限定为正在进行的不法侵害。那么，这个"不法侵害"是仅指不法侵害行为还是包括不法侵害状态，这也是可以讨论的问题。

学生：如果说不法侵害包括不法侵害状态，防卫的范围一下就扩得很大了。

学生：这就改变正当防卫的实质性要件了。

学生：一般认为不法侵害行为正在进行。

张明楷：法律条文可没有这么说，你们再读一读。

学生：法律条文没有加"行为"两个字。

学生：法律条文就是写的"正在进行的不法侵害"。

张明楷：从字面含义来看，不法侵害既包含侵害行为，也包含侵害状态。

学生：关键是还有前面这一句话："为了使国家、公共利益、本人或者他人的人身、财产和其他权利免受……"。

张明楷：如果说《刑法》第20条中的不法侵害包括不法侵害状态，那么，不法侵害人的先前行为使法益处于危险状态时，就可能不需要讲对不作为的正当防卫了。而且，自力救济的概念基本上也不需要了。这样会不会有什么问题？

学生：太宽泛了吧？

学生：如果是这样的话，当年不法侵害者把被害人打成了残疾，残疾状态一直存在，后来被害人是不是一直可以对不法侵害者进行防卫？

张明楷：当然不可以。因为被害人再怎么防卫，他的残疾依然是残疾。如果对不法侵害者实施防卫行为，就可以使得被害人不再有残疾，我也赞成正当防卫。但这是不可能的。同样，如果甲把乙杀了之后，丙对甲实施防卫行为后乙就可以活过来，我也主张可以进行正当防卫。

学生：比如不法侵害者把被害人的一个肾打坏了，需要肾移植，如果血型等合适的话，被害人可不可以要求不法侵害者把他的肾移植给被害人？

学生：不可以吧。

张明楷：肯定不可以。

学生：即使被害人的要求是合理的，被害人也没有办法去摘下不法侵害者的肾。

学生：这个倒不是主要的问题。因为正当防卫不限于被害人本人，第三人也可以防卫，所以医生可以进行正当防卫。

学生：被害人找几个人帮忙，其中有医生，找到不法侵害者之后，通过某种强制措施，把他的肾移植过来了，这时候成不成立犯罪？

张明楷：可以肯定的是，不能把不法侵害者的肾脏移植过来。如果不法侵害者自愿捐救，则是另一回事。我们只是针对财物犯罪来考虑对不作为的正当防卫与自力救济的区分的。被害人的肾被打坏后，不法侵害者除了承担刑事责任与民事责任之外，并不产生什么义务，当然也没有不作为的问题。强行让他移植肾，无论如何都不可能成为正当防卫，除非你在自力救济方面做文章。但这在民法上或者其他法领域，都不会认为是自力救济吧。否则，完全就没有法秩序了。

学生：针对财产犯罪而言，被害人事后为夺回财产而使用暴力的，究竟是对不作为的防卫还是自力救济，我们以前确实没有仔细考虑。

学生：如果当场为夺回财产使用暴力就是正当防卫，事后在不法侵害者家里为夺回财产而使用暴力就是自力救济？

张明楷：当场取得和在不法侵害者家里取得有什么区别？或者说，这样区分的根据何在？

学生：在当场时不能寻求公权力的保护，在家里可以寻求公权力的保护。

张明楷：可是，第一，即使可以寻求公权力的保护，也是可以进行正当防卫的。第二，在可以寻求公权力保护时，就不能自力救济。所以，我们只需要讨论，事后为夺回财物而使用暴力的，是对不作为的防卫还是自力救济？

学生：国内有很多学者认为，对于单纯的真正的不作为犯是不能进行正当防卫的。

张明楷：比如，德国有见危不救罪，身体正常的甲看到儿童溺水了，水并不是很深，容易救助，但他不救。边上的残疾人无法救，但他手里有支枪，残疾人可不可以强迫甲救助溺水的儿童呢？如果强迫了，难道还成立强制罪吗？所以，我觉得对于不作为犯都是可以进行正当防卫的。

学生：对不作为的防卫倒是很好接受的。但是，关于对教唆犯的防卫还有没有理解的问题。比如 A 教唆 B 去杀 C，B 出于杀害的故意造成了 C 的重伤，B 以为 C 已经死了，就离开了现场，但事实上 C 还没有死。如果教唆犯在现场或者附近，是否可以要求教唆犯救助 C？教唆犯不救助时，是否可以对他进行正当防卫？

张明楷：教唆犯也有作为义务，如果有作为可能性，就可以要求他救助吧！

学生：单纯从作为义务的角度说吧？

张明楷：从不作为犯的角度说。

学生：在老师的体系下倒是可以的，在德国体系下就不行了。

张明楷：为什么？

学生：因为在德国，认定共犯以正犯的行为符合构成要件且违法为前提，构成要件包括主观构成要件，包括故意。如果这个时候正犯离开了现场，他就没有故意了。当正犯没有故意时，正犯就不是不作为的正犯。既然没有一个不作为的正犯，到哪里去找一个不作为的共犯？

张明楷：所以，将故意作为违法要素还是有疑问的。

学生：但是在老师的体系下，就没有这个问题。

案例三

甲和乙共同抢劫丙，甲拿刀刺丙的过程中误把乙刺死了。

学生：有观点认为：按照行为无价值论，甲构成抢劫致人死亡；按照结果无价值论，甲对乙的死亡不负责。您是这个观点吗？

张明楷：行为无价值论也不一定得出甲构成抢劫致人死亡的结论。因为现在的行为无价值论一般认为偶然防卫成立未遂犯。所以，如果甲是以刺死丙的故意实施行为的，会认定为抢劫致人死亡的未遂犯，就是结果加重犯的未遂犯。如果甲没有刺死丙的故意，则不存在未遂犯的问题。德国学者认为，故意的偶然防卫成立未遂犯，但过失的偶然防卫则不构成犯罪。这是因为他们将故意作为主观的违法要素看待的。

学生：那您怎么看甲的行为？

张明楷：甲的行为对乙是偶然防卫，对丙是未遂犯。把这个案件变成一个故意杀人的案件就比较好处理：甲乙两人都拿着刀去杀丙，丙反抗，结果甲一刀把乙捅死了。在这里，甲的行为对丙是杀人未遂，对乙是偶然防卫。因为甲是针对丙实施杀人行为时因为打击错误捅死乙的，甲的行为对丙仍然具有致人死亡的危险性，当然还是成立杀人未遂。但是，对乙而言则不成立杀人未遂，因为乙是不法侵害者，处于被防卫的地位，至于是谁出于什么原因致乙死亡，在结果无价值论看来就不重要了。因为结果无价值论没有将故意作为主观的违法要素，反过来也不要求正当防卫时具有防卫意思，所以，甲造成乙的死亡就完全符合正当防卫的条件了。当然，也不是所有的结果无价值论者都认为偶然防卫不成立犯罪，许多结果无价值论者也认为偶然防卫成立未遂犯。

学生：共同犯罪人在共同犯罪的过程中造成同伙伤亡的，基本上都存在偶然防卫的问题。

张明楷：是的。前不久有一位检察官通过邮件问我一个案件。案情很简单：A、B 二人共同对 C 实施伤害行为，结果由于打击错误，A 将 B 打伤了，好像还是重伤。当时检察机关的一致意见是，A 构成故意伤害既遂；但是对于 B 应当如何处理存在不同意见。我的回答是，A 不可能构成故意伤害既遂。A 是偶然防卫，不管是根据行为无价值论还是结果无价值论，A 对 B 都不可能成立故意伤害既遂。因为 B 当时是不法侵害人，A 造成 B 伤害完全符合正当防卫的客观条件，只是缺乏防卫意识。根据行为无价值论的通说，A 仅成立伤害未遂。在我看来，A 仅成立对 C 的伤害未遂。因为 A 是针对 C 实施伤害行为的，他的行为有造成 C 的伤害的危险性。同样，B 的行为也成立对 C 的伤害未遂。如果认为伤害未遂不处罚，那么，对 A、B 二人就不能处罚。

学生：这不是打击错误吗？按照法定符合说，A 不是也成立伤害既遂吗？

张明楷：这不是真正意义上的打击错误。打击错误时，被害人的地位是平等的。但在本案中，B 处于被防卫的地位，而 C 完全是无辜的人。所以，不能按打击错误来处理。当然，在德国，学者们好像也认为这是打击错误。不过，即使在德国，不管是采取具体符合说还是等价值说即法定符合说，都不认为 A 成立伤害既遂。因为由于 B 与 C 的地位不同，所以，伤害 B 与伤害 C 并不是等价的。换句话说，法定符合说就是等价值说，只有在两个被害人或者被害法益完全等价时，才会认定为一个既遂犯。但在本案中，B 处于被防卫的地位，而 C 完全是无辜的人，他们二人并不等价。所以，以本案为由论证法定符合说存在缺陷的说法，是完全不成立的。

案例四

王某承包一个很大的湖用来养鱼，晚上很多人去偷鱼，王某雇人日夜在湖上巡逻。有三名被告人分在一个巡湖小组里，三人驾船巡逻时看到远处有灯光，怀疑有人偷鱼，赶到现场发现有三个男子正在收网，三名被告人中的一个人拿钢管殴打偷鱼的人，三名偷鱼人翻船落水，偷鱼人喊"救命"。第一被告人说"淹死你活该"，三名被告人驾船离开，第二天发现两具尸体。经鉴定其中一名被害人因头部受伤后溺水身亡，另一具尸体家属不同意解剖。法院判决三名被告人构成故意杀人罪分别判处了无期徒刑、15 年与 7 年有期徒刑。

张明楷：我不知道法院是否考虑了三名被告人的行为中存在正当防卫的问题。被告人将被害人的船打翻致其落水，是不是正当防卫？按照德国的理论被告人有救助义务吗？

学生：将船打翻就已经是防卫过当了吧。

学生：防卫时必须保证不将偷鱼的人打到水里吗？怎么样才能保证刚好能制止不法侵害，而船又不翻呢？

学生：打到水里就已经有危险了，这种风险不是防卫行为本身所蕴含的风险，这与驾驶机动车撞不法侵害人的情况不同，驾驶机动车时没办法说刚好撞倒而又不撞伤，但是本案的情况不同，好像可以打两下制止偷鱼，而又不把对方的船打翻。只要打两下制止对方不偷就够了，没有必要把船打翻。

学生：可是，双方都是三个人，怎么能保证打两下就能制止对方的行为呢？

张明楷：你们是将整个行为看作防卫过当，还是说前面的作为就是防卫过当？

学生：如果把死亡归到前面的殴打行为最多是防卫过当。

学生：后面的不作为呢？

张明楷：判决没有说前面的行为构成犯罪，也没有说前面的行为是正当防卫，就是按不作为的故意杀人罪判决的。大家认为判决合适吗？

学生：即便是着眼于后面的不作为，判故意杀人罪也有点够呛。船翻了人掉水里了也不见得会淹死啊。

张明楷：案情介绍中说被害人喊"救命"了，这个是不是说明被害人会淹死呢？

学生：喊"救命"也不见得会死啊，被害人不是什么都没有，船翻了也可以抓住船嘛。

张明楷：判决的依据可能主要是被告人说的那句"淹死你活该"。司法机关习惯于从主观到客观认定犯罪。"淹死你活该"表明被告人有致人死亡的故意，在致人死亡的故意支配下的不作为就是故意杀人行为。但是，仅仅根据这一点判故意杀人比较勉强，说了"淹死你活该"也不一定就是故意，而且判决中丝毫没有提到正当防卫。

学生：防卫过当的情况下怎么判断行为人主观上是故意还是过失？

张明楷：判断行为人对防卫过当的结果是什么态度。

学生：故意的过当就是故意，过失的过当就是过失？

张明楷：这与一般的故意、过失的认定是一样的，看行为人对于过当的死亡结果有没有认识到，是不是希望或者放任死亡结果的发生。

学生：这个案件有没有可能认定为故意呢？

张明楷：也不是完全没有可能，当然还要看其他具体情况。但首先应当考虑的是，被告人的行为是否成立防卫过当，进而减免处罚。按照我的观点，虽然前面的防卫行为所造成的直接结果没有过当，但如果有过当的危险，防卫人就有防止过当的义务。如果没有防止过当结果的发生，还是应当成立防卫过当。但是，这个时候不能简单地说，被告人的行为成立一个完全独立的故意杀人罪。因为防卫人的义务是防止防卫行为过当，既然没有履行这个义务，结果又是过当的，认定为防卫过当是比较合适的。德国以及我国一些学者认为，正当防卫不产生作为义务。但是，一方面，德国刑法理论又认为紧急避险时有救助行为，我感觉不协调。正当防卫与紧急避险都是正当化事由，为什么前者不产生作为义务，而后者产生？当然，他们说，前者不违反义务，后者违反义务。可是，凭什么这样讲呢？紧急避险也有不同的类型，针对危险源的紧急避险也违反义务吗？另外，在某些场合，实施紧急避险就是一项义务，比如，该分洪的时候就必须分洪，否则就可能负法律责任。那么，这个时候不实施紧急避险是违反义务的，实施紧急避险也是违反义务的。这合适吗？反正我搞不清楚德国学者的说法。另一方面，德国刑法规定了见危不救罪，所以，即使否认正当防卫行为产生危险后，没有作为义务，但对没有救助进而导致被害人死亡的行为，也可能认定为见危不救罪。我们国家没有见危不救罪，如果说正当防卫行为不产生作为义务，虽然有可能在某些场合缩小处罚范围，但也不排除某些场合不仅扩大处罚范围，而且导致处罚过于严重。我们讨论的这个案件，就存在这样的问题。判决并没有说被告人前面将被害人的船打翻是什么行为，至少没有说这是犯罪行为，假如司法机关考虑到这是正当防卫行为，就会进一步判断会不会是防卫过当。总的来说，我们讨论的这个案件认定为防卫过当是合适的，至于是故意的防卫过当还是过失的防卫过当，要看被告人当时是怎么想的。如果他们以为被害人有船或者会游泳不会死亡，就应当认定为过失的防卫过当。如果认识到被害人有死亡危险，意识到了被害人会淹死，还是可以认定为故意的防卫过当的。

学生：老师，我问个问题，就是正当防卫所针的不法侵害正在进行的问题，如果不法行为只是处于预备阶段可不可以对其采取紧急避险？

张明楷：可以采取紧急避险啊，只是是否符合紧急避险条件的问题。

学生：在法益衡量中是不是要考虑这个行为的不法？

张明楷：当然要考虑。你说个具体例子吧。

学生：就是一个关于家暴的问题。一个丈夫和妻子有矛盾，但是由于当时家里有客人，丈夫就表示在客人走了之后要打妻子。

张明楷：你想说什么，是说妻子这个时候可以采取紧急避险吗？

学生：是啊。

张明楷：她采取什么方法紧急避险呢？

学生：妻子因为长期受家暴，预感客人走后丈夫肯定会打自己，就趁丈夫送客人下去的时候在丈夫的水杯里下了毒，丈夫回来后她给丈夫递上水杯，丈夫喝了之后就毒死了。

张明楷：这个不能用紧急避险来解释吧。因为妻子事实上有许多办法，而不是到了不得已毒死丈夫的程度吧。另外，紧急避险的限度比正当防卫严格，妻子的行为也明显不符合紧急避险的限度条件。况且，这个时候你也不能说丈夫已经在实施某种不法的预备行为，他只是犯意表示而已。

学生：认定为避险过当可以吗？

张明楷：如果符合紧急避险的其他条件，当然可以成立避险过当，但如果不符合其他条件，就不能认定为避险过当了。

学生：妻子的行为不符合紧急避险的不得已条件。

张明楷：我也觉得不符合紧急避险的不得已的条件。德国有少数人认为，量的防卫过当不仅包括事后的防卫过当，就是我们说的不法侵害结束后仍然防卫的情况，而且包括事前的防卫过当，就是在不法侵害还没有开始时就进行防卫的情况。如果承认这种提前防卫的量的防卫过当，则妻子的行为是量的防卫过当，而且其量的防卫过当中还有质的防卫过当。

学生：实际上德国司法判例也不承认这个事前的防卫过当，赞成事后的防卫过当的人多一些，但也不是所有人都赞成事后的防卫过当。

张明楷：日本基本上没有人赞成事前的防卫过当，我也不赞成所谓的事前的防卫过当，但我赞后事后的防卫过当概念。一方面，不法侵害行为结束后，防卫人继续实施防卫，可以说是人之常情；况且，防卫人一般也难以准确判断不法侵害是否已经结束，不法侵害人有没有可能继续攻击。另一方面，防卫人的防卫行为与后来的行为具有紧密的联系，可以一体化地视为一个行为，就是一个防卫行为造成了过当结果，因而属于量的防卫过当。但是，在我们国家，只有当事后的防卫行为造成了过当结果时，才能称为量的过当。如果是前面的防卫造成的结果并没有过当，在不法侵害结束后，防卫人继续攻击，但没有造成过当结果，就不能认定为量的防卫过当。

学生：那么，刚才说的这个妻子就是普通的故意杀人罪了。

张明楷：可以认定为情节较轻的故意杀人，甚至还可以判处缓刑，因为她没有再杀人的危险性。

学生：这样与避险过当、防卫过当的处理也差不多了，甚至更轻了。

张明楷：以前发生过有点类似但明显不同的案件：一个妇女

被拐卖到别人家里去，然后被强迫和他人结婚，一家人都守着她，某天她趁做饭的时候下毒把一家人都毒死了。

学生：这是真实案例，好像认定为正当防卫了。因为她的人身被限制，不能出家门。

张明楷：这个妇女是针对什么不法侵害进行正当防卫？是针对前面的收买被拐卖妇女的行为，还是针对前面的强奸行为，或者将来发生的强奸行为，抑或针对的是非法拘禁行为？

学生：前面的不法侵害行为都已经结束了，而且她以前也没有实施过防卫行为，不存在一体化的防卫行为，所以，针对以前的行为不可能成立防卫过当。

学生：能不能说收买被拐卖的妇女罪是持续犯，妇女是针对这个罪在进行防卫？

张明楷：你看看《刑法》第241条怎么说的？

学生：《刑法》第241条第1款规定："收买被拐卖的妇女、儿童，非法剥夺、限制其人身自由或者有伤害、侮辱等犯罪行为的，依照本法的有关规定定罪处罚。"

张明楷：如果收买被拐卖的妇女罪是持续犯，还需要与非法拘禁罪并罚吗？

学生：不需要。

张明楷：所以，不可能是针对收买被拐卖的妇女罪进行防卫。那么，针对将来发生的强奸行为，也还不能进行正当防卫。

学生：如果不承认事前的量的防卫过当，也不能针对将来发生的强奸行为进行正当防卫。

学生：这个案件中的妇女对时间的把握有问题，我想问这个妇女在时间上的认识错误能不能构成假想避险？

张明楷：她没有认识错误吧。时间的把握也没有什么问题，因为非法拘禁还在进行中，妇女完全可以针对正在进行的非法拘禁进行正当防卫。

学生：我觉得这个时候可以说已经超过了正当防卫必要的限度。

张明楷：这要看采取什么学说，如果采取必要性说，也可能认为没有过当，因为她只有采取这种办法才能保护自己的法益。就是说，如果完全不考虑法益衡量，只考虑是否有这种必要，防卫行为就没有过当。但我还难以接受这种完全不考虑法益衡量的观点。

学生：是不是一旦考虑法益衡量，就有可能将正当防卫认定为防卫过当？

张明楷：不是这回事吧。法益衡量说也认为，正当防卫造成的损害可以远远大于不法侵害人造成的损害，因为不法侵害人处于被防卫的地位，他的法益与防卫人的法益存在质的区别。结果无价值论的意思是，用法益衡量说也可以解释为什么防卫行为造成的损害可以远远大于不法侵害人造成的损害，而不是说二者造成的损害要相当。一些人根本没有理解结果无价值论的意思，或者根本没有仔细地从头到尾把人家的观点看完，就想当然地认为，结果无价值论要求防卫行为造成的损害与不法侵害人造成的损害大体相当。其实不是这样的。但是，当不法侵害人无论如何都要偷走被害人的一辆价值 30 元的破自行车时，如果只有杀害不法侵害人才能保护自己的自行车，结果无价值论会认为这就超过了必要限度。

学生：能不能说妇女是紧急避险呢？因为她当时确实没有别的办法保护自己的法益。

张明楷：如果认定为紧急避险就更加过当了。事实上，当你说她当时确实没有别的办法保护自己的法益时，你可能考虑到了妇女的期待可能性问题。我的初步想法是，客观上还是可以说妇女针对非法拘禁行为实施的防卫行为过当了，主观上需要考虑的是妇女是没有期待可能性，还是期待可能性减少了。如果没有期待可能性，就不能认定为犯罪了。

学生：也可以说没有期待可能性了。

张明楷：这可能涉及另一问题：当行为人在不得已的情况下，为了保护自己的法益而采取某种措施时，如果这种措施必然明显过当，是不是要说行为人有避让义务，因而期待行为人不采取这种措施？

学生：日本有学者持这种观点，但也有学者反对这种观点。

张明楷：这个问题比较复杂，三言两语不能解决问题。不过，在这种情况下，至少可以说期待可能性减少吧。

学生：当然可以这么说。

张明楷：所以，这个案件中的妇女防卫过当，且期待可能性明显减少，完全可以免除处罚了。

学生：毒死了一家人，免除处罚是不是太轻了。

张明楷：如果从没有再犯罪的危险性来说，免除处罚也是可以的。

学生：老师，我还想问一下，是不是正当防卫中的不法侵害的正在进行的要求和紧急避险中的危险正在发生的要求不一样呢？

张明楷：也不能这么说吧，如果你要比较的话，也只能把紧急避险中的不法侵害这种危险源与正当防卫中的不法侵害进行比较，你不能将源于自然界的危险与正当防卫中的不法侵害进行比较吧！但肯定需要在具体案件中进行判断。比如，船舶在海上遇到狂风大浪的时候，船长什么时候可以把货物扔到海里去？肯定不能等狂风吹到船头的时候才扔吧，肯定要提前扔货物以确保船舶的安全。

学生：以前讨论过的一个案件是：一个男子已经强奸过女的几次了，然后还对女的说今晚我还来，结果晚上他真的来了。男的来了之后，女的就递给他一个毒包子，男的吃了之后就死亡了。

张明楷：这可以说不法侵害正在进行吧。前几次已经强奸了妇女，而且还说今晚再来，并且已经来到被害人家了，说女的是正当防卫没什么问题。这和刚才那个家暴案件不一样，家暴只是殴打，严重的就是打成轻伤之类的，所以，倘若妻子的行为符合正当防卫的条件，妻子把丈夫毒死，也是防卫过当。但刑法规定对强奸是可以实行无过当防卫的，就是说，法益衡量方面没有问题。强奸犯已经进入被害人家里，危险已经十分紧迫了，如果女的等到强奸犯着手实施强奸行为再防卫，显然不现实。所以，在这样的特殊案件中，应当认为强奸犯的不法侵害正在进行，女的可以进行正当防卫。当然，家暴案也要具体分析，需要联系家暴的原因、频率、程度，综合判断何时可以进行正当防卫，以及防卫行为是否过当。总的来说，在判断防卫行为是否过当时，不要过于严格。

学生：现在有一种观点认为，实务中正当防卫认定得少就是结果无价值论造成的。

张明楷：我前面就说过了，这个说法难以成立吧。其实，实务中在认定防卫过当与否时，考虑得过于简单。例如，乙在盗窃甲的财物，甲对乙进行防卫。如果乙不反抗，甲打一耳光或者一拳头，就不需要防卫了。可是，在现实生活中，当甲对乙的盗窃行为进行防卫时，乙会反过来攻击甲。在这个时候，甲当然还要针对乙的新的攻击行为进行防卫。有时候，实施盗窃的行为人很可能要转化为抢劫了。在这种情况下，甲的防卫行为是否过当，主要取决于乙后来的攻击行为严重到何种程度，而不是取决于以前的盗窃行为样态。如果新的攻击达到严重危及甲的人身安全的程度，甲的防卫行为导致乙死亡，也没有过当。可是，人们这个时候常常就说：乙只是犯一个盗窃罪，甲怎么能打死他呢？这样的提问，就完全忽视了乙后来的攻击行为。再如，A 非法侵入住宅，B 对之进行防卫。如果 A 不反抗，B 当然也不需要将 A 打成重伤，更不能造成死亡。但是，如果 A 反抗，对 B 实施攻击行为，B 就不只是针对非法侵入住宅罪进行防卫，而是同时要针对 A 的新的不法攻击行为进行防卫。在这种情况下，防卫是否过当，就主要取决于 A 后来的攻击行为的强度。即使 A 后来的攻击强度不是那么严重，那么，由于他侵害了 B 的住宅安宁与身体法益，B 的防卫行为造成他重伤，从法益衡量的角度来说，也没有防卫过当。就抢劫、强奸来说，在不法侵害正在进行时，防卫人的防卫行为，不仅要针对抢劫、强奸行为本身，事实上同时还要针对不法侵害者的新的攻击，如果说考虑到法益衡量，防卫人就没有过当问题。再如，A 想伤害 B，对 B 实施攻击行为，B 进行防卫时，不仅要针对 A 的伤害行为，还要针对 A 行为计划外的攻击行为。所以，作为正当防卫对象的不法侵害，并不是静态的，而是动态的，并不是单一的，而是复杂的。换句话说，只要防卫人在防卫时，不法侵害人并不停止其不法侵害，比如不逃走、不求饶，而是继续实施相关行为，就可以认为不法侵害者有多个不法侵害行为，在侵害多个法益。从法益衡量的角度来说，也不会得出过当的结论。在妻子对丈夫的家暴进行防卫时，也要考虑这个问题。妻子针对丈夫的家暴进行防卫时，如果丈夫停止家暴，妻子当然不应当杀死丈夫。但是，妻子在防卫时，丈夫不仅要继续实施家暴行为，而且要制止妻子的防卫行为，这本身又是一个新的不法侵害。这两个不法侵害加在一起，就比较严重了。可以肯定的是，在这种情况下，妻子将丈夫打伤的，从法益衡量的角度来说，也没有过当。如果丈夫的新的攻击不是一般性的家暴，而是严重危及妻子的人身安全，妻子的防卫行为将丈夫打死的，也是正当防卫之内，而不是防卫过当。此外，还有前田雅英教授、山口厚教授以及我的教材上说的，在正当防卫的场合，不法侵害者的人身法益与防卫者的人身法益不是等价的，因为前者处于被防卫的地位，既然如此，在进行法益衡量时，也是不能不考虑的。总结前面的内容你们会发现，不法侵害人既有计划中的不法侵害，又有针对防卫人的新的不法攻击，而且他的人身法益是被缩小评价的；反之，防卫人没有实施任何不法侵害，并且要同时针对不法侵害人的各种侵害，其人身法益又没有被缩小评价，如果你综合考虑了这些内容后再进行法益衡量，你会认为结果无价值论会导致正当防卫减少、防卫过当增加吗？

学生：实践中，既不考虑不法侵害者的新的攻击行为，也不考虑他的人身法益的缩小评价，所以，容易认定为防卫过当。

张明楷：有一次我去外地讲课，其中也讲到了正当防卫。一位警察在送我去高铁站的车上跟我说，公安司法机关的一些人认为，正当防卫只能是"制止"不法侵害的行为，比如，不法侵害人用木棒打你，夺下木棒就是"制止"不法侵害的正当防卫。这种观点完全没有理解正当防卫的构造。在刑法中之所以讨论正当防卫，是因为它符合了犯罪的构成要件，如杀了人、伤了人、毁了物等等。由于构成要件所记载的是禁止素材，也可以说符合构成要件的行为通常是违法的，所以，需要用正当防卫说明这种符合构成要件的行为并不违法。把不法侵害人的木棒夺下来的行为，不符合任何犯罪的构成要件，哪里需要用正当防卫处理呢？所以，"制止"不法侵害，是指用杀人、伤害等符合构成要件的方法制止不法侵害，而不是指单纯的压制、阻止。原本不符合构成要件的行为，就不需要用正当防卫去排除犯罪的成立。比如，盗窃犯在偷别人的自行车时，被害人一把抓住了自己的自行车。

这一举动也制止了不法侵害，难道这叫正当防卫吗？这当然不是正当防卫。在这个意义讲，德国、日本的三阶层犯罪体系是有利于更好地理解正当防卫的。

学生：这些人只是在望文生义。

张明楷：我问你们：正当防卫和紧急避险可不可以竞合？

学生：可以啊，实际上每一个正当防卫都是防御性紧急避险。正对正只是攻击性紧急避险，防御性紧急避险也可以是正对不正。

张明楷：如果承认防御性紧急避险，二者就是可以竞合的。但在竞合的情况下，应当优先适用正当防卫的规定。

案例五

2013 年 6 月 25 日晚 20 时许，甲与 A 因争夺女朋友 B 的问题发生矛盾，后在甲的租房附近，A 叫来朋友乙丙丁等人欲就相关问题进行商谈。在商谈无果的情况下，B 乘坐 A 的摩托车离开。A 载 B 离开后，丙和丁两人便持砍刀追砍甲。甲被砍后，拿出事先准备的剪刀进行反抗，在此过程中，甲被丙丁二人砍伤，丙则被甲用剪刀捅到心脏（案发时灯光照明不够，比较阴暗），后乙用摩托车载丙丁逃离。甲随即自行到医院就医，并拨打 110 向公安报案称自己被人砍伤。经法医鉴定：死者丙心脏破裂致循环功能衰竭死亡；甲的左小腿损伤程度达轻伤，身上另有三处轻微伤。

学生：我们司法实践中有一种观点认为，甲事先准备了剪刀，并导致对方死亡，不能认定为正当防卫。

张明楷：这样的理由成立吗？

学生：我也认为不成立。

张明楷：甲与 A 发生矛盾以及就相关问题进行商谈，不存在不法侵害问题。甲身上带着剪刀本身也不是不法侵害行为，即使退一步将剪刀换成管制刀具，甲也只是违反《治安管理处罚法》的相关规定，而没有对丙丁等人形成不法侵害；即使他事前有对丙丁实施不法侵害的意图，他的不法侵害也还没有开始。丙丁持砍刀砍甲，这显然是不法侵害，既然丙丁的行为是不法侵害，甲当然可以利用随身携带的剪刀进行正当防卫。在这里，你们需要注意几点：第一，甲只有一人，而对方有乙丙丁三人；第二，丙丁拿着砍刀，甲只是携带了剪刀；第三，当时灯光暗，不能看得很清楚。在这样的场合，不可能要求甲克制自己的防卫行为。而且，丙丁拿着砍刀砍人，这已经属于行凶了，既然如此，当然可以进行无过当防卫。所以，应当认定甲的行为成立正当防卫。

学生：不赞成甲的行为构成正当防卫的观点的其中一个理由是，甲随身携带剪刀，表明他没有正当防卫的意思，所以不能认定为正当防卫。

张明楷：这有三个层面的问题：第一是能否说甲随身携带了剪刀，就没有正当防卫的意识？显然不能得出这样的结论，这种结论实际上是有罪推定在作怪。为了防身也可以携带刀具啊！你凭什么说甲携带剪刀就不是为了正当防卫呢？第二是能否认为甲事先准备了防卫工具时，其行为就不再是正当防卫行为，而是不法侵害行为？当然也不能得出这种结论。只要丙丁先动手对甲实施不法侵害，甲的反击行为就是正当防卫行为。这种防卫行为的性质与甲当时的主观想法没有关系。如果说，只有当行为人主观上具有防卫意识时，其行为才叫防卫行为，那么，偶然防卫的概念就不成立了。显然不是这样的。第三是成立正当防卫是否要求防卫人具有防卫意识？按照结果无价值论的观点，不要求防卫人有防卫意识。但是，即使要求防卫人具有防卫意识，从本案的情况来看，甲事实上也是有防卫意识的。

学生：不赞成甲的行为构成正当防卫的观点认为，丙丁毕竟没有把甲打成重伤或者造成死亡，甲就不应当将丙打死。

张明楷：丙丁的行为显然有导致甲死亡的危险性，只是由于打斗过程的偶然原因，才出现了本案的结局。如果丙丁将甲打成重伤或者造成了死亡，甲还能进行正当防卫吗？按照这个逻辑，只有当丙丁将甲打死了，甲才可能通过防卫行为将丙丁打死，可是，甲死了还怎么防卫？既然是防卫，强度就必然大于不法侵害者，否则怎么可能防卫呢？按照这种观点，凡是防卫行为致人死亡的都是防卫过当，因为不法侵害者没有将防卫人打死。这种观点显然不成立，而且明显与《刑法》第 20 条第 3 款的规定相矛盾。在进行法益衡量时，不能简单地比较最终的结果，而是要将不法侵害者的各种行为的危险与防卫人造成的结果进行比较。如果不法侵害者的行为有致人重伤、死亡的危险，防卫人就可以杀害不法侵害者。这仍然是法益衡量的结果。因为不法侵害者原本就处于被防卫的地位，他的人身法益与防卫人的人身法益不是等价的。这是我们以前经常讲过的话题。总而言之，防卫所造成的损害可以远远超过不法侵害所造成的损害。

学生：司法机关总是只看最终的结果轻重。

张明楷：防卫人要制止不法侵害，就必须在打击强度上大于不法侵害者，否则就不可能制止对方的不法侵害。有一次一位公安人员跟我讲一个案例：不法侵害者酒后追上一名保安，对保安连打三拳后，保安还手打了不法侵害者一拳，造成鼻梁骨骨折的轻伤后果，但是，不法侵害者没有将保安打伤。有人就要定保安故意伤害罪，理由是，对方是先动手打你了，可是没有把你打伤，你防卫时怎么能把对方打伤呢？这个观点太荒唐了。按照这个观点，双方只能一直拳击下去，而且在不法侵害者没有造成伤害的情况下，保安也必须保证不造成对方的伤害。这样的要求显然不合理。在防卫人与不法侵害者的打斗过程中，谁打伤谁常常具有偶然性，关键要看不法侵害者行为的危险性。在本案中，不法侵害者的行为当然有致保安受伤的危险，可能只是由于保安的身体太好，才没有造成现实的伤害。反过来说，保安一拳就把不法侵害者打成轻伤，也有一定的偶然性。在这样的场合，只看最终结果也不符合法益衡量的要求。因为正当防卫的本质，决定了只能将不法侵害者的行为可能造成的结果与防卫人造成的实害结果进行比较，而且同时要考虑我们以前讲的其他因素。

学生：您的意思是，前面讨论的甲的行为成立正当防卫。

张明楷：当然成立正当防卫。由于丙丁持砍刀砍甲的行为属于行凶，严重危及了甲的人身安全，所以，甲的行为成立无过当防卫。

案例六

某日晚 10 时许，保安赵某在某小区站岗值班，刘某、李某喝完酒后到该小区找自己原来的同事田某玩耍。因赵某未让刘某、李某进入，刘某不满，后经保安队长陈某同意让二人进入小区，二人到保安宿舍找田某聊天。李某先离开宿舍走到小区门口，赵某对李某说刘某说话太冲，李某返回将此事告诉刘某，后刘某到小区门口与赵某争吵，并举起岗亭门口的椅子要打赵某，被他人制止，赵某在岗亭内未出来。刘某、李某离开约 30 分钟后又返回至小区门口，看到赵某一个人值班时，刘某与赵某争吵后，刘某上前殴打赵某，赵某与其撕扯，李某同时到岗亭门口拿椅子准备殴打赵某，赵某发现后乘李某尚未举起椅子时即用警棍朝李某打过去，李某随即举起椅子与赵某对打，后刘某与李某共同与赵某对打，赵某持警棍打，刘某一方使用椅子抢，双方打作一团，对打持续约 30 秒，刘某与李某逃跑。赵某追出几米未追到返回报警并报告保安队长陈某。警察到了之后带上赵某一起在附近找到刘某、李某二人后带回派出所。经第二日就医检查，被害人刘某头部外伤，左桡骨小头骨折，经法医鉴定被害人刘某身体所受损伤程度属轻伤一级。

学生：本案主要是因为证据问题而产生了争议。

张明楷：争议在什么地方？

学生：刘某有三种说法：最开始说打架的起因系回去找朋友田某，赵某不让进才产生争执；后来说回去是想找赵某理论，没有要打架的想法；最后又称回去找田某，看见赵某后争吵起来，双方发生互殴。

张明楷：刘某明显不对，还找赵某理论什么？刘某的话显然不可信。

学生：李某也有三种说法：最开始称打架的起因系回去找朋友田某，赵某不让进产生争执；之后又称回去找赵某理论；最后又称是刘要求自己回去，自己心里知道刘某是要去打赵某。

张明楷：看来最后一次是实话。

学生：打斗的细节也不清楚，刘某、李某、赵某说得都不一样。

张明楷：李某怎么说的？

学生：李某说，刘某走到赵某跟前，要打赵某，然后他们俩就扭打在一起了，这个时候自己就拿起一把椅子，举起来准备打赵某，赵某看见自己拿起椅子后，就开始拿橡胶棒朝自己这边挥，把自己的椅子打掉了，还打到了自己的头部，自己就被打趴下了，后来自己爬起来就跑了。监控录像显示与李某说的大体一致，但也看不清具体画面。

张明楷：这说明刘某与李某返回小区就是要殴打赵某的。在不法侵害一方有两人，赵某只有一人的情况下，如果刘某已经开始或者即将开始殴打赵某时，赵某就可以进行正当防卫了。所以，说赵某的行为成立正当防卫没有问题。

学生：如果说是赵某先动手呢？

张明楷：你是想说赵某与刘某、李某相互斗殴？

学生：也有这种可能性。

张明楷：按照我的观点，即使是相互斗殴，其中一方将另一方打成轻伤的，也不存在犯罪问题。既然是相互斗殴，就意味着双方都承诺了轻伤结果，否则你为什么和对方斗殴？我的论文（《故意伤害罪司法现状的刑法学分析》，载《清华法学》2013年第1期）写过这样的问题，就是说，即使是相互斗殴致人轻伤，也可以通过被害人承诺阻却违法。而且，这个案件从前因后果来看，很清楚地说明刘某、李某属于不法侵害一方，他们两人显然是等到赵某一个人在岗亭时来殴打赵某的，所以，应当认定赵某是正当防卫。

学生：不存在防卫过当的问题吗？

张明楷：防卫行为造成轻伤的，不可能属于防卫过当。造成轻伤时，不可能叫"明显"超过必要限度，更不可能叫"造成重大损害"，只有重伤、死亡才可能叫重大损害。这从刑法分则关于犯罪结果的规定就可以清楚地看出来。

案例七

周某与王某是夫妻，钱某是他们女儿的男朋友。2013年5月

27日，钱某到了周某家院子里之后，就与周王夫妇发生了口角，钱某从周某家里拿了一把铁锹，转身向周某和王某冲过来，周某见状也从墙边拿起一把铁叉迎向钱某。王某看到这一局面后，就近从窗台上拿起一盘白灰向钱某扬去，然后转身跑去厨房躲避（周某家里当时还有其他人）。周某趁钱某躲闪白灰之机，用铁叉击打钱某的头部，并且将钱某打倒。为了防止钱某起身反抗，周某又用铁叉和铁叉的木把先后击打钱某的头部、面部，导致钱某倒地失去意识，头部大量出血。王某到厨房之后，邻居拨打了110报警，民警赶到现场时，钱某已经死亡。后周某投案自首。

张明楷：对周某与王某的行为应当如何评价？但是，要评价周某与王某的行为，首先必须先评价钱某的行为。

学生：钱某的行为肯定是不法侵害，只是不法侵害是否正在进行中的问题。

张明楷：已经拿起铁锹向周某和王某冲过来了，应当认为不当侵害已经开始了吧。

学生：周某与王某显然不能等到钱某将他们打倒之后再开始防卫。

张明楷：王某把白灰撒向钱某，就算钱某眼睛看不见了，王某也是正当防卫行为，而且王某的行为也没有给钱某造成什么损害。这个时候周某乘机用铁叉把钱某打倒，到此为止也没有什么问题吧。因为钱某拿着铁锹要打人，周某将钱某打倒在地，当然是正当防卫。问题是，周某后来为了防止钱某起身反抗，又用铁叉和铁叉的木把打钱某的头部、面部，这个行为有问题吗？

学生：钱某倒地以后就丧失攻击能力了吧？不是已经大量出血昏迷吗？

张明楷：倒地的时候没有大出血，是后来再继续击打钱某才大出血。你是说周某防卫过当了，还是防卫不适时？

学生：我国的司法机关与通说可能会说是防卫不适时吧。

张明楷：我最近一直在想这个问题。你们看，德国、日本都承认量的过当，就是说在不法侵害已经结束了，防卫人还继续防卫，这种一体化的防卫行为造成过当的，就是量的过当，要适用防卫过当的规定减免处罚。我觉得这样的情形作为量的过当处理，特别符合一般人的法感情。你们想想，防卫人把不法侵害者打倒之后，就要求他立即停止防卫，并不现实。如果我们说人家是防卫不适时，并且按普通的故意犯罪处理，感觉明显不合理。

学生：我们的司法机关都不这么认为。

张明楷：正是因为都不这么认为，所以我才想将德国、日本的量的过当的理论引入到我们国家的司法实践中。这个案例中的周某被以故意伤害罪判处了 10 年有期徒刑，司法机关对周某的行为构成故意伤害罪好像没有任何争议，而是对王某的行为如何处理存在争议，因为一种观点认为，王某没有履行救助钱某的义务，所以，要讨论王某是否构成犯罪。

学生：王某为什么有救助钱某的义务啊？

张明楷：我的感觉是条件关系深入人心了。因为王某撒白灰，所以，周某才能趁机打倒钱某，进而再击打钱某头部、面部。所以，司法机关就认为，这些结果是王某引起的，王某有救助义务。当然，这只是我的猜测。否则，王某的作为义务来源于哪里呢？

学生：实在想不出来。

张明楷：我觉得王某前面的行为肯定没有构成犯罪。王某撒了白灰之后就躲避，是怕钱某打到自己，否则，她为什么躲避在厨房里？后来周某将钱打倒以及打至大出血后，王某也没有救助义务。这个结果并不是王某造成的，而是周某造成的，怎么可能要求王某救助呢？另外，从案情来看，由于周某打击钱某的时间也很短暂，事实上也没有救助可能性。邻居不久就报警了，但警察到达时，钱某已经死亡。所以，在当时的情况下，已经没有结果回避可能性了，凭什么还要求王某救助？总之，王某的行为肯定不成立任何犯罪。需要讨论的只是周某的行为是不是防卫过当。

学生：司法机关是不是认为周某的行为构成故意伤害罪已经是板上钉钉了？

张明楷：周某的行为不是普通的故意伤害吧。如果要认定为故意伤害罪，就只是能说他防卫过当了。问题是，周某的行为是不是防卫过当？

学生：我觉得是防卫过当。按照老师的观点，就是量的过当。

张明楷：如果钱某的行为有致周某重伤、死亡的危险，周某的行为就没有过当。另一方面，如果说过当，就只能从量的过当的角度来考虑，当然还需要了解更多的案情。钱某被周某打倒在地之后，周某虽然是为了防止钱某起身攻击，又用铁叉和铁叉的木把先后击打钱某的头部、面部，这个时候需要判断钱某是否有可能起身攻击。如果不可能起身攻击或者说起身攻击的可能性很小，才可以说周某是量的过当。换言之，如果没有迹象表明钱某要起身或者准备起身，这个时候周某没有必要继续击打钱某。因为钱某已经倒地，周某拿着铁叉守在钱某身边，在钱某要起身或者准备起身时再反击，也是可以的。这种情况下，认定周某一体化的防卫行为形成了量的过当，还是比较合适的。总的来说，这个案情对后面的交待还不清楚，尤其是钱某在倒地后被打时是否一直企图起身攻击这一点不清楚。如果是，我认为可以认定周某的行为成立正当防卫；如果不是，我认为属于量的防卫过当。

学生：周某的行为应该是故意伤害致死。

张明楷：也不是绝对的，还是要综合考虑各种因素。周某当时一定也很紧张，未必能充分考虑自己行为的结果，认定为过失致人死亡也不是没有可能。当然，案件在这方面的交待并不清楚。即使认为周某的行为属于故意伤害致死，判处10年有期徒刑也是错误的。因为这个判决意味着法院没有减轻处罚，况且，周某还有自首的法定从宽情节。

学生：司法机关将正当防卫认定为防卫过当，将防卫过当认定为普通故意犯罪的现象非常普遍。

张明楷：最近有几位本科生把北大知网上所有与正当防卫有关的案件都进行了整理，一共有 2486 个案件。在这些案件中，律师以正当防卫进行辩护的，只有 1.5% 被法官采纳。就是说在 2486 个律师提出是正当防卫的案件中，只有 37 起案件被认定为正当防卫。我觉得这个很不正常。

学生：我在我们公诉部门工作了八九年，没有任何一件是以正当防卫为由不起诉的，也没有参加过这样的案件讨论。

张明楷：要想办法扭转一下这样的局面。

学生：老师你到外面讲座时多讲一下这个问题。

张明楷：我现在走到哪儿讲到哪儿，想方设法讲到正当防卫的问题上来。我讲完之后他们都说我讲得有道理，可办案的时候还是照样将正当防卫认定为防卫过当，将防卫过当认定为普通的故意犯罪。感觉讲了之后也没有什么用。

学生：您讲了还是有用的。您当年讲盗窃可以是公开的，不需要秘密窃取，至少后来我们深圳的公检法部门都接受了这个观点。

紧 急 避 险

A、B、C 三人绑架了 D 女，并且勒索到了财物。在释放 D 之前，三人拿着枪逼着 D 用刀杀害一名吸毒女。三人的目的是为了防止 D 报警，因为他们认为，D 如果报警，她也会因为杀人而进监狱。

张明楷：这是一个真实的案件，A、B、C 的行为性质容易判断，所要讨论的是 D 的行为是否构成犯罪。

学生：老师，我先问一下，紧急避险杀人的时候，可不可能阻却责任？

张明楷：当然可能阻却责任。

学生：在我们国家，阻却责任的紧急避险是超法规的责任阻却事由吗？

张明楷：这完全取决于如何解释《刑法》第 21 条。我们国家刑法只有这个条文规定紧急避险，而且与正当防卫的表述一样，都是不负刑事责任。但是，可不可以说正当防卫的不负刑事责任，是指正当防卫行为不违法；而紧急避险的不负刑事责任包含两种情形：一是因为不违法而不负刑事责任，二是因为没有责任而不负刑事责任。如果这个说法是成立的，那么，阻却责任的紧急避险就不是超法规的责任阻却事由；如果这个说法是不成立的，即认为《刑法》第 21 条所规定的紧急避险仅限于阻却违法的情形，那么，阻却责任的紧急避险就是超法规的责任阻却事由。

学生：我在网上看到老百姓对这个案件讨论，一人说 D 无罪时，另一人就会说 D 有罪，正反观点讨论挺激烈。

张明楷：你怎么知道是老百姓的看法，会不会是检察官、法官之间的讨论？

学生：那就不知道了。

学生：美国德肖维茨辩护的一个案件也是这样的，几个人住在一个大学的宿舍里，甲先朝被害人开了两枪，然后逼着乙朝被害人身上又开了两枪，最后不知道被害人死于哪一枪。这个案件在美国影响很大。

张明楷：这个案件好办。既然是甲逼着乙开枪，那么，即使是乙开枪导致被害人死亡的，也要将死亡结果归属于甲，所以，甲肯定承担故意杀人既遂的刑事责任。另一方面，根据事实存疑时有利于被告人的原则，由于乙开枪时被害人可能已经死亡，所以，不能认定乙的行为造成了被害人死亡。就是说，乙的行为充其量只是符合了故意杀人未遂的构成要件，剩下的就是乙是否存在违法阻却事由或者责任阻却事由的问题了。这一点上与我们讨论的案件有相同之处。

学生：在我们讨论的案件中，不能说 D 是阻却违法的吧。

张明楷：在这样的场合，你们可以反过来思考这样的问题：假如吸毒女在被 D 砍杀的时候，反而把 D 杀死了，吸毒女的行为是否构成犯罪？在美国的这个案件中，如果被害人反抗把乙杀死了，被害人的行为是否构成犯罪？吸毒女与被害人肯定不构成犯罪吧！既然如此，就表明，D 与乙的行为不是正当的。因为如果 D 与乙的行为是正当的，吸毒女与被害人的行为就不可能是正当的。

学生：我们还是只能说 D 的行为因为缺乏期待可能性而阻却责任。

学生：因为如果只是免责的话，D 的行为仍然是不法侵害，对免责的紧急避险可以正当防卫。

张明楷：按理说对免责的紧急避险可以进行正当防卫。9.11 后，德国通过了一个法案，就是恐怖分子劫机后撞击大楼时，空军可以击落飞机。但是，这个法案被宪法法院否决了。

学生：宪法法院直接扣了个大帽子，说这样做就侵犯机上乘客的人性尊严。

张明楷：问题是，发现恐怖分子劫机撞楼时，空军击落被劫持的飞机的行为是否违法？

学生：按照德国现在的通说是违法的，只是说从一般预防角度不需要对他们进行处罚。

张明楷：如果第三者眼看空军要击落被劫持的飞机时，把空军人员杀害了，结果被劫持的飞机撞向了大楼，又该怎么办？

学生：第三者是正当防卫。

张明楷：也是正当防卫？

学生：德国也讨论这个问题。如果按照通说的观点，现在空军把被劫持的飞机击落不能构成正当防卫，相反是违法的。第三者再把击落被劫持飞机的空军人员杀害的，就是正当防卫。

张明楷：这听起来好像在理论上很顺，但明显不符合现实。我觉得德国宪法法院完全没有必要否决那个法案，说空军是紧急避险并不存在什么问题。

学生：这个争议蛮大的。把整架飞机击落了，然后乘客就都死了。

张明楷：可是，死亡也就是提前几秒钟而已。乘客这个时候也不可能行使防卫权，所以，完全可以说空军的行为是阻却违法的紧急避险。你们对这个问题有兴趣的，可以看看一位英国人写的《尊严：历史和意义》（石可译，法律出版社 2015 年版）。

学生：您刚才讲的 D 杀害吸毒女的行为与空军有区别吧。

张明楷：当然有区别。因为 D 杀吸毒女时，吸毒女是能够行使防卫权的，而且，D 杀害吸毒女并不是保护更多人的生命，充其量只是保护她自己的生命。所以，如果吸毒女反过来杀死了 D，就是完全正当的。这表明，D 的行为仍然是违法的，只不过可以成立阻却责任的紧急避险。

学生：这样容易被人接受。

张明楷：我再讲一个案件：甲是警察，他和乙丙共同绑架了被害人丁女，甲要求丁的家属给 30 万元赎金，而且打算拿到赎金后撕票。乙在看守丁的过程中，还强奸了丁。后来，丁女就问乙丙绑架她是为了什么，乙丙告诉她，甲要勒索 30 万元。丁对乙丙说：你们把我放了，我给你们两人 60 万元。但是乙和丙对丁说："你给我们两人 60 万元，我们把你放了的话，甲会枪杀了我们，你得先把警察杀掉。"经过预谋和精心准备后，等甲来到拘禁丁的场所时，乙丙突然摁住甲，丁拿着刀捅死了甲。

学生：按照乙丙交代的情况，如果乙丙放掉丁，甲会杀死他们两个人。

学生：这个时点进行防卫太早了吧，甲还没有开始实施杀害乙丙的行为。

张明楷：不是讲针对甲的杀人进行防卫，而是讲针对丁的绑架行为进行防卫，因为绑架行为一直在持续。

学生：乙丙帮丁女实施正当防卫吗？

张明楷：我问的就是这个意思。

学生：我很难接受乙丙两个人的行为是正当防卫的结论。

张明楷：如果说丁女是正当防卫，你能接受吗？

学生：感觉可以接受。但丁女的行为是正当防卫，不意味着乙丙的行为是正当防卫。

学生：乙丙为什么要丁女杀死甲呢？

张明楷：因为他们认为，丁女杀死甲后，她就不会报警了。事实上，丁女也一直没有报警。

学生：能不能说乙丙支配了丁的行为，是利用正当行为的间接正犯？

学生：即使支配了丁女，也不能说是利用正当行为的间接正犯吧？

张明楷：乙丙不是间接正犯。如果单纯从杀人的角度来说，乙丙丁三人是共同正犯。

学生：如果丁是正当防卫，乙丙就是为了丁的法益而进行正当防卫。

张明楷：只有从正当防卫的角度来说，才可以认为丁的行为不成立犯罪。否则，司法机关为什么没有认定丁的行为成立犯罪呢？既然丁的行为是正当防卫，当然也应认定乙丙的行为是正当防卫。

学生：乙丙原本就是绑架犯，怎么还成立正当防卫啊？

张明楷：共同犯罪的参与者在脱离共犯关系时，当然可能对其他不脱离共犯关系的不法侵害者实施正当防卫。这没有什么疑问。

第三堂

有责性

故意与认识错误

案例一

甲看到网上有人出售"武器"，以为是枪支而购买。但对方寄来后，他发现只有子弹，没有枪支。

张明楷：这样的情况在采取具体符合说的德国会怎么处理？

学生：像这种同一个构成要件内的不同情形，按照德国现在比较多数的观点，如果有一个上位概念的话，大家就认为这个认识错误无所谓了。如果没有上位概念，不能彼此包含的话，那就还是有意义的一个认识错误。

张明楷：就是说，甲是购买枪支未遂，过失购买了弹药。

学生：那就只能定购买枪支未遂了。

学生：弹药与枪支在我国刑法上的地位是相同的吧？

张明楷：如果刑法规定的买卖对象是枪支、弹药、爆炸物等武器，甲的认识错误就没有意义了，就要认定为犯罪既遂。可是，我国《刑法》第 125 条没有"等武器"这个上位概念，在德国，按照具体符合说，就不能认定为犯罪既遂了。

学生：在德国是这样的。比如，德国刑法规定的非法侵入住宅罪，不仅包括他人的住所，还包括其他封闭的空间之类的。如果行为人以为是他人的住所，但侵入后发现是别人封闭的营业场所，这个认识错误就没有意义，因为在德国，非法侵入住宅罪中的住所只是封闭空间的举例而已。

张明楷：我前面所举的甲购买枪支的案件中，因为没有上位概念，德国就认定为买卖枪支未遂了。但这是主观的未遂犯论得出的结论。如果对方根本没有枪支，甲不可能买到枪支时，甲也成立买卖枪支未遂吗？

学生：在德国是未遂，在我国就不一定了。

张明楷：如果采取客观的未遂犯论，就不能认定为未遂犯了，只能认定为不能犯，于是甲就不构成任何犯罪了。这恐怕不合适。再如，我国《刑法》第 151 条第 1 款规定的走私对象是武器、弹药、核材料，也没有一个上位概念。如果行为人想走私武器，但实际上走私了核材料，在德国只能认定为走私武器未遂；在中国如果采取客观的未遂犯论，就只能宣告无罪了。所以，采取具体符合说与采取主观的未遂犯还是具有关联性的。

学生：应当说没有关联性吧。

张明楷：表面上没有关联性，实际上还是有关联性的。因为如果采取客观的未遂犯论的话，就会认为上面的甲的行为不构成买卖枪支罪的未遂犯，只能是不能犯；过失购买枪支也不能成立犯罪。如果采取具体符合说，甲的行为就无罪了。但是，这个无罪的结论不一定能被接受；正是因为可以当未遂犯处理，所以，具体符合说的结论才可能被接受。就是说，只要同时采取客观的未遂犯论与具体符合说，甲的行为就不成立犯罪了，但这种结论不可能被人接受，具体符合说因此也不能被人接受了。正是因为采取了主观的未遂犯论，有一个未遂犯可以定，因而多多少少可以维持结论的合理性，于是也就能维持具体符合说。

学生：这样说还是有一定的关联性。

张明楷：我国刑法规定的行为对象有一些是有上位概念的，有一些则没有。如《刑法》第 127 条前面规定的枪支、弹药、爆炸物没有上位概念，而后面规定的危险物质则有"等物质"这个上位概念。如果采用具体符合说，那么，当行为人以为自己是在盗窃枪支，但事实上盗窃了弹药时，按照主观的未遂犯论，就只成立盗窃枪支的未遂犯，对盗窃弹药不成立犯罪。如果采取客观的未遂犯论，就不成立犯罪了。但是，如果行为人以为盗窃的是毒害性物质，但事实上盗窃了放射性物质，就成立盗窃危险物品罪的既遂犯。

学生：在德国就是这样的。

学生：同一个条文怎么差距就这么大呢?

张明楷：如果行为人以为自己是在盗窃枪支，但事实上对方根本没有枪支时，还是不能认定为未遂犯的吧。否则，什么行为都可以成立未遂犯。你想盗窃普通财物而入户时，刚好侵入到警察家里了，结果你什么都没有取得，司法机关就可能认定你是盗窃枪支的未遂犯。你不承认吗？或许有办法让你承认。

学生：老师虽然没有在论著中说到，但经常跟我们说到的是，刑讯逼供现象导致我们不可能采取主观的未遂犯论。否则，后果不堪设想。

张明楷：回到我们讨论的故意与认识错误的问题上来。德国的通说是将故意作为违法要素，既然是这样，行为人打算盗窃枪支，但事实上盗窃了弹药时，如果在刑法上枪支与弹药完全是等价的，行为人是主观的违法减少了，还是客观的违法减少了？如果什么都没有减少，为什么认定为未遂犯？

学生：我觉得这个问题说到底可能是对故意构建的问题吧。

张明楷：不管如何构建，对故意有个实质的理解才能构建吧。如果没有实质的理解，单纯想从形式上构建故意，那是不可能的。可以肯定的是，成立故意要求行为人具体的构成要件事实有认识，问题是需要具体到什么程度。还有一个问题是，如何判断刑法分则条文所规定的构成要素有没有上位概念？

学生：看法条表述就比较清楚了吧。

张明楷：比如，《刑法》第 347 条第 2 款第 1 项规定的构成要件是："走私、贩卖、运输、制造鸦片 1000 克以上、海洛因或者甲基苯丙胺 50 克以上或者其他毒品的"。这里的"其他毒品"是上位概念吗？

学生：应当是吧。

张明楷：不好说。从文字表述上看，这里的"其他毒品"显然不包括鸦片、海洛因与甲基苯丙胺。此外，有的条文是并列规定几种对象的，可司法解释却确定为不同的罪名了。例如，《刑法》第 151 条第 1 款，条文是将武器、弹药、核材料与伪造的货币并列规定为走私对象的，可是，司法解释确定为三个罪名。于是，行为人在武器、弹药之间产生的错误就是同一构成要件内的错误，而在武器与核材料之间产生认识错误就成为不同构成要件的错误。

学生：核材料和武器的性质应当是一样的。

学生：核材料不一定用来打仗呢。

张明楷：所以，在我们国家的刑法中，究竟如何区分同一构成要件内的错误与不同构成要件的错误，都还成为问题。对于选择性构成要件要素的错误，是作为同一构成要件内的错误来处理，还是作为不同构成要件的错误来处理，也还需要研究。

学生：这个可能也和不同国家的立法有关。德国刑法还是很少像我们国家刑法这样把一大堆东西都列在同一条款内。

张明楷：德国刑法分则条文大多有上位概念，但我们国家刑法分则的许多条文都没有上位概念。有上位概念相当于有兜底的规定，没有上位概念就缺少了兜底的规定。由于刑法分则的立法体例存在明显的区别，所以，我们不能完全照搬德国的学说。从我前面的说明可以看出，如果要维持具体符合说，就需要采取主观的未遂犯论；如果采取客观的未遂犯论，就需要采取法定符合说。这显然不是逻辑的关联性，但确实是处理结论上的关联性。

于是，问题就摆在我们面前，我们是放弃客观的未遂犯论采取具体符合说，还是放弃具体符合说采取客观的未遂犯论。但不管怎么说，有一点可以肯定，在发生认识错误的时候，如果采取具体符合说与客观的未遂犯论时，就不能不加思考地跟着德国人说构成未遂犯，否则会自相矛盾。

案例二

甲乙丙丁四人商量好盗窃自动取款机里的现金，预谋时说的是去"偷"，但在踩点之后，他们都带了猎枪、砍刀、撬棍等专业作案工具，到了一个银行的分理处。甲乙丙三个人进入银行里面，此时已经是凌晨2点，丁拿着砍刀在银行外面望风。甲乙丙进去之后，找到了取款机的保险柜，甲乙两人用撬棍撬，丙拿着猎枪在里面望风，此时报警器响了，银行值班人员发现后就喊"谁，干什么!"于是甲就把丙的猎枪要过去，用猎枪朝着保险柜和银行值班室连开了几枪，但不是瞄准人开的，主要是想威胁银行值班人员。乙和丙此时没有做什么，就看着甲开枪。后来四个人逃跑了，没有人受伤。甲开枪不是为了继续抢劫，而是为了抗拒抓捕。

张明楷：法院以抢劫罪判处甲6年2个月徒刑，判处乙和丙5年6个月徒刑，以盗窃罪判处丁5年徒刑。

学生：比较而言，对丁判的是不是重了点？

张明楷：对丁定盗窃罪对不对？偷东西拿砍刀和猎枪干什么？

学生：不排除抢劫的情况，意思是能偷就偷，不能偷就抢了。

张明楷：甲乙丙肯定成立事后抢劫罪，为了抗拒抓捕而使用枪支，还是要认定为事后抢劫吧。丁也知道丙带着猎枪，当然认识到甲乙丙三人可能使用猎枪，丁除了参与前面的预谋之处，还在现场望风，丁显然有抢劫的故意，怎么可能只成立盗窃罪呢？

学生：四人都应当是事后抢劫，而且属于持枪抢劫。

张明楷：现在我要把这个案件反过来设想：甲乙丙进到银行里屋去后，他们一直在想方设法窃取现金，银行值班人员没有发现。但是，这个时候其他人经过时就说，银行的门怎么开着的？外面人要进入银行查看时，丁在外面用砍刀把人砍伤了，里面的甲乙丙完全不知情。

学生：丁是望风。

张明楷：既然甲丙乙都知道丁拿着砍刀望风，就表明他们认识到丁可能对妨碍他们的人实施暴力。既然如此，里面的甲乙丙也要成立抢劫罪吧。

学生：对啊，要不然拿着砍刀望什么风。

张明楷：应当说，在共谋之后，只要甲乙丙认识到丁遇到妨碍他们盗窃银行现金的人会实施暴力，就足以认定甲乙丙三人也有抢劫的故意。

学生：分工配合，是典型的共同犯罪。

学生：我觉得他们事先就已经有概括的故意，能偷到就偷，偷不到就抢，所以才带那么多凶器与工具。其中任何一个人，对他人实施暴力或者打伤打死其他人，都不会超出四个人的故意认识的范围。

张明楷：假如说甲乙丙三人在银行里面窃取了现金，尽管还没有出银行大门，但已经盗窃既遂。但是，外面的丁以为甲乙丙还没有既遂，就对外面妨碍他们的人实施暴力，这个时候就存在认识错误。外面望风的丁认为自己是在实施普通抢劫，但客观上只是事后抢劫。按照具体符合说，丁成立普通抢劫的未遂和过失的事后抢劫吗？当然，至少还要与盗窃罪成立想象竞合。

学生：按照具体符合说，也可能得出这样的结论。

张明楷：可是，我觉得这样的结论并不一定可取。此外，在上面这种情况下，丁在普通抢劫与事后抢劫之间发生的认识错误，是同一构成要件内的错误还是不同构成要件的错误？

学生：在我们国家都是定抢劫罪，属于同一构成要件内的错误吧。

张明楷：可是，普通抢劫与事后抢劫的构成要件不同，只是司法解释将不同构成要件的行为归纳为一个罪名了，当然刑法分则条文也是这样规定的。在德国与日本，普通抢劫与事后抢劫就不是同一个罪名，而是不同罪名。所以，在我们国家，一般按罪名是否同一来区分同一构成要件内的错误与不同构成要件的错误。但这样理解是否合适，还需要进一步研究。不过，不管怎么说，普通抢劫罪与事后抢劫罪是等价的，所以，按照法定符合说，是不是可以认定为抢劫罪的既遂呢？

学生：您刚才设定的案情中，丁为什么对他人实施暴力？

张明楷：主观上就是为了让甲乙丙盗窃成功，但让他们盗窃成功就是为了让甲乙丙的普通抢劫既遂。因为丁误以为甲乙丙三人还没有盗窃成功，银行外他人的阻碍就导致甲乙丙不能既遂，所以，丁对他人使用暴力。这就是普通抢劫的故意。可是，甲乙丙已经取得现金，已经盗窃既遂。

学生：丁事实上是一个事后抢劫。

张明楷：不一定是事后抢劫，因为不一定符合事后抢劫的三个目的的要求，但可能假设为事后抢劫。

学生：可不可以直接说已经构成普通抢劫了？

张明楷：为什么构成普通抢劫了？甲乙丙盗窃现金既遂的时候，没有人实施任何暴力胁迫，根据什么给丁定一个普通抢劫既遂？

学生：认定丁构成普通抢劫未遂与盗窃既遂。

张明楷：哪里有一个普通抢劫未遂？

学生：丁出于普通抢劫的故意，但没有实现普通抢劫的构成要件，所以是普通抢劫的未遂。

张明楷：按照主观的未遂犯论有可能得出这种结论，但是，按照客观的未遂犯论，未必能说丁是普通抢劫的未遂。

学生：丁的这种错误好像不是典型的不同构成要件之间的错误。

张明楷：跟杀人和杀害之间的认识错误不一样，跟那种两罪之间有重合部分的认识错误不一样。概括起来说，普通抢劫与事后抢劫的构成要件不一样，不法程度一样，定罪又一样，所以跟同一构成要件内的错误不一样，跟不同构成要件的错误也不一样？

学生：感觉是个新的问题。

张明楷：刑法分则中的拟制规定，可不可以都当作同一的构成要件处理？比如，刑法关于事后抢劫的规定，就是将不符合抢劫罪构成要件的行为拟制为抢劫。这个时候，我们就将普通抢劫与事后抢劫当作同一构成要件来处理。

学生：这是只有我国刑法中才存在的问题。

张明楷：我们现在采用了日本刑法理论关于事实错误的分类方法，所以，问题还是在于什么叫同一构成要件内的错误或者具体的事实错误？什么叫不同构成要件的错误或者抽象的事实错误？总的来说，大致存在如下几种情形：第一是像杀人那样的，本来想杀李四却杀害了王五的，这肯定是典型的同一构成要件内的错误。第二是构成要件中有选择要素的，行为人在不同的选择要素之间存在错误。比如，行为人本来想盗窃枪支，但实际上只窃取了弹药。对拐卖妇女、儿童罪中的妇女与儿童发生认识错误时，也是如此。第三是同一法条内的不同行为类型的错误。比如，以为是帮助他人在公共场所当场强奸妇女，实际上帮助了轮奸的。以为帮助他人携带凶器盗窃，实际上帮助他人入户盗窃的，也是这一类。第四是像普通抢劫与事后抢劫这类犯罪的情形，刑法是用两个条文分别规定的，但刑法和司法解释又确定为同一罪名。第五是典型的不同构成要件间的错误，比如，以为是普通财物而盗窃，但事实上盗窃了枪支。

学生：麻烦主要在第二、三、四种情形。

张明楷：首先是选择的要素。比如，盗窃枪支、弹药罪，我们是说这个罪的行为对象存在选择要素，还是说有两个行为类型？行为都是盗窃，恐怕还是说一个行为类型存在两个对象选择要素好一些，这就清楚地表述了一个含义：只要行为人盗窃其中一个对象，就构成既遂犯罪。就刚才所举的例子来说，行为人以为是枪支，实际上盗窃了弹药，如果不认定为一个既遂犯的话，盗窃枪支就很可能是不能犯，因为根本不存在枪支；过失盗窃弹药又不成立犯罪。但这种无罪的结论难以被接受，所以，我还是主张，就选择要素而言，将枪支、弹药完全等同看待，如果行为人在二者之间产生认识错误的，就如同杀人时对李四与王五产生认识错误一样，按同一构成要件内的错误来处理。

学生：完全理解为一个罪，就是盗窃枪支、弹药罪。

张明楷：大家都认为是一个盗窃枪支、弹药罪，但问题在于故意犯罪时，必须认识到什么程度？存在并列选择的要素时，是不是只要客观上实施了其中一个行为，主观上认识到了其中一种对象就够了。如果持肯定回答，这还叫不叫法定符合说？

学生：扩大的法定符合说。

张明楷：再如，行为人以为帮助本犯掩饰盗窃所得的 100 万元现金，实际上掩饰的是犯罪所得收益，比如是盗窃财物后销赃的 100 万元现金。如果不按照同一构成要件内的错误处理，也可能无法定罪了。按照具体符合说，也无法定罪了。如果要定掩饰犯罪所得罪的未遂犯，就必须采取主观的未遂犯论。

学生：所以，错误论的问题也就是故意认识的内容或者程度问题。

张明楷：故意的认识程度跟错误论是一体两面的关系。如果你采取具体符合说，就意味着你要求行为人认识到行为的具体内容；如果你采取法定符合说，就意味着你要求行为人认识到刑法规定层面的内容。

学生：老师，您以前说，如果行为人想盗窃枪支，但实际上盗窃了弹药的，就按客观方面的事实认定为既遂犯，这样说的依据是什么？

张明楷：这是以同一构成要件内的错误和法定符合说为根据的。一方面，行为人客观上盗窃了弹药，在此基础上，就要判断行为人有没有盗窃弹药的故意；在行为人具有盗窃枪支的故意的情况下，就进一步考虑能否将盗窃枪支的故意评价为盗窃弹药的故意；由于二者在刑法上是等价的，所以，可以得出这一结论。因此，认定行为人构成盗窃弹药罪的既遂犯。

学生：同一构成要件内的错误，就按照客观行为来确定罪名？

张明楷：从客观到主观认定犯罪，这样判断比较合适。如果从主观到客观，在某些情况下，就可能将有罪得出无罪的结论；在某些情况下，也可能将无罪得出有罪的结论。例如，行为人主观上有盗窃枪支的故意，你以此为前提或者作为基础时，就需要判断客观上是否窃取了枪支，但客观上没有窃取枪支，于是就不构成犯罪了。

学生：选择构成要件要素的错误还真是问题。而且，我国刑法分则所规定的选择构成要件要素还很多。

张明楷：我将一个真实的案例改编一下：乙想收买一个男童，甲就想拐骗一个男童卖给乙。甲事前就一直关注着一个山村的流浪"男童"，并且估计对方不满 14 周岁。甲从来没有想到拐骗其他人，就想通过拐骗这位流浪者卖点钱。于是，甲欺骗流浪者，将其卖给乙。事实上，流浪者是位已满 15 周岁的女孩，因为担心受害所以一直打扮成男孩。按照具体符合说，并且只有采取主观的未遂犯论时，才能认定甲构成拐卖儿童罪的未遂犯。如果按照具体符合说，并且采取客观的未遂犯论，则甲对拐骗儿童是不能犯，对拐卖妇女是过失犯，于是就不成立犯罪了。这与盗窃枪、支弹药罪的认识错误一样，只有采取法定符合说，才能认定甲构成拐卖妇女罪的既遂。

学生：妇女、儿童本来有上位概念，就是"人"，但是，刑法条文没有使用上位概念。根据具体符合说就麻烦了。

学生：入户盗窃和携带凶器盗窃的上位概念是盗窃，但不是盗窃罪里的盗窃，是自然意义上的盗窃。

张明楷：仅有自然意义上的上位概念是不够的。我们能不能说盗窃总共有五种行为类型？

学生：可以这样讲。

张明楷：如果是这样的话，可能只好按不同构成要件的错误来处理了，在重合的范围内认定犯罪。比如，甲以为乙是入户盗窃而为乙望风，但乙实际上是携带凶器盗窃，数额又没有达到较大的要求。再如，A 以为 B 要携带凶器盗窃，就将凶器借给 B，但 B 是利用这个凶器撬门实施了入户盗窃，数额也没有达到较大的要求。这个构成要件还是不同的吧？

学生：一个是入户盗窃，一个是携带凶器盗窃。

张明楷：如果正犯的数额较大，就可以说在普通盗窃的范围内是重合的，对于望风和提供工具的帮助犯可以认定为普通盗窃的共犯。但是，如果没有达到数额较大的要求，恐怕就难以认定为共犯了，最多只能认定为相应的未遂犯。

学生：您的意思是说，这种情形只能按不同构成要件的错误来处理。

张明楷：感觉这样好一些。除非说，入户盗窃与携带凶器盗窃是完全等价的，对提供工具的人就可以认定为既遂犯。

学生：前面是将盗窃枪支与盗窃弹药等同看待的，现在为什么不能将入户盗窃与携带凶器盗窃等同看待呢？

张明楷：如果你们要等同看待，也不是没有可能。关键是如何与故意的认识内容相协调，无论如何，不能采取抽象的符合说吧。

学生：那就不能对上面的甲和 A 定罪了。

张明楷：问题是不定罪是否合适？

学生：对提供盗窃工具的人还是要定罪的吧。客观上有因果关系，主观上虽然认识没得那么具体，但确实认识到盗窃财物了。

张明楷：但对正犯的构成要件行为没有认识。这个问题比较复杂，需要进一步研究。中国的学者们都不讨论这些问题。前面说的轮奸与在公共场合当场强奸的关系，也是一样的。

学生：可不可以说，在规范上，轮奸就等于在公共场所强奸？

张明楷：这样说行吗？

学生：我觉得可以。

张明楷：怎么可以？

学生：在规范上，对客观行为可以做同一评价，对主观上的故意也可以做同一评价。

张明楷：这样一来，事实的故意一点用都没有了。比如，行为人实施轮奸时，毕竟要认识到自己在和他人一起共同轮流奸淫妇女；认定行为人在公共场所强奸的，以行为人认识到自己在公共场所强奸为前提。假如，甲欺骗丙说，要在公共场合强奸丁，要求丙将丁女约到某个地方，但事实上，甲与乙在非公共场所轮奸了丁。对丙应当如何处理？

学生：如果客观上帮助轮奸，主观上以为帮助在公众场所当众强奸，就不能定轮奸的帮助吗？

张明楷：当然不能定轮奸的帮助，否则要"故意"干什么？

学生：是不是要把正面的故意认定拔高到了错误论的抽象层面？

张明楷：怎么去拔高？拔高也必须是在法律层面一样才行，或者说拔高到一个法律上存在的上位概念才行。比如说，行为人想杀李四，结果杀了王五，李四和王五都是《刑法》第232条规定的"人"。"人"是李四与王五的上位概念，而且也是刑法规定的行为对象。根据法定符合说，可以认定为一个故意杀人既遂。可是，轮奸和在公共场所当众强奸妇女的上位概念是什么？

学生：是情节恶劣。

张明楷：情节恶劣不是加重强奸的上位概念，只是加重犯的一种情形。不过，这个条文规定得也很奇怪。它把兜底规定放在了第1项，如果它规定在第5项，表述为"其他情节恶劣的"，也还好办一点。

学生：那就只能当抽象的事实错误处理了。

张明楷：所以，刚才说的那个客观上帮助轮奸、主观上以为帮助在公众场所当众强奸的案件，就只能定普通强奸的帮助，因为只有在普通强奸方面才是重合的。按理说，只能这样处理。问题是，这个跟盗窃枪支、弹药的情形有什么区别？比如张三以为是枪支而盗窃，实际盗窃的是弹药。

学生：在二者都是财物这一点上是可以重合的。

张明楷：是定普通盗窃罪？还是定盗窃弹药罪？如果把盗窃枪支与盗窃弹药之间的错误当作抽象的事实错误，才可以只定普通盗窃罪。但这样处理可能有疑问。

学生：按他的故意内容定罪。

张明楷：他的故意内容是盗窃枪支，他以为自己窃取的是枪支，但实际窃取的是弹药，怎么可能按故意内容定罪？如果当时根本不存在枪支，盗窃枪支还是一个不能犯呢。

学生：这跟前面的轮奸、在公共场所当众强奸不一样，前面的是实行行为不一样，后面的是盗窃对象不一样，是对象的认识错误。

张明楷：对认识错误要不要重新分类，进而确立一套新的处理规则？德国刑法理论并没有区分具体的事实错误与抽象的事实错误。

学生：我觉得不分挺好的，分来分去没办法处理，德国不分类，很简单。

张明楷：怎么很简单？你告诉我按照德国的理论，上面的案件该怎么办？

学生：这个不好说，我的意思是他们有一个总的原则。

张明楷：德国在未遂犯问题上采取的印象说，实际上是主观的未遂犯，只要行为人想干什么都可能成立未遂，无论如何都会处罚。我们不能采取主观的未遂犯，刑讯逼供这么普遍和严重，还能采取主观的未遂犯论？老百姓买袋胡椒粉被警察抓住了，又没有带身份证，没准就问出一个抢劫预备来了。

学生：分类还是好一点，老师刚才就分了五类。

张明楷：问题是，分类后是不是能够按分类提出不同的处理原则出来？如果你分了类，但处理原则是一样的，分类就没有意义了。或许只能确定已有的两个：一个是具体的事实错误的处理原则，一个是抽象的事实错误的处理原则。前面五类中的中间三种类型的错误分别归入到这两种错误中来。

学生：选择的构成要件要素的错误，归到具体的事实错误中来。

张明楷：我觉得可以。本想盗窃枪支，但实际上盗窃了弹药的，可以认定为盗窃弹药罪的既遂犯。本想拐卖男童实际上拐卖了妇女的，最好还是要认定为拐卖妇女罪的既遂犯。问题是行为类型的认识错误，以及普通抢劫与事后抢劫之间的认识错误是按什么错误处理？

学生：这两类错误也按同一构成要件的错误处理吧。

张明楷：还是有疑问，可能被认为采取了抽象的符合说。

学生：如果按照不同的构成要件的错误来处理，就需要找重合的地方了。

张明楷：甲为乙携带凶器盗窃提供凶器，但乙事实上是利用该凶器入户盗窃时，如果数额较大，那么，在普通盗窃数额较大这一点上是重合的，这个好处理。问题是，没有达到数额较大，就只能认定甲是盗窃的未遂犯了。另外，以为是帮助他人在公共场所当场强奸妇女，实际上帮助了轮奸的，在普通强奸的范围内是重合的，对帮助者只能适用普通强奸的法定刑。这样处理起来，可能比较稳妥一些。

学生：如果帮助犯的目的是为了让正犯盗窃数额较大，但是正犯入户盗窃，没有取得数额较大的财物，我觉得就不应该定罪了。因为事实上，正犯是入户盗窃，入户盗窃包括入户与盗窃两个行为，但帮助犯只认识到了盗窃，没有认识到入户，所以，只是盗窃未遂的帮助犯，即正犯没有窃取数额较大的财物。

张明楷：对！比如在德国和我国的台湾地区，入户盗窃是加重类型，没有认识到正犯入户盗窃而提供盗窃工具的话，对提供工具的人就只能认定为普通盗窃的共犯，而不能认定为加重盗窃的共犯。再如，帮助犯望风时，以为正犯实施普通抢劫，但正犯事实上抢劫了军用物资，对帮助犯只能认定为普通抢劫的帮助犯。同样，帮助犯以为正犯抢劫金融机构而提供帮助时，正犯抢劫军用物资的，也只能对帮助犯适用普通抢劫的法定刑。但是，如果帮助犯以为正犯抢劫救灾物资而提供帮助，但正犯抢劫抢险物资的，则对帮助犯可以适用加重抢劫的法定刑。

学生：普通抢劫和事后抢劫的错误是同一构成要件的错误。

张明楷：我也想得出这一结论。如果是这样的话，在我们最先讨论的案件中，在银行门外望风的丁，仍然成立抢劫既遂，而不是抢劫未遂。但是，这一结论可能与故意对构成要件事实的认识内容不协调。你们可以研究一下，究竟是只将不同错误归类到已有的分类，还是在重新归类后提出新的处理原则。

过　失

　　徐某长期开店，从事预包装、散装食品销售。某日上午徐某在店内准备用亚硝酸盐调制硝卤水，因一时慌忙，将亚硝酸盐遗留在经营区域，店内其他销售人员误将亚硝酸盐当白糖混入白糖销售箱，将亚硝酸盐当作白糖销售给张某、蔡某等人。当天下午，被害人唐某在食用张某购买的白糖后发生亚硝酸盐中毒死亡；九天后，被害人蔡某食用购买的白糖后也发生亚硝酸盐中毒造成轻微伤。

　　张明楷：本案的被告人应当是谁？

　　学生：徐某。

　　张明楷：销售人员呢？

　　学生：案情介绍中没有提到销售人员，对销售人员来说是意外事件吧。

张明楷：亚硝酸盐和白糖从外形上看差别有多大？

学生：差别可能不大。

学生：对于本案有三种观点：第一种观点认为徐某是意外事件；第二种观点是徐某构成过失致人死亡；第三种观点是徐某构成过失以危险方法危害公共安全罪。

张明楷：先讨论结果应当归属于哪些人的行为。这个案件中应当有三类嫌疑人：一是徐某，二是误将亚硝酸盐混入白糖销售箱的人，三是误将亚硝酸盐当作白糖销售给顾客的人员。如果并不是徐某将亚硝酸盐放在白糖销售箱里，误将亚硝酸盐放入白糖销售箱的人有没有责任？

学生：要结合具体的工作习惯来考虑吧。如果经营区域安放的食品都是可以销售给顾客的，责任主要就是徐某了，其他人应当没有责任或者责任较小。

张明楷：你是说要看其他人员的介入异常还是不异常？如果经营区域不应当放亚硝酸盐，其他人员的介入就并不异常，只能认定徐某的行为构成过失犯罪。如果经营区域也可能放亚硝酸盐之类的物品，需要销售人员辨别，那么，销售人员也有过失行为。

学生：从案情交待来看，主要是说徐某慌忙之中将亚硝酸盐遗留在经营区域，这说明亚硝酸盐原本不应当放在经营区域，所以，只是讨论徐某构成什么罪。

张明楷：如果是这样的话，徐某既有违反注意义务的行为，被害人的死亡结果也应当归属于他，而且他主观上肯定有过失，所以，认定为过失犯罪没有问题。还有一个有助于认定徐某构成过失犯罪的理由是什么？

学生：食品店是徐某开的，即使是其他人有过失，徐某也负有监督过失的责任。

张明楷：对。徐某有义务对店员的行为进行指导、监督。在本案中，也可以认定徐某存在监督过失。这也是认定徐某构成过失犯罪的一个重要理由。

学生：一种观点主张定过失以危险方法危害公共安全罪。

张明楷：认定为过失致人死亡罪就可以了吧。既然徐某的行为不成立过失投放危险物质罪，当然也就不适合认定为过失以危险方法危害公共安全罪。

学生：老师，有一件案件我想再确认一下：一个酒店的顾客与酒店工作人员发生争吵，酒店的保安就上来卡了顾客的脖子，并且推了他一把，结果顾客后脑着地。顾客是壮年人，也没什么疾病，但是送到医院就死亡了。保安被以故意伤害致人死亡起诉，辩护律师说这是意外事件。

张明楷：我们经常讨论这类案件。我觉得保安没有实施伤害行为的故意，认定为故意伤害致死并不合适。但是，要说保安没有过失，也不妥当。将人家推倒在地，当然应当预见到头着地后可能发生死亡结果，而且是在卡了被害人的脖子后推倒在地的。所以，我主张将类似的案件认定为过失致人死亡罪好一点。

责 任 能 力

甲吸毒后产生幻觉，以为被害人在追杀他，于是就捡起路边的石块，将被害人砸成轻伤。

张明楷：对于这样的案件，我们国家的司法实践几乎没有例外地认定行为人具有责任能力，并且认定为故意犯罪。但是，这类案件确实有值得讨论的问题。首先是责任能力的判断问题，其次是故意过失的认定问题。

学生：因为吸毒产生幻觉不是精神病，所以，司法实践就认定他是具有责任能力的人。

张明楷：常见的是两种情形；一是醉酒后实施不法行为，二是吸毒产生幻觉后实施不法行为。如果认为吸毒后产生幻觉不是精神病的话，对于吸毒就不需要讨论责任能力问题，也就不需要讨论原因自由行为了。醉酒包括生理性醉酒与病理性醉酒，后者被认为是精神病的一种情形。如果说《刑法》第 18 条规定的醉酒包含病理性醉酒和生理性醉酒，刑法规定他们应当负刑事责任，是不是意味着我国刑法对原因自由行为采取了例外模式？就是说，刑法明文规定醉酒后实施不法行为的，即使没有责任能力也要承担刑事责任。这样理解可以吗？

学生：但例外模式是有问题的。因为责任主义在法秩序里面不仅仅只是一个刑法原则，而且实际上是一个宪法原则。所以，这个原则实际上是刑法立法者也不能违反的原则。

张明楷：我们根据什么说责任主义是一个宪法原则呢？是不是只能从宪法保护人的尊严的规定来说明责任主义是宪法原则？

学生：好像只能从宪法关于保护人的尊严的规定推导出责任主义。

张明楷：我的教科书也是这么说的，不过教科书中没有什么论证。

学生：老师，我觉得应该采取构成要件模式，把原因行为解释成实行行为就行了。

张明楷：如果这样的话，打算醉酒后杀人，但醉酒后不省人事什么都没有做，是不是也要定故意杀人未遂？

学生：因为我们主张实行行为与着手的分离，这个时候虽然有实行行为，但是还没有着手；因为没着手所以不是未遂犯。就是说实行行为在着手之前，我们可以把这个喝酒行为当成实行行为。

张明楷：如果将喝酒行为看作实行行为，后来拿刀杀人的行为叫什么行为呢？

学生：不把它当行为就可以了啊。这和投放毒药是一个道理，当被害人快要喝毒药的时候是杀人的着手，实行行为是投放毒药的行为。在原因自由行为中，被告人拿刀砍人的时候是着手，而前面喝酒的行为是实行行为。当然，还要看行为人喝酒时候的心态，如果他知道自己喝了酒一定会砍人那就是故意犯，但如果不知道那也可能是过失或者意外事件。

张明楷：投毒时只需要被害人喝毒药，被告人不需要实施什么行为了。可是，在喝酒后杀人的场合，被告人后来还要杀人，还是有区别吧。如果不把被告人后来杀人的行为看作行为，只是看作着手，至少喝酒行为也成了杀人的预备行为了吧。

学生：定杀人预备是不是也可以？

张明楷：喝酒是老百姓再平常不过的行为，将这种行为作为杀人预备行为，也不合适。而且，如果你说喝酒就是实行行为，还不如直接说它是预备行为，然后说结果行为的时候是着手。

学生：这样的话，整个犯罪不就没有实行行为了吗？

张明楷：后来砍人的行为是实行行为啊。如果把喝酒当成实行行为的话会不会离结果太远了呢？

学生：但是，如果我放置一个定时炸弹，设定十年以后爆炸，这个很远吧，但说这个是实行行为我觉得没问题啊。

张明楷：那是因为你在认定了着手之后回过头来说它是实行行为，如果没有着手就很难说它是实行行为了。还有一种观点，把原因行为与结果行为都当成实行行为，这叫扩大的模式，也是构成要件模式的一种；不主张实行行为和着手分离的人也有采取这种观点的。

学生：我还是觉得原因自由行为与隔离犯是一个道理。

张明楷：当然有相似之处。如果犯罪已经既遂的话，回过头来可以认定哪些行为是实行行为。但是，如果没有着手的话，那就不能回过头来认定喝酒是实行行为了。如果行为人安放了定时炸弹，发生了爆炸产生了伤亡结果，那么，当然可以回过头来说安放炸弹的行为就是实行行为；但是，如果没有发生任何结果的话，十几年前安放炸弹的行为到底是未遂犯还是预备犯？原因自由行为的麻烦在于，除少数情况外，多数情况下不能确定行为人醉酒之后必然实施结果行为，因此，难以将前面的喝酒行为认定为实行行为。而且，实行行为是构成要件的行为，喝酒怎么可能成为构成要件的行为呢？虽然杀人罪的实行行为缺乏定型性，但是，喝酒行为确实难以成为杀人罪的构成要件行为。

学生：原因自由行为和隔离犯还有一个区别，就是炸弹的设置、毒药的投放都有现实具体的危险，但是喝酒就不一样了。而且，行为人有时候自己都不知道将要干什么。

张明楷：原因自由行为是一个世界性的难题，你们慢慢研究，还是讨论刚才的案例吧。

学生：一个人在KTV里面过生日，高兴了就把毒品拿了出来吸食，吸食后就陷入了幻觉状态，用水果刀刺朋友，导致有人死亡有人受伤。事后，被告人什么都不记得。这个究竟是责任能力的问题，还是故意过失的问题？

张明楷：从刑法的规定来看，只有精神病人才可能是无责任能力的人。吸毒产生幻觉就没有办法根据刑法的规定考虑责任能力了。

学生：老师，我见过类似的案件法官是这样说理的：被告人服用摇头丸之后产生幻觉，与醉酒后产生的暂时性神志异常具有本质上的一致性；根据《刑法》第 18 条的规定，醉酒的人犯罪应当负刑事责任，因此，吸毒导致短暂的神志异常的，也要负刑事责任。

张明楷：这好像是类推解释。

学生：判决还认为，即使当时被告人因为狂乱等已经实际上失去了责任能力，也要在法律上做一个贬低评价，认为他只是降低了责任能力。

张明楷：这个逻辑有问题。我觉得我们首先还是要考虑怎么解释《刑法》第 18 条，能不能把吸毒产生幻觉说成是精神病？如果能得出肯定结论，就可以适用第 18 条；如果得出否定结论，因为不是精神病就不能适用第 18 条了。不能因为吸毒像醉酒，就对吸毒后产生幻觉的情形适用第 18 条。不能认为第 18 条所规定的精神病是法律上的精神病，而不是生理上的精神病。否则，只需要法官判断就行了。

学生：不管怎么理解第 18 条规定的精神病，医学上的鉴定还是需要的。我们在具体案件的判断上，还是首先判断有没有医学意义上的精神病。

张明楷：问题是吸毒后陷入幻觉之类的状态时，在医学上叫不叫精神病？

学生：是不是只要陷入了精神病状态就可以算是精神病，而不管之前有没有精神病？

张明楷：那岂不是所有使用暴力的行为都可以说陷入精神病状态了？这个解释恐怕不行，这首先还是个医学的问题，我看过一些材料，一般认为吸毒产生幻觉的情形是可以归入精神病的。如果是这样的话，还是要按原因自由行为的法理来处理吸毒产生幻觉实施的不法行为，而不能直接适用《刑法》第18条关于醉酒的人犯罪的规定。还有就是，病理性醉酒到底是什么意思？病理性醉酒如果是精神病的话，那么就要把醉酒分为两种。第18条第4款就是在说原因自由行为要处罚，然后吸毒的人产生幻觉后犯罪的也要处罚，在这个意义上可以类比。只是说对原因自由行为的处罚是能做类比的，但不是说责任主义就不需要坚持了。你对醉酒的负刑事责任和对吸毒的负刑事责任如何讲理由是另一回事，我这里只是讲原因自由行为要受处罚。

学生：行为与责任同时存在的原则，就不允许有任何例外吗？

张明楷：首先说第18条第4款到底是什么意思，是不是包括所有的醉酒？如果说醉酒的人都有责任能力，那就没有讨论原因自由行为的必要了。现在之所以讨论，是因为认为行为人在实施结果行为时没有责任能力。现在大家都认为病理性醉酒是精神病，但如果他知道喝醉了酒之后要砍人，这是不可能不处罚的。原因在于你知道自己陷入精神病状态之后要杀人，你现在还要这么做，这不就表明你有故意了吗？按理来看本来就不要求实施结果行为时有责任能力，是不是因此也不要求行为时有故意过失？但是，如果得出肯定结论的话，万一是以前想杀人但当时确实是过失造成同一被害人死亡的怎么办呢？比如，行为人想杀一个人但是在擦枪的时候走火了导致其死亡怎么办呢？所以，还是要求行为与责任同时存在。如果说存在例外，为什么只有原因自由行为是例外呢？为什么其他场合不得有例外？例外多了就麻烦大了。

学生：实务中会认为，如果吸毒已经导致行为人精神错乱，因为精神错乱而实施了不法行为，就会认定无罪。

张明楷：但是，我们难以承认吸毒产生幻觉是超法规的责任阻却事由。如果是这样的话，后果就难以想象。我觉得，还是要按原因自由行为的法理来解决。虽然难以在责任能力方面为产生幻觉的吸毒者减轻处罚，但是，有一些案件是可以在故意、过失方面做文章的，就是说对于基于幻觉实施的不法行为，不能总是认定为故意犯罪。比如，行为人吸毒之后就觉得有人在追杀自己，然后就伤害了他人。我觉得，对吸毒者应当认定为假想防卫，以过失犯罪论处。也就是说，还是承认行为人在吸毒之后也是有责任能力的，只是要按照吸毒者本人当时的心理状态认定故意、过失，而不能离开吸毒者当时的幻觉认定故意、过失。

学生：也有一些情形可能是假想防卫过当。这样还能产生故意的假想防卫过当和过失的假想防卫过当，是不是就单凭被告人自己怎么讲了？

张明楷：不至于吧！法官、检察官肯定会有自己的判断。比如，被害人在前面走，吸毒者在后面走，但他追上去将被害人打伤。事后他说，以为被害人在追杀自己所以才伤害了他。你相信这个说法吗？

学生：不相信。

张明楷：所以，对于因吸毒产生幻觉后所实施的不法行为，完全有可能认定为过失行为。除非行为人故意利用幻觉状态实施不法行为，这个时候按照原因自由行为的法理，就应当认定为故意犯罪。

学生：乙为了对甲实施暴力抢劫甲的财物，而使自己陷入无责任能力的状态，但喝醉后实施的是暴力强奸行为，但奸淫没有成功。对乙应该如何定罪？犯罪形态如何认定？

张明楷：这也涉及原因自由行为。如果乙在实施暴力行为时具有责任能力，但实施奸淫行为时没有责任能力，就只能定为抢劫未遂。如果乙在实施暴力行为的时候已经没有责任能力，但暴力行为造成了伤害结果，就是故意伤害罪和抢劫未遂的想象竞合。抢劫未遂还是成立的，因为他事先就是为了抢劫，并且实施了暴力行为。由于乙在实施奸淫行为时没有责任能力，事前也没有这个故意，所以，不能认定为强奸未遂吧。

违法性认识的可能性

2014年7月14日，某职业技术学院的学生闫某和王某从鸟窝里掏了12只燕隼（雏鸟）。闫某在自家将燕隼养了起来，并将燕隼照片发到网上和朋友圈。闫某与王某以150元的价格卖给他人1只，以800元的价格卖给他人7只；闫某独自以280元卖给他人2只；其余2只一跑一死。2014年7月27日，闫某和王某又掏了 4 只幼隼。后被公安机关抓获，一审法院以非法猎捕珍贵濒危野生动物罪判处闫某 10 年 6 个月有期徒刑、王某 10 年有期徒刑。

张明楷：最近网上都在炒这个案件，你们觉得这个案件的定罪量刑有什么问题吗？

学生：之前我还在想这个量刑是不是有问题，但我看了一篇科普文章后改变了想法。文章说，燕隼一窝顶多有 2 只，也就是说行为人至少掏了五六窝；而且这种猛禽窝和窝之间的距离非常远。这样来看的话，行为人基本上把他们这个县的燕隼窝掏完了。而且，行为人还在网上卖，绝对是有故意的，不是什么"误掏"。

张明楷：还有人说行为人没有认识到燕隼是"国家二级保护动物"。认定非法猎捕珍贵濒危野生动物罪，还需要行为人认识到动物是哪一级保护动物吗？显然不需要认识到这么细致吧！如果需要认识到这么细致，就没有几个人可以构成这个犯罪了。所以，这个案件的行为人的故意和违法性认识可能性根本就没有问题。

学生：对国家保护动物的认识是故意的认识内容，还是违法性的认识内容？

张明楷：当然是故意的认识内容，因为行为的对象是珍贵濒危野生动物，这是构成要件要素；对这个构成要件要素的认识，就是故意的认识内容。

学生：有时候行为人可能只是觉得这种动物很少见，不一定认识到了是珍贵濒危野生动物。

张明楷：这个时候要适用外行人领域的平行评价的理论。文盲都可能不知道"濒危"是什么意思，所以，不能要求行为人用刑法用语来思维。我经常讲我在看卷宗时看到的笔录内容。警察问："你卖的光盘中是否有淫秽光盘？"嫌疑人答："没有，只有一些毛片。"在这样的场合，我们能说嫌疑人没有认识到自己贩卖了淫秽物品吗？所以，就有关珍贵濒危野生动物的犯罪而言，只要行为人认识到这种动物很少见、很独特、很奇怪、很值钱等等，就可以认为行为人认识到了这种动物是珍贵濒危野生动物。尽管司法解释和相关规定将珍贵濒危野生动物的名称都列出来了，但我们都记不住，记住了也不知道长得什么样。所以，不可能要求行为人认识得很具体。甚至可以说，行为人越是说不出动物名称的，就越是知道这种动物是珍贵濒危野生动物。因为越是我们熟悉的、我们见得越多的，越不可能成为珍贵濒危野生动物。我们总是见到普通的猪狗牛羊之类，但它们不是珍贵濒危野生动物。

学生：闫某将燕隼照片发到网上和朋友圈，是不是表明他没有认识到行为的违法性呢？

张明楷：你可以得出这个结论。但是，成立犯罪不要求行为人认识到行为的违法性，只要他有违法性认识的可能性就够了。在当今社会，不可能说一名大学生对有关珍贵濒危野生动物的犯罪不具有违法性认识的可能性吧。

学生：确实有这种可能性。不过，很多人还是觉得量刑过重。

学生：其实，我觉得很多人认为这个判决判重了，恰恰说明了我们国家根本就没有把动物保护和自然保护当回事。

张明楷：类似于这样的判决并不少。北京市西城区有一些市场，以前有时从市场上抓到一些出售珍贵濒危野生动物的嫌疑人，量刑基本上都是 10 年以上，很少有在 10 年以下的。实际上他们都是有故意的，都知道这种动物很值钱，因为能卖钱的几乎都是国家保护的动物。否则，你捉几个蟑螂去卖试试看。

学生：如果说判重了，也是因为司法解释有具体规定，下级法院只能这么判。

张明楷：如果确实认为量刑过重，那也是司法解释的问题，而不是一审法院的问题。这也是我长期以来一直反对司法解释的原因。

第四堂
故意犯罪形态

未遂犯与危险犯

甲在路上捡了乙丢失的一张银行卡，就想到银行的自动取款机上取款，但甲完全不知道密码，试了几次后没有取出现金。银行工作人员发现甲有点鬼鬼祟祟，就问甲怎么回事，甲立即弃卡逃走，但还是被银行工作人员抓获了。

张明楷： 按照我的观点，甲的行为属于盗窃行为，而不是信用卡诈骗。我们现在要讨论的是，甲的行为是不能犯还是未遂犯？

学生： 是盗窃未遂吧。

张明楷： 甲盗窃成功的概率是多少？密码是 6 位数，要试多久才能取出现金？如果试 3 次不能取出现金，银行卡就被机器吞进去的话，能认定是盗窃未遂吗？

学生： 感觉取出现金的可能性太小。

张明楷：既然可能性太小，就不能认定为未遂犯吧？

学生：万一试一两次就成功了，那肯定是盗窃既遂吧。

张明楷：当然，这没有疑问吧。

学生：我的疑问是，如果我们说甲的行为不成立未遂犯，又说一旦试成功就是既遂犯，岂不是只有不能犯与既遂犯，而没有未遂犯？

张明楷：不能这么说，其中也会有未遂犯。比如，在将要试出密码或者已经试出密码但还没有取出现金时，当然是未遂犯。我只是说，在试出密码的概率特别小的情况下，不应当认定为未遂犯。

学生：如果是这样的话，我还是可以接受的。

张明楷：不过，日本的一个判例让我难以接受。日本自动取款机的密码好像是四位数，行为人持他人的银行卡在自动取款机上取款时，也不知道密码，只是试了一下密码，也被认定为盗窃未遂。问题是，如何说明这种行为具有发生侵害结果的危险性？

学生：四位数的话，试出密码的概率就提高了。

张明楷：只是相比六位数的密码而言提高了概率，但总的来说，概率仍然是很低的。不过，这个案件的详情不清楚。但我认为，只有当行为人具有试出密码的可能性，而且可能性较大时，才能认定为盗窃未遂。因为未遂犯是危险犯，不管采取事前判断还是事后判断，在完全没有获得密码线索的情况下，试出密码的概率是极低的，恐怕没有未遂犯所要求的危险。当然，如果采取主观的未遂犯论，也能认定为未遂犯，但我们不赞成主观的未遂犯论。

学生：就具体的危险犯而言，具体危险的出现是成立具体危险犯的标准；实害结果的出现是判断具体危险犯既遂的标准。请问上述说法是否成立？

张明楷：如果某个罪是具体危险犯，那么具体危险的出现就是这个罪的处罚根据。如果没有具体危险出现，因为缺乏处罚根据，这个罪就不能成立。至于既遂未遂的判断，可能还要结合法条的表述，不能一概说实害结果的出现才是既遂。因为一般的条文所使用的动词，都提供了判断既遂标准的线索。比如，盗窃危险物质罪是具体危险犯，发生了具体危险才可能成立本罪；但是，盗窃这个动词意味着，只有当行为人将危险物质转移为自己或者第三者占有，才能成立本罪的既遂。再如，日本《刑法》第108条、第109条讲"放火烧毁"建筑物、船舶、矿井等，那么烧毁与否就是判断既遂与否的标准。我国《刑法》中最麻烦的条文就是第114条，它只有放火、爆炸等动词。所以，如何确定第114条的既遂标准，以及第114条有没有未遂，就不可避免存在争议。

学生：有观点认为，实害犯的未遂是具体危险的出现，那么在具体危险犯的场合，只要有抽象危险的出现，就可以认定具体危险犯的未遂。

张明楷：但这一观点可能并不符合第114条的规定。因为只有出现具体危险才能适用第114条；没有具体危险仅有抽象危险时，就不满足第 114 条的成立条件，而不是仅仅没有满足既遂条件。

学生：上述观点的意思是，第 114 条是有未遂的。我想问的是，如果说具体危险的出现是第 114 条的处罚根据，那么，在没有出现具体危险的场合，是不是一律不处罚呢？还是可以有存在未遂、中止的空间？

张明楷：我的看法是，如果一个罪是具体危险犯，那么，在没有具体危险的情况下，就不可能构成这个罪的未遂犯与既遂犯。

学生：在这种情况下也不存在预备犯了吗？

张明楷：预备犯当然可能存在。因为预备犯的危险是抽象的危险，如果事先准备工具，但点火行为没有发生具体危险的，当然可能成立放火的预备犯。

学生：这么说，第 114 条还是存在预备犯的。

张明楷：第 114 条当然存在预备犯，但我倾向于认为不存在未遂犯，因为即使是具体危险犯的未遂犯的成立，也要求出现具体危险。其实，第 114 条本身就是一个未遂犯，它是第 115 条的未遂犯，只不过被既遂化了。虽然从理论上说，被既遂化了的未遂犯，也还可能存在未遂犯，但是，我认为没有必要承认第 114 条还有未遂犯。如果第 114 条规定的是，放火烧毁什么什么，危害公共安全的，处 3 年以上 10 年以下有期徒刑，那么，我就认为，发生了具体危险但还没有达到烧毁程度的，就是放火未遂。但是，《刑法》第 114 条并不是这样规定的。

学生：老师我想问一下，是不是所有的抽象危险犯都是行为犯？

张明楷：不是也有结果犯吗？

学生：比如说盗窃枪支罪，是不是既是实害犯又是抽象危险犯？

张明楷：针对什么是实害？

学生：针对枪支被盗窃、占有被破坏的结果是实害犯，对公共安全就是抽象的危险犯。

张明楷：你这个实害就没有和危险对应起来。

学生：实害是和危险对应的，针对同一法益而言，实害和危险并不是同时存在的。但是，结果犯和危险犯是可以同时成立的。

张明楷：对。抽象的危险犯既可能是行为犯，也可能是结果犯。

学生：绑架罪是行为犯吗？

学生：绑架罪要产生一个实际控制他人的结果吧？

张明楷：你们一定要意识到，讲一个犯罪是行为犯与结果犯、危险犯与实害犯时，一般是从既遂角度来说的。所以，绑架罪不是危险犯而是实害犯。

学生：绑架罪保护的是生命法益，但不需要出现这个法益侵害结果。

　　张明楷：绑架罪保护的应当是生命、身体安全本身，而不是生命本身，否则绑架罪就等同于杀人罪了。行为人绑架了他人，他人就丧失了生命、身体安全，所以是实害犯，当然也是结果犯。

　　学生：德国刑法理论是把绑架罪理解成抽象危险犯的，但同时认为它也是个结果犯。

　　张明楷：因为实害是危险的现实化。如果说盗窃枪支罪是公共危险犯的话，只有这种危险现实化了，如不特定或者多数人伤亡才是本罪的实害。枪支被转移占有，虽然是结果，但不是公共危险的现实化，只是这个犯罪的既遂标志。

　　学生：这么说，抽象危险犯可以有未遂喽？

　　张明楷：可以啊，行为人着手盗窃枪支但没有取得枪支的，不就是盗窃枪支未遂吗？

　　学生：危险驾驶罪有没有未遂呢？

　　张明楷：危险驾驶罪既是行为犯，同时也是抽象危险犯。行为与结果同时发生，不可能有未遂犯吧。

　　学生：就是说，结果犯的抽象危险犯是有未遂存在余地的，但是行为犯的抽象危险犯由于行为和结果同时发生也就没有未遂的存在余地喽？

　　张明楷：可以这么说吧。

　　学生：还有一个问题，就是具体危险犯有没有未遂呢？

张明楷：许多具体危险犯也有未遂吧，只是《刑法》第114条是否需要承认未遂犯的问题。

学生：但是未遂犯本来就是危险犯，然后再处罚具体危险犯的未遂是不是不太好？

张明楷：具体危险犯是从处罚根据上来说要有具体危险才构成犯罪，但如果产生了具体危险，却不符合既遂标准的话，比如法条规定的结果没有发生的话，就是未遂啊。比如前面讲的，行为人着手盗窃危险物质，并且产生了具体危险，但由于意志以外的原因没有将危险物质转移为自己或第三者占有，就成立盗窃危险物质罪的未遂犯。

学生：遗弃罪呢？

张明楷：遗弃罪在日本被认为是具体危险犯，当然可能有争议。但在我国几乎不可能处罚遗弃罪的未遂犯。因为在我国只有情节严重的遗弃才成立犯罪，未遂的遗弃行为通常不会评价为情节严重吧。不过，这是两个不同的问题。

学生：我觉得理论上或许可以承认具体危险犯有未遂，但这个未遂犯是不是可以不处罚呢？因为这个危险实在是太小了。

张明楷：如果你从具体危险没有发生的角度来讲的话，这种未遂就不一定要处罚吧。但是，具体危险犯的未遂并不是说没有发生具体危险，而是没有满足法条规定的其他客观要件，尤其是没有满足既遂条件。这个问题，你只要理顺了危险与结果的关系就行了。实害是危险的现实化，但结果不一定是指危险的现实化。

学生：一般来说具体危险犯一定是结果犯吧？

张明楷：当你说具体危险犯是结果犯的时候，这个具体危险本身就是个结果。

学生：我觉得理论上说具体的危险犯有未遂是可以的，但是这个危险是不是太小了？

张明楷：你还是没有理解我的意思。具体危险犯的未遂并不意味着危险太小了，而是说在发生了具体危险的同时，没有满足法条规定的既遂条件。

学生：是替代的结果没有发生吗？

张明楷：在许多情况下是可以这么说的，但不能绝对地这么说。我说的替代结果就是指表明犯罪既遂的结果。比如行为人盗窃传染病病原体，《刑法》第 127 条规定这种行为"危害公共安全的"才成立犯罪，也就是说发生了具体危险才成立犯罪。如果行为人着手实行后没有取得传染病病原体，就是本罪的未遂。不能认为，这种场合的危险太小了。

学生：也就是说，本来的结果应该是毒死人，但这里是一个替代的结果即是否转移了传染病病原体，以这个替代的结果是否发生来判断既遂与未遂。

张明楷：本案的实害是毒死。如果你说具体的危险或者抽象的危险都没有发生也成立未遂的话，那就不合适了。什么危险都没有发生，凭什么处罚行为人呢？

学生："危险"是个客观概念，还是主观概念？

张明楷：什么叫客观概念，什么叫主观概念？你是说危险是根据客观事实判断，还是根据主观心理判断吧？

学生：有人认为，所谓的"客观危险说"就是对危险这个主观概念进行了隐秘的构建。既然是根据社会一般人的认识判断的，那就是说危险是一个主观的判断。

张明楷：这取决于你采取什么学说。结果无价值论一般认为，客观上完全没有危险的，即使一般人认为有危险，也不能认定为有危险。从这个意义上说，"危险"就是一个客观概念。但是，有的行为无价值论者也倾向于客观看待"危险"概念。比如井田良教授就认为，危险的认定不能违背科学；如果根据科学法则，行为没有危险但一般人认为有危险时，处罚这样的行为就违背了科学，甚至可以说是基于愚昧。所以，井田良教授主张对具体危险说进行修正。人们经常拿以杀人故意开枪却打中尸体的案件来讨论。如果人已经死了两天，行为人开枪射击的是尸体，故意杀人罪的对象都不存在，怎么能够认为行为有致人死亡的危险呢？怎么能认为行为人的行为已经符合了故意杀人罪的构成要件，认定为故意杀人罪的未遂犯呢？

学生：可不可以认为危险的判断是一种构成要件符合性的判断，是客观的判断？

张明楷：危险的判断就是一种客观的构成要件符合性的判断。日本学者大塚仁、前田雅英都是在构成要件符合性部分讨论未遂问题。如果行为在客观上没有一点危险，规范判断时主要考虑行为人的主观心理状态，那就太危险了。那还要危险犯这个概念干什么呢？不是只要行为表明行为人想犯罪就能处罚了吗？

未遂犯与中止犯

甲乙两个被告人对被害人不满，甲把被害人叫到一个房间后，甲乙二人对被害人实施暴力，甲还向被害人左大腿捅了一刀，被害人受伤之后晕倒。甲以为被害人已经死亡，就和乙一起将被害人抬到酒店西边的机井房，打算将被害人投到井内毁尸灭迹。在将被害人的双腿塞入到井口时，被害人向二人求饶，甲乙二人就把被害人弃于井边逃离。经鉴定，被害人左大腿刺伤致使失血性休克，构成重伤。

张明楷：甲乙二人前面的行为是杀人还是伤害？后面可以说是在实施了过失致人死亡行为的时候中止了行为。有人认为过失犯也有未遂和中止，我说这个说法没有意义，但对方说有意义，因为是客观事实不能不承认。

学生：台湾地区有人也主张这种观点，专门写文章讨论过失犯的未遂和中止。

张明楷：有什么意义呢？

学生：确实没有什么意义。

张明楷：如果说这个案件有点讨论价值的话，主要在以下方面：第一，甲乙二人的前行为是杀人还是伤害？第二，如果说前面的行为是杀人，甲乙二人是成立杀人中止还是杀人未遂？第三，后行为与前行为是什么关系，是一体化地判断还是分别判断？

　　学生：从案情来看，不清楚前行为是杀人还是伤害。

　　张明楷：案情交待得确实不详细。不过，如果前面是伤害的话，这个案件就没有多大讨论价值。因为如果前行为是伤害既遂，后行为当然也不构成犯罪。我们就按杀人来讨论第二、三个问题吧。

　　学生：如果说前面的行为是杀人的话，前面的行为只能成立杀人未遂，而不是杀人中止。因为行为人误以为被害人已经死亡，行为已经终结，因此已经形成了犯罪未遂的状态。犯罪未遂后，就不可能再中止犯罪了。

　　学生：不一定吧。如果说前面的行为是杀人的话，就应当将前面的行为和后面的行为作为一个整体来观察，行为人在可以将被害人推入井中的情况下，基于被害人的求饶而不推下去，还是可能成立杀人中止的吧。

　　张明楷：你的意思是，甲乙放弃了重复侵害，所以可能是杀人中止。

　　学生：对啊。

　　张明楷：德国对放弃重复侵害有很多的讨论，但我没有见到日本学者讨论这个问题。

　　学生：我们国家前一段时间都认为放弃重复侵害是犯罪中止，最近有学者又主张应认定为犯罪未遂。

张明楷：我觉得讨论这个问题时，一方面要注意前行为是否已经形成了未遂状态；另一方面要注意后行为与前行为是否具有一体性，或者说是否属于一连行为。当然，这两点又是密切联系的。

学生：前后行为具有一体性不表明前行为还没有形成未遂形态。

张明楷：可以这么说。

学生：判断一体性的标准是什么？

张明楷：首先是客观行为的一体性，在前后行为的方式相同的情况下，容易认定为一体性；但前行为容易或者通常会转变为后行为，而且前后行为的性质相同的情况下，也可以认定为一体性。这一点，你们可以看看罗克辛教授的教科书，他举了不少例子。还要判断前后行为在时间、场所方面的距离。时间、场所越是紧密的，越容易肯定一体性。当然，也要考虑行为人的主观内容。

学生：在本案中，可以说甲乙二人的前后行为都是杀人行为，还是可以认定为一体化的杀人行为的，或者说是一连的杀人行为。

学生：但是，甲乙二人的前行为是为了杀人，而且误以为被害人已经死亡了，后行为只是为了湮灭尸体，主观内容明显不同。

张明楷：这是我从读研究生以来就一直思考的问题。当时遇到的案件是：丈夫掐妻子的脖子，导致妻子大小便失禁时，丈夫误以为妻子死了，就在边上观望。这时，妻子提出要喝水，丈夫就立即倒水给妻子喝，并且赔礼道歉。有人认为，丈夫误以为妻子死亡时，就已经形成了犯罪未遂；有人认为，还没有形成犯罪未遂，丈夫放弃重复侵害行为成立犯罪中止。

学生：那您认为这个丈夫是杀人未遂还是杀人中止？

张明楷：我一直倾向于认定为杀人中止。虽然丈夫误以为妻子已经死亡，但是这个时间很短暂，丈夫也没有离开现场，在当时的情况下完全可以毫无障碍地再掐妻子的脖子，但他放弃了这一行为，所以，认定为杀人中止还是比较合适的。当然，甲乙二人的行为与这个丈夫的行为有所区别。

学生：如果重视客观上的一连行为，那么，甲乙二人的前后行为都是杀人行为，他们在可以轻而易举地将被害人推下井里的情况下，放弃了这种行为，还是可以成立杀人中止的。

张明楷：说甲乙二人的前后行为是一连行为，有利于解决另一方面的问题。就是说，如果被害人被推下井里后溺水身亡，也会认定甲乙二人成立故意杀人既遂。因为按照通说，在杀人的一连行为过程中，并不要求行为人从头到尾都有故意，只要在着手时有杀人故意就可以进行主观归责。

学生：既然甲乙将被害人推下井里也是一连行为，那么，将要推但没有推下去时，也应当是一连行为，否则有自相矛盾之嫌。

张明楷：甲乙将被害人推下井里时，其前后都是杀人行为，甚至可以说前后都有杀人故意。但是，甲乙不将被害人推下井里，就表明二人后来没有杀人故意。

学生：但甲乙确实是在可以杀害被害人的情况下，没有杀害被害人。如果不认定为一连行为，而是认定为两个行为，那么，前行为是杀人未遂，后行为就不构成犯罪，因为二人在实施后行为时并没有杀人故意。

张明楷：感觉我们假设甲乙二人前面的行为是杀人行为有问题。一般来说，如果前面想杀人，后面不可能轻易地放弃。只有当前面只是想伤害，后来发现没有死的时候不再推入井中，才是合情合理的。我的想法是，如果前面是伤害，就只认定为一个伤害既遂。如果前面是杀人，后面确实放弃了杀人，还是可以认定为杀人中止的。

第五堂

共犯

案例一

政府向 A 村征地交付了几千万元征地补偿款，但补偿款未能全部分给 A 村村民。A 村村民群情激奋，在征地施工现场搭设帐篷轮流看守，阻止施工。A 村村委会主任甲与 B 村村委会主任乙是朋友，甲让乙帮忙找人把征地施工现场的村民赶走，乙找到丙，让丙找人摆平。丙已经找好人、租好车，正要前往 A 村。甲去找镇长汇报情况，镇长严肃批评了甲，告诉甲这是违法犯罪行为，必须立即停止。甲马上给乙打电话，让乙不要动手，乙也马上告诉丙不要动手，丙即遣散众人。四天后，甲见村民还在征地施工现场阻止施工，就直接打电话给丙，让丙找人把村民搭建的帐篷烧掉，吓唬吓唬阻止施工的村民。丙找到 C、D、E、F，购买了汽油、租好了车，打算半夜前往 A 村村民驻扎地。当天下午下班前，丙来到了乙的办公室，对乙说要去 A 村烧帐篷吓唬阻止施工的村民，乙对丙说"别胡来，这是犯罪"。丙说，"没事，就是吓唬吓唬他们"。乙说"那你自己掂量着"。当天半夜，C 等四人携带汽油、火柴、刀具等来到 A 村，四人明知帐篷内有人却点燃了帐篷，导致一人烧死，多名老人烧成重伤。

张明楷：前往现场的 C 等四人的行为构成放火罪或者故意杀人罪，这是没有问题的。甲与丙是放火罪或者故意杀人罪的教唆犯，当然丙可能是共同正犯，这个也不需要讨论。虽然甲可能会辩解说，自己只是想找人吓唬吓唬村民，并没有想要杀人，但实际上甲知道帐篷里有人，让人放火烧帐篷就可能烧死人，还是可以认为他具有放火罪或者故意杀人罪的故意的。现在需要讨论的是，乙是不是放火罪或者故意杀人罪的共犯？司法机关对乙的处理有三种意见：一种意见是乙是放火罪的共犯；一种意见是乙构成寻衅滋事罪；最后一种意见是乙无罪。你们觉得呢？

学生：乙之前已经找到丙，让丙去 A 村驱赶村民，丙也已经找好人、租好车，马上就要赶到现场。丙这样的行为是不是构成寻衅滋事罪的预备？

张明楷：司法实践中，基本不可能处罚寻衅滋事罪的预备行为。

学生：因为丙是乙帮甲找到的，是不是乙就对结果的发生有促进作用或者有因果关系？

张明楷：但是，在甲给乙打电话要求停止的时候，乙就给丙打电话，阻止了丙当天的犯罪行为。四天后，是甲与丙直接联系的，乙并没有从中联系。不能因为甲通过乙认识或者找到了丙，即使乙不知情或没参与，也认为乙参与了甲和丙的犯罪。关键还是要看乙说的那句"那你自己掂量着"是否起到心理的帮助作用。还要看乙之前找丙帮忙的行为，与四天后丙实施的犯罪行为之间是否仍然有因果性。如果说没有起到心理的帮助作用，也没有因果性，就需要考虑不作为的问题，即乙在听丙说找人去烧帐篷的时候，乙有没有阻止的义务？

学生："那你自己掂量着"显然是让丙不要实施犯罪行为，不会起到心理的帮助作用。

学生：也可能有人朝相反方向理解。

张明楷：但是，联系乙说的"别胡来，这是犯罪"，不应当认为"那你自己掂量着"对丙起到了心理的帮助作用吧。

学生：对。

张明楷：关于共犯的因果性，本案还有一个问题：四天后丙再次纠集 C、D、E、F 等人实施犯罪行为，与乙最开始找丙帮忙之间还有因果性吗？

学生：因果关系已经遮断了，或者说乙成立共犯的脱离。

张明楷：乙四天前已经通知丙不要实施相关行为，丙也答应了，并且丙也遣散了众人。既然如此，就可以认为乙已经从共犯关系脱离了，因此与丙等人后面造成的结果就没有因果性了。

学生：乙单纯地通知丙，能否成立共犯关系的脱离？

张明楷：你还要求乙干什么？丙是乙找来的，乙通知丙之后，丙也答应了，这对共犯关系的脱离就已经足够了。

学生：老师的意思是，乙前面的行为与丙后来实施的犯罪已经没有关系了。

张明楷：关系当然有，但不是任何关系都意味着共犯的因果性。

学生：可以认为丙后来是由于甲的安排而另起犯意了。

张明楷：可以这样认为，总之，乙前面的行为与丙后来实施犯罪已经没有心理的因果性了，当然更没有物理的因果性。既然如此，我们就讨论乙有没有阻止丙犯罪的义务。

学生：从案情交待来看，丙和乙的关系要更熟一些，丙之所以要去找乙说这件事，就是因为之前乙牵过线，给人感觉丙的言外之意是，我之所以会做这件事，还是看在乙的面子上。这是否就可以认为乙有阻止丙犯罪的义务呢？

张明楷：你刚才说的这些可以评价为不作为犯的作为义务来源中的先前行为吗？如果这样理解先前行为的话，先前行为不就无边无际了吗？

学生：我只是说丙实施犯罪与乙还是有关系的。

张明楷：问题是，这种关系能否导致乙有阻止丙犯罪的作为义务。我问一个问题：如果张三教唆李四实施一次入户盗窃行为，李四也入户盗窃了。到此为止，张三当然是教唆犯。后来，李四不断地盗窃，张三有阻止义务吗？如果没有阻止，张三是不是要对李四的所有盗窃行为承担责任？

学生：不能吧。

张明楷：所以，不能因为有联系或者有条件关系，就肯定乙有阻止丙犯罪的义务。而且，如果说乙有阻止丙犯罪的义务的话，义务来源于什么地方呢？恐怕只有先前行为了，但乙已经切断了自己的先前行为与丙后来犯罪之间的因果性。后来丙告诉乙时，乙并不具有阻止义务。所以，认为乙构成不作为的共犯，是缺乏理由的。

学生：您的意思是本案中乙的行为不成立犯罪吗？

张明楷：不成立任何犯罪。

案例二

某天下午 5 点，甲到一个有门禁的独立单元的住所入户盗窃。甲侵入后在寻找财物的过程中，甲的弟弟乙打电话来，甲就让乙也来盗窃，乙说"我在上班呢，还没下班呢"。晚上 7 点时，女被害人回家了，甲就持水果刀对被害人进行威胁，并且用腰带、丝带等将被害人捆绑起来，逼着被害人说出钱放在哪里，甲在被害人家里抢到了 2700 元现金，还有黄金首饰（数额不大）。在甲还没有离开被害人家的时候，乙就给甲打电话。乙在电话里得知甲把被害人捆绑起来了，就立即前往作案地点，但到了楼下之后没办法进去。甲乙还在楼上楼下喊话，内容是如何进去之类。乙因为进不去就离开了，甲后来强奸了女被害人。

张明楷：甲构成入户抢劫和强奸罪，是没有一点问题的。有争议的是，乙是否构成共犯。

学生：乙第一次打电话给甲时，他说了下班后来现场吗？

张明楷：没有说，他只是说"我在上班呢，还没下班呢"。

学生：不能认定为盗窃的共犯吧。因为乙在甲盗窃的时候没有说下班后要来，所以，对甲没有起到心理的帮助作用。

张明楷：如果乙前面打电话的时候对甲说："你先到他家里找找值钱的东西吧，我下了班就赶过来。"就不一样了吧？

学生：那应该就有心理上的帮助，对当时的盗窃具有心理的因果性。

张明楷：如果乙前面打电话时对甲说："我在上班呢，怎么去啊？"

学生：这句话不好说，也看不出存在心理的帮助。

学生：乙第二次给甲打电话时，知道甲已经捆绑了被害人，这个时候乙对甲说了什么？

张明楷：案情没有交待，我也不清楚。

学生：乙到被害人家楼下后，他和甲说了些什么？

张明楷：在楼上楼下喊话的内容不可能是关于犯罪的吧，就是讲的怎么进楼之类。而且，这个时候甲已经取得了财物。

学生：这一点也不能说是乙对甲后来的强奸起到了心理的帮助作用。

张明楷：我归纳一下：首先，如果乙第一次打电话时对甲说，我下班之后立即赶来，即使后来乙没有到达现场，也可以认为乙的行为起到了心理的帮助作用。但是，由于乙当时只知道甲在盗窃，所以，乙只成立盗窃的帮助犯。但是，本案并非如此。其次，如果乙第二次打电话时对甲说，我现在就赶过来，由于这个时候乙已经知道甲捆绑了被害人，也就是说知道甲在入户抢劫，那么，这个时候应当也成立抢劫罪的共犯。这就是所谓承继的帮助。虽然存在否定说，但是根据肯定说与折衷说，乙还是成立抢劫罪的帮助犯，而不只是成立盗窃罪的帮助犯。但本案事实也并非如此。最后，乙到了被害人楼下后，如果发现自己不能上楼，就对甲说，我帮你望风之类的话，或者说，你小心点我走了，也可能认定为抢劫罪的帮助犯。但是，乙根本不知道甲会强奸被害人，所以，不可能对强奸罪负责。当然，以上就是设想，如果乙没有说这些话，就不能认定为共犯了。从案情交待来看，我感觉不能认定乙构成任何一个犯罪的共犯。

案例三

甲准备抢劫丙，就对乙说："丙欠我的钱，我们一块把丙弄起来，我给你分点钱。"乙信以为真。后来，甲将丙骗到某房子里，甲乙一块上去对丙拳打脚踢，后来把丙铐起来了，丙完全丧失人身自由。丙当时对二人说："我又不欠你们的钱，你们为什么绑我？"此时，乙害怕出大事儿，就对甲说我不干了，我先走了。乙离开现场之后，甲就逼迫丙把身上的银行卡交出来，把密码说出来。甲到自动取款机上查询，发现银行卡里有10万元，就回到现场杀害了丙。当甲大概取款8万元左右之后，乙给甲打

电话说你该给我分点钱，甲分给乙1万元。乙分得1万元时还问
"人没有事吧"，甲说你别管这么多。

学生：我对这个案件想问的是，乙对丙的死亡与财产损失后果是否需要承担责任？

张明楷：这个案件应当没有那么难。乙开始以为自己是在帮甲讨债，没有抢劫故意。在丙说出来我不欠你们的钱时，乙意识到了甲是抢劫丙的财物。此时，乙的先前行为，已经使丙处于丧失反抗能力的状态。

学生：甲准备了手铐，把丙铐起来了。

张明楷：乙的先前行为虽然客观上是抢劫罪的暴力行为，但由于他没有抢劫的故意，所以，他对先前行为只承担非法拘禁的责任。问题是，乙在知道真相后，单纯离开现场能否切断他的先前行为与结果之间的因果性？

学生：没有切断因果性。因为乙的先前行为造成的使丙丧失反抗能力的结果还在继续起作用。

张明楷：不仅如此，我们也还可以说，乙有义务消除丙的身体自由受侵害以及财产法益受到威胁的状态。也就是说，如果乙不想对甲的抢劫行为负责，就必须使丙恢复到先前的完全自由的状态。如果不履行这个义务，乙就没有脱离共犯关系。所以，对于抢劫而言，乙的不作为与甲的作为成立共同犯罪。

学生：乙对抢劫负刑事责任应当没有问题，关键是乙是否对丙的死亡承担责任？

学生：他最后还问了一句话"人没事吧"，意思是丙没事吧。

张明楷：你的意思是，乙因为当时预见到了丙可能死亡，所以才这样问的？

学生：否则他为什么这样问呢？

张明楷：要说乙已经预见到甲可能杀害丙，可能存在疑问吧。

学生：我的意思是，乙至少能够预见甲的行为可能导致丙死亡。

张明楷：你的意思是，乙可以承担抢劫致人死亡的刑事责任吗？

学生：在甲对加重结果是故意时，乙对加重结果完全可能是过失。

张明楷：要先考虑对甲定什么罪，然后再考虑对乙定什么罪。甲是成立抢劫致人死亡一罪吗？还是成立几个罪？

学生：两个罪好一点。

张明楷：哪两个罪？

学生：抢劫罪与故意杀人罪。

张明楷：没有更多的犯罪了吗？

学生：还有去银行取钱的那个行为也成立犯罪。

张明楷：甲是把人杀了之后才取的钱吧？

学生：甲把银行卡和密码要出来后，查询密码发现是对的，回来才杀的丙；杀了丙之后再去取钱的。

张明楷：甲要到银行卡和密码时，是否可以认定他抢劫既遂？

学生：当然可以。因为抢劫不要求数额较大，银行卡本身就是有体物，当然属于财物。

张明楷：除此之外，能否认为甲抢劫到了某种财产性利益？

学生：甲抢劫了丙对银行享有的债权吗？

张明楷：为什么一说财产性利益就只想到债权？甲取得银行卡和密码后，并不意味着他取得了银行债权，因为银行卡的名义人是丙，而不是甲。银行只认丙这个债权人，而不会认甲这个"债权人"。所以，甲没有取得银行债权。

学生：甲占有了一个不归他合法所有的财产。

张明楷：什么财产？

学生：反正是一种利益，但不知道用什么概念来归纳。

张明楷：随时可以从银行自动取款机提取现金的利益？

学生：可以这么说，但这个叫什么？

学生：这当然也是一种财产性利益。

张明楷：只要能将它归入财产性利益就行，或者说只要它符合财产性利益的特征就可以了，至于有没有固定概念，则不是重要问题。那么，如果说甲前面的行为已经构成抢劫既遂，接下来的问题是，甲后来取钱属于不可罚的事后行为吗？

学生：后面又是一个侵占。

张明楷：侵占什么？

学生：不是侵占，现金不是甲占有的，也不是丙遗忘的，不能说甲取钱的行为是侵占。

张明楷：我想起了一些司法人员经常讲的一句话：后行为是前行为的延伸。这不仅是一句废话，而且是一句错话。延伸就不构成犯罪吗？延伸就按前行为定罪吗？你们千万不要使用这样的表述。我想问一下：甲后来是在银行柜台取钱的，还是在自动取款机上取钱的？

学生：在自动取款机上分好几次取的。

张明楷：自动取款机里的现金由银行占有，甲违反银行管理者的意志取款，构成盗窃罪。按照最高人民检察院的司法解释，甲的行为成立信用卡诈骗。不过，即使认为最高人民检察院的司法解释是正确的，对甲也应当认定为盗窃罪。

学生：为什么？

张明楷：《刑法》第196条第3款规定，盗窃信用卡并使用的以盗窃罪论处。甲的信用卡是抢劫得来的，抢劫有体物的行为可以评价为盗窃有体物，所以，甲也是盗窃信用卡并使用。当然，这个问题肯定有争议。但我不赞成机器可以被骗的观点，所以，认为甲后来的行为成立盗窃罪。

学生：这样的话，甲就构成三个罪；一是抢劫罪，对象是信用卡本身以及随时可以在自动取款机取款的利益；二是故意杀人罪；三是盗窃罪。

张明楷：你们当时给甲定了几个罪？

学生：我们定得比较简单，抢劫罪和杀人罪。

张明楷：抢劫的数额是多少呢？

学生：对于数额的认定，检法两家产生分歧了。我们主张认定抢劫10万元，但法院按甲实际取款数额认定为8万元。

张明楷：将后面取款的行为也认定为抢劫中的强取财物的行为，明显存在三个方面的问题：一是导致甲的杀人行为不一定能独立定罪。这是因为，既然后面的取款行为仍然是抢劫罪中的强取财物的行为，就表明甲杀害丙依然是抢劫罪的手段行为。因为甲如果不杀害丙，丙挂失或者报警后甲就不能顺利取款。但是，如果不对甲的杀人行为另外定罪，明显不合适。二是导致抢劫行为长期持续，如果甲三个月才取完的，抢劫行为就持续了三个月。于是，这种抢劫不是持续犯就是连续犯。如果甲取了五次，是不是要适用多次抢劫的规定？肯定不能适用。既然如此，将后面的取款行为认定为抢劫罪中的强取财物行为就违背常理。三是数额如何确定？如果只定一个抢劫罪，就应当认定为10万元，因为甲当时就取得了随时可以取款10万元的利益。但是，如果将后面的行为认定为盗窃，则只能认定盗窃数额为8万元。

学生：老师，这里就出现了一个问题：如果说后面认定盗窃的数额是 8 万元，前面的抢劫数额究竟是多少？

张明楷：我觉得在中国有可能这样处理：如果认定前面的抢劫只是信用卡这个有体物，那么，后面的盗窃数额是 8 万，抢劫与盗窃就应当并罚。当然，杀人肯定是要并罚的，我这里只讨论抢劫与盗窃的关系。如果认定前面的抢劫数额是 10 万元，那么，抢劫 10 万元与后面的盗窃 8 万元就属于包括的一罪，因为甲最终侵害的是一个财产法益。这样的话，最后也可以只定甲构成抢劫罪与故意杀人罪。我觉得定两个罪与三个罪都是可能的，但是，你们要弄清楚其中的逻辑关系与罪数关系。

学生：甲搞定了，关键是乙的行为。

张明楷：前面说了，乙肯定是抢劫的共犯。问题是，乙对丙的死亡是否负责？

学生：我们当时主要考虑乙能不能预见丙的死亡。

张明楷：虽然存在这个问题，但不能只是考虑抽象的预见可能性，而是要考虑具体的预见可能性。我问你们：如果甲不是在抢劫后故意杀害丙，而是在抢劫的过程中，比如在索取银行卡与密码的过程中导致丙死亡，有没有可能认为乙对甲的抢劫致人死亡具有预见可能性？

学生：这样说，感觉乙是具有预见可能性的。乙事后问"人没事吧"，就能印证这一点。

张明楷：就是说，乙能够预见甲抢劫致人死亡，而且乙的先前行为与甲抢劫致人死亡也有物理的因果性。但是，如果甲不是抢劫致人死亡，而是故意杀害丙，这个行为与结果，乙能否预见到？有没有过失？

学生：也可能有过失。

张明楷：甲的行为不是抢劫致人死亡，所以，我们不可能定乙抢劫致人死亡吧。那么，你还要另外给乙定一个过失致人死亡罪吗？

学生：对乙的定罪特别麻烦，我们检察院形成不了统一意见。

张明楷：只要考虑到具体的预见可能性，我还是觉得乙不能预见到甲会故意杀丙，所以，对乙就认定为普通抢劫的共犯。

学生：那乙的抢劫数额是多少呢？

张明楷：对甲怎么定数额，就对乙怎么定数额吧。

学生：对乙就定一个抢劫罪。

张明楷：还有一个问题。我们前面说，乙前面的行为是作为的非法拘禁，后面的行为是抢劫。这是否意味着要定乙数罪？

学生：从理论上说似乎也可以。

张明楷：如果乙一开始就知道真相的话，也是中途离开现场的，也仅成立一个抢劫罪；现在一开始不知道真相，中途知道真相后离开现场的，反而要成立两个罪？

学生：感觉有点不合理。

张明楷：那该怎么解决呢？

学生：可不可以说只有一个行为，所以是想象竞合？

张明楷：不知道在德国有没有可能作为法条竞合中的吸收关系处理。我觉得的日本的包括的一罪这个概念很管用，因为前面的非法拘禁行为侵害的是身体自由，后面的抢劫罪也包括了对身体自由的侵害，所以，包括起来认定为一个抢劫罪即可。

案例四

陈某知道赵某有梦游时开车的经历，就想利用赵某梦游开车造成交通事故。某日，在赵某午休时陈某就在门外等候，等到赵某梦游出来后，陈某就将车门打开，让赵某坐在驾驶位开车。后来，赵某开车时发生交通事故后才醒过来。

张明楷：间接正犯中有一种情形是利用他人的梦游、反射行为实施犯罪。在这种情况下，如何与罪刑法定原则相协调呢？因为根据罪刑法定原则，成立犯罪要求行为人实施了符合构成要件的行为，但在间接正犯利用他人梦游、反射行为实施犯罪的情况下，怎么能认为他的行为符合了构成要件了呢？在这个案件中，人们习惯于认为，赵某当时没有意识，所以他没有实施刑法意义上的行为，因此，也没有构成要件的行为。但是，陈某本人也没有直接实施符合构成要件的行为，两个人的行为分别来看都不符合构成要件，怎么可能综合起来就符合构成要件了呢？间接正犯就不需要符合构成要件吗？显然不能得出这样的结论。那么，具备什么样的条件才能说间接正犯符合构成要件呢？

学生：在德国，间接正犯是一种归责类型，他们对被利用者的行为是否符合构成要件并不重视，而是重在讨论最终的犯罪结果能不能归属到间接正犯身上。如果得出肯定结论，就直接认定为间接正犯了。

张明楷：这是因为德国《刑法》第 25 条明文规定了间接正犯，根据这一规定，只要是利用他人犯罪的，德国《刑法》就肯定其行为符合了构成要件。但是，我们国家的刑法总则没有这样的规定，因此不能照搬德国的理论。我认为，只有当被利用者的行为与利用者的行为综合起来符合构成要件，而且被利用者的行为与结果应当归属于利用者时，才能认定间接正犯的行为符合构成要件。如果被利用者的行为不符合构成要件，利用者的行为也不符合构成要件，就不能认定为间接正犯。比如，甲强迫一个 10 岁的孩子非法拘禁了一个 5 岁孩子 24 小时。如果说 10 岁小孩没有实施刑法上的行为，甲也没有非法拘禁他人，甲的行为怎么就符合非法拘禁罪的构成要件了呢？

学生：德国的间接正犯的理论认为，被利用者的行为可以直接归责于利用者，至于被利用者的行为是否符合构成要件则在所不问，因为构成要件要讨论的内容很丰富，没有必要在这里讨论被利用者的行为是否符合了构成要件的这些要素。

张明楷：我刚才说，这是因为德国刑法总则对间接正犯有明文规定，所以可以这样做。但是，我们国家难以这样做。如果被利用者的行为不符合构成要件，怎么可以通过归责就认为利用者的行为符合构成要件了呢？在涉及故意杀人罪的案件中，如果被利用者的行为不符合杀人罪的构成要件，利用者的行为怎么就符合了杀人罪的构成要件呢？所以，在我看来，被利用者的行为必须符合构成要件，只不过在强迫他人自杀、自伤这样的场合，不需要被利用者的行为符合对象要件；在身份犯的场合，只需要利用者具有身份，不需要被利用者具有身份。至于其他构成要件要素，被利用者的行为必须符合。

学生：按您的意思，赵某也实施了符合以危险方法危害公共安全罪或者故意杀人罪构成要件的行为？

张明楷：得出这样的结论有问题吗？

学生：一般认为赵某只是梦游，他没有行为，所以，他的行为不可能是符合构成要件的行为。

张明楷：这是因为采取了有意行为论，如果采取身体动作说，赵某当然有行为，而且他的行为的确符合以危险方法危害公共安全罪或者故意杀人罪的构成要件。

学生：A 以暴力强迫 B 自伤时，B 的行为不符合构成要件。因为伤害罪的对象是他人，但 B 伤害的是自己。

张明楷：这就是我刚才提出的例外。因为这个时候，被利用者同时也是被害人，既然如此，就不要求相对于被利用者而言行为对象也是他人，只要行为对象相对于 A 而言是他人就够了。在这种场合，由于 B 自伤的结果要归属于 A 的行为，所以，A 与 B

的行为综合起来符合了"伤害他人"的构成要件。再如，利用被害人的行为实施盗窃财物时，由于行为人将被害人占有的财物转移给自己占有，所以，综合起来考虑，符合了盗窃罪的构成要件。但是，就盗窃罪的对象而言，这个时候只要求相对于行为人来说是他人占有的财物，相对于被利用者也就是被害人来说，当然不需要是他人占有的财物。

学　生：其实您的结论与德国刑法理论的结论没有区别。

张明楷：问题是，照搬德国的理论无法说明间接正犯的行为符合构成要件，而他们不需要考虑这样的问题，我们必须考虑这样的问题。从前面的讨论来看，只有采取身体动作说，并且将故意、过失排除在构成要件之外，才能使间接正犯的行为符合构成要件。总之，我的意思是，在一个案件中，不可能所有人的行为都不符合构成要件，最后把这一切都归责到间接正犯身上时，间接正犯的行为就符合了构成要件，除非刑法对此有明文规定。

学　生：强迫他人不作为的情形也可能成立间接正犯吗？比如，甲为了让火车脱轨，把火车扳道工绑了起来，由于没有及时扳道，火车最终脱轨。我一直在思考，在这个案件中，甲到底是直接正犯还是间接正犯？根据德国的理论，在这个案件中，扳道工是没有履行扳道义务的可能性的，他的行为也就不符合构成要件。

张明楷：不能履行义务的时候，行为就不符合不作犯的构成要件，也就不违法了。我觉得，在你说的这个案件中，完全可以把甲捆绑扳道工的行为认定为实施让火车脱轨的行为，这样的行为可以直接评价为作为的直接正犯。如果想用不作为理论来认定甲是间接正犯的话，就必须要求甲有作为义务，但在这个案件中，甲没有作为的义务，也很难说明甚至不可能说明他的作为义务的来源。即使认为甲捆绑了扳道工之后产生了作为义务，所产生的也是释放扳道工的义务，而不是及时扳道的义务吧。

学生：在这个案件中，扳道工由于没有作为可能性，所以他的行为不构成不作为犯。但是甲到底有没有作为的义务，我觉得还是有讨论的余地的。即便把甲的行为评价为作为，是不是也还是有讨论到底是直接正犯还是间接正犯的余地？我觉得甲到底有没有作为义务，和他是直接正犯还是间接正犯，是两个并不矛盾的问题。在这个案件中，如果最终火车脱轨致人死亡，就可以讨论甲的行为是作为的杀人还是不作为的杀人，是故意杀人罪的直接正犯，还是间接正犯。

张明楷：在这个案件中，如果认为甲的行为是作为的故意杀人，就没有必要讨论他是间接正犯了。如果是不作为，认为谁是间接正犯时，就要求间接正犯处于保证人地位，有作为义务。否则，怎么可能成为正犯呢？间接正犯也是正犯，而不是共犯。所以，既然甲不是扳道工，他就没有处于保证人地位。因此，认定他是作为犯而且是直接正犯，才是合适的。这一点类似于救助因果关系的中断。当处于保证人地位的人履行义务时，第三者阻碍其履行义务的，都是评价为作为犯的，而不是评价为不作为犯。

学生：我举一个例子。甲想自虐，但自己又下不了手，就用枪指着乙，让乙用刀割甲，后经法医鉴定，甲受轻伤。在这个案件中，甲是故意伤害罪的直接正犯还是间接正犯？

　　张明楷：你这个案件拿出来讨论没有意义，不管得出什么样的结论，甲与乙都不构成犯罪。因为甲不可能对自己的伤害负责，甲对轻伤的承诺是有效的，乙的行为也不可能违法。

　　学生：我是想说，甲用枪逼迫乙的行为不可能是一种伤害行为，乙被迫割甲的行为才是伤害行为，要把这个行为归责到了甲身上。所以，甲是间接正犯。否则，平时用枪逼迫他人的行为是不可能被认定为故意伤害行为的。

　　张明楷：你这样说也未尝不可，但在这个案件中没有意义。如果在德国、日本，倒是可以认定甲构成强制罪，但我们国家刑法没有这个罪。当然，由于杀人行为、伤害行为缺乏定型性，讨论起来比较困难一点。比如强迫他人自杀的行为，是直接正犯还是间接正犯？在日本就有不同看法，还是有学者说是直接正犯的。但是，从事后来看，当致人死亡的行为是上吊身亡时，我们就会说，致人死亡的行为是上吊，而这个行为是被害人自己实施的。再考虑到被害人之所以上吊，是行为人逼迫的，才将这个结果归责到行为人，于是，行为人就是杀人的间接正犯。但是，我一直有点困惑的是，倘若说欺骗、强迫被害人自杀的是间接正犯，为什么行为人向他人食物中投毒致人死亡的，人们都不认为是间接正犯呢？

　　学生：这是为什么？

　　张明楷：我问你们呢。我有时候在想，是不是因为被害人介入的行为很正常的时候，比如喝水、走路，行为人就是直接正犯；如果被害人介入的行为异常的时候，或者说被害人通常不实施这种行为，但行为人通过欺骗或者强制方法导致被害人实施这种行为时，才是间接正犯？

学生：也可能是这样的。

学生：老师，您要求被利用者实施了符合构成要件的行为和造成结果，那您是不是认为间接正犯与帮助犯、教唆犯一样对被利用者的构成要件行为具有从属性？

张明楷：也不好说间接正犯对被利用者的行为具有构成要件的从属性。因为间接正犯是正犯，怎么可能从属于被利用者呢？间接正犯是一次责任，而教唆犯、帮助犯是二次责任，所以，不能说间接正犯从属于被利用者的构成要件行为。但是，我认为，被利用者至少必须实施了构成要件的行为，并且直接造成了结果，只是可以不满足身份、对象要件。

学生：那是否要求被利用者的行为违法呢？

张明楷：这要看违法是什么意思。一般来说，被利用者的行为是违法的，比如，我们讨论的陈某利用赵某梦游开车的行为，赵某的行为就是违法的。但是，如果被利用者同时也是被害人时，则不能一概说被利用者的行为就是违法的。

学生：这么说，陈某是以危险方法危害公共安全罪或者故意杀人罪的间接正犯。

张明楷：我就是这样认为的，而且我认为赵某的行为本身也符合构成要件，正因为如此，才可能认为陈某的行为符合构成要

件。如果认为赵某的行为不符合构成要件，凭什么说陈某的行为
符合构成要件呢？

案例五

甲乙丙三人与被害人有些矛盾，就准备把被害人从县城抓到
市里来。于是，甲乙丙携带枪支去找被害人。找到被害人时，发
现他躲在车内不出来，甲和乙就分别使用散弹枪朝车内开枪，丙
随后使用手枪朝车内开枪。被害人死亡了，但不能查明被害人被
哪一枪命中。

学生：刚开始时，三人只有非法拘禁的故意，可能后来犯意
转化了，但三人没有共谋转化犯意。甲乙丙三人成立故意杀人的
共犯吗？

张明楷：这个案件应当可以判断行为人都有杀人的故意。

学生：但是，三个人在现场时并没有商量要开枪。甲乙分别
开枪后，丙也开始开枪了。

张明楷：难道形成共犯一定要有商量吗？

学生：司法实践中都是考虑二人以上是否有共谋以及共谋的
内容是什么。

　　张明楷：心照不宣的时候就不成立共犯吗？即使要有共同故意，也不意味着必须有共谋或者共同商量。共同故意只是意味着，甲认识到自己是在和乙共同实施不法行为，乙认识到自己在和甲共同实施不法行为，是否认识到了，完全可以根据客观事实判断。

　　学生：如果说只是为了非法拘禁，为什么三个人都带着枪呢？

　　学生：而且，所有人都知道对方也带着枪吧？

　　学生：是的，所有人都知道对方带着枪。

　　张明楷：这就足以说明三人有共同杀人的故意。而且，即使其中部分人没有拿枪，但知道他人拿了枪，一起寻找被害人，一般来说也能够证明他们有杀人的共同故意。

　　学生：但是，一些律师总是说，虽然被告人知道其他人要杀人，但被告人自己并不想杀人之类的。一些司法人员也这么说。

　　张明楷：这个说法实际上是将共同犯罪当作单独犯罪看待了。被告人知道他人杀人还提供物理的或者心理的帮助，就能认定为共犯了。不需要商量、不需要共谋。

　　学生：这个案件认定甲乙丙三人成立故意杀人的共同正犯，是没有问题的；三人都要对被害人的死亡负杀人既遂的责任。

　　张明楷：对。我还经常听到这样的说法：比如，在被告人对他人的财产犯罪提供了物理的或者心理的帮助，但并不参与分赃时，有的人就说，被告人没有非法占有目的，所以不成立共犯。

这明显是错误的说法。在共同的财产犯罪中，不是要求每个人都有参与分赃的意图。只要被告人知道他人实施财产犯罪，知道他人有非法占有目的，进而提供物理的或者心理的帮助的，就成立财产犯罪的共犯。

案例六

被害人徐某欠龙某 100 万元，龙某多次索要未果。龙某与其朋友交谈中表达了对此事的烦恼，希望朋友帮忙找人要债。某年 1 月 15 日，朋友介绍龙某认识了涂某。为了方便要债，龙某与涂某商量签订债权转让协议。1 月 16 日，龙某、涂某约被害人徐某见面，龙某对徐某称，自己要将徐某的 100 万元债权转让给涂某，让徐某直接还给涂某 100 万元，三人共同签订了债权转让协议。当晚，龙某在饭店订餐，并给涂某 1 万元用于开销，还对涂某说，自己不方便参加吃饭，就离开了饭店。后来，涂某喊了另外三名嫌疑人阿一、阿二、阿三一起和徐某吃饭，吃饭期间阿一打徐某耳光。饭后，龙某让司机到饭店付款，并将徐某住宿的 A 宾馆地址以短信方式告诉给涂某。后来，涂某等人将徐某转移到更便于控制的 B 宾馆，涂某安排阿一等人轮流看着徐某直到其还钱为止。1 月 17 日，徐某向家人发短信求救，称被人控制，要求报警。警察到 B 宾馆把徐某和涂某等人带至派出所调查，涂某电话通知龙某到派出所。徐某以及龙某、涂某均表示是债权债务纠纷，派出所遂放人。徐某以及龙某、涂某回到 B 宾馆谈还钱事宜，其间阿一打了徐某耳光，后龙某离开。1 月 18 日，徐某趁涂某、阿一、阿二不备逃出房间，阿二立即追出去，阿一紧随阿二之后，徐某朝楼上跑，跑至楼上一个平台处坠落死亡。只有阿二看到被害人坠楼过程，阿一和涂某跑到楼梯拐弯处时徐某坠楼。

张明楷：这个案件有几个问题需要讨论。首先，我们先不考虑死亡后果，涂某以及阿一、阿二、阿三等人显然构成非法拘禁罪吧？

学生：这一点没有疑问。为了索取正当债务而非法扣押他人的，成立非法拘禁罪，而不是成立绑架罪。

张明楷：那么，龙某是否成立非法拘禁罪呢？

学生：龙某客观上肯定对涂某等人的非法拘禁行为起到了促进作用，关键是他有没有认识到涂某等人会实施非法拘禁行为。

学生：明摆着，龙某与涂某是心照不宣的。

学生：至少从派出所出来时，龙某已知道涂某等人非法拘禁了徐某。

张明楷：案件事实不一定很清楚，但可以肯定的是，如果龙某知道涂某等人会非法拘禁被害人，当然就有非法拘禁罪的故意，能成立共犯的。在此前提下，龙某是教唆犯、帮助犯还是共同正犯呢？

学生：龙某将债权转让给涂某是假的，涂某帮忙索债，不得任何好处吗?

张明楷:这与认定龙某是教唆犯、帮助犯还是共同正犯有关系吗?龙某曾经说,按要回来的钱款的30%给涂某报酬,但涂某对龙某说,都是朋友先不谈报酬。

学生:我在想,是不是报酬越多,涂某的积极性就越高,因此,龙某不一定是共同正犯和教唆犯。

张明楷:这也可能成为判断资料,但没有决定性意义。可以肯定的是,龙某没有亲手实施非法拘禁的实行行为,既没有明确授意采取何种方式索债,也没有明确说不能采取何种方式索债,但龙某知道涂某等人将徐某从原来住宿的宾馆转移到另外一个宾馆。

学生:如果对正犯与共犯的区分采取主观说,龙某就是正犯,因为其他人都是为了实现龙某的利益。

学生:现在没有人主张主观说了。

学生:还是如何对客观事实进行判断的问题。如果当初二人心里想的就是通过拘禁方式索债,然后假装转移债权等等,实际上就是共谋共同正犯。

张明楷:对,还是如何认定客观事实的问题。我觉得认定为教唆犯的可能性小一些,即使认为龙某意识到涂某可能采取非法拘禁方法,但不能因此认为龙某教唆了涂某。龙某对涂某采取何种方式索债,完全是一个听之任之的态度。如果从稳妥的角度来说,认定龙某是帮助犯,倒是没有任何问题的。只是能不能认定为共谋共同正犯的问题。但是，从客观事实来看，二人共谋的内容只是为了让涂某更方便索债，则不是直接对非法拘禁罪的共谋，所以，认定为共谋共同正犯还是有疑问的。

学生： 在司法实践中，一般认为龙某是第一被告人，因为这个犯罪起因于他。

张明楷： 这就是我经常讲到的，一些司法人员喜欢从来龙去脉的角度认定犯罪，而不是着眼于法益侵害结果由谁造成，谁对法益侵害结果的发生起了重要作用。这是非常不可取的。比如，在我国的司法实践中，总是将教唆犯当作第一被告，将正犯当作第二被告。理由是，正犯的法益侵害行为起因于教唆犯，如果没有教唆犯就没有正犯，也不会有法益侵害结果。

学生： 我们司法实践中的很多人都是这样认为的。

张明楷： 为什么不说如果没有正犯，就不会有法益侵害结果呢？我猜想，因为将教唆犯当作第一被告，导致了不少冤案。你们在办案中过程中肯定发现了这样的现象：公安机关抓住正犯后，许多正犯都说是别人让他干的；你们办案人员也容易相信正犯说的，总觉得他不会无缘无故地说是别人让他干的。其实，正犯不是无缘无故地说是别人让他干的，因为他知道，教唆犯的责任比他重大，如果说是别人让他干的，他的责任就减轻了。这就是司法实践将教唆犯当作第一被告的弊害所在，你们办案人员可能没有认识到。所以，我认为，即使教唆犯在具体案件中起到了主要作用，对他的处罚也应当适当轻于正犯。这样认定，至少在刑事政策上是具有重要意义的，或者说在避免冤假错案方面具有重要意义。你们想一想，如果正犯的处罚不会因为教唆犯的存在而轻一点，或者说，有没有教唆犯对正犯的处罚都是一样的，正犯还会动不动就说是别人教唆他犯罪吗？他就不会无中生有了。另外，我一直在想，为什么中国古代讲造意为首，现在很多人也认为造意为首？这是因为，中国古代的专制社会是要求人们听话的，于是，人们把所有的人都当作是没有独立思考的、听别人话的人。所以，那个发话的人就处于重要地位。例如，张三教唆李四犯罪时，因为李四听了别人的话，所以责任就轻了，张三就处于比李四更为重要的地位。可是，造意者都不敢亲手实施犯罪行为，正犯却敢于实施犯罪行为。仅此就足以说明，教唆犯的所谓主观恶性也不大于正犯，除非教唆犯使用了暴力、胁迫手段实施教唆行为。

学生：老师，即使认为龙某不是教唆犯与共谋共同正犯，司法实践中也会认为他是主犯。

张明楷：为什么呢？

学生：总觉得案件就是由他所引起。

张明楷：如果我说案件是由徐某不还债引起，你同意吗？

学生：可是，不还债不构成犯罪啊。

张明楷：要债就构成犯罪吗？也不是犯罪。所以，关键还是要考虑谁对造成法益侵害结果起到了重要作用，而不是按来龙去脉认定主从犯。在这个案件中，应当认为涂某对法益侵害结果所起的作用远远大于龙某。

学生：老师还是主张将龙某认定为帮助犯吗？

张明楷：我觉得龙某充其量就是非法拘禁的帮助犯。接下来要讨论的是，涂某与阿一、阿二是否构成非法拘禁罪的结果加重犯，即能不能认定为非法拘禁致人死亡？

学生：徐某在逃跑过程中是自己主动跳下去的，还是意外坠楼？

张明楷：估计是意外坠楼，不是主动跳楼。

学生：非法拘禁行为致人死亡，要求拘禁行为本身的危险的现实化，或者说拘禁行为本身致人死亡。

张明楷：起先就拘禁着他人，在他人逃跑时追赶他人，而且在楼道上追赶他人，追上后要将他人再关在房间里，在这种情况下，还是可以整体评价为非法拘禁行为吧。

学生：应该整体评价为非法拘禁他人。

学生：如果徐某是主动跳楼就不能认定为非法拘禁致人死亡吧。

张明楷：在本案中，如果徐某主动跳楼我就认为不能认定为非法拘禁致人死亡。因为在此前的拘禁过程中，被告人仅轻微打过徐某两次耳光，对徐某的吃饭、睡觉都没有限制，没有任何折磨行为。在这种情况下，不可能认为徐某不堪忍受主动跳楼。换句话说，如果被告人对徐某进行各种残忍的折磨，导致徐某不堪忍受而跳楼，还是可能将死亡结果归属于被告人的行为的。但是，本案并非如此。

学生：徐某的死亡与被告人的追赶行为还是有条件关系的。

张明楷：条件关系肯定存在。问题是，徐某意外坠落是否属于异常现象；如果异常，我觉得也不能将死亡结果归属于涂某等被告人的行为。

学生：而且，涂某等人也不可能预见到徐某会意外坠楼。

张明楷：首先要讨论的是死亡结果能否归属于涂某等人的行为，是否符合结果加重犯的直接性要件。我感觉得出肯定结论不是没有可能，但还是有很大疑问。可能有一些细节我们还不清楚。比如，楼上平台处究竟是什么样的构造？是不是容易坠落下去？被告人是否知道楼上平台的具体情况？如果是很安全的情形，就不要认定为非法拘禁致人死亡。如果是在很不安全的地方追赶他人，则有可能认定为非法拘禁致人死亡。因为在安全的地方追赶他人，不会有致人死亡的危险，当然不存在危险的现实化。但是，在危险的环境追赶他人，就明显不一样。

学生：司法实践中对这样的案件百分之百认定为非法拘禁致人死亡。

张明楷：是的，以前我见过一个案件：被告人也是为了索债，将被害人关在一个宾馆23层的房间里，有一个人看守。晚上看守人为了防止被害人逃跑，就将一张床挪到门口睡在那里。半夜里，被害人沿着下水道水管逃走时，掉下去摔死了。几级法院都认定为非法拘禁致人死亡。但这个案件肯定不符合非法拘禁致人死亡的条件。

学生：老师，假如认定为结果加重犯，是认定阿二、阿一与涂某都成立结果加重犯？还是只有追在最前面的阿二成立结果加重犯？

张明楷：假如成立结果加重犯的话，所有追赶的人都成立结果加重犯吧，除非某个人存在某种特殊情况。至于谁在前面追、谁在后面，这对责任的认定不起关键作用吧。

学生：另外，即使认为阿二、阿一、涂某等人的行为成立非法拘禁罪的结果加重犯，也不能认定龙某的行为成立结果加重犯吧？

张明楷：龙某的行为肯定不成立结果加重犯。

案例七

17 岁的甲与 19 岁的乙商量好买来鞭炮去炸鱼。甲乙在溪边发现丙在距离自己 30 米远处的一个水坑内洗澡，为了戏弄丙，二人争夺鞭炮并最终由甲将点燃的鞭炮扔出，鞭炮触及水坑边的石头后弹向丙，致丙受伤后不治身亡。

张明楷：我国刑法理论的通说不承认过失的教唆犯与帮助犯。德国不少学者认为过失犯采取的是单一正犯体系，导致过失的教唆犯与帮助犯成为过失正犯，这是否导致德国过失犯认定过于宽泛？例如，领导指示司机违反交规等，司机过失致人死亡的，领导也承担过失正犯的责任吗？

学生：德国过失犯的成立范围确实很宽；违反客观注意义务，导致结果发生且可以客观归责的，即成立过失犯。在德国刑法理论中，正犯故意是成立狭义共犯的前提，所以不存在过失教唆犯，故只能考虑成立过失正犯。德国学界的共识是，故意犯采区分制，过失犯采单一制。刑法条文也支持这种观点。

张明楷：罗克辛教授批判对故意犯采单一制的观点，为什么他的观点不贯彻在过失犯当中呢？

学生：德国刑法中的教唆犯与正犯的处罚相同，但帮助犯与正犯的处罚差距很大，即对故意犯采区分制主要是出于量刑的考量。但在德国，也不乏对故意犯采取单一制的主张。单一制只是形式上回避了区分正犯与共犯的问题，毕竟对帮助犯科处与正犯相同的刑罚是难以接受的。

张明楷：这样看来，我国现行刑法认定共犯的进路还是很好的：认定共同犯罪的成立旨在确定参与人是否对法益侵害的结果负责，然后综合考量各个参与者作用的大小。

学生：德国没有"主犯"与"从犯"的概念，但其所谓的正犯与我们国家刑法中的主犯很像。

张明楷：在 A、B 二人轮流射击远处酒瓶，意外致人死亡，但无法查明射击者时，在德国便成立过失的共同正犯吧？

学生：无所谓过失的共同正犯的概念，成立两个过失犯的同时犯即可。因为即使无法查明谁打中被害人，A 与 B 也均要对死亡负责，这里不存在存疑时有利于被告人的问题。就是说，对死亡负责的行为不限于直接导致死亡结果的行为，促成他人直接导致死亡结果发生的行为，同样要对死亡结果负责。德国有一个判例：两人相约飙车，其中一人交通肇事致人死亡，另一人也被认为符合过失犯的成立条件（违反客观注意义务，导致结果发生且可以客观归责），也认定为过失犯。

张明楷：与德国不同的是，日本刑法理论中存在实行行为的概念，且通说最多承认到过失共同正犯，这也就面临如何解释另一人的实行行为何在的难题。德国的过失犯的实行行为岂不是完全开放而无任何定型性？

学生：过失行为千奇百怪，与故意行为区别很大，其定型性主要靠风险创设与风险实现等来判断的。

张明楷：在民法中，所有住户均对坠落烟灰缸砸伤他人的结果承担赔偿责任的共同侵权责任，在刑法上行不通；在刑法上，只有当参与者有行为时才可能对结果负责。

学生：比如，当参与者只是对他人的行为表示同意、支持或默认时，就需要讨论是否构成"促进"。口头答应似乎问题不大，但默不作声就有疑问了。

张明楷：这样看来，德国对过失犯的认定比我国实务还是宽得多。在德国，要把没有扔鞭炮的乙认定为过失致人死亡罪，是没有问题的。再如，持枪者将枪支给年幼的孙子玩时，枪支射杀他人的，持枪者应当对死亡负责。但是，在我国的司法实务中只认定持枪者构成非法持有枪支罪。

学生：确实，德国校园枪支案中的家长都是对死亡结果负责的。

张明楷：家长也要承担过失致人死亡罪的刑事责任，但在中国几乎不可能。过失犯再多，社会秩序也不会大乱，因为过失犯大多侵害私法益；而我国的司法机关重点关注社会秩序、公共安全。除非发生重大责任事故，社会反响强烈，才会认定为过失犯罪。这就使得我们在讨论的案例中的乙入罪与否的问题上存在争议。

学生：我觉得乙的行为还是成立过失致人死亡罪的。

张明楷：问题是，我们在此问题上是应当照搬德国的理论，还是要求过失犯必须有实行行为？如果要求有实行行为的话，乙的实行行为是什么？扔出鞭炮的甲肯定有实行行为，成立过失犯没有疑问。乙只是与之商议戏弄丙，乙的行为与丙死亡之间也有因果性，客观上也可以归责。但我国刑法要求对过失共同犯罪分别定罪处罚，那么，乙的实行行为是提出向丙扔鞭炮的建议吗？还是说争抢鞭炮的行为激励了对方，所以是实行行为？我觉得这还是有疑问的。我们现在很多人都认为客观归责理论限制了处罚范围，这针对德国来说是没有问题的。但是，如果完全按照德国的客观归责理论认定过失犯，我们国家的过失犯的处罚范围就会变宽。因为德国刑法理论不讲实行行为，我们讨论的这个案件就说明了这一点。当然，如果说他们二人是过失的共同正犯，而过失的共同正犯并不要求每个人都直接实施实行行为，而且共同正犯时也不需要物理的因果性，只要有心理的因果性就可以了。在这个案件中，应当说乙的行为与丙的死亡结果之间具有心理的因果性。

学生：所以，在中国，乙的行为还是可以认定为过失致人死亡罪的。

张明楷：争议会很大，而且说理很困难，我觉得对乙也可以不定罪。如果要定罪的话，就必须说明乙与甲是共同正犯。我难以接受乙与甲是过失致人死亡罪的同时犯的结论，同时犯是要求各人都有实行行为的，可是，乙的实行行为是什么呢？与此相关的问题是，A、B 二人追逐竞驶，但其中的 A 一人造成交通肇事致人死亡的案件，应当如何处理？B 是否也要按交通肇事罪论处？这在德国是没有问题的，肯定要当交通肇事罪处理，但在我国存在两个方面的疑问：一是 B 是否应当对死亡负责；二是一般认为交通肇事罪是过失犯罪，因而是否存在共同犯罪的问题。就前一问题来说，B 的行为与 A 致人死亡的结果之间当然具有因果性，应当对死亡负责。就后一问题而言，在危险驾驶进而过失发生交通事故的场合，这个时候的交通肇事罪应当是结果加重犯。就是说，基本犯是危险驾驶罪，危险驾驶罪是故意犯罪，造成死亡结果的行为则是过失，所以是结果加重犯，对 A、B 二人都应以交通肇事罪论处。

学生：老师的教材就是这样写的。

张明楷：是啊。但是，许多学者不赞成我的说法。我再举一个案例：警察甲接到 110 指令后，率领两名协警出警处理打架事件，在现场未按规定先救助被打成重伤倒地的乙，也未对醉酒打人但也受轻伤的丙采取任何措施，只是将其他两名行凶者带走。随后，丙及其父亲再次殴打乙，甲返回现场后发现乙伤势加重，送到医院后不治身亡。协警在警察指挥下办事，与国家机关工作人员是一样的。在中国，对警察与协警可以定玩忽职守罪，但德国没有玩忽职守罪，在德国甲成立过失致人死亡吗？

学生：甲不救助乙也不约束丙，是否违反了甲的义务呢？

张明楷：肯定有相关规章制度要求警察先救助伤者，以及对可能继续实施侵害的人进行约束等。

学生：如果甲可以预见到丙会再次对乙施暴，那么在归责上，甲成立过失犯是没有问题的。反之，则只能考虑甲对乙受重伤而死亡的预见可能性。此外，如果甲预见到不救助乙会导致其死亡，而乙又是被丙再次伤害致死的，就存在介入因素的问题，需要进行客观归责的判断。

学生：老师，《刑法》第 25 条第 1 款规定，共同犯罪是指二人以上共同故意犯罪。我国刑法总则中的"故意"一词，意思是否都是一样的？

张明楷：刑法总则第二章关于故意的规定一共有三处：第 14 条关于故意犯罪的规定，第 16 条关于不可抗力的规定，其中讲的是"不是出于故意和过失"；第 25 条关于共同犯罪的规定。第 16 条中的故意，可以解释得和第 14 条一样。关键是第 25 条中的故意，能否解释得和第 14 条不一样，我觉得也可以解释得不一样。这既取决于你的解释目的，也取决于别人是否能采纳。"明知"也一样，分则中有的"明知"，不能解释为故意，如"明知校舍有危险，不报告导致事故的"，难道还能解释为故意犯罪？

学生：老师主张存在过失的共同正犯，是不是就意味着对第 25 条"故意"的理解和第 14 条的不一样？

老师：这是解释过失共同正犯的一个路径。不过，也有其他解释方法。比如，既然第 25 条说对于过失共同犯罪应当分别定罪处罚，那么，前提是必须可以把结果归属于各行为人。如果结果不能归属于各行为人，怎么分别处罚呢？但是，要将结果归属于各行为人的话，就必须贯彻部分实行全部责任的原则。因此，分别处罚的前提是承认过失共同正犯。

学生：那么，第 25 条第 1 款的"故意犯罪"怎么理解？

张明楷：第 1 款可以解释为针对教唆犯和帮助犯而言的共同犯罪。帮助犯和教唆犯必须是故意的，但正犯根据第 2 款规定可以成立过失共同正犯。总之，我国刑法关于共同犯罪的规定，存在很大的解释空间，存在多种解释的可能性。

案例八

房东甲将房屋出租给乙丙丁三名女性之后，一直稳定地收取租金。一年后，甲发现三位女性是卖淫女，她们在房屋内卖淫。但想到租金稳定，就继续让她们租用。

学生：我搜了不少案例，像这样的将房屋租给他人，他人在里面卖淫的，都定了容留卖淫罪。

张明楷：房东事后才知道卖淫吗？

学生：都是事后才知道的。知道后没有报警，也没有解除合同。

张明楷：这样的案例值得讨论。

学生：还有一个案例：被告人是修货车的，经常来修车的有几个熟客，每次来修车的时候就去被告人的修车铺里吸毒，被告人在外面给他们修车，被判了容留他人吸毒罪，而且判得很重。

张明楷：这个倒是没有什么问题。因为被告人支配着自己的修车铺，知道这些人在自己的修车铺内吸毒还容留，所以，认定为容留他人吸毒罪没有什么问题。关键是前面那个案件，房东将房屋出租出去之后，承租人用于干什么，房主有没有义务进行监管？承租人在里边实施犯罪行为的，房东是不是也要承担刑事责任？

学生：在现实生活中，承租人不希望房东来。

学生：但是合同里一般都会写承租方不能用于违法犯罪活动。

张明楷：房东将房屋出租给别人时，在合同上也可以写上这句话：承租人在房屋内实施的一切非法行为的，由承租人负责，出租人不承担任何责任。

学生：这条款有效吗？

张明楷：为什么没有效？这是当事人之间的合同，法律没有规定租房必须是采用格式合同吧？

学生：合同不能违反行政法规。

张明楷：上面哪句话违反了什么行政法规？

学生：法律要求出租人不得把房屋出租给他人用作犯罪的。

张明楷：房东将房屋出租给他人的时候，并没有说租给他人犯罪。如果一开始就知道对方租房子开设赌场，就把房子租给对方的，当然可能成立开设赌场罪的共犯。

学生：这涉及中立的帮助行为在什么情况下构成犯罪，在什么情况下不构成犯罪的问题。

张明楷：容留他人卖淫并不是帮助犯，而是正犯，因为卖淫行为本身并不构成犯罪。容留他人卖淫，也不是共犯的正犯化。

学生：我们国家刑法的规定与德国法律规定有区别。德国法律规定，在特定地区可以开设妓院，但是，妓院不能开在学校附近，城镇人口达到多少以上才能开妓院等等。

张明楷：我们先讨论另一个问题。假如，B 一家三口没有地方住，希望在 A 家住一段时间。A 出于好心，就让 B 一家三口在自己家里住下了。可是，住下来后，B 就一直虐待其女儿，而且情节恶劣。A 从来也不过问这件事情。A 的行为构成共犯吗？

学生：不构成。

张明楷：如果将 B 家换成住在 A 出租的房屋里，A 同样不构成共犯吧？

学生：更不构成。

张明楷：可是，为什么涉及容留他人吸毒、卖淫之类的犯罪时，就要讨论房东是否构成犯罪呢？显然是与场所相关，与是否另外存在正犯有关。虐待、杀人等犯罪与场所没有直接关系，虐待、杀人行为是另有正犯实施。容留他人吸毒或者卖淫，就是将自己支配的场合提供给他人吸毒或者卖淫，但吸毒与卖淫本身又不是正犯。问题是，在房东正常出租房屋后，房东是不是对房屋还处于通常的支配地位？

学生：只有抽象的支配地位，而没有具体支配的权限。否则，如果房东天天查房，谁还会租房子啊？

张明楷：我再修改一下案例：张三将房屋出租给李四之后，李四住了一段时间就容留王五等卖淫女到这个房屋内卖淫。李四是否构成容留卖淫罪？

学生：肯定构成。

张明楷：如果房东知情的话，房东也成立容留卖淫的共犯吗？

学生：好像有疑问。

张明楷：这说明认定具体支配房屋的人构成容留他人吸毒或者卖淫的犯罪才是合适的。

学生：关键是房东是否有义务监督承租人不将房屋用于违法犯罪活动。

张明楷：一些行政法规或许有这样的规定，问题是，这样的规定能否直接成为刑法上的作为义务的来源？如果采取实质说，而不是采取形式的三分说或者四分说，即使行政法规有相关的规定，房东也不一定负有刑法上的作为义务。这里还是需要考虑各自的责任领域，类似于过失犯中的危险分配；不能因为房东将房屋出租给他人后，只要他人实施违法犯罪行为，房东一知情，就成立共犯或者正犯。房屋正常出租给他人后，就是他人的责任领域。他人失火了，他人构成失火罪；他人在里边杀人了，他人构成故意杀人罪。

案例九

乙办了一个黑工厂，强迫他人在黑工厂劳动。甲得知后，在没有与乙商量的情况下，主动为乙招募工人，招募了十多人后要运送给乙。乙说我不需要工人了。

张明楷：甲的行为成立强迫劳动罪吗？

学生：《刑法》第244条第1款规定了强迫劳动罪的正犯行为，第2款规定："明知他人实施前款行为，为其招募、运送人员或者有其他协助强迫他人劳动行为的，依照前款的规定处罚。"甲的行为好像符合这一款的规定。

学生：但是，法益侵害性差一点。

张明楷：不是差一点，是根本就没有。

学生：还是有侵害法益的危险的。

张明楷：强迫劳动罪是危险犯还是实害犯？

学生：是实害犯，不是危险犯。

张明楷：有没有可能说第1款规定的强迫劳动罪是实害犯，第2款规定的强迫劳动罪反而是危险犯？

学生：当然不能这样说，否则就本末倒置了。

张明楷：对了。所以，第2款的强迫劳动罪的成立，是以正犯强迫被招募、运送的人员劳动为前提的。换句话说，第2款的强迫劳动罪不是典型的帮助犯的正犯化。或者说，第2款的规定只是量刑规则，只是量刑的正犯化，只是要求司法机关不要当从犯处理。因此，甲的行为不成立强迫劳动罪。

学生：看来，不能说凡是分则条文对帮助行为规定了独立法定刑的或者规定了不按从犯处罚的，都是共犯的正犯化。

张明楷：是的。值得讨论的是为组织卖淫的正犯招募、运送人员的行为，是不是帮助犯的正犯化。其中有三种情形：第一，乙正在组织他人卖淫，甲招募、运送了几名卖淫女交给乙，乙组织这几名卖淫女从事卖淫活动。甲的行为肯定成立协助组织卖淫罪，不管甲事前是否与乙通谋。第二，乙正在组织他人卖淫，甲在没有与乙通谋的情况下，以某工厂招工为幌子，公开招募了几名年轻女性。但甲将这几位女性交给乙时，乙根本不接收。甲的行为构成协助组织卖淫罪吗？

学生：不能。因为甲的行为没有侵害任何法益。

张明楷：第三种情形是，乙组织他人卖淫，甲在没有与乙通谋的情况下，公开招募卖淫女，看到招募信息的人都知道是在招募卖淫女，确实有几名卖淫女应聘。但是，甲将几名卖淫女交给乙时，乙不接收这些卖淫女。甲的行为成立协助组织卖淫罪吗？

学生：如果说协助组织卖淫罪是指帮助他人卖淫，甲确实没有对乙组织卖淫起到什么帮助作用。如果说协助组织卖淫是一个独立的犯罪，就需要独立地判断这种行为是否侵害了这个罪的保护法益。

张明楷：协助组织卖淫罪的保护法益是什么？

学生：太难表述了。

学生：社会的性风尚。

学生：社会的性秩序。

学生：社会的管理秩序。

张明楷：这些表述都太空泛了，但确实不好表述。不管怎么说，如果说上述第三种情形下，甲的行为侵害了本罪的保护法益，就可以定罪，否则就不能定罪。

学生：感觉公开招募卖淫人员这个行为还是可以定罪的。在卖淫并不合法的情况下，怎么可能公开招募卖淫人员呢？

张明楷：如果是这样的话，《刑法》第358条第4款关于协助组织卖淫罪的规定，就不同于第244条第2款关于协助强迫他人劳动的规定。

学生：如果刚才的甲成立协助组织卖淫罪的话，是既遂还是未遂？

张明楷：当然是既遂。这个时候甲是正犯，他已经实施了招募行为，而且已经招募到了几名卖淫女。

第六堂
罪数

案例一

甲的汽车被国家机关依法扣押，需要缴纳 5000 元罚款才能取回汽车。但甲不想缴纳罚款，就于深夜将汽车偷开回来隐藏。事后，甲又向国家机关索赔，国家机关赔偿了 17 万元。

张明楷：对甲的行为是应当定两个罪好还是定一个罪？这种行为在中国肯定不能算作想象竞合，在德国是不是会被认为是吸收关系？德国刑法理论的吸收关系的范围太宽泛了。

学生：这种行为在德国应该会被认为是数罪，后面的是诈骗罪，前面的不是盗窃罪，而是另外一种犯罪。

张明楷：在中国只能说甲的行为仅侵害了一个法益吗？

学生：其实甲的行为侵害了两个法益。

张明楷：甲的行为有两个对象：一个是汽车，这辆汽车虽然是甲所有的，但是由国家机关合法占有的；另一个是 17 万元的现金，现金当然原本是国家机关所有和占有的。这种行为如果发生在日本，肯定是成立盗窃罪与诈骗罪，而不可能仅认定为一个罪。在我们国家，如果主张只定一个罪的话，是定什么罪呢？

学生：一种观点主张定盗窃罪，后面的索赔行为是盗窃罪的非法占有目的的表现。也就是说，只有当行为人后面实施索赔行为，才能说明行为人有非法占有目的。

张明楷：这个理由说不通吧。后面的索赔是典型的诈骗行为，怎么可能成为前面的盗窃行为的非法占有目的的表现呢？即使这个目的表明行为人对盗窃行为有非法占有目的，也不能否认索赔行为是诈骗行为吧？

学生：而且，前面的盗窃行为已经既遂了，非法占有目的也不会存在于既遂之后，只能存在于行为时。

张明楷：所以，将另外一个侵害法益的诈骗行为，仅仅看作前面的盗窃罪的非法占有目的的判断资料，就没有对行为进行充分评价。

学生：有没有可能只认定为诈骗罪呢？

张明楷：就是说行为人将自己的汽车偷开回来的行为不构成犯罪吗？你看看《刑法》第91条第2款！

学生：第91条第2款规定："在国家机关、国有公司、企业、集体企业和人民团体管理、使用或者运输中的私人财产，以公共财产论。"

学生：有人认为，这一款规定只是针对贪污等罪来说的，意思是说，国家工作人员利用职务上的便利，侵吞由国家机关等管理、使用或者运输中的私人财产的，应当定贪污罪，而不能定侵占罪。

张明楷：这样限制解释的根据何在？

学生：可能还是觉得所有权人偷回自己所有的财物，不应当认定为盗窃罪吧。

张明楷：《刑法》第91条第2款的规定表明，在这个问题上，不能直接将民法上的所有权概念搬到刑法上来。而且，盗窃罪的保护法益不只是所有权，除了所有权之外，还有占有。至少合法的占有是盗窃罪的保护法益。国家机关依法扣押甲的汽车，就是合法占有着这辆车，而不是非法占有。即使是民法上的所有权人，也不能任意地从合法占有者那里取回自己的财物。况且，《刑法》第91条第2款有明文规定。

学生：如果将前一个行为认定为盗窃罪并且与后面的诈骗罪实行并罚，前面的盗窃数额是多少？会不会导致处罚太重？

张明楷：我认为，虽然行为人客观上盗窃了价值17万元的汽车，但他主观上只是想非法取得价值5000元的财物，即免除5000元的债务，所以，将5000元认定为盗窃数额即可，而不是认定为17万元。

学生：老师，实践中还有另外一类相似的案件：被告人基于某种原因将汽车质押在被害人那里，然后将车偷回来，再找被害人索赔。

学生：在这种情况下就不能适用《刑法》第91条第2款。

张明楷：不能适用也没有关系，关键在于盗窃罪的保护法益是什么。只要认为盗窃罪的保护法益不限于所有权，而是包括一定的占有，被告人的行为也分别成立盗窃罪与诈骗罪。

学生：诈骗罪是肯定成立的，只是盗窃罪有些争议吧。

张明楷：盗窃罪与诈骗罪是两个独立的罪，应当并罚还是不需要并罚呢？我还是倾向于并罚的。我们先与其他的案件比较一下。比如，张三盗窃既遂之后，把被害人的财物盗回自己家中，被害人到张三家里索要被盗财物，张三对被害人使用暴力，但又没有造成伤害结果；这种情况也不能认定为事后抢劫，那么，可以直接定为抢劫吗？是不是属于让被害人免除自己的返还义务，进而构成抢劫财产性利益？如果说构成抢劫财产性利益，这个抢劫罪与前面的盗窃罪是什么关系？再如，债务人为了避免还债而杀害债权人的，在日本肯定也是认定为抢劫罪的。

学生：这种情况下，抢劫和故意杀人有什么关联？

张明楷：在日本，抢劫致人死亡的法定刑高于故意杀人罪，所以，仅认定为抢劫致人死亡即可。在我们国家也可以认为是想象竞合，因为让他人免除债务也就是抢劫财产性利益，抢劫财产性利益也就构成抢劫罪，但由于行为又同时触犯故意杀人罪，认定为想象竞合，也没有什么不当。我现在要说明的是，即使是正常的债权债务关系，债务人为了免除债务而杀害被害人的，也构成抢劫财产性利益，那么，在张三盗窃了他人财物之后，被害人来索要时，张三对他人使用暴力，旨在免除返还义务的，更能成立抢劫财产性利益的犯罪。问题是，是否要对张三的抢劫罪和前面的盗窃罪实行并罚？有没有可能说，前面的是原因行为，后面是结果行为，构成牵连犯？比如说，行为人绑架他人之后找第三者索取钱财的，在日本就构成牵连犯，这一点是没有争议的。

学生：这两种情况感觉不太一样。如果说行为人将盗窃的财物隐藏起来不让他人发现，后面隐藏财物的行为未必构成犯罪，但是这样的前后行为才像是有牵连关系。

张明楷：你的意思是，张三盗窃之后为了避免返还而使用暴力的，还是应当并罚？

学生：在我国的话，感觉并罚还是过重。前面盗窃既遂后，被害人的财产已经被侵害过了，后面行为所侵犯的也是与前面财产紧密相关的一个财产性利益。

张明楷：如果说最终只是侵害一个财产法益，那么，在日本就属于包括的一罪了。

学生：还是很难包括进去吧，因为毕竟张三后面已经使用了暴力，在有的案件中还可能致人伤亡了。

张明楷：但是，只要将后面的行为评价为抢劫罪，被告人的行为最终只是侵害一个法益的话，就有可能作为包括的一罪处理的。这样处理，与我们前面讨论的甲将国家机关依法扣押的汽车偷开回来之后再索赔的行为不一样。因为这种行为侵害了两个法益，而且有两个行为，所以是可以并罚的。

学生：是的，这两种情况还是有区别的。被告人盗回财物之后再索赔的情况下侵害的是两个完全不同的法益，前行为将质押或扣押的东西偷回来，侵害的是他人对财物的合法占有，后面索赔行为侵害的并不是与财物占有相关的法益，而是与财物本身相关的一个价值，所以应该是两个不同的法益。而后面这个案件与此不同，如果被害者将财物要回来就是恢复自己对财物的占有，这是完全紧密相关的、一体两面的。在德国，如果盗窃了别人的财物，别人来索要，行为人再将他人打一顿的，构成盗窃罪和强制罪，实行数罪并罚。在我国，可以将这种情况整体认定为抢劫罪。

张明楷：整体认定为抢劫的话，还要解释一下为什么前面的盗窃就不定了。

学生：因为后面抢劫罪侵犯的财产法益和前面盗窃罪侵犯的财产法益基本是同一个法益。

张明楷：那就是日本刑法理论与判例所说的，因为最终只侵害一个法益而成立包括的一罪。

学生：可以将被告人之前的盗窃行为作为一并处罚（共罚）的事前行为。

张明楷：也可以这样说，因为共罚的事前行为也是属于包括的一罪的。被告人侵占了别人的财物之后，别人来要回的时候，被告人说财物被盗了。这样的案件在德国是不是只定一个侵占罪？

学生：是的。

张明楷：但是在日本就不会只定一个侵占罪。学界对不可罚的事后行为也有很多不同的声音，许多学者会认为，后面的行为是骗免债务，另外构成诈骗罪。当然也不会并罚，而是会认为属于包括的一罪，因而可能认定为诈骗罪。对这种行为实行并罚不合适，这和盗窃了他人的财物后，他人来索要时，被告人对他人使用暴力的案件一样。不可罚的事前行为与不可罚的事后行为，在日本都属于包括的一罪。当然，日本的包括的一罪还包括集合犯、每次不构成犯罪加起来构成犯罪的情形、营业犯、常习犯等多种情形。

学生：在德国，这些问题都是在"行为单数"里讨论的。比如，行为人今天赌一把，明天赌两把，在德国就会认定为是行为单数，按照一个赌博罪处理。

张明楷：德国在"一个行为"认定方面要比日本宽泛得多。在你刚刚说的这种情况下，由于日本规定了赌博罪和常习赌博罪，赌一把的行为可能构成赌博罪，每天都去赌博就会被认定为常习赌博罪。在日本罪数理论中，包括的一罪用得很多；在德国竞合论中，想象竞合与法条竞合中的吸收关系用得很多。

案例二

被告人花某从事粮食收购业务，被害人郑某（女）是个体户，做粮票提兑业务（粮票是一种字据，即农民出卖粮食之后，花某因为没有现金支付就向农民出具一张字据。例如，农民出卖粮食应得 1 万元，花某出具 1 万元的字据。如果农民急用钱，花某就让农民找郑某，农民将 1 万元的字据给郑某，郑某只给农民 9000 元）。花某与郑某有多年合作的关系，但由于花某怀疑郑某给自己支付了两张假币，花某怀恨在心。某天下午 5 点，花某给郑某打电话，说有 30 万的粮票需要兑现，让郑某带 30 万元现金来。花某将郑某诱骗到车里后，用事先准备好的橡皮锤猛击郑某头部。郑某求饶，提出对假币给予 20 万元的补偿，但花某拒绝，继续用橡皮锤击打郑某头部，郑某反抗。花某又用双手掐郑某的脖子，掐了几分钟后，郑某丧失了反抗能力。花某担心郑某没有死亡，又开车将郑某放在铁轨上，然后将郑某携带的 32 万元现金取走。郑某后来被火车轧死。

张明楷：这个案件是定一罪还是数罪？如果是定数罪的话，是哪几个罪？

学生：就定一个抢劫致人死亡。

学生：但被害人是被火车轧死的。

张明楷：这与定罪有什么关系吗？

学生：抢劫致人死亡只限于暴力、胁迫的手段行为或者强取财物的目的行为致人死亡，花某在郑某完全丧失反抗能力之后，还将郑某放在铁轨上，导致她被火车轧死，这种行为还是抢劫的手段行为吗？

学生：当然还是抢劫的手段行为。

学生：问题是，花某前面的手段行为已经完全压制了被害人的反抗，此后再杀人，是不是超出了手段行为的范围，可以另认定为故意杀人罪呢？

张明楷：抢劫罪中的暴力、胁迫行为必须是达到了压制他人反抗的行为，这一点没有问题。但不能因此而认为，在压制他人反抗之后继续使用暴力的，后面的暴力就不是抢劫罪中的暴力行为。否则，凡是抢劫致人死亡的，大多可以认为致人死亡是多余的，所以，另成立故意杀人罪或者过失致人死亡罪。实际上，我们现在理解的抢劫致人死亡，不仅包括过失致人死亡，还包括抢劫杀人，就是打算将被害人杀害后取得财物。用西田典之老师的话来说，杀人是压制被害人反抗的终极手段，所以，不能将杀人排除在抢劫致人死亡之外。

学生：所以，还是只能认定为一个抢劫致人死亡。

张明楷：虽然最终只认定为一个抢劫致人死亡，问题是，抢劫与杀人究竟是什么关系？有人说抢劫和杀人是牵连犯，有人说抢劫和杀人是想象竞合，还有人说抢劫和杀人是吸收关系。

学生：不用考虑这么多，就只定一个抢劫致人死亡不行吗？

张明楷：如果考虑到想象竞合的明示机能，我还是觉得是抢劫致人死亡和故意杀人的想象竞合。

学生：这样是不是重复评价了呢？可不可以说是普通抢劫与故意杀人罪的想象竞合？

学生：肯定不行，如果这样说的话，最终可能就是按故意杀人罪处罚了。

张明楷：所以，如果说是想象竞合，只能是抢劫致人死亡与故意杀人罪的想象竞合。

学生：不说竞合不行吗？

张明楷：假如甲为了抢劫而杀乙，虽然把乙杀死了，但是没有取得财物，应当怎么办呢？

学生：还是抢劫致人死亡。

张明楷：可是，这个时候是未遂的结果加重犯，即基本犯未遂。如果适用未遂犯的规定，就可能导致处罚不协调，即可以轻于故意杀人罪的量刑。如果说是抢劫致人死亡与故意杀人罪的想象竞合，对甲的处罚就不会轻于故意杀人罪的量刑。

学生：这样比较的话，还是觉得认定为抢劫致人死亡与故意杀人罪的想象竞合好一点。

学生：这个案件我还有点疑问，花某当初究竟是想杀人还是想抢劫？

张明楷：花某交待的是，"想引她出来，把她弄死，抢她的钱"。这显然是抢劫杀人的想法。

学生：花某一开始有抢劫的意思，掐脖子的时候就想把她掐死，肯定是抢劫致人死亡与故意杀人罪的想象竞合。在德国就是这样认定的。

张明楷：德国判决要说明花某致人死亡时，究竟是故意致人死亡还是过失致人死亡，这就是想象竞合的明示机能。

学生：如果只定故意杀人罪的话，就没有考虑花某抢劫的行为；只定抢劫罪的话，没有考虑他是故意杀害被害人。因为即使认定为抢劫致人死亡，人们也可能认为是过失致人死亡，所以，必须与故意杀人罪形成想象竞合关系。

学生：德国的抢劫致人死亡是指过失致人死亡吗？

学生：抢劫致人死亡也可以是过失，所以必须要加上一个故意杀人罪，形成想象竞合关系，说明这个案件的抢劫致人死亡不是过失致人死亡，而是故意杀人。

学生：我们国家刑法中的抢劫致人死亡既可以是故意，也可以是过失。

张明楷：所以，需要说抢劫致人死亡与故意杀人罪是想象竞合关系，从而说明案件中的被告人是故意杀人，而不是过失致死。当然，在量刑时，只要按抢劫致人死亡的法定刑量刑即可。因为抢劫致人死亡的最高刑是死刑，而且还并处罚金或者没收财产，故意杀人罪又不能判罚金和没收财产，所以，抢劫致人死亡的法定刑重于故意杀人罪。

案例三

很多城市都提供自行车服务。相关部门将自行车锁在人行道上，市民用身份证验证后一刷二维码，就可以打开锁骑走，而且可以在其他地方归还。但是，有的被告人把锁破坏之后，将自行车偷走。

张明楷：我看到有的判决认定被告人的行为构成故意毁坏财物罪，按数额或者情节，可能判处 3 年以上 7 年以下徒刑；如果认定为盗窃罪，只能判处 3 年以下徒刑、拘役或者管制。

学生：自行车很贵吗？

张明楷：自行车不一定很贵，可能 200 元左右一辆，但是锁可能更贵。比如，盗窃 5 辆自行车，按盗窃罪量刑只能处 3 年以下徒刑，但是按照锁的价值计算，定故意毁坏财物罪，可能判处 3 年以上 7 年以下徒刑。

学生：司法机关就是按牵连犯从一重罪处罚了。

张明楷：我想问的是，能不能数罪并罚？

学生：应当有牵连关系，被告人不把锁弄开怎么偷自行车呢？

张明楷：客观上与主观上都有牵连关系，问题是，这种关联是否具有通常性？

学生：如果这种犯罪比较多的话，还是应当肯定有牵连关系。

张明楷：如果认定为牵连犯，就回到了我经常讲的一个问题。牵连犯也好、想象竞合也好，是只计算一个罪的犯罪数额还是可以把两个罪的数额加起来计算，按总额量刑？中国和德国不一样，德国在讲想象竞合时，会在判决书上说明被告人触犯了两个罪，最后按一个重罪量刑，数额在其中所起的作用并不是很大。但在中国，如果说想象竞合或者牵连犯，明明有两个犯罪数额，但如果按照一个重罪量刑时，原本对量刑起重要作用的数额，很可能完全不考虑了，或者说，另一个犯罪的数额就没有了。这是为什么呢？简单地说，如果原本是数罪，但只按一个重罪处罚，犯罪数额应当如何计算？这是德国、日本不讨论的问题，但在中国需要讨论。但是，如果将两个罪的数额相加再量刑，又可能导致量刑过重，当然在有的情形下也不一定过重。在两个犯罪数额可以相加的情况下，是数罪并罚重还是将总额加起来作为一罪处罚重，这是说不清的问题，而是完全取决于案情与法条的规定。所以，有时候就在想，在数额对量刑起很大作用的情况下，是不是尽量不认定为牵连犯、想象竞合犯，这样可能使得处罚更合理？

学生：我们刚才讨论的盗车案在德国是几个犯罪？

张明楷：在德国会认为是一个行为吗？

学生：在德国应该是法条竞合中的吸收关系，重罪吸收轻罪。如果锁更值钱，定故意毁坏财物罪的话量刑更重一些，就是故意毁坏财物罪吸收盗窃罪。

张明楷：德国也会出现故意毁坏财物罪吸收盗窃罪的现象吗？

学生：也会，现在认为吸收犯都是重罪吸收轻罪的，不是说手段行为一定被目的行为吸收，手段行为也可能吸收目的行为。

学生：按照一般的说法，目的行为吸收手段行为，因为被告人的目的是盗窃自行车。

张明楷：这个说法肯定不成立。不管是吸收关系还是牵连关系，既然要从重，就不可能只按目的行为定罪。问题是，在手段行为与目的行为都是财产犯罪的情况下，如果数额不累加计算的，有可能导致处罚太轻。当然，毁坏财物的数额与盗窃财物的数额是不可能累计的，但如果手段行为与目的行为都是诈骗的话，能不能累计还是可以进一步研究的。如果不能累计，我就认为，应当限制牵连犯的成立范围。

学生：有手段行为与目的行为相同的牵连犯和同种的想象竞合吗？

学生：当然有。比如，德国经常讨论行为人先偷个车钥匙然后再偷车的案件，因为在德国车钥匙本身就可以成为盗窃的对象。

张明楷：中国也一样，一把车钥匙价值一两万，好车的钥匙甚至更贵，一般的车钥匙也需要好几千。

学生：一般的感应钥匙要 2000 元。

张明楷：我们以前讨论过一个案件：被告人和一个朋友（被害人）到度假村玩，朋友开着车到度假村之后，就在度假村找地方休息，被告人对被害人说："你到里面休息吧！我就到你车上躺一下，你把钥匙给我。"被害人就把钥匙给被告人，结果被告人把车开到外省去了。假如说车钥匙值 1 万元，车值 50 万元，那么，诈骗的数额是 1 万元，盗窃的数额就是 50 万元。被害人只是处分了车钥匙，但没有处分汽车。这也涉及并罚还是不并罚的问题。

学生：这个似乎也可以并罚。

张明楷：那么，同种的想象竞合与牵连犯，如果不并罚的话，要不要把数额累计起来量刑？

学生： 感觉并罚会太重。

张明楷： 也不一定。比如，将一个盗窃 1 万与盗窃 50 万的数额加起来，可能比并罚还要轻。还是回到我们前面讨论的盗窃自行车的案件来，并罚有什么问题吗？还有类似的案件是，被告人将他人的汽车玻璃打破，然后把里面的包拿走。我也主张并罚，因为打破汽车玻璃盗窃财物，不是通常的类型化的盗窃方式。在许多案件中，玻璃的价值还高于被告人所盗财产的价值。

学生： 但这种行为就是比较典型的手段行为与目的行为。

张明楷： 或许我的潜意识里认为，不能为了盗窃而毁坏比所盗窃的财物价值更高的财物，否则就不具有通常性、类型性。

学生： 实践中还有另一类案件：被告人盗窃他人的名牌包，将里边的现金、手机等据为己有后，就将包扔掉了，可是，包的价值更大。

张明楷： 如果认为被告人对包本身没有非法占有目的，将扔包行为另外认定为故意毁坏财物罪，是没有问题的，可以与盗窃罪实行并罚。

学生： 我们在实践中只按照一个盗窃罪处里。

张明楷： 把包的数额也计算到盗窃数额中吗？

学生： 有很多被害人提供不了发票，也无法找到包，不能鉴定包究竟值多少钱，所以，没办法将包的价值计算到盗窃罪中去。

张明楷：如果被害人提供了包的发票的话，你们是否将包的价值计算到盗窃罪的数额中去？

学生：不敢将包的价值认定进去。

张明楷：这涉及非法占有目的的认定。比如在德国，要考虑行为人对所盗窃的具体财物的故意。如果偷包的时候，只想把里面的钱拿走，把包扔掉的话，就对包里面的钱成立盗窃，对包本身成立故意毁坏财物罪。

学生：但是也有不同观点。

张明楷：肯定有不同观点。

学生：如果包里都是钱的话，还是可能解释成行为人对包也有非法占有目的的。因为被告人如果不拿走这个包，就拿不到里面的钱，在这个意义上来说，被告人对包还是有利用意思的。

张明楷：利用意思哪怕很短暂，也不影响非法占有目的的成立。

学生：利用意思可以很短暂，但排除意思则是需要在一段时间内排除权利人的意思，过于短暂的不能认定为排除意思。

张明楷：但是，被告人将包扔到垃圾筒肯定是有排除意思的。

学生：所以，排除意思不是问题。

张明楷：你刚才讲的后一种观点在德国是少数说吧？

学生：也不好说是少数说，这可能跟具体案件有关。比如，德国联邦最高法院有一个判例：行为人把被害人一拳打倒后，掏出钱包，接着把里面的钱拿出来，将钱包扔掉。由于时间特别短暂，就不认为行为人对钱包有非法占有目的。

张明楷：这是当场扔掉的，但许多是事后扔掉的。

学生：如果连包带钱抢了之后，过了一段时间把钱拿出来、把包扔掉的话，还是要将包认定在盗窃数额之内的。

张明楷：对，就是"利用"意思怎么判断的问题。当被告人只有拿了包才能拿到里边的钱时，又过了一段时间才扔掉包的，就应当整体评价为盗窃。因为被告人对包既有利用意思，也有排除意思。

学生：但在我们司法实践中，有的包数额太大，如果认定为盗窃的话，感觉会判得太重，有时候被告人根本不知道包值多少钱。

张明楷：这是另一个问题，如果行为人确实不知道包的价值数额巨大，就只能对数额较大负责。

第七堂
刑罚论

从 业 禁 止

甲是证券行业的工作人员，因犯利用未公开信息交易罪而接受法院审判。法官试图在判处其有期徒刑的同时宣告从业禁止，即禁止其从事证券业务和担任上市公司董事、监事、高级管理人员。但是，在是否需要法院判决从业禁止以及从业禁止的期限方面，法院内部存在争议。

张明楷：《刑法修正案（九）》在《刑法》中增设了第37条之一，其中第1款规定："因利用职业便利实施犯罪，或者实施违背职业要求的特定义务的犯罪被判处刑罚的，人民法院可以根据犯罪情况和预防再犯罪的需要，禁止其自刑罚执行完毕之日或者假释之日起从事相关职业，期限为三年至五年。"第2款规定："被禁止从事相关职业的人违反人民法院依照前款规定作出的决定的，由公安机关依法给予处罚；情节严重的，依照本法第三百一十三条的规定定罪处罚。"第3款规定："其他法律、行政法规对其从事相关职业另有禁止或者限制性规定的，从其规定。"如何理解和适用以上规定？这一条问题很严重，解释起来有很多难题。就本案而言，主要涉及的是第 3 款，首先要清楚哪些法律、行政法规有这样的规定。《证券法》中肯定有吧？如果其他法律、行政法规有规定的话，是否适用《刑法》第 37 条之一的规定呢？

学生：《证券法》第 233 条规定："违反法律、行政法规或者国务院证券监督管理机构的有关规定，情节严重的，国务院证券监督管理机构可以对有关责任人员采取证券市场禁入的措施。""前款所称证券市场禁入，是指在一定期限内直至终身不得从事证券业务或者不得担任上市公司董事、监事、高级管理人员的制度。"

张明楷：还可以是禁止终身从事某些职业。买股票叫不叫从事证券业务？

学生：不是，应该是说不能成为证券行业的工作人员。

张明楷：如果被告人的行为触犯证券犯罪，仅根据《证券法》由证券监督管理机构宣布在一定期限或者终身适用从业禁止的话，由于不是法院的判决，所以，即使被告人违反从业禁止规定的，也不构成拒不执行判决、裁定罪；而其他被告人触犯其他犯罪，根据《刑法》第 37 条之一禁止从业 3 至 5 年，被告人违反从业禁止规定的，反而构成拒不执行判决、裁定罪。这显然不公平、不合理吧！所以，对于证券行业的工作人员实施的证券犯罪，法院还是要根据《刑法》第 37 条之一宣告从业禁止吧，只是从业禁止的期限按照其他法律、行政法规的规定来执行。

学生：可以吧。但是《证券法》没有规定要法院判决。

　　张明楷：《证券法》规定的是由国务院证券监督管理机构决定。如果是这样的话，行为人违反规定的，就不可能构成拒不执行判决、裁定罪，这显然不合适。

　　学生：在《证券法》有规定的情况下，要说法院可不可以再宣告从业禁止的话，也没什么不可以的。问题是法院会不会这么做？

　　张明楷：法院这么做的话会与第3款相矛盾吗？"从其规定"是从什么规定，是说宣告从业禁止的主体只能是《证券法》规定的机构，还是说，法院必须按照《证券法》规定的期限宣告从业禁止？

　　学生：法院宣告从业禁止也是有法律依据的。就是说，法院只是按照《证券法》与《刑法》第37条之一的规定再宣告一次。

　　张明楷：只有当法院再次宣告从业禁止时，才不至于出现不协调的现象。

　　学生：只有这样，第37条之一第2款才不会导致矛盾现象。不管从业禁止的规定源于哪个法律、行政法规，只要被告人的行为构成犯罪，法院就应当在判决书中宣告从业禁止。

　　张明楷：所以，第3款中的"从其规定"可以理解为在期限上"从其规定"。比如，对从事证券业务的人员的犯罪，就可以宣告终身从业禁止。

　　学生：从业禁止的原因、范围也要从其规定吧？

　　张明楷：其他法律、行政法规没有规定从业禁止的，法院可以直接根据《刑法》第 37 条之一第 1 款的规定宣告从业禁止。所以，从业禁止的原因与范围，未必一定要按照其他法律、行政法规的规定来确定。当然，其他法律、行政法规的规定可以起到参照作用，或者说，其他法律、行政法规规定应当从业禁止的，法院更容易宣告从业禁止。

　　学生：不是说法律、行政法规排除了刑法的适用，而是法院既要依据刑法，也要依据其他法律、行政法规的相关规定宣告从业禁止。

　　学生：第 3 款是一个注意规定。

　　张明楷：注意规定？但也不能完全说是注意规定吧。因为第 1 款规定的期限是 3 到 5 年，但其他法律、行政法规既可能规定终身的从业禁止，也可能规定不到 3 年的从业禁止，所以，不是注意规定。

　　学生："从其规定"的意思是可以突破第 1 款关于时间、范围的限制，就是不用管第 1 款。

　　学生：也不能说不用管第 1 款吧，否则不就又绕回去了吗？

　　张明楷：主要是在期限上"从其规定"。当其他法律、行政法规对于从业禁止的期限另有规定时，就按照该期限宣告从业禁止。

　　学生：关键是第 2 款表述的是"人民法院依照前款规定作出的决定"。

　　张明楷：你的意思是，依照其他法律、行政法规作出的宣告从业禁止的决定，就不能适用第 2 款了吗？

学生：我就在想会不会有这个障碍。

学生：这样限定的话，构成拒不执行判决、裁定罪的范围就更窄了，更不公平了。

张明楷：法院决定从业禁止时，即使在期限上依照其他法律、行政法规的规定，但是，从总体上来说，从业禁止的决定还是根据第 37 条之一第 1 款作出的，而不是直接根据其他法律、行政法规作出的，因为其他法律、行政法规并没有规定由法院决定从业禁止。所以，这不存在什么障碍。

学生：不只是期限问题，第 1 款还规定"被判处刑罚的"。

张明楷：当然是以判处刑罚为前提。如果被告人没有构成犯罪的话，法院就不可能适用第 37 条之一第 1 款。

学生：还有一个问题：第 1 款规定的是"禁止其自刑罚执行完毕之日或者假释之日起从事相关职业"，如果其他法律、行政法规不是这样规定的，也要"从其规定"吗？

张明楷：刚才查的《证券法》规定了从业禁止的起算时间吗？

学生：没有规定。

张明楷：我觉得这不是一个重要问题。即使其他法律、行政法规规定了起算时间，也有可能将第 37 条之一第 1 款规定的"从其规定"限制解释为期限上的"从其规定"，而不包括期限起算时间上的规定。这又涉及另一问题了，对于被判处管制的被告人是否可以宣告从业禁止？如果可以的话，那么，从什么时候起执行从业禁止？是在管制期间就执行，还是管制期满后才执行？

学生：当然能。

张明楷：为什么当然能？关于剥夺政治权利，刑法有明文规定，剥夺政治权利从判决执行完毕之日起开始计算，但剥夺政治权利当然适用于主刑执行期间。

学生：第 37 条之一第 1 款没有限制刑罚种类。

张明楷：如果单处罚金的是不是也可以宣告从业禁止？

学生：从法条表述上看也是可以的。

张明楷：那什么时间开始执行从业禁止呢？

学生：刑罚执行完毕啊。

张明楷：如果被告人一直没有钱缴纳罚金呢？

学生：那就强制执行。

张明楷：如果完全没有可供执行的财产呢？

学生：既然被告人以前是从事某种职业的，多少总有财产吧。

张明楷：其实，问题不在这里，而是说，如果单处罚金时也宣告从业禁止，至少何时开始执行从业禁止的决定，是不确定的。如果确实遇到这种情况的话，可以按照司法解释的规定，罚金必须在 3 个月内缴纳。即使在 3 个月不能缴纳的，也从 3 个月后开始执行从业禁止。可是，这就会出现另一问题：为什么被告人在没有缴纳罚金的 3 个月之内不执行从业禁止的决定，在 3 个月后反而要执行从业禁止的规定呢？这类似于在主刑执行期间享有政治权利，但主刑执行完毕后被剥夺政治权利，显然不合适。

学生：要不就将单处附加刑排除在第 37 条之一第 1 款规定的情形之外吧。

张明楷：进行这种限制解释当然是可能的。问题是，如果被告人所犯之罪只需要单处罚金，但是其他法律、行政法规规定对其必须宣告从业禁止时，应当怎么办？

学生：那就没办法了。这是起草者们想不到的问题。

张明楷：但愿不要出现这样的情况。倘若刑法理论的通说或者司法解释规定，单处附加刑的，不适用从业禁止的规定，但在其他法律、行政法规规定了必须给予从业禁止的场合，法官就可能不单处罚金；为了适用从业禁止的规定而判处主刑，这反而对被告人不利了，因而不合适。所以，遇到这种情况时，又回到了前面的"从其规定"，是不是可以在执行的起点时间依照其他法律、行政法规的规定。如果其他法律、行政法规没有明确规定，最好从判决发生法律效力时开始适用从业禁止。也可以这样解释，《刑法》第 37 条之一第 1 款仅规定了判处主刑时从业禁止如何起算，但并没有规定单处附加刑从业禁止如何起算。在其他法律、行政法规有规定的情况下，按其规定起算；在其他法律、行政法规没有规定的情况下，从判决生效之日开始执行从业禁止。

学生：这样做也可以。

张明楷：这是没有办法的办法。我们继续讨论对于被判处管制的罪犯可否宣告从业禁止。

学生：判处管制时不宣告从业禁止也没问题啊，因为判处管制时可以适用禁止令，禁止令就包括从事特定活动。

张明楷：禁止令是与管制同时执行的吧？

学生：是的。

张明楷：禁止令虽然也可以禁止从事某项职业活动，但不能替代从业禁止。比如，其他法律、行政法规规定应当适用从业禁止的，但行为人所犯之罪应当判处管制时，只适用禁止令行吗？

学生：也不行。

张明楷：所以，虽然在通常情况下，被判处管制的罪犯只需要适用禁止令，不需要适用从业禁止，但如果其他法律、行政法规规定了必须适用从业禁止，那么，法院在判处管制的时候，还是应当宣告从业禁止。在管制执行完毕之后，开始计算从业禁止的期限。

学生：那么，在管制执行期间可以从业吗？

张明楷：这就可能只有依靠禁止令来调节了。在管制执行期间适用禁止令，不让罪犯从业，在管制执行完了之后再执行从业禁止。否则，就不协调了。

学生：为什么从业禁止要从刑罚执行完毕或者假释之日起开始呢？如果是这样的话，被判处有期徒刑的罪犯在监狱里从业的怎么办？

学生：在监狱怎么能从业啊？

学生：还是有的。听说一些公司的负责人进了监狱后，还在签署文件，通过 email、微信等从业。这是起草者当初没有想到的问题。

学生：从当然解释的角度来说，既然刑满释放后都要禁止从业，那么，在监狱服刑期间更不能从事某种职业了。

张明楷：按照当然解释的原理确实是这样的。问题是，如果当然解释的结论是不利于被告人的，而刑法也没有明文规定，就不能直接采用当然解释的结论了。比如，刑法明文规定，剥夺政治权利的效力当然适用于主刑执行期间。但是，刑法关于从业禁止并无这样的规定，所以，不能当然适用于主刑执行期间。

学生：应当是这样的。这样就会出现在监狱服刑时没有禁止从业，但出狱后反而禁止从业的现象了。

张明楷：从理论上与法律规定上来看，就是存在这种不正常的现象，但没有办法。不能将刑法关于剥夺政治权利的效力当然适用于主刑执行期间的规定，类推适用于从业禁止，否则就违反了罪刑法定原则。接下来的一个问题是，被判处无期徒刑、死缓的时候，是否需要适用从业禁止的规定？

学生：还有这个必要吗？

张明楷：怎么没有必要呢？第一，如果其他法律、行政法规规定了必须宣告从业禁止，而被告人所犯之罪应当判处无期徒刑或者死缓，如果不宣告从业禁止，就违反了《刑法》第 37 条之一第 3 款的规定。

学生：照您这么说，被判处死刑立即执行时也存在这个问题，也要宣告从业禁止。

张明楷：那倒没有必要。第一，因为从业禁止的规定是为了防止犯罪人以后利用从业机会再犯罪，既然犯罪人已经被判处死刑立即执行，就没有这个必要了。所以，从实质上来说，不违反《刑法》第 37 条之一第 3 款。第二，被判处无期徒刑或者死缓的罪犯，也会被减刑、假释，减刑之后也会出狱，假释之后就可能从业。所以，在必要情况下，也需要宣告从业禁止。由此可见，对哪些人可以宣告从业禁止，是不能从宣告刑角度进行限制的。

学生：被判处无期徒刑、死缓的罪犯，如果要宣告从业禁止的话，是什么时候宣告呢？

张明楷：法条规定了要同时宣告吗？

学生：没有。

张明楷：那就有两种可能：一是在判处无期徒刑、死缓的时候同时宣告；二是减刑、假释的时候再宣告。这两种做法都不违反刑法规定，以后遇到这样的情况，可能会有司法解释规定一个统一的做法。

学生：一个条文问题还真多。

张明楷：还有更多的问题。"因利用职业便利实施犯罪，或者实施违背职业要求的特定义务的犯罪"是指哪些犯罪？利用职业便利包括利用职务便利吗？

学生：应当包括吧。

学生：不应当包括吧。国家工作人员受贿被判刑后，原本就不能再当公务员了。

张明楷：不是说他能不能做公务员，而是说他能不能从事相关的职业。比如说，从事证券管理的国家机关工作人员受贿后，可不可以禁止他在刑罚执行完毕后从事证券业务？

学生：职业便利和职务便利是不太一样的。职业便利强调的是业务性，职务便利强调的是公职性。

张明楷：业务性与公职性不是对立的吧？职业和职务有什么区别呢？职业包括职务吧，职务是下位概念，职业是上位概念。你在公司里面当一个普通员工，你有职业但没职务；他在公司做经理，既有职务也有职业。

学生：这个倒不是关键，问题是法条规定"人民法院可以根据犯罪情况和预防再犯罪的需要"决定从业禁止，受贿的人被判处刑罚以后还能再受贿吗？

学生：不是预防受贿，而是预防罪犯扰乱相关职业。

学生：还是要根据犯罪行为来确定吧。

张明楷：这里的"再犯罪"只能是原来所犯的具体罪名吗？我们国家的证券期货监督管理部门的工作人员都是国家机关工作人员，如果他们受贿犯罪后，为了预防他们诱骗投资者买卖证券期货等等，是否可以禁止他们从事相关证券业务？

学生：跟他的职业有关的所有犯罪都需要预防。

　　张明楷：但是，还是要有一定限制，不能让犯罪人出狱后什么职业都没有，那样反而会诱发犯罪。再如，会计、出纳当然是职业，他们犯贪污罪以后就要禁止他从事会计、出纳职业吗？《会计法》有没有这样的规定？

　　学生：《注册会计师法》有规定，违反《注册会计师法》情节严重的，暂停其执行业务或者吊销注册会计师证书；关于医生执业的也有相应规定。

　　张明楷：这样来说，国有公司的会计、出纳利用职务上的便利实施贪污罪，还是可以宣告从业禁止的，就是以后不得从事会计、出纳职业。

　　学生：老师，如果两个职业之间的特定义务出现了竞合的情况，犯罪当时行为人在从事 A 职业，但他同时也违背了法律、行政法规对 B 职业的禁止和限制性规定，需不需要连 B 职业也一起禁止？比如，被告人原本是一个公司的高管，他长期指使会计伪造会计凭证，构成犯罪。这样有没有可能既禁止他以后从事公司高管职业，也禁止他从事会计业务？

　　张明楷：完全有可能，但还是要考虑必要性吧。

　　学生：这个"相关职业"的范围太泛了。

　　张明楷：这里的"相关"只能是指与犯罪人以前的职业相关的职业，而不可能是有关系的任何职业。我再问你们：生产、销售有毒、有害食品的犯罪人，以后就不能从事生产、销售职业了吗？肯定不能这样理解，只是禁止犯罪人以后从事食品、药品的生产、销售职业就可以了。

学生：应当是只禁止犯罪人以后从事食品、药品的生产、销售职业吧。

张明楷：我也这样认为，否则，如果犯罪人以后不能从事任何生产、销售职业的话，反而不利于预防犯罪。

学生：刚刚讨论说"利用职业便利"包括贪污受贿罪，那么，斡旋受贿的也要禁止从事相关职业吗？

张明楷：斡旋受贿只是利用了职务的影响或者地位，与通常的利用职务便利还有区别，没有必要宣告从业禁止吧。否则，从业禁止的范围是什么呢？因为国家工作人员故意犯罪后原本就不能再成为国家工作人员，所以，即使不宣告从业禁止，他以后也不可能犯斡旋受贿罪了。

学生：比如，证监会的工作人员斡旋受贿被判刑，服刑以后是否需要禁止他从事证券业务？

张明楷：按理说已经没有必要了。

学生：我真的很担心这一条会被扩张解释到和特定义务相关的职业。比如说一个从事护理的护工，对他护理的病人实行了猥亵行为，就可能会认为需要禁止他从事一切与护理或教育有关的职业。比如说，他要从事幼儿教育行业，但因为他实施过猥亵行为，会担心他也会违背幼儿教育行业的特定义务，担心他会不会去猥亵幼儿。这个从业禁止的确有被滥用的危险。

张明楷：小学老师猥亵学生，判刑之后肯定不能当小学老师，也不能在幼儿园当老师。

学生：我觉得还是实质的判断比较好。比如说护工的话，就禁止与护理有关的职业，比如幼儿园的老师就与护工相关。

张明楷：国家应当是对职业有分类的吧，可以参考职业分类宣告从业禁止。估计法官不会在判决中说禁止犯罪人当幼儿园老师，而且按某类职业来决定禁止范围。

学生：国家统计局有分类，大类就从 A 分到了 T，有 20 个左右，大类下面还有许多小类。

张明楷：送快递的人侵占或者盗窃财物的，该禁止什么职业？

学生：物流业。

张明楷：总之，既要考虑职业也要考虑预防犯罪的需要，然后再考虑到底是禁止大类下面的一小类或者两小类等等。对于我们前面说的那个案例，就可以得出如下结论：法院应当对甲宣告从业禁止，而从业禁止的期限既可以是 3 至 5 年，也可以是更长乃至终身。

学生：从业禁止是什么性质？

张明楷：当然是保安处分，不是刑种，也不是刑罚执行方法。几天前有人问我这样的问题：根据《刑法》第 37 条之一第 1款的规定，人民法院可以根据犯罪情况和预防再犯罪的需要，禁止犯罪人自假释之日起从事相关职业。可是，假释的条件就是没有再犯罪的危险，既然没有再犯罪的危险，凭什么说又要根据预防再犯罪的需要宣告从业禁止呢？这里是不是存在矛盾？

学生：您是怎么回答的？

张明楷：从字面上看的确是有矛盾的，但我还是想回答没有矛盾。我是这样解释的：假释时的没有再犯罪危险，是指没有通过执行刑罚去防止罪犯再犯罪那种的危险；但从业禁止中的再犯罪的危险，是指虽然没有执行刑罚预防的必要，但还是有以保安处分进行预防的必要。这刚好说明从业禁止不是刑罚执行方式，而是保安处分。否则就解释不通了。

死 缓 制 度

甲犯抢劫罪，于 2016 年 10 月 7 日被终审判决宣告死缓，2017 年 1 月，甲在监狱内阻止他人重大犯罪活动，因而具有重大立功表现。但是，2017 年 9 月，甲对监管人员乙的管教活动不满，故意伤害监管人员，造成重伤。

张明楷：《刑法修正案（九）》将《刑法》第 50 条第 1 款修改为："判处死刑缓期执行的，在死刑缓期执行期间，如果没有故意犯罪，二年期满以后，减为无期徒刑；如果确有重大立功表现，二年期满以后，减为二十五年有期徒刑；如果故意犯罪，情节恶劣的，报请最高人民法院核准后执行死刑；对于故意犯罪未执行死刑的，死刑缓期执行的期间重新计算，并报最高人民法院备案。"这个案件涉及如何理解和适用这一规定的问题。

学生：老师，我有一个问题：这一款中"情节恶劣"，是说行为人抗拒改造的情节恶劣，还是说犯罪行为本身情节恶劣？

张明楷：我觉得都要考虑吧！首先要判断死缓犯人的犯罪本身是否属于情节恶劣，如果不恶劣，就不适用执行死刑的规定。如果犯罪本身情节恶劣，就进一步判断该犯罪是不是表明行为人抗拒改造情节恶劣，如果不恶劣，也不适用执行死刑的规定；如果恶劣就执行死刑。因为我们必须联系死刑立即执行的根据去判断情节是否恶劣。过去、现在大家都在说，只有当罪犯确实不能悔改时才执行死刑，但是，被告人犯一个严重的罪，不表明他不可能悔改。犯罪的动机、原因对行为人会起很重要的作用。一般来说，上面的两个判断通常是一致的，但不排除不一致的情形。可是肯定的是，如果犯罪本身情节不恶劣，就不能说明罪犯抗拒改造情节恶劣。但是，情节恶劣的犯罪也可能是由于特殊原因所致，因而不能说犯罪人抗拒改造情节恶劣。我觉得这种情况是可能存在的。这次修改解决了我以前经常提到的要对故意犯罪进行限制解释的问题，也解决了一般情节的故意犯罪不执行死刑时，应当处理计算死缓期限的问题，但是还有问题没有解决：如果有重大立功表现，同时也有一般情节的故意犯罪的，应该怎么办？有重大立功表现，又有情节恶劣的故意犯罪的，应该怎么办？上面的案例就涉及后一问题。

学生：是否需要考虑是立功在前还是犯罪在前？

张明楷：比如先重大立功，后来有一般情节的故意犯罪，应该怎么办？

学生：这样的话，就从犯罪之日起重新计算死缓考验期限。

张明楷：这与没有重大立功有什么区别？完全一样了，重大立功一点意义都没有了。

学生：有意义。等新的两年考验期满后，再根据前面的重大立功表现，减为25年有期徒刑。

张明楷：可是，这不符合《刑法》第50条第1款的表述吧。因为罪犯在新的两年考验期内没有重大立功表现。

学生：让以前的重大立功表现作废也不合适啊！

张明楷：正是因为作废不合适，所以我才提出这个问题。可不可以这样解释呢？因为第50条第1款最后一句规定："对于故意犯罪未执行死刑的，死刑缓期执行的期间重新计算，并报最高人民法院备案。"虽然是重新计算，但罪犯一直处于死刑缓期执行期间，而前面的重大立功也发生在死刑缓期执行期间，所以，新的两年考验期满后，仍然可以说罪犯在考验期内有重大立功表现。

学生：还是有疑问。罪犯的重大立功是在之前那次的考验期里，他后来又犯罪了，考验期重新开始计算了，只能根据新的考验期内的表现决定如何处理。如果新的考验期内再犯罪的话，还要考虑前一次考验期内的重大立功表现吗？

学生：不能直接考虑，只有等到第二个考验期满，如果没有再故意犯罪，才考虑第一个考验期内的重大立功表现，再减为25年有期徒刑。

学生：我觉得第一次的考验期内的表现只能决定第一次考验期满该如何处理，不能将第一次考验与第二次考验综合起来考虑。

张明楷：你的意思是，如果第二次考验期满，罪犯没有再犯罪，就还是减为无期徒刑？

学生：是的。

张明楷：这样的话，罪犯的重大立功表现不就作废了吗？

学生：那就作废了呗。因为他又犯罪了，所以要在新的两年里重新考验。

张明楷：看来是分开考虑还是综合考虑就成为问题了。总的来说，根据《刑法》第50条第1款的规定，减为25年需要具备两个条件：第一是没有故意犯罪，第二是有重大立功表现。如果分开考虑的话，在第二个考验期内，罪犯没有故意犯罪的话，就只符合第一个条件。但如果把第一个考验期内的重大立功表现加进来，则符合了第二个条件。

学生：我觉得还是可以综合考虑的。一个条文的同一概念，也可能有不同含义。可以将《刑法》第50条第1款中的"死刑缓期执行期间"作不同的理解。

张明楷：我的意思也是，这种情况仍然符合"在死刑缓期执行期间……确有重大立功表现"这一条件。那么，如果是先有一般情节的故意犯罪，然后再有重大立功表现呢？

学生：也是一样的。无论重大立功在前，还是故意犯罪在前，都是重新计算考验期，然后再减为 25 年。

张明楷：这么一来，不管犯什么罪，都只需要多一段考验期。不过，这与《刑法》第 50 条的规定是协调的，也是对罪犯比较有利的，至少没有将重大立功表现忽略不计。如果不将前面的重大立功表现考虑进来，就与那种没有重大立功表现但有一般情节的故意犯罪的情形没区别了，所以不合适。但是，这里还有一个问题。《刑法》第 50 条第 1 款最后一段规定的是："对于故意犯罪未执行死刑的，死刑缓期执行的期间重新计算，并报最高人民法院备案。"这个重新计算，是从罪犯再犯之日起重新计算，还是从裁定之日起重新计算？比如，甲罪犯 2015 年 10 月 1 日开始其死缓考验期，12 月 1 日又故意犯罪。在还没有裁定重新计算考验期时，甲于 12 月 10 日有重大立功表现。如果再从犯罪之日起计算新的考验期，那么，罪犯在后一个考验期内就有重大立功表现。如果他在后一个考验期内没有再故意犯罪，就理所当然地减为 25 年有期徒刑。

学生：刚才说的先重大立功后故意犯罪的情形，之前的那个考验期是不是也算作考验期呢？可不可以认为，虽然重新计算，但前面那一段也算在考验期内，就相当于考验期是两年加上前面之前那一段考验期。

张明楷：当然都是考验期了。换句话说，罪犯先有重大立功，后来又实施一般情节的故意犯罪，就要重新计算他的考验期。假如一共加起来有 3 年，后两年期满的时候，再看他前面 3 年有没有重大立功表现，如果有，就减为 25 年有期徒刑。

学生：这样的话，不管是先有重大立功表现还是后有重大立功表现，结论都是一样的。

张明楷：最严重的问题是上面的案件，罪犯在考验期内既有重大立功又有情节恶劣的故意犯罪的，应当怎么办？这是以前就存在的问题，但《刑法修正案（九）》并没有解决。

学生：那就执行死刑呗。

张明楷：执行死刑的话，重大立功表现不就没有考虑了吗？

学生：重大立功表现不能表明行为人再犯罪的危险性低。

学生：相当于罪犯有一个优惠券，两年和平期满就能用，不能安稳地度过这两年的和平期这个优惠券就不能使用了。

张明楷：这个解释不仅对被告人不利，而且缺乏文理根据。

学生：谁叫他犯情节恶劣的故意犯罪呢？

学生：重大立功表现在一般犯罪中也只是一个减刑情节，对于在死缓期间的重大立功表现可能需要在两个位阶上考虑。第一个位阶是罪犯没有故意犯罪，第二个位阶是重大立功表现。就是说，只有当罪犯没有故意犯罪时，才能将重大立功表现作为减为有期徒刑的根据。

张明楷：减刑就是表明罪犯不需要那么长的时间就能够改造好，罪犯具备了减轻处罚的情节，为什么还要执行死刑呢？

学生：因为罪犯又犯罪了，说明他还是没改造好。

张明楷：如果反过来呢？罪犯先实施情节恶劣的故意犯罪，

法院还没有裁定死刑立即执行时，他又有重大立功表现呢？

学生：那就减刑。

张明楷：前面的情节恶劣的故意犯罪就不考虑了？

学生：重在罪犯后面的表现。

张明楷：这会导致是否执行死刑的偶然性，因为在监狱里的重大立功表现，大多取决于一些偶然因素。

学生：问题是执行死刑的条件究竟是什么？

张明楷：从法条的表述来看，应当是两个条件：一是没有重大立功表现，二是故意犯罪情节恶劣。

学生：也可能认为只有一个条件，就是故意犯罪情节恶劣。

张明楷：起草者只想到单一的四种情形：没有故意犯罪、有重大立功表现、故意犯罪情节恶劣和一般的故意犯罪。既没有想到过失犯罪，也没有想到重大立功表现与故意犯罪的同时存在。所以，形成了难以解决的问题。这样的问题，学者只能提出自己的方案，能否被司法机关接受完全是另外一回事。比如，我以前就认为，对于既有重大立功表现又有情节恶劣的故意犯罪的，减为无期徒刑。只有这样才能勉强说得通。另外，还有一个路径也是可以考虑的：能否认为，如果罪犯有重大立功表现，即使犯罪本身的情节恶劣，但由于综合起来看，不能表明罪犯抗拒改造情节恶劣，所以，仍然不能执行死刑？

学生：这样的话就再重新计算考验期吗？

张明楷：是啊。

学生：重新计算考验期的话，会不会再考虑重大立功表现，然后减为25年有期徒刑，这样就很不公平了。

张明楷：这种情形下当然不能再考虑重大立功表现，因为不执行死刑而重新计算考验期时就已经考虑了重大立功表现，不能重复评价。前面讨论的是一般情节的故意犯罪重新计算考验期时，没有考虑重大立功表现。所以，不矛盾。

学生：这涉及对考验期内的立功与犯罪是分开考虑还是综合考虑的问题。

张明楷：从理论上说，从死缓制度的根据来说，综合考虑也是可以的。

累 犯 制 度

甲以前犯了诈骗罪和参加黑社会性质组织罪。诈骗罪被判处5年有期徒刑，参加黑社会性质组织罪被判处5个月拘役，甲在诈骗罪的5年徒刑执行完毕之后的第6年，又实施危害国家安全罪，应当判处3年有期徒刑。

学生：老师，甲是否构成累犯？

张明楷：甲肯定不构成普通累犯，问题在于是否构成特殊累犯。《刑法》第 66 条规定："危害国家安全犯罪、恐怖活动犯罪、黑社会性质的组织犯罪的犯罪分子，在刑罚执行完毕或者赦免以后，在任何时候再犯上述任一类罪的，都以累犯论处。"能不能说甲以前执行了参加黑社会性质组织罪的刑罚呢？

学生：可不可以说，以前的参加黑社会性质组织罪的拘役被吸收执行了？

张明楷：吸收只是理论上的说法，《刑法》第 69 条第 2 款明确规定的是"执行有期徒刑"，没有执行拘役。可是，你们想想，如果前罪判处的是管制，还成立特殊累犯，但判处更重的拘役后，反而不是特殊累犯了，是不是很奇怪？

学生：不能说在执行 5 年有期徒刑时同时执行了拘役吗？

张明楷：拘役根本就没有执行。

学生：能不能说参加黑社会性质组织罪的拘役被赦免了呢？

张明楷：这怎么叫赦免？赦免能这样理解吗？

学生：赦免肯定不合适，最好是解释为已经执行了。

张明楷：没有执行。《刑法》第 69 条第 2 款规定的是，有期徒刑与拘役并罚时执行有期徒刑，而没有说是合并执行或者重合执行，因此拘役没有执行。

学生：虽然说在具体执行的时候是执行有期徒刑，但司法机关事实上还是把有期徒刑和拘役一起处理的，就是说拘役事实上是并罚到有期徒刑中一起执行的。这样理解行不行？

张明楷：你说的根本不是事实上的执行，而是你假想的执行。你凭什么说甲已经执行了拘役呢？

学生：整体上来讲，甲以前所犯的数罪的刑罚都已经执行完了，这个思路不可以吗？

学生：我觉得可以从这个角度思考。

张明楷：比如，以前一个人因为诈骗被判了5年徒刑，5年徒刑执行完后的第6年发现他在犯诈骗罪之前，还犯了一个参加黑社会性质组织罪，而且刑满释放的第6年又犯了一个危害国家安全罪。按照你刚才的说法，是不是成立特殊累犯？肯定不成立吧。不能认为，只要是实施了黑社会性质组织、危害国家安全的犯罪分子，执行过任何刑罚而后再犯罪的都构成特殊累犯。

学生：您设想的这个案件是没有发现，我们讨论的案件是已经被发现了。

张明楷：虽然被发现了，但是对这个罪所判处的刑罚并没有执行，所以不存在刑罚执行完毕的问题。

学生：法院对前面的两罪决定执行5年有期徒刑时，其中有一部分是惩罚甲参加黑社会性质组织的行为。将甲关押在监狱里，一方面是惩罚他的诈骗犯罪，另一方面也有谴责他参加黑社会性质组织的意思在里面。

张明楷：甲参加黑社会性质组织罪只被判处了5个月拘役，按照你的意思，甲是在整个5年期间都同时执行拘役，还是说在头 5 个月同时执行拘役、最后 5 个月抑或中间 5 个月在执行拘役？

学生：整个 5 年期间都同时在执行拘役。

张明楷：这太离谱了。

学生：那就是有 5 个月在同时执行拘役。

张明楷：哪 5 个月呢？

学生：看情形吧。

张明楷：这是没办法看情形的。《刑法》第 69 条第 2 款明文规定执行有期徒刑，意思显然是不执行拘役。而且，再联系这一款后面关于有期徒刑与管制的并罚规定，显然是说有期徒刑与拘役并罚时，不执行拘役。

学生：虽然拘役没有执行，但还是存在对被告人的谴责。

张明楷：定罪本身就是谴责了，但没有执行原本所判处的拘役。再如，当无期徒刑与有期徒刑并罚只执行无期徒刑时，能认为同时也在执行有期徒刑吗？当死刑和有期徒刑并罚只执行死刑时，能说同时也在执行有期徒刑吗？如果说是的话，还真是在地狱执行徒刑。同样，在无期徒刑和管制并罚的时候，显然不能说罪犯在同时执行管制吧。既然如此，怎么能说在执行有期徒刑时就同时执行了拘役呢？

学生：不管实际怎么执行，但合并执行的刑罚包含了对参加黑社会性质组织罪所判处的刑罚。

张明楷：如果限制加重时可以这样说，但在仅执行有期徒刑而不执行拘役时，就不能这样说。你是将限制加重的并罚观念运用到吸收原则中来了，显然有问题。

学生：我是说您举的那个例子，诈骗罪被判 5 年徒刑，参加黑社会性质组织罪被判 5 个月拘役，判决书一定是单独分别判的，最后合并执行 5 年有期徒刑。

张明楷：不是合并执行，而是只执行 5 年有期徒刑。

学生：可不可以说，法院以甲以前所犯的两个罪分别判处了刑罚，甲整体执行了 5 年徒刑，再回到第 69 条的时候就说刑罚执行完毕，而且是两个罪的刑罚均已经执行完毕。

张明楷：这好像不符合事实与法律规定，拘役明明没有执行，凭什么说执行完毕了呢？

学生：可不可以说，对甲的处罚的最后效果等同于已经执行。

张明楷：效果怎么等同于执行？

学生：就是说，甲参加黑社会性质组织罪的责任已经被清算了，所以，刑罚就算执行完毕了。

张明楷：根本就没有执行怎么叫执行完了？

学生：可不可以说，法院宣告甲的拘役已经执行完毕？

张明楷：越来越离谱了。

学生：老师，还是可以再讨论一下赦免。可不可以说，《刑法》第 65 条、第 66 条规定的赦免包括两种：一种是通常意义上的赦免，另一种就是被吸收的、不需要执行的情况。

张明楷：从解释论上来说，不是没有这种余地，但是赦免是有特定含义的，被吸收的刑罚不是被赦免。

学生：您的意思是，甲就不可能成立特殊累犯了。

张明楷：这个结论不具有实质的合理性，但是没有办法，只能得出这个结论。

学生：确实不公平。

张明楷：我再问一个问题。如果被告人的前罪是非法持有宣扬恐怖主义物品罪，被单处罚金，但是一直没有缴纳罚金，后来又犯恐怖活动罪，该怎么办？能不能认定为特殊累犯？

学生：如果缴纳了罚金都构成特殊累犯，没有缴纳的反而不构成特殊累犯，好像也不合适。

张明楷：对。可是，怎么解释成特殊累犯？

学生：一直没有缴纳罚金，就视为免除了罚金，将《刑法》第 66 条中的赦免分解为"赦"和"免"，免除是其中之一。

张明楷：没有人会接受你这种解释。

数 罪 并 罚

案例一

甲以前犯三个罪，应该在 15 年（数罪中的最高刑）以上 33 年（总和刑）以下决定应当执行的刑罚，由于不得超过 20 年，法院决定执行 19 年徒刑。执行 5 年后发现漏罪，该罪应当判 4 年徒刑。

张明楷：《刑法》第 70 条规定："判决宣告以后，刑罚执行完毕以前，发现被判刑的犯罪分子在判决宣告以前还有其他罪没有判决的，应当对新发现的罪作出判决，把前后两个判决所判处的刑罚，依照本法第六十九条的规定，决定执行的刑罚。已经执行的刑期，应当计算在新判决决定的刑期以内。"如果将 19 年和 4 年进行并罚，然后减去甲已经执行的 5 年徒刑，就很轻了，很不公平。如果不是漏罪，而是当初四个罪一并发现的，总和刑加起来是 37 年，就可以在 25 年以下决定执行的刑期。于是，出现了这样的情况：漏罪反而会让被告人得到好处。怎么理解"前后两个判决"？

学生：应该把前面的算成一个判决。

张明楷：是把总和刑算成一个判决，还是把前一次法院决定的应当执行的刑期算作一个判决？这个问题有点复杂。首先要考虑同一条条文规定的不同情形的处理公平与否；其次要考虑这个条文与其他条文的处理是否协调，比如要考虑第 70 条与第 71 条的协调；最后考虑到文字的含义，不能超越文字的含义考虑公平与协调。

学生：法条关系主要是第 70 条与第 69 条的关系吧？

张明楷：第 70 条与第 69 条的处理结局应该是一样的，第 70 条与第 71 条的关系更为复杂一些。但有一点可以肯定，对漏罪的并罚不能比犯新罪的并罚更重。

学生：把问题交给法官自由衡量。

张明楷：法官自由裁量也要符合法条规定啊。我再说一个第 70 条的问题：乙被判处的无期徒刑已经执行 10 年后，减为 15 年有期徒刑，在执行了 2 年后，发现他以前犯有一个应当判处 8 年徒刑的漏罪。8 年应当和哪一个刑罚并罚？

学生：和 15 年徒刑并罚，并罚后减去已经执行的 2 年。

张明楷：如果和无期徒刑并罚，同时肯定减刑的效力，漏罪实际上就没有什么意义，乙依然只需要再执行 13 年就可以了。如果要和 15 年徒刑并罚，就要在 15 年以上 23 年以下决定一个刑期，如果决定执行 20 年，减去已经执行的 2 年，还需要执行 18 年。

学生：那就和前面的无期徒刑并罚。

学生：这样的话发现漏罪就没有意义了。

张明楷：原本就没有意义。因为如果当初发现了的话，8 年徒刑也被无期徒刑吸收。再回到我们前面的案例来。如果甲以前犯的四个罪都被发现，就应该在 15 年以上 37 年以下决定应当执行的刑罚，由于不得超过 25 年，所以，法院最高可以决定执行 25 年。现在第四个罪是漏罪，如果只是将前罪决定的 19 年徒刑与 4 年徒刑并罚的话，即使决定执行 23 年，再减去已经执行的 5 年，只需要再执行 18 年。这样的话，发现漏罪的并罚反而让犯罪人占了便宜。所以，应当将"前后两个判决"中的前判决，理解为前面对三个罪的判决。

学生：可是，法条说的是"两个判决"。前面的三个判决和后面的一个判决，加起来就不是两个判决，而是四个判决了。

张明楷：没办法按字面含义理解了，只能将"前后两个判决"解释为"以前作出的判决与发现漏罪后作出的判决"。或者说，把"前后两个判决"直接理解为前面的判决与后面的判决。"两个"不是按判决的数量说的，是按判决的时间说的。

学生：这样说的话，我们所讨论的这个案件，就是将前面的 3 个罪的判决与漏罪的判决一并纳入并罚中来，总和刑就是 37 年，如果法院在 25 年以下决定执行的刑期，比如，决定执行 25 年的话，减去已经执行的 5 年，就还需要执行 20 年。

张明楷：这样解释可能是最合理的，只是能否将法条中的"两个判决"解释成前后两次判决，肯定还会有争议。

案例二

甲因犯某罪被判 8 个月有期徒刑，执行 6 个月后，公安机关发现甲之前还犯有一个危险驾驶罪（只能判处拘役）。但检察机关将危险驾驶罪移送到法院时，前罪 8 个月有期徒刑已经执行完毕。

张明楷：《刑法修正案（九）》在《刑法》第 69 条中增加 1 款作为第 2 款："数罪中有判处有期徒刑和拘役的，执行有期徒刑。数罪中有判处有期徒刑和管制，或者拘役和管制的，有期徒刑、拘役执行完毕后，管制仍须执行。"本案首先涉及如何理解和适用该款规定的问题。

学生：这一款规定太奇葩了。

学生：我怎么觉得这一款来得好及时！我们之前有一次遇到的情况就是，前罪判了拘役，后罪判了有期徒刑，不知道该怎么并罚。

张明楷：这款规定虽然解决了司法实践中的部分难题，但是解决得不太好，而且，出现了更多的难题。首先可以想象的是，当被告人的一个罪只能判有期徒刑或者已经判了有期徒刑，第二个罪既可能判管制也可能判拘役时，律师会在法庭上要求法官判处更重的拘役。

学生：是的，因为拘役不用再执行，管制反而要被执行。

张明楷：律师朝着重的方向辩，但实质上是有利于被告的。

学生：但是，这个价值取向有问题。本来拘役重于管制，为什么较重的拘役不需要执行，较轻的管制反而需要执行？

张明楷：从理论上就是说不通，为什么较重的拘役被吸收了，较轻的管制不吸收？

学生：因为吸收有一个原则，就是同种刑才能吸收。

张明楷：什么意思？

学生：为什么我们以前说管制、拘役和有期徒刑之间要吸收很困难，就是因为合并的时候是有期徒刑和有期徒刑的合并，有期徒刑和拘役不好合并。

张明楷：究竟是吸收问题还是合并问题？

学生：就是同种刑罚才能合并啊。

张明楷：这是你解释的问题，如果从立法的角度来讲是很好解决这个问题的。比如，拘役折算成70%或者80%的有期徒刑，管制折算为40%或者50%的有期徒刑，怎么不可以啊？

学生：问题是拘役和有期徒刑也不是同种刑罚。

张明楷：对啊，所以将拘役折算成有期徒刑啊。因为拘役时罪犯每个月可以回家一到两天，还可以酌情发给报酬，明显轻于有期徒刑，所以，100天的拘役折算为70天或者80天的有期徒刑，然后与有期徒刑并罚。再如，管制1年的，折算成4个月或者5个月左右的有期徒刑，再与有期徒刑并罚。法条还可以规定，拘役与管制并罚时，拘役折算为管制，或者将管制折算为拘役的方法。这样其实也很简单。

学生：按照法条的意思，拘役与徒刑并罚时就不用执行拘役了。

张明楷：这样的规定还可能起到鼓励犯罪的作用。比如，一个人犯了应当判处有期徒刑之罪，正在通缉中，他就可以反复多次犯危险驾驶罪，他最终也不会对危险驾驶罪承担刑事责任。问题是，在这种场合，司法机关往往还可能因为危险驾驶罪而花费很多人力物力，到头来却起不到作用。

学生：老师，上面的这个案件是否适用《刑法》第70条的规定？

张明楷：如果按《刑法》第70条的规定处理，后罪的刑罚就被吸收了，相当于对危险驾驶罪没有处罚。这里的问题是，"发现"的主体是谁？是法院、检察院还是公安局？

学生：您讲的案件是公安局发现时前罪的有期徒刑还未执行完毕，法院发现时刑罚已经执行完毕吗？

张明楷：是的。如果理解为"侦查机关发现"，那么，本案发现漏罪时前罪的刑罚还未执行完毕，按《刑法》第70条和第69条第2款进行并罚时，后罪的拘役就被前罪剩余的2个月有期徒刑吸收，相当于后罪实际上没有处罚。如果理解成是"法院发现"，那么，本案移送到法院时前罪有期徒刑已经执行完毕，法院不再适用第70条的规定对两罪并罚，也就不再适用第69条第2款，后罪的拘役仍要执行。但是，按照后一种理解，有期徒刑就不能吸收拘役，因而明显对被告人不利。另外，如果侦查机关对后罪的发现早一点，公安、检察机关办案速度快一点，赶在前罪有期徒刑执行完毕之前移送法院，法院就应当适用第 69 条第 2 款，导致前罪有期徒刑吸收后罪的拘役。这样就存在两个问题：一是第 70 条与第 69 条之间可能出现不均衡的现象；二是凭什么侦查机关发现漏罪晚、办案速度慢就导致对犯罪人的处罚更重一些呢？如果说是因为犯罪人没有自首、坦白才被判处更重的处罚，也不合适，发现犯罪始终是司法机关的职责。

学生：我觉得按照常理应当说是"侦查机关发现"。

张明楷：按"侦查机关发现"理解的确更符合常理，一是可以做到第 70 条与第 69 条之间的均衡；二是能够避免由于一些很偶然的因素，如侦查机关发现犯罪早晚、办案速度快慢等影响对被告人处罚的轻重。另外，这里的侦查机关不仅包括公安机关，还应当包括检察机关、监狱等在内的所有侦查机关。

案例三

被告人甲因犯盗窃罪被判处 1 年徒刑，执行了 10 个月时，在监狱里故意伤害他人造成轻伤，按量刑规则应当判处 5 个月的拘役。

张明楷：如果公检法机关迅速办案，1 个月就审理完毕，将

5 个月的拘役与剩余的 1 个月的徒刑进行并罚，拘役就不执行了，只需要继续执行 1 个月的徒刑。如果公检法在 3 个月后才进入对新罪的审判阶段，是否适用《刑法》第 71 条的规定？如果不适用《刑法》第 71 条的规定，就意味着必须再执行 5 个月的拘役，如果适用《刑法》第 71 条的规定，该如何并罚呢？前罪没有执行的刑罚是 0，0 和 5 个月拘役并罚怎么并罚？我的意思是，《刑法》第 71 条中的"前罪没有执行的刑罚"是指法院判决时前罪没有执行的刑罚，还是指犯新罪时前罪没有执行的刑罚？

学生：拘役被吸收时，已经没有可以执行的刑罚。

张明楷：犯新罪的时候，他还有两个月。

学生：如果处理不好的话，犯新罪与发现漏罪的处理就一样了，显然不合适。

张明楷：是，不管怎么样，应当是发现漏罪时的并罚跟犯新罪的并罚不一样，因为后者是在刑罚执行中重新犯罪。在刑罚执行过程中犯新罪的处罚肯定要重一点，之所以采用先减后并的并罚方法就是为了处罚重一点。如果按犯新罪时间计算"前罪没有执行的刑罚"，由于拘役被吸收，实际上就相当于漏罪，显然不合适；就算你按法院判决时计算"前罪没有执行的刑罚"，这时候刑罚已经执行完了，因而是 0，最低以上是 5 个月拘役，他最高也是 5 个月拘役，他判 5 个月拘役，不能说 0 和 5 个月并罚。从实质的合理性来说，在这样的情况下，公检法机关应该尽可能在《刑事诉讼法》规定的期限内，在刑罚执行完后再审理新罪。

学生：这是鼓励他们办慢一点，公检法机关倒是很乐意接受这种观念。

张明楷：这不是特意为了公检法机关办案慢一点，而是说正常地按《刑事诉讼法》规定的期限办理案件即可。而且还有一个问题，罪犯刑满之前两天犯罪，伤害一个人，被害人有过错，刚好达到轻伤程度，根据量刑规则只能判拘役，怎么都是在执行完毕之后再审判新罪。还有释放当天犯罪的。还有放出去犯罪的，有的放出去之前几个小时犯罪的。

学生：那个是累犯。

张明楷：不一定是累犯，释放当天犯罪的能不能叫累犯，争论很激烈。我上面的这个方案不行吗？

学生：为什么要办慢一点，理由是什么？

张明楷：不是说要办慢一点，是在《刑事诉讼法》容许的期限内就按部就班地办，这样拘役就不至于被吸收。比如，两个罪犯前一个罪的刑期一样，犯新罪的时间一样。你说你尽可能快办，还是尽可能慢办？尽可能快办的话就都被吸收了。

学生：吸收了就不用办了，或者让法院不要判拘役。

张明楷：万一罪犯就是开车的，开车送东西到什么地方去，喝了酒之后把车开回来，构成危险驾驶罪怎么办？真有这样的情况，不判拘役判什么？我的意思是，司法机关不能为了让拘役吸收，就特意迅速办理新罪。司法机关按照《刑事诉讼法》规定的期限正常办案就可以了。至于正常办案的结局是否公平，就没有办法解决了。

学生：我突然有一个想法，第71条规定的是"把前罪没有执行的刑罚和后罪所判处的并罚"实行并罚，如果罪犯前面犯了两个罪，一个判了徒刑另一个判了拘役，因而不执行拘役。那么，如果罪犯在执行徒刑快结束时犯新罪的，我们可不可以认为"前罪没有执行的刑罚"包括前罪没有执行的拘役？

张明楷：你提出了一个新问题，思路很新颖，但感觉难以行得通。按照你的说法，即使罪犯将前罪的有期徒刑执行完了，后来再犯罪时，你还会说前罪的拘役没有执行，所以实行并罚。这显然不合适。

学生：因为法条表述的是"前罪没有执行的刑罚"。

张明楷：在罪犯的前罪是数罪的情况下，"前罪没有执行的刑罚"显然是指并罚后决定的刑罚还没有执行的部分，前罪的拘役已经被并罚的判决吸收了，不能再拿出来作为没有执行的刑罚。

第八堂
危害公共安全罪

放火罪、爆炸罪

被告人甲在身上绑了 104 枚爆竹，还有大约 2 升汽油，从某站乘坐 1 路公共汽车。上车后甲就对乘务人员说，我身上有爆炸物，把车开到中南海去。乘务员马上报告给司机，司机在下一站前就将车停在路边，让其他乘客下车。随后，闻讯赶来的武警战士上车试图控制甲。甲随即从口袋里掏出了打火机，欲点燃爆竹和汽油，武警战士立即将其制服。

张明楷：被告人的行为可能触犯哪些罪？

学生：放火罪、爆炸罪以及以危险方法危害公共安全罪。

学生：还有劫持汽车罪，而且已经既遂了。

学生：如果司机按照被告人的意愿行驶就是劫持汽车罪既遂了。

学生：可是被告人没有控制司机和公交车啊。

张明楷：公交车只是在路边停下来，没有改变行车方向，说劫持汽车罪既遂好像不太合适吧。

学生：公交车本来应当按照站点停车，但是没有到站点就停车了，可以评价为既遂吧。

张明楷：难道这样就既遂了？

学生：被告人改变了公交车应有的运行状态。

张明楷：如果说劫持汽车罪已经既遂的话，被告人的行为就触犯了数罪，而不是一罪。因为武警战士赶到后，被告人准备点燃爆竹和汽油，又构成另一犯罪的着手了。

学生：被告人此时还在车内，还在控制公交车。

学生：武警战士上车了，不能说被告人还在控制公交车吧？

张明楷：应当说武警战士控制被告人了。

学生：后面的行为触犯的是爆炸罪。

张明楷：如果触犯爆炸罪的话，是既遂还是未遂啊？如果是未遂的话，是《刑法》第114条的未遂吗？

学生：没有既遂吧。

张明楷：如果点燃了但立即被扑灭，肯定是适用《刑法》第114条，不再适用未遂犯的规定。现在的问题是，要不要在适用第114条的同时再适用未遂犯的规定？这肯定是有争议的。我一直不主张再适用未遂犯的规定。只要行为人已经着手实施放火、爆炸等行为，"尚未造成严重后果"，就直接适用第114条。本案中的被告人已经着手实施爆炸行为，因为他即将点燃爆炸物。

学生：我觉着这个"尚未"应该有什么含义。

张明楷：按照我的观点，这个"尚未"属于表面的构成要件要素，是为了与第115条相区分的。"尚未"也同时意味着可能造成严重后果。但是，点燃了火却被扑灭，与正要点燃而没有点燃，都是有造成严重后果的可能的。第114条的"尚未造成严重后果"，并不要求发生实害结果，只要求着手就行了。

学生：是不是在没有点火的时候，还不能说是着手？

张明楷：一般来说，只是把打火机拿出来，但还没有开始点火的时候，应该说还不是着手。

学生：如果把打火机拿出来，威胁说"如果你上前来的话，我就点火"，我认为就已经着手了。

张明楷：也不一定吧。这个案件表述的是"欲点燃爆竹和汽油"，既然如此，还不一定能说是已经着手。当然，也要看具体情形。日本有一个案件：行为人将汽油洒在道路上还没有开始点火，就被认定为放火罪的着手了。因为即使行为人不点火，也可能由于其他原因燃烧起来。本案中，如果行为人很容易将爆竹和汽油点燃，也许能认定为着手。倘若点燃还需要一定时间，而武警战士已经在车上了，则不宜认定为着手。

学生：这么说的话，还是认定为放火或者爆炸罪的预备犯好一点。

张明楷：爆炸与放火也可能是竞合，不过，在爆炸引起火灾的情况下，刑法理论一般主张定爆炸罪。

学生：我认为是放火。汽油不容易爆炸，除非是油气的混合。

学生：汽油瓶也有爆炸的可能性。

学生：不能把爆竹的爆炸与爆炸物品的爆炸混为一谈。

张明楷：104 枚爆竹捆在一起能不能爆炸？我不是很清楚。前一段时间有个案件，行为人与一个学校闹矛盾，过春节的时候，将几十个"二踢脚"用铁丝捆在一起，然后点燃，但没有造成什么后果，不知道是怎么定罪的。

学生：我觉着爆竹捆在一块能够伤人，但不一定就能够危害公共安全。

学生：但是，被告人是在公共汽车里面，如果点燃身上的爆竹，肯定会危及不特定或者多数人的安全。

张明楷：爆竹加上汽油肯定会危害公共安全，至少会引起火灾，导致公共汽车燃烧起来吧。如果不能引起爆炸但能引起火灾，就是放火罪的预备犯了。

学生：看来定放火罪是没有问题的。

张明楷：我们还要讨论行为是构成一罪还是数罪。你们前面有人说被告人的行为已经构成劫持汽车罪的既遂，如果是这样的话，就是数罪了。从危害公共安全的角度来说，只是侵害了同一法益，但是，具体法益还是有所不同的。前面实施劫持行为时车上有很多乘客，后面要点火时是车上没有多少人，乘客已经疏散了。但是，要考虑的是，被告人欲点火是什么意思？

学生：如果还是要求将汽车开到中南海，就只是定一个罪吧。

张明楷：在这种情况下，点火的行为仍然是以暴力相威胁劫持汽车，点火行为成为劫持汽车的手段，不可能定两个罪。

学生：行为人说如果不开车就点火，应该不能说是放火罪或者爆炸罪的着手。

张明楷：如果只是以此相威胁要去中南海的话，还不能说是放火或者爆炸罪的着手，只能是劫持汽车罪。

学生：如果后面的威胁不是为了去中南海，就是想放火或者爆炸，就是两个罪了吗？

张明楷：可以这样认为。不过，回过头来讨论一样，前面行为人声称有爆炸物，要将车开到中南海，随后司机立即停车疏散乘客，这个时候能叫劫持汽车既遂吗？我怎么感觉没有既遂呢？

学生：劫持汽车罪是行为犯还是结果犯？

张明楷：这看你怎么理解行为犯与结果犯，但不管怎么理解，汽车根本没有按照行为人指示的方向行驶，而是立即停下来，怎么可能认定为劫持汽车既遂呢？只有当司机按照行为人指示的路线或者地点行驶一段距离，哪怕是相对较短的距离，才能认定为既遂吧。

学生：按照老师的观点，行为犯是行为与结果同时发生的犯罪，但本案中虽然有行为但并没有同时伴随结果发生，所以，可以不认定为劫持汽车罪的既遂，只认定为未遂。

张明楷：归纳起来说，如果行为人后面的威胁只是为了继续劫持汽车，就只成立一个劫持汽车罪的未遂犯；如果后面的威胁是为了放火或者爆炸，则后面的行为另成立放火或者爆炸的预备犯，前面的行为也是劫持汽车罪的未遂犯。

学生：司法机关是怎么处理这个案件的？

张明楷：我也不知道。以前有一个案件，司法机关是按爆炸罪处理的。行为人突然冲到马路中间，拦住公共汽车，声称自己身上有爆炸物，如果不满足他的要求，就要引燃爆炸物，但不知道行为人所说的要求是什么。在马路上拦住汽车，不能说是劫持汽车，只能定其他罪。

学生：在德国，也可能适用德国《刑法》第 315b 条，成立扰乱道路交通的犯罪。

张明楷：日本刑法中也有类似的犯罪，就是使交通堵塞、妨害交通的犯罪，不以破坏交通工具、交通设施为前提。我国刑法缺少不以破坏交通工具、设施为前提的妨害交通的犯罪。另外，以胁迫手段拦住车辆，在德国、日本也同时成立强制罪，但我国刑法也没有强制罪。

学生：行为人不在车上也能劫持汽车吧。

张明楷：按理说也有可能，但必须是客观上能够迫使司机按照行为人指示的路线或者目的地行驶。例如，声称在车上放了爆炸物，如果不按指示的路线行驶就引爆汽车等，即使行为人不在车上，也能成立劫持汽车罪。但是，如果行为人只是打电话告诉司机，如果司机不将汽车开到某个目的地，以后就要对司机造成恶害的话，就不能认定为劫持汽车罪。因为这个时候行为人所侵害的法益，恐怕难以说是汽车的安全行驶。

过失投放危险物质罪

甲将毒药注射到一箱饮料内，送给自己的亲属乙。乙饮过以后拉肚子，就将整箱饮料送还给甲。甲把饮料拆分后的部分饮料扔到自己楼下垃圾桶内，另在自家留了几瓶。甲母口渴时想要喝一瓶饮料，甲及时阻止，告诉甲母饮料有问题、不能喝。甲母不知饮料有毒，以为只是过期，就将包装完整的七八瓶饮料扔到自家楼下垃圾桶。甲自己扔掉的有毒饮料无人捡拾，甲母扔掉的饮料被拾荒者丙捡回，丙将饮料送给了亲戚丁，说是自己购买的饮料，丁的小孩喝了饮料后当场死亡。

张明楷：能把甲的行为认定为故意或者过失投放危险物质罪吗？

学生：甲想通过往饮料中注射毒剂的方法杀人，结果因为被害人喝下的剂量不够，仅是拉肚子，并没有喝死，这个行为成立故意杀人罪未遂。

张明楷：前面的故意杀人未遂没有问题，主要是讨论后面的行为。

学生：甲扔掉的毒饮料并没有被人误喝，而且，将毒饮料扔入垃圾桶并不属于故意投放危险物质，即使有过失但没有造成结果，也不可能成立过失犯罪；甲母扔掉的有毒饮料被人捡到后再转送他人，致他人死亡，但甲母并不知道自己扔掉的饮料有毒，甲母的行为也不成立过失犯罪。难道能够认为甲是过失投放危险物质罪的间接正犯吗？另外，甲母把饮料扔到了垃圾桶，这样的行为危害到公共安全了吗？在案发当地，有那么多人吃捡拾到的垃圾吗？

张明楷：甲母扔掉的毒饮料包装完整，很容易被拾荒者误以为能够饮用。所以，认为这样的行为危害公共安全，也是有可能的，我们先不纠缠这个问题。本案的关键是结果应当归责于谁的行为？在德国，或许没有人会去捡垃圾桶里的东西食用。因此，德国的客观归责理论有可能认为，拾荒者将饮料捡回后，就应该自己查明饮料是否有毒，如果自己不查明，就自我答责，不能把被害人的死亡归责于甲和甲母的行为。我们国家的司法部门肯定不会这样考虑问题。行为人把有毒食品扔到垃圾桶这样的案件，警察审讯的时候就会问："你知道这个食品可能被人捡走吃掉吗？"行为人要是说"我知道"，就可能会被认定为存在间接故意。但我觉得还不能那么草率地就认定行为人有间接故意。他为什么放任其他人死亡呢？实际上，行为人在这种情况下是一种"应当预见"而没有预见的过失。但在讨论故意、过失之前，必须弄清楚丁的小孩的死亡的结果能否归属于甲的行为。我觉得，在中国捡荒者捡到包装完整的饮料就会自己喝或者给他人喝，并不是什么异常的事情。而且，这个饮料盒上显示的日期估计没有过期，因为甲很清楚地知道送过期的饮料给乙，乙就不会喝，因而不能达到自己的杀人目的。所以，拾荒者捡到包装完整且没有过期的饮料，自己喝或者给他人喝，至少在拾荒者人群中是正常的事情。所以，将小孩的死亡结果归属于甲的行为，应当不会有什么疑问。

学生：我觉得应该结合垃圾桶平日有没有拾荒者，拾荒者的数量等来判断行为人有没有投放的故意。比如我所在的小区垃圾是拾荒人分批定时定点捡走的，我们上下班会看见，大家也都知道这一点。如果行为人投放的也是这样的垃圾桶，行为人也知道这一点，就可能认为他有投放的间接故意，而不是仅是过失。

张明楷：确实应该结合案件具体情况来具体分析，在你说的这种情况下，我也同意行为人有投放的间接故意。但是，本案的甲没有直接投放有毒饮料，投放行为是他母亲实施的，所以，可以肯定他没有投放有毒物质的故意，连间接故意也没有。问题是他能不能预见到母亲会将有毒饮料投放到垃圾箱？

学生：从常理来看，他能够预见到母亲会将饮料扔到垃圾箱里。

张明楷：排除特殊情形，这个预见可能性是存在的。如果能得出肯定结论，接下来就是判断他能不能预见到拾荒者会捡拾饮料后饮用。

学生：一般来说还是能预见到的。

张明楷：我也这样认为。那么，甲是成立过失投放危险物质罪还是过失致人死亡罪呢？

学生：我觉得可以成立过失投放危险物质罪。

张明楷：为什么？甲没有实施投放行为，他是过失投放危险物质罪的间接正犯吗？

学生：过失犯不存在间接正犯吧！

张明楷：间接正犯是正犯的一种情形，与直接正犯没有本质区别，过失犯也可能有间接正犯吧。

学生：好像没有人承认过失犯存在间接正犯。

张明楷：我们在讲共犯的错误时，经常说行为人的行为客观上符合间接正犯的条件，但主观上只有教唆的故意。既然承认存在客观上符合间接正犯条件的情形，就表明间接正犯的认定不以主观上有故意为前提，只是在共犯中要求有故意。

学生：这么说，甲就成立过失投放危险物质罪的间接正犯了。

张明楷：但是，认定为间接正犯就没有障碍了吗？

学生：障碍还是在于过失能否成立间接正犯。

张明楷：如果认为间接正犯是有意识地利用他人实施犯罪，甲的行为就不属于间接正犯。如果强调间接正犯对被利用者行为的支配，甲的行为也不是间接正犯。在不属于间接正犯的情况下，要认定为过失投放危险物质罪就有障碍。

学生： 障碍在哪里呢？

张明楷： 如果说甲不是间接正犯，甲就没有实施投放有毒物质的行为；既然没有实施这种行为，就不能认定为过失投放危险物质罪。

学生： 您的意思是认定为过失致人死亡罪？

张明楷： 我先问一下：假如甲的母亲觉得饮料没事仍然喝了饮料并因此死亡，甲是否具有预见可能性呢？

学生： 肯定有预见可能性。

张明楷： 假如其他人到甲的家里来，因为口渴喝了有毒饮料后死亡，甲是否具有预见可能性呢？

学生： 也有，除非有毒饮料是藏在什么地方的。

张明楷： 这么说来，只要是甲没有处理好饮料，他人喝了之后死亡的，甲都要负过失犯的刑事责任？

学生： 应该是这样的。

张明楷： 如果是这样的话，认定为过失致人死亡罪是不是更好呢？因为甲的过失行为不在于投放了有毒饮料，而是没有处理好有毒饮料。换句话说，甲的行为主要不是作为，而是不作为。既然是不作为的话，认定为过失投放危险物质罪就可能比较勉强，而认定为过失致人死亡罪则没有任何障碍。总之，我觉得，如果承认过失的间接正犯，有可能认定甲的行为成立过失投放危险物质罪；否则，就只能认定为过失致人死亡罪。但总的来说，认定为过失致人死亡罪可能更好一些。

学生：既然认为危害了公共安全，为什么不认定为危害公共安全罪呢？

张明楷：其实这种行为的结果不可能像放火、典型的投放危险物质那样难以控制，因为就是几瓶饮料而已。

学生：如果不适合定过失投放危险物质罪，是否可以认定为过失以危险方法危害公共安全罪呢？

张明楷：如果致人死亡的是危险物质，而又不适合定过失投放危险物质罪，就更不适合认定为过失以危险方法危害公共安全罪了。

学生：老师，好像司法机关对危害公共安全的行为特别喜欢定以危险方法危害公共安全罪。我前几天听说一个案例，被拆迁的人一手拿着打火机，一手拿着一个汽油瓶抵制拆迁，结果就被以危险方法危害公共安全罪在网上通缉。

张明楷：这肯定不合适。

学生：我们单位有一个案件就是这样，被告人是上访户，一帮公安人员去他们家里处理问题的时候，他就拎着煤气罐，然后一手拿着打火机，还没有打开煤气罐，也被认定为以危险方法危害公共安全罪。

张明楷：如果行为人确实准备打开煤气罐，也只能定爆炸罪的预备吧。

学生：高速公路上有的地方在路中间有可以移动的栏杆。卡车司机走错路了，就想掉头，两人把栏杆打开，一个人驾驶卡车

掉头，一个人负责看着，在卡车还没有掉过头来时，一辆警车撞
上去，警车上一人死亡二人重伤。一种观点就主张认定为以危险
方法危害公共安全罪，说行为人放任结果发生；另一种观点主张
认定为过失以危险方法危害公共安全罪；也有人主张定交通肇
事罪。

张明楷：这不就是个典型的交通肇事罪吗？不可能认定为其
他犯罪，好像没有什么讨论价值。

破坏电力设备罪

被告人经事先踩点后，于 2012 年 7 月 27 日凌晨携带夹钳等
作案工具，在某小学工地盗窃施工使用的电缆，当被告人正要剪
断施工用的电缆，盗割里面的铜芯线时，被巡逻的民警发现、抓
获。经调查，被盗割的电缆的修复费用为 7120 元。

张明楷：这个案件可能涉及盗窃罪、故意毁坏财物罪与破坏
电力设备罪。

学生：破坏电力设备罪要求危害公共安全，破坏施工工地的
电缆不能说危害了公共安全吧。

张明楷：电缆是小学的工地使用的，与通常的电缆有所不
同，难以说危害了公共安全。

学生：这跟工地规模大小有关系吧。如果工地规模大，也可能危害公共安全。

张明楷：当然有关系，关键是工地上的电缆是干什么用的，盗走之后只是影响施工，还是会危及工地上工人的人身安全。如果只是前者，当然不能认定为危害公共安全的犯罪。我们讨论的这个案件定破坏电力设备罪可能不太合适，除非这个电缆、电力设备是小学工地以外的其他单位与公众也使用的。剩下的是定盗窃罪还是定故意毁坏财物罪的问题。

学生：如果定盗窃罪，应该是未遂吧。

张明楷：剪断电缆是盗窃的着手，正在盗割铜芯时被抓获，只能认定为盗窃罪的未遂。但是，如果认定为故意毁坏财物罪，则是既遂。

学生：被告人的目的是非法占有电缆，认定为故意毁坏财物是否存在疑问？

张明楷：被告人虽然有非法占有电缆的目的，但不能据此否认他对电缆的破坏存在故意。所以，本案被告人的行为是盗窃罪的未遂与故意毁坏财物罪既遂的想象竞合。由于盗窃未遂通常不按犯罪处理，所以，对行为人按故意毁坏财物罪处理就可以了。

学生：老师，被告人一个行为侵害的是同一法益，是按想象竞合还是按包括的一罪处理？

张明楷：这样的案件，日本有部分学者不认为是想象竞合，会认为是包括的一罪，因为一个行为虽然触犯两个罪名，但只侵犯同一个法益。持这种观点的学者，强调想象竞合必须侵害了不同的法益。但是，也有学者主张是想象竞合，持这种观点的学者强调的是想象竞合的明示机能。认定为想象竞合就是告诉一般人与被告人，盗走电缆的行为构成盗窃罪，即使不盗走而只是割断电缆，也构成故意毁坏财物罪。这就有利于一般预防与特殊预防。我觉得本案应当是想象竞合。

资助恐怖活动罪

甲明知某个恐怖活动组织准备开展恐怖活动培训，主动为该恐怖活动培训招募了 30 余名人员。甲正在将这些人员运送到培训地点时，恐怖活动培训还没有开始就被查获，恐怖活动组织成员也被抓获。甲招募的人员未能参加恐怖活动培训。

张明楷：《刑法修正案（九）》在《刑法》第 120 条之一的第 1 款规定了资助恐怖活动罪，第 2 款规定："为恐怖活动组织、实施恐怖活动或者恐怖活动培训招募、运送人员的，依照前款的规定处罚。"甲的行为符合这一款的规定。问题是，甲的行为是既遂还是未遂？但讨论的前提是，这一款规定的内容是什么性质？换言之，这一款规定的是不是共犯的正犯化？在什么范围内正犯化？如果恐怖组织即正犯已经开始进行培训，甲所招募的人也参加了培训，甲的行为肯定成立帮助恐怖活动罪的既遂犯。但在正犯还没有开始进行培训时，甲的行为是否成立本罪的既遂？假如 A 想讨好恐怖活动组织，招募了很多人员，恐怖活动组织也不知道他招募了人员，A 把人员运送去了，但恐怖活动组织不接收。这该怎么处理？

学生：还有这样的事情吗？

张明楷：大千世界，无奇不有嘛。再如，B 向恐怖活动组织汇款 1000 万元，但恐怖活动组织不接收的，B 是犯罪既遂还是未遂？

学生：资助未遂。

张明楷：如果是真正的帮助犯的正犯化，就意味着帮助犯完全成了正犯，他的行为就不再是帮助行为，而是正犯行为。在这样的情况下，他的行为是否成立犯罪以及是否既遂，都不取决于其他正犯。换言之，帮助犯的正犯化时，帮助行为完全成了一个独立的罪。即使法律条文使用了"帮助""资助"之类的用语，也不以其他正犯实施犯罪为前提。因此，不是按照其他正犯是否既遂来判断，而是按其自身的行为来判断既遂与否。

学生：我觉得这种把帮助犯正犯化的立法模式有点扯淡。

张明楷：你瞎说！这种立法例在许多国家都有，帮助犯的正犯化并不是我国刑法的发明。

学生：哦，以前没有见到过。

张明楷：书读少了当然见不到。虽然是帮助犯的正犯化，也不能不考虑处罚根据。但是，不管是什么性质的犯罪，总是要有一个处罚根据的判断。如果某种行为完全没有从物质上或者心理上对恐怖活动、恐怖组织或者恐怖分子起到一种支持或者帮助作用的话，就没有必要当犯罪处理吧。

学生：我觉得应该对这个犯罪进行限制解释，尽量不要解释成独立犯罪。

学生：不解释成独立犯罪就要遵从共犯的从属性的原理了，但是如果解释成独立犯罪，又可能扩大处罚范围。

张明楷：可能需要一条中间的思路，既承认帮助恐怖活动罪是独立的犯罪，即属于帮助犯的正犯化，同时也要考虑一定的从属性。但是，这个从属性不是说要求恐怖组织实施了某种构成要件行为，而是只要求存在被帮助的对象就够了。例如，如果行为人是帮助恐怖活动组织招募人员，就要求存在相应的恐怖活动组织；如果连恐怖活动组织都不存在，就难以认定行为人为所谓恐怖活动组织招募了人员。再如，如果行为人是帮助恐怖活动培训招募人员，至少要求有人准备或者将要开展恐怖活动培训。如果根本没有人开展恐怖活动培训，也难以认定行为人为培训招募人员。因为客观行为的认定，不能仅根据行为人自己的想法，而是必须根据客观事实。

学生：也就是说，只有当有人准备或者即将开始进行恐怖活动培训时，行为人为之招募人员的，才可能成立帮助恐怖活动罪。

张明楷：我想应当是这样的。

学生：这是不是意味着采取了从属性说？

张明楷：也没有采取从属性说。如果采取从属性说的话，只有当行为人招募的人员确实参加了恐怖活动培训，招募者的行为才成立犯罪。

学生：但是，法条也没有明文要求有人准备或者即将开始进行恐怖活动培训。

张明楷：也不能说法条没有这样的要求。既然是为恐怖活动培训招募、运送人员，当然要有人准备或者即将开始乃至正在进行恐怖活动培训，否则，怎么判断行为人在为恐怖活动培训招募、运送人员呢？从实质上说，进行恐怖活动培训，也是帮助恐怖活动组织或者帮助恐怖活动，而为恐怖活动培训招募、运送人员，相当于对帮助的帮助了。前面的帮助成了正犯，后面对帮助的帮助也成了正犯。所以，不能过于扩大本罪的成立范围。

学生：假如行为人招募了1000多人，但根本没有恐怖活动组织开展培训活动，行为人都不知道运送到哪里去，行为人就不成立犯罪了吗？

张明楷：这可能就是不能犯了吧。

学生：除非行为人自己直接成立一个恐怖活动组织。

学生：招募那么多人可以算一个新的恐怖活动组织了吧？

张明楷：还不能这么说，被招募的人也可能不知道干什么。

学生：就我们讨论的案例而言，在什么情况下认定为帮助恐怖活动罪既遂呢？

张明楷：我觉得只要客观上有恐怖活动组织将要或者正在开

展培训，行为人已经招募到了人员，就可以认定为既遂了。如果实施了招募行为，但没有人响应，就只能认定为未遂吧。

学生：您所说的"招募到人"的判断标准是什么？

张明楷：就是由于行为人的招募，有人愿意参加培训活动。

学生：第120条之一第2款法条表述的是"招募、运送人员"，二者是什么关系呢？

张明楷：是选择关系。只要实施招募行为或者运送行为就可以成立犯罪，不要求同时实施这两种行为。

学生：已经招募到了人员，但是还没有运送到培训地点的，也成立既遂吗？

张明楷：如果按照帮助犯正犯化的思路，应当是既遂了。不过，肯定存在疑问与争议。

学生：运送行为的既遂标准是什么呢？

学生：运到目的地就是既遂吧。

张明楷：开始运送时就是着手了，这是可以肯定的。如果与招募相比，没有运送到目的地，也有可能评价为既遂。如同运输毒品罪，没有运输到目的地，也是既遂一样。

学生：招募、运送行为可以是片面的帮助吗？

张明楷：如果已经是帮助犯的正犯化了，就不要使用片面的帮助这个概念了。你的意思是，行为人为恐怖活动培训招募、运送人员时，对方并不知道的，行为人是否成立帮助恐怖活动罪？

我认为也成立本罪。

学生：您还是认为《刑法》第 120 条之一第 2 款的规定是帮助犯的正犯化吗？

张明楷：当然是帮助犯的正犯化。

学生：如果行为人招募到人之后都已经将人集中在一起了，但恐怖活动组织还不知道，这个时候也认定为帮助恐怖活动罪的既遂吗？

张明楷：按理说能认定为既遂。如果不这样理解和认定，《刑法》第 120 条之一第 2 款的规定，就只有量刑意义了，恐怕不合适。

学生：如果行为人心里默默地想为某个恐怖活动组织做一些事，他就招募了一些人员，在还没有送到的时候就被发现了。但是，这些被招募的人员也不知道干什么，恐怖活动组织也不知道行为人为自己招募了人员，只是行为人心里这么想，该怎么处理？

张明楷：被招募的人员不知道干什么，恐怖活动组织也不知道，只有行为人心里想为恐怖活动组织做些事？请问你是怎么知道的？

学生：行为人完全招供了。

张明楷：我估计都不可能发案，何来招供啊。

学生：因为从法条的表述来看，只要行为人心里有帮助恐怖活动的主观目的，客观上的招募、运送行为就可以构成犯罪了。

张明楷：我问你们：这一款中的"为……"所表示的是主观要素还是客观要素？

学生：可以解释为主观目的，但这样又感觉太宽了。

学生：如果行为人在招募人员的时候，根本不告诉那些被招募的人员在干什么的，也能认定为恐怖组织招募人员吗？

张明楷：当然也有可能，但要有其他方面的判断资料。例如，行为人不告诉被招募的人员干什么，而是直接运送到恐怖活动培训教室，当然能认定为帮助恐怖活动罪的既遂。换言之，在被招募者不知道真相的情况下，需要有其他客观事实证明行为人为恐怖活动招募了人员。

学生：这么说，被招募的人员是否知情不是关键问题，被帮助的恐怖组织是否知情，也不是关键问题。

张明楷：不能笼统这么说，还是要客观地分析招募、运送人员会对恐怖活动组织或者恐怖活动可能起到什么作用。如果完全不可能起到作用，就是不能犯；如果已经起到了作用，即使是心理的帮助作用，也可能认定为既遂。争议的问题在于，如果只是可能起到作用时，是既遂还是未遂？估计可能起到作用时，就有可能评价为既遂。

学生：如果将"为恐怖活动组织……"解释为客观要素，也可以说不需要让恐怖活动组织知道啊。

张明楷：我觉得首先是客观要素，其次当然也是主观要素。不能简单地说只要恐怖活动组织不知道，行为人的招募、运送行为就不成立犯罪。要根据全部客观事实判断招募、运送行为对恐怖活动可能起到的作用，在客观上起到了作用或者可能起到作用的场合，当然不需要恐怖组织知道；在心理上起到或者可能起到作用时，当然需要恐怖组织知道。

学生：恐怖组织不知道的时候，招募、运送行为的危险性会小一些吧。

张明楷：不能绝对这么说。

学生：要是只招募了一个人，是否也会处罚呢？

张明楷：如果能够认定是为恐怖组织招募的，即使一人也不排除犯罪的成立。

学生：如果是这样的话，我们今天讨论的案件就有答案了，甲的行为成立帮助恐怖活动罪的既遂。

学生：如果把法条中的"为……"解释为客观要素的话，甲的行为应该是未遂吧。如果解释为主观目的的话，甲的行为就既遂了。

张明楷：解释为客观要素，也可能认定甲的行为成立既遂吧。甲客观上确实是为恐怖活动培训招募了人员，而且其作为正犯的行为已经完成。但不能仅从法条字面上判断，这里又存在罪与罪之间的协调问题。例如，组织恐怖活动培训的行为，本身就是《刑法》第120条之二所规定的准备实施恐怖活动罪的正犯行为，这个罪的法定刑与帮助恐怖活动罪的法定刑相同。既然如此，就不能出现组织恐怖活动培训的行为未遂，而为该培训的招募、运送行为却既遂的现象，否则就明显不公平。如果说准备实施恐怖活动中的"组织恐怖活动培训"行为，只要实施了组织行为就成立本罪的既遂的话，那么，在帮助恐怖活动罪中，认为只要实施了招募行为并招募到人员就是既遂，大体上也是协调的。

学生： 如果行为人实施了组织行为，但是还没有开始培训活动，就能认定为既遂吗？

张明楷： 当然有疑问。按理说，只有培训活动已经开始，才能认定为既遂吧。如果只是租用了教室，雇请了讲课人员等，但还没有开始培训，我感觉还是只能认定为未遂。

学生： 如果是这样的话，假如行为人只是为培训招募到人员，但对方还没有开始培训，就认定行为人成立帮助恐怖活动罪的既遂，则有点不协调。

张明楷： 所以，在这个意义上说，即使是帮助犯的正犯化，也存在一定限度，一般不可能绝对地正犯化。

学生： 能不能说，只是招募到了人员还不是既遂，只有当被招募的人员成为恐怖组织的正式成员，才能认定为既遂？

张明楷： 肯定不需要这个条件。《刑法》第120条之一第2款，并不是要求发展恐怖组织成员，只是为恐怖活动组织、实施恐怖活动或者恐怖活动培训招募、运送人员。

学生： 只有为恐怖活动组织招募人员时，才可能说是发展恐怖组织成员。

张明楷： 可以这样认为。招募、运送行为的既遂与未遂，要联系主观目的进行判断。如果是为实施恐怖活动而招募人员的，只要招募到人员就是既遂。这一点可以肯定，而且不存在不协调的问题。如果是为恐怖活动组织发展成员而招募人员，也可以认为只要招募到人员就是既遂。当然，其中的招募到人员，是指被招募的人员同意成为恐怖活动组织人员。剩下的只是为恐怖活动培训招募、运送人员的行为，如何确定既遂标准，这需要考虑前面所说的两个罪之间的关系。

学生：要协调起来比较困难，立法者本来就没有考虑好两个罪之间的关系，否则不会规定相同的法定刑。

张明楷：一般来说，当 A 行为是正犯行为，B 行为是 A 行为的帮助行为时，如果要将 B 行为正犯化，其法定刑是应当轻于 A 行为的。否则，二者之间的关系就不好处理了。

强制穿戴宣扬恐怖主义、极端主义服饰、标志罪

甲以暴力相威胁，强制 A、B、C 等数人头上留着宣扬恐怖主义、极端主义的发型，要求他们每天必须上街行走一定时间，且不准戴帽子。

张明楷：《刑法》第 120 条之五规定的构成要件是强制他人穿着、佩戴宣扬恐怖主义、极端主义服饰、标志，留着发型叫穿

着或者佩戴吗？

学生：发型是自己身体的一部分，不能说成是佩戴。

张明楷：如果不能说是佩戴，可以说是穿着宣扬恐怖主义、极端主义标志吗？

学生：发型不好说是穿着。

张明楷：如果戴着宣扬恐怖主义、极端主义的假发，是可以叫佩戴的吧？

学生：那当然。

张明楷：按理说，强制他人留着宣扬恐怖主义的发型比强制他人戴假发更为严重，但留发型就不能评价为穿着与佩戴，所以，不能以本罪论处。这是形式与实质的矛盾之处。

学生：能不能对穿着与佩戴进行扩大解释，使之包含上述情形呢？

张明楷：怎么扩大解释？扩大解释是对文字、用语的通常含义的扩大。穿着是可以脱下的，佩戴是可以取下的。虽然按照当然解释的原理，将强制他人留着某种发型的行为认定为犯罪是合适的，但这只是解释理由，缺乏合理的解释技巧。

学生：还是因为法条用语缺乏抽象性与类型性。

张明楷：立法机关的工作人员说，强制他人留着宣扬恐怖主义发型的，也成立本罪。既然如此认为，为何不表述为"强制他人在公共场所显示宣扬恐怖主义、极端主义的服饰、标志"呢？

学生：还是立法水平不高。

张明楷：如果行为人强制他人在额头上烙一个宣扬恐怖主义、极端主义文身图案的话，可以叫佩戴吗？

学生：可以算是佩戴。

张明楷：有疑问！为何留着头发不是佩戴，这里却是佩戴？

学生：因为文身不是身体的一部分，而头发却是身体的一部分。

张明楷：这是什么理由？佩戴应该是在身体之外有一个外在的东西，文身并不是在身体之外有一个外在的东西吧。戴假发倒是可以算佩戴。

学生：假发可以算佩戴，真发不能算佩戴，只有能戴上又能脱下的才可以叫佩戴。

学生：佩戴的对象应该随时可以与身体相分离的，如首饰等。

张明楷：而且分离后随时还可以再还原。

学生：文身是永久性的佩戴。

张明楷：确实是永久性的，但总觉得不能评价为佩戴。

学生：强制他人戴上宣扬恐怖主义的项链的，是解释为强制穿着还是解释为强制佩戴？

张明楷：穿着一词可以作名词，但在本条中作动词用的，如果说服饰包括首饰，也可以叫强制穿着。不过，也可以评价为强制佩戴吧。这不是一个重要问题，二者完全可以有重合之处。

学生：项链也可以理解为佩戴的对象。

张明楷：就是说佩戴项链也可以说成是佩戴标志？

学生：我觉得服饰应当包括服装和饰品。

张明楷：能够说佩戴服饰吗？

学生：佩戴主要针对饰品而言，但佩戴衣服的说法不合适。

张明楷：在日常用语中，虽然可以笼统说穿着服饰，但是，穿着还是就衣服而言，饰品还是不要叫穿着，而是叫佩戴。所以，留真发型不能算是佩戴行为，在额头上、肩膀上文身的也不算是佩戴行为。穿着、佩戴这两个词都比较麻烦，挂在包上或者手上拎着，叫不叫佩戴？

学生：只要在公共场所，还是叫佩戴的。

张明楷：佩戴是指在人身上佩戴吗？如果在商店门上挂一个标志的，叫不叫佩戴？

学生：佩戴不一定要求戴在人身上。

张明楷：穿着是不是只限于人穿着呢？

学生：穿着、佩戴应该以人体为附着点吧。

张明楷：如果强制他人在宠物狗身上穿着宣扬恐怖主义的服饰，是不是叫强制穿着？

学生：好像也能叫穿着。

张明楷：狗能叫"他人"吗？法条规定的是强制他人穿着！

学生：这个时候可以说是强制佩戴吧。

张明楷：就是说，被强制者在遛狗时，佩戴了某种标志？

学生：对。

张明楷：虽然也可能这样处理，甚至可以认为，"强制他人穿着"包括强制他人在自己身上穿着或者在宠物等身上穿着，但不是根本之策。你们想一想，强制他人留着宣扬恐怖主义的发型或者强制他人文身宣扬恐怖主义的，可以认定为其他犯罪吗？

学生：可以按照《刑法》第 120 条之三处理，即认定为宣扬恐怖主义、极端主义罪。

张明楷：成立《刑法》第 120 条之三的间接正犯或教唆犯？哪一条处罚更重？

学生：按照第 120 条之五处罚相对较轻，第 120 条之三的法定刑更重。

张明楷：我认为强制他人在公共场所穿着、佩戴宣扬恐怖主义、极端主义服饰、标志的行为，也能成立第 120 条之三的间接正犯。如果是这样的话，第 120 条之五就几乎没有适用的余地。

学生：所以，第 120 条之五适用于恐怖主义、极端主义信息还没有发布的时候。

张明楷：如果是这样，又怎么能解释为在公共场所穿着、佩戴呢？

学生：因为被强制的人确实处在在公共场所。

张明楷：不能这样理解。穿着、佩戴行为不能为不特定的人或者公众所知的话，就不能叫"发布信息"。一旦被强制穿着、佩戴服饰、标志的人出现在公共场所，就符合了"发布信息"的要件。法条中的"等方式"的规定表明本条旨在突出动词"宣扬"，如果强制他人留特定的发型，当然可以成立宣扬恐怖主义、极端主义罪的间接正犯或者教唆犯。但如此一来，在什么情况下仅构成第120条之五规定的犯罪呢？而且，佩戴的人本身也可能构成第120条之三规定的犯罪，因为在被采取强制时，如果没有丧失自由意志，仍然具有期待可能性，就有可能构成犯罪。一旦构成犯罪，就只能适用第120条之三。但是，如果对被强制的人适用第120条之三，而对强制者仅适用第120条之五，就导致明显的不均衡。所以，对于强制者要同时肯定其成立《刑法》第120条之三的犯罪，被强制者即使成立犯罪，也只是该条的胁从犯。这样处理，才能使两罪之间保护协调。

学生：这样的话，您就将第120条之五解释掉了。

张明楷：多余的，解释掉，但不能删掉。当然，也可能存在强制者仅成立《刑法》第120条之五的情形。我强调的是，当强制行为符合《刑法》第120条之三的成立条件时，不能对他仅按第120条之五处理。否则，就明显不公平。

学生：强制他人穿着或者佩戴宣扬恐怖主义、极端主义服饰、标志的行为是否还可能同时成立侮辱罪呢？

张明楷：这是有可能的。

危险驾驶罪与交通肇事罪

案例一

2014 年 4 月，马某酒后驾驶汽车撞了一辆停放在路边的汽车，随后继续驾驶。王某（并非被撞车的车主）发现后立即驾车追赶马某，要求马某停车，但马某加速逃跑，王某紧追不舍，二人驶入了市区人流量较大的主干道。马某车速过快，撞倒路人李某，导致李某当场死亡。

张明楷：马某的行为肯定成立犯罪，但具体构成什么罪，还要考虑具体案情。

学　生：您觉得还要考虑什么案情？

张明楷：如果案情只讲到这种程度，就只能认定马某的行为构成交通肇事罪了。如果说要讨论马某是否触犯更重的犯罪，如是否构成以危险方法危害公共安全罪，就要知道马某到底喝了多少酒，血液里的酒精含量是多少，案发时主干道上的具体情况，车速有多快，有没有其他违章行为，如此等等。我要问一下，城市主干道又不是步行街，怎么会人流量大呢？主干道上可能只是车流量大，然后边上的人行道上的人流量大吧？

学　生：我看到的案情就是这样的，没办法回答这个问题。

张明楷：我觉得这个案件的难点恐怕应该是见义勇为的王某的行为是不是也可能构成犯罪。李某的死亡结果是否可以归责于王某追逐马某的行为？

学生：我觉得可以归责于王某的追逐行为，王某的行为可能成立过失致人死亡罪。

张明楷：主干道上不管人多还是车多，王某追逐马某的行为肯定也违反了交通运输管理法规吧。可以肯定的是，王某的追逐行为与李某的死亡之间也有条件关系，剩下的就是能否进行结果归属的问题。

学生：如果是警察追赶马某，追赶的速度与王某一样，其他案情也一样，李某的死亡结果可以归属于追赶的警察吗？

张明楷：问题是你所说的"一样"是指什么一样？一样违章吗？如果一样违章的话，得出的结论恐怕是相同的。

学生：王某刚开始追马某的时候，确实是见义勇为。但当两人驶入市区人流较大的主干道时，王某继续追逐马某，就已经具有侵害他人生命、身体法益的风险了。不是说只要一开始是见义勇为，后面的行为就都是见义勇为了。别说王某了，即使是警察也不能在人流很大的地方开车追驾车逃犯。

张明楷：问题就在于是不是王某的行为使道路上行人的生命、身体法益陷入了危险。

学生：如果王某不追马某的话，马某即使是逃跑也会从容很多，所以还是可以肯定王某的追逐行为使行人的生命、身体法益受侵害的风险提升了。

学生：在我们今天讨论的这个案件中，如果马某被其他车辆撞死，王某肯定不需要为马某的死亡结果负刑事责任，因为马某的死亡不能归责于王某的追赶；如果王某被其他车辆撞死，王某的死亡也不能归责于马某的逃跑行为。这两种情况都不是很难处理。难就难在马某把其他人撞死，死亡结果是不是要归责于王某的追赶行为。

张明楷：如果马某从停在路边的车里偷了东西，驾驶离开时被王某发现，王某既不是被害人，也不是警察，但就是对马某紧追不舍，最后马某为了摆脱王某的追赶车速过快，在人流较大的路口撞死了李某，王某的行为构成犯罪吗？

学生：王某可能不构成犯罪了。

张明楷：在逃跑的一方直接造成了死亡结果时，不一定要将结果归属于追赶人的追赶行为。并不是说，只要有人追，你就必须跑，更不是说，只要有人追，你就必须违反交通运输管理法规。如果是黑社会组织成员寻仇要杀人，行为人开车跑，黑社会组织成员在后面开车追，行为人因车速过快撞死人的话，死亡结果肯定可以归属于在后面追赶的黑社会组织成员的行为，行为人甚至可能不负刑事责任。但在我们今天讨论的案件中，马某肇事后本来就不应该逃跑，王某虽然没有法定义务追赶马某，但也是见义勇为，追赶肇事者是正当行为。再者，不能简单地说，因为王某追得快所以马某跑得快；也可能是反过来的，因为马某跑得快所以王某追得快。不管怎么说，马某在前面驾驶，他必须尽自己的注意义务。在马某没有尽注意义务的情况下，我觉得不应当将李某的死亡结果归属于王某的行为。

学生：按照风险升高理论，王某的追赶使得马某加速逃跑，因而导致风险升高，所以，可以进行结果归属。

张明楷：风险升高理论不值得提倡，在德国也不是什么通说。风险升高理论只是一种事实推定，但不等于客观事实，与存疑时有利于被告人的原则相冲突。

学生：如果说李某的死亡结果不能归属于王某，那么，王某的行为是否成立"追逐竞驶"型的危险驾驶罪呢？

张明楷：也没有必要这样认定吧。如果这样认定的话，十有八九又会进一步认为王某的行为构成交通肇事罪。

案例二

被告人甲无证驾驶一辆小轿车行驶到一个丁字路口时闯黄灯，超速直行。此时，被害人乙驾驶一辆电动车在路口的另外一个方向闯红灯，并且逆向行驶，甲的汽车撞了乙，导致乙重伤。交警部门的责任鉴定意见是，甲无证驾驶闯黄灯且超速，负事故主要责任；乙闯红灯逆行负事故次要责任。

张明楷：根据司法解释的规定，如果致一人重伤时负主要责任，并具有六种情形之一，如醉酒驾驶、无证驾驶的，就要以交通肇事罪论处。这个案件的被告人成立交通肇事罪吗？

学生：这个案件其实跟无证驾驶没什么关系。

学生：交通责任事故认定都会把无证驾驶认定为主要责任。

张明楷：就算是这样的话，前面的交警将无证驾驶作为认定负主要责任的根据，后面的司法机关又把无证驾驶事实拿出来再评价一次？

学生：实际上评价两次，牵涉到重复评价的问题。

张明楷：是重复评价的问题还是别的问题？还是说既有重复评价也有其他问题？如果说，司法解释的意思是，在负主要责任的情形中，有其中的六种情形之一的，就以交通肇事罪论处，就不是重复评价的问题。我觉得关键问题是，交警部门的责任认定与我们刑法上的责任认定应当是两回事，但是我们的法官、检察官都总是只看交警的责任认定，完全按交警的责任认定处理刑事责任，这是问题所在。实际上，民事诉讼已经不是完全按交警的责任认定处理民事案件了。我在一个地方讲座时讲到这个问题，负责民事案件的法院领导对我说："我们在处理民事赔偿时都不按照交警说的主要责任、次要责任来决定是否赔偿以及赔偿数额多少，怎么刑事案件的处理还在按交警的责任认定处理？"

学生：交警认定责任也是非常简单的。

张明楷：交警首先是看行为人违章的数量，其次看谁逃跑。所谓违章的数量，就是指行为人违反了交通法规中的几项规定。

我以前写过一篇文章讲到一个案例：行为人开卡车停在路边去上厕所，一辆奥迪车追尾，奥迪司机当场死亡。行为人回来一看，后面车里的人死了，然后就跑。中途打个报警电话说，我看见什么地方发生了一起事故。结果，交警认定行为人负全责，理由是他肇事后逃逸。法院还判了行为人交通肇事罪。可是，逃逸在被害人死亡之后发生的，怎么可能因为行为人逃逸而负主要责任呢？所以，在这种场合，交警的责任认定与刑法上的责任认定，完全是两回事。

学生：但是，我们的检察官、法官都不再进行责任认定。

张明楷：我刚才说了，交警的责任认定，并不考虑结果应当归属于谁的行为的问题，而是看行为人与被害人违章的数量。但是，不能说谁违章的数量多，结果就要归属于谁。在刑法上，首先要考虑因果关系与结果归属问题。如果结果不能归属于行为人，即使行为人违章的数量再多，也不能成立交通肇事罪。只有存在因果关系与结果归属时，才能进一步讨论，行为人的行为是否违章，行为人对死亡结果能否预见。

学生：我想问的是，如果在实践中审理这种案件，不依照交警出具的事故认定书处理，该怎么样来划分认定责任呢？

张明楷：你们从刑法上判断一下我们讨论的这个案件，被告人甲要负主要责任吗？能不能将结果归属于被告人？

学生：闯黄灯与无证驾驶，与事故的发生没有什么关系吧。与被害人闯红灯、逆行相比，被告人闯黄灯、超速所起的作用显然是次要的。

　　张明楷：在这样的场合，还要考虑在被害人闯红灯逆行的情况下，被告人是否有结果回避可能性。反过来也要考虑，在行为人闯黄灯超速的情况下，如果没有被害人闯红灯逆行，是否可能发生死亡结果。如果不能将结果归属于被告人的行为，就不能认定为交通肇事罪。

　　学生：实践中，如果我们自己这样改变交警的责任认定，估计案件办不下去了。

　　张明楷：为什么办不下去？交警认定的主要责任在你们那里可能是次要责任，同样也有反过来的情形，交警认定为次要责任的，你们可能认定为主要责任。在这种情况下，并不说你们改变了交警的责任认定，而是说交警的责任认定只是行政责任认定，你们要从刑法目的的角度出发进行结果归属的判断。

　　学生：我们在实践中都不会自己另作判断。

　　张明楷：其实，闯黄灯超速行驶所制造的危险是较小的，闯红灯逆行制造的危险则大得多。所以，被害人对自己的死亡应当负更主要的责任，结果不能归属于被告人的行为。

　　学生：闯黄灯是很正常的行为，而且闯黄灯时速度必须快一点。

　　张明楷：如果是这样的话，被告人的行为更不可能成立交通肇事罪。

　　学生：被告人对死亡结果也没有过失吧。

张明楷：如果结果不能归属于被告人的行为，就没有必要讨论有没有过失了。

学生：我们在实践中没有办法改变别人的观点或者交警部门的责任认定。我看到一个笔录，证明交警对责任认定时有疑问：一个公交车司机，在路口时就没有减速，闯黄灯就过去了，撞死了一位骑摩托车的人。我们那个城市是不允许骑摩托车的，被害人不仅无证驾驶无牌的摩托车，而且还是逆行。但是，交警认定公交车司机负主要责任，我就认为这个责任认定不妥当，然后把交警部门的人叫过来，交警最后给了我一句话：那边被害人都死了，闹得很厉害；我们是想认定同等责任的，但认定同等责任的话就不构成犯罪了。所以，没办法，我们认定公交车司机为主要责任。

张明楷：你都知道是因为被害人家属闹得厉害才认定为主要责任，为什么还起诉？

学生：我认为这个被告人不构成交通肇事罪，但还没有提交到检委会时，领导就跟我说，你想自己找事情吗？

张明楷：于是你就起诉了。

学生：没办法不起诉，司法不独立。

张明楷：我可不可以说，你是为了自己的利益而起诉的呢？所谓司法独立，不是说不得有人指使、干预你办案，更不是说人家对你们办案不能提出任何建议与意见。换言之，司法独立并不是说外部人员不能对司法活动发表看法，而是说司法人员自己要不受指使、干预，并且负责任地按照法律与事实处理案件。我们现在一说司法独立，就讲的是他人不得干预。可是，你们违法办案时，其他人也不能干预吗？司法独立首先强调的是司法，也就是说，你们必须严格依法办案，其次是你们在依法办案时不受干预，人家干预了你们也不必理会，但不理会的前提是"司法"而不是胡来。美国联邦最高法院的一位法官在中国演讲时说，"司法独立至少有三个含义：第一，法官判案不受任何人指使，既不受明示的指示，也不受暗示将予以处分或谴责的威胁。第二，法官解释法律不受任何人指使，只遵循真理及正义。第三，法官有责任保证自己不做任意性或压制性裁决。"你看，人家不是说别人不得指使、干预，不得发表看法，而是说自己不受指使、干预。在现代社会，任何人对任何案件的处理都可以发表看法，不能因此就认为司法不独立。用我的话说，司法独立是法官内在的独立，而不是外部不得对法官说三道四，所谓"任他风吹雨打，我自岿然不动"。你的领导说"你想自己找事情吗"，这显然是一种威胁，但你应当不怕威胁。

学生：做不到啊，老师！交警作出责任认定时已经有多方利益去博弈了。

张明楷：交警所作的是行政责任认定，不会考虑客观归责问题。以前我们讨论过这样一个案件：被告人是一个公司的老板，开着车正常行驶时接听手机。一个女孩靠近道路中间护栏骑自行车逆行，结果老板把这个女孩撞死了。撞了之后立即报警，车留在现场，车里的其他人也留在现场，但老板本人走了。后来，交警以三个理由认定老板负主要责任：一是逃逸，二是接听电话，三是他的汽车灯光没有达到规定的亮度。可是，这三个理由中，只有接听手机对结果归属起作用。所谓的逃逸，是在结果发生之后，不可能成为结果发生的原因。灯光也是老板自己可以调吗？可是，对方在中间栏杆边上骑自行车逆行。这显然是被害人自己的责任，怎么可能说老板负主要责任呢？

学生：按照您的标准，基层检察院法院认定的交通肇事罪可能有 60% 的案件是不构成交通肇事罪的。

张明楷：这是你说的，我没有做过实证研究。

学生：我们以前还判了这样一个案件。一位开货车的司机凌晨两三点钟在城市快速道上开车，这条道路是单行线，道路上没有什么灯，也不准行人、自行车上路。有一位 50 多岁的无名氏拾荒者在桥底下睡觉，当时他从道路的一边翻到另一边，走到主干道上时，被货车司机当场轧死了，场面很惨，死者也没有亲人，身上没有任何证件，发布了一个认尸公告，半年后也没有人认领。交警部门依然认定司机负主要责任，也被认定为交通肇事罪。

张明楷：这个案件不能让司机负主要责任。前面说是被害人家属闹得很厉害，才认定司机负主要责任，这个案件被害人死亡了，没有亲人，没有人闹事，你们也认定司机负主要责任。看来，问题不在于被害人家属闹事，而是只要被害人死了，行为人就要承担刑事责任。

学生：老师，我再说一个案例。被告人 78 岁，违反交通规则，小跑步横穿非机动车道，将一名骑电动车经过的男子撞倒，男子经抢救无效死亡。老人速度比较快，电动车速度比较慢，死者看见老人之后还在减速避让老人，但因为避让不及被老人撞倒。

张明楷：跑步的把骑电动车的人撞死了？

学生：是的。

张明楷：老人违反什么交通规则？

学生：那时人行道是红灯，电动车所在的非机动车道是绿灯。

张明楷：如果倒过来，是骑电动车的人把老人撞死了，就不负刑事责任。但感觉老人将骑电动车的人撞死的表述就有疑问。

学生：具体细节我也不清楚。但是，所有的交通参与者都可以构成交通肇事罪的行为主体。

张明楷：我并不否认行人可以构成交通肇事罪的主体，但行人构成交通肇事罪时，其行为必须具有公共危险。但具体到本案来说，老人只是横穿非机动车道，而不是横穿机动车道，感觉老人的违章行为不具有公共危险，将老人的行为认定为交通肇事罪有点不合适。

学生：可能是意外事件，老人没有过失，不具有预见可能性。

张明楷：老人是否具有预见可能性，还需要看案件具体事实。

学生：如果说老人的行为没有公共危险，但如果死亡是由老人的行为引起，老人又有过失的话，有没有可能认定为过失致人死亡罪？

张明楷：当然有可能。否认交通肇事罪的成立，并不意味着同时否认了过失致人死亡罪。

第九堂
破坏社会主义经济秩序罪

生产、销售伪劣产品罪

甲负责的 A 工厂挂靠在 B 企业，B 企业生产电动车，但 A 工厂却生产出摩托车。电动车和摩托车有不同的生产标准，A 工厂生产的电动车达到了摩托车的质量要求（按规定，电动车不应达到摩托车的质量标准），由于电动车不用上牌照，顾客愿意购买；如果顾客想以摩托车使用，也只要加价 100 元就可以办理摩托车车牌。在当地，很多人购买了 A 工厂生产的这种车，以电动车的名义上路使用。案发后，公安机关进行了两次鉴定。第一份鉴定通过测试该车的排气量、速度和刹车距离，发现该车排气量和速度基本符合电动车标准，只是刹车距离较电动车短，鉴定认为该车为电动车的伪劣产品。第二份鉴定首先认为该车为摩托车，然后以摩托车标准为根据鉴定该车不是伪劣产品。

张明楷：这个案件有点意思。一般是没有达到产品质量标准的才成立生产、销售伪劣产品罪，本案的产品超过了质量标准，符合了更高要求的摩托车的质量标准，甲的行为是否成立生产、销售伪劣产品罪?

学生：问题的关键不是这辆车到底是摩托车还是电动车，而是甲是以摩托车卖的，还是以电动车卖的？既然这种车不符合电动车的标准，甲又是以电动车出售，那就应该认为甲生产、销售了伪劣产品。

张明楷：确实是这样的。如果不管甲以电动车名义销售这一事实，认为甲销售的摩托车是合格产品，因而不构成犯罪的话，按照这个逻辑，就几乎没有生产、销售伪劣产品罪了。因为销售伪劣产品这个罪，主要表现为行为人销售时所宣称的产品和真实产品的质量不相符。

学生：这就好比行为人销售的是 92 号汽油，但以 97 号汽油去卖，司法机关鉴定行为人销售的汽油符合 92 号汽油的标准，就不认为行为人销售的汽油不合格了。这显然是不对的。按照这个逻辑，生产、销售假药罪和生产、销售劣药罪也不存在了。只要司法机关鉴定生产销售的劣药或者假药也是一种药，就认为行为人没有生产、销售劣药和假药。这样显然不行。

张明楷：反过来呢？如果行为人宣称销售 92 号汽油，但实际上销售的是 97 号汽油呢？

学生：这就不构成犯罪了吧。

张明楷：为什么？

学生：我们今天讨论的这个案件，有一点还是不太明白，虽然甲把这些车以电动车名义出售，但消费者在向甲购买时就知道自己购买的是摩托车，这就说明消费者并没有被骗，甲生产、销售的车也完全是合格的摩托车，这是不是会影响将甲的行为认定为生产、销售伪劣产品罪？

张明楷：这就需要讨论生产、销售伪劣产品罪保护的法益是什么。这个罪保护的是市场经营秩序，而不是消费者的财产。所以，一般来说，消费者有没有受骗并不影响本罪的认定。交通部门对电动车与摩托车的管理方式不同，不同的车有不同的标准。例如，电动车的车速就不能达到摩托车的车速，否则就不是合格的电动车。不能因为电动车达到了摩托车的标准，就认为它是合格产品。再如，电动车的刹车距离也有自己的标准，这一标准也不同于摩托车。电动车因为更加靠近行人行驶，所以，刹车距离应当更短。不能因为电动车的质量达到了摩托车的质量，就认为电动车是合格产品。产品合格与否，要以电动车的质量标准进行鉴定，而不能以摩托车的标准进行鉴定。上述第一份鉴定是值得采信的，第二份鉴定明显不当。按照第二份鉴定的逻辑，如果行为人制造的摩托车达不到摩托车的质量标准，只是达到了电动车的标准，就可以作出产品是电动车，符合电动车质量标准的鉴定结论，这显然不合适。这个案件告诉我们，产品质量是相对的，不是绝对的。

学生：那么，如果行为人宣称销售 92 号汽油，但实际上销售的是 97 号汽油的，是不是也构成犯罪呢？

张明楷：这类产品与车辆不同。前面说过，有关部门对不同车辆实行不同管理，因为车辆涉及人身安全的问题。但汽油这类产品，如果标号越高质量越好，没有其他方面的要求的话，将高质量的产品以低质量的产品出售的，当然不构成犯罪。例如，将苹果手机7当作6出售的，就不可能认定为销售伪劣产品罪。

销售假药罪

案例一

甲是白血病患者，由于从国外买药治疗比在国内买药便宜得多，所以一直从国外购买药品。后来，其他白血病患者知道后，就委托甲代为购买。甲购买后略微加价卖给其他白血病患者，销售金额上百万元。

张明楷：对甲的行为应当认定为犯罪吗?

学生：从朴素的法感情来说，不应当定罪。

张明楷：根据刑法的规定要定罪吗?

学生：根据《刑法》与《药品管理法》的规定，没有取得进口许可的药品就是假药，所以，甲销售的就是假药，因此是可以定罪的。

张明楷：难道刑法的规定会与国民朴素的法感情相对立吗?

学生：应当不会，但也不排除有时候会。

张明楷：什么时候会？

学生：国民朴素的法感情很落后的时候。

张明楷：朴素的法感情会落后吗？朴素的法感情会随着时代的变化而变化，一般不会落后的。如果对刑法的解释违背国民朴素的法感情，就要考虑解释结论是否错误。你们能不能想办法，将甲的行为解释为无罪？

学生：可不可以从"销售"的角度来说，认为甲的行为不是销售？

张明楷：甲如果没有加价，当然不是销售。但是，如果加价了，还是应当叫销售吧。

学生：能不能说甲出卖给特定的白血病患者，所以不叫销售？

张明楷：销售假药一定要卖给不特定的人或者多数人吗？只是卖给几个特定的人不叫销售吗？比如，A没有取得批准文号生产了假药后，卖给几名白血病患者的，是否属于销售假药？或者从外地买来假药，知道是假药治不了白血病，仍然卖给特定的白血病患者的呢？这跟从国外代购药品后卖给白血病患者的行为有何区别？

学生：区别在于药品不同。

张明楷：所以，还是要从药品上做文章。

学生：可是，根据刑法明文规定，假药按《药品管理法》的规定确定，而我国《药品管理法》将没有取得进口许可的药规定为假药。

张明楷：即使如此，也可以进行目的性限缩吧。《刑法》第141条所规定的生产、销售假药罪虽然要保护药品生产、销售秩序，但更主要的是保护患者的身体健康，从法定刑的升格条件就可以看出这一点。所以，我觉得，只能将《药品管理法》中所规定的危害患者健康的药品，纳入刑法上的假药范围。《药品管理法》所拟制的假药如果是有利于患者健康的药，就不要纳入刑法上的假药范围。这样的话，甲的行为就不构成犯罪了。

学生：在实践中，司法工作人员一般没有这个胆量这样解释。

张明楷：司法工作人员对法条的解释过于形式化，没有从实质上解释法条的真实含义。

学生：如果有人长期大量从外国购买药品后出售给其他人，不认定为犯罪也不合适。

张明楷：那是是否偷逃关税的问题，如果构成走私罪，就按走私罪处理，而不需要按照销售假药罪处理。当然，如果每次带进的药品数量在海关法允许的范围之内，就不能按走私罪处理。

学生：会不会按走私罪处理反而导致处罚更重？

张明楷：应当不会。如果对甲的行为以销售假药罪处理，按照现在的司法解释，对甲就要适用"10年以上有期徒刑、无期徒刑或者死刑"的法定刑，这显然太重。按照偷逃的关税处理，不可能处罚这么重。本案的甲不是大批量地进口药品，事实上也不可能构成走私罪。

学生：按照《刑法》与《药品管理法》的规定，甲出售的药品就是法定的假药。立法者当然想到了没有取得进口许可的药品是假药，我们却将它排除在假药之外，是不是不符合法律规定？

张明楷：刑法规定不能违背科学。例如，如果处罚迷信犯，不仅属于主观归罪，而且违反科学。在科学上无害的物品，刑法不得将其规定为有害的物品；同样，在科学上有害的物品，刑法也不得将其规定为无罪的药品。

学生：您的教材说，对于销售没有取得批准文号的合格药品的行为，即使认定为销售假药罪，不管销售金额多少，也只能适用《刑法》第140条最低档法定刑。

张明楷：我当时是这样认为的，我觉得《刑法》第140条规定的法定刑升格条件，仅限于对人身造成损伤或者死亡的情形，不赞成司法解释的规定。比如从国外购买大量药品出卖给他人，即使数额特别巨大，如果要认定为销售假药罪，也只能处3年以下有期徒刑。

学生：那么，对本案甲的行为是否也可以认定为销售假药罪，但仅适用最低档法定刑呢？

张明楷：也不是没有可能，但我还是倾向于按无罪处理。在国内生产的没有取得批准文号的药品与进口的优质药品，还是需要区别对待的。

学生：受委托购买的行为能否评价为购买行为的帮助行为？

张明楷：这本身就是购买行为，购买行为不构成犯罪。购买后不加价的，不能认定为销售行为。但是，如果购买后加价转让的，则是销售行为。比如，帮人买毒品后加价再交给对方的，也被评价为贩卖毒品。像我们今天讨论的这类案件，如果要从立法论上来说的话，恐怕就是我们没有在相应的行政法中直接规定犯罪。我们现在的刑法把行政犯和自然犯混在一起规定了，结局就是两个方面的漏洞。一是把很轻微的法定犯当做自然犯处罚，很可能导致处罚过重。比如，司法机关把贩卖没有进口批文的进口药的行为按照销售假药罪定罪处罚，销售假药罪的法定刑很重。根据司法解释，只要贩卖没有进口批文的进口药的数额达到 50 万元以上，就要处 10 年以上有期徒刑、无期徒刑或死刑。行为人贩卖的这些药只是没有进口批文，但药品本身一点问题都没有，甚至比国产药要好很多，根本不会对人体健康造成严重危害或致人死亡，司法机关就因行为人贩卖营利的数额多，就在 10 年以上有期徒刑量刑。之所以这样处理，就是因为立法上把法定犯规定成了自然犯。二是该处罚的法定犯却不能受到刑事处罚。比如在国外，药店不按照医生的处方出售处方药就会被当做法定犯处罚，但这样的行为在我们国家却无罪。这显然也不合适。

案例二

甲有风湿病，一到阴雨天就疼痛难忍。甲结识一民间医生，该民间医生根据祖传秘方为甲配制了一剂药（草乌药酒），并嘱咐该药每周只能喝一次，每次只能喝 20 ml，如果过量饮用会中毒致死。甲遵医嘱，三个月见效。甲便以2000元的价格从民间医生处购买了该药的配方，并大量生产该草乌药酒。甲自己饮用的同时，也将该药酒拿到当地的农贸市场，以每瓶100元的价格出售。乙（女）患有风湿病，向甲购买了一瓶，甲亦向乙叮嘱该药每周只能喝一次，每次只能喝20 ml，如果过量饮用会中毒致死，甲还用一勺子向乙演示用量。乙遵叮嘱，服用无恙。一日，乙的丈夫丙误将该草乌药酒当做普通药酒招待客人，丙与两位客人一起饮用了200 ml草乌药酒，饮酒10分钟后，三人均出现胸闷、呕吐等症状，两位客人被送医院，抢救无效死亡。经鉴定，二人系饮用了含有乌头碱成分的药酒死亡。

张明楷：撰写案例分析的人只是讨论甲的行为构成何罪，一种意见认为甲构成过失致人死亡罪，另一种意见认为甲构成生产销售有毒、有害食品罪，还有一种意见认为甲构成生产销售假药罪。本案的犯罪嫌疑人是谁？

学生：对甲、乙、丙的行为都需要讨论。

张明楷：首先讨论甲的行为吧。

学生：甲的行为不构成生产、销售有毒、有害食品吧。甲明确告诉乙是治风湿病的药，不是普通食品。不能因为药品有毒，就认定为行为人生产、销售有毒、有害食品。

张明楷：我也这样认为。甲不是将草乌药酒作为普通食品出卖给乙的，而是作为药品出卖给乙的，所以，只需要考虑是否构成生产、销售假药罪。如果甲构成生产、销售假药罪，那么卖药方给甲的民间医生是否也要构成此罪？

学生：为什么要认定为假药？

张明楷：这个药品肯定是没有批准文号的，至少从形式上看符合假药的条件。问题是，这种偏方是否需要评价为假药？实践中的确有将按偏方制作的药品或者按祖传秘方制作的药品的出售行为认定为生产、销售假药罪的。

学生：正规生产厂家不生产、销售这类药品，患者也需要这类药品，如果将生产、销售这类药品的行为认定为犯罪，恐怕不合适。

张明楷：但是，如果任何人都可以按偏方制作药品或者按祖传秘方制作药品，就会妨害药品管理秩序，也不合适。这里有一个如何权衡利弊关系的问题。我觉得，如果大量生产某种药品还是必须经过批准，否则必然危害患者健康。如果是向特定人少量出售按偏方制作的药品或者按祖传秘方制作的药品，也可以不按生产、销售假药罪处理。

学生：甲大量生产了草乌药酒，是否按生产、销售假药罪处理？

张明楷：我倒是觉得可以。因为这种药有致人死亡的危险，如果不获得批准就生产和销售，肯定会危害他人生命。

学生：出卖偏方的民间医生也成立生产、销售假药罪吗？

张明楷：我觉得不成立。民间医生只是出卖了偏方，他并没有生产、销售假药，我们也不能认为民间医生是生产、销售假药罪的教唆犯或者帮助犯吧。至于民间医生是否构成非法行医罪，则是另外一个问题。这方面的案情不清楚，我们不讨论。我认为，在这个案件中，只认定甲构成生产、销售假药罪即可。问题是，如果认定甲成立生产、销售假药罪的话，能否将两个被害人的死亡也归属于甲的行为？

学生：甲不应当对两个被害人的死亡负责，因为甲将药酒卖给乙时，已经明确告知了药酒的用法和用量，并且叮嘱不能过量，否则会死亡。

张明楷：事实上乙并没有因为该药死亡，如果乙按照甲说的量喝药却死亡了，这一结果就肯定要归属于甲的行为。所以，甲仅成立普通的生产、销售假药罪，而不对被害人的死亡负责。那么，谁对被害人的死亡负责呢？我们先讨论乙。

学生：如果乙没有将药酒的情况告知其丈夫丙，乙就构成过失致人死亡罪。

张明楷：如果乙没有将药酒的情况告诉丙，而是将药酒藏在某个地方呢？

学生：只要丙能够发现药酒，就表明乙没有藏好，仍然构成过失致人死亡罪。

张明楷：可以这样判断。不过，这方面的案情还不清楚，只能作上述假设。我们很久以前讨论过一个案件，结论是意外事件。案件是这样的，被害人是一位农村的老太婆，她女儿出嫁后生了小孩，她就去帮忙。她经常看见女婿从一张床底下拿出药酒喝，就是治疗风湿病的，喝完后就将药酒瓶放回床下。某日，女婿外出时，家里来了两位客人。刚开始吃饭时，一位客人说最近得了风湿病。老人就说，我女婿天天喝药酒，能治风湿病，我拿给你们喝。于是从床下取出"药酒"招待客人，但实际上取出的却是和药酒瓶外观一样的农药瓶，两位客人饮用农药后，其中一人死亡。这个老人的行为就是意外事件。

学生：是否应当讨论女婿的责任，即对危险源的监管责任？其将药酒与农药装在一样的瓶子中且放在一处，应该说没有尽到对危险源妥善保管和监管的义务。

张明楷：太严格了吧。平时就他一个人喝药酒，他不需要监管危险源；女婿也不知道家里要来客人。我认为女婿不成立过失犯罪。回到本案来，丙是否成立过失犯罪？

学生：如果乙向丙交待过药酒的事情，丙肯定要负过失犯的责任。

张明楷：如果乙没有向丙交待过药酒的事情，但瓶子上写着草乌药酒，丙是否有过失？

学生：我觉得有过失。既然写了草乌药酒，丙就要查一下草乌是什么意思，是否有毒。

张明楷：我觉得不管乙是否有过失，对于丙是否有过失都需要另行判断。因为案件交待得不清楚，我们只能这样假定。总之，乙与丙都可能成立过失致人死亡罪，至少其中一人肯定成立过失致人死亡罪。

学生：老师，我顺便问一下，怎么理解非法行医罪中的"行医"？比如，针灸、推拿是行医吗？

张明楷：在日本，行医是指只能由医师实施的，而且对人的生命、身体有危险的行为。但是，在中国，一般采广义的行医概念，包括推拿、针灸、B超鉴定胎儿性别等，而且推拿、针灸等行为也有一定危险。

骗取贷款罪

被告人甲向某银行贷款，得知贷款不需要亲自去银行，而是可以在网上操作。具体方法是，甲向银行存入 50 万元的保证金，就可以贷款 48 万元。得到 48 万元的贷款后，每个月分期还款，1 年内还清后，就可以把 50 万元的保证金退给甲。甲在办理贷款时发现了银行系统的一个漏洞，即取得 48 万元的贷款后，第二天就可以从网上把 50 万保证金取出来。于是，甲就声称，谁要向银行贷款，我给你们帮忙，而且不需要提供担保，但要给一定的好处费。于是，甲将自己的 50 万元存入银行，使用乙的身份证，帮乙贷款 48 万元，让乙给自己 4.8 万元的好处费，第二天取出 50 万元，再帮丙丁等人贷款。贷款由乙丙丁等人偿还。银行在 3 个月后发现并报案。

张明楷：这个案件值得讨论。

学生：乙丙丁等人在归还贷款吗？

张明楷：他们在归还贷款，因为他们都是真心贷款，而且使用的是他们的身份证，他们不可能不还贷款。即使有个别人没有还，也只是客观原因还没有还。

学生：甲将 50 万元存入银行作为保证金，贷款 48 万元之后，将保证金从银行取出来，能说是一个漏洞吗？

张明楷：就是一个漏洞，原本是不能取出保证金的。如果取出来之后，只要银行人员查看就知道，有取款记录，知道贷款人何时取出了保证金。

学生：如果甲知道乙丙丁贷款后根本不会还款，就可以认定为贷款诈骗罪。

张明楷：假如是你说的这样，倒是可能认定为贷款诈骗罪，但事实上不是这样。因为乙丙丁等人都会偿还贷款，他们主观上想还，客观上也在还。甲也知道他们会还贷款，因为使用的是乙丙丁等人的真实身份证件贷款。

学生：50 万元的保证金存入银行后，按规定是不能取出的。而且保证金存入银行后就由银行占有和所有，甲每次存入银行后再取出来，就是盗窃了。贷款一次就盗窃了一次。

张明楷：如果定盗窃罪的话，数额就是特别巨大了，要处 10 年以上有期徒刑或者无期徒刑。

学生：定盗窃罪的话确实重了一些。

张明楷：那用什么理由否认盗窃罪的成立呢？

学生：能不能说，虽然根据银行规定不能取出，但甲等借款人事实上没有任何障碍就可以取出来，因此，相对于甲等贷款人来说，银行并没有占有呢？

张明楷：不能说行为人可以没有物理障碍地取得某个财物，对方就没有占有。占有与否是根据社会的一般观念判断的，而不是根据物理的占有事实判断的。你的手机现在放在桌子上，我没有障碍地就可以拿过来，能说你没有占有吗？显然不能这样说。

学生：50 万元是保证金，会不会和其他现金不一样？

张明楷：对保证金以什么理由说不是盗窃？你是说银行也不能动用这 50 万元吗？

学生：这个取决于他们有没有设立一个特殊的程序，有时候担保要求有一个特定的账户，存进去以后银行也不能动。

张明楷：按理说是这样的，比如说我拿个房子做抵押贷款 100 万，银行不可以动我的房子。现金作为贷款保证金的时候，银行是不是也不应当动用？或者说，只有当借款人不能归还时，才从保证金中扣除相应的本息。保证金在民法上算什么？

学生：算质押，其实就是质押。

张明楷：如果是质押的话，还是银行占有了保证金。换言之，银行不能动用，并不意味着银行没有合法占有。既然银行已经合法占有，甲的行为就可能成立盗窃罪。

学生：对，现在的问题不在于所有权归谁。一旦承认盗窃的对象包括他人合法占有的财物，即使是所有权人窃取的，也可能成立盗窃罪。

　　张明楷：这么说就没有否认盗窃罪成立的理由了吗？

　　学生：银行事实上没有管理好 50 万元保证金，使之处于可以被贷款人取出的状态，可否认定为遗忘物呢？

　　张明楷：原本就没有脱离银行的占有，怎么可能成为遗忘物呢？

　　学生：可不可以说甲没有非法占有目的？

　　张明楷：能说甲没有排除意思与利用意思吗？

　　学生：有排除意思与利用意思，但是并不"非法"？

　　张明楷：是合法取出来的？

　　学生：肯定不能说是合法取出来的。

　　张明楷：那就不能否认非法占有目的了。你们觉得，这个案件从整体上进行判断和一笔一笔分开判断，会不会存在差别？

　　学生：一笔一笔看的时候，每一笔贷款就存入了保证金，只是事后将保证金取出来。

　　张明楷：整体上判断呢？

　　学生：整体上判断的话，实际上就是使用欺骗的方法骗取贷款。甲的行为的危害主要是让银行没有担保就发放了贷款，不在于这 50 万保证金被取出。

　　张明楷：也就是说，50 万元取出来就使得银行的贷款没有担保。这么说，就可以定骗取贷款罪了？欺骗行为表现在什么地方？骗了谁？

学生：取得贷款的是乙丙丁等人，他们不可能成立骗取贷款罪，甲相当于为乙丙丁提供贷款的担保，担保人可以成立骗取贷款罪吗？

张明楷：这一点倒没有什么障碍。例如，确实想贷款的 A 要向银行贷款，但银行要求 A 提供担保。于是，A 找到 B，要求 B 为自己的贷款提供担保，B 同意担保，在 B 向银行提供了虚假的担保材料，使得银行误以为担保是真实的从而发放了贷款，担保人是否构成骗取贷款罪？

学生：B 成立片面帮助犯。

张明楷：骗取贷款罪没有要求取得贷款的人是本罪的主体吧？为什么说 B 是帮助犯？

学生：骗取贷款罪确实没有要求必须是行为人取得贷款。

张明楷：骗取贷款罪的行为人，当然可以使第三者取得贷款。所以，担保人可以构成骗取贷款罪。问题在于，我们讨论的这个案件，甲的欺骗行为表现在什么地方？骗了谁？

学生：欺骗方法是，行为人隐瞒了存入保证金后第二天会取出来的心理事实，欺骗了银行工作人员。

张明楷：可是，甲是在电脑上操作的，如果后台根本没有银行工作人员，还成立骗取贷款罪吗？

学生：发放贷款应该还是由银行工作人员操作发放的吧。

张明楷：从案情来看，好像不需要，完全在电脑上操作。

学生：发放贷款的时候，银行工作人员自己不审核一下吗？

张明楷：因为存的钱比借出来的多，银行电脑会不会自动处理？我现在假定，根本不需要经过银行工作人员，完全是在电脑上操作的，还能不能定骗取贷款罪？

学生：整个行为都在电脑系统上操作完成的，根本就没有意思交流，不符合诈骗罪的最基本的条件。

张明楷：问题是骗取贷款罪也以符合诈骗罪的客观要件为前提吗？《刑法》第175条之一规定的是，"以欺骗手段取得银行或者其他金融机构贷款"，这个规定是否要求针对自然人实施欺骗行为？

学生：骗取贷款不需要针对自然人吧。

张明楷：要不然怎么叫欺骗？

学生：但行为人事实上使用了欺骗手段。

张明楷：虚假不等于欺骗，我一直认为，没有针对自然人的不能叫欺骗。

学生：行为人隐瞒了内心里第二天要取回保证金的想法。

张明楷：行为人对机器不存在隐瞒内心想法的问题，他对着电脑说我明天取回保证金，也照样能贷到款。

学生：我觉得第175条之一的骗取贷款和贷款诈骗罪的区别，只是主观目的的区别，而不是欺骗手段的区别。

张明楷：我觉得现有证据还不能认定本案中的甲具有非法占有目的。

学生：如果甲明知乙丙丁等人可能不还贷款，却帮他人贷款，以便赚取手续费，是不是可以认定有非法占有目的？

张明楷：那倒是有可能认定有非法占有目的，按照日本学者的观点，非法占有目的也可以是未必的。问题是，如果没有欺骗人的话，也不能认定为贷款诈骗罪。更为重要的是，本案的甲确实没有帮助第三者非法占有的目的。

学生：可不可以说甲的行为构成非法经营罪？

张明楷：认定为非法经营罪有障碍。甲帮助他人贷款，本身并不是犯罪行为。甲出50万元保证金帮助他人贷款，即使索取手续费，也不违反刑法。如果说有违反刑法的地方，就是将50万元保证金取出来。如果他不取出来，不可能构成任何犯罪。

学生：这个案件在日本会怎么定罪？

张明楷：我觉得，如果行为人没有取出现金，只是转账之类的，在日本会定利用计算机诈骗罪；如果从机器上取出现金，还是会定盗窃罪。这个案件在德国会定什么罪？

学生：这个案子如果是欺骗了银行职员的话，在德国可能直接定诈骗罪。因为行为人隐瞒了第二天取回保证金的内心想法，事实上第二天也取回了保证金，于是，银行的贷款就没有获得相应的担保。对于贷款的诈骗来说，没有获得担保就会认为银行有利益损失。

张明楷：在德国和日本，不需要计算数额，不管认定为盗窃还是诈骗，都不会导致处罚过重，但中国计算数额，不管认定为盗窃罪还是诈骗罪，都会处 10 年以上徒刑，这就让人难以接受。

学生：如果认为定盗窃罪过重，就认定为骗取贷款罪。

张明楷：定骗取贷款罪并不能直接否认盗窃罪的成立。因为这两个罪并不是对立关系，二者至少可以成立想象竞合。所以，如果不能否认盗窃罪的成立，恐怕还是要定盗窃罪，只能适用《刑法》第 63 条的规定减轻处罚了。如果能够否认盗窃罪的成立，则可以认定为骗取贷款罪，当然以欺骗了银行工作人员为前提。

非法吸收公众存款罪

甲在小县城经营一家企业，生产塑料产品。甲以前一直向银行贷款，在银行不再提供贷款后，乙就向公众吸收资金。甲承诺向公众还本付息，而且利息比银行同期贷款利息高 20%（如银行贷款利息为 6% 的话，甲就付 7.2% 的利息）。甲通过这种方式，一直维持企业的经营活动。但后来，塑料产品的销路不好，对部分投资人未能还本付息，导致案发。

张明楷：我一直觉得这样的案件不成立非法吸收公众存款罪，我在《刑法学》第一版（法律出版社 1997 年版）中就主张这样的行为不成立犯罪。不过，现在司法机关对这样的行为都认定为犯罪。

学生：现实中只要行为人资金链一断，还不上投资人的钱，就一律抓起来。有的公司是有实体项目的，吸收的资金用于实体项目；但是有一些公司就用作其他的用途，如吸收资金后用于发放高利贷，这个用途与定罪有关系吗？

张明楷：我觉得关系重大。从非法吸收公众存款罪所处的条文位置来看，《刑法》第 174 条规定的是擅自设立金融机构，即未经批准直接从事银行业务、金融业务；第 175 条规定的是高利转贷罪，是从银行借款后再转贷他人，这也是在从事银行业务。第 176 条规定的是非法吸收公众存款罪，显然是指向公众吸收存款后从事银行业务或者其他金融业务。这几个条文的关系很清楚。另外，刑法条文使用的是吸收"存款"，而不是吸收资金。存款是与贷款相关联的，也就是说，公众实际上是将资金作为存款存入行为人那里的。如果行为人直接将这些存款用于发放贷款等银行业务，才能认定为行为人非法吸收公众存款。如果行为人吸收资金后用于购买机器设备发展生产，那就不是吸收存款，只能说明是民间借贷。

学生：问题是，民间借贷是否也是非法吸收公众存款？

张明楷：民间借贷当然不等于非法吸收公众存款。从现实生活来看，许多民营企业都是依靠民间借贷来维持的，因为许多民营企业难以从金融机构获得贷款。在这种情形下，如果将向多人借贷资金用于生产经营的行为认定为非法吸收公众存款罪，就不利于发展生产。

学生： 实践中，只要是行为人的资金链一断，投资人就要求公安、司法机关处理。

张明楷： 可是，行为人进监狱之后，投资人的本息更难以索回。现在，很多投资人反而阻止公安机关带走行为人，这些投资人可能更加明智。

学生： 有的地方采取的做法是，如果行为人将吸收的资金用于生产经营，事后还本付息的，就不当做犯罪处理；如果不能还本付息，导致投资人遭受财产损失的，就认定为非法吸收公众存款罪。

张明楷： 这就是典型的结果责任了，并不合适。

学生： 我们这些年加大力度打击非法吸收公众存款罪，但好像越打越多。

张明楷： 越打越多是有原因的。从最早发生较大的非法吸收公众存款案开始，投资人亏损后就上访，要求政府解决；政府为了稳定，就用纳税人的钱补偿投资者。首先，凭什么用纳税人的钱补偿这些投资者？谁都知道投资有风险，为什么赚了钱是自己的，亏损了要政府赔？其次，由于政府会补偿，所以，投资者就不担心亏损了，就敢于投资了，于是非法吸收公众存款的越来越多。你们想一想，一般的企业怎么可能有30%以上的利润，用30%以上的利息去借款，怎么可能还得了？

学生：但是，最高人民法院对民间借贷保护的利息很高。24%以下绝对保护，24%至36%之间的，也可以说相对保护。

张明楷：我一直对此耿耿于怀，但没有机会讲。我的印象中，在我国台湾地区，如果贷款年利率超过20%就构成重利罪。我们现在没有将发放高利贷的行为认定为非法经营罪，却允许民间借贷的利息如此之高，于是，一些人发放高利贷的利息让人吃惊。例如，有的月息高达10%，甚至更多。这就带来了太多的问题。第一，你们想一想，银行这么庞大的机构都有许多呆账，所以，银行总是怕借款人不能还贷。那么，发放高利贷的人为什么不怕借款人还不了？发放高利贷的人都是主动跟人打电话，我们现在接到的一些电话都是问要不要贷款。他们之所以不怕你不还，就是因为他们会采用暴力、胁迫或者其他不正当手段迫使你还。所以，一些发放高利贷的实际上会演变为黑社会性质的组织。第二，允许高利贷，会导致民营企业难以发展。因为利率太高，企业承受不起。如果不借高利贷，企业就破产了；借了高利贷，企业同样资不抵债。第三，允许高利贷，不仅强化了一些人发横财的心理，同时也导致很多人成为被害人。有的放高利贷的钱也是借来的，倘若高利贷收不回来，他就欠别人的钱，上家下家都可能成为被害人。总的来说，允许高利贷带来了诸多的违法犯罪与社会问题。

学生：您觉得民间借贷的利率多少合适？

张明楷：我觉得最好只能比银行同期贷款利率高出30%左右。比如，银行贷款利率是6%时，民间借贷的利率可以是7.8%。

学生：这样有钱人就可能不把钱借给企业，而是存入银行了，因为这样更保险。

张明楷：如果这样岂不是更好吗？银行有了更多的存款，就可以发放更多的贷款。

学生：有的企业有时急需要钱，比如只贷一天，愿意出高息。

张明楷：愿意出高息是在银行不贷款的前提下才愿意的，如果利率有最高限制，谁也不愿意出比限制利率更高的利率去借款。

学生：这样确实比较理想。

张明楷：所以，我一直想建议最高人民法院修改关于民间借贷的利率。现在受法律保护的民间利率太高。另外，对于超过法律保护的利益发放高利贷的，应当认定为非法经营罪。这样，就不会出现由高利贷引发的各种问题。

学生：可不可以根据不同的情况，规定不同的利率？

张明楷：从理论上讲是可以的，但在中国，什么规则都需要讲可行性。比如，日本有法律明确规定了利率，总的来说，如果出借的钱越少利率越高，出借的越多利率越低。从理论上讲，这是很好的。但这样的规定在中国根本行不通。比如，倘若法律规定，100 万元以下的利率为 8%，200 万元以上的利率为 7%。在日本，这样规定是没有问题的，大家都有规范意识。但在我们国家，如果这样规定，那么，当乙要向甲借 200 万元时，甲一定会分成两个 100 万元借给乙，否则就不借。你们说是不是这样？

学生：如果是 50 万元的利率更高，还会分成 4 个 50 万元借出来。

张明楷：总之，民间借贷用于生产经营的，不应当认定为非法吸收公众存款罪。为了解决当前由民间借贷引发的各种乱象，最高人民法院应当大幅度降低民间借贷的保护利率，同时对超过规定利率发放贷款的，要以犯罪论处。否则，混乱的局面永远得不到扭转。

妨害信用卡管理罪

刘某身上有 17 张信用卡，而且都是他人名义的信用卡。经鉴定发现，刘某持有的信用卡都是伪造的信用卡，但刘某确实一直以为是真实有效的信用卡，即刘某不知道自己持有的是伪造的信用卡。

张明楷：《刑法》第 177 条之一第 1 款前两项规定的妨害信用卡管理罪的行为是："（一）明知是伪造的信用卡而持有、运输的，或者明知是伪造的空白信用卡而持有、运输，数量较大的；（二）非法持有他人信用卡，数量较大的。"对刘某是适用上述第

1 项还是适用第 2 项规定呢?

学生:适用第 1 项规定存在障碍,因为刘某不知道信用卡是伪造的,只能适用第 2 项规定。

张明楷:第 2 项"非法持有他人信用卡"中的他人信用卡必须是真实的吗?还是说可以是伪造的?如果说必须是他人真实的信用卡,而不包括伪造的信用卡,那么,发生认识错误该怎么办呢?以为是伪造的信用卡而持有,实际上是真实的信用卡,还是应当要求数量较大才成立妨害信用卡管理罪吧?持有一张伪造的信用卡就成立犯罪,但实际上是真实的信用卡时,持有数量较大的才能成立犯罪。反过来,以为是真实的信用卡实际上是伪造的信用卡而持有,也要数量较大才成立本罪吧?如果将第 2 项中的信用卡限定为真实的信用卡,刚才的结论还能成立吗?那不就都成立未遂犯了吗?若将第 2 项限定为真实的信用卡,主观上想持有真实的卡实际上却持有了伪造的信用卡的,就只能是未遂了,甚至是不能犯了;而行为人对持有伪造的信用卡又只有过失,因此也不成立本罪。与此相关的是,如果《刑法》第 196 条第 1 款"冒用他人信用卡"中的信用卡是指真实的信用卡的话,行为人使用伪造的卡就适用第 196 条第 1 款第 1 项的规定,但发生认识错误时又该如何处理呢?是不是可以认为冒用的信用卡不一定必须是冒用真实有效的信用卡呢?

学生:非法持有他人信用卡中的信用卡应该还是仅指真实的信用卡。持有大量的假信用卡好像不好说妨害了信用卡的管理。而且,如果说第 177 条之一第 1 款第 2 项包括伪造的信用卡的话,不是会与第 177 条之一第 1 款第 1 项的内容相重合吗?

张明楷：你的意思是，第 177 条之一第 1 款第 2 项中的他人信用卡，必须是真实的信用卡？可是，发生了认识错误该怎么办呢？刘某以为是真实的信用卡而持有，但事实上其持有的是伪造的信用卡，可是他又没有持有伪造的信用卡的故意。这就很麻烦了。刘某的认识错误，是同一构成要件内的错误还是不同构成要件间的错误呢？

学生：应该是同一构成要件内的错误吧。因为相比于盗窃枪支、弹药这种选择性罪名来说，妨害信用卡管理罪完全是一个罪名，行为人持有伪造的信用卡与持有他人的信用卡属于同一罪名的两种不同具体情形。直接根据客观情况来认定即可，刘某客观上持有的伪造的信用卡，就按持有伪造的信用卡来处理。

张明楷：问题是持有伪造的信用卡不要求数量较大，而持有他人的信用卡要求数量较大，这该如何解决呢？以为是真实的信用卡但其实是伪造的信用卡而持有的，只有数量较大的，才成立犯罪；同样，以为是伪造的信用卡但其实持有真实的信用卡的，也只有数量较大，才成立犯罪。这事实上是按照不同构成要件之间的认识错误来处理的，即必须达到一个最低要求，而不是根据同一构成要件内的认识错误来处理得出的结论。否则，就会违反责任主义。例如，行为人以为自己持有的是两张他人真实的信用卡，但事实上是伪造的信用卡。虽然客观上符合妨害信用卡管理罪的构成要件，但行为人主观上没有认识到是伪造的信用卡。如果认定为妨害信用卡管理罪，就不符合责任主义吧。

学生：持有他人信用卡的同时要求数量较大的规定是否表明

立法者在此处仅针对的是真实的信用卡呢？如果行为人持有的是伪造的信用卡，不就直接成立第 1 项了吗？

张明楷：问题是行为人没有第 1 项的故意时怎么办？就是说，行为人没有认识到是伪造的信用卡时，也能适用第 1 项的规定吗？应当不能吧。可不可以说，第 1 项与第 2 项是特别关系呢？凡是持有他人名义的信用卡数量较大的都定罪，但持有的若是伪造的信用卡，即使持有 1 张就可以定。如果甲跟乙说这是自己的 3 张真实信用卡托乙保管，其实这是 3 张伪造的信用卡，甲是不是构成非法持有的间接正犯呢？还是说叫间接持有？重叠的持有？

学生：无论是间接持有还是持有的间接正犯，结果上都一样。

张明楷：如果乙知情，二者是共同持有吗？

学生：乙是直接持有，甲是持有的教唆犯，教唆犯按照主犯处罚。

张明楷：不一定是教唆犯，可能是共同正犯，构成重叠的持有。

学生：是不是可以说，实际持有者是否知情并不影响另一个人持有的判断？

张明楷：可能还是要看具体情形。有的时候交付的人本身不是持有人。

学生：我们讨论的本案中的刘某涉及认识错误。

张明楷：如果对第 177 条之一第 1 款第 2 项中的他人信用卡没有限定，而是包括伪造的信用卡，就没有讨论认识错误问题的必要。行为人认识到是伪造的信用卡，就符合第 1 项，如果没有认识到是伪造的信用卡，当然符合第 2 项。实际上，按事实认识错误来处理，就是把第 2 项中的他人信用卡解释为包含了伪造的信用卡，相当于盗窃枪支、弹药罪发生认识错误的处理中，枪支也是弹药，弹药也是枪支。如果有 10 张信用卡，行为人误以为是真卡而持有，实际上是 10 张伪造的信用卡，那就只是按照数量较大而不是数量巨大来认定，因为行为人对伪造的信用卡没有认识。问题是，是说第 2 项包括伪造的信用卡好，还是说第 2 项只包括真实的信用卡但按事实认识错误来解释比较好？

学生：如果认为第 2 项中的他人信用卡包括伪造的信用卡，就可能出现矛盾。

张明楷：确实可能出现对成立第 2 项的要求升高，对符合第 1 项的要求反而降低的局面。所以，就数量较大来说，第 2 项是特别法条；就信用卡是否伪造而言，第 1 项是特别法条，这样理解可以吗？

学生：就因为第 2 项要求数量较大，所以把第 1 项理解为特别法条还是有问题。另外，为什么对明知是伪造的空白信用卡而持有的，要求 10 张以上才能成立犯罪呢？

张明楷：因为伪造的空白信用卡没有伪造的信用卡方便使用。

学生：第 2 项中的信用卡能否包括伪造的空白信用卡呢？

张明楷：空白信用卡不属于他人的信用卡吧。由此看来，讨论第177条之一第1款第2项究竟是仅指他人的真实信用卡还是包括伪造的信用卡，意义不是很大，但在行为人发生认识错误的情况下，就都要求客观上数量较大才成立犯罪。如果说仅指他人的真实信用卡，就按事实认识错误来处理；如果认为包括伪造的信用卡，就不需要按认识错误来处理。同样，讨论第196条中的"冒用他人信用卡"是否包括伪造的信用卡，意义也就不大。如果按事实认识错误处理，不管是冒用他人的信用卡还是使用伪造的信用卡，都是按数额去量刑的，可能更好解释。但我倾向于认为，没有必要将第177条之一第1款第2项中的他人信用卡，以及第196条中的冒用他人信用卡，限定为真实有效的信用卡。因为法条本来就没有限定，在解释论上限定又没有意义，反而导致不必要的麻烦。

学生：您的意思是，对刘某还是适用第177条之一第1款第2项的规定？

张明楷：我觉得没有什么不可以。同样，如果行为人主观上冒用他人信用卡，但客观上使用的是伪造的信用卡，而行为人不知道是伪造的信用卡的，也按冒用他人信用卡处理，没有必要适用事实认识错误的理论，直接认定为冒用他人信用卡包括冒用他人无效的、伪造的信用卡即可。

违法发放贷款罪

甲是某银行的副行长，他的妻子是 A 公司的法定代表人，想向银行贷款，但是不符合贷款条件。甲就找到 B 公司，要求 B 公司从银行贷款 3000 万元，全部无息借给 A 公司使用。一年以后，A 公司将 3000 万元全部还给 B 公司，B 公司将本金和利息还给银行。

张明楷：这个案情并不复杂，但司法机关对于是否定罪以及定什么罪还有争议。我们首先讨论甲是否成立违法发放贷款罪。

学生：我们在讨论过程中，有一种观点认为，虽然客观上完全符合贷款条件，但甲主观上是为了 A 公司才发放贷款，所以认为成立违法发放贷款罪。

张明楷：这是从主观到客观认定犯罪得出的结论。如果从客观到主观认定犯罪，首先就要看客观上是否符合贷款条件，如果符合条件，就不能因为行为人主观上出于徇私动机，而认定为违法发放贷款罪。问题是，能不能说客观上完全符合贷款条件？

学生：B 公司提供了足额担保，事实上一年到期后也还本付息了。

张明楷：可是，贷款不是只看有没有担保，还要看贷款用途。B 公司贷款时，在贷款合同上不可能记载借给其他公司使用吧。

学生：不会，否则 B 公司就是在从事银行业务了。B 公司在贷款时肯定写的是其他用途，甲肯定也是知情的。

张明楷：这样说的话，在客观上贷款还是违法的吧。

学生：看来贷款在客观上也是违法的。

张明楷：贷款是否违法，这是容易判断的，主要是看贷款是否违反相关法规。如果违反了有关贷款的法规，就再进一步判断是否符合刑法规定的违法发放贷款罪的成立条件。但本案争议的问题恐怕不在这里，而是 B 公司无息借给 A 公司以及由此产生的问题。

学生：B 公司实际上遭受了财产损失的，因为以自己的名义贷款后，全部无息借给 A 公司使用，自己还要还利息。

学生：B 公司的相关人员可能成立挪用资金罪。

张明楷：如果 B 公司为了满足甲的要求，贷款就是为了给 A 公司使用，需要认定为挪用资金罪吗？

学生：贷款到 B 公司账上后，就是 B 公司的资金，给 A 公司使用就是挪用资金了。

张明楷：这显然是单位决定给另一单位使用的，B 公司的决定者谋取了个人利益吗？

学生：应该没有，B 公司领导是不想得罪甲才这样做的。

张明楷：既然是这样，就不存在挪用资金罪了。

学生：如果 B 公司是国有公司，公司领导可能构成国有公司人员滥用职权罪。如果是非国有公司，就不能定这个罪了，要看这个公司的性质。

张明楷：如果是国有公司，仅定国有公司人员滥用职权罪，也不能全面评价案件事实。就是说，只评价了导致 B 公司财产遭受损失的事实，而没有评价另外的应该评价的事实。如果是非国有公司，还不能定罪了。这样是不是有问题？想一想还有没有可能触犯其他罪？

学生：老师，这笔贷款的利息，能不能说是行贿？

张明楷：这正是要讨论的地方。可以肯定的是，利息本来是应当由 A 公司支付的，但事实上却由 B 公司支付了。就这笔利息而言，甲的行为显然是受贿吧。

学生：B 公司肯定是有求于银行的，因而是有求于甲的，甲利用职务之便索取贿赂，所以成立受贿罪。

张明楷：从案情来看，显然是甲索取贿赂，认定为受贿罪没有问题。那么，B 公司构成行贿罪吗？

学生：按理说 B 公司不构成行贿罪。

张明楷：为什么？

学生：根据《刑法》第 389 条的规定，因为被勒索而给予国家工作人员以财物，没有谋取不正当利益的，不构成行贿罪。

张明楷：这是对个人行贿罪的规定，当我们说 B 公司构成行贿罪时，是指单位行贿罪，可是，对单位行贿罪没有这样的出罪规定。

学生：按老师的观点好像是可以类推适用。

张明楷：类推适用是需要理由的，单位与个人不同，是否影响类推适用呢？换言之，《刑法》第389条规定的因为被勒索给予国家工作人员以财物，没有谋取不正当利益的，不构成行贿罪的立法理由是什么？是没有违法性还是没有责任？

学生：应当是没有期待可能性，因为没有谋取不正当利益，就意味着其是为了谋取正当利益。在谋取正当利益的情况下，被国家工作人员勒索的，就没有期待可能性。

张明楷：这样说是有一定道理的。问题是还存在另外一种情形：行贿人本来就是想谋取不正当利益，于是向国家工作人员请托，国家工作人员趁机勒索财物，但是并没有为行贿人谋取不正当利益。在这种场合，也是因为没有期待可能性而不成立行贿吗？

学生：好像不是没有期待可能性的问题。

张明楷：在这种场合，一般人会认为，所谓的行贿人实际上是被害人。

学生：这么说还是违法性的问题。

张明楷：如果后一种情况是违法性的问题，那么，前一种情况更是违法性的问题了。但是，不管《刑法》第389条是基于违法性阻却还是有责性的阻却而否认行贿罪的成立，对单位来说，恐怕也应当是一样的。比如，就期待可能性而言，如果说不能期

待个人不向银行行长行贿，那么，同样也不能期待单位不向银行
行长行贿，而且公司、企业这样的单位更加有求于银行行长的职
务行为。所以，对单位还是可以类推适用《刑法》第 389 条的出
罪规定的。

学生：这样说的话，甲虽然成立受贿罪，但 B 公司不成立行
贿罪了。

张明楷：我觉得可以这样处理。

信用卡诈骗罪

被告人刘某偶尔得到了被害人丢失的一张手机 SIM 卡，刘某
将这个卡插到自己手机后，发现手机上有关于银行交易的短信，
于是知道该 SIM 卡绑定了银行卡。刘某用这个手机号登录微信，
并且通过手机验证码修改了微信密码，然后利用微信支付功能在
网上支付，一共消费了 2.9 万元。

张明楷：你们认为这个案件应当怎么定性？

学生：使用微信支付功能时，是否欺骗了自然人？

张明楷：这个案情没有交待。如果是购物的话，应当欺骗了
自然人；如果是直接转账则不一定欺骗了自然人。刘某虽然是使

用微信支付功能，但实际上是使用被害人的信用卡吧。

学生：但刘某没有持有他人的信用卡，只是持有了他人的SIM卡。

张明楷：这涉及另一问题，冒用他人信用卡时，是否需要持有他人信用卡？

学生：不持有他人信用卡，也是可以使用他人信用卡的。

张明楷：既然如此，就没有必要将持有他人信用卡作为冒用他人信用卡的前提条件。

学生：输入他人信用卡的卡号、密码等就是在使用他人信用卡。

张明楷：对！所以，笼统地说，刘某就是在冒用他人信用卡。如果按照机器可能被骗的观点，刘某的行为就是信用卡诈骗罪。如果认为机器不能被骗，那么，就要区分情形。如果只是在机器上使用，就认定为盗窃罪，相当于盗窃了被害人对银行享有的债权用于支付对价。类似的案件并不少见。例如，被告人陈某在一个储蓄所前台，偷看了被害人牡丹灵通卡的个人资料，包括卡号、密码、身份证号码等，就想办法弄到两张假身份证，然后就依假身份证登记收件人和收件地址，通过工商银行网络银行在网上购买了高档手机和数码相机，价值1万多元。如果网络银行后台没有人操作，按照机器不被骗的观点，对陈某的行为也只能认定为盗窃罪。

学生：明白了。

张明楷：我再讲一个案例：甲是某国有邮政储蓄银行支行客服经理。2010 年 12 月开始，甲以帮助储户存款为由，偷记储户密码，私藏或掉包储户银行卡，再通过转账或取现获取储户银行存款 1000 万元；利用经办储户业务便利，要求储户重复输入密码，私自将储户的存款转入自己掌控的账户，获取多名储户的存款共计 200 万元。甲实施了两种行为，虽然具体犯罪方法还不是很清楚，但还是可以讨论的。甲非法获取储户 1000 万元的行为和获取储户 200 万元的行为，在性质上是完全一样的吗？

学生：前一种行为只是利用工作便利，后一种行为是利用职务便利。

张明楷：这一区别在本案有意义吗？

学生：因为犯罪对象不是公共财物，所以，这一区别没有实质意义。

张明楷：甲的两种行为都不是刑法上的欺骗行为吧，因为储户都没有因为受骗处分自己的存款，所以不能认为甲骗取了储户的存款。

学生：没有欺骗行为。

张明楷：如果前一种行为可以评价为"盗窃信用卡并使用"，就认定为盗窃 1000 万；后一种行为是甲在非法获得储户账户密码后通过转账来获取储户的存款，那么，前后两个行为都构成盗窃罪，就定一个盗窃罪，数额为 1200 万。掉包和私藏信用卡的行为都可以评价为"盗窃信用卡"，所以按照一个盗窃罪处理就可以了。

学生：掉包银行卡的行为肯定能够评价为"盗窃信用卡"，但私藏信用卡的行为也能评价为"盗窃信用卡"吗？

张明楷：甲是银行的客户经理，在客户把卡交给甲办事的时候，他只是客户占有银行卡的占有辅助人，私藏银行卡的行为也可以评价为"盗窃信用卡"行为。按照我的看法，即使甲只是侵占信用卡，但自己私自转账的，也不存在欺骗行为，仍然可以直接认定为盗窃罪。

学生：如果客户让甲帮助办卡，甲办好卡后谎称没有办好，将客户的存款通过柜台取现，能够认为甲的行为是《刑法》第196 条第 3 款规定的行为吗？

张明楷：在你刚才说的这种情况下，甲并没有盗窃信用卡。甲拿到客户的银行卡后，应该有义务帮助客户妥善保管，甲并没有告诉客户实情，而是使用了客户的银行卡，所以甲侵占了客户的银行卡，不是"盗窃信用卡"。如果在柜台欺骗其他工作人员取现，就应该认定为信用卡诈骗罪，即冒用他人信用卡；如果是自己私自转账的，还是可以认定为盗窃罪。

学生：在司法实践中，信用卡诈骗罪大量的是恶意透支型的信用卡诈骗罪。

张明楷：我也知道这种现象，其中有一些是应该定罪的，但其中很多则是原本不成立犯罪的。

学生：我遇到过一个案件：行为人透支后没有还款，银行也催收了，但过了催收期之后，行为人仍然没有还。银行就找到行为人，并和行为人签了一个还款协议，限定行为人什么时间之内还清，其实是又给行为人宽限了几个月。但是，行为人仍然没有归还，银行就报警了，检察院以信用卡诈骗罪起诉到法院后，法院不敢认定为信用卡诈骗罪。法院说，行为人在和银行签还款协议之前就已经构成信用卡诈骗罪，但签了协议之后，行为人只是没有履行协议，而没有履行协议的行为不可能成立犯罪，只是违约问题。

张明楷：这是什么理由啊！既然认为在签订协议之前就成立信用卡诈骗罪，后来签订协议的行为就能够成为阻却犯罪的事由吗？恶意透支型的信用卡诈骗罪的成立，要求行为人在透支时就有非法占有目的，也就是说，在透支时就没有归还的意思。如果透支时具有归还的意思，后来实在还不了，我主张不构成信用卡诈骗罪。也就是说，透支时具有非法占有目的的，即使银行不催收，原本也成立信用卡诈骗罪，但为了确认行为人在透支时具有非法占有目的，所以，刑法规定经发卡银行催收后仍不归还的，才以犯罪论处。因为信用卡原本就是可以透支的，但透支时难以确定行为人是恶意透支还是非恶意透支，所以，只好通过事后的催收来判断是不是恶意透支。但是，尽管如此，我一直主张还是要求行为人在透支的时候就有不归还的意思。如果经催收后归还了，就不能证明行为人恶意透支，因而不以犯罪论处。

学生：我们办理的许多案件，都是银行催收时仍不归还；银行报警后，警察一抓行为人，行为人马上就还了。

张明楷：主要问题不在后面，而是前面透支的时候是否具有非法占有目的，或者说是否具有不归还的意思。

学生：这一点难以证明。

张明楷：难以证明不等于不能证明。比如，行为人为什么透支？透支的款项用于干什么？行为人是否有相对稳定或者固定的收入？透支后是否逃避银行的催收？例如，是不是改了手机号？是在一家银行透支还是在多家银行透支？如此等等。还有什么疑问吗？

学生：没有了。

张明楷：那我再问你们一个问题：我们刚才说了，《刑法》第196条规定的恶意透支，要求行为人在透支时就必须有非法占有目的，透支时想归还后来还不了的肯定不能认定为恶意透支。但现在假定的是，行为人透支的时候就不想还，后来用透支的钱炒股赚了钱，于是就还了的，这也不能认定为恶意透支吧？不仅如此，即使是透支后经发卡银行催收后才还钱的，也不能认定为恶意透支吧？但理由何在呢？是说证据上不能证明有非法占有目的？还是说经发卡银行催收后归还是处罚阻却事由呢？

学生：催收后还了的不符合构成要件，而不是处罚阻却事由。

张明楷：按理说，透支时不想还的不就已经犯罪既遂了吗？在日本，恶意透支时不想还的，就构成诈骗罪的既遂。

学生：应当是处罚阻却事由。

张明楷：从不归还的角度而言又是构成要件吗？

学生：不归还不是构成要件。行为已经既遂了，归不归还不应纳入构成要件。

张明楷：那么，行为人本来是以非法占有为目的透支的，没有还钱，经发卡银行催收后仍不归还。此时经发卡银行催收后仍不归还是构成要件还是客观处罚条件呢？

学生：本来按理说，以非法占有为目的透支的就已经构成既遂了，但如果要是归还了的话，就例外地不处罚了。

张明楷：那就等于说还要承认客观处罚条件？

学生：可以说是客观处罚条件，按您的说法，其实就是客观超过要素。

张明楷：也不能说是客观超过要素，行为人要是没有认识到发卡银行的催收行为呢？或者说它本来就是恶意透支的构成要件，以非法占有为目的超过期限，经银行催收后还了的，就是不符合构成要件。这样理解可以吗？

学生：可是这种透支行为就不属于恶意的透支了。

张明楷：在理论上还可以说构成普通诈骗罪，虽然实践中不可能再对此认定为普通诈骗罪。所以，认定为客观处罚条件也只是对恶意透支型信用卡诈骗罪的阻却。较好的解释可能是，只要行为人归还了的，就不能证明他有非法占有的目的。也就是说，只要行为人归还了，法律就推定其没有非法占有的目的。我们不能在行为人归还之后，还去查行为人在透支时是否具有非法占有目的。总的来说，在行为人透支后归还了的，就不要去查行为人在透支时是否具有非法占有目的。只有在行为人透支后经发卡银行催收后仍不归还的，才去查行为人在透支时是否具有非法占有目的。

逃 税 罪

A 企业缴纳税款 80 万元后，又以假报出口的欺骗手段，骗取国家出口退税款 80 万元。税务机关发现后，下达了追缴通知，并且处以 3 倍罚款。A 企业退回了骗取的 80 万元税款，并缴纳了罚款。

张明楷：《刑法》第 201 条第 4 款规定："有第一款行为，经税务机关依法下达追缴通知后，补缴应纳税款，缴纳滞纳金，已受行政处罚的，不予追究刑事责任；但是，五年内因逃避缴纳税款受过刑事处罚或者被税务机关给予两次以上行政处罚的除外。"第 1 款规定的逃税罪的主体是纳税人，第 2 款规定的主体是扣缴义务人，对扣缴义务人不适用《刑法》第 201 条第 4 款的规定。因为扣缴义务人是扣缴他人所缴纳的税款，而不是自己缴纳的税款。现在的问题是，对《刑法》第 204 条第 2 款前段规定的情形，能否适用第 201 条第 4 款。第 204 条第 2 款前段规定的情形是，纳税人缴纳税款后，采取以假报出口或者其他欺骗手段，骗取国家出口退税款的，以逃税罪论处。对这种情形可不可以适用第 201 条第 4 款？

学生：如果符合第 201 条第 4 款规定的条件，也应当适用吧。

学生：但是，这个案件只是交待了退回所骗税款和缴纳罚金，没有说缴纳滞纳金。

张明楷：缴纳滞纳金是针对没有缴纳税款的情形而言的吧，A 企业已经缴纳了税款，只是后来又骗回去了，应当不存在缴纳滞纳金的问题。

学生：第 201 条第 4 款规定的是补缴应纳税款，而本案则是退回骗取的税款，好像不符合第 201 条第 4 款的规定。

张明楷：起草人在增加《刑法》第 201 条第 4 款时，可能没有想到第 204 条第 2 款。但是，第 204 条第 2 款前段所规定的情形就相当于纳税人实施的逃税行为。区别在于，第 201 条第 1 款规定的是纳税人没有缴纳税款的情形，第 204 条第 2 款规定的是缴纳税款后又骗回的情形，主体都是纳税人，结局都是没有缴纳税款，如果构成犯罪都是按逃税罪处理。既然如此，对第 204 条第 2 款的情形也应当适用第 201 条第 4 款。所以，对 A 企业的行为不能以逃税罪追究刑事责任。

学生：从法律规定来看，第 204 条第 1 款的法定刑重于第 201 条第 1 款的法定刑。

张明楷：第 204 条第 1 款规定的法定刑肯定要重一些，因为行为人完全是骗取退税，与诈骗犯罪没有什么区别。但第 204 条第 2 款前段规定的是行为人缴纳税款后又骗回，只是相当于没有缴纳税款。

学生：缴纳了税款后再骗回来不算诈骗吗？

张明楷：按理说也是诈骗，但刑法没有规定按诈骗罪处理，而是规定按逃税罪处理。就是说，如果骗取的是没有缴纳税款的部分，就认定为骗取出口退税罪；把自己缴纳的税款骗回来的就按逃税罪处理。

学生：采取欺骗方法不缴纳税款，与缴纳了税款之后再骗回来，好像没太大区别。

张明楷：但我感觉还是有点不同。从违法性的角度来说没有区别，但从期待可能性的角度来说，前者似乎应小于后者。不过，区别不是那么明显。

学生：如果说后者要严重一点的话，是不是就可以不适用《刑法》第201条第4款？

张明楷：但是这个区别在立法上已经被忽略不计了，因为《刑法》第204条第2款就是规定按逃税罪处理，而没有规定更重的法定刑。

学生：这么说，对于《刑法》第204条第2款前段的情形适用第201条第4款还是具有实质理由的。

张明楷：不仅具有实质理由，从逻辑上说也是没有问题的。因为第201条第4款说的是"有第一款行为"，而这款所规定的就是逃税罪；第204条第2款前段又规定按照第201条的规定定罪处罚，而第201条只有第1款规定对纳税人的定罪处罚，所以，对第204条第2款的行为也可以适用第201条第4款。当然，这样解释也可能存在疑问。因为第 201 条第 4 款规定的是"有第一款行为"，而第 201 条第 4 款规定的行为，与第 201 条第 1 款规定的行为并不完全相同。在这个意义上说，对第 204 条第 2 款前段的行为不适用第 201 条第 4 款，也是有道理的。但是，由于对第 204 条第 2 款前段的行为适用第 201 条第 4 款是具有实质理由的，所以，至少可以类推适用第 201 条第 4 款。对被告人有利的类推适用，不违反任何原则。

虚开增值税专用发票罪

S 公司与 T 公司签订了虚假的买卖合同，S 公司将 7000 万元的货款打入 T 公司，由 T 公司扣除 17% 的增值税和 2% 的手续费后，再将剩余的款项打给 S 公司。S 公司向税务机关抵扣了 17% 的税款。T 公司则不仅不向税务机关缴纳 17% 的税款，而且找 W 公司给其虚开增值税发票，发票的内容是手机款，与 T 公司开给 S 公司的增值税发票没有关联性，而且又向税务机关抵扣税款，但 S 公司对此并不知情。

张明楷：T 公司构成虚开增值税专用发票罪是没有问题的，需要讨论的是 S 公司是否成立虚开增值税专用发票罪。

学生：S 公司的行为本身没有给国家税款造成任何损失。虽然 S 公司向税务机关抵扣了 17% 的税款，但在抵扣之前已经交了

17%的税款。

张明楷：在实践中，司法工作人员习惯于认为虚开增值税专用发票罪是行为犯，所以，只要有了行为就是犯罪既遂，根本不考虑有没有可能造成税款损失。

学生：看来行为犯这个概念害人不浅。

张明楷：不是行为犯的概念害人不浅，是一些人没有真正理解行为犯。那些说只要有行为就成立犯罪的人，只要稍微往下想一想为什么只要有行为就构成犯罪既遂这个问题，就不会动不动就说只要有行为就成立犯罪既遂。当刑法理论说，只要实施了行为就既遂时，一定是行为与结果同时发生了。如果行为与结果没有同时发生，怎么可能实施了行为就是犯罪既遂呢？

学生：主要是《刑法》第205条没有明文将造成国家税款损失及其危险规定为构成要件。

张明楷：其实，第205条第1款的规定，就说明虚开行为是"用于"骗取、抵扣税款的，法条说的是"虚开增值税专用发票或者虚开用于骗取出口退税、抵扣税款的其他发票"。这一表述本身就说明，只有用于骗取出口退税、抵扣税款时，才成立这一款所规定的犯罪。此外，从沿革解释来看，也可以看出本罪的成立要求造成国家税款损失的。《刑法》第205条原来的第2款是这样规定的："有前款行为骗取国家税款，数额特别巨大，情节特别严重，给国家利益造成特别重大损失的，处无期徒刑或者死刑，并处没收财产。"后来删除了这一款，主要是为了删除死刑。那么，既然原来的第2款只是规定了骗取国家税款数额特别巨大这种情形，那么，骗取国家税款数额较大、数额巨大的怎么办呢？显然是适用《刑法》第205条第1款。所以，第1款实际上要求骗取国家税款的，至少要有给国家税款造成损失的危险性。如果没有这种危险性，刑法凭什么将其规定为犯罪呢？所以，只要稍微思考一下就会发现，虚开增值税专用发票罪，并不是只要有虚开行为就是犯罪既遂。

学生：S公司并没有非法骗取税款的目的，从主观要件来说，也不能认定为虚开增值税专用发票罪。

张明楷：非法骗取税款的目的，是刑法理论根据本罪的性质添加的不成文的责任要素，但司法机关常常忽视这一点。如果说骗取税款的目的是违法要素，那么，与要求虚开行为具有造成国家税款损失的客观要素，在结论上是完全一致的。

学生：老师是从客观方面进行限制的。

张明楷：从客观方面限制相对容易一点。例如，有的人虽然虚开增值税专用发票，但虚开的发票中根本没有抵扣联，这肯定没有骗取税款的危险。再如，我们讨论的S公司，虽然让人虚开了发票，但T公司已经扣除了17%的税款。换句话说，S公司从T公司那里虚开发票，不仅没有得到任何好处，而且遭受了19%的损失。不能认为S公司的行为有造成国家税款损失的危险性。当然，我也并不反对从主观方面限制。但我不是从目的的角度限制的，在主观方面我是从故意的角度进行限制的。就是说，由于虚开增值税专票发票，是通过抵扣税款使国家遭受税款损失的，行为人对此必须有故意，即对此有认识，而且希望或者放任结果的发生。我觉得，很多人从目的角度作出的限制，实际上应当是从故意角度作出的限制。反过来说，要从故意角度进行限制，前提是从构成要件角度进行限制，因为构成要件规制故意的内容。对构成要件进行了限制之后，故意的内容当然就清楚了。

学生：司法实践可能会质疑：您为什么要对构成要件进行限制解释？

张明楷：上面说的限制，其实并不是真正意义上的限制解释，而是相对于司法现状来说显得限制了成立范围。我上面说过了，从沿革解释来看，第205条第1款原本就是要求骗取国家税款数额较大或者巨大的，而且，即使骗取税款数额特别巨大，但没有给国家利益造成特别重大损失的，也只能适用第1款。所以，我认为我并不是限制解释，可以认为是平义解释；倒是现在的司法机关进行了扩大解释。

学生：T公司抵扣税款，构成虚开增值税专用发票罪，与S公司有没有关系？S公司要不要对T公司的犯罪承担责任呢？

张明楷：据说有的司法人员就是这个观点。这显然是错误的。从客观方面说，虽然S公司让T公司虚开增值税发票，似乎与T公司抵扣税款有关联，但事实上并非如此。一方面，S公司已经让T公司扣除了17%的增值税，而且还另外给了2%的手续费。即使T公司向税务机关缴纳17%的增值税，他们也还可以得到2%的好处。另一方面，T公司要抵扣税款，还必须找上家再虚开增值税发票，但T找上家虚开的增值税发票，与T公司给S公司虚开的发票没有任何关联性。既然如此，就不能将T公司抵扣税款的行为与结果归属于 S 公司。

学生：司法人员可能认为，S 公司有义务监督 T 公司缴纳税款。

张明楷：这就更离谱了。即使从税法上来说，S 公司也没有义务监督 T 公司缴纳税款；缴纳税款是 T 公司的义务，怎么可能还需要 S 公司监督？退一步说，即使 S 公司在税法上有监督义务，这种义务也不可能成为刑法上的作为义务。

学生：而且，S 公司也不知道 T 公司不缴纳税款和后来虚开发票抵扣税款的事实。

张明楷：是的。在我看来，即使知道了，S 公司也不承担刑事责任，因为客观上就不能将 T 公司的行为与结果归属于 S 公司。

学生：如果按照老师的观点，S 公司的行为肯定不成立虚开增值税专用发票罪了。

张明楷：是的。我再问你们一下，《刑法》第 205 条的"用于"是主观要件还是客观要件？

学生：应当是客观要件，即发票的性质是用于抵扣税款的。

张明楷：既然如此，是不是相应地要求行为人主观上具有抵扣税款的故意呢？

学生：按理说是这样的。可是，关于虚开增值税专用发票，没有使用"用于"抵扣税款这个词。

张明楷：那是因为增值税专用发票原本就是可以用于抵扣税款的，所以，不需要加"用于"一词。这也说明，虚开增值税专用发票罪要求有将虚开的发票用于抵扣税款的危险性，相应地要求行为人具有故意。

学生：但是，司法人员大多认为，从条文来看增值税发票一虚开就构成，其他发票才需要骗取。

张明楷：这根本不是在对刑法条文进行解释，只是机械地阅读。

学生：老师的意思是要求虚开增值税专用发票罪必须造成损失吗？

张明楷：不一定要求造成税收的实际损失，但至少必须有造成损失的危险。另外，在实践中还有这样的情形：行为人虽然虚开或者让他人为自己虚开增值税专用发票，比如变更货物的性质虚开发票，并不是为了通过虚开的增值税发票骗取税款，而是偷逃消费税的，就不能认定为虚开增值税专用发票罪，只能按逃税处理。

假冒注册商标罪

甲买进普通白酒后，装入飞天茅台酒的瓶中以茅台酒的价格出售，获利 54 万元。经鉴定，该白酒本身没有质量问题，是合格的白酒。

张明楷：一种观点认为，涉案白酒不是茅台酒，但符合国家酒类合格检测标准，是合格产品，不构成销售伪劣产品罪，只按照销售假冒注册商标的商品罪处理即可。你们怎么认为？

学生：司法解释规定，"《刑法》第140条规定的'在产品中掺杂、掺假'，是指在产品中掺入杂质或者异物，致使产品质量不符合国家法律、法规或者产品明示质量标准规定的质量要求，降低、失去应有使用性能的行为。《刑法》第140条规定的'以假充真'，是指以不具有某种使用性能的产品冒充具有该种使用性能的产品的行为。《刑法》第140条规定的'以次充好'，是指以低等级、低档次产品冒充高等级、高档次产品，或者以残次、废旧零配件组合、拼装后冒充正品或者新产品的行为。《刑法》第140条规定的'不合格产品'，是指不符合《中华人民共和国产品质量法》第26条第2款规定的质量要求的产品"。行为人的行为至少属于"以次充好"，这样的行为完全可以按照销售伪劣产品罪定罪量刑。

张明楷：是的，典型的以次充好，也可是说以假充真，以假茅台充当真茅台嘛。只不过司法解释毫无理由地限定了以假充真的意思。如果消费者并不知道瓶内装的是普通白酒，以茅台酒的价格购买，行为人的行为肯定同时也构成了诈骗罪。

学生：是的，也同时触犯诈骗罪。

张明楷：上述行为还触犯其他罪名吗？

学生：首先应当肯定行为成立假冒注册商标罪，而不是仅仅成立销售假冒注册商标的商品罪，因为这些商品是行为人制造的。

张明楷：这么说，行为人的行为应该触犯了四个罪名：诈骗罪，生产、销售伪劣产品罪，假冒注册商标罪，销售假冒注册商标的商品罪。但是，假冒注册商标罪与销售假冒注册商标的商品罪，应当是吸收关系吧。前三个罪则是想象竞合关系。

学生：应当是这样的。

张明楷：顺便讨论一下，现在理论上对反向假冒商标有不同观点，你们怎么看？如果是在自己的产品上贴上别人的注册商标，肯定成立假冒注册商标罪。问题是，将别人的商品贴上自己的商标出卖的，应当怎么处理？

学生：自己的商标也是注册商标吗？

张明楷：自己的商标没有问题。

学生：实质上也是假冒了别人的商标。

张明楷：为什么这么说？《刑法》第 213 条规定的构成要件是，"未经注册商标所有人许可，在同一种商品上使用与其注册商标相同的商标"，"其"是指别人，而不是行为人自己。行为人并没有使用别人的商标，只是使用了自己的商标，这个商标与别人的注册商标并不相同。所以，反向假冒行为不能认定为假冒注册商标罪吧。

学生：不好定。

张明楷：那么，有没有可能认定为其他犯罪？

学生：有可能构成生产、销售伪劣产品罪。比如，A 酒厂原本生产的白酒质量不错，价格也不低，但供不应求，于是，就到 B 小厂买一些质量差一点的白酒，贴上自己的商标再出卖。

张明楷：酒这种产品没办法定，小厂的酒买来之后一勾兑，就成了自己生产的酒，不好说它不符合什么质量标准。

学生：但不是 A 酒厂的原浆啊，这就是假货。

张明楷：A 酒厂什么时候会承诺用自己酒厂的原浆？一般不会吧。现在讨论的反向假冒好像一般是行为人不需要任何制作过程，只要贴上商标就可以出卖这种产品。

学生：厂家为什么这么做呢？

张明楷：有的厂家可能是为了提高自己商标的知名度，反而卖比较好的产品，价格也差不多。一般来说，可能难以认定为犯罪，但如果确实销售了伪劣产品的，当然可以认定为销售伪劣产品罪。

学生：老师，通说都认为假冒注册商标罪中的商标包括服务商标，可是，强迫交易罪与虚假广告罪，都是将商品与服务分开的，表明商品不包括服务。通说有没有疑问？

张明楷：我觉得没有疑问。一方面，《商标法》明文规定了商标包括服务商标，所以，《刑法》第 213 条没有必要再将服务商标独立出来。另一方面，我们不是经常说刑法用语的相对性吗？虽然刑法用语的相对性只是从解释结论上说的，但只要具备将相同用语解释为不同内容的理由，就必须承认用语的相对性。

学生：而且，强迫交易罪与虚假广告罪都不是侵犯知识产权罪。

张明楷：对。银行有商标吧，假冒银行商标行吗？肯定不行。比如，一个农村信用合作社，假冒中国工商银行的商标，肯定要以犯罪论处。我的教材原来一直讲假冒注册商标罪中的商标包括服务商标，修改教材时发现有人认为服务商标不包含在内，因为《刑法》第213条只讲了商品，没有讲服务。我觉得做扩大解释也没有问题。

学生：如果与《商标法》联系起来考虑，还不一定是扩大解释。

张明楷：也可以这么说。现在还有这样一种假冒行为，比如有一些机械产品（如打印机），只有其中最核心的部分是最关键的部件，其他部件都是无所谓的。行为人制造打印机，全部是自己造的，在打印机的整体上使用的是自己的商标，但在最核心的部件那里贴上别人的商标。你们觉得构成假冒注册商标罪吗？

学生：我觉得应该构成。因为对于这类产品，消费者最关心的就是最核心的部件。另一方面，行为人也侵害了他人的商标权。所以，不管从哪个角度来说，都应当以犯罪论处。

张明楷：有道理。反过来的情形是，商品最核心的部件是美国制造的，其他部分都是自己制造的，行为人在最核心的部件上以及商品的整体上都使用了美国商标。这个行为构成假冒注册商标罪吗？

学生：应该构成，整体上更加容易被人认为是美国产生的商品。

张明楷：但假冒的部分对商品的质量并没有影响。

学生：但对销售还是有重要作用的，购买者首先看的是外观。很多人看重的是这个牌子，如果贴你自己的商标人家就不买了。

张明楷：这两种情形在实践中都遇到过，一般都被检察院起诉了，但一些律师就想方设法说其中一种情形或者两种情形都不构成假冒注册商标罪。其实，上述两种情形虽然有别，但就构成假冒注册商标罪来说是没有疑问的。有的律师可能是以行为人销售的产品是否达到质量标准，替代了是否假冒注册商标的认定。比如，有律师认为，后一种情形的最核心部件就是美国产品，其他部件都没有重要意义，整体产品达到了美国产品的质量标准，所以不构成假冒注册商标罪。可是，假冒注册商标罪保护的不是产品质量，而是他人的商标权。不是说，只有销售不合格产品的才成立假冒注册商标罪。这完全是两回事。由于实践中假冒注册商标一般表现为在自己的低质产品上假冒优质产品的商标，所以，一些人就将销售伪劣产品与假冒注册商标相混淆了。

学生：我见过这样的案件：甲是天津比亚迪汽车销售人员，收入主要取决于销售额。为了增加汽车销售额，甲找到乙，让乙将自己销售的比亚迪汽车改装成丰田雷克萨斯。乙明知甲改装汽车后会销售，仍提供了丰田汽车的标志，并改装了 3 辆比亚迪汽车。甲将改装后的两辆车按照比亚迪车的价格卖给了 A、B 二人，A、B 也知道汽车的改装事实；剩下的另一辆汽车仍放在展厅出售。

学生：甲将改装后的车按照比亚迪车的价格销售，买受人也知道自己买的并不是雷克萨斯，那么甲的行为就不构成诈骗罪。甲将丰田雷克萨斯的标志安装到比亚迪车上，这个行为可以成立假冒注册商标罪。

张明楷：甲的行为触犯了《刑法》第213条和第214条，成立假冒注册商标罪和销售假冒注册商标的商品罪，我国通说认为两罪是吸收犯，只按照一重罪定罪量刑就可以了。

侵犯商业秘密罪

被告人甲是A公司的一名业务骨干，其基于职务行为研发了一种产品，其中含有商业秘密。但是A公司需要依靠别的公司来生产出包含商业秘密的产品，然后再利用该产品进行后续经营行为。A公司与B公司签了一个合同，约定B公司按照A公司的商业秘密生产产品，产品给A公司使用。双方约定商业秘密的所有权归B公司，使用权归A公司。该合同由甲代表A公司负责签订。甲离职后，又成立了C公司，C公司中还包括A公司原来的一些员工。当然，他们离职后并未从A公司带走任何商业秘密，只是让B公司给自己（C公司）生产前述产品，然后使用该产品进行后续营利活动。

张明楷：甲的行为是否构成侵犯商业秘密罪？

学生：A公司享有专属使用权吗？B公司有没有权把这个产品给别人使用？

张明楷：合同没有约定。合同约定B公司不能把商业秘密提供给他人，但没有约定产品。

学生：产品能不能评价为商业秘密？

张明楷：产品是利用商业秘密制造出来的。如果B公司只能在为A公司制造这个产品的前提下来"使用"商业秘密并制造产品，那么，B公司为C公司制造这个产品的过程中，也就使用了这个商业秘密，这样就构成侵犯商业秘密罪。简言之，只要B公司没有权使用该商业秘密，他就有可能构成侵犯商业秘密罪，随后要看谁是正犯了。

学生：B公司是正犯，C公司（或甲）是教唆犯或帮助犯。

张明楷：如果构成，你的结论是对的。

学生：前两天有人跟我讲了一个案件。甲公司在南方帮苹果这样的公司生产手机屏幕等部件，帮助苹果公司加工产品。他们给苹果公司做加工的时候，苹果公司与他们每一单签订一个保密协议。如果这个屏幕的商业秘密泄露出去，甲公司要向苹果公司赔偿多少美元，而且苹果公司不再与甲公司合作。但是，这个商业秘密很容易被泄露出去。因为在安检的时候，工人拿一块玻璃出去，安检是检测不到的。但是，这个屏幕的商业秘密一旦泄露出去，甲公司就再也不能帮苹果公司加工产品，而且要赔偿巨额损失。比如，张三将屏幕的商业秘密泄露出去了，导致甲公司遭受重大损失。但是，报案时，公安机关不立案，理由说，甲公司不是商业秘密的权利人。

张明楷：难道不知道权利义务具有相对性吗？

学生：甲公司没有权利啊。

张明楷：什么没有权利？苹果公司将商业秘密交给甲公司的时候，甲公司相对于苹果公司是义务人，但相对于其员工以及其他人员而言，甲公司就是权利人，其他人就不能侵害其商业秘密。

学生：但是，甲公司没有从这个商业秘密里面获得什么利益。

张明楷：甲公司怎么不获得利益，甲公司得知这个商业秘密是用于什么的？

学生：是用来加工的，但没有给甲公司带来什么经济利益。

张明楷：一方面，甲公司利用商业秘密加工屏幕，本身就能获得经济利益；另一方面，如果泄露出去，甲公司要赔偿巨额损失。怎么能说商业秘密没有给甲公司带来经济利益呢？

学生：公安机关说，甲公司不是权利人，因为苹果公司没有将商业秘密转移给甲公司。

张明楷：甲公司帮助苹果公司加工产品时，甲公司就知悉了这个商业秘密，同时他们就有了保密义务。但是，商业秘密的权利人不同于商业秘密的所有人，商业秘密的使用人也可能是权利人。甲有权要求其员工以及其他人不得泄露该商业秘密，将甲公司认定为商业秘密的权利人，没有任何障碍。

串通投标罪

甲公司想获得一个建筑工程，自己就去投标，同时，甲公司又找了乙丙丁公司，但乙丙丁公司不想投标。甲公司就说，你们去投标，中标之后把工程转包给我们，我们承包就可以。投标时需要交 100 万的保证金，甲公司帮这三个公司交了保险金。乙丙丁三个公司自己写标书，他们之间没有串通，甲公司也没有跟乙丙丁公司串通。乙公司中标之后就按照约定，把工程转包给甲公司。

张明楷：据说，司法机关要以串通投标罪追究相关人员的刑事责任。但是，我完全看不出来他们串通投标了。难道，甲公司与乙丙丁公司在投标问题上串通了，就是串通投标吗？司法机关工作人员完全不看看招投标法上的串通投标是什么意思。

学生：他们实际上是串通转包，而不是串通投标。司法机关怎么会追究相关人员的刑事责任呢？

张明楷：四家公司设计的标书都不一样，各写各的标书，各报各的价，怎么可能叫串通投标呢？何况《刑法》条文写得清清楚楚："投标人相互串通投标报价，损害招标人或者其他投标人利益，情节严重的"，才构成串通投标罪。这四个公司没有串通报价，而是各报各的价。

学生： 而且，还有其他公司投标吧。

张明楷： 不管有没有其他公司投标，即使只有这四家公司投标，他们也没有就投标的报价进行串通。

学生： 串通投标罪的成立以损害招标人或者其他投标人的利益为条件，本案也不符合这一要件。

张明楷： 我觉得司法人员可能就是按罪名来理解罪名，而不是按法条规定来理解罪名。因为罪名是串通投标罪，而不是串通投标报价罪，所以，他们就认为甲公司与乙丙丁公司串通投标了，构成串通投标罪。而且，在我看来，即使甲公司与乙丙丁公司串通投标报价，也不构成串通投标罪，因为表面上是四个公司投标，但实际上是一个公司投标，所以，这四个公司不管谁中标，都是由甲公司承建。既然如此，就不会损害招标人的利益，因而不可能成立犯罪。

学生： 串通投标罪在什么情况下损害招标人的利益，在什么情况下损害其他投标人的利益？

张明楷： 这个很好理解。例如，一共只有四个公司投标，他们串通报价，导致报价提高的，就损害了招标人的利益。如果只有一部分投标人串通报价，就可能导致其他投标人受到损失。比如，原本其他投标人可以中标的，但由于一部分投标人串通报价，导致其他投标人未能中标。

学生：串通投标不要求所有投标的都串通吧？

张明楷：肯定不需要。只要有两家投标人串通投标报价，并符合结果要件的，就成立本罪。

学生：串通投标报价，是指将报价抬高还是压低？

张明楷：这个对成立串通投标罪没有影响，只是抬高与压低可能损害的是不同法益主体的利益。

学生：老师，串通投票罪中的造成损失与情节严重是什么关系？是择一关系还是两个并列的要件？

张明楷：当然是两个并列的要件，怎么可能是择一关系呢？

学生：那么，情节严重是指什么情节严重呢？

张明楷：不要求所有的情节都严重，按照立案标准，比如结果严重的，或者行为所造成的损害不严重但其他情节严重的，也可能成立本罪。但前提是，行为必须给招标人或者其他投标人的利益造成了损害。

学生：能不能说，本条中的情节严重，就是指给招标人或者其他投标人的利益造成的损害严重呢？

张明楷：从法条表述来看，这样理解也是有可能的。但是，如果是这样的话，法条一般会表述为"严重损害招标人或者其他投标人的利益的"，但现在的法条不是这样表述的。可能还是要理解为，前提是损害了招标人或者其他投标人的利益，并且具备情节严重的要件，情节严重不仅包括结果严重，还包括其他客观方面的情节严重。

学生：立案标准是这样规定的："投标人相互串通投标报价，或者投标人与招标人串通投标，涉嫌下列情形之一的，应予立案追诉：（一）损害招标人、投标人或者国家、集体、公民的合法利益，造成直接经济损失数额在50万元以上的；（二）违法所得数额在10万元以上的；（三）中标项目金额在200万元以上的；（四）采取威胁、欺骗或者贿赂等非法手段的；（五）虽未达到上述数额标准，但两年内因串通投标，受过行政处罚2次以上，又串通投标的；（六）其他情节严重的情形。"这显然不是仅指损害结果严重。

学生：从总体表述来看，立案标准好像没有将损害招标人或者其他投标人的利益，作为必须具备的要件，只是当作了选择性要件。

张明楷：如果是这样的话，立案标准就是有问题的。因为从法条表述来看，"损害招标人或者其他投标人利益"与"情节严重"完全是并列关系。如果不是并列关系，法条就会表述为"投标人相互串通投标报价，损害招标人或者其他投标人利益的，或者有其他严重情节的"。

学生：感觉立案标准只是将损失50万元作为情节严重的一种情形，其他情形都没有要求损失结果。

张明楷：立案标准的规定有疑问。立案标准的第（二）（三）（四）项都没有把损害招标人或者其他投标人利益作为一个必须具备的条件。比如第（四）项，采取威胁、欺骗或者贿赂等非法手段的行为，如果没有损害招标人或者其他投标人利益的话，按照法条规定是不能定罪的。

学生：第（五）项说"虽未达到上述数额标准，但两年内因串通投标，受过行政处罚2次以上，又串通投标的"。

张明楷：这项规定更不合适，这样的规定实际上将成立犯罪后才需要考虑的预防必要性大小的要素当作犯罪成立要素，明显是错误的。

学生：但是，这样的规定还越来越多。

张明楷：这是完全没有区分违法与责任，也不区分犯罪成立条件与影响预防刑的情节的表现。

学生：尽管如此，司法机关都是按立案标准或者司法解释来办案的。

张明楷：虽然我不赞成，但可以讨论的是，会不会有人认为，串通投标中的"损害招标人或者其他投标人利益"不是结果要件，而是主观目的？

学生：从表述顺序来看，不应该是指目的。

张明楷：况且，串通投标的行为人会说，我的目的怎么会是损害你的利益呢？我的目的就是中标或者为了自己获利。看来，将"损害招标人或者其他投标人利益"理解为目的是行不通的，那么，能不能理解为对串通投标报价的限定呢？就是说，串通投标报价，是指"损害招标人或者其他投标人利益"的投标报价？

学生：只要是串通投标报价的，就会"损害招标人或者其他投标人利益"，不需要有什么限定。

张明楷：这么说，"损害招标人或者其他投标人利益"只是串通投标报价的同位语吗？

学生：也不能这么认为吧。

张明楷：为什么？

学生：即使说限定，也只是定语而不是同位语，但从法条的表述来看，"损害招标人或者其他投标人利益"不可能是串通投标报价的定语。

张明楷：看来，只能将"损害招标人或者其他投标人利益"理解为结果要件。所以，即使具有其他严重情节，也要求有一定的损害结果。一般来说，对招标人的损害结果可能是比较好确定的，比如，因为串通投标报价，导致招标人多支付了多少工程款。那么，对其他投标人的损害是如何确定的呢？还有其他方面的利益损害吗？

学生：招标人的损害有的时候表现为，由于串通导致流标，项目找不到人做，或者找不到合适的人做，这样也会造成损害。因为建设单位要招标，就想要以最合适的价格招到最好的服务。

张明楷："利益"是一个外延很宽的概念，按理说不限于财产性利益，也包括其他方面的利益。

第十堂
侵犯公民人身权利、民主权利罪

故意杀人罪

案例一

甲和前妻乙离婚以后，一直愤愤不平，认为全都是由于前妻出轨才导致婚姻破裂。某日，甲来到前妻住处，拿刀逼着乙去找所谓的奸夫。二人来到一个小卖店，乙随便指了一名54岁的丙，于是甲认为丙是奸夫，冲上去用刀猛刺丙，丙在被送往医院的途中身亡。乙在甲冲上去刺丙的时候趁机逃跑。

张明楷：甲成立故意杀人罪是没有问题的，乙是故意杀人的帮助犯吗？

学生：如果被害人的确定主要取决于乙的话，就应该考虑乙的行为是否成立故意杀人罪的间接正犯。这和罗克辛教授教科书中的经典案例很类似：行为人知道树林里埋伏了杀手，就骗被害人到树林里去，被害人被事先埋伏好的杀手杀死。在这两个案例中，被害人是否死亡，完全取决于行为人，所以可以认为行为人支配了被害人的死亡，行为人是间接正犯。

张明楷：根据罗克辛教授的犯罪计划理论，在你刚刚说的这个案例中，行为人完全破坏了杀手的杀人计划，被害人死亡是不符合行为人的杀人计划的。所以，行为人是故意杀人罪的间接正犯。当然，学界还是有人认为罗克辛教授所举的这个案件中，行为人的行为仅构成帮助犯或者共同正犯。我觉得这个问题和事实认识错误中的法定符合说、具体符合说还是有点关系的。按照法定符合说，杀手杀死的都是人，没有必要讨论杀死的具体是哪个人，于是，行为人只是帮助犯，杀手是正犯；根据具体符合说，杀手杀死的被害人不是他想杀死的那个人，杀手的犯罪计划并没有实现，对最终杀死的被害人而言，行为人支配了他的死亡，行为人是间接正犯，杀手是直接正犯，这就是所谓的直接正犯后的间接正犯或者说正犯后的正犯。我觉得罗克辛教授的观点过分强调杀手本身的犯罪计划，行为人虽然确实支配了这个杀手杀死谁，但他并没有支配杀人这个犯罪事实本身，也就是说，从构成要件保护的生命法益这个层面来说，行为人并没有支配这样一个犯罪事实。所以，在你说的这个案件中，我还是认为行为人的行为构成故意杀人罪的帮助犯好一些。

学生：采取具体符合说，容易认定行为人是间接正犯。因为行为人利用了直接正犯的不知情，在此意义上成立间接正犯。

张明楷：但是按照法定符合说，直接正犯对自己正在杀人是知情的，既然知道自己在杀人，就应当产生反对动机，但是他并没有产生。在此意义上说，直接正犯的不知情在法律上并没有什么意义。如果说按照法定符合说，我们讨论的这个案件中的妻子，是从犯（帮助犯）还是胁从犯？

学生：从案件事实来看，乙完全可能被认定为胁从犯。甲用刀逼迫乙，让乙去找所谓的奸夫，如果乙不去，甲完全可能杀死乙，乙只能去找，不能抗拒，只不过具体找谁取决于乙的指认而已。

张明楷：如果是这样的话，可不可以认为乙缺乏期待可能性或者说丧失了意志自由因而无罪呢？

学生：如果乙为了自救，只能去找所谓奸夫而不能抗拒，就说明乙没有期待可能性，也就没有责任，乙的行为不构成犯罪。我在检察院工作时，曾经遇到过一个类似的案件：行为人从外地打工回乡后，听说他妻子和其他男人有染，就让他妻子说是谁，他妻子没有说真正的奸夫，而是说了别人。后来，行为人找到了他妻子说的那个人后将其杀死。

张明楷：案情相似，但区别很大。在你说的这个案件中，行为人的妻子不知道行为人要去杀奸夫，行为人也没有用刀逼迫他妻子说什么；妻子的行为在客观上虽然起到了帮助杀人的作用，但并没有故意与过失，所以，不能认定为故意杀人罪与过失致人死亡罪。我们讨论的案件是甲拿着刀逼着妻子一起找奸夫。妻子是否成立杀人罪的帮助犯或者胁从犯，与妻子事实上有没有奸夫有关系吗？

学生：您的意思是什么？

张明楷：能不能说，如果妻子有奸夫，就不能随便将其他人说成奸夫；如果妻子没有奸夫，丈夫逼着她说，她只能编一个奸夫出来。于是，二者的期待可能性不同吗？

学生：好像没有直接关系，最主要的是丈夫用什么样的方式逼着妻子说出奸夫。

张明楷：我认为在我们讨论的这个案件中，如果乙没有期待可能性，就是说，如果不说出奸夫自己就会被杀害，那么，就不能把乙的行为认定为犯罪。即使认为乙认识到了甲可能杀害无辜者或者说乙有故意，也缺乏期待可能性。这一点，与乙指认的人是不是奸夫其实是没有关系的，因为即使是奸夫，甲杀死他也是故意杀人罪，而不可能是正当防卫。所以，不管乙有没有奸夫，以及乙是指认真正的奸夫还是指认假奸夫，并不重要。关键是，在甲要杀奸夫的情况下，乙能不能拒绝说出奸夫是谁。如果能拒绝就是有期待可能性，如果不能拒绝就是没有期待可能性。这与其他案件是一样的。例如，A 要杀 B，就拿着刀逼迫 C 说出 B 的藏身处，否则就杀害 C，C 说出 B 的藏身处后，A 杀害了 B。虽然 C 的行为客观上帮助 A 杀害了 B，但 C 没有期待可能性。当然，我们讨论的这个案件，还是要看乙是不是真的没有期待可能性，就是说，如果乙不说出奸夫，甲是否会杀害乙或者造成其他严重恶害。这需要根据案件事实具体判断。

案例二

甲得知妻子有外遇后想自杀，站在阳台犹豫要不要跳楼，下面围观群众甚多。出租车司机乙载客路过无法通行，乙下车到楼下，朝着站在阳台上的甲喊了一声"要跳你就快点跳啊！"话音一落，甲跳楼身亡。

张明楷：你们觉得甲的行为是自杀吗？乙是否需要负刑事责任？

学生：在这个案件中，乙的话对甲刺激很大，甲很难理性判断是否要自杀，所以我不认为甲的行为是自杀。这样的情形在德国不可能认定为自杀。

张明楷：如果甲的行为不是自杀，那乙的行为成立故意杀人罪吗？

学生：也不一定是故意杀人，根据案情，我觉得认定为过失致人死亡罪更合适。乙当时没有认识到甲真会跳。

张明楷：甲当时看到下面站了那么多人，心情非常复杂、脆弱，很难认为他在乙喊话时是保持理智的。根据我的观点，乙喊的那句话在客观上确实促成了甲的跳楼，接下来要再看乙是否具有故意、过失。乙是出租车司机，他揽客路过被堵在那里，他与甲往日无冤近日无仇，赶路心切，下车朝着甲喊了句话。乙并不了解甲，不了解事情的经过，也不能说乙已经认识到自己的一句话会让甲跳下来，所以不能肯定乙具有杀人故意。但是，能说他那一句话就构成过失致人死亡罪吗？

学生：过失致人死亡罪的行为没有任何限度，一句话也可能构成。

张明楷： 在德国的司法实践中可能是这样的，但在中国未必能这么说。过失致人死亡罪也必须有实行行为，我很难接受乙的这句话就是过失致人死亡罪的实行行为的结论。

学生： 如果在法庭上，律师还完全可以这样问：凭什么证明是因为乙的这句话甲才跳楼？二者之间的因果关系不明确。

张明楷： 确实。在这种案件中，证明因果关系是相当困难甚至不可能的，因为甲已经死亡了，除了时间上的紧密性之外，没有其他任何证据能够证明乙的那句话就是甲跳楼的原因。

学生： 如果是这样的话，乙的行为就不成立任何犯罪了。

张明楷： 在这个问题上，还有许多问题需要研究。比如，德国不处罚教唆、帮助自杀行为，但是，他们所说的自杀范围是相当窄的，必须是自杀者理性地决定的自杀。另一方面，他们认定的过失致人死亡罪的范围又是比较宽的，于是，过失地引起他人非理性地"自杀"的（严格地说，在德国不叫自杀），就会成立过失致人死亡罪。但是，在我们国家，很难这样处理案件。一方面，我们说的自杀原本就比德国宽，非理性的自杀都包含在内。另一方面，我们的过失致人死亡罪的认定范围相对窄一些。于是，对于过失引起他人非理性地自杀的行为，在我们国家究竟应当如何处理，就存在疑问。我还是倾向于将自杀的范围理解得宽一点，同时将教唆、帮助自杀的行为当作犯罪处理。在我们国家，我们所讨论的这个案件，一般人都会认为，乙是帮助他人自杀，因为乙确实促进了甲跳楼。只是如何说明教唆、帮助他人自杀的行为成立犯罪，这是你们都知道的争论问题，我们就不讨论了。换句话说，对于引起或者促进他人自杀的，尤其是引起或者促进他人不理性地自杀的，究竟选择哪一条处理路径，很值得讨论。例如，如果说自杀仅限于理性的自杀，那么，当行为人的行为引起他人非理性的自杀时，能够直接认定行为人实施了杀人的实行行为吗？或者能认定行为人成立杀人罪的间接正犯吗？恐怕我们国家的一般人都难以接受这种说法。冯军教授一直主张教唆、帮助自杀不成立犯罪，有一天我举了一个例子，他说要认定为杀人罪的间接正犯。

学生：什么例子？

张明楷：是我编的例子：15 岁的女孩中考没有考好，没有考上好高中，就在阳台上哭。她后妈说：你不用哭，哭也没有用；考不上好高中，就考不上大学，这一辈子都过不好，活着有什么意思呢？不如跳楼算了。于是，女孩就跳下去了。我问冯军教授怎么办？他没有立即说被害人自我答责，而是过了一会后说后妈成立故意杀人罪的间接正犯。但我认为，女孩后妈的行为并不符合间接正犯的成立条件，后妈既没有进行强制，也没有实施欺骗，女孩也能理解跳楼的意义。我觉得这是典型的教唆自杀。

学生：应当是教唆自杀。

张明楷：没有面对具体案件时，说教唆、帮助自杀无罪是很轻松的，但面对具体案件时，说无罪就可能比较困难。所以，我还是觉得要论证教唆、帮助自杀成立犯罪，当然，我们又不能违反罪刑法定原则。总的来说，在这个问题上很难照搬德国的处理办法。

过失致人死亡罪

甲乙是合同制协警，丙丁是无业人员。当地的派出所对于抓获吸毒人员有"返利"的规定。于是，甲乙将丙丁叫来，让他们协助抓获吸毒人员并罚款。一天，甲乙给派出所所长打电话说抓了一个吸毒人员，问如何处理。所长说可以罚款5000元。按照规定，协警不能单独执法，但实际上会单独执法。甲乙两人商量之后，决定罚款1万元，上交5000元、私分5000元。随后，丙丁提议继续搜寻其他吸毒人员。丙丁发现街头上有人骑着一辆摩托车且载着两个人，初步判断这三人是吸毒人员，并给甲乙汇报。甲说可以去追，让丙丁注意安全。丙丁骑摩托车追逐该三人。该三人在逃跑过程中发生交通事故，丙丁看到该三人发生交通事故之后，并未停车救助，甲乙也没有救助。之后，甲打电话让他人到现场，得知是两死一重伤。

张明楷：死者确实是吸毒人员吗？

学生：尸检的结果证实骑摩托车的死者是吸毒人员。这个案件的特殊之处是，丙丁二人是无业人员，没有执法权。甲乙二人是协警，也不能单独执法。甲当时也对丙丁说要注意安全，不要出事。

张明楷：追的时候只是丙丁在现场吗？甲乙在干什么？

学生：丙丁骑摩托车进行追赶，甲乙进行拦截，但是没有拦住。

张明楷：甲乙没拦住，最后也参与追赶了吗？

学生：甲乙供述说，看到当时丙丁追赶很危险，想追上去让他们不要再追了。

张明楷：在德国，允许警察这样追赶嫌疑人吗？

学生：德国法院似乎没有判过这样的案件。

张明楷：被害人知道是谁在追赶他们吗？

学生：驾驶摩托车的人已经死亡了，受重伤的人没有说什么。有一个细节，就是后面追赶的人曾用到催泪弹，但事后并未检验出催泪弹的成分。

张明楷：前面多罚款 5000 元的行为应该能定罪吧，你们是主张定贪污还是敲诈勒索，或者别的什么罪？

学生：我感觉是敲诈勒索。本来是罚款 5000 元，但是他们对吸毒人员说罚款 1 万元。

张明楷：这是敲诈勒索还是诈骗？

学生：敲诈勒索吧，被害人产生了恐惧心理。

张明楷：被害人有什么恐惧心理？甲乙说了如果不给 1 万元

就怎么样吗？

学生：被害人以为不交 1 万元就走不了啊。有时警察还会说，如果不交罚款，后果肯定更严重。比如，不交罚款就要强制戒毒。

张明楷：我是问甲乙究竟怎么说的，究竟说了不交 1 万元罚款就要强制戒毒之类的话没有？还是只说按法律规定罚款的 1 万元？

学生：没有说如果不交罚款就怎么样怎么样。

张明楷：没有说的话，怎么能认定甲乙有敲诈勒索行为呢？难道警察一开口要钱都肯定是敲诈勒索吗？

学生：一般人都怕警察，所以一般就认定为敲诈勒索。

张明楷：如果警察说按照法律规定需要罚款 1 万元，不就是一个诈骗吗？

学生：应当是诈骗。

张明楷：在类似案件中，不能简单地说被害人产生了恐惧心理，警察的行为就成敲诈勒索罪，还是要分析警察说了什么、做了什么。

学生：甲乙虽然是协警，但仍然是国家机关工作人员，能不能说是贪污呢？

张明楷：贪污谁的财物？

学生：多罚的 5000 元原本应当上交的，但甲乙没有上交，所以，贪污的是公共财物。

张明楷：不能这么说吧。不能说只要行为主体是国家工作人员，其不法取得的财产就都是公共财产。以前讨论过这样的案件，一个警察看到停在马路边上的一辆面包车没有牌照，司机还在驾驶室里坐着，警察走过去就想问一问为什么没有牌照。但司机一看警察来了，就立即跑掉了。警察心里想这辆车肯定是偷来的，就自己开回家了。事后查明，这辆车确实是那位司机偷来的。很多人说这个警察是贪污罪，但我认为这个警察的行为根本不成立贪污罪。不能因为行为人是一个警察，这辆车就成了公共财物。

学生：这个案件中的警察成立诈骗罪吧？

张明楷：怎么可能定诈骗罪？警察根本就没有实施诈骗行为。他是在司机跑了之后，估计面包车是盗窃的，于是将面包车据为己有。

学生：是侵占罪吧？

张明楷：如果是侵占罪的话，侵占的是谁的财物呢？

学生：是原失主即真正的车主的财物。

张明楷：对，如果说是侵占的话，只能说侵占的是原车主的财物，因为原车主对车辆享有所有权，而逃走的司机是没有所有权的。

学生：那么警察侵占的就是原车主的遗忘物了。

张明楷：如果说是侵占罪，就只能这么解释了。

学生：能不能说警察是违背占有人的意志，将面包车由司机占有转移给自己占有，因而构成盗窃罪呢？

张明楷：我也想问这个问题。司机跑了之后，警察立即将面包车开回家了。问题是，司机跑了之后，他就立即丧失了对面包车的占有吗？还是说，司机就放弃了对面包车的占有？

学生：估计在这种情况下，司机放弃了面包车的占有。

张明楷：如果是这样的话，警察当然就不成立盗窃罪。但是，面包车不是一件小东西，如果不能认定司机放弃了占有，司机对面包车还是占有着的。如果是这样的话，警察还是可能成立盗窃罪的。

学生：警察的行为还可能成立掩饰、隐瞒犯罪所得罪。

张明楷：针对偷车的司机来说，警察的行为也有可能成立掩饰、隐瞒犯罪所得罪。但是相对于警察的职权来说，警察也可能触犯徇私枉法罪，即为了自己的利益，对于明知是有罪的人而故意不追诉。于是，警察的行为同时触犯好几个罪名，但它们之间只能认定为想象竞合。我们回过头来讨论前面的案件，甲乙多罚款5000元时，就是为了自己私分而多罚的，不能成立贪污罪，只能视情节认定为敲诈勒索罪或者诈骗罪。

学生：对于多罚款的行为，国内很多案件都以滥用职权罪论处。

张明楷：造成了5000元财产损失的行为，不可能符合滥用职权罪的结果要件吧。另外，即使数额很大，符合了滥用职权罪的结果要件，但如果国家机关工作人员的行为符合财产罪的构成要件，还是要肯定财产罪的成立。不能动不动就将侵害个人法益的犯罪按照侵害公法益的犯罪处罚。这样做，不利于保护公民个人法益，也不利于保障被害人在刑事诉讼过程中的权利。

学生：后面追赶被害人，导致被害人死亡的行为，倒是可能触犯滥用职权罪。

张明楷：但是，追赶人丙和丁是无业人员，不是国家机关工作人员。能说甲乙是滥用职权罪的间接正犯吗？

学生：这样说也有问题。

张明楷：首先还是要讨论，被害人的伤亡应当归属于哪些人的行为。

学生：丙丁追赶被害人，导致被害人伤亡的，还是可以将伤亡结果归属于丙丁的追赶行为的。又由于丙丁的追赶行为是甲乙唆使的，所以，伤亡结果也要归属于甲乙的行为。

张明楷：在我们国家，类似于这样利用交通工具追赶他人导致他人伤亡的行为，都是肯定结果归属的吧。行为人拼命追赶被害人时，被害人都不知道行为人是出于什么原因进行追赶，有时候还以为是遇到抢劫的了。不仅内心紧张，而且速度必然很快。就是说，被害人迅速逃离是很正常的，而非异常。

学生：能不能定交通肇事罪的间接正犯？

张明楷：为什么要定交通肇事罪的间接正犯呢？

学生：这个伤亡结果是行为人直接造成的吧。

张明楷：这种情形没有必要当作间接正犯处理吧，如果说可以进行结果归属，追赶行为本身就是导致伤亡结果发生的实行行为。如果肯定了结果归属，是不是仅认定为过失致人死亡罪就可以了？即使认定为交通肇事罪，也是直接正犯，而不是间接正犯。

学生：按理说行为人对死伤结果是没有故意的。

张明楷：这样的案件如果发生在德国，一般也会认定为过失致人死亡吧？

学生：在德国，要考察被害人的逃跑是否是一个异常的行为。

张明楷：是啊。这个案件中被害人的逃跑是很正常的，因为他不知道后面是什么人在拼命追赶他们。在日本也一样，根据前田雅英教授的观点，这个案件介入了被害人的行为，但是被害人的行为也没有任何异常性。所以，被害人的伤亡结果要归属于行为人的追赶行为。

学生：被害人跑得太快了。

张明楷：为什么跑得太快呢？不就是因为行为人追得太快吗？所以，不能认为被害人的行为异常。所以，我觉得认定为过失致人死亡罪还是比较合适的。

故意伤害罪

案例一

2013 年 5 月 11 日 23 时许，嫌疑人甲乙同被害人 A 因琐事起冲突，甲殴打被害人 A 的眼部，致 A 右眼受伤（经鉴定为轻微伤）。乙先行离开，甲同被害人 A 在现场（某楼上）就此事进行协商处理，但未达成一致意见。后 A 打电话给其弟弟，在场的另一嫌疑人丙听到被害人 A 打电话，在未与甲商量的情况下即拨打乙的电话让其叫人过来，乙遂纠集一伙人到楼下等候，A 下楼后右后腰背部被乙纠集的人员打伤。其间，甲予以劝阻。

张明楷：乙等人以及丙的行为构成故意伤害罪是没有问题的，当然，是否需要对多人提起公诉是另一回事。现在要讨论的是，甲的行为是否构成故意伤害罪？

学生：丙给乙打电话让乙叫人来的事情，甲知道吗？

张明楷：不知道啊，案例交待得很清楚。

学生：如果是这样的话，甲就仅对前面的轻微伤负责，对乙等人后面造成的轻伤不承担刑事责任。

学生：在我们司法实践中，总是有人会说，案件因甲而起，被害人 A 身上的轻微伤也是甲的行为所导致，被害人 A 所受的轻伤，虽然是在甲不知情的情况下由乙纠集的人员造成的，但乙与甲是同案犯，如果不追究甲的刑事责任，一般人难以接受，所以，应当认定甲的行为成立故意伤害罪。

张明楷：你这个说法完全不是学刑法的人讲出来的。

学生：老师，这不是我的观点，是我在司法实践中经常听到类似的说法。

张明楷：听到类似的说法你会怎么说？

学生：我当然不赞成这种说法。

张明楷：上面的说法没有一句是经得起推敲的。第一，"案件因甲而起"，与 A 后来所受的轻伤这一结果之间充其量只有条件关系，但不能因案件由甲而起，就认为后面的伤害结果应当归属于甲与 A 的冲突。在有些伤害案件中，案件可能因被害人而起，能说被害人也是故意伤害罪的共犯吗？显然不能。"案件因谁而起"，在大多数场合并不能决定谁的行为是否构成犯罪，只是在构成犯罪前提下，对量刑可能有产生影响。第二，"被害人 A 身上的轻微伤也是甲的行为所导致"，这句话，只是说明甲要对轻微伤负责，但在我们国家，对造成轻微伤的行为都没有以故意伤害罪论处。我们所讨论的，也不是对甲造成的轻微伤能否以故意伤害罪论处，而是讨论甲对后来乙等造成的轻伤是否承担责任。第三，"被害人 A 所受的轻伤，虽然是在甲不知情的情况下由乙纠集的人员造成的，但乙与甲是同案犯"，这句话既自相矛盾，又明显错误。一方面，既然甲不知道乙纠集人员来伤害被害人 A，更没有指使乙等人来伤害 A，首先就可以说明，甲的行为与伤害结果之间没有心理的因果性。另一方面，乙在伤害的过程中，甲还实施了劝阻行为，而没有实施任何伤害行为，因而可以说明甲的行为与伤害结果之间没有物理的因果性。即使退一步说，甲有义务阻止乙的行为，甲事实上也履行了义务。况且，在本案中，不能认为甲具有阻止乙实施伤害行为的义务。因为甲没有任何义务来源。既然如此，凭什么说乙与甲是同案犯呢？这个同案犯是什么意思？是刑事诉讼法意义上的同案犯吗？显然不是。甲没有与乙共同实施伤害行为，不成立故意伤害罪的共犯，怎么就成了为同案犯呢？第四，"如果不追究甲的刑事责任，一般人难以接受"，这句话的根据是什么？不一定有根据吧。即使作过了调查，但在此问题上也不能因为一般人难以接受，就追究甲的刑事责任。是否追究甲的刑事责任，不是取决于一般人是否要求追究，而是取决于甲的行为是否符合故意伤害罪的成立条件，是否符合共犯的成立条件。在不符合的情况下，无论如何也不能以故意伤害罪论处。

学生：现在很多学者主张刑法的解释与适用要讲常识、常情、常理，一些司法人员可能只按常识、常情、常理分析案件。

张明楷：问题是，常识、常情、常理是什么？我也完全可以说，主张追究甲的刑事责任的观点，是违背常识、常情、常理的。不能认为自己的想法就是常识、常情、常理，也不能认为，任何一个老百姓讲出来的话就是常识、常情、常理。有的人实际上把自己的观点当作常识、常情、常理，认为凡是反对他的观点都违背了常识、常情、常理。这可不行，每个人都要不断地反思自己的观点与想法，千万不要认为真理总是掌握在自己手中，也不能认为常识、常情、常理掌握在自己手中。

案例二

甲右手长有六根手指，乙觉得甲的六根手指碍眼，就乘机用刀剁掉了甲多余的一根手指。

张明楷：这是谁编出来的一个案件？想说明什么？

学生：是不是根据结果无价值论的观点，就可以认为乙的行为无罪？因为乙剁掉的是甲多余的手指，这样的行为并没有侵害甲的法益。

张明楷：怎么能这样说呢？这首先要看故意伤害罪保护的法益是什么。如果认为故意伤害罪的保护法益是身体的完整性，甲天生就是六根指头，剁掉一根就会侵害甲身体的完整性，乙的行为还是会成立故意伤害罪。如果认为故意伤害罪的保护法益是身体（如手指）的机能，乙的行为确实没有损坏甲的身体机能，因为多余的一根手指是没有什么机能的。在这个意义上，似乎没有侵害法益。但是，用刀剁掉被害人的手指，这就形成了创伤，导致流血等，这本身就是一个伤害结果吧。就是说，在这种场合，伤害不是指第六根手指没有了，而是在被害人的身体上形成了创伤，这个创伤就是伤害结果。

学生：如果没有形成创伤呢？

张明楷：你能做到吗？除非你只是剪指甲。

学生：医学上一般认为，人体中的扁桃体、阑尾这些部位对人体没用处，如果认为故意伤害罪保护的法益是身体的机能，是不是摘掉这些器官的行为就无罪呢？

张明楷：这些器官都长在人体内部，怎么可能没有任何切口、创伤就可以轻易摘除？即使认为故意伤害罪的法益是身体机能，拿掉某个器官不影响身体的机能，但是，拿掉某个器官形成了创伤时，这种创伤就形成了伤害结果。在这个意义上，仍然可能构成故意伤害罪。

学生：如果被害人同意的话，就应当不构成犯罪了。

张明楷：这是另外一个问题了，我们上面的讨论是没有被害人承诺的情形。

案例三

甲是6岁幼女乙的亲生母亲，乙出生后一直跟随祖父母生活，后因祖父母年龄大、患病，无法照料乙，乙到北京跟随自己的亲生父母生活。乙来到北京后，甲经常打骂乙，使乙体表、体内有多处外伤导致的陈旧伤。某晚，乙腹部剧痛，甲逼迫乙躺在地板上做仰卧起坐，乙无法完成动作，甲便拉着乙的双手强制乙完成动作。其间，甲听到乙头部沉重撞击地面的声音，但仍扶起推拉乙七八次，后乙昏迷，住院两日后死亡。鉴定结论是钝性外力多次作用头部致闭合性颅脑损伤死亡。

张明楷：这个案件涉及虐待罪与故意伤害罪、过失致人死亡罪的关系。

学生：甲经常打骂乙，虽然导致乙身上有多处外伤形成的陈旧伤，但并没有达到轻伤程度，所以之前的行为不构成故意伤害罪。但在乙腹部剧痛时，甲逼迫乙仰卧起坐，还拉着乙双手强制乙做，并且能够听见乙头部撞地的声音，对一个6岁患病女童来说，甲的行为在当时是可以认定为故意伤害行为的，实际上，甲的行为也导致了乙的死亡，甲听到了乙的后脑撞地的声音，正常人的后脑都很脆弱，更别说一个6岁女童的后脑，也就是说甲知道她的行为很可能伤害到乙的头部，她有伤害的故意。所以，可以将甲后面的行为认定为故意伤害致人死亡。

张明楷：公安司法机关按照过失致人死亡罪拘留，后按照虐待罪逮捕。司法机关可能认为按照虐待致人死亡处理更合适一些。

学生：虐待致人死亡的法定刑是2年以上7年以下有期徒刑，刑罚太轻了。

张明楷：甲后来这一次行为，在客观上可以说是伤害行为，关键是她主观上究竟有没有伤害的故意。如果甲认为乙做几个仰卧起坐，肚子就不会痛了，强迫乙做几个仰卧起坐，还是难以认为她有伤害故意的。

学生：关键是甲听到乙头部撞地的声音，这说明甲的动作力度是很大的。

张明楷：也不能说，甲听到头部撞地的声音，就能肯定她有伤害的故意；也可能据此认为甲只有过失。如果没有听到头撞地的声音，有人可能认为甲连过失都没有。

学生：甲强行拉着乙做仰卧起坐，在听到乙后脑沉重撞击地面的声音时，她肯定对乙有伤害的故意，所以不能按照虐待罪定罪。

张明楷：可能还需要联系其他事实具体判断，另外，如果女孩头部撞地的声音强烈，却仍然让女孩头部以相同的强度撞地做仰卧起坐，还是可以认定甲的伤害故意的。总的来说，这个案件应当这样处理：由于我们能够肯定甲后来实施的这一行为属于伤害行为，所以，如果查明甲具有伤害故意，那么，最后一次行为就是故意伤害致死，前面的行为应当构成虐待罪，是可以实行数罪并罚的。如果认为甲没有伤害故意，那么，就将后面的这一次行为当作虐待行为的一部分，整体上认定为一个虐待罪，并且认定为虐待致人死亡。

学生：后面一次行为也能评价为虐待行为吗？

张明楷：伤害行为与伤害故意，当然可以评价虐待行为与虐待故意。这是没有疑问的，也就是说，伤害行为与虐待行为不是对立关系。

案例四

被害人 31 岁，中午喝了很多酒，但看起来没有什么疾病，本人也不知道自己有心脏方面的疾病，于某日下午背着炸药雷管到大排档去敲诈勒索。大排档的管理者即被告人跟员工说，我上去把他的炸药夺过来，你们把他控制住，然后就这么做了。被告人把被害人带到大排档后面踹了几脚、打了几拳，同时也报警了，然后把被害人送到派出所。送到派出所之后，一个民警跟被告人回到大排档取其夺下来的炸药包等，还有几个民警看管被害人。被害人到派出所以后一直在胡闹，摸爬滚打，也被踢过、打过，但打得都不重。凌晨 3 点，民警发现被害人异常，送到医院抢救无效死亡。法医鉴定是外伤性心包堵塞；外伤本身很轻微，不构成轻伤。殴打、碰撞、擦划都能引发这个病，酒精对该病也有一定影响。

张明楷：检察院想认定为故意伤害致死，但律师认为被告人无罪。

学生：有老师认为，殴打特殊体质的人，可能构成寻衅滋事，不能认定为故意伤害致死罪。

张明楷：成立寻衅滋事罪当然有可能，如果是随意殴打他人情节恶劣，当然可以构成寻衅滋事罪。但是，寻衅滋事罪是扰乱公共秩序的犯罪，像这种到大排档闹事，大排档的工作人员制服闹事者，顺便打两顿的，不属于寻衅滋事吧。

学生：肯定不能说被告人的行为构成寻衅滋事罪，倒是被害人的行为可能构成寻衅滋事罪。

张明楷：认定被告人的行为构成故意伤害罪，就更有问题了。

学生：这个案件中的因果关系本身就有问题，民警也打过，为什么就认定被告人的行为是致死的原因？

张明楷：对啊。而且，被害人自己也有摸爬滚打，这也是引起发病的原因之一吧。此外，被害人的醉酒也是引发病的原因，法医鉴定说醉酒对该病也有一定影响。

学生：那是什么影响呢？

张明楷：法医不可能说得那么具体，但肯定是不良影响吧，不会是有好影响。

学生：我理解的影响是，如果被害人不喝酒时，打他不一定有事，但喝过酒后打他就可能有事了。

学生：死亡结果是多因一果。被告人打被害人肯定不是充分且必要条件，甚至是不是必要条件都不一定。

张明楷：先不说被告人有没有伤害故意，这个死亡结果就不能说是被告人的行为造成的。前一个阶段是被告人打的，后一个阶段完全发生在派出所。将死亡结果归属于被告人，显然不合适。

学生：而且，被害人在派出所待的时间远远长于在大排档闹事的时间。

学生：心包堵塞应该是比较慢的，是血液一点一点通过心脏然后沉积，最后导致死亡。

学生：被告人也肯定没有伤害的故意。外伤都没有构成伤害，被告人也不知道被害人有这个疾病，可以说被告人连过失都没有。

张明楷：如果死亡结果不能归属于被告人的行为，其实就不需要讨论故意与过失了。既然结果不能归属于被告人，被告人的行为也不能成立未遂犯，所以，即使被告人具有预见可能性，也不成立过失致人死亡罪。只有当死亡结果能够归属于被告人的行为时，才需要讨论被告人是否具有预见可能性。

学生：看来大部分同学都认为没有因果关系。

张明楷：据说法院还是认定被告人构成故意伤害致死罪，判了10年徒刑。我现在看到很多判决书上都写着偶然因果关系。我跟一些教授都感叹，我们为因果关系的认定努力了那么多年，但在司法实践中一点效果都没有。

学生：偶然因果关系在我们实践中是深入人心的。尤其是遇到多因一果案件时，检察官与法官就会说有偶然因果关系。

张明楷：我们国家刑法理论上以前讲的偶然因果关系，是两个必然的因果关系偶然碰到一块了，就形成了偶然因果关系。哲学上有必然与偶然、原因和结果等范畴，偶然因果关系的概念也是可以成立的。但是，在刑法上讲因果关系，不是一个单纯的事实因果关系，而是一个具有规范目的的因果关系，要考虑将结果归属于什么样的行为，才能起到防止这种结果的作用。而且，不能说，凡是多因一果的时候就是偶然因果关系。多因一果时，也可能要将结果归属于多个行为，这要看具体情形，不可一概而论。这么多年来，司法实践对因果关系的认定，没有明显的改观。

学生：老师，还是有点改观的。有个案子我们抗诉成功了：两个老太太起纠纷，互相辱骂并扯头发，其中一人心脏病突发死亡了，法院判了故意伤害致死，我们抗诉认定过失致人死亡，后来就改为过失致人死亡了。

张明楷：这个案件也不一定构成过失致人死亡罪，在我看来十有八九应当是无罪的案件。

学生：定过失致人死亡罪总比定故意伤害致死罪好一点。

张明楷：在对特殊体质的人实施殴打行为，导致被害人死亡的案件中，如果能够肯定因果关系与结果归属，一般最多认定为过失致人死亡罪，不要轻易认定为故意伤害致死罪。

强 奸 罪

案例一

甲男和 A 女网上聊天后发展为网恋，但二人从未见面，也没有见过对方照片。某日，甲男假扮乙男在网上找到 A，对 A 说，要是不与自己发生性关系，就会杀害甲男。A 信以为真便同意，甲以乙男的身份与 A 发生了性关系。

张明楷：这个案件中的甲的行为能否成立强奸罪？

学生：从案情来看，A 要是知道乙男就是甲的话，肯定会愿意与甲发生性关系。不好把甲的行为认定为强奸罪。

张明楷：你凭什么这么说？网恋时就肯定同意发生性关系吗？既然甲都不表明自己的身份，而是要假扮乙男，这刚好说明，如果见面后或者表明身份后，A 女不会与他发生性关系吧。否则，甲为什么这么做呢？当然，我这也是一种推论，但我想说的是，你刚才的推论不是唯一的。

学生：A 女是为了防止甲被杀害才同意发生性关系，这表明 A 女很爱甲。

张明楷：但那也只是网恋中的甲，A 女还不完全了解的甲，不可能说 A 女肯定愿意与甲发生性关系。

学生：这种在网上的威胁能够成为强奸罪中的胁迫行为吗？

张明楷：如果只有网上的威胁，女方报案后抓获行为人，我觉得只能认定为强奸罪的预备。但是，如果网上的威胁使得被害人产生了恐惧心理后，进而与其发生性关系的，当然可以成立强奸罪的既遂犯。

学生：这样从预备直接到了既遂，是不是有问题？

张明楷：这是以前经常讨论过的，没有问题。因为要认定为未遂，必须有着手；着手是具有紧迫危险的情形。单纯在网上威胁还不能说有强奸罪的着手，人都没见面，怎么就着手强奸了？但行为人基于网上的威胁与被害人见面后，要么再继续威胁，要么以前的威胁在发挥作用，在这种情况下，才有可能认定为强奸罪的着手。

学生：本案中，甲的威胁其实是假的，因为他本人就是甲，他不可能杀害甲。

张明楷：但是，不管是抢劫罪中的胁迫，还是强奸罪中的胁迫，都不要求行为人有实现胁迫内容的真实想法，只要行为人能够左右胁迫内容的实现，或者让被害人认为行为人能左右胁迫内容的实现，就可以构成胁迫，不要求行为人实现胁迫的内容。在这样的场合，虽然有欺骗行为，但由于这种行为让被害人产生了恐惧心理，所以，完全可以评价为强奸罪中的胁迫。

学生：明白了。

张明楷：我再讲一个案件：李某得知本村妇女叶某丈夫不在家，于是产生了与叶某发生关系的想法。李某于晚上 9：30 翻墙进入到叶某的家中，恰好从厕所出来的叶某发现了他，李某就抓住叶某的胳膊准备把她摁倒在地实施奸淫，叶某就大声呼救，挣脱后逃跑，而且摔倒了。李某听到叶某大声喊叫，因为害怕然后就跑了。叶某后来报案。有人说，根据我教科书的观点，李某的行为不构成强奸罪，吓我一大跳。

学生：凭什么说根据老师教科书的观点，李某的行为不构成强奸罪？

张明楷：因为我教科书上说，对于求奸不成的行为不能认定为强奸罪。对方就认为，李某属于求奸不成，所以不构成强奸罪。对方没有理解我所说的求奸是什么意思，我的意思是说，行为人想与对方通奸，但是对方不同意，行为人就放弃自己行为的，不成立强奸罪。但是，想与对方通奸是有前提的，或者说，必须是两人关系比较好或者比较暧昧的，不能说两人只要一认识，就要求发生性关系。

学生：如果行为人只是口头提出要求，不使用暴力、胁迫等手段，还可以说是求奸，李某都把人家摁倒了，怎么可能还是求奸？

张明楷：我在教科书写到求奸不成的时候，脑子里装的是这样一个案件。我们读研究生时来北京调研，张思之律师送给我们一本案例分析，其中的一个案例就是我所说的求奸不成的案例。夏天的一个傍晚，突然要下暴雨了，被告人想喊邻居妇女将外面的东西收进屋里去，但是，邻居妇女没答应。农村人家里的大门、房门都是开着的，于是，被告人就直接进到妇女家里去，一进门刚好闪电，发现妇女穿着背心和三角裤在睡觉。于是，被告人就走到了妇女的床边，脱下衣裤，然后拍这个妇女的肩膀，想拍醒之后与她发生关系。妇女被拍醒之后把灯打开，看到被告人赤身裸体坐在床边，就问"二哥，你想干什么？"被告人说："二哥馋着呢！"妇女说："你不是人，怎么说得出口。"被告人就说"二哥没出息"，穿着衣服就走了。妇女报案后，法院认定被告人构成强奸罪。

学生：被告人有没有实施暴力、胁迫行为？

张明楷：没有，拍妇女的肩膀就是想征得妇女的同意。

学生：这就是您所说的求奸不成。

张明楷：我以前也分析过，为什么法院会认定被告人的行为构成强奸罪？因为他们把被告人拍妇女肩膀的行为认定为暴力行为，然后又将强奸罪的故意简化为有奸淫目的，于是，主客观要件全部符合了。还有一个重要原因是从主观到客观，客观行为的性质由主观内容决定。由于被告人有奸淫目的，所以，其行为就当然成为强奸行为。其实，被告人没有强行奸淫的目的，只有通奸的意图。这个案件太明显了。我在教科书中所说的求奸不成就是指这种情形，而且明确指出求奸不成是指主观上意欲与妇女通奸，不具有强奸的故意等等，这种情形肯定不成立强奸罪。但是，有的人只看到了求奸不成这四个字，把求奸的范围无限扩大了。于是说，按照我的观点，上述李某的行为不构成强奸罪。我这次修改第五版时，在这个地方又多说了几句，以免引起误会。

学生：前不久看到一个案件：行为人想和一个女的发生性关系，趴在树上看这个女的，后来也被认定为强奸未遂。

张明楷：这个怎么可能成立强奸未遂呢？行为人没有着手啊！

学生：不知道法院为什么认定为未遂。

张明楷：趴在树上看，既不是暴力也不是胁迫，同样也不是所谓其他手段，认定为强奸预备都困难甚至不可能。

学生：如果说，行为人趴在树上看，是为了了解妇女在家里的生活习惯，然后决定强奸时间等，才可能说是强奸预备。单纯看几眼，不可能成立强奸预备。

张明楷：根据什么说行为人趴在树上看就是为了了解妇女在

家里的生活习惯呢？为什么不是因为妇女好看所以行为人才看？

学生：因为行为人承认有强奸的意思。

张明楷：但这个意思根本没有现实化，我觉得连强奸的预备都不应当定。否则，以后凡是多看妇女几眼的，都有可能认定为强奸预备。

案例二

一名男子下山到理发店找卖淫女，说好把女孩带到山上去发生性关系给400元钱。二人发生性关系后到半夜了，女孩不敢下山，于是二人赤身裸体睡在一个被子里。半夜男子醒了，又要发生一次性关系，女孩摸着男子的下身说"你还行吗"，男子说没问题，于是，女孩提出再给400元钱，男子说没钱，女孩便不同意，男子使用暴力手段强行和女孩发生了性关系。

张明楷：有学者认为，对这个案件中的男子不能认定为强奸罪。你们怎么看？

学生：为什么不能认定为强奸罪？

张明楷：因为女孩是自陷风险。就是说，她自己赤身裸体跟一个男子睡在一个被子里，就是使自己陷入被人强行奸淫的危险状态，不能认定男子构成强奸罪。

学生：意思是被害人自我答责。

张明楷：对。

学生：与其说被害人自我答责，还不如说男子没有期待可能性。

张明楷：这怎么能说没有期待可能性？

学生：如果说这个刚发生过性关系的男子都没有期待可能性，那些长时间的单身汉对强奸罪也都没有期待可能性了。

张明楷：既不要滥用期待可能性理论，也不要滥用被害人自我答责理论。

学生：这种行为在国外也不可能认定为被害人自我答责。在女权主义影响下，在美国，只要妇女没有明确表示同意，与之发生性关系就是强奸；即使在妇女同意发生性关系的情况下，只要妇女说停止男子就必须停止，否则就是强奸罪。

学生：这个标准也有点不合适。

张明楷：本案中，女孩明确表示反对，不能因为她是卖淫女，也不能因为她与男子赤身裸体睡在一床被子里，就否认男子的强奸行为构成犯罪。即使说被害人自我答责，充其量只能说，她对部分猥亵行为需要自我答责。例如，男子半夜醒来摸她的身体的，不可能认定为强制猥亵罪。但对于强奸行为来说，她不应当自我答责。当然，我们可以说男子的期待可能性有所减少，但不能说没有期待可能性。如果没有其他减轻处罚的事由，以强奸罪从轻处罚，判处缓刑也是完全可以被人接受的。

案例三

　　被害人是一位40多岁的女性，丈夫在外地打工，自己在家里的生活总是很不顺，很不愉快。于是，她就找算命的第一被告人周某，说自己生活不顺应当怎么办，周某说，我要跟你开一次光，这样你的生活可能就顺一点。被害人问开光是什么意思，周某说就是跟她发生性关系，被害人就同意了。但发生性关系后，生活还是不顺利，被害人又去找周某，周某说要开第二次光，于是，又发生了第二次性关系。但是，过了一段时间后被害人的生活还是不顺，就又来找周某，周某说我的功力不够，要找功力好的人跟你开光。于是，周某就向被害人介绍了第二被告人孙某，孙某双目失明，也是算命的。被害人就相信了，又和孙某发生了性关系。事后，被害人也一直没有报案，但另一位听说此事的算命人报了案。

　　张明楷：类似于这样的利用迷信与妇女发生性关系的案件并不少见，司法实践中好像一般都认定为强奸罪了。

　　学生：现在还有人信这个吗？

　　张明楷：本案的被害人就信。

　　学生：报案的人好有正义感。

张明楷：据说，开庭的时候好像还没有通知被害人去，但被害人因为事前做过笔录，知道开庭后就主动到法庭去了。被害人还质问检察官，凭什么说人家犯罪，我完全是自愿的。

学生：这样的话就不能认定为强奸罪了。

张明楷：司法机关引用的是《刑法》第 300 条的规定。这一条第 1 款规定的罪状是，"组织、利用会道门、邪教组织或者利用迷信破坏国家法律、行政法规实施的"，第 3 款规定："犯第 1 款罪又有奸淫妇女、诈骗财物等犯罪行为的，依照数罪并罚的规定处罚。"那么，第 3 款的规定是注意规定还是法律拟制呢？

学生：第 3 款的规定好像带有拟制的性质。

张明楷：也就是说，凡是组织利用会道门、邪教组织或者利用迷信奸淫妇女的，都构成强奸罪吗？

学生：一般欺骗型的奸淫妇女时，妇女并没有法益关系的错误，但利用迷信奸淫妇女就要定强奸罪了。

张明楷：那就是说强奸罪的其他方法包含这种利用迷信的方法？

学生：一般行为人利用迷信时，被害人就一定会相信，但这个承诺是无效的。

张明楷：首先是构成要件符合性的问题，要先看行为人的行为是否符合强奸罪的构成要件，如果符合了，再讨论有没有被害人承诺以及承诺是否有效的问题。

学生：可是，对于强奸罪来说，这种被害人同意就是阻却构成要件符合性了。

张明楷：但是，即使认为同意是阻却构成要件符合性，也是以行为形式上符合构成要件为前提的，否则，为什么又阻却构成要件符合性呢？例如，只有当你把我的财物拿走了，然后才判断你拿走我财物的行为是否违反我的意志，如果没有违反就阻却构成要件符合性。既然司法机关引用的是《刑法》第300条，就要讨论该条的性质。如果该条是注意规定，就要以《刑法》第236条规定的强奸罪构成要件为根据进行判断，如果该条是法律拟制，就直接根据该条的规定进行判断。

学生：第300条第3款应当是法律拟制，不管被害人同意不同意，只要行为人利用迷信奸淫了妇女，就要认定为强奸罪。

张明楷：你再仔细看看法条。法条不是说利用迷信奸淫妇女的，就构成强奸罪。法条是说，组织、利用会道门、邪教组织、利用迷信破坏法律实施罪又奸淫妇女的，才实行数罪并罚。本案的两个被告人只是算命的，他们构成组织、利用会道门、邪教组织、利用迷信破坏法律实施罪吗？

学生：不构成。

张明楷：既然不构成，对本案的两个被告人的行为就不能引用《刑法》第300条第3款吧？

学生：看来是不能引用这一条款。

张明楷：不过，我们撇开这个案件不说，还是可以先讨论《刑法》第300条第3款的规定是注意规定还是法律拟制。

学生：还是可以理解为法律拟制的，因为第 3 款使用的是"奸淫妇女"一词，而没有使用"强奸妇女"的表述。

张明楷：如果理解为注意规定会有什么问题吗？

学生：理解为注意规定的话，处罚范围就变窄了。

学生：我觉得理解为注意规定，也不会导致处罚范围变窄。

张明楷：我现在也认为理解为注意规定，不会导致处罚范围变窄。因为当被告人的行为构成组织、利用会道门、邪教组织、利用迷信破坏法律实施罪时，基本上从精神上控制了被害人，在这个情况下奸淫妇女的，完全符合强奸罪中的以其他方法强奸妇女的规定。也就是说，在这种情况下，行为人实际上是使用了精神强制方法，使被害人不知道反抗或者不敢反抗。

学生：前不久有一个邪教组织被认定为组织、利用邪教组织破坏法律实施罪，信徒大部分都是女性，教主让信徒进行"双修"。就是教主与信徒发生性关系之后，双方的功力都会提升。一些信徒与教主发生性关系，但还不承认被强奸。其实，这些信徒的内心完全被控制了。这样的情形，可以直接根据《刑法》第236 条认定为强奸罪。

张明楷：我们现在讨论的这个案件，两名被告人只是算命的，即使算是迷信，也不能适用《刑法》第 300 条第 3 款，只能直接根据《刑法》第 236 条讨论是否构成强奸罪。

学生：这种利用迷信的方法，也可以认定为使被害人不知道反抗的其他方法，能够成立强奸罪吧？

张明楷：强奸罪中的其他方法必须是强制方法，如果只是单纯的动机欺骗，妇女知道自己是在与他人发生性关系的，并不能成立强奸罪吧。

学生：利用迷信的方法只是欺骗方法。

张明楷：如果利用迷信的方法使对方产生恐惧心理的，可以评价为胁迫方法，当然能认定为强奸罪。本案的周某与孙某的迷信方法，使被害人产生了恐惧心理吗？

学生：本案的迷信方法不是胁迫行为，被害人也没有产生恐惧心理，被害人事后也好像深信不疑。

张明楷：在一般人看来，被害人是受骗了，但被害人不仅当时没有认为受骗，事后也不认为自己受骗，更不可能有什么恐惧心理。

学生：老师，在什么样的情况下，欺骗方法可以评价为强奸罪中的其他方法呢？

学生：我们以前讲的冒充妇女的丈夫与其发生性关系的，也是欺骗方法，但大家都认为构成强奸罪。

张明楷：冒充妇女的丈夫与其发生性关系，实际上是制造了一个使妇女不知道反抗的状态，可以评价为强奸罪中的其他方法。而且，这种行为不是使妇女仅产生动机错误，而是产生了法益关系的错误。也就是说，妇女以为自己在和丈夫发生性关系，但事实上并非如此。

学生：在这种情况下，感觉行为人只有一个奸淫行为没有手段行为。

张明楷：行为人在实施奸淫行为之前以及奸淫行为的同时冒充了妇女的丈夫，这本身是可以评价为其他方法的。另外，也没有必要说，强奸罪是复行为犯，在某些情况下，奸淫行为本身同时也是强制行为。例如，在妇女因为重病卧床无力反抗时，行为人的奸淫行为同时就是强制行为。

学生：台湾有这样的判例：被告人声称对被害人进行拔罐、背部推拿与淋巴排毒，在进行的过程中，被告人却将刺激性欲的药物偷偷涂抹于被害人的阴道，继而将生殖器插入被害人阴道，被害人发觉后询问干什么，被告人佯称是要使被害人放轻松，使被害人误以为在进行治疗而未加以反抗。对于这种行为肯定要认定为强奸罪。

张明楷：对这种行为之所以认定为强奸罪，不是因为行为人前面实施了什么欺骗行为，而是行为人在治疗过程中，突然实施了妇女不可能反抗的奸淫行为。这种奸淫行为同时就是强制行为。在被害人发觉时，行为人已经强奸既遂了。

学生：医师向被害人表示会以手指或者扩阴器对被害人进行内诊，却在内诊台上将生殖器插入被害人阴道。但被害人只是同意内诊，并没有同意性行为。这也要认定为强奸罪。

张明楷：这和上面的情形一样，奸淫行为同时就是强制行为。

学生：您的意思是，不要说这种情形属于利用欺骗手段强奸妇女。

张明楷：对。

学生：有没有利用欺骗手段可以构成强奸罪的？

张明楷：欺骗手段虽然与胁迫手段一样，使被害人的同意产生瑕疵，但是，刑法规定的强奸罪只限于强制手段，所以，必须将欺骗手段排除在外。至于表面上是欺骗手段，但实际上是使被害人产生恐惧心理的，则要评价为胁迫手段，不能评价为欺骗手段。

学生：许多被害妇女确实由于受骗才和对方发生性关系，但不定罪似乎不合适。

张明楷：一方面，欺骗方法本身不能评价为强制手段，另一方面，由于受骗和对方发生性关系的，被害人也没有法益关系的错误吧。如果有错误也就是动机错误，但是她知道要跟人家发生性关系是没有任何错误的。

学生：这么说，我们上面讨论的周某与孙某的行为就肯定不成立强奸罪了。但是，能不能说，周某与孙某跟妇女说的开光，实际上造成了一种胁迫呢？就是说，他们的行为导致被害人认为，如果不开光生活就不顺利。

张明楷：被害人的生活原本就不顺利，不开光的话也是不顺利，而不是说要遭受更大的恶害，所以，不能叫胁迫吧。如果是下面这样的情形，则应当认定为强奸罪。比如，被害人去算命，被告人就说，必须让我给你开光，否则，几天之后你家里会遭受灭顶之灾等等。这样的表述，才能评价为胁迫。

学生：您的意思是，不要将利用迷信本身评价为一种强奸手段，而是要看利用迷信的行为本身，是否符合强奸罪的构成要件。

张明楷：对，不要把利用迷信的手段绝对化，因为迷信方法多得很，既不能说利用迷信发生性关系都不成立犯罪，也不能说凡是利用迷信发生性关系的都成立强奸罪。就是说，你不能认为凡是利用迷信的就是属于强奸罪的其他方法。我们今天讨论的周某与孙某二人的行为，就不能认定为强奸罪。但是，司法机关有可能会认定为强奸罪。一方面，一些司法人员可能错误地适用了《刑法》第300条第3款。另一方面，也可能由于被害人不断地告发，导致司法机关将被告人的行为认定为强奸罪。此外，一般人包括被告人在内，也可能认为这种行为就是强奸罪。事实上，还有一些谈不上利用迷信的性行为，也被定了强奸罪。有些案件我觉得很奇怪。例如，被告人是私人诊所的医生。妇女得了妇科病后不好意思去医院看，就找到被告人治疗。被告人说要把一种药放到妇女的阴道里面，她的病才能好。被告人提出来，把药抹到自己的生殖器上，然后送进妇女的体内。这明摆着是那回事，但妇女就同意了。妇女回家后，丈夫问是怎么治疗的，她就告诉丈夫了。丈夫就说，你怎么这么傻啊，这不明摆着是强奸吗？于是就告发了。这个行为怎么定强奸啊？

学生：司法实践中采取的是全面无效说，也就是条件错误说，所以，妇女的承诺是无效的。

张明楷：可是，要在肯定了构成要件符合性之后，才考虑承诺是否有效。被告人使用了欺骗手段吗？没有啊！被告人说得清清楚楚。倘若被告人说，要用一个医疗器械将药送入妇女体内，却乘机奸淫的，就与我们前面说的台湾地区的案例一样，当然是强奸。但是，本案的被告人根本没有使用欺骗方法，只是没有使用发生性关系这样的表述，但他说的方法实际上就是发生性关系。

学生：利用妇女的愚昧。

张明楷：妇女又不是精神病患者，而是完全正常的人，不能简单地说利用妇女的愚昧就要认定为强奸罪。

学生：现在妇女因为受骗而与他人发生性关系的案件比较多。

张明楷：不能因为多就定罪，任何行为再多也多不过吃饭这个行为。

学生：前不久发生过这样的案件：行为人以招空姐的名义打广告，让想当空姐的人到宾馆的某个房间填写志愿等，假装审查一下后，就直接对被害人说：你知道，我们都是有潜规则的，如果愿意按潜规则办事，就尽力让你当上空姐。于是，被害人就同意发生性关系。但根本没有招空姐这回事。据说，有十多个女的上当。

张明楷：这也定不了强奸罪，因为行为人没有实施强奸罪的强制行为。

学生：老师，我们以前说，如果被害人处分法益的目的没有实现，也认为存在法益关系的错误。比如，母亲原本要将眼角膜移植给自己女儿才同意的，但医生取下眼角膜之后移植到其他人眼睛里，要认定医生的行为构成故意伤害罪，因为母亲的目的没有实现。在上面的案件中，被害人处分自己法益的行为，原本想实现当空姐的目的，但也没有实现，也可以说存在法益关系的错误。

张明楷：二者明显不一样。医生的行为肯定符合了故意伤害罪的构成要件，接下来才讨论母亲的承诺是否有效。可是，在上述案件中，行为人只有欺骗行为，没有强奸罪所要求的强制行为。既然构成要件符合性被否定了，就不能以行为人不具备违法阻却事由为由，认定行为构成犯罪。也就是说，没有违法阻却事由，不等于行为当然符合构成要件。这是两个不同的问题。我国司法实践实际上是以没有违法阻却事由为根据，直接认定强奸罪的成立。用妇女没有同意或者没有真实的同意，取代了构成要件符合性的判断。这显然有问题。

学生：对这种行为能定诈骗罪吗？

张明楷：诈骗什么？诈骗性服务吗？性服务本身既不是狭义财物，也不是财产性利益。在旧刑法中有个流氓罪，倒是可以定，但现在没有流氓罪了。

学生：能不能说这种行为是《刑法》第 237 条的强制侮辱罪？

张明楷：怎么可能？《刑法》第 237 条中的侮辱妇女其实也是指猥亵妇女，而且必须具强制性。但是，招空姐的人没有使用任何强制手段。

学生：关于强奸罪，还有被害人是精神病人时应当如何认定的问题。我在台湾时，有一位教授说，精神病人也是有意志自由的，将行为人与精神病妇女发生性关系的行为一概认定为强奸罪，就完全剥夺了精神病妇女的性自主决定权。于是，这位教授就说，在这种场合，还是要尊重精神病人意志。

学生：这种情况比较特殊了。精神病妇女完全处于受害的状态，她意识不到自己有没有受到伤害，也不能决定是否实施性行为，更没法保护自己的权利。

张明楷：这个问题复杂一点，也有观念上的问题。比如，德国刑法理论认为，强奸罪是强制罪与非法拘禁罪的结合犯，强制罪就是违反被害人的意志决定自由的行为，就是说，强奸行为侵害了被害人的意志决定自由；而非法拘禁则表现在，强奸行为使得被害人的身体不能自由活动。或许在他们看来，性行为本身不是什么犯罪行为，或者说，性行为本身没有给被害人造成什么法益侵害。我不知道他们是不是这样想的，但他们将强奸罪说成是强制罪与非法拘禁罪的结合，似乎能够说明这一点。如果基于这样的观念，那么，当被害人是精神病患者时，就要考虑行为人是否采取了强制方法，如果没有的话，单纯的性行为就没有侵害妇女的性行为自主权。但是，我们的通说与司法实践不是这样考虑的，这里有一个观念的问题，还可能有刑事政策的问题。如果说，只有当行为人对精神病妇女使用暴力、胁迫等方法才成立强奸罪的话，就难以保护精神病妇女的权利。

学生：而且，许多胁迫行为对于精神病妇女是没有意义的，因为她可能认识不到恶害的内容。

张明楷：在我国的通说看来，既然人家是精神病妇女，行为人就不能欺负她。或者说，我们是将精神病妇女与幼女等同保护的。

学生：对。如果站在另一个角度考虑，就可能完全剥夺了人家的自主决定权。

张明楷：你也可以这么说。问题是，我们难以确定什么样的情形下，精神病患者是在行使自主决定权，什么样的情形下她们不是在行使自主决定权。

学生：能不能说，精神病妇女主动提出发生性关系的，就是在行使自主权；如果是行为人主动提出来的，就认为侵害了她的自主决定权。

张明楷：这是自主决定权还是本能决定权啊？

学生：拟制为自主决定权。

张明楷：有人就会问，精神病妇女本来就缺乏辨认能力，在只有两人的情况下，事后怎么确定是谁提出来的呢？结果还是由行为人说了算。这会不会导致太多问题呢？

学生：还真是。但是，对与精神病妇女发生性关系的，都认定为强奸罪也不合适。

张明楷：我觉得，如果行为人与精神病妇女结婚、共同生活的，不应当认定为强奸罪。

学生：结婚的不能认定为强奸罪，不结婚的也不能认定吗？

张明楷：不一定要结婚，如果与精神病妇女共同生活，形成事实婚姻的，就不能认定为强奸罪。

学生：如果没有形成事实婚姻，但长期生活在一起的呢？

张明楷：以共同生活为目的而长期在一起的，可以不认定为强奸罪。但是，如果不是以共同生活为目的，而是以奸淫或者发生性关系为目的而在一起的，还是要认定为强奸罪吧。

学生：这是不是与婚内强奸有关？

张明楷：有一定关系吧。

学生：老师，有人主张婚内一律无强奸，如果是这样的话，婚内的妇女就没有性的自主权了吗？

张明楷：当然不能这么说，问题是，在什么样的情况下，才能认定为强奸罪？

学生：现在司法机关的做法是，如果双方处于离婚诉讼期间，或者由于感情破裂处于分居期间，就认定为强奸罪。

张明楷：这样处理可谓折中的办法。问题是，理由是什么？如果说夫妻之间也能成立强奸罪，那么，在平时也能成立强奸罪，为什么只有处于离婚诉讼期间或者分居期间才认定为强奸罪？如果说夫妻之间不能成立强奸罪，在离婚诉讼期间与分居期间，他们二人也是夫妻关系，为什么要定强奸罪呢？

学生：但是，在平时与在离婚诉讼期间或者分居期间的行为，给人们的感觉的确不一样。

张明楷：是感觉不一样。问题是，如何从法理上说明白？

学生：因为感情破裂，缺乏性行为的基础，因而认定为强奸。

张明楷：这就使强奸罪的认定缺乏安定性和明确标准了。有的夫妻没有感情也过了一辈子，有的夫妻有感情也可能离婚，有的夫妻感情深厚但长期生活在两地。即使在离婚诉讼期间，法院也可能判决不离婚吧。假如在离婚诉讼期间，丈夫强制与妻子发生性关系，你说丈夫构成强奸罪，但与此同时，法院判决二人不离婚。这又该怎么办呢？

学生：法院一般会判离婚。

张明楷：一般会判离婚不等于必然、全部判离婚，否则还要法院干什么？

学生：确实是两难的事情。

张明楷：中国农村与城市的差别太大，在一些农村，大男子主义的观念很强烈，一些丈夫可能根本不顾及妇女的意愿就要求发生性关系。在强奸罪不是告诉才处理的情况下，对此一概以强奸罪论处，恐怕不合适。全面处罚婚内强奸，还需要一定的时间，只有当社会文明到一定程度了，才能全面处罚婚内强奸。德国刑法以前也不处罚婚内强奸，刑法明文规定的是强奸婚姻外的妇女，后来才取消了这一限制。日本刑法没有强奸婚姻外的妇女的限制，但是以前也没有处罚婚内强奸，虽然现在都认为婚内强奸也是强奸，但由于日本的强奸罪是告诉才处理的犯罪，所以，不会产生什么明显的问题。我们国家的强奸罪不是告诉才处理的犯罪，如果警察权力没有得到明显的限制，承认婚内强奸会带来太多的问题。

学生：是啊，以前不是发生过警察抓看黄碟的夫妻吗？

张明楷：当然，现在或许不必这样担心，但不管采取哪一种做法，都还有没有解决的问题。不过，从趋势上看，肯定是慢慢承认婚内强奸，而且承认的范围会扩大。

案例四

甲乙两人在网吧里遇见了一个女孩（被害人），后来三个人来到女孩租住的房间里玩。过了一会，甲跟乙发短信，意思是自己要强奸这个女孩，要乙回网吧去。乙看到短信以后就回到了网吧，甲在被害人的房里强奸了被害人。强奸完后，甲回到网吧，告诉乙说，自己已经跟这个女孩发生了关系，并鼓动乙去强奸这个女孩。然后，甲又陪同乙一起到被害人房间去，甲在门外面等着，乙进去之后使用暴力强奸了女孩。

张明楷：甲与乙的行为分别构成强奸罪是没有问题的，需要讨论的是，能不能构成轮奸？如果不构成轮奸，各人是不是只对自己的强奸行为负责？我先问一下：甲跟乙发短信说自己要跟那个女孩发生关系，让乙离开，乙离开是一个帮助行为吗？

学生：有没有心理上的帮助作用？

学生：乙在不在都有不同程度的心理帮助，只是帮助的感觉不大一样，其实不影响帮助的认定。

张明楷：你的意思是，只要乙与甲去了女孩房间，在甲给乙发短信后，不管乙是否离开，都是对甲强奸的帮助？

学生：好像也不能这么说。

张明楷：那该怎么说？为什么乙离开了房间就是对甲心理的帮助？

学生：如果乙在场，就妨碍了甲实施强奸吧。

张明楷：是客观上的妨碍还是心理上的妨碍？

学生：应当是心理上的妨碍。

张明楷：我怎么觉得不能得出这样的结论呢？乙知道甲要强奸这个女孩之后离开房间的，并没有在心理上促进了甲的强奸行为吧。除非说，乙有保护女孩不被强奸的义务，但乙并不具有这种义务。不能因为乙听了甲的话离开了房间，就说乙离开房间的行为帮助了甲的强奸行为。

学生：那为什么甲要乙离开房间呢？

张明楷：就是想一个人强奸，不让乙看到？

学生：这是不是意味着乙如果不离开，甲就不会强奸呢？

张明楷：这一点不能肯定吧。况且，乙没有不离开的义务。

学生：从心理上来说，感觉乙还是帮助了甲的强奸行为。

张明楷：如果把强奸改成杀人，乙的离开是不是也帮助了甲杀人呢？

学生：杀人可能不一样，因为乙在场不妨碍甲杀人。但乙在场，会妨碍甲强奸妇女。

张明楷：知道甲要实施强奸行为而离开现场的，反而成了强奸行为的帮助犯。我难以接受这个结论。因为乙如果不离开，你们也会认为乙客观上对甲的强奸起到了帮助行为，因为乙在场的话，女孩就更不能或者不敢反抗。于是，不管乙是否离开，他都构成强奸罪的帮助犯，感觉明显不合适。如果是将女孩带到乙家里，甲让乙离开的，我倒是觉得乙构成强奸罪的帮助犯。但这个案件，我还是认为不要认定乙对甲前面的强奸成立帮助。

学生：可能我们是考虑到强奸通常是一对一的，乙在场就妨碍了甲的强奸，所以认为乙是帮助犯。

张明楷：其实，乙只是默认了甲的强奸行为，没有强化甲的强奸心理，没有对甲的强奸起到促进作用。如果你们接受不了这个结论，以后还可以再讨论。那么，甲对乙后来的强奸肯定成立共犯。这一点应当没有疑问。

学生：甲后来教唆乙强奸女孩，而且还陪同乙一起到女孩房间，甲站在房间外也有望风的性质。

张明楷：那么，二人是否构成轮奸呢？

学生：乙肯定是轮奸。

张明楷：乙怎么是轮奸？

学生：只要知道女孩已经被强奸过，然后自己再强奸的，就应当认定为轮奸。比如 A 看到 B 正在强奸被害人，自己就躲起来，等 B 强奸完以后，自己再去强奸的，也是轮奸。

学生：不对，你这完全是从字面上理解轮奸的。甲才是轮奸。

张明楷：甲后来是教唆和帮助乙强奸，这能成为轮奸行为吗？

学生：好像也有问题。

张明楷：前不久有人问我，说刑法规定的轮奸就是二人以上轮奸，没有说二人以上共同轮奸。意思是，轮奸跟共同犯罪没有关系。可是，如果这样理解的话，轮奸的法定刑升高的根据何在呢？仅仅是因为被害人被第二次强奸吗？如果这样的话，一个人连续强奸妇女的，也应当提高法定刑。

学生：乙知道前面的甲已经实施过强奸了，他再强奸就使被害人遭受了重复侵害，所以是轮奸。

张明楷：这样可能导致一些偶然因素决定对行为人是否按轮奸处理。

学生：乙知道甲已经强奸了还不够吗？

张明楷：只有当乙不仅要对自己的强奸负责，而且要对他人的强奸负责时，才具备提高法定刑的根据。不是单纯因为妇女遭受了两个奸淫行为就认定为轮奸。

学生：这么说，甲是不是可以成立轮奸？

张明楷：问题是，轮奸是数个强奸行为的集合还是共同正犯？例如，在本案中，甲自己强奸妇女后，又教唆乙强奸妇女的，可以说甲实施了两个强奸罪，一个是实行犯、一个是教唆犯，但这里没有共同正犯。这种不构成共同正犯的情形，能不能认定为轮奸？

学生：也就是说，对甲的行为是实行数罪并罚，还是按轮奸处理？

张明楷：也可以这么说。

学生：可以认定甲的行为造成了其他严重后果。

张明楷：哪有造成其他严重后果？

学生：两次嘛。

张明楷：原本不构成轮奸，却改头换面成了造成其他严重后果？这不合适。

学生：日本刑法中的集团强奸与我国刑法中的轮奸有什么区别？

张明楷：日本2004年刑法修改时增加了一个集团强奸罪，只要两个人以上在现场，即使只有一个人实施奸淫行为的，也构成集团强奸罪。在现场教唆或者帮助的，也属于集团强奸。这与我国刑法中的轮奸还是不同的。如果说要定甲是轮奸，就必须认定在乙强奸被害人时，甲也是正犯，但本案好像不能得出这一结论。

学生：在什么情况下，才能说乙在强奸被害人时，甲也是正犯呢？

张明楷：比如说，甲前面的暴力强奸行为，已经使被害人完全丧失了反抗能力，乙不再需要实施暴力、胁迫手段就可以奸淫的，我就觉得甲成立轮奸，但是，乙不成立轮奸。或者改一改案例：两个人到女孩房间之后，甲乙发短信说我们要强奸这个女的，甲说自己先强奸，让乙先到网吧去，自己强奸完了叫乙来，这样商量好了，也可以认定二人是共同正犯。

学生：在这个场合，如果被害人被甲强奸后，并没有丧失反抗能力，甲对乙的强奸也可能只有心理的因果性。

张明楷：即使是共同正犯，也不是说都有物理的因果性，只要有心理的因果性也就够了。例如，A、B 二人共谋同时向 C 开枪，但只有 A 打中了 C，导致 C 死亡的，肯定是共同正犯，但 B 的行为与 C 的死亡结果之间只有心理的因果性。现在我们讨论的这个案件中，甲没有和乙就轮奸进行共谋，只是说自己想强奸这个女的，让乙去网吧。

学生：乙成立一个强奸既遂，甲成立一个强奸既遂和一个强奸的教唆。

张明楷：我觉得这样认定是比较合适的。其实，真实的案件是后来乙强奸未遂，因为女孩强烈反抗。

学生：对甲怎么没反抗？

张明楷：可能是警惕性不高，没有反抗成。乙强奸时，女孩强烈反抗，所以，乙没有得逞。

学生：老师，下面这种情形能否认定为轮奸？ A 得知 B 要强奸 C 女，事先将 C 打晕并捆绑了手脚，B 到 C 处后顺利地实施了强奸行为，A 在现场躲在暗处观看了全过程，待 B 离开后，A 接着又强奸了 C 女。是否可以对 A 适用轮奸的法定刑？

学生：对 A 可以适用轮奸的法定刑。虽然在 B 强奸 C 的行为过程中，A 的行为是片面的正犯，但只要能够将 B 行为的结果也归属于 A 的行为，就可以将 A 的行为认定为轮奸。

张明楷：你的思路是对的。我觉得在这样的案件中，把轮奸当做一个独立的罪名考虑，用共犯理论分析就容易得出结论。就是说，轮奸是共同正犯。这个案件中，A 是片面的共同正犯，当然同时也是直接正犯，也可以说 A 是片面的轮奸；B 是直接正犯，但 B 不能对 A 的强奸行为负责。

学生：如果 B 的奸淫行为造成 C 重伤，A 也要对重伤承担刑事责任。反过来，A 的奸淫行为如果造成 C 重伤，B 对重伤的结果就不负责。

张明楷：对。如果把这个案件改为抢劫，就会麻烦一些。张三得知李四要抢劫王五，事先将王五打晕，李四来到王五处后将王五的财物拿走，张三躲在现场某个角落观看，待李四离开后，张三将王五的其他财物拿走。在这个案件中，李四的行为构成盗窃罪，如何认定张三的行为呢？张三的暴力行为既是对李四犯盗窃罪的帮助，因为他的这个行为从客观上促进了李四取得财物，又是抢劫罪的正犯行为。二者是否发生了竞合呢？在我国，即使按照想象竞合处理，可能也会出现量刑问题。如果李四先拿走了王五价值 5 万元的财物，张三后拿走了王五 6 万元的财物，张三仅对 6 万元财产损失负责吗？还是要对 11 万元的财产损失负责？按理说，要对 11 万元的财产损失负责吧？

学生：把前面的案情再改一下。A 事先得知 B 打算强奸 C 女，就将 C 女打晕，B 到 C 女处以后发现 C 女正在月经期，就把 C 女随身携带的财物全部拿走了，A 躲在现场看到了全部过程，待 B 走后，A 对 C 女实施了猥亵行为。这个案件又该如何处理呢？

张明楷：在你说的这种情形中，A 事先打晕 C 女的行为虽然在客观上对 B 实施盗窃行为起到了帮助作用，但 A 打晕 C 女时，并没有帮助盗窃的故意，所以，不能从作为的角度认定 A 成立盗窃罪的帮助犯。如果要认定的话，只能考虑 A 是否具有作为义务，即由于 A 打晕了 C 女，于是，在 B 盗窃 C 女财物的时候，具有保护 C 女财产的义务。但 A 没有履行这一义务，所以成立盗窃罪的共犯。除此之外，A 后面的行为还成立强制猥亵罪。

学生：能不能说 A 打晕 C 的行为成立强奸未遂呢？

张明楷：如果说 A 打晕 C 女就是为了让 B 强奸 C 女，但由于 B 放弃了奸淫行为，所以，相对于 A 来说可能是强奸未遂。前提是，必须能够确定 A 的故意内容。

学生：案例越分析越复杂。

张明楷：是的，有些案例看似简单，但越想越复杂。

学生：如果把上述案例的案情改成这样的：A 事先得知 B 打

算强奸 C 女，就将 C 女打晕，B 到 C 女处以后发现 C 女正在月经期，就把 C 女随身携带的财物全部拿走了，A 躲在现场看到了全部过程，但 A 并没有在 B 走后再去实施任何犯罪行为。在这种情况下，A 的行为构成强奸罪的预备还是未遂？

张明楷：按照前面说的，或许可能认定为强奸未遂。关键是，改变了案情之后，A 是强奸罪帮助犯还是正犯？如果是帮助犯，那么，在正犯 B 没有实施强奸行为的情况下，根据限制从属性的原理，A 的行为就不成立强奸罪。如果说 A 是正犯，他实施了强奸罪中的暴力行为，那么，B 没有强奸 C 女这一事实，相对于 A 来说就是意志以外的原因，因而属于强奸未遂。

学生：如果 A 把 C 女打晕后，还把 C 女衣服脱光，然后叫 B 去 C 那里，B 看到 C 赤身裸体，就强奸了 C 女，A 的行为成立强奸罪吗？

张明楷：当然成立强奸罪，这还有疑问吗？

学生：应当没有疑问。

张明楷：还是继续讨论轮奸的问题，我们再把原案改编一下。甲教唆 A 在某日 12 点钟强奸丙女，同时教唆 B 在该日 12 时 40 分强奸丙女。A、B 二人互不相识，也无意思联络，分别准点赶到现场强奸丙女，二人也未在犯罪现场相遇。这个案件有适用轮奸法定刑的可能性吗？甲是教唆轮奸吗？

学生：轮奸必须有共同正犯，在这种情况下，A、B 并不是共同正犯，二人分别强奸了丙女，就不能对甲适用轮奸的法定刑。

张明楷：按理说，适用轮奸的法定刑，必须有强奸的共同正犯，在我刚刚说的这种情况下并不存在强奸的共同正犯，也就不应当适用轮奸的规定。当然，甲是不是轮奸的间接正犯，还是可以讨论的。

学生：如果根据德国的间接正犯理论，在这种情况下，甲似乎能够成立轮奸的间接正犯。因为甲事先知道 A、B 先后到达后会强奸丙女，也就是说，甲事先知道 A、B 二人事实上会构成轮奸。所以，甲支配了轮奸的事实，可以对甲适用轮奸的规定。

张明楷：这样讲是很有道理的。就是说，A、B 客观上是轮奸，但二人又没有轮奸的故意，而之所以没有轮奸的故意，是因为甲没有向他们说明真相，在此意义上说，甲是利用欺骗的方法使 A、B 二人实施了轮奸行为。所以，甲可能成立轮奸的间接正犯。不过，德国理论有一种通过"规范评价"扩大适用间接正犯的倾向，德国的间接正犯适用范围比我国和日本要广很多，这是因为德国《刑法》第 25 条后半段规定了间接正犯，而我国和日本并没有这样的规定。我认为，在我国，间接正犯的适用范围不宜像德国那么广。我觉得在这个案件中，甲并没有支配 A、B 二人轮奸，A 有可能并不按照甲说的时间去，B 也有可能隔几天才去，甲仅是教唆他们分别强奸，并没有教唆他们一起去轮奸。不能因为甲内心里认为他们会前后脚去强奸，就认为他支配了轮奸的事实。如果甲拿着枪要求 A、B 准时分别赶到现场先后强奸，你可以说在这种情况下甲支配了轮奸的事实，但在我们讨论的这种情况下，还远没有达到"支配"的地步。我们还可以再把这个案件改一下。A 想强奸丙女，就向甲打听丙女的去向，甲将丙女的行踪告诉了 A，甲又临时起意找到了 B，教唆 B 去强奸丙女，并把丙女的行踪也告诉了 B。最后，A 到现场先强奸了丙女，B 赶到现场后 A 刚刚离开，B 也马上就强奸了丙女。在这种情况下，对甲适用轮奸的法定刑吗？

学生：如果甲分别教唆 A、B 去先后强奸丙女都不能适用轮奸的法定刑的话，在您刚刚说的这种情况下，甲仅是向 A 提供了丙女的去向，还没有教唆 A，那就更不能认定甲支配了丙女被轮奸的事实，也就不能对甲适用轮奸的法定刑。

张明楷：我认为，在这两种情形下，都谈不上是甲支配了轮奸事实。

学生：即使没有支配基本犯罪的事实，而是支配了加重要素，也是可能成立间接正犯的。例如，甲得知乙要去抢劫，就送给乙一瓶毒剂，甲对乙说："你下手的时候用这个喷他，他眼睛难受你就可以得手了"，但实际上只要一喷，被害人必死无疑，乙信以为真，实施抢劫行为时拿出毒剂朝着被害人喷了一下，结果被害人当场死亡。我觉得在这种情况下，还是应该认为甲的行为构成抢劫致人死亡的间接正犯。

张明楷：我觉得，由于在甲给乙提供药剂之前，乙已经具有了抢劫的意图，不能认为甲支配了乙的抢劫事实，就抢劫而言，甲充其量也就是一个帮助犯；但甲支配了乙致被害人死亡的事实，所以，可否认为，甲的行为涉及故意杀人罪的间接正犯和抢劫罪的帮助犯？当然二者是想象竞合关系。

学生：既然是故意杀人罪的间接正犯与抢劫罪的帮助犯的竞

合，就相当于抢劫致人死亡罪的间接正犯。

张明楷：你这样说也是有道理的，我也能接受。就是说，要将抢劫致人死亡作为一个独立的犯罪来考虑，甲就支配了一个独立的抢劫致人死亡罪，于是成立抢劫致人死亡的间接正犯。

学生：我看过一个类似案例：甲得知乙要去抢劫，就对乙说"你带枪保险一些"。后来乙听了甲的话，带枪去抢劫。在这种情况下，甲应该与乙就持枪抢劫成立共犯。

张明楷：你说的这个案件，我在教科书中也讨论过。德国学界讨论的也很多，人们一般会讨论甲成立持枪抢劫的帮助犯还是教唆犯，德国主要的学说有拆解分析说、综合考察说、规范性支配说、折中说等。除了拆解分析说的结论比较明确以外，其他学说往往会因人而异。罗克辛教授的教科书对这个问题探讨得比较深入，讲得也很清楚，你们可以看看。

学生：再把我们原本讨论的案例的案情改一下。乙意欲强奸丙女，找到甲后告诉他自己要去强奸丙女，问甲是否知道丙在什么地方，甲将丙的住处告诉了乙，甲突然临时起意也想去强奸丙，等甲赶到现场后，乙已经强奸完丙女并离开了现场，甲对丙女继续实施了奸淫行为。在这种情况下，对甲应该适用轮奸的法定刑吗？

张明楷：判断轮奸的关键就在于是否存在共同正犯。在这种情况下，甲乙是共同正犯吗？甲告诉乙丙女的具体位置，对乙的奸淫行为甲仅具有帮助作用，后来甲临时起意赶到现场强奸丙女，也并没有与乙共同强奸的意思，不能将甲乙认定为强奸的共同正犯，所以也就不能对甲适用轮奸的法定刑。但这种情况下，还需要讨论对甲如何定罪：是定一个强奸罪，还是定两个强奸罪？

学生：在德国，对甲会定两个强奸罪，一个是强奸罪的帮助犯，一个是强奸罪的正犯。因为甲先后两个行为并没有重合的地方。

张明楷：我们国家的一些学者会认为，虽然甲的两个行为确实没有重合的地方，但是被害的法益是同一个人，所以只定一个强奸罪。

学生：虽然被害人是同一个，但是在这个案件中，同一被害人先后被侵害过两次。比如，行为人先教唆他人把被害人的一只手砍掉了，接着自己又去砍掉了被害人的另一只手，虽然是同一被害人，但被害人先后被伤害了两次，两次侵害了被害人的身体法益。我觉得在我们刚刚讨论的这个案件里也是这样的。

张明楷：确实是这样的。个人专属法益被多次侵犯，是可以定多个犯罪的。就我们现在讨论的这个案件来说，估计我国司法实践不会将甲的行为认定为两个强奸罪。但我还是主张可以并罚的。

学生：现在学界争论较大的是，在二人以上共同实施暴力打算轮奸的情况下，一人强奸既遂另一人未遂的，能否叫轮奸？对于一个人强奸既遂、另一个人强奸未遂的，有的说不定轮奸，有的说定轮奸既遂，有的说定轮奸未遂。

张明楷：如果说轮奸是一个加重构成要件的话，当然也是有未遂的，但需要分清不同情况。两个人共谋同时对妇女使用暴力，但两个人都没有奸淫成功。这是第一种情况。两个人都对妇女使用暴力，一个人奸淫既遂，另一个人未得逞。这是第二种情形。这两种情况在量刑上肯定会有区别。

学生：能不能说一个人既遂就是轮奸既遂？

张明楷：如果是日本的集团强奸罪，一个人既遂就是集团强奸罪的既遂。但我国的轮奸还不能说一个人既遂就是轮奸既遂。因为轮奸是指轮流奸淫，只有一个人既遂，就没有完全符合轮流奸淫的条件，所以，不是轮奸既遂。

学生：一个既遂一个未遂时，认定为轮奸未遂还是合适的。

张明楷：但是，与二人都未遂相比还是不同的。

学生：量刑时当然要有区别。

张明楷：区别要反映在定罪上。二人都未得逞的，定轮奸未遂即可。一人未遂一人既遂的，除了认定为轮奸未遂之外，还要认定一人是强奸既遂的正犯，另一人对他人强奸既遂也要承担责任。只有这样，才能反映出上述两种情形的区别。

学生：如果对上面的第二种情况只定轮奸未遂，就不能体现出一人已经强奸既遂的事实了。如果只定强奸既遂又不能体现出他们轮奸未遂的事实。

张明楷：对，对第二种情况只定轮奸未遂，不法的内容没有完全评价出来。

学生：强奸既遂和轮奸未遂是什么关系呢？

张明楷：在本案中是想象竞合关系。这是我多次讲过的，既遂的时候是法条竞合的特别关系，未遂的时候是想象竞合的情况，是经常可以见到的。

学生：我可以接受。

张明楷：法条竞合、想象竞合不是固定不变的，当两个罪既遂时是法条竞合，未遂时可能变成想象竞合。比如，在通常情况下杀人罪是特别法条，伤害罪是普通法条，但是如果以特别残忍的手段去杀人只是造成重伤的严重残疾时，这个时候就触犯了故意伤害罪中以特别残忍手段致人重伤造成严重残疾的规定。如果这时候只定一个杀人未遂的话，就要适用从轻、减轻处罚的规定，如果说是想象竞合，就只需要适用《刑法》第 234 条第 2 款后段的法定刑，不需要再适用从轻、减轻处罚的规定。

学生：本案中，如果甲不是正犯的话，是否需要数罪并罚？

张明楷：如果不是正犯，没有起到正犯作用的话，甲是两个同种数罪，一个是强奸的正犯，还有一个强奸的教唆和帮助，我觉得也可以并罚。

案例五

某日凌晨 1 时许，犯罪嫌疑人甲（男，30 岁）酒后在其租房内想强奸住在隔壁的被害人 A 女（年仅 13 岁），遂敲门将 A 女强行拖至自己的租房，欲实施强奸。A 女极力反抗，甲便将 A 女推到床上，A 女大声喊叫并乱抓甲的双手，甲便更加用力地掐着 A

女的脖子。过了几分钟，甲发现 A 女的反抗没那么剧烈了，就用右手继续掐着 A 女的脖子，用左手脱被害人 A 女的内外裤，并乱摸阴部和抠阴道。A 女双脚一直发抖，甲因为害怕就赶紧将房门关上，看到 A 女又挣扎着要叫喊，就又用左手掐着 A 女的脖子，右手将 A 女的上衣往上拉并乱摸胸部。几分钟后，甲发现 A 女的双手双脚一直发抖，后来整个人一动不动了，于是松开了双手，奸淫了 A 女。此后，甲发现 A 女还是一动不动的，以为 A 女昏迷了，就用大拇指掐 A 女的人中，并对其做人工呼吸，但是 A 女还是没有醒过来，甲随后逃离现场。但事后无法确定，A 女是在被强奸之前死亡或者在被强奸之后死亡。

张明楷：这个案件的行为人肯定成立强奸罪，会有什么疑问吗？

学生：一种观点认为，由于不能证明甲是在 A 死亡之前实施的强奸行为，所以，是不是只能认定为间接故意杀人与侮辱尸体罪？还有一种观点认为，即使是在 A 死亡前实施的奸淫行为，但由于强奸罪中的暴力不包括致人死亡的暴力，所以，也提出了疑问。

张明楷：首先可以否认的是后一种说法。因为普通暴力都能成立强奸罪，致人死亡的暴力就更能成立强奸罪。为什么会有疑问呢？我经常跟你们说，刑法规定的构成要件只是定罪的起点，当然包括结果加重犯等加重构成要件的起点，只能对起点进行限制，不能对最高点进行限制。比如说，在讲故意伤害罪的构成要件与责任要素时，不要说伤害行为不得有致人死亡的危险与故意。否则，在事实不清时就麻烦了。在对最高点没有限制的情况下，如果一个行为符合了更重犯罪的构成要件，就是想象竞合或者法条竞合。

学生：因为不少人认为，如果行为人有致人死亡的行为与故意，那么，他就不是强奸的故意，所以不能认定为强奸罪。

张明楷：不能因为行为人有致人死亡的行为与故意，就否认强奸罪的故意。因为即使有致人死亡的行为与故意，也可能是在奸淫的过程中或者奸淫后致人死亡，而不必然是在奸淫之前致人死亡。如果说，行为人的行为与故意内容就是表现为在致人死亡后奸尸，当然就只能认定为故意杀人罪与侮辱尸体罪，并且实行数罪并罚。

学生：本案不能证明行为人是在 A 死亡之前还是之后实施奸淫，这一点是否影响本罪的定性呢？

学生：只有两种可能性：一是行为人实施暴力压制 A 的反抗，在奸淫 A 后 A 死亡，这种情形肯定只能认定为一个强奸罪的结果加重犯；二是行为人实施暴力压制 A 的反抗，在奸淫 A 前 A 死亡，这种情形就应当认定为间接故意杀人与侮辱尸体罪。

张明楷：在后一种情形下，认定为故意杀人既遂与侮辱尸体罪，是不是比第一种情形处罚更重？

学生：故意杀人既遂与强奸致人死亡的法定刑相同，后一种情形就多了一个侮辱尸体罪，所以，后一种情形处罚应当重一些。

张明楷：这么说的话，至少按照存疑时有利于被告的原则，按第一种情形处理就更合适了。

学生：但有人认为，第一种情形没有事实根据。

张明楷：第二种情形也没有事实根据，但是又没有第三种可能，在这种情况下，就只能选择对被告人有利的事实认定。

学生：能不能说，在第二种情形下，是强奸未遂与侮辱尸体两罪的并罚呢？

张明楷：即使说是未遂，也不是结果加重犯的未遂，而是未遂的结果加重犯（基本犯未遂但结果加重犯既遂），而且，也必须同时肯定故意杀人既遂的成立。

学生：行为人奸淫 A 女后，发现 A 女一动不动，以为是昏迷了，就用大拇指掐 A 女的人中，并对其做人工呼吸，这是不是表明行为人没有杀人的故意？

学生：我觉得从行为人前面用力掐 A 女的脖子，反复掐 A 女的脖子的事实来看，还是应当认定行为人有杀人的间接故意。

学生：事后的抢救行为怎么解释？

学生：事后的行为只是表明行为人不希望死亡结果发生，不表明他没有放任结果发生，而且，事后的行为也不是真正的抢救行为，比如，行为人为什么不将 A 女送往医院抢救或者拨打急救电话？这表明他还是放任死亡结果发生的。

张明楷：我也觉得前面的行为可能表明行为人具有杀人的间接故意，而且，具有杀人的间接故意乃至直接故意时，也并不同时排除强奸的故意，因为二者实际上并不矛盾。也就是说，即使行为人认为自己的暴力行为可能导致 A 女死亡，但只要不是在确认了死亡之后再实施奸淫行为，就可以认定为强奸致人死亡的，也还要认定强奸致人死亡与故意杀人是想象竞合关系。我的教科书上有以下几点结论：其一，如果行为人先故意杀害妇女，然后再实施奸尸或者其他侮辱行为的，即使行为人在杀害妇女时具有奸尸的意图，也不宜认定为强奸罪，而应认定为故意杀人罪与侮辱尸体罪，实行数罪并罚。其二，如果行为人为了强奸以杀人的故意对妇女实施足以致人死亡的暴力，在妇女死亡后奸尸或者对尸体实施其他侮辱行为，那么，前行为是故意杀人罪与强奸（未遂）罪的想象竞合，后行为成立侮辱尸体罪，与前行为实行数罪并罚。其三，如果行为人为了强奸妇女而以杀人的故意对妇女实施足以致人死亡的暴力，在妇女昏迷期间奸淫妇女，不管妇女事后是否死亡，都应认定为故意杀人罪与强奸（或致人死亡）罪的想象竞合。

学生：老师的书上说，死亡是一个过程，而不是瞬间由活人变成死人，所以，本案事实上可以肯定行为人在实施奸淫行为时，A 女并没有死亡，只是事后鉴定时才不知道 A 女究竟何时死亡。

张明楷：其实，概括起来说在定罪问题上有多种可能：第一是认定一个强奸致人死亡；第二是认定为故意杀人罪与强奸罪，实行并罚；第三是认定为强奸致人死亡与侮辱尸体，实行并罚；

第四是认定为故意杀人罪与侮辱尸体罪，实行并罚。为什么会出现这样的争议呢？因为我们国家的刑法学者包括我在内，以前一直说强奸时不得有杀人的故意。但是，我发现日本学者从来不这么讲。你们想一想，既然被告人为了强奸而实施暴力时，即使具有伤害的故意也能成立强奸罪，为什么具有杀人故意时，反而不成立强奸罪，不能成立强奸致人死亡呢？我们以往特别强调，如果被害人死亡了，就是尸体，成为尸体后再奸淫的就是奸尸，是侮辱尸体而不是强奸妇女。但是，尽管如此，这也不影响强奸致人死亡的成立吧。因为即使在基本犯未遂的场合，如果暴力致人重伤或死亡，也仍然成立结果加重犯。行为人在实施暴力的时候，即使对妇女的死亡持希望或者放任态度，也不影响强奸罪的成立吧。所以，在本案中，甲的行为肯定成立强奸致人死亡。如果甲在奸淫时以为幼女还没有死亡——从本案来看，确实可以得出这个结论——那么，即使客观上甲实施了侮辱尸体的行为，也不能另认定为侮辱尸体罪，因为甲没有侮辱尸体罪的故意。另一方面，甲在奸淫幼女时，幼女确实可能已经死亡了，如果说强奸罪的既遂只能是对活人强奸既遂，那么，根据事实存疑时有利于被告的原则，就不能认定为强奸既遂。但是，认定为强奸致人死亡，是没有任何问题的。

学生：甲确实以为在幼女没有死亡的时候实施的奸淫行为，所以，他没有侮辱尸体的故意。

张明楷：从案情介绍来看，确实看不出甲以为幼女当时已经死亡了。

学生：就定一个强奸致人死亡。

张明楷：我也觉得可以只定一个强奸致人死亡，但如果认为前面的行为同时触犯故意杀人罪，则是强奸致人死亡与故意杀人罪的想象竞合。

学生：我办过一个类似的案件：被告人想要强奸隔壁的 8 岁的小女孩，用一块糖把小女孩骗到房里后就动手动脚，小女孩就开始喊了。被告人便掐小女孩的脖子，掐了几分钟后小女孩就不动了，但还在喘气。这个时候，被告人就对小女孩实施了奸淫行为。过后一瞧，发现小女孩不动了，就把小女孩尸体扔到了垃圾堆里了。

张明楷：这也是强奸致人死亡，而且，被告人是在小女孩喘气的时候实施奸淫的行为，不能认定为强奸未遂。

学生：但是，被告人是这样供述的：小女孩大声喊叫的时候，担心别人听到，所以就掐了小女孩的脖子。

学生：你的意思是，被告人实施暴力不是为了强奸而是为了杀人。

学生：小女孩一进房间就大声喊叫，被告人一着急就去掐脖子，因为他租的房子周围还有很多人。被告人奸淫女孩的时候，小女孩一动不动的，但被告人认为当时她还在喘气。后来过了一到两个小时，他发现小女孩尸体冰凉，就把小女孩扔到了垃圾堆里了。这个案件，我们当时就主张定故意杀人和强奸两个罪。

学生：死亡的结果评价在哪个罪中？

学生：故意杀人罪中。

张明楷：你为什么说被告人担心被人发现而掐小女孩的脖子，就是出于杀人故意呢？

学生：因为掐脖子的行为就是典型的杀人行为。另外，担心强奸行为被发现而实施的行为，就不是为了强奸而实施的行为。

张明楷：不能这么说吧。在奸淫行为还没有开始的时候，即使已经开始了，担心强奸行为被发现而掐被害人的脖子，也是为了强奸或者继续强奸吧。你们可能有一个观点，如果被害人大声喊叫，被告人就是为了杀人灭口，所以是一个独立的故意杀人罪。如果定两个罪的话，是说前面将小女孩叫到房子里来是强奸，后来掐脖子是杀人吗？

学生：强奸与杀人是同时的，其中的掐脖子就是杀人。

张明楷：你的意思是，因为奸淫幼女不需要暴力，所以，暴力行为就可以另外认定为其他犯罪吗？这恐怕有疑问。奸淫幼女虽然不需要暴力，但不意味着在任何场合，为了奸淫幼女所实施的暴力都得评价成奸淫幼女之外的一个犯罪行为。当被告人的暴力是为了压制幼女反抗的时候，就不应当说这个暴力是奸淫幼女之外的一个犯罪行为。

学生：我们考虑的就是被告人掐脖子的动机，他说他当时就是害怕别人听到。

张明楷：害怕别人听到是被告人当时的心理状态，问题是你如何评价这个心理状态。是说被告人为了杀人灭口还是为了使奸淫既遂啊？

学生：被告人后来还是实施了奸淫行为，应该把掐脖子的行为评价为强奸的手段行为比较合适一点。

张明楷：我也是这么认为的，定一个强奸致人死亡就可以了，即使认为同时存在杀人行为，也只是想象竞合关系，而不应当认定为数罪。

强制猥亵罪

甲女与其他几个姐妹，在街上发现了与甲女的丈夫有情人关系的乙女后，使用暴力撕掉乙女的全部衣裤，还大喊"她是小三"，旁边有很多人围观。

张明楷：我经常听说这样的事件，但是，好像根本没有人管，难道甲女的行为不成立犯罪吗？

学生：按照老师的观点是可以成立强制猥亵罪的，但是，司法机关可能认为强制猥亵罪需要行为人有性的刺激或者满足的倾向，所以，就不将这种行为当作犯罪处理。

张明楷：就算不按照我的观点，甲女等人的行为也成立《刑法》第246条的侮辱罪吧？

学生：侮辱罪是告诉才处理的犯罪，但是小三一般不会告诉，所以，这样的案件就有增无减。

张明楷：如果要求强制猥亵罪出于性的刺激或者满足的倾向的话，一些该认定为犯罪的就定不了，而且，这样的要求没有实质根据，甚至可以说只是从伦理道德的角度提出来的要求。比如，前不久在微信上看到的一个案例：行为人甲结婚后一直没有子女，但非常想有自己的孩子。某天，行为人将自己的精液装入一个注射器，然后将邻居的单身女叫到自己家里来，单身女来了后，行为人要求单身女为自己生小孩，单身女不同意，行为人就使用暴力脱掉单身女的裤子，强行将精液注射到单身女的阴道内。

学生：这样的行为在一些国家和地区成立强制性交罪，在我国台湾地区就成立强制性交罪。

张明楷：是啊。这样的行为也不可能构成我国《刑法》第246条的侮辱罪，因为不具有公然性。在国外和我国台湾地区构成强制性交罪的行为，在我们这里连强制猥亵罪都不成立，恐怕就不合适了。

学生：是的。

张明楷：没有任何人认为强制性交罪除了故意之外，还需要性的刺激或者满足的倾向。之所以要求强制猥亵罪具有性的刺激或者满足的倾向，也就是为了将医生的治疗行为等排除在犯罪之外。可是，排除医生的有关行为构成犯罪，根本不需要从主观方面限制，只要看客观上有没有必要性就足够了。如果女性牙痛，医生却去检查人家的隐私部位，从客观上就可以知道这是猥亵行为，如果具有强制性，肯定成立强制猥亵罪。反过来，如果是男性医生在妇产科为孕妇实施分娩，无论如何也不会评价为猥亵行为，根本不需要从主观方面排除犯罪。

学生：上面抓小三的例子，认定为强制猥亵罪其实是没有障碍的。

学生：但是，如果认定为强制猥亵罪的话，又是在公共场所实施，就需要判5年以上徒刑，可能太重了，一般人难以接受。

张明楷：这确实是一个问题，但不是只限于这种情形。例如，被告人从郊区坐车进城时，在公共汽车上将手伸进一位13岁女孩的衣服内摸女孩的胸部，女孩在看手机，一直不敢反抗，下车后才告诉她的亲人，亲人报警后警方将被告人抓获。被告人也是在公共场所当众猥亵儿童，但是，如果仅此就判5年以上徒刑，也确实是太重了。可是，不能因此就认为被告人的行为不构成强制猥亵罪，只能在量刑上寻找其他路径。比如，对法定刑升格条件进行限制解释，实在不能限制解释或者在限制解释后仍然导致处罚过重的，就只能适用《刑法》第63条减轻处罚。

学生：如果上例中的抓小三的行为，虽然发生在公共场所，但没有其他人看到，可以认为不符合"当众"的条件吧？

张明楷：有这种可能。上面抓小三的例子虽然可以说期待可能性有所减少，但不能否认犯罪的成立。如果确实符合法定刑升格的条件，又认为处罚太重，就可以适用《刑法》第63条的规定减轻处罚。而且，对其中的参与人尽可能认定为从犯，这样就可以避免处罚过重。

学生：还有一些捉奸的案件，抓住后就脱掉女性的衣裤或者不让女性穿衣服，实施猥亵行为的，也要认定为强制猥亵罪，处5年以下徒刑也不会导致处罚过重。

学生：有的捉奸行为被认定为非法侵入住宅罪。比如，李某怀疑他的妻子宋某与邓某有不正当的关系，得知宋某和邓某在孙某别墅家里时，就纠集亲戚朋友前往这个别墅捉奸，而且嘱咐他们注意收集证据。他们到了别墅之后，用木棍把别墅侧门的玻璃敲碎，随后进入别墅，然后强行闯入别墅的二楼卧室找到这两个人。法院好像认定被告人的行为构成非法侵入住宅罪。

张明楷：单纯抓奸不可能成立强制猥亵罪，如果在捉到后实施猥亵行为的，才可能构成强制猥亵罪。

学生：一般都会用摄像机摄像或者拍照，主要是为了离婚等取证。

张明楷：在通奸双方还没有穿上衣服时，乘机摄像或者拍照的，当然也不能认定为强制猥亵罪。

学生：如果为捉奸进入他人住宅后，发现男女穿着正常，但强行脱掉他们的衣服进行摄像或者拍照的，就成立强制猥亵罪了吧？

张明楷：那当然。

学生：如果没有强制猥亵行为，可不可以认定为非法侵入住宅罪呢？

张明楷：如果采取居住权说，就成立非法侵入住宅罪；如果采取安宁说，也没有必要认定为非法侵入住宅罪吧。当然要看具体情况。

学生：可以认定为正当防卫。

张明楷：通奸不是不法侵害吧，怎么可能进行正当防卫？

学生：在有通奸罪的国家和地区，才可能成立正当防卫。

张明楷：在我国不能成立正当防卫。

学生：现在有人认为，捉奸时不准妇女穿衣服的，不是强制猥亵，而是强制侮辱。

张明楷：这是因为强制猥亵需要性的刺激或者满足的倾向，而强制侮辱就不需要性的刺激或者满足的倾向吗？

学生：是的。

张明楷：可是，一方面，强制猥亵与强制侮辱并没有什么区别，凡是侵害他人的性的自主权的行为，都属于猥亵行为。在这个意义上说，《刑法》第237条中的侮辱妇女已经可以忽略不计了。另一方面，即使认为需要区分二者，二者也是完全同质的犯罪。既然完全同质，为什么强制猥亵就需要性的刺激或者满足的倾向，而强制侮辱就不需要呢？也就是说，既然是完全同质的，为什么对其中之一要增加主观倾向这一要素呢？我觉得没有理由。所以，捉奸时有迫使他人脱衣服或者不准他人穿衣服等猥亵行为的，还是可能认定为强制猥亵罪的。

学生：在《刑法修正案（九）》通过之后，还是有不少人包括立法机关的人认为，强制侮辱不同于强制猥亵。比如，他们举例说，在公共场合追逐、拦截妇女、偷剪妇女发辫、向妇女身上泼洒腐蚀物或者污物的，以及在公共场所露阴的，就属于侮辱妇女的行为。

张明楷：这种观点的问题太严重了。这是按照旧刑法时代有关流氓罪的司法解释来理解的，明显不当。例如，在公共场合追逐、拦截妇女的行为，被现行刑法归入寻衅滋事罪了，不能再归入强制侮辱妇女，否则，追逐对象不同就导致罪名不同，这就不合适。而且，如果按强制侮辱罪处理，还必须适用 5 年以上有期徒刑的法定刑，明显导致处罚畸重。偷剪妇女发辫与性没有关系，充其量只能认定为《刑法》第 246 条的侮辱罪。向妇女身上泼洒腐蚀物或者污物的，一般也只成立《刑法》第 246 条的侮辱罪，如果将衣服全部腐蚀掉了，使妇女身体裸露，当然就成立强制猥亵。而且，如果此时的对象是男性，也应当成立强制猥亵罪。在公共场所露阴的行为，如果不是强制他人看的，就是公然猥亵的，不成立强制猥亵罪。所以，现在被一些人归入强制侮辱罪里边的行为，要么是寻衅滋事罪，要么是《刑法》第 246 条的侮辱罪，要么可以归入强制猥亵罪，要么无罪。在此意义上说，《刑法修正案（九）》对《刑法》第 237 条的修改是很不成功的。

非法拘禁罪

案例一

甲家境富裕，但其向父母索要钱款时却屡遭拒绝，便设计了一场"绑架案"。甲向父母声称自己和妹妹乙都遭到绑架，需要30万元赎身。留下索要信后，甲找到正在上学的乙，声称兄妹二人被坏人跟踪，随即带乙"逃"到自己租住的公寓，进门后甲对乙声称，绑匪追上来了，不能回头，否则看到绑匪后就会被灭口。乙因此没敢回头，甲假装成绑匪，将乙蒙眼封口后拘禁。10分钟后，甲声称绑匪守在门外，兄妹无法脱身，并为乙松绑（造成乙手腕等处的淤伤）。24小时后，甲溜出，打两个电话给父母，一个是以绑匪名义催赎，一个是以自己名义"确认"绑架事实。甲在接收钱款时被捕。事后查明，公寓门并未上锁，乙如非出于恐惧，随时可以离开。

张明楷：这个案件并不存在绑架事实，只能讨论其他犯罪。

学生：甲对自己的妹妹不成立绑架吗？他事实上以实力控制了自己的妹妹。有人认为甲成立绑架罪，因为甲对乙的实力控制比较明显，造成乙手腕等处的淤伤；但考虑到发生在家庭成员内部，所以需报最高院在法定刑以下量刑。

张明楷：甲以欺骗的方法使乙误以为自己和甲均被绑架，并没有采用暴力、胁迫等方法。后来蒙眼睛也是一种欺骗方法，事实上也不是将乙当作人质，而是为了欺骗父母。所以，甲对乙不成立绑架罪，但可能认定非法拘禁罪。

学生：公寓门并未上锁，如果乙要出去还是可以出去的，这不影响非法拘禁罪的成立吗？

张明楷：采用恐吓、欺骗方法也是可以实施拘禁行为的。甲实际上是使用了恐吓与欺骗的方法，使乙不敢出门，所以，不影响非法拘禁罪的成立。

学生：甲对父母成立敲诈勒索罪与诈骗罪的想象竞合吧？德国会承认这两个罪的想象竞合吗？

学生：这个案件德国不会认定为敲诈勒索罪，因为甲并未声称自己可以控制恶害的发生。

张明楷：但甲曾经假装自己是绑匪，这就是敲诈勒索吧？以自己名义打电话才是单纯的诈骗。

学生：如果冒充过绑匪可以认定为敲诈勒索罪。

张明楷：这样的话，本案主要就是罪数的问题，即非法拘禁罪与敲诈勒索罪或诈骗罪是什么关系？

学生：至少成立两个罪，一个针对人身安全与自由的犯罪，一个针对财产的犯罪。

张明楷：在德国，非法拘禁罪与敲诈勒索罪或诈骗罪也可能成立想象竞合吧？

学生：德国实务中对一个行为的认定放得很宽，所以有可能认定为想象竞合。因为他们认为，一个意志决定的若干身体动作就是一个行为；甚至有判例认为，持刀连续扎伤两人的，成立一个故意伤害罪。

张明楷：日本可能不会认定为想象竞合，因为明显是两个行为。如果甲不拘禁乙，也可能声称自己被绑架。另外，在我们国家，如果行为人对两位被害人造成轻伤，认定为想象竞合显然是不合适的。

学生：我们国家可能认为非法拘禁与敲诈勒索或诈骗罪是牵连犯。

张明楷：有这种可能，即非法拘禁是手段行为，敲诈勒索或诈骗是目的行为。但是，我认为二者没有类型性的牵连关系，还是并罚合适一些。即使并罚也会判得比较轻，因为敲诈勒索或者诈骗罪只是未遂，可以从轻或者减轻处罚，非法拘禁的法定刑也比较轻。

案例二

甲没有钱用，知道自己的朋友乙家有钱，就跑到乙家盗窃。甲侵入乙家后翻箱倒柜，只找到 600 元钱，但甲误以为 600 元钱是假的，就扔到马桶冲走了。此时，乙家打扫卫生的小时工丙进入室内，甲就把丙捆绑起来。然后就让丙给乙打电话，把乙叫回来，想向乙要钱。乙回家后发现是甲，就骂甲没有出息，并让甲放开丙。甲乙二人吵起来，乙声称不放开丙就报警，甲就放开了丙（丙被捆绑 2 小时）。事后，乙报警。

张明楷：有人问这个案件中的甲是否构成绑架罪，我们先讨论对窃取 600 元钱的行为怎么处理。

学生：数额太小不能当犯罪处理。

张明楷：我觉得入户盗窃价值600元的财物，是可以认定为盗窃罪的。问题是，甲将找到的600元当作假币处理了，这一事实能否成为否认盗窃罪的理由？

学生：这可否说明甲对600元没有非法占有目的。

张明楷：将600元拿到手里时，可不可以说盗窃已经既遂？

学生：应当是盗窃既遂了。

张明楷：既然已经是盗窃既遂了，事后基于认识错误毁坏财物的，不影响盗窃罪的成立吧？

学生：如果从这个角度来说，甲入户盗窃既遂了。

学生：司法实践一般还是要入户盗窃接近数额较大时才认定为盗窃罪。

张明楷：如果要求入户盗窃接近数额较大才构成犯罪的话，入户盗窃的规定就没有太大意义了，因为只要降低盗窃罪的数额标准就可以了。所以，我一直主张入户盗窃等特殊盗窃不必接近数额较大的标准，就能够成立盗窃罪。

学生：我赞成对600元钱认定为入户盗窃既遂。

张明楷：那么，甲后来捆绑丙，并让丙打电话把乙叫回来的行为，是否成立绑架罪呢？

学生：甲是绑了人，但不成立绑架罪，因为甲并不是将丙当作人质。如果是将丙当作人质，甲就不会让丙给乙打电话叫乙回家。乙回家后，甲也没有要求乙给钱。甲对丙只是成立非法拘禁，如果使用了暴力，就可以认定为非法拘禁罪。

张明楷：我们以前讨论过一个案件：A 是被告人，他手持凶器到 B 家里去要钱，此时刚好 B 的弟弟 C 抱着小孩去了 B 家，A 就一把将小孩夺在手上，将凶器搁在小孩的脖子上，声称如果不给钱就要杀小孩。我们当时就讨论 A 的行为是抢劫还是绑架。

学生：老师当时的观点是主张定抢劫罪，不要定绑架罪。

张明楷：是的，当时出于各种考虑，觉得对 A 定抢劫罪是合适的。在德国会定 A 绑架罪吗？

学生：这要看情况，如果 A 形成了一种比较稳定的实力支配的状态，并且利用这种实力支配状态，应该是绑架。但如果很短暂、很迅速就结束的话，可能不会是绑架。

张明楷：在 A 的行为当时，B 家里有很多人，A 不可能形成比较稳定的实力支配状态。

学生：如果是这种比较迅速发展的局势，肯定还是抢劫。

张明楷：我们前面讨论的这个案件，虽然可以说甲比较稳定地以实力支配了丙，但难以认定甲将丙作为人质。在乙回家后，甲也没有对乙实施任何胁迫行为，也没有要求乙交付财物。所以，对甲的行为既不能认定为绑架，也不能认定为抢劫。

学生：这种情况如果认定是绑架罪，处罚就太重了。

张明楷：定非法拘禁罪还是可以的，与盗窃罪并罚。

绑 架 罪

脱逃的死刑犯乙被行为人甲绑架了，甲找死刑犯乙的家属索要 100 万元，声称如果给 100 万元，就放掉乙；如果不给 100 万元就把乙交给公安机关。后来，乙的家属给了甲 100 万元，甲将乙放走了。

张明楷：我在教材里讲过，利用合法行为也能成立敲诈勒索。同样，利用合法行为也能成立绑架罪。

学生：对，甲的行为成立绑架罪没有疑问。

张明楷：司法解释规定，行为人为了索要赌债而拘禁、扣押被害人的，只是定非法拘禁罪。但是，如果不是通常的赌债，还是要定绑架罪的。例如，云南发生过一起案件。几名行为人使用欺骗的方法与被害人赌博，导致被害人输了 300 万元，被害人写了一个欠条。然后，几名行为人把被害人关起来，并且对被害人家属说，被害人欠他们 300 万元，如果不还钱就要杀人。我觉得，这个案件要定绑架罪。问题是，前面诈赌的行为是否要另定诈骗罪？前面使用欺骗方法使被害人写了一个欠条，意味着被害人承担了债务，这肯定是骗取了财产性利益，即使没有后面的行为，也可以认定为诈骗既遂。如果认为对前面的行为不另定诈骗罪的话，有什么理由吗？

学生：前面是预备行为，因为绑架是以勒索财物为目的，行为人前面的行为就是为后面勒索财物服务的。

张明楷：这就涉及另外一个问题，绑架的人把财物勒索到手之后，是定两个罪还是定一个罪？定一个罪叫什么？在德国是不是就被吸收了？

学生：这种情况下在德国也可能是数罪。

张明楷：从我国《刑法》第239条的表述来看，应当是数罪。因为绑架行为与后面索取财物的行为，是两个不同的行为，而且，绑架罪的成立不以实施勒索财物的行为为要件。况且，这两个行为侵害的是不同的法益。例如，行为人以传播为目的走私淫秽物品，走私之后再把淫秽物品传播给他人的，这肯定是定两个罪，因为行为人不仅实施了两个行为，而且侵犯了两个法益。

学生：绑架罪与敲诈勒索罪侵害的都是财产法益。

张明楷：绑架罪规定在侵犯人身权利这一章，敲诈勒索罪规定在侵犯财产罪这一章，怎么可能都是财产法益？

学生：但是，感觉这种情形与走私淫秽物品后再传播不一样。

张明楷：你的意思是绑架罪可以归入财产罪。但在刑法将其归入侵犯人身权利罪，而且没有要求实施勒索行为的情况下，还是要认定为侵犯人身权利益，不能归入财产罪。如果刑法将绑架罪规定在财产罪中，肯定就不需要并罚了。德国没有将绑架罪规定在财产罪中，在德国这种情形是并罚的吧？

学生：我觉得大概率是并罚，因为没有什么理由说是一个罪。

张明楷：德国的吸收概念很宽泛，二者有可能存在吸收关系吗？

学生：吸收关系也不好说，因为一般来说是很常见的情形才认定为吸收关系，很难说绑架的时候都带着一个诈骗行为。

张明楷：我讲的不是云南那个案件，那个案件我觉得要认定为两个罪。我问的是绑架之后再勒索到财物这种通常的情形，在德国是否会认定为两个罪？

学生：绑架之后再勒索财物的话应该不会认定为两个罪。

张明楷：毕竟有重合的地方，如果定两个罪的话，主观内容可能进行了重复评价。但云南的那个案件还是要并罚。

学生：云南的那个案件是不是也可以不并罚？行为人让被害人打欠条时，本身就没打算向被害人主张这个债权，就是为了马上控制被害人，然后和家里索要 300 万元。

张明楷：你的意思是说，行为人对前面取得债权不存在非法占有目的？

学生：也不能说行为人没有非法占有目的，因为后面的勒索就是要实现债权。

张明楷：既然是这样，就不能只定一个罪了。

学生：我感觉前面的诈骗取得与后面取得的 300 万元实质上

是一个财产法益，将 300 万元的勒索所得又可以归到绑架罪中，所以只定一个罪。

张明楷：但是，在我国刑法中，诈骗罪的法定刑高于敲诈勒索罪的法定刑，绑架罪不能包含比敲诈勒索罪法定刑更高的财产罪的评价。因为绑架罪不考虑数额大小，也没有要求取得财物。因此，可以这样考虑，就是说，绑架之前诈骗财产性利益就已经既遂；后面利用这一点绑架被害人再勒索 300 万元时，可以不将行为人得到 300 万元这一结果评价在绑架罪中，而是与前面的诈骗罪一起评价为包括的一罪。这样的话，就比较合适了。否则的话，就让绑架罪一个评价包括了过多的内容，并不合适。

拐卖妇女罪

妇女乙居住在山区，家庭贫困，父母想让她嫁给同村的丙，但乙不愿意。为了摆脱贫困，乙联系上甲，要求甲将自己卖给外地的富裕男子，与之结为夫妻。甲按照乙的意愿，将乙带到外地的丁家。乙与丁见面后，双方均表示满意，甲从丁处收取 6 万元，后乙与丁登记结婚。

张明楷：我认为，如果妇女愿意自己被出卖给他人的，行为人不成立拐卖妇女罪。但是，很多学者批评我的观点，认为人不可以当作商品出卖。其实，在我看来，如果妇女本人同意被出卖的话，行为人的行为就根本不能评价为拐卖。当然，这里有一个如何表述事实的问题，表述的不同，给人们产生的感觉就不同。

学生：妇女不是商品，不能被出卖。如果在案件表述中使用的都是出卖这样的表述，人们就会认为行为人的行为属于拐卖妇女。

张明楷：其实，这里既可能是一个层面的问题，即妇女同意时能否将行为人的行为评价为拐卖？也可能存在两个层面的问题：第一是上例中的甲的行为是否属于拐卖妇女，即是否符合拐卖妇女罪的构成要件？第二是如果符合构成要件，乙的同意是否阻却违法性？

学生：只要行为符合拐卖妇女罪的构成要件，即使妇女愿意也不行。

张明楷：为什么愿意也不行？

学生：这要从更高位阶的宪法价值进行考量，宪法保护个人的尊严，即使妇女愿意，也侵害了其尊严。而且，拐卖妇女罪侵犯的不仅仅是个人利益。

张明楷：宪法所保护的价值并不当然是刑法所保护的法益；只有符合刑法规定的构成要件而且不具有违法阻却事由，才能认定为犯罪。即使认为拐卖妇女罪不只是保护个人法益，但如果个人法益没有受到侵犯，就不可能成立犯罪。

学生：确实是这样的，但是，人们一般认为，出卖妇女时，即使妇女愿意也侵害了她的个人法益。

张明楷：这个法益是什么呢？

学生：人的尊严。

张明楷：人的尊严太宽泛，需要具体化为经验的实在性，才能成为刑法的保护法益。许多犯罪都侵害了人的尊严，但我们并没有将法益表述为人的尊严，而是表述为生命、自由、名誉等等；反过来，许多在一般意义上讲的侵害人的尊严的行为，刑法并没有规定为犯罪。更为重要的是，什么叫拐卖？在妇女同意的情况下能否叫拐卖？当作一个层面的问题可能更合适。如果说是两个层面的问题，就会遇到一个障碍：既然拐卖妇女罪是侵犯公民人身权利的犯罪，为什么妇女的同意不阻却违法？

学生：因为拐卖妇女罪不只是保护个人法益。

张明楷：如果是这样的话，在妇女同意的场合，就没有侵害个人法益，只是侵害了公共法益，可是为什么与同时侵害个人法益与公共法益的普通拐卖妇女罪适用相同的法定刑？而且，不管怎么说，既然刑法将拐卖妇女罪规定在侵犯人身权利罪这一章，这表明人身法益是主要法益，公共法益只是次要法益。但二者不会是选择性法益，只有侵害了人身法益，才可能认定为犯罪。所以，以侵害了公共法益为由来说明这个问题，是相当勉强的。

学生：司法机关在认定拐卖妇女罪时，并不考虑妇女是否愿意。

张明楷：我认为并不是这样的，事实上，司法机关还是在区分是拐卖妇女还是介绍婚姻。这里的关键还是如何描述事实。如果从头到尾使用出卖这个动词，即使妇女愿意，也成了拐卖；如果不使用出卖这个动词，在妇女愿意的情况下，就不会是拐卖。例如，以前穷地方的妇女，由于交通不便，从来没有走出过那个村庄，就让经常在外面出差的行为人把自己带到什么地方找一个人结婚就行了，行为人将妇女带出去寻找合适的男方，然后从男方家里索要一笔钱。我这样表述，你们可能不会认为行为人构成拐卖妇女罪。如果我这样表述：穷地方的妇女，由于交通不便，从来没有走出过那个村庄，就让经常在外面出差的行为把自己卖给外地的某个男人，行为人就将妇女带出去寻找买主，找到买主后，将妇女卖给买主，从卖主那里获得非法报酬。这样一来，你们就会认为行为人构成拐卖妇女罪。

学生：是的。前一种情形是介绍婚姻，后一种情形是拐卖妇女。

张明楷：可是，二者的客观行为是完全一样的，只是你采用了不同的表述。

学生：如果卖的价格很高的话，还是可以评价为拐卖妇女的吧。

张明楷：问题是，你为什么说卖的价格很高，而不是说介绍费很高。这不是可以按价格高低判断的。如果不能出卖，以再低的价格出卖也是违法的。

学生：有人认为，即使出卖妇女时妇女表示同意，也是对妇女的侮辱。

张明楷：这样说就太不严谨了。拐卖妇女罪不是对名誉的犯罪，也不能说妇女不同意的，定拐卖妇女罪，妇女同意的就定侮辱罪。况且，被害人同意也是侮辱罪的违法阻却事由。比如，妇女同意吃粪便时，行为人将粪便塞入其口中的，也不成立侮辱罪吧。

学生：能不能说承诺无效？就像承诺杀人无效一样？

学生：这个和承诺杀人不一样，承诺杀人是一旦人死了就再也搞不清楚被害人当时是否自愿放弃。但拐卖可以反悔，拐卖的时候人是活着的，想反悔就反悔。同意了，就算不上什么拐卖。

学生：可不可以说，人的尊严是不可放弃的，所以，拐卖妇女时，即使妇女同意也成立本罪？

学生：这个问题在德国也有蛮大的争议，有人觉得尊严可以放弃，现在德国联邦宪法法院说尊严不能放弃。

张明楷：现实中，比如一个人装成一条狗，让另外一个人牵着自己在大街走，在德国也能见到吗？

学生：德国联邦宪法法院以前判过一个案子，就是那种侏儒在酒吧里谋生，表演一个节目，让正常人抓着侏儒扔过来扔过去，有人说这个是侏儒自己同意的，所以没有什么问题。但德国宪法法院还是认为，人性尊严不能放弃，这种行为仍然是违法的。

张明楷：定什么罪？

学生：定罪谈不上。这个问题现在在德国争议很大。但如果人家自己愿意放弃的话，国家没有理由管那么多吧。

张明楷：我刚才讲的那个人扮成狗，两只手趴在地上爬，让人家在他脖子上牵一个绳子，头上也打扮得像狗一样，这个人被当作一条狗在大街上牵着走。这是我在德国电视上见到过的。

学生：也许德国人认为扮成狗不是什么有损尊严的事情。

张明楷：我还是觉得，没有必要在违法阻却事由的层面讨论这个问题。也就是说，如果妇女愿意的话，就不能将对方的行为评价为拐卖妇女。

学生：广西曾发生多起越南女孩被拐卖事件。

张明楷：日本刑法规定的是买卖人口罪，要求通过对被害人产生物理或者心理的影响，能够左右被害人的意志，就是说，要求对人身的非法支配。在我们国家，也不能说只要有对价就是拐卖妇女。

学生：可能要分开讨论。妇女愿意嫁给有钱人的不能说拐卖妇女。但是，将越南妇女卖到广西的，情况可能不一样。因为在这种情况下，的确会对越南妇女形成控制。因为越南女孩嫁到广西，语言不通，容易被人控制。

张明楷：语言不通就是被人控制了吗？如果越南妇女确实愿意嫁给广西人，也不能说是拐卖吧。

学生：结婚之后，过了两年反悔想回越南也回不了。

张明楷：怎么会回不了？想回就可以回去。

学生：在当地有了小孩。

张明楷：因为这个原因就将行为人以前的行为评价为拐

卖吗？

学生：这个行为后续会造成一些结果。

张明楷：后续的结果跟前面的行为有什么关系？

学生：算不算利用妇女的处境？

张明楷：怎么是利用妇女的处境？有的还是妇女主动提出来把她"卖"到什么地方去。

学生：如果妇女不知道具体情况的话，她的处境就会导致她被人控制。

张明楷：我讲的妇女愿意不是讲抽象的愿意，而是具体的愿意。就是在了解具体情况的前提下，愿意与男方结婚之类的。如果妇女希望行为人把自己"卖"到外地去，但到了外地之后，妇女不喜欢男方，表示不愿意。行为人强行要将妇女卖给男方，或者不顾妇女的意愿卖给其他人的，当然属于拐卖妇女。

学生：如果妇女了解得很具体还表示同意，应该没有拐卖的问题。

张明楷：同意或者承诺本来是具体的。我们讲承诺的时候，一个条件就是不能超出承诺的范围，这显然是具体的承诺，哪有什么抽象的同意或者承诺？

学生：在没有受欺骗，了解得比较清楚的情况下做出的同意，应当是有效的。

张明楷：在这种情况下，所谓购买的人也不是在收买妇女，而是双方自愿结婚了。

学生：由于两人是金钱产生的关系，两个人的地位不可能平等，妇女会被当作奴隶。

张明楷：你这样说就太没有根据了。人家也可能说，男方好不容易找到一个妻子，没准当个宝。别说是妻子，就是一般人买的普通商品，也不会随意毁损吧。而且，出卖、收买行为与收买后的行为要分开，否则就不能理解刑法关于收买后实施强奸等行为需要数罪并罚的规定。如果妇女当初愿意，随后双方情愿结婚，妇女非常愿意待在男方家里，想上街就上街，想上课就上课，就不能说，妇女处于男方的支配之下。总的来说，如果妇女愿意或者同意，就难以将行为人的行为评价为拐卖。只不过这个同意的年龄是不是应当提高到18周岁？

学生：18周岁以上的同意没问题，14周岁以下肯定也没有同意的能力，问题只是14至18周岁之间。

张明楷：如果与《刑法》第234条之一联系起来考虑的话，最好将妇女同意的年龄确定为18周岁。

学生：这样的话，就与奸淫幼女的同意年龄不一致。

张明楷：没有必要要求一致，因为同意的事项不同，就可以提出不同的同意年龄。事实上，刑法中讲的未成年人的年龄原本就有区别，有的讲16周岁以下，有的讲18周岁以下，有的讲14周岁以下。

学生：那就这样确定了。

张明楷：不是确定了。这只是我们的看法，争议会永远存在。

拐骗儿童罪

甲要出国半年，但没有办法将几个月的小孩带出国，就把小孩送到乙家寄养。甲半年之后回国要把小孩带回家自己抚养的时候，乙采取各种手段不肯将小孩还给甲。甲只好报警。

张明楷：有人问，能否认定乙的行为构成拐骗儿童罪？

学生：乙为什么不将小孩还给甲？

张明楷：据说是对小孩很有感情了，所以希望自己抚养小孩。

学生：如果是这样的话，既不可能认定为非法拘禁罪，也不可能认定为拐骗儿童罪。

张明楷：如果说是拐骗儿童罪的话，就意味着拐骗儿童罪可以由不作为构成，好像有疑问。

学生：还是应该考虑一下甲的监护权这一法益，不能单从小孩本身去考虑。

张明楷：当然是要考虑。问题是，乙的这种行为是否符合拐骗儿童罪的构成要件？《刑法》第262条表述的构成要件是，"拐骗不满14周岁的未成年人，脱离家庭或者监护人的"，这意味着使儿童由没有脱离家庭或者监护人的状态改变为脱离家庭或者监护人的状态。这似乎意味着只有作为才能构成拐骗儿童罪。

学生：实践中还有这样的案件，就是参与解救儿童的人把儿童解救之后抱回家自己抚养，而不交还给监护人。

学生：这种行为应该可以评价为拐骗儿童，也就是从人贩子那里拐骗来之后自己抚养。

学生：人贩子那里是家庭或者监护人吗？

张明楷：事实上还是家庭或者监护人，只不过不是合法的监护人，只是事实上的监护人。

学生：这么说的话，参与解救的人还是可以认定为拐骗儿童罪。

张明楷：问题是，解救行为本身构成犯罪，还是后来不将解救出来的儿童交还给法定的监护人是犯罪？

学生：当然不能说解救行为本身是犯罪。

学生：如果参与解救的人一开始就是想自己抚养的，是不是可以将所谓解救行为评价为拐骗行为？

张明楷：如果从主观到客观认定犯罪，可能得出这样的结论。但是，如是从客观到主观就不能得出这样的结论，因为参与解救的行为本身就是合法的。当然，这里所说的参与解救，是指参与国家机关的解救，而不是所谓私自解救。如果是私自解救，然后自己抚养儿童，不交还给法定监护人的，还是可以认定为拐骗儿童罪的。

学生：比如，冒充公安人员解救儿童，实际上是为了自己抚养的，就是作为的拐骗儿童罪。

张明楷：这种情形没有疑问。我们现在讨论的是，行为人参与国家机关的解救行动，甚至行为人本身就是国家机关工作人员，其解救行为完全合法。如果是这样的话，将解救出来的儿童收归自己抚养，而不交还给法定监护人的，就跟前面讨论的那种情形一样了。

学生：还是不作为能否成立拐骗儿童罪的问题。

张明楷：有点类似于侵入住宅。严格地说，侵入住宅是从住宅外侵入住宅内，但是，我国刑法理论一直认为，在住宅内不退出的也属于侵入。我现在不赞成这种解释。拐骗原本是将儿童从监护人那里拐骗出来。现在的情形是，儿童本来就不在监护人监护之下，只是应当回到监护人身边，但行为人就是不让儿童回到监护人身边。所以，两者的情形很相似。如果像通说那样，认为不从住宅退出也是侵入，那么，不将儿童还给监护人也是拐骗。但我对此存在疑问。

学生：虽然拐骗儿童罪的法益是监护权，但监护权本身还是为了保护儿童的权益。所以，归根到底要看儿童是否愿意与行为人共同生活。如果参与解救的人抚养儿童，儿童也愿意，就不要以犯罪论处。如果儿童不愿意，但行为人强行抚养儿童，则可以考虑追究法律责任。

张明楷：有的儿童很小，既不认识父母，也不会说话，你的这个标准没有现实意义，或者说没有可行性。只有当儿童十几岁以后，才有这种可能性。但是，也不能仅考虑儿童的权益，母亲十月怀胎也不容易，父母要对自己的孩子享有监护权。不考虑监护权，也是不合适的。

学生：我是想说，如果儿童要求回家，但行为人不让儿童回家的，可以认定为非法拘禁罪。

张明楷：如果我们所讨论的案件中，行为人对儿童有非法拘禁行为，当然可以认定为非法拘禁罪。问题是，几个月或者一岁多的小孩，已经习惯于与行为人一起生活时，行为人根本不需要对儿童实施拘禁行为。在这种场合，行为人不将儿童交还给父母的，应当如何处理？

学生：如果不承认拐骗儿童可能以不作为构成，就无法定罪了。

张明楷：我们讨论的这个帮助甲抚养了半年小孩的乙，如果国家机关介入后，乙将小孩还给了甲，不定罪也是可以的。事实上，类似的情形并不少见。例如，A 与 B 离婚后，法院判决小孩由 B 抚养，同时小孩也偶尔到 A 那里住一两天。后来，A 不让小孩回到 B 那里。无论如何都不可能认定 A 的行为构成犯罪。

学生：这个明显不一样。

张明楷：是不一样，但 B 是法定的监护人，A 不是监护人时，从法律上说，实际上也是一样的。问题是，在我们讨论的案件中，如果公安机关介入后，乙仍然想方设法不将小孩还给甲的，应当如何处理？我觉得只能看乙后来实施了什么行为，后来的行为是否构成犯罪，如是否构成妨害公务罪，而不宜将单纯不归还儿童的行为认定为拐骗儿童罪。

学生：说拐骗可以是不作为，的确难以让人接受。

张明楷：我前几天看到了这样的案例：甲是一个医院妇产科的护士，她协助医生对一个孕妇实施引产手术，当时发现孕妇已经怀孕8个月，甲根据自己的工作经验判断引产下来的婴儿可能是活体。甲的表哥结婚后无子女，经甲询问后其表哥表示愿意抚养这个婴儿。手术后医生和孕妇都以为小孩是死体，甲私自把小孩救"活"，送给表哥抚养。后来孕妇知道自己的婴儿没有死就去报案。公安机关把甲抓了，最后法院定拐骗儿童罪，判处2年有期徒刑。法院的判决有道理吗？甲私自把婴儿救活后，谁是婴儿的监护人？

学生：母亲已经把婴儿抛弃了，不能认为是婴儿的监护人。

张明楷：孕妇是以为婴儿已经死了才抛弃的。从时间上看甲不可能是手术后很久才把婴儿救"活"的（使其独立呼吸），这时小孩的监护人是谁？是护士还是母亲？

学生：婴儿是人不是物，肯定不能按先占取得，还是要看血缘关系，监护人还是母亲。

张明楷：即使监护人仍然是婴儿的母亲，我觉得这种案件不定罪也是有理由的。我们先来看看定罪有什么理由？无非是说，母亲没有放弃监护权，护士没有把真相告诉母亲，向其隐瞒了婴儿存活的事实，让母亲放弃了监护权、抚养权。可是，如果母亲想抚养婴儿的话，当初为什么要引产？至少在甲看来，母亲是不愿意抚养婴儿的。而且，如果甲不是为了其表哥抚养的话，她也不会让小孩活下来。如果从这个角度来说，即使认为甲客观上实施了拐骗儿童的行为，她主观上根本就没有拐骗儿童罪的故意。

学生：母亲其实是通过自己要求做引产手术的行为表示了对婴儿的放弃。另外，可不可以用违法性认识错误来出罪？

张明楷：如果在责任层面，仅从故意的角度来说就可以了。就是说，甲以为母亲放弃了婴儿的抚养权，所以就将其交给其表哥抚养。所以，对这个案件中的甲，不应当以拐骗儿童罪处理。

有度

一切皆有法　一切皆有度

刑法的私塾（之二）下

张明楷 编著

北京大学出版社
PEKING UNIVERSITY PRESS

第十一堂

侵犯财产罪

财产犯罪的保护法益

案例一

被告人 A 嫖娼后，声称忘了带钱，拒不向被害人 B（卖淫女）支付嫖资。B 要求 A 将手机质押给自己，交付嫖资后再将手机还给 A，于是，A 就将手机交给 B。两人一起离开宾馆后，A 拿出随身携带的折叠刀将 B 刺伤后（轻微伤），把手机拿走。

张明楷：这个案件的处理主要涉及财产犯罪的保护法益。

学生：老师，本权说中的"本权"是指什么？

张明楷：本权指所有权以及其他合法的财产权利，包括合法占有的权利，旨在将非法占有排除在外。按照"占有说"的观点，民法上的非法占有等权益也可能在刑法上受到保护。例如，乙盗窃来的财物，甲不能再去盗窃吧。在德国，如果甲盗窃了乙从丙那里窃取的财物，肯定成立盗窃罪吧。

学生：肯定成立盗窃罪，但是在德国，盗窃罪是对所有权的犯罪。在这种场合，德国刑法理论与判例认为，甲实际上侵犯了原所有权人即丙对财物的所有权。再如毒品，毒品的所有权是不能通过民事法律行为取得的，但是可以通过事实行为取得。我自己加工出来的毒品，所有权由我取得，这是民法承认的所有权。但是，这个毒品不论经过多少次买卖，所有权都是不可能转移的，因为是无效的民事法律行为，因此，如果在甲卖给丙、丙卖给乙、乙卖给丁后，该毒品被盗窃的，盗窃犯侵犯的仍然是甲的所有权，而不是后面那个买家的所有权。也就是说，虽然制造毒品本身是犯罪，但是毒品的所有权还是可以取得的，当然只能基于事实行为取得。普通的财产所有权也可以通过事实行为取得，比如我自己生产了一个桌子，我对桌子有所有权。但在转移方面，桌子以及其他财物与毒品是不一样的。如果我出卖了桌子，桌子的所有权就转移了，但是毒品的所有权是不能转移的。德国也有一些学者抨击所有权说，认为这种所有权说所保护的是一个虚的不能再虚的东西，没有什么实质意义，因为连毒品的所有权人自己都不知道自己的毒品后来转移到谁的手中、是否还存在，刑法却还在保护它。

张明楷：德国的这种观点与我们国家传统理论所说的盗窃毒品侵犯国家的所有权的观点，具有相似之处。我们国家的传统理论没有说是谁对毒品享有所有权，而是说毒品是国家应该没收的，所以国家享有所有权。如果从所有权说的角度来说，我觉得我们国家的传统理论的解释比德国的解释还好一点。但是，不管怎么说，采取所有权说是解释不通的。比如，在德国，既然认为毒品不论经过多少次买卖，所有权都是不可能转移的，那就表明，他人对毒品的所有权是不可能受到侵害的。既然如此，刑法有必要保护毒品的所有权吗？更为重要的是，在乙窃取了丙的财物后，甲再盗窃乙所窃取的财物的，仍然是甲的行为侵害了丙的所有权，也是有疑问的。在这种情况下，丙的所有权已经被乙侵害了，即使甲再次侵害，也只是间接侵害，似乎类似于国外刑法规定的赃物罪，而不是直接侵害。所以，乙的侵害与甲的侵害存在明显的区别，用所有权来解释肯定存在问题。

学生：德国有些学者认为盗窃罪的保护法益是所有权，但也有一些学者认为盗窃罪的保护法益是所有权和占有，判例也承认占有是盗窃罪的保护法益。

张明楷：在甲盗窃了乙所窃取的丙的财物的场合，就直接说甲的行为侵害了乙对财物的占有就可以，没有必要绕一个大圈。例如，被害人的一件财物被盗之后不断地再被盗，按照德国的所有权说，被害人的所有权受到 N 次侵害，可以要求多少人赔偿多少次？比如，被害人的财物被 A 窃取之后，后又被 B、C、D 等人再次盗窃，被害人除了要求 A 赔偿之外，是不是还可以请求 B、C、D 赔偿？这在民法上能讲得通吗？

学生：在民法上，被害人只能请求 A 赔偿，不能请求 B、C、D 赔偿了。

张明楷：既然在民法上都不能要求 B、C、D 赔偿了，凭什么说他们侵害了被害人的财产所有权呢？我国《刑法》第 64 条规定，违法所得的一切财物应当予以追缴或者责令退赔。按照所有权说，如果 A 窃取被害人财物之后，原物已经不存在了，A 就应该赔偿给被害人。如果事后查明 B 窃取了该财物，B 不会对 A 进行赔偿，因为 B 对该财物没有所有权，但是，司法机关也必须从 B 处追缴该财物，追缴后应当返还给被害人。于是，被害人可以得到多重赔偿和返还。由此可见，所有权说在我国司法实践中的运用还是有障碍的。

学生：德国的追缴制度和我国的还不太一样，在我国运用所有权说存在很大问题。

张明楷：但是我们国家的通说还是所有权说。

学生：日本有一种观点认为财产犯罪的保护法益是平稳的占有，什么叫平稳的占有？老师您刚说的，盗窃犯对所盗财物的占有还是受到刑法保护的，但是这种占有相对于被害人来说，是否还受到刑法保护？

张明楷：平稳占有，是指大体上具有合法外观的占有。按照平稳占有说的话，如果盗窃犯已经长时间占有了所盗财物后，也不允许被害人采用盗窃的方式取回财物。在这个问题上所考虑的是财产权利的保护与法秩序之间的协调关系。如果说权利人可以为所欲为，民法也没有存在的必要了。所以，平稳占有说认为，如果盗窃犯的占有已经很平稳的，被害人就只能通过法律手段解决。可以这样认为，如果被害人取回财物的行为不符合正当防卫、自救行为等违法阻却事由的条件时，平稳占有说就会主张被害人窃回财物的行为仍然构成盗窃罪。

学生：可是，被害人是有取回自己财物的权利的。

张明楷：当然，被害人有取回自己被盗窃财物的权利，问题是被害人有没有盗回自己财物的权利。我感觉，平稳占有说在财产权利的保护与法秩序之间，略微重视法秩序，当然这个秩序也是财产秩序，而不是抽象的社会秩序。我的理解不一定准确。

学生：平稳占有说在日本处于什么地位？

张明楷：有的书介绍说，平稳占有说是多数说；不过，即使是持平稳占有说的人，也可能对平稳占有作出了不同的判断。不少人还是认为，如果被害人取回财物的，即使采取了盗窃的方式，也不构成盗窃罪。比如，甲盗窃了乙的财物后，乙窃回该财物的，不构成盗窃罪。但是，如果第三者丙盗窃该财物的，则成立盗窃罪。

学生：为什么盗窃主体不同，法益就改变了呢？

张明楷：不能说法益改变了，是说盗窃主体不同，行为是否侵害了法益的结论就不同了。这里有两个方面的考虑：其一，乙是享有本权的，可以与甲的占有对抗。而且，刑法原本就要保护乙的财产，在此问题上，乙处于更为优越的地位。通过法益衡量，就可以得出乙的行为不构成盗窃罪的结论。所以，许多学者不赞成平稳占有说。其二，为什么第三者丙盗窃了甲窃取的财物之后，要认定为盗窃罪呢？一方面，丙原本就不享有任何财产权利，相对于甲而言，并不处于更为优越的地位。另一方面，甲在盗窃了乙的财物之后，就同时产生了将财物返还给乙的义务。如果丙盗窃了甲所盗窃的财物，就导致甲不能将财物返还给乙。所以，甲的非法占有相对于无关的第三者而言，仍然是值得刑法保护的利益。

学生：在上例中，如果乙盗回自己的财物后，又向甲索赔的，应当怎么处理呢？

张明楷：当然构成诈骗罪，而不是前面的行为构成盗窃罪。

学生：乙侵入甲的住宅盗回财物的，如果不成立盗窃罪，是否成立侵入住宅罪呢？

张明楷：这就要看是不是符合紧急避险或者其他违法阻却事由的条件，还要看侵入住宅罪的保护法益是什么。

学生：如果这样说的话，被告人非法经营出租车业务，交警部门依法扣押其车辆后，被告人将车辆盗回来的，按照本权说就不构成盗窃吗？

张明楷：不是按照本权说就不构成盗窃罪，而是说按照德国的所有权说以及德国的刑法规定不构成盗窃罪，因为德国刑法对这种行为规定了另一个罪名。如果采取所有权说，也可能认为，被告人的这种行为在我国也不构成盗窃罪，而是构成非法处置查封、扣押、冻结的财产罪。但是，即使采取所有权说，由于我国《刑法》第91条第2款有特别规定，也完全可能认为，被告人的车辆此时"以公共财产论"，所以，在刑法上车辆的所有权属于交警部门，而不是属于被告人。这取决于你如何理解《刑法》第91条第2款的规定与民法相关规定的关系。我是主张认定被告人的行为构成盗窃罪的。按照本权说，由于交警部门依法扣押车辆，属于合法占有，所以被告人盗回车辆的行为仍然构成盗窃罪。德国有许多人主张盗窃罪的保护法益是所有权，一个重要原因是德国刑法在盗窃、抢劫等传统的财产罪之外规定了一些保护占有的其他罪名，尽管如此，还是有不少学者主张盗窃罪的保护法益是占有。在我国刑法缺乏保护占有的罪名的情况下，如果采取所有权说而不是占有说，会导致出现大量处罚漏洞。

学生：我们国家《刑法》第 91 条第 2 款的规定，是否意味着司法机关扣押的财物都是公共财产，所有权就变成国家所有？

学生：扣押还不能涉及所有权吧。公安机关在办案的时候，有时候要扣押一些物证什么的，能说所有权就归国家了吗？比如行为人违章停车，汽车被拖走时，也是一种扣押，但不能说国家就有所有权了，因为去交了罚款还是能赎回来的。

张明楷：既然以公共财产论，在刑法上就不是私人所有的财产，《刑法》第 91 条第 2 款就是这么规定的。主要是你脑子里只有民法上的所有权概念，《刑法》第 91 条第 2 款的规定要求我们在定罪量刑时，将司法机关依法扣押的私人财物视为公共财产来处理。至于财产最后如何处理，当然还是根据民法的规定，该返还的就返还。这二者并不矛盾。

学生：本权说不保护非法的占有，但保护合法的占有，占有说则会保护非法的占有。

张明楷：我们前面的嫖客抢回质押的手机案，就涉及这个问题。

学生：按照所有权说，A 抢回手机的行为肯定不成立抢劫罪。

张明楷：是的。一方面，在民法上，手机仍然归 A 所有；另一方面，《刑法》第 91 条第 2 款的规定与这种情形也无关，不可能适用该款的规定。

学生：按照本权说，A 的行为也难以成立抢劫罪吧？

张明楷：问题是，B 占有 A 用于质押的手机是合法还是非法？如果是合法的，按照本权说，A 的行为也成立抢劫罪；如果是非法的，按照本权说，A 的行为就不成立抢劫罪了。

学生：按照占有说，A 的行为就成立抢劫罪了吧？

学生：也不一定吧。

张明楷：如果说不一定的话，问题出在哪里？

学生：因为 A 并不是一个第三者，而是所有权人，他是可以与 A 对抗的。

学生：这样的话，对被害人也太不公平了吧。嫖娼之后不给钱，质押手机后抢回来还不构成犯罪？

学生：卖淫是不合法，但是，如果 A 支付嫖资后又将嫖资抢回来的，难道不构成抢劫罪吗？

学生：这肯定构成犯罪，因为现金是谁占有谁所有。在 A 将嫖资支付给 B 后，现金就由 B 占有且所有。但是，手机这种特定物不一样。

学生：但是，A 抢回的钱就是他给 B 的嫖资，一点变化都没有啊。

学生：不管怎么说，特定物与现金还是不一样对待的。

张明楷：这种不一样对待，看上去很有道理，实际上显得很不公平。我想问的是，在 A 与 B 均不合法的情况下，是否可以考虑谁处于更为劣势的地位呢？然后通过法益衡量，判断 A 的行为是否构成抢劫罪。因为我们通常说，黑吃黑也是犯罪，我们讨论的这个案件，也可以说是黑吃黑吧。

学生：相比之下，A 对自己的权利处于更为劣势的地位吧。

张明楷：如果 A 当初不给 B 钱，也不交付手机，A 当然不构成犯罪。但是，既然 A 将手机作为质押物交给了 B，B 的占有大体上就有了一定的理由，那么，A 抢回手机有没有理由呢？

学生：有啊，因为手机是他的。

张明楷：如果你们都同意这个说法，对 A 就不可能认定为抢劫罪了。但是，如果采取没有任何限定的占有说，A 的行为还是成立抢劫罪的。甚至采取平稳占有说，也可能认为 A 的行为成立抢劫罪，因为 B 的占有在外观上还是合法的。

学生：如果对 A 的行为不定抢劫罪，与我的法感情有点抵触。

张明楷：但是，如果定抢劫罪的话，是否意味着刑法必须保护由非法交易产生的债权债务关系？这也不合适。而且，我们前面说，第三者丙窃取甲所盗窃的乙的财物时，之所以要保护甲的非法占有，是因为甲有义务将财物返还给乙，在此意义上说，也是为了更好地保护乙的财物。所以，在 A 抢回手机的案件中，A 不是第三者而是所有权人，B 甚至有义务将手机返还给 A。既然是这样，就难以认定 A 的行为构成抢劫罪。

学生：A 没有造成轻伤，也不能认定为故意伤害罪。

张明楷：这也是一个问题。如果造成了轻伤，认定 A 构成故意伤害罪，大家对处理结局会比较满意，如果没有造成轻伤就不好办了。我国关于故意伤害罪的司法惯例，经常导致被告人要么无罪要么重罪。另外一个原因是，我国刑法没有规定暴行罪。没有规定暴行罪，又对伤害程度要求太高，必然导致要么无罪要么重罪的局面，因而必然导致处罚漏洞。在其他国家，不仅有暴行罪，而且对伤害罪中的伤害程度要求并不高。按理说，在刑法没有规定暴行罪的情况下，就应当对伤害程度要求低一点，可是，我们对伤害程度的要求太高。所以，明显不合适。其实，从《刑法》第 234 条第 1 款的文字表述来看，故意造成任何伤害的，都能构成故意伤害罪，现在的局面主要是司法习惯造成的。

学生：最近看到一个案例：甲工人在建筑工地负责塔吊的管理维护，塔吊是别人的，施工完了之后塔吊仍然在建筑工地。甲是临时工，完工后就被解聘了。甲就欺骗他人说，这个塔吊是我的，原本价值 14 万元，可以便宜卖给你。甲就以 6 万元的价格将塔吊卖给他人。工地上的其他人也不清楚塔吊是谁的，看着买方把塔吊搬走了。老师，您觉得这个案子怎么定？

张明楷：这显然是盗窃和诈骗的竞合。诈骗罪的被害人是购买者，诈骗数额只能定 6 万元；盗窃罪的被害人是塔吊的所有者，盗窃数额应当是 14 万元。

学生：甲负责塔吊的管理维护，已经占有了塔吊，还能构成盗窃吗？

张明楷：甲不可能占有塔吊，他充其量只是占有的辅助者。

学生：有律师说这是无权处分，所以不构成犯罪。

张明楷：我也听到有的民法学者这么说过。比如，之前我们讨论过的案件：被告人谎称被害人屋前屋后的树是自己的，然后卖给第三者。有位民法学者说，这不就是无权处分嘛，把卖的钱给被害人就可以了。我就问，杀人不也是侵权行为嘛，赔钱就可以了吗？所以，不能直接以某种行为属于民法上的无权处分、不得当利、侵权行为等，就否认犯罪的成立。你们不要讨论什么刑事诈骗和民事欺诈的区别、合同诈骗和合同纠纷的区别这样一些假问题；需要讨论的只是案件中的行为是否符合构成要件、是否具有违法阻却事由以及是否具有责任。

案例二

有一种用于建房的大型机械设备，600万元一台，一般采取分期付款的方式购买。甲公司生产、销售这种机械设备，乙公司分期付款购买，分12期付清，每期付50万元。后来乙公司资金链断了，拖欠了两期，甲公司多次催告乙公司付款，但乙公司不予理会。在还款催告不理的两个月后，甲公司的副总经理找到丙付债公司签订了一份合同，内容是：甲公司向丙公司支付3万元，丙公司在法律许可的范围内采取及时有效的手段把这台机械设备从乙公司追回来。丙公司派了6个人到乙公司的工地，工地上只有一位老人在看守，丙公司的人将老人骗到守夜小房屋后，

将老人反锁在里面（锁了 10 分钟），把机械设备拖走后交给甲
公司。

学生：有人托我问一下，丙公司的人员构成什么罪？

张明楷：这个案件的定罪有什么问题吗？

学生：检察院觉得认定为抢劫罪的话，数额太大，要处 10
年以上有期徒刑或者无期徒刑，因而不合适。

张明楷：分期付款时，机械设备的所有权在谁那里？

学生：在甲公司，一般是所有权保留。

张明楷：如果是这样的话，不定罪也是可能的。

学生：按照您的观点，乙公司对机械设备是合法占有的，即
使是所有权人盗窃也构成盗窃罪啊。

张明楷：采取占有说，认为占有本身值得保护时，不是说所
有权及其他本权就不值得保护。根据约定，乙公司分 12 个月将
600 万元付清，假如乙公司每个月都按期支付 50 万元，甲公司将
机械设备盗窃回来的，当然要认定为盗窃罪。但现在的事实不是
这样的。有两个路径可以说丙公司的人员不构成犯罪。第一是，
乙公司不按规定付款，其对机械设备的占有不再是合法的，而是
非法的。这样的话，乙公司对机械设备的占有就不能与甲公司对
抗。而丙公司是替甲公司追回机械设备的，所以，丙公司的人员

不成立抢劫罪。

学生：估计分期付款的合同就有相关的内容。

张明楷：第二是，认定丙公司是帮助甲公司行使权利。第二点的实质与第一点是一样的，只不过表述不同而已。因为如果乙公司的占有是合法的，丙公司就不可能是行使权利。

学生：但是检察院觉得不定罪也不合适。

张明楷：由于刑法分则总是有数额、时间、次数、情节等量的要求，我们国家总是遇到这样的问题，要么无罪要么重罪。如果在国外，完全可以认定丙公司的 6 个人构成非法拘禁罪。

学生：只有 10 分钟啊。

张明楷：在国外，非法拘禁 10 分钟完全可能构成犯罪。我们的司法解释要求 24 小时，所以就没有办法了。不过，就这个案件而言，不定罪也没有什么不合适的。

学生：如果这个案件发生在德国，也不会认定为抢劫罪，但可能认定为强制罪。

张明楷：德国的抢劫罪、盗窃罪是对所有权的犯罪，本案的行为显然没有侵害所有权。

学生：关键是行为人享有合法权利，没有非法占有目的，行为人的占有目的是合法的。

张明楷：因为是行使权利，所以其目的是合法的。行使权利是从客观上讲的，没有非法占有目的是从主观上讲的。现在中国讨论非法占有目的时，对其中的"非法"的理解存在两个极端：一是完全不考虑是否非法，二是对非法解释得过于严格。

学生：在司法实践中，只要事出有因全都是合法的。

张明楷：杀人都是事出有因的，有几个人是没有原因滥杀无辜的？事出有因只是动机问题，不决定行为是否非法。

学生：有人认为，在乙公司不付款的情况下，甲公司应当通过法律渠道、司法手段去解决，私自将设备取回来，就属于具有非法占有目的。该怎么回应这个说法？

学生：非法占有目的中的"非法"是按照民事法律关系判断，不是根据程序意义上的非法进行判断的。

张明楷：所谓的权利行使，就是从实体上说的，而不是从程序上说。在行为人行使权利时，所要求的只是行使权利的行为本身不得触犯其他罪名，比如，不得通过非法拘禁手段讨债，但这是另外一回事。

学生：关键是这个案件的行为人仅将被害人拘禁了 10 分钟后，不能认定为非法拘禁罪。

张明楷：不能因为不构成非法拘禁这个轻罪，就认定为更重的抢劫罪。

财产犯罪的对象

案例一

啤酒厂为了促销，在部分啤酒瓶盖的里面印有获奖标记，如果购买了瓶盖上有获奖标记的啤酒，就凭瓶盖兑奖。甲将啤酒厂兑奖后收回的瓶盖盗走。如果甲再兑奖，可以获得5000余元的奖品。

张明楷：我们以前的通说都认为，财产罪中的财物必须具有价值，但其中的价值不仅包括积极的价值，而且包括消极的价值。比如说银行收回的破损的货币，这个案例讲的啤酒厂已经兑换过的啤酒瓶盖，对银行和啤酒厂来说已经没有什么用处了，但是，如果落入他人之手的话，他人便可以利用这个破损的货币或啤酒瓶盖。因此，这种破损的货币与啤酒瓶盖是刑法上的财物。事实上，一直有人反对这个观点。因为被告人盗走的破损的货币或者啤酒瓶盖，原本就没有价值；将这种行为认定为盗窃罪，无非是为了防止行为人利用它实施诈骗行为；但是，不能为了防止他人诈骗，就将窃取没有价值的物品的行为认定为盗窃罪。换句话说，被告人的行为充其量只是诈骗罪的预备行为，但这种行为是不可罚的，因而只能宣告无罪。也可以说，当行为人只是盗窃了破损的货币或者啤酒瓶盖时，被害人没有财产损失；只有当行

为人下一步实施了诈骗行为时，被害人才会有财产损失。如果没有财产损失的话，怎么能认定行为人构成盗窃罪呢？德国是否讨论这个问题，理论上持什么观点？

学生：真没有看到过这方面的讨论。

张明楷：不过，我们在讨论盗窃罪的时候，也没有将财产损失作为一个构成要件要素。如果说盗窃罪也有财产损失，只是意味着被告人将他人占有的财物转移为自己或者第三者占有。除此之外，并不再要求其他财产损失吧。

学生：盗窃罪是针对个别财产的犯罪，不是对整体财产的犯罪。被害人用 10 万元购买了花瓶，被告人盗走花瓶时放了 10 万元现金在现场时，也叫盗窃。

张明楷：对啊。因为盗窃不是对整体财产的犯罪，所以，只要转移了占有就是盗窃既遂，不需要被害人在整体财产上有损失。我在给公检法讲课时，很多人都不能理解这叫盗窃。

学生：被害人不想要 10 万元钱，人家想要的是花瓶啊。

张明楷：有一次我在一个检察院讲课，我拿着手机说：比如我这个手机是花 2000 元在国外买的，被告人知道后，趁我出门时，将 2000 元现金放在我桌子上，把我手机拿走了，这叫盗窃。下面听课的人后来追问：如果被告人放 2 万元在桌子上呢？我说：放 20 万元也叫盗窃！大家都不能理解。我就只好换一个例子来说明：甲的妻子与乙通奸，于是甲强奸了乙的妻子，能够抵消吗？当然不能。被告人放 2 万元、2000 元在我桌子上，既不违反我的意志，也不违反他的意志；可是，他把我手机拿走是违反我的意志的。尽管如此，他们还是难以接受。因为他们脑子里就没有对个别财产的犯罪与对整体财产的犯罪的概念。

学生：老师，对盗窃啤酒瓶盖的案件认定为盗窃罪的话，盗窃数额应该如何计算，是这些瓶盖作为金属废品的价值还是可以兑奖的数额？

张明楷：这是中国特有的问题。显然不是废品的价值，如果说是废品的价值，就是积极的价值而不是消极的价值了。所以，如果要认定为盗窃罪，还是应当按兑奖数额来认定。盗窃银行破损的货币也存在这样的问题。如果拿破损的货币到银行兑换是有兑换规则的，就按兑换规则计算盗窃数额。

学生：如果被告人盗走之后自己销毁了，被害人的确连财产损失的危险都没有了。

学生：所有人自己是可以销毁的，但这并不代表其他人可以盗走啊。

张明楷：破损的货币与啤酒瓶盖肯定是他人占有的有体物，这是没有疑问。关键是这种只有消极价值的有体物，能不能直接作为财产罪的对象。日本还有一个判例：行为人以他人名义在银行里开了一个账号、获得了一个存折，法院认定为诈骗罪。诈骗的行为对象就是存折本身，存折是有体物，不需要考虑存折本身值多少钱。如果不讨论数额，支持判决的人可以说，被告人不是真正的名义人，如果银行知道真相就不会给你开账号，就不会给你一个存折。但是反对判决的人会说，银行不会有财产损失，如果行为人用这个存折存钱取钱，银行怎么会有损失呢？如果行为人利用这个存折实施诈骗等犯罪行为，那是另外一回事。在后一种观点看来，将窃取仅具有消极价值的有体物认定为盗窃罪，以及将骗取银行存折的行为认定为诈骗罪，都只是为了防止行为人进一步实施其他犯罪，处罚过于提前了，因此不合适。

学生：这种观点也有道理。

张明楷：如果说在盗窃罪中，转移了物体的占有就是财产损失，那么，盗走破损的货币与啤酒瓶盖，就已经造成了财产损失。关键还是如何理解财物的价值这一问题。财物有没有价值以及数额是多少是两个不同的问题。事实上，只要被害人不会无偿转移给其他人的东西，对于被害人来说，至少是有主观价值的。所以，我们可不可以说，破损的货币与啤酒瓶盖也是有主观价值的？

学生：主观价值是说没有交换价值但对法益主体来说是有使用价值的，但是，破损的货币与啤酒瓶盖对于银行和啤酒厂也没有什么使用价值。

张明楷：使用价值不一定要限定于积极利用的价值，防止他人利用是不是也可以评价为具有使用价值？我的意思是，如果能将消极的价值评价为对于法益主体来说具有主观的价值，就可以解决这个问题。

学生：使用是否包括不让他人使用？

张明楷：就是说，不让他人使用是否属于自己在使用？

学生：不让他人使用不等于自己在使用吧？

张明楷：你这是从物理上、自然意义上作出的判断。如果从规范的角度来说，我占有的东西我防止其他人使用，对于我来说还是具有主观价值的吧。实际上，在日本，许多有关盗窃罪的判例，法官所重视的并不是有体物本身，而是有体物具有或者体现的财产性利益。例如，盗窃载有商业秘密的一张纸的行为，也会认定为盗窃罪，但如果盗窃一张白纸，则不会认定为盗窃罪。如果被害人事实上不再使用这个商业秘密，但又不想让别人使用时，盗窃这张纸的行为，在日本也会被认定为盗窃罪的。

学生：破损的货币与啤酒瓶盖，就相当于自己不再使用但又不让别人使用的商业秘密。

张明楷：我也是觉得对于盗窃破损的货币与啤酒瓶盖的行为，应当认定为盗窃罪，只是如何说理的问题。要么认为，这类财物具有主观的价值，要么认为财物的价值包括消极的价值。感觉在这个问题上，与债务的增加有相似之处。事实上，如果行为人盗走了啤酒瓶盖，啤酒厂的兑奖义务就增加了。在这个意义上说，啤酒厂实际上增加了债务，即使在转移占有之外还要求财产损失，也可以是说啤酒厂遭受了财产性利益的损失。既然如此，说啤酒瓶盖没有价值，反而难以被人接受。

学生：老师，如果行为人盗窃啤酒瓶盖后又兑换了奖品的话，是不是就只评价为一个诈骗罪了？

张明楷：这就是包括的一罪了，因为被害人最终只有一个财产损失。

案例二

　　2008 年 6 月至 2009 年 8 月 17 日，被告人周某采用向他人计算机界入 Pcshare 计算机病毒远程控制他人计算机的手段，盗取他人"面对面 365"网络游戏的游戏金币，并通过网络销售获利 7 万余元。案发后，周某退回赃款 2 万余元，公安机关追回赃款 4700 元。一审法院以盗窃罪判处周某有期徒刑 11 年，并处罚金 1 万元。

　　学生：一审法院的定罪量刑在当时应当没有问题。

　　张明楷：但是，周某上诉后，二审法院的终审判决指出："上诉人周某采用非法向他人计算机输入木马程序远程控制他人计算机的手段，盗取他人计算机储存的网络游戏金币，并出售牟利，由于游戏金币作为虚拟财产无法准确估价，且现有证据不能确定周某非法获利的数额，原判认定其行为构成盗窃罪的定性不准，导致量刑不当……周某盗窃的网络游戏金币属于计算机信息系统数据，且其累计作案达 200 余次，情节严重，其行为构成非法获取计算机信息系统数据罪。"

　　学生：非法获取计算机信息系统数据罪与盗窃罪只是想象竞合关系吧？如果数据是财物，当然同时成立盗窃罪。

　　张明楷：我也觉得二审判决有问题。第一，周某案的二审判决虽然肯定了游戏金币是虚拟财产，却又以无法准确计算其价值

（财产数额）为由否定行为的盗窃性质，这就明显不符合逻辑。行为是否属于盗窃，与所盗窃的财物如何计算数额，是两个不同的问题。不能因为不知道如何计算数额，就否认行为属于盗窃。事实上，相关司法解释对于难以准确计算价值的盗窃行为，也没有否认其盗窃性质。例如，最高人民法院、最高人民检察院 2013年4月2日《关于办理盗窃刑事案件适用法律若干问题的解释》第1条第4款规定："盗窃毒品等违禁品，应当按照盗窃罪处理的，根据情节轻重量刑。"显然，毒品、淫秽物品等违禁品虽然无法准确估价，但盗窃毒品、淫秽物品的行为性质没有变化，仍然成立盗窃罪。既然如此，对于盗窃虚拟财产的行为，就不能以数额难以计算为由而否认盗窃罪的成立。第二，周某案的二审判决虽然肯定行为人非法获利，但以现有证据不能确定行为人非法获利的数额为由否定行为的盗窃性质，同样不符合逻辑。第三，"周某盗窃的网络游戏金币属于计算机信息系统数据"这一结论，并不能成为否认周某的行为成立盗窃罪的理由。这是因为，任何一种对象都可能具有多重属性，网络游戏币虽然是计算机信息系统数据，但仅此还不足以否认它是财物或者财产。

学生：我们学生讨论过虚拟财物的问题，也看了民法学界的最新研究。民法学界对虚拟财产是财产没有争议，他们的主要争议在于，对虚拟财产是作为物权来保护还是作为债权来保护。民法学界的主流观点是将虚拟财产作为物权来保护，也有学者使用准物权的概念。不过，主张将虚拟财产作为物权来保护所遇到的一个最大的障碍是，如何突破财物的形体问题。按照有体性说，虚拟财产就不能说是财物。

张明楷：中国肯定不可能要求刑法上的财物必须是有体的。因为中国刑法的规定不同于德国、日本，德国、日本刑法区分了财物与财产性利益，所以可以要求财物必须是有体物。如果我们也这样认为，就意味着所有的财产性利益都不受刑法保护，这个处罚漏洞就太大了。

学生：总是有人主张要按德国、日本对财物的限定来解释我们国家刑法中的财物。

张明楷：德国、日本刑法明文区分了财物与财产性利益，所以，财产性利益不得解释到财物中去。如果德国、日本刑法也只使用了财物概念，我估计他们也会将财产性利益解释到财物中去。

学生：如果将虚拟财产作为无体物来处理，不会有太大的问题。如果将虚拟财产作为债权保护时，可能不利于游戏的玩家。因为游戏的玩家丢失了虚拟财产后，可能没有办法主张权利。

张明楷：如果否认虚拟财产是财物，还会导致许多案件得不到处理。因为侵害他人的虚拟财产时，并不是必然要侵入计算机信息系统。我查过一个案件，是《法制日报》刊登过的一起抢劫游戏装备的案件。四个人玩游戏，发现被害人的游戏装备的级别特别高，就让被害人以较低的价格转让给自己，被害人不同意，四个人就在网吧里面，拿着凶器胁迫被害人将游戏装备转到了他们的账号里。这不定罪行吗？但肯定不能定计算机犯罪吧？难道定寻衅滋事罪？怎么能把侵害个人法益的犯罪认定为对公法益的犯罪呢？这会带来太多的问题，不仅有刑法上的问题，还有刑事诉讼法上的问题。

学生：本来实践中原本大多定盗窃罪，但是，最高人民法院研究室有人主张定计算机犯罪，所以，下级法院就将研究室的人的观点当作司法解释，于是也认定为计算机犯罪。

张明楷：最高人民法院的法官不可以在判决书以外对个案发表看法。这是另外的事情，我们不讨论，还是讨论虚拟财产是不是刑法上的财物这一问题。

学生：主要是很多人认为虚拟财产不好计算数额。

张明楷：怎么不好计算？周某盗窃游戏金币以后，卖了7万元。这是很清楚的吧。另外，游戏金币都是被害人从网络服务商那里买来的吧，这是有价格的，怎么不好计算呢？二审的判决太缺乏逻辑性了。

学生：游戏币、Q币等是好计算数额的，但有一些不好计算数额，比如QQ账号。

张明楷：说虚假财产是刑法上的财物，并不是说任何虚拟的东西都是刑法上的财物。我觉得不一定有必要将QQ账号当作刑法上的财物。

学生：游戏装备也不好计算数额。

张明楷：如果是刚从网络服务商那里买来的游戏装备，就按购买的价格计算。如果玩到一定级别后，就看网络服务商对这种级别的游戏装备卖多少钱。这也是好计算的。此外，还可以按市场价格计算。所以，不存在不好计算的问题。

学生：如果盗窃网络服务商的游戏币、Q币等，数额特别巨大的，要判10年以上有期徒刑或者无期徒刑，一些人也接受不了。

张明楷：盗窃网络服务商的虚拟财产的当然要区别对待。我看到过一个案件，田某等四人利用深圳某网络游戏的漏洞，通过专门软件突破了其中两台服务器的防火墙，植入20多个账号刷卡，盗取平台服务商1300亿游戏币。价格鉴定结论为：以2009年4月28日为价格鉴定基准日，以1亿游戏金币即350元的市场价计算，犯罪嫌疑人田某等四人所盗窃的1300亿游戏金币核价为45.5万元。但是，如果对田某等人判处10年以上有期徒刑或者无期徒刑，确实难以被人接受。前不久，以前毕业的一个学生给我发了一篇经济学方面的论文，对我们处理这个问题很有启发。这篇论文说明了虚拟财产的产出不同于传统财产的产出。传统产出是线性的。例如，农民有多少地，相应地只能产出多少粮食。即使增加肥料、提高种植技术，他的单位产出增长仍然有一个峰值，总体上只能趋近某个较高的单位土地产值。即使农民不睡觉、不休息，他的收入也难以摆脱产出与投入间线性关系的约束，收入不可能太高。总之，任何有体物的产出，都局限于原材料的总量，即便提高生产技术减少损耗，也只能让单位原材料的产出趋近于某个高值。但是，虚拟财产的特点是一次产出、无限销售。软件本身的生产和研发是一次的，而价值产生则可以通过复制多次进行。有多少人想购买使用该虚拟财产，该虚拟财产就能创造多少价值。例如，在腾讯QQ空间里，几个设计师与程序员可能需要花几天时间设计一顶虚拟帽子，但一旦设计好了，虚拟帽子卖一顶一元钱，卖 100 万顶就创收 100 万元。由于虚拟帽子销售是电子记账收费，每卖一顶帽子并不需要重新制造，所以，腾讯卖 1 亿顶虚拟帽子与卖 1 万顶虚拟帽子在成本上几乎没有差别，但收入却有天壤之别。腾讯的虚拟衣服、虚拟装饰、虚拟家具等，都是如此。这就造成了其收入和成本投入之间的关系非常弱，赚钱能力空前的高的局面。由此可见，用户获得的虚拟财产与网络服务商自己设计的虚拟财产，存在明显的区别。用户损失自己的虚拟财产，与其现实生活中的财产损失基本上没有区别。例如，用户 A 损失价值 2000 元的 Q 币与其损失现实的 2000 元人民币，没有什么区别。但网络服务商的虚拟财产的损失与其现实财产的损失却明显不同。例如，腾讯被盗 1 亿 Q 币与其被盗 1 亿现金就明显不同。在 1 亿 Q 币被盗后，只要有用户购买 Q 币，不管购买多少，腾讯依然能满足用户的需求。所以，在相同条件下，网络服务商的财产损失与用户的财产损失不可等同评价。我的想法是，行为人非法获取网络服务商的虚拟财产时，在具备数额较大（可以按官方价格计算）或者其他成立犯罪所必需的条件（如多次盗窃虚拟财产）的前提下，按情节量刑而不按数额量刑。例如，对上述田某的案件，不应按盗窃 45.5 万元量刑，而是直接按情节量刑。如果认为情节严重，就适用"3 年以上 10 年以下有期徒刑"的法定刑。如果认为情节不严重，则适用最低档法定刑。在判断情节是否严重时，应综合考虑行为的次数、持续的时间、非法获取虚拟财产的种类与数量、销赃数额等等。当然，原则上应当尽可能避免适用情节特别严重的法定刑。

学生：有位教授说，虚拟财产不能拿到现实中来，所以不是财物。

张明楷：看来有代沟。虚拟财产拿到现实中来就没有意义了，只能在虚拟世界才能发挥作用。人家一些年轻人会说，现实中的财物没有用，因为不能拿到电脑中使用。那位教授该怎么回答？其实，有体无体的区别都是不好说的。我调到清华大学之后，第一次讲到德国、日本、法国关于电不是财物的争论，说到电不是有体物，德国以前不认为是财物时，工科的学生说："老师，电不是无体的，电是有体的。"我有时也想：流量是无体的吗？不一定吧。为什么电脑有空间，而空间存满了就不能再存东西了。这是不是说明虚拟财产也是有体的呢？当然，我不能回答这些问题。

案例三

被告人买通村委会主任，伪造被害人的身份证、签字等，将被害人的一块土地的使用权过户到被告人名下。后来要进行土地置换时，被害人的土地使用权可以置换 50 万元。被害人发现后报案。

学生：这个案件是按民事处理还是按刑事处理？

张明楷：是按民事处理还是按刑事处理，首先要看是否构成刑事犯罪，如果不构成犯罪，就只能按民事处理。

学生：公安局想到的罪名有侵占、盗窃以及伪造身份证件罪。

张明楷：伪造身份证件罪肯定是成立的，但是不能只定这一个罪。土地使用权本身就是财产性利益，这一点没有疑问。

学生：村委会主任应该属于国家工作人员。

张明楷：村委会主任对外处理土地时应该是国家工作人员，但是在村民之间进行土地过户时，村委会主任应当不是国家工作人员。

学生：问题出在土地置换之前，首先要看被告人将被害人的土地使用权过户到自己名下是否属于犯罪。

张明楷：土地使用权本身是否可以分为占有和所有？民法上可能不能这么区分。但在刑法理论上还是可以将财产性利益分为占有和所有的，只不过财产性利益的占有和所有一般不会分离。本案中的被告人实际上将被害人占有和所有的土地使用权转移为自己占有和所有。

学生：在德国，占有的对象只能是物；盗窃罪的对象也不可能是财产性利益。

张明楷：但在中国，由于刑法规定不同，占有的对象可以是财产性利益。其实，认为不可能盗窃财产性利益是一种太古老的观点，已经不符合时代的发展变化了。

学生：在德国、日本，如果说盗窃债券凭证也可以构成盗窃罪，但窃取债权本身反而不构成盗窃罪，这就有点虚伪了。

张明楷：也不能说虚伪。德国、日本的刑事立法事实上也意识到了财产性利益可以被盗窃，只不过没有将这种行为规定为盗窃罪，而是采取了其他的规定方式，比如增设利用计算机诈骗罪，但利用计算机诈骗罪实际上就是盗窃财产性利益。行为人侵入银行的电脑终端将被害人的 10 万元存款债权转入自己的账户中，就是盗窃财产性利益，但在德国、日本会被认定为利用计算机诈骗罪。

学生：把土地交给农民种，是否可以评价为将土地的使用权交给农民占有？还是说农民只是土地的占有辅助人？

张明楷：我觉得农民占有了土地使用权，或者说，农民虽然对土地没有所有权，但享有使用权，这个权利就是财产性利益，应当认定为农民占有。

学生：所以，本案的被告人实际上是在村委会主任的帮助下将被害人的土地使用权转移为自己占有，而且违背了被害人的意志，所以构成对土地使用权这一财产性利益的盗窃。

张明楷：我觉得应当这样处理。本案中，被告人把 50 万元领走了吗？

学生：现在是案发，被告人还没有领走这 50 万元。但从土地使用权证来看，被告人是有资格去领这 50 万元的。

张明楷：如果已经领了这 50 万元，就再触犯诈骗罪。诈骗罪与前面的盗窃罪可能是包括的一罪，认定为一个重罪即可。如果还没有领取这 50 万元，就认定为对土地使用权的盗窃既遂，数额也可以认定为 50 万元。

学生：盗窃罪与伪造身份证件罪是什么关系？

张明楷：在德国会认定为想象竞合，因为有一点是重合的。如果我们承认牵连犯的概念的话，可以认定为牵连犯。

案例四

被告人甲采用暴力、胁迫手段，强迫被害人乙与自己签订不动产无偿转让合同，并且迫使乙第二天与自己去办理过户登记，事实上也办理了过户登记。

学生：这个案件可不可以定抢劫罪？什么时候抢劫既遂？

张明楷：在日本有侵夺不动产罪，所以，各种侵害他人不动产的行为都可以归入这个罪。但是，日本的判例又认为，在诈骗罪中，如果行为人欺骗他人，导致他人将不动产转移在自己名下，构成对财物的诈骗罪，而不是对财产性利益的诈骗罪。刑法理论一般也赞成这种观点，但我觉得有点奇怪。如果按照这个逻辑，本案在日本似乎也属于抢劫财物。但是，日本刑法理论认为，使用暴力手段夺取他人不动产的，属于抢劫财产性利益。

学生：德国刑法有抢劫性敲诈勒索罪，处刑与抢劫罪一样。被告人的行为在德国成立抢劫性敲诈勒索罪。

张明楷：这个案件涉及的主要问题是不动产能否转移的问

题，因为抢劫罪是一种转移占有的犯罪。以前不动产是不可以转移地点的，所以，人们认为盗窃罪与抢劫罪的对象只能是动产，而不可能是不动产。现在科技发展了，事实上不动产也可能整体性地转移地点，所以，现在应当承认不动产是可以转移的。在我看来，在我国将不动产作为抢劫罪的对象不存在问题，财物当然是可以包含不动产的。问题是，被告人抢劫的是不动产本身还是不动产的产权？

学生：本案中对于不动产的占有是事实上的占有，还是法律上的占有？

张明楷：这要看你如何认识抢劫罪的对象，在本案这不是一个重要问题。在日本，如果甲暴力迫使乙在合同上签字时，就可能构成抢劫财产性利益的既遂。如果后来又将不动产过户到甲的名下，也不会另认定为一个抢劫罪，而是会作为包括的一罪，因为甲的行为最终只侵犯一个财产法益。

学生：这个案件在我国应当如何处理？

张明楷：我觉得应当认定为抢劫罪，当然，前提是暴力、胁迫行为确实压制了被害人的反抗，否则，就成立敲诈勒索罪。抢劫罪的对象是不动产的产权这一财产性利益，因为产权确实转移了。

学生：什么时候可以认定为抢劫了不动产本身呢？

张明楷：如果行为人使用暴力手段，压制他人反抗，进而事实上占有了他人的不动产，就可以认定为抢劫了不动产本身吧。

学生：可是不动产本身并没有转移啊。

张明楷：盗窃罪、抢劫罪并不是说要转移财产的位置，而是转移财物的占有。如果被告人一家事实上入住了或者事实上控制了不动产的管理等等，就可以说转移了事实上的占有吧。所以，我觉得以前人们认为不动产不能成为盗窃等罪的对象的观点还是有疑问的。因为所谓盗窃等转移占有的犯罪，强调的是转移占有，而不是转移财物本身的存在空间。虽然在通常情况下，只有转移财物的存在空间才能转移占有，但是，在不少情况下，即使不转移财物的存在空间，也可以转移占有。例如，B 骑自行车到 A 家的大院后，因为发生矛盾，A 想将自行车据为己有，就使用暴力将 B 赶跑了，自行车留在 A 的院子里，即使 A 长时间没有挪动这辆自行车，也要认定自行车已经转移占有了。所以，不动产能否转移与不动产的占有能否转移是两个不同的问题。在我们讨论的这个案件中，我还是觉得甲抢劫了不动产的产权即财产性利益。

学生：如果甲仅逼迫乙在无偿合同上签字，后来没逼迫乙办理过户登记的，也是抢劫既遂吗？

张明楷：按照我的观点，这也是抢劫财产性利益既遂。只不过这里的财产性利益用哪个名称来表述，可能有争议。这种行为相当于被告人使被害人产生了债务，被告人根据合同取得了债权。

学生：实践中有这样的案件：A 使用暴力逼迫"富姐"给自己写欠条（比如欠 200 万），后来，A 持"富姐"的欠条去法院提起诉讼，而且还胜诉了。这个案件与上一个案件有相似的地方。

张明楷：对。使用暴力手段让"富姐"写欠条，并将欠条据为己有时，就已经构成抢劫财产性利益的既遂。在日本，如果行为人强迫被害人用自己的白纸写欠条，然后将欠条据为己有的，也可能认定为抢劫有体物，即"写着欠条的那张纸"就是抢劫罪的对象。我们国家一般不会这样认为，但认定为抢劫财产性利益的既遂是没有问题的。

学生：德国刑法没有抢劫财产性利益的犯罪。有两个法条规定敲诈勒索，一条规定的是普通的敲诈勒索，另一条规定的是抢劫性敲诈勒索。抢劫性敲诈勒索罪，是指以抢劫的手段实施敲诈勒索，获取财产性利益。

张明楷：抢劫性的敲诈勒索罪实际上相当于日本的抢劫财产性利益。

学生：如果取得欠条就已经构成抢劫财产性利益既遂了，那么持欠条去法院起诉"富姐"，胜诉了或者败诉了，对于后一行为怎么评价？

张明楷：持欠条到法院的起诉行为，当然也是诈骗行为，就是我们通常说的诉讼诈骗。胜诉了是诈骗既遂，败诉了是诈骗未遂，当然还会同时触犯虚假诉讼罪。

学生：持欠条到法院起诉的行为是否可以评价为事后不可罚的行为？

张明楷：这个行为不是事后不可罚的行为。刑法增设了虚假诉讼罪，这个案件在罪数上的处理有点麻烦。如果说将后面起诉的行为认定为诉讼诈骗，那么，它与前面的抢劫行为可能仅成立包括的一罪，因为最终侵害的只是一个法益。即便如此，也不属于不可罚的事后行为。如果说将后面起诉的行为认定为虚假诉讼罪，那么，它与前面的抢劫罪就是典型数罪，对二者要实行数罪并罚。于是，麻烦就出来了。

学生：您的意思是，如果后面的行为认定为较重的诈骗罪，对被告人只能认定为包括的一罪；如果后面的行为认定较轻的虚假诉讼罪，反而还会数罪并罚。

张明楷：是不是有点麻烦？我以前写的一篇关于同种数罪的并罚的论文也提到类似问题。通说认为同种数罪不并罚，于是，两个均按诈骗罪处理的牵连犯也不并罚。但这样的结论不合理。比如，甲两次伪造国家机关公文，然后利用伪造的公文诈骗财物，每次诈骗数额巨大，两次相加的数额仍然还是数额巨大。如果将两次行为都当诈骗罪处理，不实行并罚，只能适用 3 年以上 10 年以下有期徒刑的法定刑；如果将前一次行为当诈骗罪处理，将后一次行为当作较轻的伪造国家机关公文罪处理，就要数罪并罚，所处的刑罚反而可能超过 10 年徒刑。现在遇到的是相同的问题。

学生：看来，对抢劫"富姐"的案件定两个罪，实行并罚才是合理的。

张明楷：我也是这样认为的，关键是如何说理的问题，全面评价案件事实与案件处理的公平性，是实行并罚的实质理由。至少可以认为，前面抢劫"富姐"的行为构成抢劫财产性利益既遂，后面的行为构成虚假诉讼罪，实行数罪并罚，是完全合理的。这与日本刑法理论所说的"搭扣现象"有相似之处，但又不完全一样。

学生：将后面的行为仅评价为虚假诉讼罪，是不是不全面？

张明楷：没有关系，因为骗取财物的部分可以包括地评价到抢劫财产性利益的不法中去。

学生：我看到过一个案例：被害人开了一家货运公司，被告人想入股，但被害人一直拒绝。于是，被告人带着一帮人到被害人办公室将被害人打了一顿，并强迫被害人签订股权转让协议，让被害人将 50% 的股权转让给被告人，被告人支付被害人 10 万元转移款。在签订此协议之后 1 年内，被告人每个月按时间取得红利，一年内获得 350 万元。

张明楷：这也是抢劫财产性利益。就是说，被告人前面使用暴力让被害人转让股权时，抢劫财产性利益的犯罪就已经既遂。

学生：被告人的行为成立强迫交易吧。

张明楷：行为成立强迫交易罪并不是对成立抢劫罪的否定，强迫交易罪完全可以与抢劫罪想象竞合，结局是按抢劫罪量刑。

学生：有人认为被告人的行为是敲诈勒索，即先前迫使被害人签转让协议时，并未当场取得财物，后面取得红利时才取得财物。由于不符合当场取得财物的条件，所以不成立抢劫罪。

张明楷：这种观点存在两个问题：第一，所谓当场取得财物的要件，本身就有疑问。抢劫罪的成立不在于是否当场取得财物，而在于取得财物是否基于对被害人反抗的压制。如果被告人事后取得财物，也是因为先前的抢劫行为压制了被害人的反抗，当然也成立抢劫罪。第二，持这种观点的人，对财物作狭义的理解，而没有考虑到股权是一种财产性利益，本身就是抢劫罪的对象。被害人将股权转让给被告人，就是抢劫罪的结果。

学生：后面取得的红利，是否认定为抢劫数额？能否认定为抢劫350万元？

学生：取得350万元红利，不是直接基于抢劫行为。

张明楷：我觉得应当按抢劫行为时的股权价值认定抢劫数额，后面的分红属于犯罪所得收益。

非法占有目的

案例一

甲欺骗乙说，珠宝商丙想进行保险诈骗，只要乙去把丙打一顿、绑在椅子上拿走价值200万的珠宝，丙就会去保险公司索赔，分给甲乙一笔现金。乙信以为真，到丙的珠宝店将丙捆绑在椅子上暴打一顿后，拿走了价值200万的珠宝。乙把珠宝交给甲当天，甲就把珠宝交给丙，告诉丙说自己抓住了抢劫犯，丙给了甲一笔好处费。

张明楷：这是德国的一道考题的部分内容，在我们国家应当如何处理？

学生：甲是抢劫罪的间接正犯，他通过欺骗行为支配了不知情的乙的抢劫行为。

张明楷：甲原本就想珠宝抢回来以后立即还给丙，只是获取丙的好处费。你们认为甲有非法占有珠宝的目的吗？

学生：在我国司法实践中，往往会在行为人有返还意思时不认为有非法占有目的。他们会认为，甲有返还珠宝的意思，因而没有非法占有珠宝的目的，所以不能定抢劫罪。很可能只是将甲骗取好处费的行为认定为诈骗罪。

张明楷：如果这个案件发生在日本，我估计学者们会认为甲有非法占有珠宝的意思，甲是抢劫行为的间接正犯，后甲骗取好处费的行为又可以成立诈骗罪，甲可能被定抢劫罪和诈骗罪两个罪。当然，这只是我的猜测。

学生：德国学者会认为甲没有非法占有珠宝的意思吗？

张明楷：我感觉德国对非法占有目的的认定要比日本严格一些，德国多数学者会认为甲没有非法占有珠宝的意思。因为德国刑法理论认为，非法占有目的是一种持续的财产剥夺并且至少有暂时取得的目的。由于甲想要把珠宝还给丙，没有终局性地剥夺丙的财产的意思；甲也没有减少珠宝的财产价值的意思，在丙支付酬金之后珠宝和之前的价值是一样的，所以，可能会认为甲没有非法占有的目的。

学生：您认为甲的行为成立抢劫罪和诈骗罪吗？

张明楷：我觉得可以认为甲具有非法占有珠宝的意思。德国将盗窃罪、抢劫罪归入对所有权的犯罪，所以，在讨论非法占有目的时，也会强调行为人是否具有剥夺他人财物所有权的意思。如果甲原本就想把珠宝还回去，就不能认定甲有非法占有目的。德国另外规定了一些侵害占有的犯罪，所以，德国严格地认定非法占有目的，不会导致处罚上的空隙。但是，我们国家的盗窃罪、抢劫罪是保护本权以及其他占有的权利，因此，不能像德国那样认定非法占有目的。我认为，甲欺骗乙抢劫珠宝的行为成立抢劫罪，甲骗取好处费的行为成立诈骗罪，当然，二者能否成立包括的一罪，还值得研究。在讨论这样的案件时，一定要将排除意思与利用意思分开讨论。首先可以肯定的是，甲具有利用意思，我觉得利用珠宝从丙那里骗取好处费，也具有利用意思。这个案件的重要问题可能在于是否具有排除意思，是否妨害了丙对珠宝的利用。如果返还的时间稍微长一点，是可以肯定排除意思的。有些案件中则可能主要是利用意思的问题。例如，张三与李四发生了纠纷，张三殴打李四但没有打成轻伤，李四要拿手机报警，张三不想让李四报警，就把手机夺过来，脱离李四的视线后，张三将手机扔掉了。张三肯定存在排除意思，问题是有没有利用意思？防止他人利用手机报警的意思，是否属于利用意思？

日本曾经有一个案件，杀人犯为了防止警察查清被害人的身份，将被害人的身份证件掏出来扔到海里，没有认定为盗窃罪。我们能不能说，张三具有利用意思因而成立抢夺罪呢？

学生：利用意思就是让他人不能报警？

学生：这不是排除意思吗？

张明楷：如果说有利用意思，这个时候排除意思和利用意思就完全竞合了。张三不让李四用，对李四来讲是排除了李四的利用，对张三来说是利用了李四不能利用的状态。

学生：这样的话，基本上所有的排除意思都可以这么解释。

学生：毁坏财物罪都可以认定为有利用意思，都有非法占有目的了。

张明楷：对，既然非法占有目的包括排除意思与利用意思，如果像我上面说的那样承认竞合，就意味着只需要其中一个意思了，这显然不合适。

学生：但是，不认定张三构成犯罪也不合适，打了人还不让人报警，并且将人家手机抢走后扔掉，这个太恶劣了。

学生：定一个寻衅滋事罪吧。

张明楷：这在中国也是有可能的。另外，在德国刑法理论中，非法占有目的虽然是主观要素，但其中的"非法"是客观要素，需要进行客观判断，而且是故意的认识对象。如果行为人没有认识到"非法"，就是构成要件认识错误，因而阻却故意。不过，德国的判例则将这种错误认定为违法性的认识错误。据此，只要行为人可能认识到自己的行为非法就可以了。这也是德国讨论比较多的问题，你们可以研究一下。

学生：以为自己是合法占有时，是阻却故意还是阻却非法占有目的？

张明楷：如果说"非法"是客观的构成要件要素，没有认识到这一要素时，所阻却的是故意吧。

案例二

四名行为人将他人价值 17 万元的王老吉饮料从仓库拿出来，将王老吉罐里的饮料倒掉，变卖了王老吉饮料罐。

张明楷：这个案情很简单，但还是值得讨论的。

学生：行为人并没有利用饮料的意思，也就不能认为他有非法占有饮料的目的，所以对饮料成立故意毁坏财物罪，对饮料罐成立盗窃罪。再如，行为人潜入他人住宅，将他人家具砸坏后，又临时起意将家具残骸变卖到废品收购站，得到 2000 元。砸坏家具的行为成立故意毁坏财物罪；变卖废品的行为成立盗窃罪，数额就是变卖所得。

张明楷：这个案件涉及怎么看饮料和饮料罐的关系。如果我们把一瓶王老吉认定为一个财物，行为人拿走这样的一个财物的目的就是利用其中的罐子，那他就有利用这个财物的意思，也就有了非法占有的目的。

学生：如果看做一个财物的话，行为人就盗窃了 17 万元的财物，但实际上他又没有利用饮料的意思，但最终还是全部评价了，对行为人很不公平。

张明楷：你说得也有道理。主要是我们国家的盗窃罪，数额的认定和定罪量刑直接相关。如果在外国，可能就不会存在你说的顾虑了。

学生：饮料和罐子是完全可以分开的，二者不是不能分割或者分开的财物。

张明楷：当然是可以分开的，但分开后饮料如果没有立即被人饮用就丧失了独立的价值，这与分开后被分开的物体仍然有独立的价值是不一样的。我也认为，行为人并没有利用饮料的意思，只有盗窃饮料罐的意思。问题是，当财物能够以某种方式分开，行为人对一部分存在利用意思，对另一部分没有利用意思时，该如何处理？这确实是一个值得讨论的问题。比如，行为人看到一本刑法教科书，他只想看分论，不喜欢看总论，就把分论部分裁走。再比如，行为人从来没有喝过茅台酒，但只是想尝一口，于是将他人的一瓶茅台酒偷回家，尝了一口后就扔掉了。你们觉得这样的案件如何处理？

学生：如果把财物随意拆分后严重影响财物的使用价值，就应该认为行为人有利用整个财物的意思，按照一个盗窃罪定罪量刑就可以了；如果财物拆分后不会影响整体价值，就应该认为对有利用意思的部分成立盗窃罪，对没有利用意思的部分成立故意毁坏财物罪。当然可能在具体案件中也不能一概而论。

张明楷： 可是，在本案中，行为人将饮料与饮料罐分开后，不仅影响饮料的使用价值，而且饮料完全没有使用价值了，为什么不是按一个盗窃罪量刑呢？

学生： 因为行为人对饮料没有利用意思。

张明楷： 你刚才不是说"把财物随意拆分后严重影响财物的使用价值，就应该认为行为人有利用整个财物的意思"吗？

学生： 好像出了问题。

张明楷： 在饮料仓库没人管理的情况下，四名行为人将饮料搬出仓库时已经盗窃既遂了吧。在行为人对整体财物盗窃既遂的情况下，但仅对其中一部分具有利用意思的，就只能对有利用意思的那部分财物负责吗？或者说，对其他部分就不成立盗窃罪吗？还是说，行为人将饮料搬出仓库时就是盗窃与故意毁坏财物的想象竞合？比如，前面说的偷刑法教科书的例子。如果行为人只想要分论部分，但将一整本书偷走后，将总论部分撕开扔掉的，对总论部分就不成立盗窃吗？

学生： 能不能说，四名行为人将饮料搬出仓库时已经盗窃既遂了，应当对 17 万元负盗窃罪的责任，但倒掉饮料是对所盗财物的处置，不另成立故意毁坏财物罪。

张明楷： 我们讨论的就是这个问题。如果说盗窃数额是 17 万元，当然不能再定故意毁坏财物罪。总的来说，问题还是在于，当行为人转移整体财物后，能不能因为行为人仅对其中一部分有利用意思，就排除对另外部分成立盗窃罪？利用意思是要分开考虑还是整体考虑？

学生：我以前看到一个案件：行为人为了盗窃汽车中的 CD 机，把汽车从停车场开到汽车修理厂，让汽修厂工人把 CD 机取下后，汽车留在汽修厂。虽然行为人想要盗取的是车载 CD 机，但当他开走汽车的时候，就有利用汽车的意思了，因为他不把汽车开到修理厂，就无法取下 CD 机，还是认定为盗窃汽车比较合适。

张明楷：在你刚刚说的这个案件中，我也认为行为人对汽车有利用意思。汽车就是用来开的，只要有开走汽车的意思，也就有利用意思。比如，行为人将被害人杀害后，用被害人的车拖走了被害人的尸体，把尸体扔进大海后弃车逃亡。在这个案件中，我认为行为人有利用汽车的意思，将尸体从案发现场运到海边就是利用了汽车，所以可以认为行为人盗窃了汽车。

学生：我们再把今天讨论的案例案情改一下。如果行为人将价值 17 万的王老吉饮料偷出来以后，运到废品收购站，让对方只按瓶子即废品收购。这样的行为又如何认定呢？我觉得利用意思也包括让他人利用的意思，行为人如果有让废品收购站利用饮料的意思，也能够认定为他有利用饮料的意思。

张明楷：如果行为人把饮料以偏低价格卖给了批发商或者零售商，可以认为他有利用饮料的意思。问题是，当行为人把饮料按空瓶即废品卖给了废品收购站，只得到瓶子的价钱时，能不能说行为人只是为了偷懒省掉了自己倒掉饮料的环节，行为人也只有利用饮料罐子的意思呢？如果得出肯定结论，那么，盗窃犯的销赃款低于财物价值的，能不能说行为人只对其中的部分财物具有利用意思呢？

学生：好像也不能这么说。如果说对利用意思要分开考虑，那么，我们改编一下案情：行为人盗窃饮料时只想卖饮料罐子，但废品收购站工作人员要以批发价买下后出售，行为人把饮料以批发价出售了。行为人是不是成立盗窃罪和侵占罪，盗窃的是饮料罐子，侵占的是饮料。

张明楷：如果对利用意思要分开考虑，就只能得出这个结论了。分开考虑显然是对行为人有利的，整体考虑是对行为人不利的。完全分开考虑或者完全整体考虑，可能都有问题。我们需要找出何时分开考虑、何时整体考虑的区分标准。这个区分标准可能要与行为何时着手、何时既遂相联系。例如，行为人侵入到一个工厂车间后，将一台机器拆开，盗走其中一个零部件的，只能认定对零部件成立盗窃罪。即使拆开机器的行为导致机器不能再使用，也只是同时成立故意毁坏财物罪。反之，如果行为人为了利用机器中的零部件，而将整个机器盗走后再拆开，将零部件留下来，将其他部分扔掉的，可能还是要对整个机器认定为盗窃吧。

学生：如果是这样的话，本案行为人就对所有饮料成立盗窃罪。

张明楷：虽然会有争议，还可以再讨论，但我认为得出这个结论也是有可能的。因为行为人将饮料从仓库搬出来以后就盗窃既遂了。就是说，当行为人以对财物的部分利用意思，对整个财物实施了盗窃行为，转移了整个财物时，可能对整个财物认定为盗窃罪。同样，当行为人以对财物的廉价利用意思窃取了高档财物时，应当按盗窃高档财物计算数额。例如，将红木家具盗走后用于劈柴取暖的，还是要按高档家具计算盗窃数额，不能按取暖用的木材计算盗窃数额。

学生：这样会不会导致处罚很重？

张明楷：现在不会啦！即使盗窃 17 万元的财物，也只是适用"三年以上十年以下有期徒刑"的法定刑，因此还可能判缓刑。如果认定为对几千元瓶子的盗窃罪和对十几万元饮料的故意毁坏财物罪，也不一定判得很轻。

学生：财产犯罪中，非法占有目的的利用意思怎么认定呢？我举一个案例。甲在北京西客站抢劫了一名旅客，为了防止被害人报案，甲抢走了被害人的手机，并马上把抢走的手机扔到了垃圾桶。在这起案件中，甲对被害人的手机有没有非法占有目的中的利用意思呢？

张明楷：我觉得甲对手机没有利用意思，只有排除被害人占有手机的排除意思。

学生：最近我看到这样一个案件。行为人嫖娼后拒绝给妓女嫖娼费，妓女追赶行为人，行为人对妓女实施了轻微暴力，为防止妓女找人追赶他，拿走了妓女身上的两部手机，还没有走几米，就被妓女的朋友抓获了。是不是可以认为行为人对两部手机没有利用意思，没有非法占有目的，行为也就不能成立抢劫罪？

张明楷：如果行为人只有排除妓女使用手机的意思，那么他的行为只成立故意毁坏财物罪（未遂）；如果行为人不仅有排除妓女使用手机的意思，而且还有自己使用手机的意思，根据他使用暴力的强度和其他具体案情，就可以认定为抢夺罪或抢劫罪。

学生：可不可以认为，只要排除他人使用财物的效果对行为人有利，就可以认为行为人有利用财产的意思？

张明楷：我觉得不能这样认为，排除意思就是排除被害人占有的意思，如果这样理解利用意思，利用意思和排除意思就无法区分了，还是应该从行为人自己利用财物来理解利用意思。除非认为非法占有目的只包括排除意思，不需要利用意思。但如果这样理解的话，只要行为转移了财物的占有就构成盗窃罪，只有原地毁坏财物的才能定毁坏财物罪，这可能不合适。

抢 劫 罪

案例一

甲乙丙三名被告人到某网吧窃取财物。进入网吧后，发现被害人趴在台上睡着了，甲用刀片划开被害人的包，网管丁发现后上前制止，乙丙就拿刀威胁丁，甲将被害人手机拿走，然后三名被告人一起逃走。

张明楷：你们觉得这个案件的焦点问题是什么？

学生：我觉得有两个焦点问题：一是对网管以暴力相威胁，获取另一被害人的财物，是否属于抢劫？二是本案是普通抢劫还是事后抢劫？

张明楷：明确了焦点问题之后，这个案件就很简单了。

学生：抢劫罪中的暴力威胁的对象，不限于财物的所有者与占有者，而是包括其他相关人员。

张明楷："其他相关人员"的表述太含糊，应当是"其他具有保护占有的意思的人"。就是说，只要在场的人中，有人具有保护被害人的财物的意思，而抢劫犯对之实施暴力或者胁迫的，就可以成立抢劫罪。

学生：是否要求"其他具有保护占有的意思的人"采取了某种行动？

张明楷：从理论上讲应当是不需要的，但一般来说，只有当某人采取了某种行动时，才能认为他是具有保护占有的意思的人。不过，在某些场合，也可能通过其他方面的事实进行判断。

学生：本案中的网管已经采取了制止行动，所以，肯定属于具有保护占有的意思的人。

张明楷：所以，在本案中，网管作为抢劫罪的暴力、胁迫对象，是没有任何疑问的。

学生：老师，有一个案件是这样的：A、B 二名被告人在火车上共谋扒窃，晚上 10 点左右，发现 C 旅客在睡觉时，A 手持刀具站在车厢的过道上，盯着周围的旅客，B 用刀片划破 C 旅客口袋，取走 6000 元。能不能认定为抢劫罪？

张明楷：这个案件具有讨论价值。A 客观上实施了以暴力相威胁的行为，问题是，周围旅客中有没有人是"具有保护占有的意思的人"？如果有，两名被告人的行为当然构成抢劫罪；如果没有，则只能认定为盗窃罪。

学生：两名被告人主观上认为周围旅客中存在"具有保护占有的意思的人"，否则不就会拿着刀站在车厢的过道上，盯着周围的旅客。

张明楷：仅有被告人主观上的认识还不够，还必须要求客观上确实存在"具有保护占有的意思的人"，而且他客观上受到了胁迫。比如，周围的旅客中，有人准备起身制止时，发现乙持刀站在车厢的过道上而不敢起身，或者有人想喊但不敢喊。只要存在这样的事实，就可以认定为抢劫。

学生：我觉得完全可能认定为抢劫。

张明楷：我觉得认定为抢劫罪的可能性是存在的，但你们需要明确问题所在。

学生：如果要认定为抢劫罪的话，就是在公共交通工具上抢劫，要处 10 年以上有期徒刑。是不是太重了一点？

学生：只要能认定为抢劫就不是太重，这种行为太恶劣了。

张明楷：在我们国家，处罚重不是个案现象而是整体现象。通过将重罪认定为轻罪是不能全面改变这种现象的。

学生：老师，您以前举过这样的案件：被害人乙将摩托车停在楼下，没有锁车上楼取东西，被告人甲把站在车旁边的第三人丙当成了车主，将丙打倒在地后将摩托车骑走。

张明楷：我不认为这个案件构成抢劫罪，因为在这个案件中，丙并不是具有保护占有的意思的人。

学生：在德国，抢劫罪中的暴力、胁迫是可以对第三人的，这个案件会被认定为抢劫既遂。

张明楷：当然可以针对第三人，但不应当是任何第三人。在德国，刑法理论与判例所强调的只是目的关系的主观性，就是说，不要求暴力、胁迫与强取财物之间具有客观的因果关系，只要被告人是以夺取财产为目的而实施暴力、胁迫行为，就可以成立抢劫既遂。比如，被告人为了取得财物，就将被害人反锁在房间内，以免被害人妨碍自己取得财物，但被害人一直处于熟睡之中，完全不知道被告人取走了财物。德国的判例也认定为抢劫既遂。但我不赞成这种观点，日本刑法理论与判例也不会赞成这种观点。

学生：显然是行为无价值论的观点。

学生：德国有种说法，只要被告人压制的是期待中的反抗或者预料中的反抗也可以成立抢劫既遂。

张明楷：这种说法接近主观主义刑法理论了，我觉得不能将这种观点搬到中国来。

学生：老师，我们讨论的第一个案件是普通抢劫，而不是事后抢劫吧？

张明楷：在这个问题上，要判断的是甲扒窃被害人的财物行为是否已经既遂，如果没有既遂，乙丙是为了确保取得财物而使用暴力相威胁的，就是普通抢劫了，而不是事后抢劫。甲当时盗窃既遂了吗？

学生：没有。

张明楷：所以，第一个案件只能认定为普通抢劫。

案例二

三名被告人伪造某省纪委工作证、省纪委的印章后，在县城随便找到科级官员（如中学校长等），声称自己是省纪委的工作人员，现在要对你进行调查，并将被害人带到宾馆房间后捆绑起来，逼着被害人写交待材料。当被害人写完交待材料后，被告人就将被害人放走。然后再以被害人交待的罪行为把柄，以普通人的身份对被害人进行勒索（第一种情况）。但是，有的被害人被捆绑起来后，不想写交待材料，主动提出我给你们 30 万元的好处费，你们把我放了行不行？被告人就同意了（第二种情况）。

张明楷：这个案件涉及此罪与彼罪的关系。首先讨论一下，被告人的行为构成抢劫罪吗？先讨论其中的第一种情况。

学生：第一种情况不成立抢劫罪，因为被告人的暴力行为并不是取得财物的直接手段。

张明楷：在第一种情况下，被告人使用暴力将被害人捆绑起来，显然不是想压制反抗后直接取得财物。就是说，在前一种情况下，使用暴力行为本身不是想压制被害人的反抗而取得财物，只是为了让其写交待材料，为了获得下一步勒索财物的前提条件，找到敲诈的把柄。

学生：第一种情况下，前面的行为如果构成非法拘禁的话，后面再勒索财物的行为成立敲诈勒索。

张明楷：就第一种情况而言，是实行数罪并罚还是只按一罪处理？

学生：在实践中有可能认为是牵连犯。

张明楷：非法拘禁是敲诈勒索的手段行为吗？

学生：不是。

张明楷：即使是手段行为，也不具有通常的、类型性的牵连关系，必须并罚。

学生：第一种情况下的非法拘禁行为同时也是敲诈勒索罪的预备行为吗？

学生：构成敲诈勒索的预备。

张明楷：预备行为的范围宽得很，在本案中即使认定非法拘禁行为同时构成敲诈勒索的预备，但不意味着后面敲诈勒索的实行行为要吸收非法拘禁罪。因为认为前面的行为同时触犯非法拘禁罪的既遂与敲诈勒索罪的预备时，后面的敲诈勒索罪的实行行为仅吸收后一部分，而不可能吸收非法拘禁罪。

学生： 就像为了杀人而盗窃枪支一样。盗窃枪支行为虽然同时构成故意杀人罪的预备犯，但是故意杀人罪的实行行为并不吸收盗窃枪支罪。

张明楷： 对。另外，冒充省纪委的工作人员的行为还同时触犯招摇撞骗罪吧？第二种情况能认定为抢劫吗？

学生： 在第二种情况下，从表面上看，被告人使用暴力并当场取得了财物，似乎可以认定为抢劫罪。

张明楷： 问题是，被告人在捆绑被害人时，没有想到压制被害人的反抗而取得财物，也只是想取得交待材料，以便日后敲诈勒索。

学生： 您的意思是，被告人的行为虽然在客观上符合抢劫罪的构成要件，但行为人当时没有抢劫罪的故意，只有非法拘禁罪与敲诈勒索罪的预备犯的故意。

张明楷： 这不是我的意思，这是问题所在。这与我们以前讨论的一些案件有相似之处，即被告人以 A 罪的故意实施暴力、胁迫行为，被害人产生了恐惧心理主动提出交付财物后，被告人接收财物后不再实施暴力、胁迫行为。问题在于，被害人提出主动交付财物后，是否存在可以评价为抢劫的客观要件的行为？

学生： 如果被害人不交付财物，被告人还是会逼着他写交待材料。

张明楷：可以做出这样的判断。

学生：逼着他写交待材料就对被害人更不利，所以，在被害人提出主动交付财物后，还是可以评价被告人存在胁迫行为。

学生：可是，被害人主动提出交付 30 万元后，被告人只是同意了，哪里有抢劫罪的胁迫呢？

学生：要看场景嘛。当时被逼无奈，只好给钱了事。

张明楷：是要看场景，但不能只看被害人的想法，要判断被告人是否实施了抢劫行为以及是否存在抢劫故意。

学生：就第二种情况而言，还是认定为非法拘禁罪与敲诈勒索罪合适一些。

张明楷：敲诈勒索罪是既遂还是预备？

学生：敲诈勒索既遂啊。

张明楷：可是，被告人当时只是逼迫被害人写交待材料，还没有开始实施敲诈勒索的实行行为，只是预备，构成要件提前实现了。在预备阶段实现构成要件结果的，也能认定为既遂吗？

学生：只能定敲诈勒索预备和非法拘禁。

张明楷：只定敲诈勒索预备？30 万元的财产损失就不评价了吗？

学生：我觉得很难评价。

学生：都到手了为什么不评价？

学生：要看当时的具体情节，如果被告人不断暗示要钱的话，还是应当认定为既遂的。

张明楷：既然是冒充省纪委的工作人员，就不会直接或者暗示要钱吧，否则被害人就会怀疑被告人的身份了。

学生：有没有可能构成诈骗罪？

学生：不是诈骗。就好像我是警察把你抓了，你提出给钱，你把钱给我了，我就把你放了。这是你在没有选择的情况下做出的决定，因为你相信我是警察，或者你相信我是办案人员，这没有自愿性的问题，不成立诈骗罪。

张明楷：冒充纪委工作人员的行为，不是一个可以直接使被害人产生处分财产的认识错误的行为，所以就不是诈骗罪中的欺骗行为。但是，冒充纪委工作人员的行为的确是一个让贪官产生恐惧心理的行为。

学生：在司法实践中不会考虑这么多，他们会直接定敲诈勒索既遂。

张明楷：认定为敲诈勒索既遂也不是没有可能，关键是，必须指出在被害人主动提出交付 30 万元时，被告人此时有以恶害相通告的实行行为。如果没有这一实行行为，或者说还没有着手，就不可能认定为敲诈勒索既遂。而且，被害人当时是被捆绑的，如果说当时已经有敲诈勒索罪的实行行为，也就有可能说当时有抢劫罪的实行行为。

学生：如果被害人提出后立即将 30 万元交付给被告人了，就不能评价有敲诈勒索的实行行为。

张明楷：你们忽略了案情没有交待但必须弄清楚的一个情节：被害人当时身上带了 30 万元现金吗？30 万元是当场交付的还是事后交付的，抑或是被害人通知家属送来的？

学生：这个问题重要吗？

张明楷：如果被害人主动提出拿 30 万元给被告人，并且要家属送钱来，此时被害人还在被告人的控制之下。如果家属还没有到，被告人就不会放走被害人。在这种场合，应当认为被告人存在敲诈勒索罪的实行行为吧。

学生：从场景来看，虽然被告人什么都没有说，但应该说有敲诈勒索的实行行为。

张明楷：可是，被害人在被告人的实力支配下，能否评价为抢劫行为呢？

学生：如果仍然捆绑着被害人，也可能评价为抢劫行为。

张明楷：那么，问题又来了：你们觉得在上面讨论的两种情况中，如果不考虑数额，哪一种情况更严重一些？

学生：当然是第一种情况。

张明楷：第一种情况下，被告人捆绑了被害人，迫使其写交待材料，后来又实施了典型的敲诈勒索的实行行为。在第二种情况下，被告人虽然也捆绑了被害人，但时间可能更短，而且是被害人主动提出交付 30 万元。如果将第一种情况认定为非法拘禁罪与敲诈勒索罪，而将后一种情况认定为抢劫罪，是不是不协调？

学生：是有这样的问题。

张明楷：所以，我觉得从具体案件来看，由于被害人身上不可能带着 30 万元现金，因此，从当时的场景来看，对案件事实以及被告人的心理可以作如下描述：在被害人主动提出交付 30 万元后，被告人就不再逼迫他写交待材料；如果被害人不是真的交付 30 万元，只是欺骗被告人，被告人就会继续逼迫被害人写交待材料；而继续写交待材料，又是被害人不愿意做的事情，因为写了交待材料后，可能在各方面遭受更大的损失。于是，形成了如下局面：只有真的交付 30 万元，才不需要继续写交待材料。这种利用被害人恐惧心理的行为，便可以评价为敲诈勒索的实行行为。

学生：这就又出现了老师刚才讲的问题：既然能评价为敲诈勒索的实行行为，那么，在被害人还被捆绑的时候，为什么不能评价为抢劫行为呢？

学生：捆绑是先前实施的行为，捆绑的当时也没有抢劫的故意；后来被告人并没有实施压制他人反抗的暴力、胁迫行为。

张明楷：如果认为被害人提出给 30 万元后，被告人实施了抢劫罪的暴力、胁迫，当然可能认定为抢劫。

学生：被告人后来没有实施暴力、胁迫行为。

张明楷：不作为呢？

学生：不作为怎么能构成抢劫呢？

张明楷：怎么不能？被告人把被害人捆绑起来后，以不给付就不释放相要挟的话，能不能构成抢劫？

学生：如果这样比较的话，把人带到这个房间，不让他出去，是不是也叫暴力？

张明楷：当然是暴力，在德国叫"间接暴力"。德国有学者主张不作为也可以构成抢劫罪，但我认为有疑问。捆绑是持续行为，如果利用先前的捆绑行为迫使他人交付财物，这里的暴力是作为而不是不作为。

学生：这么说的话，对第二种情况又要定抢劫罪了。

张明楷：你们没有仔细考虑案件事实。在这一点上，案情并不清楚。如果被告人先捆绑被害人，让被害人写交待材料，被害人不愿意写，就提出给30万元，并且通知家属送钱来。此时，如果被告人没有继续捆绑被害人，而是松绑后在宾馆房间等待，能认定为抢劫罪吗？

学生：当然不能。

张明楷：如果被害人提出给30万元，并且通知家属送钱来，此时，被告人继续捆绑被害人，如果钱不送来就继续逼迫被害人写交待材料的话，成立抢劫罪吗？

学生：也不成立，因为这个时候的捆绑仍然是为了将来用于敲诈勒索。

张明楷：如果在相同情形下，被告人的行为与故意内容是，如果钱不送来就一直捆绑，直到钱送来为止才放人，成立抢劫罪吗？

学生：成立抢劫罪。

张明楷：对。分析类似案件时，一定要注意贯彻故意与行为同时存在的原则。在本案中，被告人将被害人捆绑起来时，只是为了让被害人写交待材料，这个行为不是为直接取得财物而实施的手段行为，虽然行为本身同时触犯非法拘禁罪与招摇撞骗罪，但在与敲诈勒索的关系上，只是一个预备行为，不能评价为抢劫罪中的暴力、胁迫行为。在被害人主动提出给付财物之后，需要考虑此后是否存在可以评价为暴力、胁迫的行为？在这种场合，不能只看语言表述，要注意看具体场景，根据常情常理做出判断。如果得出肯定结论，再判断可以评价为暴力、胁迫的行为，是压制他人反抗的行为，还是仅使他人产生恐惧心理的行为，进而决定是认定为抢劫罪还是敲诈勒索罪。如果得出否定结论，就不能认定为抢劫罪与敲诈勒索罪的既遂与未遂。不能因为被告人先前就有所谓非法占有目的，最终也实现了这个目的，就直接认定为抢劫罪或者敲诈勒索罪的既遂。这两个罪的既遂需要特定的因果流程，即通过暴力、胁迫手段压制被害人反抗或者使被害人产生恐惧心理之后取得财物的，才能认定为犯罪既遂。尤其是把故意当成是一个责任要素时，只有当被告人认识到了自己实施的是一个可以直接导致结果发生的行为时，才能对该实行行为的结果负责。如果被告人没有认识到这一点，只是认识到自己在实施预备行为时，那么，对于预备行为产生的结果不能直接认定为故意犯罪的既遂。以前我们经常讲的案件是，妻子想杀丈夫，提前把毒咖啡制好后，自己去了超市，准备等丈夫回来后给丈夫喝，但丈夫提前下班回来后直接喝了毒咖啡。从主观上来讲，妻子对实行行为还没认识，不能认定为故意杀人既遂，只能认定为故意杀人预备与过失致人死亡的想象竞合。

学生：但有的人说，既然客观上没有实行行为，只有预备行为，为什么定过失致人死亡罪就有实行行为？

张明楷：在通常情况下，将有毒的东西放在家里的桌子上或者家庭成员随便就可以拿到的地方，或许也可以说有实行行为，但仅此还不够，还需要行为人认识到自己实施的是实行行为，比如，妻子认识到丈夫马上会喝咖啡时，当然认识到了实行行为。上例设定的是丈夫不在家，而且妻子准备等丈夫回来后给丈夫喝，所以不能认为妻子对实行行为有故意。这是将故意作为责任要素所得出的当然结论。但是，如果你把故意当作一个行为计划去考虑的话，结论可能就不一样了，不是当作责任去考虑也可能就不一样了。比如，有人设想了这样的例子：被告人 A 以为把白糖给谁吃，谁都会死。结果，A 将白糖给了一位严重的糖尿病患者 B，但他不知道 B 有糖尿病，B 吃了之后死亡了。如果说故意是违法要素，或许有可能认为 A 有杀人故意。但是，如果说故意是责任要素的话，则不能说 A 有杀人故意，只有当 A 认识到 B 是严重的糖尿病患者，并且知道给 B 吃的是糖时，才能认定 A 有杀人故意。

学生：这个故意只是一般意义上的故意。

张明楷：A 没有认识到 B 是严重糖尿病患者时，就不存在一个可以主观归责的故意。不仅如此，如果没有充分的理由，连过失犯罪都不一定能定，除非他能够预见到 B 是糖尿病患者。

案例三

被告人李某准备了仿真手枪、口罩等工具后，在一个路口趁着王某女儿上车时，尾随进入王某的轿车。李某用仿真手枪威胁王某，并在后座上劫持王某的女儿，意图劫取王某的财物。在得知王某身上没有现金之后，李某便逼迫王某将车开到附近的银行提取现金。王某在下车取款途中向周围群众求助。李某察觉后，丢下王某女儿离开作案现场。

张明楷：这个案件涉及抢劫罪与绑架罪的关系，你们有什么看法？

学生：我们司法实践中有一种观点认为，如果被害人仍然在原来的生活场所，就不应当叫绑架。

张明楷：这种观点肯定是不成立的。只要行为人采取暴力等方法以实力控制了被害人，对被害人的生命、身体安全产生了危险，即使被害人仍在原来的生活场所，也完全可能成立绑架罪。例如，以前俄罗斯发生的大剧院绑架案，被害人原本在剧院看演出，恐怖分子以武力控制了剧院，以此来胁迫政府。这当然也是绑架。

学生：成立绑架罪，是否要求被绑架的人与被勒索的人（关心被绑架者的人）不在同一场所？

张明楷：法条有这样的要求吗？

学生：没有。

张明楷：既然没有这样的要求，解释者凭什么提出这样的要求呢？提出这样的要求，无非是因为在通常的绑架案中，被绑架的人与被勒索的人不在同一场所。但是，这只是事实，而不是规范，解释者不能将自己熟悉的事实当作法律规范。认为盗窃只能是秘密窃取，实际上也是将自己熟悉的事实当作法律规范。被勒索的人是担心被绑架者生命安危的人，如果被告人将刀架在小孩的脖子上，其母亲因为在现场是不担心了还是更担心了呢？不可能是不担心了，甚至是更担心了，也可能与不在现场同等担心。既然如此，就不应当提出被绑架的人与被勒索的人不在同一场所的要求。

学生：如果这样来说的话，李某的行为就成立绑架罪。

学生：李某的行为也成立抢劫罪吧。

张明楷：在这样的场合，你们不需要考虑抢劫罪与绑架罪的区别、界限何在，而是需要判断李某的行为是否符合绑架罪的构成要件，以及是否符合以暴力、胁迫或者其他方法抢劫公私财物的构成要件。

学生：李某的行为当然属于以暴力相威胁抢劫王某的财物。

学生：而且李某的行为完全压制了王某的反抗。

张明楷：既然如此，李某的行为就是绑架罪与抢劫罪的想象竞合。

学生：而且，绑架罪已经既遂，抢劫罪属于未遂。

学生：您以前的教科书上好像说过，如果被勒索的人在现场，要原则上认定为抢劫罪。

张明楷：以前是说过这样的话。一是因为以前绑架罪的最低刑是10年以上有期徒刑，普通抢劫罪的法定刑相对较轻。二是因为认定为抢劫罪就有成立未遂犯、中止犯的空间，一旦认定为绑架罪，成立未遂犯、中止犯的空间就很小。后来，《刑法修正案（七）》对绑架罪增设了情节较轻的规定，所以，我现在明确主张二者可以成立想象竞合关系。我们讨论的这个案件，也可以说李某的绑架行为情节较轻。

学生：检察官说，这么严重还叫情节较轻吗？

张明楷：李某带的只是仿真手枪，客观上对生命、身体的威胁并不严重，而且以实力支配小孩的时间也很短，完全可以认定为情节较轻。。

学生：从事后来看好像情节较轻，但从事中来说还是危险性很大的。

学生：对啊，小孩完全在他控制之下，不一定非要用刀用枪，用手掐着就会死。

张明楷：事后来看意味着全面地看。虽然客观上对王某产生了巨大的恐惧心理，但是，绑架罪的保护法益是被绑架者的生命、身体的安全，李某并没有想去伤害小孩，更没有实施伤害行为，他只是为了勒索财物。所以，认定李某的绑架行为属于情节较轻是可以被人接受的。

案例四

甲对乙实施暴力抢劫乙的财物，乙挣脱后逃跑，甲对乙紧追不舍，乙为了自己的人身安全，把随身携带的包扔给了甲，甲捡起乙扔下的包后不再追赶乙。

学生：甲捡到包后，有可能认为这个包是乙主动给自己的。这种想法是不是刑法中的认识错误呢？

张明楷：首先需要讨论的是，乙是不是在被压制反抗的情况下扔掉包的。这样就可以确定甲对乙的包是成立抢劫罪、盗窃罪还是侵占罪。

学生：乙如果不把包扔掉，甲追上后仍会抢走乙的财物，还可能实施伤害行为，甲追赶乙的行为即使不是暴力，也是一种默示的以暴力相胁迫的行为，甲已经压制了乙的反抗。乙扔掉包就是将财物处分给了甲。所以，甲的行为成立抢劫罪。

张明楷：对。这个案件并不难，甲的行为成立抢劫罪。被害人是担心被告人实施更严重的暴力才把包扔给被告人的，可以评价为被害人是在被压制反抗以后才交付财物的。在这类被害人基于被告人的不法行为放弃财物的案件中，可能涉及此罪与彼罪的区分，有时候还涉及有罪与无罪的区别。以前讨论过这样的案件：某日傍晚，一位女士在回家的路上被男被告人尾随，女士走快一点，男的就走快一点，反之亦然。女士为了摆脱男的，就把自己随身携带的包放在路边的长椅上，男的拿着包后，仍然追上去给了女士两耳光，警告女士不要报警。事后查明，女士的包中仅有 270 元。有不少人主张男的构成抢劫罪，我觉得并不合适。单纯的尾随，还不能评价为暴力或以暴力相威胁。后来的两耳光，并不是抢劫罪的手段行为。盗窃 270 元也不成立盗窃罪，所以导致争议。如果包中有 1 万元，乙的行为是成立侵占罪还是盗窃罪？

学生：男的尾随女士的目的是什么？

张明楷：他事后交待"就是想抢女的包"，不过，这个"抢"是抢劫还是抢夺就不一定了。但是，男的在当时既没有着手实施抢劫行为，也没有着手实施抢夺行为。有一种观点认为，男的跟在女士后面就属于以暴力相威胁，所以主张定抢劫罪。

学生：跟在女士后面还不叫以暴力相威胁吧。

学生：跟在女士后面可不可以说是抢劫的预备行为？

张明楷：如果将跟在女士后面的行为就评价为抢劫罪的以暴力相威胁，就意味着将日常生活中的现象评价为抢劫罪的实行行为。这是十分危险的事情。例如，警察遇到男士跟在女士后面，或者几个人跟在一个人后面，都可以说这些行为属于抢劫罪的实行行为，于是，剩下的就只需要他承认有抢劫故意就可以了。这显然不合适。所以，跟在女士后面的行为不可能评价为抢劫罪的实行行为。但是，在特定情况下，评价为预备行为还是可能的。可是，为什么说男的是抢劫的预备呢？在男的并没有确定是要抢劫的情况下，充其量只能认定为抢夺的预备吧。

学生：事实存疑时要作有利于被告人的认定。

张明楷：关键是男的故意内容还没有确定，在既可能进行抢劫也可能实施抢夺、故意内容还不确定的情况下，不能认定男的就有抢劫的故意。但是，抢劫的故意是可以评价为抢夺的故意的，所以充其量只能认定男的实施了抢夺的预备行为。那么，在不考虑数额的情况下，男的取得女的包的行为是盗窃还是侵占，抑或无罪，就取决于女士是否放弃了包的占有权与所有权了。

学生：女士把包放在长椅上是为了摆脱男的尾随，摆脱可能遭受的更大侵害，不能认为女士已经放弃了对包的所有权，这种貌似放弃所有权的意思也是有瑕疵的。

张明楷：对。这种放弃所有权的意思确实是有瑕疵的，因为女士是基于男的尾随行为而放弃的。那么，女士是不是放弃了占有呢？

学生：女士认为只要将这个包给男的，男的就不会再跟踪自己。这貌似就是一种放弃占有的意思，但女的无论如何也没有放弃对包的所有权。这就好比行为人用枪指着被害人的头，让被害人把包交出来，被害人把包交给行为人的，也不能认为被害人放弃了自己对包的所有权。这种处分肯定是无效的。所以，只要被害人是因为行为人的不法行为放弃财物的，都应该认为这样的放弃无效，被害人对财物仍有所有权。

张明楷：被害人肯定不是自愿放弃所有权。如果认为被害人已经放弃了所有权，行为人就合法所有了不法取得的财物。所以，不能认为被害人已经放弃了所有权。我以前分别向两位民法教授请教过：甲绑架了乙的女儿，要求乙将30万元现金放在指定的公共垃圾桶内。乙放入后拾荒人丙在甲到来之前取走了这30万元现金。我的问题是，乙是否放弃了这30万元现金的所有权？因为在刑法上，如果认为乙已经放弃了所有权，那么丙的行为就不是侵占；如果认为乙没有放弃所有权，丙的行为就是侵占（当然，是否构成犯罪，还需要考虑主观要件）。当时，两个民法教授的观点大相径庭，一位认为乙放弃了所有权，另一位认为乙没有放弃所有权。

学生：我认为乙并没有放弃对30万元现金的所有权，因为乙的30万元现金放在甲指定的垃圾桶里，显然是要交付给甲用来赎回自己的女儿的。这是一种指定交付财物的行为，不是放弃所有权的行为。只不过放置的地点是公共垃圾桶，但乙并没有放弃所有权的意思。

张明楷：如果丙取走这笔钱的时候，乙就在一旁看到了，但乙以为取钱的人是甲派来的人，又该如何处理？

学生：乙在一旁的话，甚至还可以认为这笔钱在乙的占有下，但丙并不知道垃圾桶中的钱是他人占有下的财物，所以，丙的行为还是只能按侵占处理。

张明楷：对。那么，我们前面讨论的那个案件，女士将包放在路边的长椅上是不是放弃了占有呢？

学生：应当放弃了占有，她是以放弃占有为代价来保障自己的人身安全的。

学生：如果放弃了占有但没有放弃所有，就意味着男的行为属于侵占。

张明楷：从理论上讲就是这样的，但关键在于女士是否放弃了占有。我们经常说要根据社会的一般观念来判断占有，在本案中，如果女士将包放在长椅上，但她还没有离开，或者刚离开时，还是应该认为她占有着自己的包吧。

学生：在通常情况下是这样的，或者说，在被害人没有放弃占有的意思时是这样的，但是，如果被害人有放弃占有的意思就不一样了。

张明楷：这样说也是有道理的。你们前面说，女士没有放弃所有权，因为其意思是有瑕疵的，但是，放弃占有的意思也是有瑕疵的，既然如此，是不是可以说，女士没有放弃占有呢？

学生：感觉还是放弃占有了，否则就解释不通了。

张明楷：就是说，虽然有瑕疵，但是这个瑕疵对于判断放弃占有和放弃所有的意义是不一样的吗？

学生：给人的感觉就是不一样的。即使男的将包拿走了，女士依然对包享有所有权，但是占有就不一样了。

张明楷：这是因为所有是比占有更抽象、更观念性的概念。

学生：我们以前办理过一个类似的案件。甲乙两人是保安，某日因琐事争吵打了起来，乙打不过甲，为了逃跑就把自己当时骑着的还未发动的摩托车放在了工厂门口，自己跑掉了。甲把乙的摩托车骑走了。当时法院对甲定了抢劫罪。

张明楷：这个案件显然不能按照抢劫罪处理。甲在实施暴力时，并没有抢劫乙的摩托车的故意，甲在骑走摩托车的时候乙不在现场，甲也没有为了骑走摩托车而实施任何暴力胁迫行为，所以甲的行为不构成抢劫罪。但是，不能认为乙放弃了对摩托车的所有和占有。摩托车这种财物，无论物主是不是上锁，只要停在那里，根据社会一般观念就会认为车主还在占有摩托车，甲骑走的是乙占有下的摩托车，所以甲的行为构成盗窃罪。

学生：在有些情况下，行为人究竟有没有实施胁迫行为，判断起来还是比较困难的。以前讨论过这样的案件：A男要强奸对面租户的B女，A进入B的房间之后，对B女实施暴力，要求发生性关系。B说："你别强奸我，我给你500元钱，你去嫖娼只需要400元，你还可以赚100元。"A拿到500元之后就放弃了强奸行为。能不能认定A对500元成立抢劫罪呢？

张明楷：A的强奸行为肯定属于中止。对500元定抢劫罪的话，暴力、胁迫表现在什么地方？

学生：有种观点认为，A对500元成立敲诈勒索，但我觉得后面的行为也不是敲诈勒索。

张明楷：是B主动提出给钱的吗？

学生：是的。但是，主张A构成敲诈勒索的观点认为，在当时的情况下对 B 还存在威胁。

张明楷：问题是对侵害什么法益还存在威胁？如果说对侵害性自主权还存在威胁或许是可能的，但是，对于财物来说，既然被害人已经主动提出来了，似乎不应当认为存在威胁。

学生：对，我感觉既然是 B 主动提出来的，而 A 又没有勒索 B。

张明楷：勒索要以恶害相通告，我觉得这里不存在以恶害相通告。除非在这种情况下，女方坚决不同意强奸，男的暗示不强奸可以，你给我钱。如果是这样，则可以认定为敲诈勒索或者抢劫罪。或者是，女的主动提出给男的 500 元，男的嫌少了，要给 5000 元才不强奸。这种情况下也可以认定为抢劫罪或者敲诈勒索罪。

学生：老师，假如案情是反过来的：行为人本来想去抢劫一个女士，实施暴力抢劫的时候，女士说不要抢劫我，你跟我发生一下关系算了，然后被害人就跟她发生了关系。

张明楷：那就是抢劫中止和通奸了吧。在这种场合，能说后面的行为构成强奸罪吗？

学生：假如将抢劫改为盗窃，行为人盗窃时被发觉，被害女性就说你别偷我的手机，你跟我发生一下关系好了。按照您的观点，盗窃中止不构成犯罪，与女性发生关系也不成立强奸罪，结局就是无罪了。

张明楷：确实不可能认定为强奸罪，因为行为人客观上没有实施强奸罪所要求的暴力、胁迫或者其他行为。除非存在我前面讲的确实存在胁迫的情形。

学生：我总觉得便宜行为人了。

学生：黎宏老师说，B女的500元财产损失是由A的强奸行为造成的，所以，应当认定强奸罪造成了损害，因此对强奸罪只能减轻处罚，而不是免除处罚。

张明楷：这实际上是另外一个问题，就是中止犯中的造成损害，是什么行为造成的损害以及损害的内容是什么。B的500元财产损失，不是A强奸行为造成的结果，二者充其量只有条件关系，但不能进行结果归属。否则，就意味着强奸行为还能造成财产损失，这恐怕说不通。另一方面，中止犯中的造成损害，也必须是符合轻罪的构成要件的一种损害，而不是任何损害。

学生：B虽然是主动提出要给钱的，但她其实不是自愿的。

张明楷：看你怎么判断自愿不自愿。比如诈骗罪、敲诈勒索罪，我们并不是说被告人的行为违反被害人的意志，而是说被害人基于有瑕疵的意志而交付财物。特别是在讲诈骗罪时，通说都是说被害人自愿交付财物。但这是在被害人不知道真相的情况下，我们才说被害人是自愿交付的。但是，如果都在最终意义上说，那么，盗窃与诈骗的关系就没有办法处理了。所以，不能因为B女交付500元的意思有瑕疵，就认为她不是自愿交付的。如果认为A拿走500元是违背B的意志的，A的行为就是盗窃或者抢夺了。这显然不符合客观事实。

学生：我想起我们办的一个抢劫案。两个男的晚上在巷子里持刀抢劫被害人，对被害人以暴力相威胁要被害人将包交给他们。被害人想着包里有一些比较重要的文件和证件，就说："你们别伤害我，包里的现金你们都可以拿走，不要将我的重要文件和证件拿走就可以了。"

张明楷：你说的这个案件当然只能定抢劫。

学生：可是，这个案例与前面 A 强奸时 B 主动提出给 500 元不是一样吗？

张明楷：怎么是一样呢？在 A 强奸 B 的案件中，A 前面的暴力、胁迫行为根本不是抢劫行为，而是强奸行为。前面的强奸行为与后面取得 500 元现金的结果之间，也不具有抢劫罪所要求的因果关系。但是，你讲的这个案件不一样，两个男的实施暴力、胁迫就是抢劫行为，而且行为人也有抢劫的故意，并且压制了被害人的反抗。被害人只是为了防止重要文件与证件被抢劫，才在被压制了反抗的情况下，交付了包里的其他财物。所以，认定为两位被告人的行为构成抢劫罪既遂没有任何疑问。再如，一个男的拿着刀要强奸女的，女的说你别伤害我，我同意吧。男的与女的发生性关系的，也是强奸既遂。因为女的是为了避免更严重的伤害，才被迫同意发生性关系的。

学生：明白了。如果 B 女当时说，你不要强奸我，我明天给你 5000 元。A 就离开了 B 的房间，后来 A 找 B 要钱的话，构成犯罪吗？

张明楷：那就要看 A 是怎么要的，只能根据后来要钱的行为性质决定是否定罪以及定什么罪。如果只是单纯地说你把 5000 元给我，怎么可能构成犯罪？在这种情况下，后来要钱与前面的强奸行为就更没有关系了。

案例五

数个被告人持凶器闯入高速路收费站点，控制收费站工作人员后，在长达6个小时的时间内，冒充收费站工作人员收取来往司机4万余元的过路费，但收费时均未能出具发票。

张明楷：这个案件有点意思。收费站工作人员不是国家机关工作人员，所以，不要考虑招摇撞骗罪。即使收费站工作人员是国家机关工作人员，也不可能认为被告人的行为仅成立招摇撞骗罪。

学生：被告人的行为对司机成立诈骗罪，对收费站工作人员成立非法拘禁罪。

学生：成立抢劫罪，抢劫对象是必然带来金钱收入的"收费权"（债权）这样一种财产性利益，而不是现金本身。因为被告人的暴力行为的对象和交付财物的司机并不是同一的，而且司机交付的过费路不是由收费站工作人员收取的，不能认为是收费站占有的现金。

学生：德国抢劫罪的对象仅限于狭义的财物，但在德国，这个案件也不会认定为抢劫性敲诈勒索罪，因为敲诈勒索罪要求被害人存在财产处分行为，本案中的被告人实施的是使被害人不可反抗的绝对暴力，被害人没有处分的余地。

张明楷：日本刑法和旧中国刑法都承认抢劫财产性利益。如果不认定为抢劫罪，仅认定为诈骗罪与非法拘禁罪的话，两个罪都是只处 3 年以下有期徒刑，是不是有点不合适？

学生：认定为诈骗罪也有一个疑问，即司机本来就应当支付过路费，所以不存在财产损失。

学生：但是，司机如果知道收费的不是收费站工作人员，就不会支付过路费吧？

张明楷：或许也会支付，要不然车怎么出去呢？对于需要发票报销的司机来说肯定存在财产损失。

学生：这样一来，案件的数额就不足 4 万元了。

张明楷：如果被告人向司机讲明真相，还成立诈骗罪吗？司机当时只有交付过路费才能通过，总不能逆行退回到前一个出口吧。

学生：讲明真相就不是诈骗罪了。

张明楷：司机也肯定不是抢劫罪中被强取财物的被害人。

学生：如果认定为抢劫，司机当然不是被害人。

张明楷：如果承认财产性利益可以成为抢劫罪的对象，认定被告人的行为成立抢劫罪，存在什么障碍？

学生：感觉没有什么障碍。

张明楷：有一个问题需要解释。在抢劫罪中，被告人取得的和被害人损失的财物或者财产性利益必须具有同一性，就财产性利益而言，二者必须是一种对应关系或者表里关系。被告人最终取得的是现金，收费站损失的是现金吗？

学生：收费站最终损失的也是现金。

张明楷：其实，再提前一步也是可以解释的。收费站工作人员虽然事实上没有收到这4万余元，之所以没有收到，是因为他们被控制后丧失了收取这4万元的权利，这当然是财产性利益，相当于行使债权的权利。而这一权利被被告人行使，被告人行使的结果是取得了4万余元的现金。所以，就提前一步的财产性利益而言，被告人取得的财产与被害人损失的财产完全具有同一性。简单地说，被告人通过暴力行为使收费站工作人员丧失了收费权，被告人事实上取得了收费权，所以，二者具有同一性。这种事实上的收费权的取得，又是通过压制他人反抗的暴力行为取得的，所以，成立抢劫罪。

案例六

被告人是夫妻（甲男和乙女）。某日，乙女到被害人丙男家，甲尾随其后发现乙与丙有不正当关系，便要求三人共同到丙车上谈一谈。三人在车中发生争吵，甲将丙殴打至昏迷状态，然后继续开车前行。甲看到交警时，由于心虚又掉头往另一方向行驶。后来，甲驾车上了一条高速公路。甲将丙扔到高速路边，丙处于昏迷状态，但最终由于没有得到救助而死亡。甲将丙扔在高速公路边上后，将车据为己有。乙女在整个过程中并未动手打人，甚至有阻止甲殴打丙的行为，也未对甲将丙扔在高速路上的行为给予帮助。

张明楷：有人认为被告人甲的行为仅成立抢劫罪；有人则认为，对甲的行为要认定为故意杀人罪与抢劫罪，实行并罚。你们怎么看？

学生：被害人丙怎么死亡的？

张明楷：丙已经被打得昏迷了，又被扔下车，没人救助就死了。具体的死因案情没有交待，但是，即使是被其他汽车撞死的，也要将死亡结果归属于甲的行为吧。所以，丙是怎么死亡的，不是关键问题。

学生：甲之前段打丙是想杀害丙还是只想伤害丙？是不是产生了非法占有的目的以后才想把丙扔掉？

张明楷：这些都不清楚，都要你们判断。

学生：第一种情况是，甲在将丙扔下去之前，就想将车据为己有；第二种情况是，甲要求三人共同到丙的车上谈一谈时，就产生了非法占有这辆车的故意。

学生：第三种情况是，甲将丙扔下车之后，才想起这辆车怎么办，于是只好将车开走了。

张明楷：如果是第一种情况与第二种情况，甲肯定成立抢劫罪。

学生：在第一种情况下，甲已经将丙打成昏迷了，丙昏迷时还占有自己的车吗？

张明楷：这还有疑问吗？肯定还是占有着自己的车。

学生：昏迷了怎么还占有？

张明楷：昏迷了只是不能开车，不意味着没有占有自己的车。谁占有车是根据社会一般观念判断的。

学生：如果是第一种情况的话，甲将丙扔下车才是抢劫的手段行为。甲将丙扔下车肯定不是胁迫方法，那么，这种行为是暴力方法或者其他方法吗？

张明楷：说是暴力方法有什么疑问？

学生：只是扔下车，不同于通常的暴力方法。

张明楷：暴力是指对人行使有形力，将昏迷的人扔下车当然属于暴力方法。

学生：关键是第三种情况怎么办？

学生：如果甲将丙扔下车之后才对车产生非法占有目的，这个时候就不是盗窃，而是侵占了。

学生：甲把丙扔下车之后，丙的车就成了遗忘物吗？

张明楷：甲把丙扔下车之后，丙当时仍然占有着自己的车吧。

学生：即使对第三种情况不能认定为抢劫，也能认定为盗窃。

张明楷：我也是这样认为的。汽车这样的财物，不是谁驾驶就谁占有，一般来说都是车主占有。如果甲将丙扔下车之后就产生了非法占有汽车的故意，当然可以评价为盗窃。

学生：这样的话，甲的行为要么就是一个抢劫罪，要么就是故意杀人罪与盗窃罪，不可能是故意杀人罪与抢劫罪。

张明楷：除非有其他特殊的情节，总的来说，可能只有这两个结论。但是，如果说甲之前对丙实施殴打时就有杀害丙的故意，而且其行为足以致丙死亡，则前面的行为仍然成立故意杀人罪。但是，现在的案件介绍并没有说明这一点。即使前面有伤害的行为与故意，但恐怕也没有证据证明伤害结果了。

学生：老师，在我们的司法实践中，不会认可上面的第三种情况的。如果被告人说，当时将丙扔下车的时候，没有想到将车占为己有，司法人员是不会相信的。即使他不交待当时将车占有为己有，司法人员也会推定或者认定他将丙扔下车就有非法占有目的。

张明楷：这是另外一回事。至少你们还是要承认，行为与故意要同时存在。如果甲将丙扔下车时，只是为了造成丙的死亡，然后才想起车如何处理，就不能认定为抢劫罪。

学生：感觉推定甲在将丙扔下车时就有非法占有目的，也是成立的。甲当时一定不会想"我接下来要实施的是非法占有他人财物"，但只要他想到他会接着驾驶这辆车，就可以认定他有非法占有目的。

张明楷：问题是，甲在将丙扔下车时，是不是想到了接着要将车开走。接着要将车开走是客观事实，但甲当时有没有这个内心想法则不一定。换句话说，甲将丙扔下车时，是不是为了占有这辆车，如果不能得出肯定结论，认定为抢劫就有疑问。

学生：这种时候都不需要甲想什么，如果他不想要这辆车，在他扔下丙之后自己也应该下车了。只要他没有下车，继续使用这辆车，就说明他有非法占有的目的。如果没有什么特别的情节，还是应当认定他在扔下丙时就具有非法占有目的。

学生：你这个推理不成立。甲在高速公路上，而不是在普通场所，所以，不能说只要甲继续开车，就说明他扔下丙的时候就有非法占有目的。

张明楷：不争论这个问题了，这是事实判断问题，但案情交待得不清楚。

学生：我们在办案过程中经常碰到行为人杀害被害人后，利用被害人的汽车逃亡的，对后一行为我们都没有认定为盗窃。

张明楷：为什么不认定为盗窃罪？不认定为盗窃也可以认定为侵占罪啊！

学生：我也不知道为什么，我们在司法实践中都没有对杀人后开车走的行为再定罪。也可能是因为行为人最终将车扔在什么地方了，没有长期使用。

张明楷：我国的司法机关在认定非法占有目的的时候，都不是分为排除意思和利用意思来认定的，而是从整体上、从字面含义上判断非法占有目的，而且要求行为人具有永久性占有的意思。

学生：这个要求好高啊。

张明楷：在司法实践中，只要行为人将财物还回去的就不认定为具有非法占有目的。如果是这样的话，将车用到报废的时候再还回去，是不是也没有非法占有目的？

学生：肯定不能这样说。

学生：只要甲将丙扔下去的时候丙还是活着的，丙就还占有着自己的车。关键是如何判断甲的故意内容与非法占有目的。也就是说，故意的认识因素和意志因素以及非法占有目的应当达到什么程度？如果被告人只是存在一种潜意识，我们从规范的角度将它分析出来，是否可以认为有故意与非法占有目的。在德国，只要行为人有潜意识就可以了，但我们国家不这么讲，而是要求明知什么、希望什么、放任什么。如果甲在将丙扔下车的时候没想那么多，在我们国家就产生疑问了。

张明楷：甲的行为就讨论到这里。总的来说，甲的行为要么是一个抢劫致人死亡，要么是故意杀人罪与盗窃罪，这需要根据案件事实进行判断。现在要讨论一下，甲的妻子乙的行为应当如何认定？

学生：要认定乙构成共犯很困难。

学生：实践中我们要根据她的供述来判断她到底是什么

意思。

张明楷：首先要看她客观上有没有帮助的行为，主观内容应当放到后面讨论。

学生：她客观上没有实施任何帮助行为，只是一个单纯在场而已。

学生：而且，她还阻止过甲的行为。

学生：如果乙以后经常使用这辆车，可不可以定掩饰、隐瞒犯罪所得罪？

张明楷：开车是掩饰、隐瞒犯罪所得罪吗？开车不是让车辆更容易被司法机关发现吗？

学生：如果乙帮助将车辆隐藏在什么地方，则可以说是掩饰、隐瞒犯罪所得罪。

张明楷：这是你们的假设，案情没有这方面的内容。

学生：乙只是单纯在场的话不会定帮助犯。

张明楷：对。

学生：德国有个案件：一帮人到西班牙去购买毒品，两个人买回来了，另外一个只是坐车跟他们一起回来，其他的什么都没干，就是一起去一起回。

张明楷：他开车了吗？

学生：没有，什么都没干。

张明楷：那就不能定共犯。

学生：对，德国联邦最高法院就没有定共犯。

张明楷：既没有物理的帮助，也没有心理的帮助，当然不能认定为共犯。

案例七

甲趁手机店主不注意，拿走放在柜台上的一个价值 3000 元的手机，走到店门口门禁响起来了，店主发现追了上去，甲和店主扭打，手机掉在地上，甲后来将店主打倒，捡起手机逃跑。

张明楷：甲的行为是成立《刑法》第 263 条规定的普通抢劫罪，还是第 269 条规定的事后抢劫罪？

学生：如果盗窃手机已经既遂了，就成立事后抢劫罪。

张明楷：甲还没有将手机拿出店铺就被店主发现，是否应当认为还没有盗窃既遂，因而可以直接根据《刑法》第 263 条的抢劫罪定罪量刑，没有必要适用事后抢劫的规定？

学生：甲将手机放入自己的口袋，是不是盗窃罪已经既遂了呢？

张明楷：在店里安装了门禁，不付钱拿出商品就会响铃的情况下，不能说只要将手机装到口袋盗窃就既遂吧。在这种情况下，必须走出店门才能认定为既遂。

学生：如果案情改一下，假若这家手机店并没有安装报警门禁，甲把店主打倒后也没有把手机拿走，那么，甲把手机装到口袋，盗窃罪就已经既遂；甲没有拿走手机，抢劫罪也就没有既遂。按照德国刑法理论，这种情况下认定为盗窃罪既遂和抢劫罪未遂的想象竞合。但我觉得并没有必要这样认为，抢劫罪的法定刑要比盗窃罪重很多，只按照抢劫罪未遂处理就可以了，没有必要强调是盗窃罪既遂和抢劫罪未遂的想象竞合。

张明楷：你之所以会这样认为，可能是因为这个案件涉及的数额不巨大。如果甲进入珠宝店，将价值100万的珠宝放进了口袋，后店员追上来，甲与店员扭打，珠宝掉到地上后被店员夺回。你觉得还没有必要强调是盗窃罪既遂和抢劫罪未遂的想象竞合吗？

学生：在您说的这种情况下，盗窃数额特别巨大，处10年以上有期徒刑或者无期徒刑；抢劫数额特别巨大财物的，处10以上有期徒刑、无期徒刑或者死刑，但抢劫未遂的话，只是可以从轻、减轻处罚，行为人不可能被判死刑，很可能处10年以下有期徒刑。这样的话，似乎按照盗窃罪既遂处理还更重。

张明楷：德国刑法理论要求全面评价犯罪事实，想象竞合的明示机能其实也是要求全面评价案件事实。

学生：在您刚刚说的盗窃珠宝的案件中，如果认为行为人犯盗窃罪既遂、抢劫罪未遂，也有很奇怪的地方，既然我们说盗窃已经既遂，就应该认为行为人占有了珠宝，但最后行为人和店员扭打，珠宝掉到地面后被店员夺回，又说抢劫罪未遂。同一个珠宝，一会儿说行为人已经占有，一会儿又说他还没有占有，给人一种很奇怪、很混乱的感觉。

张明楷：这涉及事后抢劫的既遂标准问题。如果说，事后抢劫的既遂标准就是看先前的盗窃行为是否既遂，那么，这个案件也是抢劫既遂。我是主张这种观点的。如果说，事后抢劫的既遂标准是行为人最终占有了财物，盗窃既遂时事后抢劫就可能是未遂。在这个案件中，珠宝很小，在没有门禁的情况下，只要行为人将珠宝装到口袋，盗窃罪就已经既遂，可以认为行为人已经占有了珠宝；但在与店员扭打的过程中，珠宝从行为人的口袋掉了出来，在权利人在场并夺回自己财物的场合，应该认为这时珠宝又处于店员的占有下，根据后一种观点，行为人的抢劫行为也就未遂了。即使采取后一种标准，这里并不存在矛盾和混乱现象。因为盗窃罪既遂时，事后抢劫还没有开始。既然如此，盗窃的既遂与抢劫的既遂可能是不一致的。

学生：明白了。

学生：关于事后抢劫，我这里有一个案件。被告人在一家苹果店中看上了一款苹果 4S 手机，但没钱购买。被告人发现旁边店里有部标价为 480 元的高仿苹果 4S 手机，于是就买下高仿手机，再到苹果专卖店假装挑选手机，乘售货员不注意时用高仿手机调换苹果 4S 手机。被告人离开苹果店之后，又想起来忘了拿走买高仿手机时送的内存卡，于是返回去拿内存卡。此时，苹果店售货员发现了真相，正在寻找被告人时看到被告人回来了，于是要抓捕被告人，被告人骑上电动车逃跑，一名售货员抓住电动车不放，被告人骑着电动车将其拖了十几米，致其胳膊腿受伤。检察院以盗窃罪和故意伤害罪对被告人批准逮捕，但本案是否能评价为事后抢劫？

张明楷：售货员是在被告人返回拿卡时发现手机被掉包的，不是被告人掉包后刚走时发现的，但是二者之间时间很短。被告人短暂离开又回到原地的能否评价为当场？

学生：应当评价为当场。但是，如果财物已经处于犯罪人的控制之下，是否影响当场的判定？

张明楷：这个影响不大甚至没有影响，因为即便盗窃、诈骗等既遂后也可发生事后抢劫。

学生：能否说，只要被害人能把财物追索到手的时候就可以评价为当场？

张明楷：你说的追索是什么意思？对于被害人而言，任何时候都是可以追索的。所以，不能简单地用能否追索到财物作为是不是当场的标准。

学生：如果被害人在追赶的过程中追丢了一段时间，比如上午追丢了下午又发现犯罪人了，是否可以评价为当场？

张明楷：这个时间间隔太长，不能评价为当场。如果是短时间的离开视线，仍然可以评价为当场。

学生：那时间间隔的判断就没有客观标准了。

张明楷：这个问题只能交由法官具体判断了，不能说间隔了几分钟就不是当场，本案的一些细节交待得不是很清楚，但时间似乎比较短暂，认定为抢劫罪的可能性很大。

学生： 被告人骑着电动车拖行被害人能评价为暴力吗？

张明楷： 这一点没有疑问。在被害人抓住电动车时，被告人骑着电动车拖了十几米，肯定属于对人的暴力。

案例八

某天夜里，甲驾驶一辆轿车在乡村小道伺机抢劫。乙骑自行车路过时，甲突然把轿车大灯打开照乙，手持凶器对乙大喊"站住，拿钱来"。乙一时惊慌，连人带车摔倒在地。待镇定后，乙对甲说："我家就在路边，你还敢来我们村抢东西？"甲没有做声，回到了轿车里，乙骑车离开了现场。乙离开后，甲发现乙摔倒的地方有一部手机（乙掉下的手机），甲拿起手机驾车离开了现场。

张明楷： 这个案件涉及抢劫罪既遂和未遂的问题。有一种观点认为，甲先前的抢劫行为与后面取得手机之间有因果关系，所以甲的抢劫行为已经既遂，你们怎么认为？

学生： 抢劫罪中的因果关系应该是行为人实施的暴力、胁迫等行为压制了被害人反抗，进而强取财物。甲的行为没有压制被害人反抗，反而被乙的一句话吓住不敢继续实施抢劫行为了。所以，不能认定为抢劫既遂。

张明楷：对。抢劫罪的因果关系，不是一个简单的条件关系，而是要介入压制被害人反抗这一条件，如同诈骗罪的因果关系要求介入被害人的认识错误、敲诈勒索罪的因果关系要求被害人的恐惧心理一样。所以，甲之前的行为成立抢劫未遂，之后捡走手机的行为属于盗窃罪或者侵占。

学生：应该是侵占遗忘物吧。

张明楷：还需要具体判断。如果被告人取得手机时，被害人当时离现场很近，还是可以认为被害人仍然占有自己的手机，所以被告人的行为是盗窃；如果被害人当时离现场比较远了，就只能认定是侵占了。这需要根据社会一般观念判断。

学生：如果是侵占的话，就肯定不能就捡走手机的行为定罪了。

学生：即使是盗窃，如果是低档手机的话，也达不到数额较大的要求。

学生：司法实践中有可能是因为数额不够侵占或者盗窃，就认定为抢劫既遂。

张明楷：这显然不合适。

盗 窃 罪

案例一

某校游泳池暑期不开放，甲拿到了该校游泳池钥匙，将游泳池开放并收费，将收费所得的 2 万元据为己有。

张明楷：你们觉得这个案件的问题在哪里？

学生：游泳池使用权是一种财产性利益，可以成为财产犯罪的对象。甲私下有偿开放游泳池的行为很可能成立盗窃罪。

张明楷：财产性利益可以是盗窃罪的对象。但是，甲的行为符合盗窃罪的构成要件吗？或者说，甲的行为是盗窃行为吗？甲把他人占有的财产性利益转移给自己占有了吗？

学生：什么样的情形才能评价为转移了财产性利益呢？

张明楷：例如，行为人利用网络侵入他人银行账户，将他人的存款转移到自己账户，这种转移财产性利益占有的行为才能成立盗窃罪。在涉及财产性利益这一点上，盗窃罪和诈骗罪有很大的差异。在日本等国刑法中，诈骗罪往往有两款，第一款是骗取他人财物，要求必须转移财物的占有；第二款是诈骗财产性利益，只要行为人使用欺骗方法获得财产性利益即可，不强调转移财产性利益的占有。我们国家刑法并没有像这样规定诈骗罪。这就需要我们思考，在我国，在转移占有的问题上，盗窃罪与诈骗罪是否相同？《刑法》第266条所规定的诈骗罪在针对狭义财物和财产性利益时，构成要件是否一样？是不是只要行为人通过欺骗获得了财产性利益，就可以构成诈骗罪，还是需要进一步转移财产性利益的占有？在德国、日本，盗窃罪的对象只能是狭义的有体物，所以行为必须转移占有才能构成盗窃。比如，行为人在高速公路行驶了很长一段时间，看到前方有收费站就把栏杆打开将车开出去了。行为人犯诈骗罪了吗？当然没有。他没有欺骗任何人。他犯盗窃罪了吗？这就要看他转移占有财产性利益了吗？显然也没有。他没有将收费站的债权转移给自己占有。如果不注意德日刑法明文规定的内容在我国刑法中是否也有规定，直接将德国、日本基于其明文规定得出的结论搬过来，恐怕不合适。比如，德国刑法总则规定了间接正犯，我国刑法没有规定。很多在德国可以根据其刑法总则第25条规定认定为间接正犯的，在我国就不一定可以认定为间接正犯。因为德国刑法总则对间接正犯有规定之后，就只需要判断某种行为是否符合刑法总则关于间接正犯的规定，而不需要再进行构成要件符合性的判断。我国刑法总则并没有关于间接正犯的规定，我们就必须判断行为是否符合构成要件。如果利用者与被利用者的行为相加也不符合构成要件，怎么可能成立间接正犯呢？换句话说，在我们国家，不能因为某种行为符合德国刑法总则关于间接正犯的规定，就当然地认定为间接正犯，而是要判断行为是否符合构成要件。在盗窃财产性利益的案件中，也需要判断行为是否符合盗窃的构成要件。不能因为行为人取得了利益，就想当然地认定其行为符合盗窃罪的构成要件。在这个案件中，游泳池在暑假不开放，学校原本就不会收取任何费用，也就没有相应的财产性利益，甲私自开放游泳池，并没有将学校占有下的财产性利益转移为他自己占有。

学生：使用权是不是一种可以被盗窃的财产性利益？比如盗用他人的汽车，用完后开回原处的行为是否成立盗窃罪？

张明楷：盗用汽车讨论的不是对汽车使用权的盗窃，而是对汽车本身的盗窃。在日本，盗用汽车就是盗窃汽车；德国有盗用交通工具类的犯罪，如果是短暂的盗用就定这个罪，如果盗用时间很长，也会认定为盗窃罪。在我国，盗用汽车的行为有可能成立盗窃罪，并不能以行为人想归还就认为没有非法占有目的，在这种情况下，行为人有利用汽车的意思，也有排除他人占有的意思，就是把他人的财物当成自己财物利用的意思。只是如何计算盗窃数额的问题。

学生：如果行为人把他人的奥迪车盗开了一天，就认定为盗窃罪，盗窃数额 50 万，这样也不合适。

张明楷：可以不按照汽车的价格来计算盗窃数额，而是按照盗用一天实际消耗的价值来计算。

学生：如果认为盗窃了汽车，就应该按照汽车价格计算犯罪数额；如果认为应该按照盗用一天实际消耗的价值来计算，那就应该认为盗窃的对象不是汽车，是汽车的使用权这个财产性利益。

张明楷：汽车的使用权、所有权可以通过盗用汽车转移吗？

学生：汽车原本应归车主使用，现在被行为人盗用了，这就转移了汽车的使用权啊。

张明楷：使用权是一个随着汽车到哪里就转移到哪里的权利吗？行为人盗用汽车就有汽车的使用权了吗？我觉得没有。行为人盗用的就是汽车，不是汽车的使用权。问题出在我们国家刑法规定了盗窃罪的数额，如果盗窃数额仅是盗窃罪的一个情节，就不存在这样的问题了。计算盗用汽车的犯罪数额，可以按行为人排除意思涉及的数额计算，这样反而更符合责任主义。

学生：既然盗窃的对象是汽车，盗窃的数额就应该是汽车的价值。您的这种计算盗窃数额的方法，实际上还是把盗用几天汽车使用权的价值认定为犯罪对象了。我也举一个案例。甲向乙借款 2 万元，把自己价值 60 万元的车开到乙处做质押，后甲将自己的汽车从乙处偷偷开走，不归还乙借款。在这个案件中，汽车开到乙处后，就归乙占有。如果认为甲偷开车的行为构成盗窃罪，盗窃的对象是汽车的话，就应该认为盗窃的数额是 60 万。但如果真按照盗窃 60 万量刑的话，也不太合理。甲是车主，乙事实上也并没有损失 60 万，乙仅是损失了 2 万元的质权。可不可以认为甲盗窃的对象仅是汽车承载的质权而不是汽车本身，按照盗窃 2 万元处理？

张明楷：甲盗窃的就是乙合法占有下的价值 60 万的汽车，即使按照本权说，也应该认定为盗窃汽车本身。说到底，还是因为甲是所有人，你才会这样认为。关于财产犯罪的保护法益的讨论，是要处理法益保护与法治原则之间的紧张关系。在法治社会，并不是所有权人就可以对自己所有的财产为所欲为，如果你所有的财物由他人合法占有时，你就不能肆意侵害别人的合法权益，否则就不是法治社会了。

学生：客观上，甲确实把乙合法占有的车开走了，但甲主观上仅是想赖掉欠款。

张明楷：甲想赖账是动机，不是故意内容。甲完全意识到了这辆车是在乙的合法占有下，他开走车的行为转移了占有，所以甲有盗窃故意。如果你认为甲盗窃的对象是质权，甲转移质权的占有了吗？显然没有。

学生：您认为甲盗窃的数额是 60 万元吗？

张明楷：也可以不认定为 60 万元，而是按甲的非法占有目的的内容来认定。如果说甲只是想利用其中的 2 万元价值，就可以只认定为 2 万元。

学生：总觉得这样就使得对象与数额不一致。

张明楷：计算盗窃数额时，不只是考虑行为对象的客观价值，还要考虑行为人主观上只想利用多少价值。这既是责任主义的要求，在我国也是没有办法的办法。这些问题都是我国刑法规定数额惹的祸。在这些案件中，大家都认为行为构成盗窃罪，只是对如何计算数额发生了分歧。

学生：老师，我们讨论的甲利用游泳池收费的案件，如果不是盗窃的话，能够说是诈骗吗？

张明楷：骗谁呢？他没有骗学校领导，能说骗游泳者吗？

学生：游泳者的目的都达到了，即使受骗了也没有财产损失。

张明楷： 所以，甲的行为既不成立盗窃罪也不成立诈骗罪。

学生： 甲的行为不构成犯罪吗？

张明楷： 我觉得可以不按犯罪处理。

学生： 有这样一个案例。腾讯公司推出短信定制 QQ 会员服务，月底通过移动电信公司扣除 10 元。甲从市面上买来 1 万多个余额只剩 1 元的不记名手机卡，用这些手机号发送短信定制 QQ 会员服务。再把定制了 QQ 会员服务的 QQ 号以 3 元一个卖给客户。由于这些手机号余额不足以支付定制的服务，致使腾讯公司与手机运营商无法全额结账，造成腾讯公司损失 1000 余万元。

张明楷： 这个案件谁是被害人？

学生： 购买这类 QQ 的客户并没有财产损失，他们用 3 块钱享受到了 10 块钱的服务，所以他们不是被害人。虽然腾讯公司貌似损失了 1000 万元，但实际上他们这种网络服务几乎没有成本。即使认为腾讯公司有财产损失，但也不能按损失 1000 万元处理。

张明楷： 如果认为甲的行为构成诈骗罪的话，他骗了谁？发送短信定制 QQ 业务，是向谁发送的？我还不太清楚。

学生： 有可能是三角诈骗，甲发送短信骗的是手机运营商，手机运营商处分了腾讯公司的网络虚拟财产，最后的受害人是腾讯公司，受骗人是手机运营商。如果发出去的定制短信不是由自然人处理，是机器处理的话，就不能定诈骗罪，因为只有自然人才会被骗，机器不会被骗。甲的行为有可能构成诈骗罪和盗窃罪两个罪。如果甲定制时拨号使用人工服务，这样的行为构成诈骗罪；如果发出去的定制短信是由机器处理的，这部分行为构成盗窃罪。

张明楷：如果对方是机器处理定制短信，甲的行为构成盗窃罪吗？盗窃的对象是什么？盗窃的是腾讯公司的 QQ 会员服务吗？如果对方是人工处理，诈骗的对象又是什么呢？还是腾讯公司 QQ 会员服务吗？

学生：盗窃的对象是腾讯公司提供 QQ 会员服务这种财产性利益。

张明楷：这个案件中，甲都是通过发送定制短信来定制 QQ 会员服务的，接收信息的是机器，所以可能按照盗窃罪处理比较好。因为行为人转移了 QQ 会员服务，还是可以认定为对财产性利益的盗窃的。只不过，没有必要按盗窃 1000 万元来计算数额，因为腾讯提供的 QQ 会员服务成本很低，按情节轻重量刑就可以了。

案例二

甲乙二人同住一个宿舍，共同购买了一台台式电脑，约定奇数日甲用，偶数日归乙用。在电脑归甲使用的某日，甲将电脑私下变卖，所得款项据为己有。

张明楷：这个案件很简单，但在司法实践中也可能有争议。

学生：甲的行为肯定成立盗窃罪。

张明楷：盗窃罪的保护法益是占有，如果能够认为甲变卖电脑时电脑归甲乙共同占有，就可以认为甲构成盗窃罪；如果不能认为当时甲乙共同占有，而仅是归甲一个人占有，那么他的行为就构成侵占罪。

学生：甲乙同处一室，电脑又是台式的，可以认为电脑在他们的共同占有下。如果甲乙不在一起住，电脑要搬到各自的房间，恐怕就不能认为电脑在二人的共同占有之下了。

张明楷：对。在这个案件中，可以认为甲和乙共同占有了整台电脑，而不能认为谁使用时谁占有。既然是共同占有，甲的行为就侵害了乙对电脑的占有，所以，应当将甲的行为认定为盗窃罪。刑法中的共同占有和民法中的共同共有、共同占有并不一样，刑法中的占有往往更需要根据一般社会观念认定。

学生：有人认为，对于刑法上的占有，首先要判断是否存在事实上的占有，然后再判断是否存在规范上的占有。

张明楷：不能这样判断。刑法上的占有本身就是规范判断，所有的事实都是判断资料，判断标准是社会的一般观念。我们所住的小区北门有一位卖铁棍山药和红薯的商贩，他将山药、红薯分好后装在袋子里，在一块牌子上写着"每袋10元，请放入桌上纸盒"，然后他就去清华大学的西北小区卖菜，两地直线距离大约2.3公里。我有一次碰见他还专门问过有没有人拿了菜不给钱，他说没有。虽然他本人离货摊有2.3公里，但社会一般观念会认为货摊上的山药、红薯以及纸盒里的现金就是他占有的。

学生：老师，我看了您的教科书关于占有的一段表述，我怎么感觉您虽然强调事实上占有，但也好像说规范判断很重要。

张明楷：事实上的占有不等于物理上的占有。就是说，事实上的占有不是取决于物理上的占有，而是取决于社会一般观念如何判断。我刚才举的那个商贩，他在物理上就没有占有山药和红薯，但是，社会的一般观念就会认为他占有了山药和红薯。反过来，我现在拿着你的茶杯，我也没有占有你的茶杯。你们不要把事实上的占有理解为物理上的持有，也不能将物理上的持有直接认定为事实上的占有。

学生：这一点我能分开，但我的意思是强调事实占有是主要要素。

张明楷：不是说，在判断刑法上的占有时，事实占有是主要要素，其他要素是次要要素。盗窃罪中的被害人事实上的占有是构成要件要素，是否具备这一要素，是需要根据社会一般观念去判断的。

学生：但社会一般观念不是一种规范观念吗？不是一种规范占有的概念吗？

张明楷：社会一般观念当然是一种规范的观念，但它是判断是否存在事实上占有的标准，而不是说刑法上的占有包括两个要素，一个是事实占有，另一个是规范占有。如果社会一般观念不认为被害人占有了某种财物，那么，被害人也就不存在事实上的占有。比如，你将钱包掉在商场后，几个小时后才想起来。这个时候，社会一般观念就认为你对钱包不存在事实上的占有。同样，我现在手上拿着你的茶杯，社会一般观念也不认为我占有了你的茶杯，所以，我对你的茶杯不存在事实上的占有。而不是说，我事实上占有了你的茶杯，但由于缺乏观念占有，所以不是刑法上的占有。

学生：社会一般观念就是占有的判断标准。

张明楷：如果社会一般观念认为你事实上占有了某种财物，我们不需要强调你对财物本身的物理性上的控制，就能肯定你事实上占有了财物。

学生：如果是这样的话，刑法上的占有就不需要规范要素了吗？

张明楷：什么规范要素？

学生：因为占有的判断就是一种规范的判断。

张明楷：事实上的占有本身就是一个规范的构成要件要素，所有的客观事实都只是判断资料，判断标准就是社会的一般观念。而不是说，在判断占有时，必须分成事实的判断和一般观念的判断。

学生：我的意思是说事实的判断是事实的判断，社会一般观念判断是规范的判断。

学生：事实和规范在判断中能分得开吗？我也一直在思考这个问题。

张明楷：你说的那个事实判断实际上偷换了一个概念，你讲的是物理上控制了没有。你的意思其实是，先看法益主体是否在物理上控制了财物，如果得出肯定结论，就是事实上的占有，然后再根据社会的一般观念进行规范判断，就具备了规范上的占有。可是，如果只有前一个判断，还不能叫事实上的占有。如果按照你的说法，刑法上的占有就不是事实上的占有，而是物理上与规范上的占有。但根本不是这样的，或者说这种判断方法是根本行不通的。我讲的事实上的占有，就是规范判断得出来的结论。可是，物理上的控制并不是决定性的因素，只是一个判断资料而已，在许多场合根本不起任何作用。比如，我拿着你的茶杯，这是物理上的控制，可是能说明什么问题呢？因为事实上的占有本来就是规范的构成要件要素，需要进行规范的判断。

学生：为什么刑法上的占有要根据社会的一般观念判断，而不是与民法的占有一样呢？

张明楷：显然是目的不同。判断事实上的占有，主要涉及盗窃和侵占的区分；二者的区分不是形式上的，肯定要与一般预防关联起来。因为盗窃罪的发案率高，一般预防的必要性大，所以，当社会一般观念认为某个财物由他人占有时，行为人取走该财物的，就应当以盗窃罪论处。当社会一般观念认为那个财物是他人的遗忘物时，我们就可以说，一般人没有认为行为人在盗窃他人财物，所以，一般预防的必要性减少，而且特殊预防的必要性也减少，因此，处罚就要轻一点。只有根据社会的一般观念判断事实上的占有，才能与一般预防的必要性大小联系起来。如果按照民法上的占有来判断，在某些场合就不能与一般预防的必要性关联起来。

学生：如果是这样的话，刑法上的占有并不是事实上的占有，而是观念上的占有，为什么要使用事实上的占有这个概念呢？

张明楷：我们现在所说的刑法上的占有，其实只是指盗窃、抢劫等罪中法益主体对财物的占有。事实上的占有这个概念，是与法律上的占有相区别的概念。侵占罪的对象不仅包括事实上的占有，而且包括法律上的占有。事实上的占有根据社会的一般观念判断，法律上的占有是根据法律关系判断的。

学生：还有一点，在构成要件要素的判断中，事实和价值能分得开吗？我觉得分不开。

张明楷：美国哲学家普特南兰写了一本书叫《事实和价值二分法的崩溃》。我感觉，在构成要件要素的判断过程中，事实与价值是难以分开的，只不过在有的场合，人们可以明显地分成两个步骤来判断，但在另一场合，则根本不需要分成事实与价值两个判断步骤。

学生：客观归责理论的前提基础是因果关系，这是事实判断，后面的则是价值判断或者规范判断。我们现在都觉得先进行事实判断，再进行价值判断是一种进步。法哲学现在有一个转向，就是寻找事实与价值相融合的地方。

张明楷：客观归责理论的前提基础的因果关系，并不是单纯的事实判断，其实也有价值判断。比如，为什么有人要对条件说进行修正，显然是价值判断的结果。后面的价值判断也包含了事实判断吧。比如，危险是否现实化，难道没有事实判断吗？

案例三

被害人丁到一个售楼大厅商谈购房事宜。丁坐在一个长椅子上，同时也将自己的包（内有4000元现金）放在椅子上，长椅前有一张桌子。嫌疑人甲乙丙三人后来也坐在这个长椅子上，丁感觉有点拥挤，自己就移到边上的椅子上与售楼人员商谈，但丁的包仍然放在原来的长椅上。三个嫌疑人发现丁的包还在长椅上时，就商量等待时机拿走包。此时，他们就把丁的包放在桌子上。他们想的是，等丁离开的时候再拿走。丁在另一个椅子上与售楼人员谈了15分钟左右后，就离开了售楼大厅。在丁离开2分钟之后，三个嫌疑人就把丁的包拿走了。三人拿走包之后半分钟，丁想起了自己的包就回到了售楼大厅。

张明楷：这个案件让我想起了日本几年前发生的一起盗窃案。被害人下班之后到一个路边公园，也是坐在椅子上面休息，包也放在椅子上。由于另外一个椅子上有人，被害人就过去和他坐在一起聊天，包也同样放在原来的椅子上。被告人看到后就心想，要是被害人离开的时候忘了拿包就好了。被害人离开的时候真的忘了，等被害人走到天桥上的时候，此时离他的包有20多米不到30米，被告人把包拿走了。被害人走到车站的时候想起包来了，就马上跑回来，跟仍然坐在这椅子上的那个人说，包放在椅子上没有了。那个人问包里有什么，被害人说有手机等东西，那个人拨打被害人的手机号，从厕所里听到了手机响声，就

抓获了被告人。日本裁判所认定被告人的行为构成盗窃罪。

学生：甲乙丙三人的行为构成盗窃罪应当没有疑问吧。

张明楷：但有人主张甲乙丙盗窃的是丁占有的财物，有人主张甲乙丙盗窃的是售楼处管理者的财物，因为售楼大厅里面有摄像头，有人认为甲乙丙的行为是侵占遗忘物，由于数额不够，故不成立犯罪。

学生：丁只离开了2分钟，甲乙丙拿走半分钟之后丁就想起了自己的包，遗忘的时间如此短暂，丁还没有丧失占有，三名被告的行为成立盗窃罪。

学生：我们在司法实践中，对这类案件除了考虑时间、空间的因素之外，还要考虑被害人能不能够回忆起物品所在的位置，能回忆起来的一般都不是按遗忘物来认定的。

张明楷：这是很形式化的认定。能回忆起来意味着记性还可以，忘性不是太大，你们的做法会导致记性好坏决定对方是否成立盗窃，不太合适。关键还是要根据社会的一般观念判断被害人是否丧失占有，千万不能认为，只要被害人忘记了的，都是遗忘物。

学生：是售楼处管理者占有了丁的包吧，甲乙丙盗窃的是售楼处管理者占有的包。

张明楷：售楼处虽然跟公园不一样，但是谁都可以进售楼处，出入不需要任何手续，也不需要登记，说售楼处管理者占有了丁的包恐怕有点障碍。而且，在丁很短暂地离开售楼处时，没有必要评价为售楼处管理者占有了包，直接评价为丁仍然占有即可。

学生：咱们以前不是说公园水池的硬币都是公园管理员占有的吗？

张明楷：这两者完全不一样。一方面，公园中的硬币是在水池里，不能随便被人拿走；如果钱在公园路上，公园管理者就不可能占有了。另一方面，公园水池中的硬币，是游客故意放进去的，旅客放弃了占有和所有。既然如此，当然就只能由公园管理者占有了。高尔夫球场里的高尔夫球，也可以说是打球的人放弃的，当然由高尔夫球场的管理者占有。

学生：我上个星期去一个寺庙，发现里面特别拥挤，也看到很多人捐钱，但有人前脚放进去，后脚就有人拿走。

张明楷：这叫不叫盗窃？

学生：捐钱的人捐钱之后，就根本不顾及后面是怎么回事了。

张明楷：其实我问的问题是，行为人盗窃的是谁的钱？

学生：捐钱的人已经捐出去了，当然不再占有，这些钱就由管理者占有。

张明楷：这就需要考虑社会的一般观念了。捐钱的人虽然是表达某种心愿的，但实际上是将钱捐给了寺庙。简单地说，按照一般社会观念来说就是寺庙管理者占有了。

学生：老师，我们讨论的这个案件，假设丁是离开几个小时后才想起来的呢？

张明楷：离开几个小时后，对于丁来说肯定是遗忘物了。需要考虑的是，售楼处管理者是否占有了丁的包。这就需要了解售楼处的具体情况。一般来说，可能难以认为售楼处管理者占有了。当然，如果售楼处的工作人员发现了丁的包之后，特意将包放在某个安全的地方，则应认定售楼处的管理者占有了。

学生：老师，要是下车时将包忘在公交车或者是地铁上呢？

张明楷：那一般来说就成为遗忘物了。

学生：老师，我觉得我们讨论的这个案件有点特殊。甲乙丙三个人是一开始就看见丁坐到另一个椅子上后，仍然把包放在原来的椅子上，三人希望丁忘了拿包，而且等到丁离开了，才把包拿走。这和行为人在被害人走了之后才想到把包拿走不一样。

张明楷：这只是涉及故意的认定问题。如果三人在丁到另一椅子上后就直接将包拿走了，肯定是盗窃，并且也有盗窃的故意。这个案件真正值得讨论的地方在于，行为人以为自己只是侵占，因为三人想的是等丁忘了之后再拿走，但实际上这不是一个事实认识错误。

学生：不能说行为人以侵占的故意盗窃了他人占有的财物吗？

张明楷：不能这样说。盗窃罪的成立虽然要求行为人认识到自己所窃取的财物由他人占有，但是，不要求行为人对占有这个规范要素有明确的认识，只要行为人认识到能够评价为他人占有的客观事实就可以了。

学生：您的意思是说，丁只离开了 2 分钟这一客观事实，行为人是知道的，而这一事实仍然说明丁占有着自己的包，所以，行为人仍然具有盗窃的故意。

张明楷：对！

学生：能不能说三人有法律认识错误？

张明楷：可以这么说，就是三人误将自己的盗窃行为评价为侵占行为。

学生：老师，您看我这样说行不行：他们三人开始希望丁把包忘在那儿的时候，可不可以说他们在实施盗窃的预备行为？

张明楷：行为在哪里呢？

学生：我只是说盗窃预备。

张明楷：预备行为在哪里？只是在内心里想，怎么可能成为预备行为呢？如果说丁的包本来在椅子上，三人却将包拿到椅子下面，才可能说有盗窃的预备行为。

案例四

甲是某洗浴中心经理，该洗浴中心为顾客准备了存放物品的插卡电子柜，A 客人与甲很熟，洗浴时将 3.1 万元放入了电子柜，但没有领取柜卡，让甲帮自己保存；B 客人将 1.9 万元现金放入电子柜后洗浴，后发现电子柜的卡丢失。第二天早上，A、B两位客人均发现柜内财物丢失。报案后，查明甲拿走了两位客人电子柜内的现金。

张明楷：这个案件显然涉及如何判断事实上的占有的问题。

学生：甲拿走A、B客人电子柜中财物的行为构成盗窃罪。虽然A客人并没有拿卡，但他仍然占有柜中的3.1万元；B客人虽然丢失了电子柜的卡，但柜子中的财物也还是在他的占有之下，并没有转移给洗浴中心占有。所以，甲拿走的是他人占有的财物，构成盗窃罪。

张明楷：B客人丢失柜卡后，电子柜中的财物确实还在他的占有之下，甲拿走B占有的财物的行为构成盗窃罪。我觉得这一点没有问题。但是，A客人从一开始就没有拿柜子的卡，柜子里的财物是A委托甲保管，还是仍处在A本人的占有之下？如果认为A客人柜子里的财物处在甲的占有下，就不能认为甲盗窃了3.1万元。

学生：即使A没有拿柜卡，也不能认为A就不占有柜内的财物。柜子是洗浴中心提供给顾客使用的，只要顾客使用了，使用中的柜子里的东西就处于顾客占有之下。不是说甲拿了钥匙，柜子里面的东西就是甲占有了。比如，我出门的时候把自家钥匙留给邻居，让他帮忙照看，并不代表我家里的东西就由邻居占有了。

张明楷：房门钥匙和柜子钥匙完全是两回事。根据社会一般观念，无论房主有没有钥匙，他都占有自己居住的房间里的财物；但洗浴中心柜子是顾客随机使用的，顾客拿到了柜子的卡或者钥匙，将自己财物放进去，才能形成占有。在我们今天讨论的这个案件中，关键是如何判断 A 是不是让甲代为保管自己的 3.1 万元？

学生：如果 A 交待过，甲不能随意打开柜子，不要动我的钱，可以认为 A 占有柜子里的财物；如果 A 没有说的话，就比较麻烦。

张明楷：说不说"不要动我的钱"这句话，对判断占有来说就那么重要吗？难道这还需要明说吗？根据社会的一般观念，朋友间关系再好，把 3 万多元放进柜子后，还是不希望对方拿着卡随意动这笔钱吧。这就说明，社会一般观念还是会认为柜子的钱归 A 占有，而不是甲占有。

学生：如果洗浴中心的每个柜子都有两张卡可以打开电子柜，是不是就可以认为有卡的人都占有了柜里的财物？

张明楷：不能这样理解。洗浴中心给顾客柜卡以后，顾客在退卡前，顾客放入电子柜中的财物就归顾客占有。备用卡是为了防止顾客丢失卡之后无法打开电子柜而使用的，与占有的认定没有直接关系。即使是一个柜子需要同时使用两个卡才能打开，也不能认为洗浴中心的工作人员占有了柜子里的财物，洗浴中心的工作人员只是占有的辅助者。

学生：那您同意甲拿走 3.1 万元的行为构成盗窃罪吗？

张明楷：我还是感觉把甲拿走 3.1 万元的行为认定为侵占罪要好一些。考虑到 A 和甲特别熟，A 当着甲的面把钱放进柜子后就根本没向甲要卡，表明特别信任甲。而且，从案情事实来看，A、B 这些顾客晚上是在洗浴中心住宿休息，时间如此之长，可以认为 A 将自己的财物交给甲保管。A 虽然将财物放进一个柜子里，但这与他没有将财物放进柜子里，而是交给甲，甲再放入某个柜子，是完全一样的。我感觉认定为侵占罪还是稳妥一些。当然，如果说要认定为盗窃罪，也并非没有道理。这里既有一个如何归纳案件事实的问题，也有一个如何理解社会一般观念的问题。至于甲拿走 B 的 1.9 万元的行为，就只能认定为盗窃罪了。

学生：B 把自己的卡弄丢以后，是不是可以认为他对存在柜内的财物丧失了占有？

张明楷：不能这样认为。虽然 B 丢失了卡，但根据社会一般观念，柜子里面的财物还处在 B 的占有下。在这种情况下，拿着备用卡的甲就是财物的占有辅助人。你们想一想，B 丢了卡以后，难道社会一般观念会认为甲就可以随意支配、处分 B 柜子里面的财物吗？显然不行。所以，甲拿走 B 的 1.9 万的行为应该成立盗窃罪。

学生：占有意思的强烈与否，会不会影响占有与否的判断呢？

张明楷：占有意思的强弱在有些场合特别是物理上的控制相当弱的场合会影响社会一般观念对占有的判断。比如，我经常举的例子，丈夫站在四楼阳台，不小心将钱包掉在一楼马路上。当丈夫一直盯着自己的钱包，让妻子下楼捡回钱包时，丈夫对钱包的占有意思很强。社会一般观念会认为，在这种情况下，钱包还是在丈夫的占有之下。如果丈夫并不知道自己的钱包从四楼掉在一楼马路上了，主观上没有占有意思，客观上也丧失了对钱包的实际控制，社会一般观念就不会认为钱包还在丈夫的占有之下。

学生：看到过日本有关占有的一些判例，有一个判例让我记忆深刻。地震后，灾民把家具等财物集中放在马路边上，灾民本人并不在周边照看，法院还是认为财物归灾民本人占有。这是因为灾民的占有意思很强烈吗？

张明楷：在这种情况下，灾民本人的占有意思强烈只是判断占有的一个方面因素。更为重要的是，根据社会常识和社会的一般观念，在地震后将财物集中起来放在马路边或者其他操场等地，是地震以后灾民占有自己财物的最为常见和合理的方式。虽然在客观上物主对财物的控制力较弱，但在特定时空背景下，社会一般观念认为这就是一种占有的形式。

案例五

2015年1月14日，乙举办家庭宴会，甲受雇当洗碗工。当天上午9点左右，乙把一个新的铝锅交给甲去洗，但是乙忘了锅里有2万元现金。甲在清洗前，将铝锅内的塑料袋倒在乙家门外的垃圾筒中，当时甲并没有看到2万元现金。下午1点左右，甲又去门外倒垃圾时，发现之前从铝锅中倒出的塑料袋里有2万元现金，于是，甲就将现金据为己有。乙的妻子丙发现铝锅中没有了 2 万元现金，就问乙是怎么回事。乙就多次与甲交涉并要求甲返还，但甲始终说没有见过，于是乙就报了警。

张明楷：乙家门外垃圾筒里的财物，由谁占有？

学生：如果垃圾筒不是在乙的家里，应该说乙丧失了占有。

张明楷：时间间隔了 4 个小时。

学生：就算垃圾筒是在乙家门外，而且只有乙家使用这个垃圾筒，也应该认定 2 万元现金脱离了乙的占有。

张明楷：2 万元现金在上午 9 点扔到垃圾筒之后，乙及其妻子就丧失了占有。那么，当甲下午 1 点倒垃圾发现之前从铝锅倒出来的垃圾里有 2 万现金时，能不能说乙和其妻子就恢复了占有？

学生：不能说吧。如果说乙和他的妻子恢复了占有，还不如说他们一开始就没有丧失占有。

张明楷：我将案情改编一下：如果乙家是独栋别墅，门外的垃圾筒只有乙家使用，在这种情况下，乙是否丧失了对 2 万元现金的占有？

学生：还是丧失了占有。因为既然放在垃圾筒，就表明是主人放弃的东西，环卫工人或者物业来收走垃圾的时候，不会认为主人还需要垃圾筒里的东西。

张明楷：那我再改编一下：如果垃圾筒的垃圾不是由环卫工人和物业工作人员处理，而是由乙家自己负责将垃圾筒里的东西再搬运到指定的地点，在这种情况下，能不能说垃圾筒里的 2 万元现金仍然由乙占有？

学生：这种情况下应当是乙占有吧。

学生：不对，乙仍然丧失了占有。

张明楷：知道你们的分歧出在什么地方吗？说乙没有丧失占有，不是以社会一般观念为标准进行判断，只是从物理标准上得出的结论；说乙丧失了占有，则是根据社会一般观念做出的判断。因为在一般人看来，既然是垃圾筒，就表明主人对其中的财物放弃了所有与占有。所以，即使是最后这种情况，也应当认为乙丧失了占有。甲的行为只能成立侵占罪。

学生：老师的这个办公室里也有垃圾筒，您是否放弃了里面东西的所有和占有呢？

张明楷：自己房间里或者自己办公室里的垃圾筒当然不一样。我办公室里的垃圾筒完全可能不当垃圾筒用，即使我当作垃圾筒用，里边的东西也是由我占有的，这倒没什么问题。

学生：老师，我再顺便问一个案件：甲乙是同业竞争的两家店主，甲生意火爆，乙生意萧条，甲有大量货物需要存储，就找乙借了一间仓库存放货物。待甲将货物存入乙的仓库后，乙将甲存入的货物转卖，乙的行为构成什么犯罪？

张明楷：判断乙的行为构成什么犯罪的关键是，甲的货物存入乙的仓库后，货物归甲占有，还是归乙占有，这就与仓库的具体构造、管理的样态有关系了。比如，这间仓库是哪些人在共用，钥匙在谁手上，甲能不能随意进入仓库取货等等。如果钥匙一直在乙手上，甲进去取货需要乙开门、需要乙同意，就可以认为货物在乙的占有之下，乙的行为成立侵占罪。如果钥匙已经给了甲，乙反而不能随意进入自己的仓库，那就应当认为甲占有自己的货物，乙的行为就成立盗窃罪。简单地说，你需要判断甲是将货物委托给乙保管，还是说没有委托给乙保管。这种案件必须非常具体地分析，不能一概而论。

案例六

2010 年 4 月前后，被害人乙将祖传老住宅以 1 万元的价格卖给被告人甲。乙父亲去世时对乙说过，住宅下面埋了东西，但没有说埋的什么和埋在哪里。乙将住宅交付给甲之前，顺着墙根挖了一次，但担心毁坏住宅而不敢挖深。于是，乙就与甲达成一个协议，内容是，不管什么时候，只要住宅里面挖出来东西，都应该属于乙。5 年后，甲把原住宅拆掉建新房时，乙让朋友丙负责监视甲是否挖出东西。甲等人从墙基石头下面挖出很多银元（包括单龙和站人）。此时，甲立马把在场帮忙建房的人以及丙全部支开，与其儿子丁一起把所有银元藏起来。为了防止走漏风声，甲请知情人（包括丙）吃肉、喝酒。乙知道真相后便向甲讨要银元，甲开始不承认，后来实在抵赖不过去了，将不值钱的部分袁大头给了乙，值钱的单龙、站人等都据为己有。

张明楷：关于这个案件的处理有三种观点：一是作为民事纠纷处理，二是以侵占罪论处，三是以盗窃罪论处。其中，主张构成盗窃罪的人还说是根据我的观点得出的结论。

学生：根据老师的观点也不能得出构成盗窃罪的结论吧？

张明楷：可以认为，被害人乙在主观上的占有意识还是很明显的，但是，客观上住宅已经属于甲所有了，乙怎么可能还占有甲住宅下的财物呢？而且，乙不只是把住宅本身卖给甲，其实也将宅基地卖给了甲。此外，主观的占有意思对占有的判断只是起一种辅助作用，而不可能起决定性作用。

学生：乙都不知道有什么东西，东西在什么地方，他的占有意思也不明确。

张明楷：但乙确实知道这个房子下面有祖传的东西，而且他对这个东西享有所有权。问题是，乙与甲的约定是否影响银元由谁占有的判断？

学生：约定只是就所有权而言吧。

张明楷：就所有权而言，没有约定也可能没有问题，我是说约定对占有是否产生影响？

学生：在这个案件中应当不会产生影响。

张明楷：约定在某些场合可能对占有的判断产生影响，比如，房主与租房者就房屋内的某些财物的约定，可能影响占有的判断。但是，在本案中我觉得约定不对占有的判断产生影响，对甲的行为认定为侵占罪比较合适。

学生：占有的判断确实比较复杂，总是有争议。

张明楷：其实也没有那么难，观察多了就自然会形成一种好的感觉。我前不久在电视上看到，广西、贵州等地的一些菜农没有时间卖菜，早晨将菜运到小镇的集市上，标明什么菜多少钱；买菜的人按价格将钱放入一个塑料袋，菜农这个时候还在菜地干活。根据社会一般观念，我们肯定要说菜农是蔬菜的占有者，拿走菜不给钱的就是盗窃而不是侵占。2005年我去英国时，发现一个老汉将写着反对美国、英国进攻伊拉克的标语牌，靠在大本钟前面草坪边的栏杆上，他一直在那儿过夜，不敢长时间离开，听说有好几年了。如果他离开的时间长了一点，就会让妻子看守。伦敦市政府向法院起诉，要收走这些标语牌，但被法院驳回，因为法律没有禁止性规定。但是，老汉为什么不敢长时间离开呢？因为那里是公共场所，如果老汉长时间离开，社会一般观念就不会认为他占有着这些标语牌，政府就收走了。但是，如果他短暂地离开一下，如去一下厕所、在附近买点吃的，社会一般观念就认为老汉仍然占有着这些标语牌。一般公民也都知道，这些标语牌是老汉搁在那里的。所以，如果老汉短暂离开时，其他人将标语牌拿走的，就会认定为盗窃了，而不会认定为侵占。

学生：刚才说的那个将乙的银元据为己有的案件，如果认定为侵占，实际上就相当于不了了之了。因为公安机关不立案，乙也不能举证自己的多少银元被甲侵占了。

张明楷：确实存在这样的问题，所以，我一直认为不能将告诉才处理与自诉相混淆。以前我在检察院挂职的时候，遇到过这样的案件：被害人拿着5万元现金去银行存钱，当时还需要填写存款单，被害人填写的是存款 5 万元，5 万元现金也放在大厅的桌子上。等银行职员叫号轮到被害人时，被害人一手只抓了 4 万元，留下了 1 万元在桌子上。被害人将存款单和 4 万元交给窗口内的银行职员，银行职员问你究竟是存 4 万元还是存 5 万元？被害人回答说存 5 万元，银行职员说你只给了 4 万元。被害人回到刚才的桌子旁时，桌子上已经没有钱了，这 1 万元让被告人拿走了。被害人希望银行把录像调出来，看看谁拿走了 1 万元，银行说我们的录像不提供给个人看。于是被害人报警，警察调出录像后，就找到了被告人，被告人还不承认。在我看来，被告人的行为构成盗窃罪没有问题。一方面，时间很短暂，应当认为被害人还没有丧失对 1 万元的占有。另一方面，即使认为被害人丧失了占有，也应当认为由银行管理者占有。可是，当时公安机关、检察院、法院几个机关都认为是侵占，实在没有办法。公安机关以侵占罪将案件移送到检察院，检察院刚开始不想接收，让公安机关撤回，但公安机关不同意。检察院接收案件后将案件起诉到法院时，法院不受理，理由是侵占是自诉案件，检察机关不能起诉。有人问我怎么办，我说以盗窃起诉，法院想判什么罪就判什么罪。检察院以盗窃罪起诉后，法院改判为侵占罪。

学　生：如果不采取这个策略，就只能让被害人自己起诉了。

张明楷：可是，公安机关不愿意将自己通过侦查取得的证据交给被害人。所以，最彻底的办法是将告诉才处理与自诉分开，二者原本就是本质不同的情形。

学　生：我在杂志上看到有人写的关于盗窃和侵占的文章。有一位被告人专门在大学里捡东西，一般是在教室捡东西，后来从他家里搜出大量的手机、笔记本、电脑、MP4、充电宝、钱包等财物。文章中列举了被害人陈述的五种情形：A 同学说：下课后去吃饭，将手机遗忘在课桌抽屉中，下楼后想起来，回到教室时就已经没有了。B 同学说：下课后去吃饭，将手机遗忘在课桌的抽屉中，到了食堂就想起来了，但是心想下午还要在那个教室上课，不会丢的，继续吃饭，就没回去找。吃完饭之后回到教室手机就没有了。C 同学说：我用书包去教室占座位，手机放在书包里，上课的时候发现手机丢了。D 同学说：上下午的课都在同一个教室，中午吃饭的时候就没有将课桌上的书本等东西拿走，书包也放在座位上占着座位，手机在书包中，吃完午饭之后回到教室，手机没了。E 同学说：周六没有课，我去教学楼找人，中途去厕所时，将书包随便放在一个没有人的教室课桌上，手机也放在书包里，从厕所回来之后发现手机没了。

张明楷：我们就以其中的手机为例进行讨论吧。

学生：写这篇文章的人认为，前两种情形肯定属于侵占，后三种情形则属于盗窃。因为前面的 A、B 都是忘了的，C、D、E 都没忘。

张明楷：大学教室里的东西不应该说是遗忘物吧。虽然大学很开放，但是教室是相对封闭的，一般只有老师、学生才进去，学生将东西放在教室很正常，用财物占座位也很普遍。我感觉五种情形都应当认定为盗窃罪。

学生：对，其实五种情形没什么区别。

张明楷：写文章的人是从被害人是否忘记的角度来论述的，

其实，忘不忘有那么大的关系吗？

学生：没有，暂时没有想起东西放在哪里，以及短暂将东西忘在某处的，也不能说被害人就没有占有。

张明楷：对。写文章的人可能还是从字面含义理解"遗忘物"的，由于被害人当时忘了，所以，他的财物就成了遗忘物。但是，忘了拿走的财物不等于是遗忘物。关键的是，学生不是将东西忘在大商场了，而是忘在教室了。事实上，中午下课吃饭时，有人是故意将书包放在教室的，有人则是忘在教室里了，但这对占有的判断来讲，应当不产生区别。

学生：日本的一个判例是被害人把相机忘在公交车站某个地方，他人往前走但忘了拿相机。

张明楷：日本的这个案件也是认定为盗窃。

学生：日本对取走他人短暂遗忘的财物都是认定为盗窃。

张明楷：而且，日本对短暂遗忘在公共场所的都是认定为盗窃。

学生：他们在讨论时要考虑时间、距离。

张明楷：当然要考虑时间、距离，因为那是在公共场所。但是，大学教室不是通常意义上的公共场所，所以，不能说学生忘了将书包拿走，书包就成了遗忘物。

案例七

甲在火车上教唆乙行骗。乙看到丙旁边有一个手提袋，以为该手提袋属于丙，就欺骗丙说要买下手提袋。实际上，手提袋的主人去上厕所了。丙就同意把手提袋卖给乙，乙用假币向丙购买了手提袋，丙不知是假币，拿到假币后跑到了其他车厢。

张明楷：类似案件经常发生，其实也不难，但时常看到报刊上的讨论。

学生：先要看手提袋归谁占有。如果手提袋仍归主人占有，那么丙的行为成立盗窃罪和诈骗罪未遂，盗窃的对象是手提袋，诈骗的对象是乙交付的财物；只不过乙交付的是假币，所以，丙诈骗未遂。

张明楷：乙的行为构成什么罪？

学生：乙的行为同时触犯了诈骗罪和使用假币罪，两罪成立想象竞合。这个案件中最有意思的是，乙既是行骗人也是被骗人，他以为手提袋是丙的而向丙购买，结果被丙骗了，错误地处分了自己的假币。

张明楷：首先，要肯定丙的行为成立盗窃罪。表面上看，丙并没有将主人占有的手提袋转移给自己占有，但事实上只不过是省略了一个转移程序。就是说，丙实际上是在盗窃既遂后，才进一步处分了所盗窃的财物。不过，这个过程主要存在于我们的逻辑分析和规范评价中，从物理上是难以看出两个转移步骤的。

学生：丙的盗窃行为什么时候既遂呢？

张明楷：单纯从时间上来说，可能认为，丙将手提袋交付给乙时，就是盗窃罪的既遂，就是说，只要能认定丙已经将主人的手提袋处分给了乙，同时就能认定丙的盗窃行为已经既遂。本来，丙以权利人自居把手提袋处分给乙的行为也成立诈骗罪，但乙使用假币购买，使得丙不能既遂，只能成立诈骗的未遂犯。由于丙只有一个行为，一个行为同时触犯了诈骗罪未遂和盗窃罪，两罪属于想象竞合。

学生：是不是可以认为，丙是诈骗罪的间接正犯，利用不知情的乙转移了手提袋的占有？

张明楷：我觉得也没有必要这么说。就这个案件而言，我们根据盗窃罪的构成要件分析就可以得出妥当结论。丙处分了主人占有的手提袋，这个处分行为就侵害了主人对手提袋的占有，这一处分行为本身就成立盗窃罪，没有必要再用间接正犯概念来解释。在诈骗罪的构成要件中，被骗人有没有亲手将财物递给诈骗方是不重要的，关键是被骗人是否存在处分行为。以前讨论过这样的案件：甲站在一辆摩托车旁边，乙以为摩托车是甲的，就要求以5000元购买该摩托车。实际上，摩托车的主人刚刚进商店买东西去了，甲就以摩托车主人自居将车卖给乙。在这个案件中，甲的行为就构成盗窃罪，盗窃对象是摩托车；甲的行为也构成诈骗罪，诈骗对象是乙交付的5000元现金。甲有没有帮助乙去推摩托车，对盗窃罪的讨论并不重要，甲处分了他人占有的摩托车，这样的行为就符合了盗窃罪的构成要件。

学生：刚才有同学说，乙的行为同时触犯了诈骗罪和使用假币罪，两罪成立想象竞合。这个观点有没有问题？一般会认为使用假币罪是诈骗罪的特殊法条，因此是法条竞合。

张明楷：在我们国家，认为二者是法条竞合的观点还是存在疑问的。使用假币罪与诈骗罪之间，并不存在行为触犯一个法条必然触犯另一法条的关系。在以往货币只能对自然人使用不可能在机器上使用的时代，使用假币或许必然触犯诈骗罪，但现在可以在机器上使用货币，而诈骗罪以欺骗自然人为前提，所以，使用假币更不一定表现为诈骗行为。如将假币置入自动贩卖机或者存入 ATM，就是使用行为，但不可能成立诈骗罪。概言之，不使用假币也可能诈骗财物，使用假币也可能不成立诈骗罪，所以，二者之间明显不存在法条竞合关系。从实质上说，法条竞合时，只有一个法益侵害事实；想象竞合时，则有数个法益侵害事实。使用假币骗取财物的场合，并不是只侵害了一个法益，而是侵害了货币的公共信用与他人财产两个法益。所以，这种情形不属于法条竞合，还是认定为想象竞合比较合适。

案例八

犯罪嫌疑人甲购买作弊软件，在"滴滴出行"的平台同时注册司机账户和乘客账户，领取打车优惠券，虚构打车交易，用领取的优惠券向他注册的司机账户支付，最后从"滴滴出行"所属的公司完成套现。

张明楷：甲的行为在什么时间点构成犯罪呢？虚构打车交易并领了优惠券时是不是已经构成了犯罪？优惠券本身是不是财物？还是说等到套现才构成犯罪？

学生："滴滴出行"所属的公司向公众发优惠券，应该相当于赠与，本来就是送给客户用的，其目的在于打广告、进行推广，所以领取优惠券本身应该不构成诈骗罪。实际上，在甲套现之前公司并没有损失。

张明楷：那就不用考虑领取优惠券本身的行为构成诈骗罪的问题。问题应该还是在套现行为的定性上。如果甲去公司套现，构成诈骗罪没问题。如果是在网上操作套现呢？定盗窃还是诈骗呢？如果定诈骗罪，那他骗了谁，让谁陷入认识错误呢？

学生：定盗窃罪应该没有问题吧，为什么有疑问呢？

张明楷：有人认为前面优惠券是骗来的，后面怎么会定盗窃呢？

学生：骗了户主的钥匙到户主家里去盗窃，最后还是定盗窃罪，不能定诈骗罪。

张明楷：对！"滴滴出行"这个案件，其实主要是两个问题：一是诈骗对象是什么？如果说优惠券本身是财物的话，即使后面再取得了现金，也只是包括的一罪，因为被害人最终只有一个财产损失。如果说优惠券本身不是财物的话，被告人就只取得了现金这一对象。另一个问题是，被告人是否针对自然人实施了欺骗行为。如果说优惠券是财物，被告人对优惠券与对现金所采取的手段不同，即一个是针对自然人的欺骗，另一个是针对机器的欺骗，仍然可以认定为包括的一罪。如果说优惠券不是财物，那么，就取决于被告人是如何套现的。如果欺骗了自然人就构成诈骗罪，没有欺骗自然人就构成盗窃罪。

案例九

甲将某高速公路围栏砸出一个车辆可以平稳驶出的缺口，向由此缺口驶走的车辆收取费用，但所收费用明显低于正规收费处的费用。一个晚上，甲收取了驶出车辆 2 万多元的费用（这些车辆原本应当向正规收费处缴纳 20 余万元的费用）。

张明楷：车辆驶入高速公路以后，正规收费站就对驾驶人员有了确定的债权。甲的行为转移了债权吗？

学生：我觉得财产性利益的占有和所有是一回事。如果丧失了财产性利益的占有，就肯定丧失了财产性利益的所有。不可能说对财产性利益还在占有，但丧失了所有。在这个案件中，收费站有权收取高速公路使用费，这笔债权就应该是收费站占有下的财产性利益；甲收取了收费站应该收取的费用，就将收费站占有下的财产性利益转移给自己占有了。所以，甲的行为成立盗窃罪。

张明楷：如果认为甲的行为使债权转移了，如何认定数额？

学生：如果认为盗窃的对象是债权的话，那么，数额肯定就是收费站损失的财产数额。还可以认为司机是甲盗窃罪的帮助犯，他们帮助甲把原本属于收费站的财产性利益转移给了甲。但似乎也可以认为司机是盗窃的正犯，甲帮助他们减少了应交数额，可以认为甲和司机们将收费站占有的债权部分转移给甲占有，部分转移给司机占有。根据案情交待，司机们占有的那部分债权比甲要多得多。

张明楷：我也觉得很像盗窃。但是，要认定为盗窃的话，必须在三个方面得到合理说明：第一，对象究竟是什么？我觉得说债权不太好，因为正规收费站的债权，并没有转移到行为人那里去。可以说，行为人所转移的不是债权本身，而是实现债权的利益。换言之，原本由正规收费站获得的利益，转移到行为人获得了。问题是，这样说是不是有疑问。第二，究竟有没有盗窃罪所要求的转移占有的行为？或者说，被告人的行为究竟是不是盗窃？如果说原本由正规收费站享有的利益转移到行为人了，也可能认定为盗窃。但是，人们会说，正规收费站还是对司机享有收取过路费的利益，这个利益并没有转移。第三是如何解释素材的同一性？正规收费站丧失的是收取过路费的利益，行为人得到了这一利益，在此意义上，素材是同一的。不能说正规收费站丧失的是财产性利益，而行为人得到的是现金。如果这样，素材就不统一了。所以，定盗窃罪也不是完全没有障碍，至少需要妥当的解释。如果说砸坏高速路上的围栏构成故意毁坏财物罪，倒没有什么障碍。

学生：如果几个行为人使用暴力将正规收费站的人拘禁起来，自己在那里收费的，肯定成立抢劫罪吧？既然如此，本案的甲也能成立盗窃罪。

张明楷：行为人在正规收费站收费后，正规收费站对已经交费的司机不可能再享有收取过路费的权利或利益，而本案中，还可以说正规收费站对从缺口驶出的司机仍然享有收取过路费的权利或利益。这是二者不同的地方。这一区别便对本案是否将正规收费站的利益"转移"给行为人产生了疑问。

学生：事实上是转移了。

张明楷：问题是转移了什么？可以说行为人获得了利益或者现金，但这个利益是不是从正规收费站那里转移来的，可能还存在疑问。而这一点，又与正规收费站对已从缺口驶出的司机是否还享有收费的权利或利益有关。再比如，一个大型超市有许多收费口，但顾客很多，有的收费口是关闭的，于是，行为人冒充超市收费员，打开一个收费口收费。顾客在正规的收费口交费后，超市不能再要求顾客交费。我们讨论的案件与此外表相似，但实际上有区别。

学生：正规收费站的确对已从缺口驶出的司机还享有收费的权利或利益。

张明楷：可不可以说，正规收费站向司机收取过路费的实际利益已经转移给行为人了呢？就是说，不要从权利的角度出发，而是从实际利益的角度出发。因为正规收费站虽然享有权利，但事实上已经不能行使权利了，既然不能行使权利了，就意味着实际上遭受了损失。

学生：这样也能说得通。

张明楷：我们的刑法理论对财产性利益没有展开详细研究，有些利益甚至没有合适的用语去表述，所以造成了一些麻烦。比如，我们还可不可以说，行为人使得正规收费站实现债权的实际利益转移给行为人了？好像也可以这么说。如果说得通，定盗窃罪就没有障碍。

学生：能不能认为甲的行为成立破坏生产经营罪呢？把甲挖开高速公路栏杆的行为认定为破坏生产经营罪中的"破坏机器设备"？

张明楷：也不是不能这样考虑，但是，这只能评价行为的一部分不法内容，不能评价行为人获得了利益这一不法事实。

学生：将行为人获得的利益认定为破坏生产经营罪造成的损失不行吗？

张明楷：如果是这样的话，就相当于把盗窃等取得罪仅认定为故意毁坏财物罪，评价是不全面的。

学生：如果高速公路原本就有一个缺口，司机们发现后就从该缺口驶出的，能定盗窃罪吗？

张明楷：我是不主张成立盗窃罪的。这个行为与第三者甲来收费还不一样。

学生：是不是所有逃债行为都不构成犯罪呢？比如，行为人驾驶车辆多次违章，但他是个计算机高手，侵入公安系统的信息网络，把自己的违章信息给删除了，公安机关就不要求他缴纳罚款了，行为人的行为仅构成侵入计算机信息系统罪，不构成财产犯罪吗？

张明楷：这与上述的案件不一样。这样的行为显然构成诈骗罪，即我们通常所说的骗免债务，而不是单纯的逃债。就是说，行为人通过侵入计算机修改信息这种欺骗手段使公安机关误以为不需要他缴纳罚款。诈骗罪与计算机犯罪成立想象竞合关系。

案例十

刘某、韩某、王某等七个人一起去酒吧喝酒，进入酒吧后，韩某遇到好友薛某，薛某要去舞池跳舞，把一个装有6万元现金的包交给韩某保管。喝完酒后刘某最后一个离桌，在检查是否有遗漏物品时，刘某发现一个包放在桌下，于是拿起包到酒吧门口问其他六人"这是谁的"。韩某已经酒醉不醒，王某应声说"是我的"。刘某以为该包确为王某所有，就把包交给了王某。第二天，薛某通过韩某等人向王某打听包的去向时，王某谎称包已经放在酒吧，被自称失主的人拿走了，随后薛某报警。

张明楷：这个案件说简单也很简单，但说复杂也很复杂。

学生：王某的行为构成诈骗罪吧？

张明楷：在这个案件中，首先需要确定这个包是归谁占有。薛某把包交给韩某保管，韩某就占有了这个包，尽管韩某已经喝醉了，但只要包还在他周围，就应该认定韩某占有这个包。当刘某把包拿到酒吧门口的时候，韩某仍在占有这个包，王某把韩某占有的包拿走，这不就是盗窃吗？只不过是在众目睽睽下的盗窃。如果这样说，存在什么疑问吗？

学生：王某对刘某谎称自己是包的主人，使刘某陷入认识错误，把包处分给了王某，王某的行为应该成立诈骗罪。

张明楷：刘某有处分韩某占有财物的权限吗？

学生：在韩某喝醉的时候，刘某拿着包，刘某至少也是占有辅助人。

张明楷：占有辅助人在某些情况下也是有处分辅助占有财物的权限的，也就是说，占有辅助人也可以成为诈骗罪的处分人。在这个案件中，确实可以认为刘某是韩某的占有辅助人，问题是，在真正的占有者韩某就在身边时，能不能说刘某具有处分这个包的权限？

学生：韩某虽然在身边，但他已经喝醉了，根本不知道包的存在，所以，可以认为刘某具有处分权限。

张明楷：我感觉，即使韩某醉得不省人事，他也占有这个包。既然他还占有这个包，那么，王某对于韩某所占有的这个包来说就是盗窃，而不是对刘某的诈骗。而且，如果说王某是诈骗的话，还必须说是三角诈骗，即刘某是受骗人，韩某是被害人。可是，在韩某在场的情况下，认定王某违反韩某的意志转移了包的占有，直接认定为盗窃罪，可能更合适一些。

学生：现在，我们国家的通说认为盗窃罪需要秘密窃取。在这个案件中，王某没有实施秘密窃取，如果不将这样的行为认定为诈骗罪，是不是在实践中就很可能无罪了？

张明楷：有一位采取通说观点的检察官就这个案件进行了分析。他说："行为人的行为相对于被害人来说是秘密窃取，王某的行为实际上是利用了不知情的刘某，采取更加隐秘的方式窃取了财物"。但他自始至终没有讲被害人是谁，这样的行为相对于谁是秘密的，为什么是秘密的？

学生：即使要求盗窃罪必须是秘密窃取，王某相对于韩某而言，也是秘密窃取，因为韩当时什么也不知道。

张明楷：如果一定要求盗窃罪必须秘密窃取，也可以这样解释。

案例十一

2012 年 2 月，王二以某市场调查公司的名义与某通用汽车金融有限公司签订委托协议，向债务人林某收取其购买的一别克车的抵押贷款的债务余额，后王二以内部承包的方式将该业务转包给李四。10 月 23 日，李四与张三发现了该别克车，二人在车保险杠内安装了 GPS 跟踪仪。25 日下午，张三、李四、黄五、简六同乘一辆无牌轿车（由黄五驾驶）尾随被害人周某驾驶的别克车（周某系某汽车修理厂厂长，驾驶的该车是林某送来维修的），李四、黄五、简六在车上商议，决定采用故意制造追尾事故、乘机开走别克车的方法扣押别克车，张三当场表示自己不参与，同时提醒黄五追尾时撞轻点，不能把事情搞大。当晚，当别克车行驶至某十字路口等红绿灯时，黄五等人驾车故意追尾，导致别克车保险杠被毁坏（价值 1 万元）。周某夫妇下车察看车损情况时，张三、李四、黄五与周交涉并吸引周的注意力，简六乘机进入别克车驾驶室将车开走。经查，该车价值 60 万元，张三等四人还拿走了周某放在车上的 8600 元现金（开走车时不知道有现金）。经王二安排，张三等四人连夜将该车交给通用公司。案发后，该车仍在通用公司。

张明楷：一步一步分析，从简单的开始。拿走车内 8600 元，是盗窃行为吧？

学生：如果把车都抢走了，还对车里的现金成立盗窃吗？

张明楷：问题就在这里。如果行为人乘机开走别克车时，不知道车里有 8600 元，后来拿走的，是不是盗窃？

学生：有没有可能是侵占？

张明楷：即使出于使被害人还款的目的将别克车开走，但车内的财物还是可以评价为周某占有的吧。比如，我把我的车借给你开一个星期，我放在车里面的钱还是我占有的吧。

学生：应该是这样的。

张明楷：所以，首先可以肯定行为人对 8600 元成立盗窃罪。接下来要讨论的是，行为人对别克车本身成立什么罪？

学生：司法实践会认为是抢夺罪。

张明楷：把一辆车夺走了？

学生：因为是乘人不备公然夺取，所以是抢夺。

张明楷：我还是主张定盗窃，因为抢夺行为应当是有致人死伤的可能性的行为。乘机开走他人的车，没有这种可能性。

学生：会不会是抢劫呢？因为前面有一个撞击车辆的行为。

学生：不能定抢劫吧！抢劫手段只能是最狭义的暴力、胁迫。

张明楷：定抢劫不太可能，前面的撞击行为不是抢劫罪的暴力行为，因为只有压制被害人反抗的暴力才是抢劫的暴力。前面的撞击行为只是为了让周某夫妇下车，但周某夫妇下车后，行为人也没有采取压制周某夫妇反抗的暴力、胁迫行为。所以，不能认定为抢劫罪。

学生：能不能说李四等人的行为是行使权利，因而不构成盗窃罪呢？

学生：不能这样行使权利吧？

张明楷：别克车是别人已经购买了的，只是还没有还清贷款。即使如此，别克车也还是别人占有和所有的。为了催讨欠款，夺走他人占有和所有的别克车，这明显不是行使权利的行为。如果说合同约定，在车款还清之前，别克车由通用公司所有，倒是有可能说行为人是在行使权利。阻却财产罪成立的行使权利，不是漫无边际的。倘若 B 偷走了 A 的摩托车，A 发现这辆摩托车之后又偷回来的，可以说是行使权利。但是，如果 A 知道是 B 偷走了摩托车之后，找不到这辆摩托车，于是入户盗窃了 B 家的现金的，不能叫行使权利，肯定对现金成立盗窃罪。

学生：如果对行为人的行为只定盗窃罪，撞击行为导致别克车保险杠被毁坏，这个行为就不评价了吗？

张明楷：当然要评价，不评价怎么行？但是不能评价为抢劫罪的暴力行为。

学生：那就单独认定为故意毁坏财物罪吗？

张明楷：如果撞击行为不构成危害公共安全的犯罪，就只能认定为故意毁坏财物罪，只是这个行为与后面的盗窃行为是否需要并罚的问题。

学生：可不可以认定为牵连犯或者想象竞合犯？

张明楷：我觉得不能认定为牵连犯，因为二者之间没有通常的牵连关系；也不能认为行为人只实施了一个行为，所以，也不是想象竞合；应当实行数罪并罚吧。

学生：对张三能定盗窃罪吗？

张明楷：这正是我要问你们的问题。

学生：张三当场表示自己不参与，同时提醒黄五追尾时撞轻点，不能把事情搞大。这是不是表明张三的行为降低了风险？

张明楷：这不是降低风险的行为吧。如果把车撞毁了，行为人的目的就不能实现了，扣押一辆毁损的车没有什么意义吧。

学生：张三应当成立盗窃罪的共犯。

张明楷：认定共犯时，不能仅根据参与人的语言表述得出结论。张三说的自己不参与，也可能只是不参与开走别克车的具体行为。事实上，一方面，张三下车后还和李四、黄五一起与周交涉并吸引周的注意力，这本身就对简六开走别克车起到了作用。另一方面，张三此前实施的各种行为，与盗窃结果之间仍然具有物理的因果性与心理的因果性。所以，张三不可能无罪。

学生：张三对故意毁坏财物罪不应当承担责任吧？

张明楷：为什么？

学生：因为他说要撞轻一些。

张明楷：撞轻一点也是毁损财物吧。难道能说张三要求撞车的损失不得超过5000元吗？恐怕不能这样说吧。

学生：王二的行为有没有可能构成犯罪？

张明楷：从现有的案情来看，王二不可能对张三、李四等人实施的盗窃行为负责。关键是，王二安排张三等四人连夜将该车交给通用公司的行为，有没有可能构成赃物犯罪。这要看具体案情，这方面的案情不清楚，不能发表看法。

案例十二

大学生甲毕业前四处投简历求职，某日接到一个电话仅响了一下就挂断了。甲担心是招聘单位拨来的电话，马上回拨了回去，对方传来"销售部请按 1，市场部请按 2，人工服务请按 3"的录音。甲马上按了 3，但并没有人接听，对方只是不断地播放音乐，一段音乐听完后，甲查看话费发现少了 108 元。

张明楷：如果不考虑数额问题，该案应当如何处理？

学生：其实就是盗窃与诈骗的界限。要想弄清行为是构成盗窃罪还是诈骗罪，就必须先讨论甲通过拨号处分的是什么？

张明楷：甲处分了吗？处分必须有处分意思，在这个案件中，甲有处分意思吗？

学生：处分自己的话费吧。因为谁都知道打电话是要扣话费的，所以，他拨号就有处分话费的意思。

张明楷：拨号虽然有处分话费的意思，但是，其一，这个时候处分话费是处分给联通、移动或者中国电信，而不是处分给这个被告人。其二，一般人拨号时处分的只是应当支付的话费，而不可能处分额外的话费。

学生：但在本案中这两者是联系在一起的，无法分开。

张明楷：很容易分开，甲根本没有意识到自己将额外的话费处分给了对方。甲听音乐的过程，实际上是对方获取话费的过程，甲当时并没有意识到。

学生：确实很难说甲有处分意识。

张明楷：甚至有可能认为甲没有处分行为。另外，甲丧失的是什么？预存的话费在刑法上算什么？是有体物还是债权？

学生：是债权。

张明楷：债权是财产性利益。在德国，在诈骗财产性利益时，并不需要被害人有处分意思；盗窃罪的对象又必须是可移动的物品。所以，这样的案件，在德国可能会按照诈骗罪定罪。但是在我国和日本，诈骗罪需要行为人有处分意思和处分行为，如果甲没有处分行为与处分意思，就不能认定为诈骗罪。不过，由于我们承认财产性利益可以成为盗窃罪的对象，所以对被告人的行为完全可以认定为盗窃罪。实践中还存在一些公司在手机中植入某种软件，偷取用户话费的，也应当认定为盗窃罪。

案例十三

某会所的老板甲找到了供电所（国有企业）的抄表员乙，让乙从电表箱里牵出一根线为会所供电，抄表员答应了，并帮会所装了一根线，还安装了一个不能反映真实电量的电表以掩人耳目。之后，会所老板甲给了乙3万元，会所此后所偷电量价值30万元。

张明楷：抄表员乙是否构成盗窃罪？抄表员有没有处分供电所的电的权限？供电所的电由谁占有？

学生：如果说抄表员对供电所的电有处分权限，抄表员就构成贪污罪了。

学生：即使抄表员对供电所的电没有处分权限，但由于他有一定监管义务，而他实际上同意会所窃电，这个同意是他行使职权的表现，有可能认定为贪污。

张明楷：你们办案时的逻辑是，只要行为人的犯罪与职务有关，就要认定为职务犯罪。

学生：是这样的。

张明楷：使用供电所的电的人是谁？或者说，是什么行为使供电所的电转移给他人了？

学生：是会所使用电的行为转移了供电所的电。

张明楷：对啦。如果抄表员拉了一根电线后，会所不使用电，供电所有损失吗？

学生：没有。

张明楷：这样来说的话，导致结果发生的实行行为是会所的用电行为，而不是抄表员的拉电线的行为。就是说，电和其他财物不一样，其他财物一般是占有了之后才能利用，而电是使用本身就是转移占有的行为，不使用就不能转移占有。所以，会所的老板甲首先成立盗窃罪。

学生：抄表员只是盗窃罪的帮助犯。

张明楷：能不能说会所老板与抄表员是共同正犯呢？

学生：如果抄表员不牵线的话，会所想用电也用不了，两个行为同等重要、缺一不可。

张明楷：如果说抄表员有监管用电的职责，他所起的作用就不小。换句话说，如果会所直接拉线窃电，抄表员立即会发现。在这个意义上说，认定抄表员是盗窃的共同正犯也不是没有可能的。

学生：抄表员还是利用职务上的便利，能不能认定为贪污呢？

学生：这就要看抄表员的牵线行为算不算利用职务上的便利。

张明楷：牵线行为肯定不属于利用职务便利的行为吧，会所的人自己想牵线就能牵线。

学生：但这一点不能成为否认抄表员利用了职务之便的理由吧。这就好像说财务室的东西别人想偷就能偷，但不能否认会计自己也能偷一样。

张明楷：这个比喻不恰当。会计要是自己"偷"自己占有的财物，就不叫"偷"，只是狭义的侵占，当然利用了职务上的便利，因为行为对象是他自己管理、占有的财物。但是，供电所的电不是抄表员占有的财物。我的意思是，会所自己不直接牵线不是因为会所的人不能牵线，也不是说，只有利用职务上的便利才能牵线，而是因为会所自己牵线会被发现，抄表员会基于自己的职责予以阻止。这里涉及的问题是，应该行使职权而不行使职权的行为能不能构成贪污罪？

学生：不作为的贪污也是可能的。

张明楷：不作为的贪污当然是可能的。例如，《刑法》第394条明文规定，国家工作人员在国内公务活动或者对外交往中接受礼物，依照国家规定应当交公而不交公，数额较大的，成立贪污罪。这就是不作为的贪污。但这种贪污，也是以事先占有了应当交公的财物为前提的。

学生：抄表员总要抄一个数据交给供电所，交一个假数据上去也是利用职务便利。

学生：但是上报数据是发生在已经利用职务便利处分了电之后。

学生：我认为，如果要定贪污罪，就是因为抄表员牵线的时候就已经将30万元的电力处分给了会所，这已经是利用了职务上的便利，所以后来的行为就没必要单独评价，不能再给他定一个不作为的贪污。

学生：不要单纯看牵线这一物理行为，抄表员的职责就是防止别人牵线，如果这样讲的话，前面的牵线行为实际上就是概括的处分了。

学生：如果抄表员有处分行为的话，还能认定会所老板构成盗窃罪吗？

张明楷：不能简单地说，抄表员对供电所的电进行了概括的处分。供电所是否有财产损失，以及财产损失的程度，还是取决于会所是否用电以及用电量多少。所以，首先是要肯定会所实施了盗窃行为。另外，如果说抄表员的牵线行为就是概括地处分行为，那么，抄表员的贪污行为此时是否已经既遂呢？追诉时效是从牵线时开始计算，还是从会所最后窃电时开始计算？肯定不是从牵线时开始计算吧。

学生：抄表员的牵线行为与不履行职责是同一的，难以否认他利用了职务上的便利。

张明楷：我感觉牵线行为并不是职务行为，但是牵线行为意味着抄表员允许会所窃电，他不履行监管义务，属于不履行职务的行为。但不能说凡是利用了职务便利的行为，就必须认定为职务犯罪，我是对贪污罪进行限制解释的，我觉得认定抄表员对供电所的电成立盗窃罪即可。

学生：老师的意思是，抄表员没有占有供电所的电，所以，认定为盗窃罪比较合适。

张明楷：可以这么说。而且，在《刑法修正案（九）》修改了贪污受贿罪的法定刑，司法解释提高了贪污受贿罪的数额标准之后，对抄表员的行为认定为贪污，并不具有什么优势。另外，会所老板给抄表员3万元，是盗窃的分赃还是贿赂犯罪？

学生：应当是行贿与受贿吧。

张明楷：这个显然不是盗窃的分赃。因为赃物是电，电被使用了，谈不上分赃。会所老板给3万元给抄表员，就是为了使抄表员不履行监管职责，让自己持续窃电。所以，分别成立行贿罪与受贿罪。

学生：这么说，会所老板与抄表员都触犯数罪。

张明楷：抄表员为会所谋取不正当利益的行为构成盗窃罪，会所老板不仅实施了窃电行为，而且向抄表员行贿，所以，都是数罪。

学生：能不能说抄表员的行为是贪污与盗窃的想象竞合呢？

张明楷：如果评价为一个犯罪时，不能全部评价行为的不法内容，才有可能成立想象竞合。即使认为抄表员的行为同时触犯贪污罪与盗窃罪，但如果评价为贪污罪时就足以对其行为的不法内容进行全面评价，就不应认定为贪污罪与盗窃罪的想象竞合。不过，我还是不主张将抄表员不履行职责的行为认定为贪污罪。

学生：抄表员的行为还是与他的职责有关联。

张明楷：如果要考虑这一点的话，可以认为抄表员的行为符合《刑法》第 168 条规定的国有公司人员滥用职权罪的构成要件。但是，这个罪与盗窃罪应当是想象竞合关系，而不可能实行数罪并罚。

学生：对抄表员后面的不阻止行为就不要定罪了吧。抄表员前面就是一个盗窃，后面又不阻止会所老板的窃电行为。后面的不作为相对于作为来说是处于从属地位，直接按作为的行为内容定罪就可以了，而且后面的不作为与前面的作为所侵害的法益也是一样的。这就相当于行为人想杀人，一枪把人打成重伤，然后离开现场没有救人，导致被害人最终死亡，整体上只认定一个故意杀人罪即可。

张明楷：这二者有相似之处，但还是不一样的。另外，关于窃电行为还有值得讨论的地方。我们一般说盗窃罪是状态犯，而不是持续犯，但本案的窃电行为是持续犯还是状态犯？

学生：偷了30万元的电，应该是持续犯。

张明楷：这么说，盗窃也不一定是状态犯，也可以是持续犯？但是，窃电就是用电，所窃的电直接用了，不存在了，还叫状态犯吗？

学生：窃电的行为和结果是同步的。

张明楷：这么说，窃电是行为犯，行为与结果同时发生，就不是状态犯了？

学生：窃电是一个持续的状态。

学生：不是持续的状态，因为数据在不停增长。

学生：用完电就造成了电力消耗这样一种状态，这个跟财物毁坏有相似之处，财物毁坏之后也是造成一种物品灭失的状态。

张明楷：状态犯所讲的状态是一种违法的状态吧？窃电后的违法状态是什么？

学生：一幅很值钱的名画被烧成灰连渣都不剩了，也不会说它不是状态犯。

张明楷：在这种场合，说它是状态犯的意义何在？考虑到窃电的特点，窃电行为好像是即成犯，行为既遂时法益就消灭。状态犯通常是指，行为既遂后，法益受侵害或者受威胁的状态还在继续。不过，刑法理论上重在确定持续犯的范围，因为涉及共犯与追诉时效的问题。

学生：如果说法益受侵害的状态在继续就是状态犯，那么，杀人罪也是状态犯。

张明楷：日本的刑法教科书上一般会说伤害与盗窃是状态犯，而不会说杀人是状态犯。

案例十四

在省会城市工作的甲在老家有块地，甲想在这片地上种树，找到了从事修路工程的工人乙，乙将负责该市绿化工程项目的经理丙介绍给甲，丙是国家工作人员，负责的绿化项目工程正好购入了大量树苗。丙答应给乙价值 1 万元的 10 棵树。2013 年 9 月，乙告诉甲去丙处拿走 10 棵树，甲来到丙负责的绿化工程施工现场拿走价值 1 万元的 10 棵树。一个月后，甲又去找乙要树，乙来到丙处，丙以为乙等人并没有拿走之前承诺相送的 10 棵树，问乙"那 10 棵树拿走了吗"？乙说"没拿"。丙让乙从绿化项目施工现场拿走价值 2 万元的 10 棵树。甲运走该 10 棵树后，很感激乙，交给乙 1 万元，让乙请丙等人吃饭疏通关系。一个月后，甲再次找到乙，向乙要 100 棵树，乙直接把甲拉到丙负责的绿化施工现场，在没有与丙沟通的情况下，乙让甲运走价值 20 万元的 100 棵树，其中几十棵树已经栽好，甲连根拔起运走。再过一个月，甲再次找乙要树 100 棵，乙没有和丙打招呼，让甲随便拿，甲来到丙负责的绿化施工现场，拿走价值 20 万元的 100 棵树，其中几十棵树也是已经栽好的，被甲连根拔起运走。施工方发现树苗大量丢失遂报警。警方在甲的老家找到了丢失的树苗，将甲抓获。甲供述称，每次拿树都以为乙已经疏通好了关系，可以随意将树运走。

张明楷：这个案件需要分几个阶段来讨论。

学生：甲第一次运走 10 棵树的行为是丙贪污这 10 棵树的共犯；甲后两次运走 100 棵树时存在抽象的事实认识错误，他以为自己是丙贪污罪的帮助犯，但实际上他是盗窃罪的正犯。当然，拔走树的行为也可能涉及盗伐林木罪。

张明楷：甲第一次运走 10 棵树的行为是成立赃物犯罪？还是成立贪污罪的帮助犯或者教唆犯？

学生：丙让乙拿走 10 棵树，乙让甲拿走了 10 棵树，丙的行为成立贪污罪，甲帮助丙拿走 10 棵树，甲的行为就成立贪污罪的帮助犯。

张明楷：不能认定甲是贪污罪的教唆犯吗？

学生：也是有可能的，要看甲对丙究竟是怎么说的。

张明楷：我觉得甲有可能构成贪污罪的教唆犯。甲第二次运走 10 棵树的行为是什么性质呢？

学生：丙贪污了甲第一次运走的 10 棵树，第二次运走的树是被乙骗走的。对第二次运走的 10 棵树，乙欺骗了丙，丙才让他们运走，乙成立诈骗罪，甲的行为成立诈骗罪的帮助犯。

　　张明楷：第二次运走 10 棵树时，甲以为乙已经和丙沟通好了，可以运走这 10 棵树，并不知道乙在欺骗丙，所以甲并没有诈骗的故意。我先问一下，甲第二次运走 10 棵树的行为可能成立盗窃罪的正犯吗？虽然在司法实践中，肯定不会认为甲第二次运走 10 棵树的行为成立盗窃罪，但在理论上还是有讨论的价值的。这就要看我们如何归纳甲盗窃的故意了。从纯心理的角度讲，甲可能以为丙同意了，这种以为丙同意他拉走树是不是就直接排除甲有盗窃的故意？这是值得探讨的。这些树的占有者是谁？

　　学生：丙负责的绿化项目施工队从相关国家机关比如该市的园林局领取了这些树，丙又是这个项目的负责人，应该是丙占有了这些树。即使丙事实上并没有占有这些树，但在几次运走树的时候，甲肯定认为这些树是由丙负责管理的，征得他的同意就可以拿走。

　　张明楷：应该是这样的。我也觉得甲在第二次运走 10 棵树时没有盗窃的故意，因为他以为树的占有者已经同意让他运走了。根据限制从属性说，甲第一次和第二次分别运走 10 棵树的行为都不能成立盗窃罪，因为没有盗窃的正犯。甲第二次运走 10 棵树的行为存在什么认识错误吗？

　　学生：甲主观上以为自己是在实施贪污的帮助行为，但实际上是在实施诈骗行为。

　　张明楷：那么，二者的重合之处在哪里？

学生：贪污罪包括利用职务上的便利骗取财物，诈骗罪也是骗取财物，所以，在诈骗罪的范围内是重合的。

张明楷：能因此说二者在诈骗罪的范围内是重合的吗？如果是贪污，那么，只能是丙通过侵吞行为来实施，如果说乙是诈骗，就是乙通过欺骗丙来实施，这怎么可能重合？能不能说，第二次乙欺骗丙时，丙仍然存在贪污行为，甲至少成立贪污罪的帮助犯？或者说，甲并不存在认识错误的问题呢？

学生：丙对第二次行为存在认识错误，他以为还是第一次同意的 10 棵树。但这不是甲的认识错误。

张明楷：即使如此，丙对第二次行为也是贪污行为吧。就是说，如果丙误以为第二次的 10 棵树依然是第一次的 10 棵树，假如事实上也是第一次同意的 10 棵树，那么，真正的贪污行为还是发生在第二次，因为第一次虽然同意了，但行为并没有完成。如果丙误以为第二次的 10 棵树是第一次的 10 棵树，事实上却是第二次的另外 10 棵树，但丙此时处分该 10 棵树，也是贪污行为，所以，不能认为丙对第二次行为不存在贪污行为。

学生：即使丙第二次误以为处分的是第一次同意处分的 10 棵树，丙第二次处分行为也是贪污行为，这个容易理解。但是，丙第二次处分的并不是第一次同意处分的 10 棵树。

张明楷：这就更加要认定为贪污行为了。换句话说，丙的第一次处分与第二次处分，在客观上都是贪污行为，只不过丙客观上处分了 20 棵树，但他误以为只处分了 10 棵树，所以，只能按 10 棵树认定贪污数额。

学生：理解了。就是说，无论如何，都可以认为丙第二次是有贪污罪的实行行为的。

张明楷：对！按照限制从属性的原理，甲的第二次行为也成立贪污罪的共犯。

学生：司法实践中一般认为丙没有非法占有目的，可能认为只是滥用职权。

张明楷：非法占有目的包括使第三者占有，所以，主观要素没有什么问题。如果说只是滥用职权，丙的两次行为没有造成滥用职权罪的后果，反而无罪了。这可能不合适。

学生：司法实践中，一些人只是按非法占有目的的字面含义来解释和适用的。

张明楷：那么，第三次、第四次分别运走 100 棵树的行为怎么处理？

学生：乙的行为肯定成立盗窃罪。

张明楷：为什么？

学生：因为树不是乙占有的，乙没有征得丙的同意，当然是违反丙的意志的，然后转移了树的占有，所以是盗窃。

张明楷：甲的行为呢？

学生：当然也是盗窃罪。

张明楷：甲的第三次、第四次行为分别是盗窃 100 棵树的正犯，乙是甲的教唆犯或者共同正犯。这要看具体情况。甲的行为客观上成立盗窃是没有疑问的，主要是主观上究竟有没有盗窃故意的问题。虽然甲说自己认为乙用 1 万元已经疏通了关系，但实际上一般人都会认识到，1 万元不可能疏通出这么多树；甲知道这些树归丙负责，而不是归乙负责；也知道后两次分别运走 100 棵树时，乙并没有找丙直接沟通。而且，后两次是每次运走 100 棵，而不是以前的 10 棵，还有已经栽好的树。这就足以说明，甲认识到了乙没有找丙，也就是说，甲认识到了自己的行为可能成立盗窃。

学生：根据案情，已经查不清哪些树是甲连根拔走的，哪些树当时还没有栽好，这样又该如何处理呢？

张明楷：查不清的话就都认定为盗窃罪是没有什么疑问的。

学生：人家会不会说是疑罪从重了。

张明楷：你们是想说将栽好的树运走是盗伐林木罪吗？

学生：是的。其实，在这个案件中，我认为对第三次和第四次行为都只认定为盗窃罪，是没有什么障碍的，或者说没有必要定两个罪，因为第三次行为可以评价为一个行为，第四次行为也可以评价为一个行为。

张明楷：我也觉得没有必要说将栽好的树运走构成盗伐林木罪，一并认定为盗窃罪就可以了。

案例十五

行为人实施了两次不法行为。第一次，行为人给被害人发了一个链接，链接上面显示是支付 1 元钱的链接。行为人跟被害人说，你点开这个链接就可以看到以前的购物记录。被害人信以为真，点开链接之后发现是一个程序，被害人再次点击，于是被害人卡里的 3 万元转到了行为人的账户上。第二次，行为人开设了一个淘宝店，但其实是空店，根本没有商品。被害人上了行为人的淘宝店，要买商品时，行为人让被害人付款，并发给被害人一个链接，被害人以为点开链接后会把货款汇到支付宝账户里面去，但点开链接之后，货款直接转到行为人账户上。

学生：这是最近的指导性案例的基本案情。

张明楷：前一次是盗窃，后一次是诈骗？

学生：对，指导性案例给的就是这个意见。

张明楷：这两个案例所要说明的关键问题是，诈骗罪中处分意思的内容是什么？

学生：对，我最近在想这个处分意思是什么？越想越想不明白了。到底要处分意思干什么？

张明楷：要处分意思就是为了使诈骗罪与盗窃罪相区别，使二者之间有一个清晰的界限，不要出现诈骗罪与盗窃罪相竞合的情况。就行为人的前一次行为而言，被害人不知道要把 3 万元给行为人，所以没有处分意思。

学生：被害人本来以为是支付 1 元钱，就可以看到以前的购物记录。按照您的观点，这是不是关于财物的量的认识错误，因而还是具有处分意思？

张明楷：被害人只知道点开链接需要支付1元钱，实际上支付了3万元时，不是我所说的对财物的量的认识错误。如果行为人欺骗被害人，被害人本来只是想支付1万元，但实际上因为受骗支付了3万元的，才是我所说的存在处分意思。处分意思是处分值得刑法保护的财物的意思，1元钱原本就不是刑法保护的法益，不能说被害人有处分意思。所以，上述行为人的第一次行为只能认定为盗窃罪。

学生：第二次被害人对数额没有认识错误。

张明楷：第二次是支付对象产生了错误。

学生：对，因为一般在淘宝购买商品时，点击支付以后，钱是先进支付宝这个第三方平台，但实际上行为人发给被害人的链接，导致被害人直接将钱转到了行为人的账户上。

张明楷：第二次行为认定为诈骗没有问题。行为人有欺骗行为，被害人有处分意思和处分行为，只不过认识错误表现在将财产处分给谁这一点上。

学生：这个对处分意思的认定有影响吗？

张明楷：我觉得应该是没有影响，既然被害人连处分对象都认识错了，当然能说他有处分意思。

学生：如果对处分意思的要求比较缓和，只需要认识到自己对于财产的占有有转移就够了的话，应该说被害人有处分意思。

张明楷：我觉得即使将处分意思理解得比较严格一点，在第二次行为中，被害人也有处分意思。因为被害人误以为处分给支付宝平台，但实际上处分给了行为人。这既说明行为人有认识错误，也说明行为人有处分意思。就是说，被害人肯定认为将钱转移到支付宝平台上去了，这当然是转移占有的意思。

学生：是的。

张明楷：至少钱不在自己的账号上了。尽管转移到支付宝平台之后还有可能再转回来，但是被害人毕竟是已经转出去了。

学生：钱到支付宝平台之后算是一种什么状态呢？

学生：支付宝是第三方。购物者没有拿到货，只要点退货，对方几天不反应，就自动退到购物者的账户上来。当然，购物者点退货，要求对方同意。对方同意以后，如果对方在七天之内不理你，支付宝第三方有人操作，直接返还到购物者的账户。

张明楷：钱打到支付宝平台之后，由谁占有了呢？

学生：把钱打到支付宝账户以后，认为这个钱是支付宝占有的吧。

张明楷：我也认为应该是支付宝平台占有。购物者虽然可以把钱要回来，但是必须要对方同意。这就说明购物者要回来是存在障碍的，不是想拿回来就可以拿回来的。所以，如果行为人根本不出卖商品，却欺骗被害人把货款打入支付宝的，都会成立诈骗罪；行为人欺骗被害人将货款实际上打入自己账户的，更加成立诈骗罪了。

学生：可能有人认为，只有当被害人认识到把钱转到行为人账户上时，才存在处分意思。

张明楷：没有必要这样理解处分意思。被害人至少知道要把钱转移出去，只是说是直接转移给行为人，还是转移给支付宝平台，这个有认识错误。刚好这个认识错误，才导致自己财产受损失了。实际上行为人骗的内容也是如此。例如，原本有一个账户是用于他人向地震灾民捐款的，行为人使用欺骗手段，做了一个链接，导致捐款的人将钱打入行为人的账户。这肯定也是诈骗罪吧。如果被害人确实将钱打入捐款账户，就不存在诈骗罪了。

学生：老师，这个损失是什么？是说被害人没有拿到相应的商品才是损失，还是说钱打到行为人的账户是损失？

张明楷：当然是钱打到行为人账户就是损失，这一点和一般的诈骗罪是一样的。比如，A欺骗B说，如果你给我3万元，我给你一个汉代的玉。B将3万元现金给了A，A却根本不提供什么玉。在这种情况下，损失当然是3万元现金的转移，而不是说没有得到玉。没有得到玉，说明被害人的交付3万元现金的目的没有达到，说明损失了3万元现金。

学生：德国以前出现过这样的案件：行为人在火车站假装成帮旅客送行李的工作人员。旅客来了以后，就跟旅客说，把行李送到行李寄存处。旅客把行李交给了行为人后，行为人拿着行李逃走了。

张明楷：这是诈骗吧。

学生：这是诈骗，但是德国联邦最高法院定的是盗窃。法院觉得被害人没有处分行为，就是说被害人没有想把行李处分给这个行为人，他是想给寄存处。

张明楷：那是因为被害人当时离寄存处很近的缘故吧，或者还有别的案情。

学生：有一点可以讨论的是，当时被害人是不是只是占有的迟缓？

张明楷：如果被害人将行李交给行为人，自己也跟着行为人，行为人拿着行李之后逃走的，当然是盗窃罪。此时，行为人只是行李的占有辅助者。假如说，行为人假装成车站的工作人员，让被害人将行李交付给行为人送到寄存处，行为人去做别的事情，各走各的路，应当定诈骗比较合适。如果法院认定为盗窃罪，可能是属于前一种情形。再如，被害人从清华大学去火车站，行为人知道被害人有那么多行李，就谎称帮被害人将行李送到火车站小件寄存处。被害人将行李交给行为人后，并不是和行为人一起去火车站，而是自己晚一点再去，而行为人将行李据为己有了。在这种情况下，行为人就成立诈骗罪。如果说，被害人是和行为人一起去火车站，那么，行为人就只是占有辅助者，没有将行李处分给行为人，行为人拿走行李的就是盗窃罪。德国联邦最高法院的那个案件的具体情况究竟是怎么样的？

学生：这个案件事实是，行为人帮人家拿着东西，往火车站外面走，然后就走掉了，没有去寄存处。

张明楷：这样的话还是应该认定为盗窃。就是说，行为人只是帮助被害人提行李，但提着提着就提走了，有点像所谓借手机打电话打着打着逃走了，被害人没有处分财物。

案例十六

乙以自己名义办了一张银行卡，存入 20 万元，然后将银行卡交给国家工作人员甲，并将密码也告诉了甲。几天后，甲被双规了。乙估计甲还没有使用银行卡，就到银行挂失说自己的银行卡丢了。银行给乙办了挂失，20 万元完全没有动，乙就把 20 万元取出来了。

张明楷：就受贿罪与行贿罪的认定来说，本案并不复杂。

学生：受贿罪不是财产犯罪，甲接受了乙赠送的信用卡并知晓密码，就已经侵害了国家工作人员职务行为的不可收买性这个法益，其受贿行为也就已经既遂了。行贿罪和受贿罪是对向犯，侵害的法益也是国家机关工作人员职务行为的不可收买性，在乙把银行卡和密码送给甲时，他的行贿行为也就已经既遂了。

张明楷：你说的结论与理由都没有问题。现在要讨论的是，乙把存有 20 万元的银行卡重新挂失这一行为，是否成立犯罪以及成立什么罪的问题。

学生：有没有可能认为乙的这一行为不成立犯罪呢？因为甲实际上是没有损失的。

张明楷：那我改编一下案例：B 将一根金条送给国家工作人员 A 之后，得知 A 被双规了，就立即潜入 A 的住宅窃回金条的，是否成立盗窃罪？

学生：当然成立盗窃罪。

张明楷：既然如此，本案中的乙为什么就不成立犯罪呢？实质是一样的。所以，还是要讨论乙的行为构成什么罪的问题。首先讨论一下，乙的行为有没有可能构成盗窃罪？

学生：日本前一段时间有一个判例：银行卡的名义人与实际取钱人不一样，银行卡的名义人是 A，取款人是 B，二人是同居关系。B 将 A 虐待致死后，拿着 A 名义的银行卡去银行取钱。日本讨论的结论是，银行卡是谁的名义不是问题的关键，问题的关键是行为人去取钱时，是否违背银行的意思。例如，我跟张三关系特别好，我一直拿着张三的银行卡使用。在这种情况下，我拿着张三的银行卡去取钱时，即使不是我自己名义的银行卡，但银行给我钱也是完全没问题的。但是，在其他情况下，比如我偷了别人的银行卡，这时候到银行取钱可能违背了银行意志。如果从这个角度来说，乙把银行卡送给国家工作人员甲后，甲拿着这张银行卡去银行取钱时，就不会违背银行意志。银行卡里的钱就是甲的。但这个时候乙去银行挂失取款，就属于违背银行意志。

张明楷：乙这时候挂失、取款为什么违背银行意志呢？因为本身就是乙名义的银行卡啊。

学生：日本的那个判决里没有说是取款人名义的银行卡就一定不违背银行的意志，是不是取款人名义的银行卡，只是考虑是不是违背银行意志的一个因素，并不存在必然的对应关系。

张明楷：有没有可能说，如果甲拿着银行卡取钱，就是违背银行意志的？

学生：问题就在这里。我想通过说明甲取款的行为是不违背银行意志的，然后再说明乙后面的取款行为是违背银行意志的。

张明楷：好像没有说明实质的理由，只是从形式上进行区分的。你前面说，行为人盗窃了银行卡之后去取款的，就应当定罪，而和银行卡的名义人关系好的行为人去取款的，就不定罪。但银行面对的情境是一样，都是行为人用他人名义的银行卡取款，区别处理的实质理由是什么？

学生：就是考虑到根据哪些因素判断取款行为是不是违背银行的意志，银行会不会有遭受损失的风险。

张明楷：但在我们讨论的这个案件中，能不能说银行没有遭受损失的风险，谁取款银行都没有遭受损失的风险？

学生：而且，甲从银行取钱与乙从银行取钱的实质区别是什么？

学生：如果乙把银行卡挂失了，甲还是有可能向银行主张权利吧？

张明楷：乙挂失后，甲的银行卡就已经作废了，甲事实上也不能主张权利，因为他不是名义人，也没有名义人的身份证。倒是乙可以主张权利，因为是乙名义的银行卡，乙把身份证拿来就可以主张权利。

学生：如果说是盗窃的话，乙应当是盗窃甲的财物，而不是盗窃银行的财物吧。

张明楷：对，与前面假设的行贿人窃回金条是一样的道理。所以，如果从盗窃的角度来说，可能不必涉及是否违反银行意志的问题。但如何解释素材的同一性，还有疑问。

学生：乙通过挂失和取款，使甲丧失了 20 万元的债权。所以，可以说乙盗窃了甲的 20 万元的债权。

张明楷：债权对应的债务人是银行，可是，在银行那里，乙才是债权人，甲根本不是债权人，怎么能说乙盗窃了甲的债权呢？显然不能将债权作为盗窃罪的对象。

学生：如果说乙的行为是盗窃，那么，他所盗窃的肯定不是现金，因为甲的现金并没有减少，乙客观上也没有转移甲所有的现金，只能说乙盗窃了甲的财产性利益。

张明楷：问题是，这个财产性利益是什么？能不能说，甲虽然不对银行享有债权，但事实上享有行使债权的利益。就是说，乙虽然对银行享有债权，但他将行使债权这一利益转让给了甲。我觉得，行使债权这一利益也是财产性利益。如果银行没有处分权限的话，乙的行为就是盗窃这一利益。这在德国、日本是不可能定盗窃的，但在中国还是可以定盗窃的吧。因为我们要承认行使债权的这个利益事实上属于甲的，之所以承认，是因为乙把这个利益转移给甲了，甲在事实上就享有这个利益。例如，甲可以持这张银行卡从机器上取钱，可以购物，只是不能到银行柜台取款。

学生：如果说甲没有这个利益，乙就可能没有犯罪了。

张明楷：一般来说，乙到银行挂失时，并不是说他重新获得了债权。严格地说，乙的债权在银行那里一直是存在的，即使乙的银行卡丢了或者将银行卡送给其他人了，乙还是对银行享有债权的。乙只不过通过挂失方式让甲不能够获得事实上行使债权这个利益，乙让这个利益转回给乙自己了。我觉得，如果要从盗窃罪的角度来说，不要说债权本身是盗窃罪的行为对象，或许勉强可以说"事实上的债权"，但最好还是说行使债权这一利益。当然，这一术语也可能有问题。如果说是使用银行卡的利益，或许更准确一些。

学生：是的。因为甲实际上没有债权，所以也不能行使债权，但甲确实可以使用信用卡。

张明楷：这么说，你们也赞成对乙定盗窃罪？盗窃对象是使用银行卡这一利益，而且是盗窃罪的间接正犯？因为乙利用了不知情的银行工作人员？

学生：可以这么说吧。

张明楷：那么，如果我说乙的行为可能构成诈骗罪的话，可以从哪个角度来说呢？

学生：我的理解是，银行就是做个形式审查，看这个银行卡和乙的身份证件是否符合。所以，认定乙的行为构成诈骗罪比较困难。

张明楷：银行知道真相的话会让乙挂失吗？银行可不可以说

贿赂已经形成，国家要没收债权？

学生：知道真相就不应该给乙挂失吧。

张明楷：如果知道真相就不应该给乙挂失，就说明银行不只是做形式审查。知道真相就知道是贿赂款，怎么还给你挂失呢？

学生：如果银行职员在知道真相的情况下，真的把钱给了乙，他可能成立共犯。我觉得银行不可能对于一个事实上的利益具有处分权限。

张明楷：如果说乙的行为构成诈骗罪的话，当然不是三角诈骗。就是说，即使认定乙的行为构成诈骗，也不是说他欺骗银行职员，银行职员处分了甲使用信用卡这一利益。有人可能认为，乙是三角诈骗，即通过欺骗银行职员，使银行职员处分了甲的财产。但是，银行职员怎么会处分甲的财产呢？处分的又是什么财产呢？可能不好回答。

学生：如果不是这样的话，乙骗取的是什么呢？

张明楷：骗取的是债权啊！

学生：他原本不是享有债权吗？

张明楷：问题是，乙将债权给甲行使构成了贿赂，而贿赂是应当由国家没收或者追缴的，不能返还给乙。但乙隐瞒了真相，导致银行职员让乙继续享有债权。

学生：在这个意义上说，乙的行为也构成诈骗罪。

张明楷：对。如果有人主张乙的行为成立侵占罪，是不是也有道理？

学生：侵占罪与盗窃罪是对立关系，如果认为乙的行为成立盗窃，就不可能成立侵占罪吧？

张明楷：侵占罪与盗窃罪的对立关系，是就同一行为对象而言。我们讨论的这个案件，难题在于行为对象究竟是什么？所以，完全可能从另外的角度，认为乙的行为构成侵占罪。例如，乙把自己占有并所有的银行债权送给甲所有，事实上自己仍在替甲保管这笔债权。乙的行为是将替他人保管的债权变成了自己所有，于是，可以把这样的行为认定为侵占罪。这让我想起以前看到的一个案件。法官替律师办事后，律师要送100万现金给法官，法官说"放在我这儿不方便，你先帮我保管着吧"。后来，律师把这笔钱花掉后不再给法官。你们觉得律师有没有侵占法官的100万元现金？

学生：可不可以认为律师交付给法官的100万现金是因不法原因给付的财物，法官对这笔钱并没有所有权，律师的行为没有侵害法官的所有权。

张明楷：看来，这样的案件涉及不法原因给付的问题。按照我的看法，在类似这样的不法原因给付的案件中，还是不宜认定行为成立侵占罪。

学生：我们在讨论不法原因给付与侵占罪的关系时，经常会讨论这样一个案例。A把财物交付给B，托付B把财物交付给国家工作人员，B把这笔财物据为己有了。在这个案件中，A把财物交给B时，如果承认物权无因性的话，就会认为所有权已经发生了转移；但根据我国民法规定，A 把财物交给 B 时，A 仍对这笔财物有所有权，所有权没有发生转移，B 据为己有的行为可以成立侵占罪。

张明楷：在行贿受贿的场合，行贿方给付财物给受贿方，都是不法原因给付吗？

学生：日本刑法学界认为要区分不法原因给付和不法原因委托，行贿受贿属于不法原因委托，所有权发生转移。

张明楷：日本民法学中没有这样的区分。如果把行贿方交付给受贿方的财物认定为不法原因给付的财物，不承认所有权发生了转移，这样的处理方式在刑事政策上或许也有可取之处。但如果因此认为，行贿人从受贿人那里窃回、骗取先前所交付的财物，都不作为犯罪处理的话，也可能不太合适。尤其是行贿方将字画、古董等财物赠送给受贿方，如果一概认为不法原因给付不转移所有权，那受贿方就只是财物的不法占有人，行贿方是财物的所有人，财物的所有人可以通过各种途径取回他人非法占有的自己的财物，那么，是不是行贿人在合法进入受贿人住宅后盗窃这些财物，也不构成任何财产犯罪呢？恐怕无罪的结论也是不合理的。

学生：看来，我国民法采取不法原因给付不转移所有权这样的做法也是有问题的。

张明楷：刑法与民法有不同的规范目的。我们在讨论刑法案件时，也可以不考虑民法的规定。在这样的案件中，完全可以认为行贿人在向受贿人给付财物时，事实上财物的所有权已经发生了转移，行贿人盗窃、侵占这些财物还是应该构成相应的犯罪。

学生：和研习民法的同学讨论问题时我就发现，我们刑法上的很多财产犯罪，学习民法的同学就认为不是犯罪。比如，甲把借来的车谎称是自己的车质押给了乙，乙借给甲20万元。从刑法的角度看，甲通过欺骗行为骗取了乙的20万元，甲的行为成立诈骗罪。但学习民法的同学就认为，因为乙是善意第三人，他的质权仍有效，乙没有财产损失，也就不是财产犯罪的受害方，甲的行为无罪。

张明楷：显然这个学民法的学生是从整体财产的角度来看待财产犯罪中的财产损失的。在我国，诈骗罪是针对个别财产的犯罪，甲就是通过欺骗行为骗取了乙20万元，在甲拿走乙的20万元时，乙就已经损失了20万元。我觉得在我们今天讨论的这个问题上，也还是可以抛开民法的一些规定和学说，更实质地考虑问题。如果我们不认为行贿方给付给受贿方财物后，刑法上财物的所有权已经发生了转移，那悖论就是，我们为什么又认为受贿方收受财物后受贿罪已经既遂呢？既然我们已经认为受贿方收受了财物，受贿已经既遂，这就说明我们认为受贿方已经获得了利益，这个利益就是事实上的所有权或债权。这样来看，我们还是可以从刑法的目的出发，肯定受贿方在事实上有所有权或者债权。在我们今天一开始讨论的这个案件中，也可能说，乙的行为侵害了甲事实上的债权，因此成立侵占罪。

学生：按照您刚才的意思，在刑法上，可不可以认为甲乙共同占有了这笔存款的债权？在事实的层面，可以认为甲也占有了这笔债权，因为甲持有银行卡并且知道密码，可以随时取钱和使用；在民法规范的评价下，乙享有债权，因为存款还在乙的名下。

张明楷：民法的评价比较形式化。这笔存款只要还在乙的名下，民法就不管乙有没有把卡送别人，也不会管乙这笔钱是哪里来的，直接认为乙是这笔存款的债权人；刑法上要认定甲的受贿罪已经既遂，就会认为甲已经事实上取得了这笔存款。乙把这笔存款据为己有，刑法上就可以认为乙侵害了甲事实上享有的债权或者存款。

学生：认为甲乙共同占有了这笔银行存款的观点也会遇到很多解释不了的问题。比如，如果认为甲乙共同占有这笔债权，乙的行贿既遂没有？行贿的数额是多少？

张明楷：这倒不是重要问题。这笔存款原来是乙的，乙把这笔存款的债权让渡给甲共同占有，甲因此获利了，就可以认为行贿受贿罪既遂。数额就是这笔存款的数额。

学生：我感觉，如果财产犯罪中对所有权转移的认定完全从属于民法的判断的话，乙无罪；如果财产犯罪中占有和所有的判断完全独立于民法的判断的话，乙犯盗窃罪。认为乙犯侵占罪的观点，实际上是财产犯罪中所有和占有的判断从属于民法的判断的表现。

张明楷：如果要得出侵占罪的结论，就不能考虑民法的规定，只是完全基于刑法的事实判断得出的结论。甲得到银行卡和密码以后，这笔存款还在乙名下，乙还是可以随时支配这笔钱的，认为乙占有着这笔存款也是说得过去的。

学生：如果认为甲通过占有银行卡和密码已经占有了这笔存款，就能够认为乙的行为成立盗窃罪。

张明楷：这么说来，就财产犯罪而言，如果说行为对象是使用信用卡这一利益，乙的行为是盗窃罪；如果说行为对象原本是国家应当没收的银行债权，乙不能通过挂失再恢复债权，则乙的行为成立诈骗罪；如果说行为对象是甲事实上享有的债权，而该债权在银行事实上是由乙保管的，则乙成立侵占罪。好像都有道理。

学生：这种关于银行卡的案件是比较复杂的。

张明楷：是的，有时可能就是一念之差。如果说三个罪都成立，但也只能是想象竞合。不过，认为乙对银行构成诈骗罪，理由可能是最充分的。除了财产罪之外，乙的行为还触犯其他罪吗？

学生：乙的行为还成立洗钱罪。这 20 万元，既是甲受贿的财物，是受贿犯罪的违法所得。乙通过挂失信用卡这种方式，使不知情的银行工作人员帮助自己把行贿款变成了合法财产，这样的行为可以认定为洗钱罪。

张明楷：是把自己的行贿款变成合法财物，还是把甲的受贿款变成自己的合法财产？

学生：如果说是洗钱罪的话，应当是将甲的受贿款变成自己的合法财产。

张明楷：如果是将甲的受贿款转变为甲的合法财产，肯定是洗钱罪；将甲的受贿款转变为自己的合法财产，能成立洗钱罪吗？

学生：不管转变为谁的财产，都是掩饰、隐瞒了犯罪所得，可以成立洗钱罪。

张明楷：如果是这样的话，是不是也成立掩饰、隐瞒犯罪所得罪？

学生：如果成立洗钱罪，当然也能同时成立掩饰、隐瞒犯罪所得罪。

张明楷：一般来说是这样的。

学生：乙的行为是不是还可能构成帮助毁灭证据罪？

张明楷：没有毁灭证据吧。在这个案件中，乙用于行贿的银行卡一直在甲那里，司法人员可以将银行卡作为证据，不会因为乙取走了这 20 万元，受贿罪的证据就被毁灭了。当然，如果认为证据确实毁灭了，也可能触犯帮助毁灭证据罪。但是，这还涉及帮助毁灭证据罪中的"证据"是不是包括自己犯罪的证据。对乙来说，这 20 万就是他自己犯罪的证据，他毁灭自己犯罪的证据并不构成妨害司法的犯罪。

学生：看来，乙触犯的罪名真多。

张明楷：最终实际上只能定两个罪，行贿罪是可以独立定罪的，其他的罪不管多少，由于只有一个行为，只能认定为想象竞合。

案例十七

甲在 2 年之内 4 次盗窃，没有达到数额较大的要求，并且前面的 2 次盗窃行为已经受到治安管理处罚。

张明楷：这是最近都在讨论的问题。简单地说，多次盗窃构成盗窃罪时，其中的"多次"是否包括已经受到行政处罚的次数。现在司法实践是怎么做的？

学生：我们一个科里的办案人员就有不同的做法。有人主张一事不二罚，所以认为甲的行为不成立盗窃罪；有人认为，一事不罚中的罚，是指性质相同的处罚，行政处罚与刑罚处罚的性质不同，所以，在行政处罚后仍然可再给予刑罚处罚，于是，主张甲的行为成立盗窃罪。

张明楷：要通过归纳不同的行为类型再展开讨论。比如，A第一次盗窃受到了行政处罚，然后又盗窃了两次，这是一种情形。第二种情形是，B本来就盗窃了三次，但是行政机关可能只发现了最后一次，仅对最后一次给予了行政拘留。这两种情形是否有区别？

学生：感觉第一种情形更严重，因为A在受到行政处罚后又盗窃，因而说明他再犯的危险性大。

张明楷：那我再说第三种情形：C在第二次盗窃时，被公安机关发现，公安机关对他的第二次盗窃给予了治安处罚，然后，

C 又实施了第三次盗窃行为。C 与 A 相比有区别吗?

学生:从再犯危险性来说,C 与 A 没有区别。

张明楷:你们有没有人主张,对 A 与 C 可以认定为盗窃罪,而对 B 不能认定为盗窃罪?

学生:我持这种主张。

张明楷:可是,如果这样的话,是不是意味着公安机关发现得越晚,被告人的行为就越不构成犯罪?而发现的早晚基本上取决于偶然因素,让偶然因素决定犯罪的成立与否,恐怕不合适吧。更为重要的是,B 实际上在被公安机关发现时,就已经构成盗窃罪了,只是由于公安机关没有发现他的前两次盗窃,仅给予了治安处罚,他反而就无罪了。这公平吗?

学生:好像不公平。

张明楷:什么"好像不公平"?就是不公平。我们甚至可以认为,公安机关原本抓住了一个犯罪人,却仅当作行政违法处罚了。如果说公安机关办了一个错案,结局却导致 B 反而无罪了,这肯定不公平。

学生:公安机关的错误不能使行为人承担更严重的处罚吧?

张明楷:你的意思是行为人可以从公安机关的错误中获得好处吗?

学生:也不能完全这么说。

张明楷:假如,公安机关发现 B 的最后一次盗窃后,给予 10

天的治安拘留，但在拘留第 3 天时，B 又交待了前两次的盗窃，这个时候该怎么办？是继续执行拘留，还是撤销治安拘留，改成刑事拘留，以盗窃罪追究刑事责任？

学生：如果是这种情况，可能就要改成刑事拘留，要定盗窃罪了。

张明楷：既然 B 自己交待了前两次的盗窃，都要定盗窃罪，那么，如果他没有交待，而是公安机关自己发现的，为什么反而不能定盗窃罪？

学生：按理说也要定盗窃罪。

张明楷：我再说第四种情形：D 一共盗窃了三次，知道多次盗窃要定罪之后，主动向公安机关自首，交待了一次盗窃，公安机关对这一次盗窃给予了治安处罚。治安处罚执行完毕后，公安机关又发现 D 还有两次盗窃行为。这个案件怎么办？

学生：这个人真狡猾。

张明楷：如果与前面的几种情形比，对 D 也应当以多次盗窃定罪，否则，犯罪人就可以轻而易举地逃避刑罚处罚。我再说第五种情形：E 盗窃第一次被抓后受过了行政处罚，他又盗窃了第二次，这一次也受到了行政处罚。后来，E 又盗窃了第三次。如果你们将 E 与 A、C 相比，是不是觉得他再犯危险性更大？

学生：当然。

张明楷：在客观上都是三次盗窃的情况下，如果将受到治安处罚的情形排除在外，反而会导致再犯危险性小的构成犯罪，而再犯危险性大的却不构成犯罪的局面。

学生：但是，您不是说再犯危险性只是在构成犯罪的前提下才考虑的吗？

张明楷：是的。但是，至少在相同情况下，我们不能将再犯危险性大的反而不认定为犯罪吧。况且，在受过治安处罚后，被告人应当更容易产生反对动机，可是，被告人却仍然盗窃，说明其责任程度重于没有受到治安处罚的人。

学生：老师，您的意思是，多次盗窃构成犯罪的，包括已经受过治安处罚的情形？

张明楷：我就是这个观点。

学生：有学者认为，这样做就是重复评价了，您该怎么反驳？

张明楷：刑法上讲的重复评价，是指重复用刑罚后果去评价。同样，人们所说的一事不再罚，是指对一次行为不能给予性质相同的两次处罚。在前面讨论的案件中，如果被告人已经因为一次或者两次给了治安处罚，仍然可以认定为多次盗窃，只要将以前的拘留或者罚款折抵拘役、徒刑或者罚金就可以了。折抵后，被告人的行为就没受到重复评价，也没有重复处罚。

学生：那么，以前的治安管理处罚决定是否需要撤销？

张明楷：我觉得如果能撤销就尽量撤销。

学生：我觉得将受过行政处罚的盗窃行为纳入多次盗窃，不存在重复评价的问题。比如，被告人第一次盗窃时受到了行政处

罚，这次并没有对他进行刑法上的评价，只是进行了《治安管理
处罚法》的评价。第二次盗窃时，也是一样的。最后将三次盗窃
加在一起的时候，才是进行刑法上的评价。所以，在刑法上并不
存在重复评价。

学生：但是，就是有人认为，如果一个行为受到过行政处罚
后，就不应当再受刑罚处罚。

张明楷：我们国家并没有严格实行一事不再理的制度。即使
是已经受到刑罚处罚的，也可能因为量刑畸轻而提起审判监督程
序，再次给予更重的处罚，只不过以前的处罚要折抵刑期。既然
如此，说一个行为受到行政处罚后，就不应当再受刑罚处罚的观
点，就没有实质理由了，也没有任何法律根据。

学生：行政处罚时评价的是单次盗窃或者二次盗窃的事实，
而将三次盗窃综合起来评价时，则是一个新的事实。我们是将这
个新的事实评价为一个盗窃罪。所以，原来的那个行政处罚决定
也不需要撤销。

张明楷：还是撤销行政处罚决定比较好，因为不排除行政处
罚决定也会影响行为人的生活与工作。

学生：还有一种观点认为，如果三次盗窃中，其中一次或者
二次给予的处罚是剥夺自由即治安拘留，就不再认定为多次盗
窃，但是，如果行政处罚的内容只是罚款或者警告等，则可以认
定为多次盗窃。

张明楷：理由是什么？

学生：因为治安拘留与刑罚一样都是剥夺自由，所以，如果再给予刑罚处罚，就是重复处罚了。

张明楷：这个理由显然不充分。按照这个逻辑，如果多次盗窃构成犯罪但只是单处罚金时，对于以前行政处罚中的罚款，是不是也属于重复处罚了呢？在这个问题上，不能从形式上判断是否属于重复评价，只能从性质上判断是否属于重复评价。

学生：如果行为人第一次盗窃数额较大，被判了缓刑，在缓刑考验期满后，又盗窃两次，是不是也要认定为多次盗窃？

张明楷：这个不可以认定为多次盗窃。因为第一次虽然是判了缓刑，但仍然是刑法上的评价，如果将被判缓刑的盗窃行为也计算到多次盗窃中去，就是明显的重复评价了。

学生：关于盗窃罪的司法解释规定，曾因盗窃受过刑事处罚的以及一年内曾因盗窃受过行政处罚的，其"数额较大"的标准可以按照通常标准的50%确定。这是不是重复评价？

张明楷：这个规定存在严重问题，完全是将再犯危险性当作不法去评价了，不能接受。

学生：这个规定带来了很有意思的问题。甲乙两个人共同盗窃，数额只达到了通常标准的60%，但是一调查，发现乙曾经在一年之内因盗窃受过行政处罚，但是甲没有受到处罚。那么，要不要将甲作为乙的共犯而追究他盗窃罪的责任呢？

张明楷：你的意思是，乙构成盗窃罪，甲与乙共同实施盗窃行为，所以，甲也构成盗窃罪？这肯定不合适吧。

学生：我也觉得不合适，但是您看这个规定，好像受过行政处罚就是增加不法的事由。

张明楷：受到行政处罚只是表明再犯危险性的要素，不是增加不法的要素。司法解释用再犯危险性来填补构成要件要素，所以我一直反对。再犯危险性是个别的，而不是连带的。所以，即使按照司法解释，也只能认定乙的行为构成盗窃罪。

学生：以前有人写过多次犯的博士论文。

张明楷：是的。多次犯是我国刑法的特有问题，不只是多次的认定问题，在其他方面也带来了很多需要研究的问题。例如，张三曾经盗窃过两次，某日又与李四一同去盗窃自行车，李四也知道甲之前盗窃过两次。张三肯定属于多次盗窃，李四也构成多次盗窃的共犯吗？

学生：既然李四已经知道张三之前的两次盗窃，还参与张三的"多次盗窃"行为，李四的行为应该成立"多次盗窃"的共犯。

张明楷：我觉得你说的有问题。"多次盗窃"的立法根据应该不只是行为人具有多次盗窃的危险性，还必须客观上有多次盗窃的行为，有窃取数额较大财物的危险，李四并没有参与张三之前的盗窃行为，也就没有窃取数额较大财物的危险，还是不宜认定为"多次盗窃"的共犯。"多次抢劫"也是一样的，不是说只是参与了他人的第三次抢劫，就能够成立"多次抢劫"的共犯。只有当行为人多次参与了盗窃或者抢劫，比如第一次借给他人盗窃所用的工具，第二次帮助他人实施盗窃行为望风，第三次直接与他人一同实施盗窃行为，才能够认定为多次盗窃的共犯。

学生：老师，假如张三盗窃两次后，因为担心构成犯罪，打算不再盗窃了，但是，李四唆使张三第三次盗窃的，能否认定李四是多次盗窃的教唆犯？

学生：感觉可以。

张明楷：既然李四与张三共同实施盗窃的实行行为都不成立多次盗窃的共犯，教唆张三第三次盗窃的，也不能认定为多次盗窃的教唆犯吧。李四教唆的不是多次盗窃，只是教唆第三次盗窃，前两次盗窃并不是李四教唆的。如果某人教唆他人多次盗窃，他人因此而多次盗窃，才属于多次盗窃的教唆犯。

案例十八

2014 年 2 月 18 日凌晨 1 时许，被告人甲窜到被害人 A 女的租房处，谎称手机内存有 A 女洗澡时的裸照，以此为由胁迫 A 女开门并与之发生性关系。事后，甲发现 A 女放在枕头底下的人民币 1000 元，乘机将其秘密窃走。

张明楷：甲的行为是否构成强奸罪可能没有争议，争论的是甲是否构成入户盗窃。

学生：甲入户的目的是为了与 A 女发生性关系，不是为了盗窃。

张明楷：问题是，成立入户盗窃是否要求行为人入户时具有盗窃目的？

学生：老师对入户抢劫的"入户"限制得很严格。

张明楷：那是因为入户抢劫的法定刑太重，所以需要进行限制解释。

学生：对入户盗窃是不是也要限制解释，否则处罚范围可能太宽了。

张明楷：为什么要限制？刑法增加入户盗窃就是为了扩大盗窃罪的处罚范围的，如果严格限制，就违背了立法宗旨。

学生：老师的意思是，对入户抢劫要进行限制解释，对入户盗窃要进行扩大解释？

张明楷：我也没有说要进行扩大解释。另外，什么叫扩大解释？

学生：将不以盗窃为目的入户后实施盗窃的认定为入户盗窃，就是扩大解释。

张明楷：你说的"不以盗窃为目的入户"包括合法入户吗？如果说包括，那就是扩大解释了；如果说不包括合法入户，就不一定是扩大解释。

学生：老师的意思是，只要不是合法入户的，不管出于什么目的入户，然后在户盗窃的，都是入户盗窃吗？

张明楷：我就是这样的观点。比如，为了强奸而入户，但同时窃取财物的，就要认定为入户盗窃。因为我们国家对非法侵入住宅的处罚范围较窄，在行为人非法入户的场合，比如没有经过被害人的同意入户，或者以欺骗、胁迫的手段入户后实施盗窃的，以入户盗窃追究刑事责任，还是比较合适的。

学生：您认为入户盗窃是结合犯吗？

张明楷：入户盗窃不是非法侵入住宅罪与盗窃罪的结合犯，因为如果分别独立判断"入户"与"盗窃"，入户行为可能并不成立非法侵入住宅罪，盗窃行为也不一定成立盗窃罪。由于入户盗窃不是结合犯，所以，既不要求入户行为本身构成非法侵入住宅罪，也不要求盗窃数额较大。入户盗窃也不是牵连犯，因为单纯的入户行为与单纯的盗窃行为本身不一定分别成立非法侵入住宅罪与盗窃罪。所以，入户盗窃成立盗窃罪并不是牵连犯从一重罪处罚的法律根据。

学生：既然是这样，刑法为什么要规定"入户"呢？

张明楷："入户"不是盗窃行为本身的组成部分，而是限制处罚范围的要素（同时为不法提供根据）。虽然《刑法》第264条没有明文表述为"非法入户盗窃"，但是，如果将合法入户后的盗窃行为认定为盗窃罪，就不当扩大了处罚范围，特别是扩大了亲属间、朋友间小额盗窃的处罚范围。

学生：有一个案例是这样的：2013年10月7日晚，甲打电话给被害人乙（双方是朋友关系），要求到乙的租房睡觉，获得乙的同意。8日凌晨3时左右，甲带朋友丙进入乙的租房内睡觉。8日晚19时许，甲、丙趁被害人乙洗澡之机，盗走乙一部价值人民币1583元的苹果4手机，并卖给手机店得款1000元。争议焦点是，甲、丙进入乙的租房系经过被害人同意的，其行为是否属于入户盗窃？

张明楷： 甲、丙进入乙的租户时，有盗窃的打算或者想法吗？

学生： 没有，他们就是想找个地方睡觉，是在乙洗澡时临时起意的。

张明楷： 如果是这样的话，我就主张不成立入户盗窃。

案例十九

甲深夜从窗户爬入乙家后，先到厨房拿了一把菜刀，搁在厨房门口，然后在客厅物色财物。主人醒来后喊"是谁"，甲拿走茶几上的一部价值900余元的手机后逃走。事后甲供述，没有打算使用菜刀抢劫，但如果被主人发现，逃跑时可以抵挡一下。

张明楷： 讲这个案件想讨论什么？甲的行为肯定是入户盗窃。

学生：想讨论是不是携带凶器盗窃，因为甲不是将菜刀从外面携带进入乙家的，是把乙家厨房的菜刀搁在厨房门口。

张明楷：这个问题倒是可以讨论一下。法条只是要求携带凶器盗窃，没有规定一定要从家里带出去。行为人在半路上捡一个凶器，或者在现场取得一个凶器，让自己在盗窃时可以随时使用的话，就应当认定为携带凶器盗窃吧。

学生：德国也是这样认定的。

学生：但甲没有携带凶器啊。

张明楷："携带"是说行为人在盗窃他人财物的时候，他随身或者身边附近有凶器。不是说行为人必须先带着凶器，然后再盗窃。换言之，携带凶器盗窃是一个行为，而不是分解成两个行为。

学生：在我们单位讨论这个案件时，我觉得要定携带凶器盗窃，但无法说服别人。

学生：反正有入室盗窃，不认定为携带凶器盗窃也没有关系。

张明楷：无法说服分两种情形：一是自己缺乏说服能力；二是对方根本不倾听他人观点。如果是后一种，你就别说服了。

学生：你把道理讲清楚了，人家不听你的，你也没有办法，你不可能强迫他人接受你的观点。

张明楷：有些时候确实没有办法。有一次我在一个地方做讲座，中午吃饭时，有个人和我聊到公开盗窃，他说怎么也不能赞成我说的公开盗窃。我举了一个例子，然后跟他说，你根本没有考虑什么叫抢夺，只是把不属于秘密窃取的全部归到了抢夺，可是，抢夺罪不是财产罪的兜底规定，抢夺也有自己的构成要件；如果说公开盗窃就是抢夺，为什么抢夺罪的定义又没有定义为公开盗窃呢？我后来又举了个例子，他也不吭声，然后就走了。尽管他无话可说，不能反驳我，但他下次依然不会承认公开盗窃。法学是一门难做的学问。你们首先需要做的是说服自己，而不是说服别人。

案例二十

2014 年 6 月 18 日 17 时许，犯罪嫌疑人甲男、乙女、丙女三人窜至某银行门口附近路段，由乙女、丙女故意阻挡驾驶摩托车的被害人 A 女，甲男趁机窃走 A 女放置于摩托车后备箱的一个手提包，内有一部手机及现金人民币 196 元（价值共 900 多元）。

张明楷：这个案件的甲乙丙三人构成扒窃应当没有问题吧？

学生：有一种观点认为，A 女的手提包在摩托车的后备箱，而不是其贴身财物，所以不构成扒窃。

张明楷：司法解释规定的是，在公共场所或者公共交通工具上盗窃他人随身携带的财物的，应当认定为扒窃。我也赞成这个定义。被害人驾驶摩托车时，其后备箱里的财物，当然是她随身携带的财物。提出贴身要求的根据是什么？

学生：有人可能对随身携带进行了限制解释，目的是缩小盗窃罪的处罚范围吧。

张明楷：只要带在身上或者置于身边附近的财物，就属于随身携带的财物。比如，在公共汽车上窃取他人口袋内、提包内的财物，在飞机、火车、地铁上窃取他人置于货架上、床底下的财物的，均属于扒窃。

学生：这样一来的话，以扒窃定罪的范围就比较宽了。

张明楷：盗窃罪是一种传统的犯罪，3岁小孩都知道是犯罪，为什么要限制处罚范围？

学生：感觉扒窃是指掏被害人口袋里的财物。

张明楷：哪里的口袋？衣服外面口袋还是里面的口袋？

学生：任何口袋都行。

张明楷：女士们常常不将钱包装在衣服口袋里，而是装在手提包里。行为人窃取手提包里的财物就不构成扒窃罪吗？如果是这样的话，是不是不利于保护女士的财产？

学生：贴身掏女士手提包里的财物的，还是可以认定为扒窃的。

张明楷：贴身的标准是什么？是要有衣服的接触还是身体部位的接触？

学生：不能说要有身体部位的接触，只要衣服接触就可以了。

张明楷：衣服的接触是使盗窃罪的不法增加还是责任增加？

学生：不好说使什么增加。

张明楷：既然这样的话，这个要求就缺乏合理性了。列车上经常有反扒窃的标语，列车上的反扒窃，是仅指反对行为人扒窃被害人口袋里的财物吗？行为人窃取他人放在列车货架上的手提包里的财物的，不能叫扒窃吗？

学生：还是应当叫扒窃。

张明楷：我觉得将整个手提包拿走，也叫扒窃；本案的三名被告人的行为当然成立扒窃。

案例二十一

A 公司与 B 公司签订合同，A 公司从 B 公司购买 4 万吨品质很差的矿石。约定 A 公司给付定金之后，B 公司将 4 万吨矿石过磅称好，依然放在 B 公司的一个特定的地方（铁尾堆渣场）。由于所有权已转移，所以，A 公司只要凭通行证和过磅单就可以从该处运走。随后，A 公司法定代表人甲到 B 公司踩点，想通过自己手中的过磅单和通行证拉走 B 公司的高品质的矿石。甲与 B 公司保卫科的职工乙以及另外一个从事铁矿运输的丙（但不是 B 公司的职工）商量好之后就到 B 公司，把 B 公司高品质的 300 吨矿石拖到 B 公司为 A 公司存放矿石的铁尾堆渣场，打算日后与 4 万吨低品质的矿石一并运走，但凌晨被发现。

张明楷：甲的行为构成盗窃有问题吗？

学生：没有问题，B 公司的职工乙和丙都没有处分权，不可能是诈骗。

张明楷：如果是盗窃的话，是既遂还是未遂呢？

学生：我觉得只是预备，因为矿石还存放在 B 公司，还需要运出来。

张明楷：但是，B 公司的那个地方所存放的是已经卖给 A 公司的矿石，A 公司只需要直接运走就可以了，不需要再检验、过磅之类的，也不需要 B 公司的同意，只要运输时有通行证和过磅单就行了，而且 A 公司持有通行证和过磅。当然，案情没有交待存放矿石的地方是否有隔离物之类的。但可以肯定的是，那个存放地所存放的矿石，就是 A 公司已经购买下来的矿石。所以，这里首先涉及的一个问题是，已经过磅且交付了预付款、放在特定地方，只需要通行证和过磅单就可以运走的矿石，是否转移了占有？是不是只有运出了 B 公司才转移了占有？

学生：总觉得接下来 A 公司还需要干点什么，才能认定为盗窃既遂。

张明楷：B 公司也是有人看管的，其他人运不走 A 公司已经购买的矿石。

学生：这表明矿石还在 B 公司的场所内，所以还在 B 公司的支配之下。

张明楷：但是 A 公司想运走就能运走，已经没有障碍了。

学生：但是 A 公司还没有运走啊。

学生：300 吨矿石与一个小东西还是不一样的，不可能随随便便拎走啊。

张明楷：简单地说，B 公司只是 4 万吨矿石的占有者还是辅助占有者？

学生：B 公司应当是占有者。

张明楷：如果反过来思考的话，B 公司还占有着自己高品质的 300 吨矿石吗？

学生：当然占有。

张明楷：为什么当然占有呢？

学生：因为这 300 吨矿石还在 B 公司里面啊。

张明楷：但是，存放矿石的那个地方不需要再过磅、再检验了，A 公司的人有通行证、过磅单，随时可以没有障碍地运走。

学生：但这不影响 B 公司的占有，只是 B 公司的占有比较松缓而已。就像我把我家大门敞开，但是放在我家的东西还是我占有的；有人进了我家，我家没人看管时，行为人拿了东西但没出门时，不能认定为盗窃既遂吧。

张明楷：你的这个比喻有问题。从案情就可以看出来，B 公司不是一栋楼，而是一片区域，就像清华大学校园一样。虽然其他人拖不走矿石，但是 B 公司的人也不可能将 A 公司购买的矿石转移到其他地方。如果 B 公司把 A 公司已经购买的这些矿石运走据为己有，难道不成立盗窃吗？

学生：A公司购买的低品质矿石和他们盗运的高品质矿石放在一起时，这两个归属是一样的吗？

张明楷：都是在同一地方，凡是放在那个地方的矿石，就意味着是A公司购买的矿石。比如说把B公司划成10个格，其中一个格里存放的就是A公司购买的矿石，只是不一定有围墙而已。

学生：老师，原先购买的低品质矿石哪儿去了？

张明楷：也还在那个地方啊。

学生：都在那儿啊？这两种不同的矿石是否都转移占有了？我觉得还是有区别的。B公司对已经出卖的原本就堆放在铁尾堆渣场的矿石已经没有占有意思了，只是借给A公司一个地方存放而已。相反，对于被告人偷运到该场地的高品质的矿石，B公司依然是有占有意思的，而且也在B公司的场所内，B公司具有支配力，占有没有转移吧。

张明楷：你的这个逻辑难以成立，两种矿石已经放在同一地方，而且B公司的人员知道这个地方存放的矿石就是A公司已经购买的矿石。这里不存在B公司对哪一种矿石有无占有意思的问题，只是说，低品质矿石的转移不违反B公司的意志，高品质矿石的转移是违反B公司的意志的。

学生：B公司只是说我给你个地方存放，但不代表这个地方就给你了，感觉前后两个占有还是有点差别。

张明楷：从案情事实来看，一旦高品质的矿石运到了铁尾渣堆场，就难以甚至几乎不可能被 B 公司发现。

学生：如果矿石在铁尾渣堆场丢失了，B 公司是否需要赔偿 4 万吨给 A 公司？

张明楷：案情没有交待，不知道合同怎么写的。不过，即使赔偿，也不意味着 B 公司仍然占有了矿石，很可能只是意味着作为占有辅助者给予赔偿吧。

学生：应当赔偿吧，因为还没有交付呢。

张明楷：没有交付的话，就不是赔偿的问题了，只需要再交付就可以了，A 公司还会再交付吗？

学生：这个不叫交付吧，A 公司还没有运走。

张明楷：是否运走是 A 公司的事情，是否交付是 B 公司的事情，不能说 A 公司没有运走，B 公司就没有交付吧。

学生：感觉案情还是不太清楚。A 公司还是要凭通行证和过磅单才可以把矿石运走啊，这说明这块地盘上还是有 B 公司的人在控制的，只是不再实质审查了。

张明楷：案件事实描述得确实还不清楚。可是，为什么说 A 公司凭通行证和过磅单才可以把矿石运走，就是 B 公司在控制矿石呢？为什么不可以说 B 公司只是 A 公司的辅助占有者呢？你们能想象到类似的案件吗？

学生：感觉就是将一栋楼里的这个房间的东西放到另外一个房间，但是还没有搬出这栋楼。

张明楷：完全不是这回事。我想到了以前人民公社时代农村分配物资的情景。比如，生产队里种了一大片棉花，棉花摘完后，要将棉梗分给农民当柴烧。分配给每家的棉梗会堆在一起，上面写着户主的姓名，然后各家各户就可以将分配给自己的棉梗运回去。农民在运棉梗的时候，生产队也有人看管（我好像还看管过），防止农民将没有分配的棉梗运走。假如有人偷偷地将没有分配的棉梗运到了分配给自己的棉梗堆里，这个时候还能说他没有转移棉梗的占有吗？

学生：感觉这个案件与我们讨论的案件还是有区别。

张明楷：因为你们总是觉得，矿石还在 B 公司的土地上或者大院里，B 公司当然占有着这些矿石。

学生：是啊。

张明楷：虽然在通常情况下是这样的，但是这个案件还是很特殊的。无论如何，我觉得有一点可以肯定，如果低品质的 4 万吨矿石已经转移了占有的话，就必须认为高品质的 300 吨矿石也转移了占有。不能因为后者是窃取的，就得出不同的结论。如果你们认为前面的 4 万吨矿石也没有转移占有，那么，后面的 300 吨矿石肯定也没有转移占有。

学生：总是感觉定盗窃预备或者未遂好一点。

张明楷：如果认为没有转移占有，那么，恐怕不是盗窃预备或者未遂，而是诈骗预备了。因为如果没有转移占有的话，就只能说最后的运出行为是诈骗行为。如果说最后运出行为不是诈骗行为，就意味着前面的行为已经是盗窃既遂。有一点可以肯定的是，只要行为人转移了财物的占有后，被害人要重新取得占有存在障碍的话，就要认定为盗窃既遂。在本案中，B 公司要想将300 吨优质矿石再转移到原地，是存在明显障碍的，因为这个地方堆放的矿石是 A 公司已经购买的矿石，B 公司的人也是这样认为的。所以，只要你们稍微反过来想一想，就能认定 A 公司的行为已经构成盗窃既遂，而不是所谓未遂或者预备。

案例二十二

犯罪嫌疑人甲系某汽车 4S 店喷漆组维修工作人员。该 4S 店为了控制油漆使用量，将油漆使用量与个人奖金挂钩，规定若使用油漆量超过 4S 店的规定，喷漆组的奖金则相应扣减。甲是 4S 店油漆组的组长，其在 4S 店新规定施行的前两个月，奖金较之此前少了 6000 元左右。于是，甲决定窃取 4S 店的油漆，以便将自己小组多用的油漆补上，以达到不被公司扣奖金的目的。某日21 时许，甲趁无人之机，在 4S 店的油漆仓库（车间）内偷走两箱"鹦鹉"牌油漆（价值 5400 元），后将该油漆放置在店内的油漆抛光车间内。经查，甲等人领用油漆需要相关手续，不能自己随意领用。

张明楷：这个案件并不难，但司法机关在办案时还是有争议。第一个争议是，甲的行为是成立盗窃罪还是职务侵占罪？

学生：甲的行为与其职务没有关系，是单纯的盗窃。

张明楷：我也这样认为。而且，在我看来，即使是利用职务上的便利实施的盗窃，也应当认定为盗窃罪，而不是认定为职务侵占罪。只有将基于职务或者业务而占有的本单位财物据为己有时，才成立职务侵占罪。

学生：我们都能接受您的这个观点。

张明楷：这个案件的第二个争议问题是，甲主观上是为了避免奖金被扣，即窃取油漆是为了多得奖金，是否可以认定为诈骗罪？

学生：肯定不是诈骗罪，为了避免奖金被扣，只是盗窃的动机。

张明楷：为了避免奖金被扣，不等于窃取油漆的行为就是诈骗行为。只有在事后原本应扣奖金但没有扣除时，才有可能另外构成诈骗罪。但即使是这样，也可能属于包括的一罪。但是，案情现在没有讲甲骗领了多少奖金，而且，案情所交待的行为只有盗窃行为。既然如此，就不可能根据主观动机认定为诈骗罪。所以，只能认定为盗窃罪。

学生：认定为盗窃罪的话，非法占有目的有没有障碍呢？

学生：没有障碍，甲对4S店的油漆既有排除意思也有利用意思。

张明楷：不要以为油漆用到了车主的车上，而没有用在甲的车上，就认为甲没有利用意思。如果说利用意思包括使第三者利用的话，本案显然没有问题。就是说，甲按照油漆本身的用途将油漆用于第三者。即使退一步说利用意思只限于行为人本人利用，本案也没有疑问。因为利用意思的外延很广，将油漆用于填补本小组的油漆使用过量，也是具有利用意思。因此，非法占有目的的认定没有任何障碍。

学生：所以，只需要考虑盗窃是既遂还是未遂的问题。

张明楷：对，第三个问题就是甲的行为是既遂还是未遂？

学生：甲的行为是将油漆从什么地方转移到什么地方？

张明楷：是从 4S 店的油漆仓库转移到的油漆抛光车间内，也就是甲自己的工作地点。

学生：都在 4S 店内吗？

张明楷：都在店内，没有拿到店外，甲也不需要拿到店外。

学生：如果从 4S 店的油漆仓库领取油漆是需要经过一定手续的，不是可以随便拿取的，而油漆抛光车间是甲的工作地点，甲使用油漆已经没有任何障碍，就应当认定为盗窃既遂吧。

张明楷：对。甲不仅破坏了 4S 店对油漆的占有，而且建立了新的占有。应当认定为盗窃既遂，而不能认定为未遂。

案例二十三

甲到一个农贸市场时，看到一个商铺的门口有一辆电动车就

想盗走。甲用自制的钥匙打开了车锁。车主（失主）当时就站在
附近的另一个店铺门口，下意识地回头看了一眼自己的电动车，
发现电动车在移动，已经离开停车的地方大约 80 米，但没有看
清骑走车的人是谁。车主就叫了一辆出租车，跟着这辆电动车，
甲也没有注意到车主正在跟踪他。在离开案发商铺大约 200 米
处，小偷拐进一个巷子，撞在墙上、倒在地上。

张明楷：甲的行为肯定是盗窃，只是既遂还是未遂的问题。

学生：电动车距离停车地只有 200 米，车主一直在跟踪，电
动车没有脱离车主的视线，应当是未遂吧。

学生：可是，甲已经骑上电动车了，控制了电动车，应当认
定为盗窃既遂。

学生：但车主并没有丧失对电动车的控制，认定为未遂更好
一些吧。

学生：如果是自行车，距离停车地 200 米或许可以认定为盗
窃既遂。

张明楷：为什么？

学生：电动车很快，自行车慢一些，同样是 200 米，花的时
间肯定不一样。

张明楷：我觉得这样的资料对判断既遂与未遂没有什么重要
意义。而且，即使有意义的话，从另一个角度来说，由于电动车

更快，所以，被告人更能够摆脱被害人的控制，被害人更不可能无障碍地索回电动车。

学生：被害人是否丧失了占有，还是要按照一般社会观念判断，不是被害人自己认为是否丧失了占有。

张明楷：被告人打开锁后骑走电动车时，就已经支配了电动车，被害人也丧失了对电动车的控制。当被告人当时骑着这辆电动车时，社会一般观念当然会认为他占有了电动车。所以，应当认定为盗窃既遂。

学生：这个案件之所以有争议，是因为当地的公检法三家联合出台了一个指导意见，盗窃数额较大财物未遂的，不以犯罪论处；只有盗窃"数额巨大"财物未遂时，才追究刑事责任。如果认为本案被告人盗窃未遂，就不能当犯罪处理了。

张明楷：在我看来，即使不考虑这样的指导意见，对被告人的行为也应当认定为盗窃既遂。

学生：老师的观点是，"数额巨大"是量刑规则，不存在未遂犯的问题。

张明楷：我的意思是，被告人以数额巨大财物为盗窃目标时，即使未遂也可以定罪，但只能适用数额较大的法定刑，同时适用未遂犯的规定。只有确实盗窃了数额巨大的财物，才能适用"数额巨大"的法定刑。

学生：但是，司法解释不是这种观点，关于盗窃罪、诈骗罪的司法解释，都规定行为人打算盗窃、诈骗数额巨大财物时，如果未遂的，要适用"数额巨大"的法定刑，再适用未遂犯的规定。

张明楷：这样规定就意味着没有考虑被告人"有多少偷多少"的情形。例如，被告人扒窃钱包时，不可能知道钱包里有多少钱，该怎么办？

学生：被告人对钱包里所有的财物具有概括的故意。

张明楷：对啊。如果钱包里有数额巨大财物，但扒窃未遂的，是否适用"数额巨大"的法定刑呢？为什么要将以盗窃数额巨大财物为目标而未遂的适用"数额巨大"的法定刑呢？

学生：司法解释这样的规定，意味着要求被告人知道被害人有数额巨大的财物，然后实施盗窃行为，如果未遂就适用"数额巨大"的法定刑。这种规定没有考虑到司法实践中的复杂情况。

张明楷：现在一些司法解释的规定显得犹犹豫豫、左右摇摆，就处罚范围来说，既想扩大又想缩小，有时扩大有时缩小；就处罚程度来说，有时太重有时太轻。

学生：老师，盗窃里面有一个问题。根据司法解释，在有些情况下，盗窃数额是按照50%确定的，第一种情形就是"曾因盗窃受过刑事处罚"，在这种情况下，构成累犯的怎么处理呢？

张明楷：在构成累犯的情况下，就重复评价了。如果要避免重复评价，就不要按累犯处理。在讨论这个司法解释时，我对这个规定持反对观点。但是，"两高"可能考虑到要取消劳动教养，所以设置了这一条规定。我提出的方案是，不提高盗窃罪的数额较大起点，但是，对于达到数额较大起点的初犯、偶犯、因家庭贫困盗窃的等作相对不起诉论处。这样，所有行为人的盗窃罪的数额起点都是一样的。这种方案同样能够解决取消劳动教养导致的处罚漏洞。

学生：这可能涉及为什么这么多案件作相对不起诉处理的问题。

学生：有的学者说，刑法的特殊预防的机能正在凸显出来，对立法产生了影响，甚至违法与责任相互填补。

张明楷：问题是，以特殊预防的必要性填补不法是否妥当？特殊预防的前提是什么？传统刑法理论不区分违法与责任，一直在使违法与责任相互填补。违法与责任的相互填补，意味着完全进行整体判断。

学生：就是拉伦茨说过"整体的考量"。

张明楷：不是说"整体的考量"不符合我们的思考的习惯。我们中国人比较善于"整体的考量"。但问题是，刑法在遵守罪刑法定原则，如果不注意具体判断构成要件符合性，如何限制司法权力呢？违法与责任相互填补，就意味着不符合构成要件时，可以由所谓主观恶性去填补。

学生：司法实践中都是这样的。

学生：将不符合构成要件但主观恶性大的情形追究刑事责任时，似乎有一种道义上的优越感，认为自己在伸张正义。

张明楷：除非推翻现在的"必须区分违法与责任""责任以

不法为前提""责任是对不法的责任"这样的观念。

学生：或者是承认心情无价值。

张明楷：那就是彻底的倒退了。

诈 骗 罪

案例一

甲是从事运输的老板，经常为乙矿产公司运输矿石。甲与货车司机串通，在货车底部安装空水箱，当装好矿石称重时，司机会将水箱装满矿石；中途将水箱中的矿石卸下，将水箱装满水后到目的地卸下车载的矿石。甲以该方式作案 25 次，涉案矿石价值 5 万元。

张明楷：类似的案件涉及盗窃罪和诈骗罪的认定。如果认为受骗方已经处分了财物，行为人就应该成立诈骗罪；相反的话，行为人就成立盗窃罪。

学生：我觉得这个案件的甲构成盗窃罪，因为乙矿产公司并没有处分财产。

张明楷：我的观点和你相反，我觉得这个案件按照诈骗罪处理好一些。因为第一次称重的时候，乙公司员工知道自己处分的是矿石，只不过对矿石的重量有认识错误，可以认为乙公司员工已经基于错误处分了矿石。诈骗的对象就是水箱中的矿石。就是说，原本是不应当在水箱中装矿石的，但由于行为人的欺骗，导致被害人处分了矿石，行为人取得矿石后装进了水箱。

学生：能不能说矿石装进水箱后，仍然是乙公司的财物，但在中途或者最后行为人将水箱中的矿石取出时，属于盗窃？

张明楷：从本案案情来看，乙公司实际上只是要求重量相同，亦即，装上车时是多少吨卸下时也有多少吨就可以了。在乙公司没有人押运的情况下，装上车的矿石可能要评价为甲占有，对于自己占有的财物，难以认定为盗窃吧。

学生：问题是，车上的矿石在到达目的地之前究竟是谁占有？

张明楷：从本案情况来看，乙公司应当没有押运员，否则，甲不可能实施这样的行为。在乙公司没有押运员的情况下，像矿石这样的财物，也不可能成为封缄物，因为运输车就是甲的车，所以，在装车之后到达目的地之前，矿石应当由甲占有。

学生：那能不能说是侵占呢？

张明楷：这里有两个问题。首先是，行为什么时候既遂？是到达目的地之后才既遂，还是装上车时就是既遂？

学生：应当是装上车时就既遂。

张明楷：如果是这样的话，就不是侵占，而是诈骗罪。

学生：说到达目的地之后才既遂也是可能的。倘若说装上车就是既遂，那么，假如甲后来不卸矿石、不加水，岂不是也构成诈骗罪？

张明楷：即使按你说的这样，也可以认定为诈骗罪。这就涉及另一个问题。倘若前面是侵占，后面采取加水的办法，使乙公司免除债务的，也要认定为诈骗罪，而不能仅认定为侵占罪。

学生：这么说，不管行为对象是什么，对甲的行为都可以认定为诈骗罪。

张明楷：我觉得是这样的。

学生：在您的书中看到过这样一个案例。行为人在超市购物时，把相机装进了方便面箱子里，以方便面的价格结了账。您认为收银员没有意识到自己处分了相机，行为构成盗窃罪而不是诈骗罪。可不可以认为，只要受骗人认识到了处分财物的种类，对财物的具体数量认识错误，就可以认为受骗人有处分意识；但如果受骗人没有认识到自己处分的财物的种类，就不能认为他有处分意识。

张明楷：如何认定财物的种类是否相同，也是很麻烦的事。比如，把贵重的相机装到便宜相机的包装盒内，财物的种类是否相同？行为人在标价低的方便面箱子里装了标价高的方便面，财物的种类是否相同？行为人在标价低的方便面箱里装了一半标价高的方便面呢？在方便面箱子里多塞了几包相同价格的方便面呢？多塞了几包价格更贵的方便面呢？

学生：我觉得商品有包装盒的话，就应该以包装盒上面的说明为准认定财物是否相同。盗窃或者诈骗的数额就是行为人实际支付的价格和商品实际的价值的差价。

张明楷：超市里出售的东西琳琅满目，收银员怎么会记得哪个箱子里装什么，装了多少？更多的时候，他们忙着扫码，根本不知道里面装了多少东西。我觉得还是以财物是不是属于同一种类这样一个标准来判断好一些。另外，从你计算犯罪数额的方法可以看出，你还是在财产犯罪中采取了整体财产说。我想起前一段时间接触的一个案件：被害人委托行为人帮忙运输优质煤，行为人本身也是一个煤场的老板，在运输途中吃饭的时候，行为人将被害方的押运人骗开，把半车优质煤卸到了自己的煤场，只在表层和底层装了半车优质煤，剩下都是自己装上去的劣质煤。检察院认为行为构成盗窃罪，盗窃的数额就是半车优质煤；但律师认为，盗窃的数额应该是行为人卸下的半车优质煤的价格减去行为人装上的半车劣质煤价格的差价。显然，律师的观点是把盗窃罪当做针对整体财产的犯罪了。实际上，当行为人把一半优质煤卸下来的时候，盗窃罪已经既遂了，至于他装不装上劣质煤，装多少劣质煤，都已经和盗窃罪没关系了。

学生：根据一般社会观念，收银员扫描条形码的意思就应该是她按照条形码提供的商品信息、按照商品包装上写明的商品信息处分了财物，至于收银员具体知不知道更详细的情况，不见得有那么重要。

张明楷：我觉得你这种观点虽然有道理，但对诈骗罪的认定就太严格了一些。在这些案件中，最终都会计算犯罪数额，如果认定为盗窃罪的话，认定的数额就是拿走的财物的价格；如果认定为诈骗罪的话，我国的司法实践会把行为人已经交付的金额扣除，犯罪数额相应会少一些。而且，现在在德国、日本，对诈骗罪的处分意识的认定也都放得很宽。比如，行为人看到被害人书中夹着的信封里面有很多钱，就向不知情的主人要这个信封，主人并不知道信封里面有钱，把信封送给了行为人。很多日本学者认为受骗人有处分意识，这样的行为成立诈骗罪。不过，我还是认为以下标准比较明确：只要受骗人认识到了处分的财物的种类，即使没有意识到数量，也可以认为有处分意识。在我们今天讨论的案件中，乙公司职员认识到了矿产的种类，只是没有认识到重量，可以认为有处分意识；无论方便面贵还是便宜，只要放在方便面箱子里的是方便面，就可以认为收银员处分了方便面；把贵重型号的相机放进便宜型号相机盒子中购买的，我觉得也可以认为收银员有处分意识。

学生：如果行为人把一个单反机放进了卡片机盒子里，以卡片机的价格购得了单反机，您也认为收银员已经处分了财物，行为构成诈骗罪吗？

张明楷：主要是我们国家财产犯罪中犯罪数额的认定很重要。比如，行为人把价值12万元的单反机放进了价值2万元的卡片机盒子中，如果认为收银员没有处分单反机，那么行为成立盗窃罪，盗窃数额就是12万；如果认为收银员处分了相机，那么行为人诈骗的数额就是10万。在具体量刑中，数额的差异还是很重要的。所以，我还是倾向于尽量按照诈骗罪处理。

案例二

被告人没有通过司法考试，而且觉得通过司法考试太辛苦，于是就决定持假证从事律师业务。被告人花6000元私刻了一个律师事务所的公章，制作了律师执业证。随后，被告人以律师身份从事诉讼活动，先后收取了21个人的代理费、辩护费，总共10万余元。后来，虚假律师身份被发现。

张明楷：假冒法官可以认定为招摇撞骗罪，但假冒律师就只能考虑其他犯罪了。

学生：如果官司都打赢了，打得很好，满足了委托人的要求，就不能定罪吧。

学生：连司法考试都通不过，怎么可能打好官司啊。

学生：那不一定。

张明楷：如果采取实质的个别财产损失说，官司打赢了可能不太好定诈骗罪。委托人找一个真正的律师还不一定能打赢官司呢！当然还要看委托人的目的究竟是什么。如果没有打赢官司，应当是可以认定为诈骗罪的吧。

学生：这么说还要根据委托事项与判决结论具体分析哪一笔构成诈骗罪，哪一笔不构成诈骗罪。

张明楷：如果采取实质的个别财产损失说，这样处理可能合适一些。这样的案件在德国能认定为诈骗罪吧？

学生：可能认定为诈骗罪。如果按照德国的说法，即使官司打赢了也有财产损失，因为这个法律效果是不特定的。

张明楷：如果在德国要求整体财产损失的情况下，被告人都构成诈骗罪，在中国不要求整体财产损失的情况下，就更能定诈骗罪了。

学生：如果被告人只是做了一些非诉业务，是否构成诈骗罪呢？

张明楷：我觉得不影响诈骗罪的成立，非诉业务由谁做，效果也是不一样的，还是可以说委托人的目的没有实现，因而有实质的个别财产损失。

学生：这与骗取一个职位获得报酬有相同之处。在德国，如果采用欺骗的方法骗得一个职位，即使还没有开始领报酬，也会认定为诈骗既遂。

张明楷：被告人的行为不仅构成诈骗罪，而且还妨害了司法。如果某类犯罪必须有律师辩护，但判决作出后甚至在判决生效后，发现被告人根本不是律师，于是需要重新审理的话，就妨害了司法活动，但在妨害司法罪中还找不到可以适用的罪名。所以，对本案的被告人只能以诈骗罪论处。

学生：有些案件明明是诈骗，但是可能又认定不了诈骗罪。

张明楷：你举一个例子。

学生：前几年发生过这样的案例：夫妻二人希望购买经济适

用房，给儿子结婚用；但不符合低收入水平的认定标准。考虑到岳母是农民，便商定先离婚，再由丈夫与岳母登记"结婚"，于是顺利购买了经济适用房。经济适用房与商品房的差额达到 60万元。虽然司法机关认定被告人构成诈骗罪，但我觉得不能认定为诈骗罪。

张明楷：这样的案件难以认定为诈骗罪。因为婚姻关系只能按登记判断真假，严格地说，"假离婚""假结婚"的说法本身就是不成立的。既然夫妻二人在登记机关办理了离婚手续，他们就不存在法定婚姻，即便他们仍然共同生活在一起，也只是事实婚姻。反过来，如果办理了结婚证，即使男方仍然叫女方为妈妈，也存在法定婚姻。所以，不能说这个案件中的夫妻二人是假离婚，也不能说丈夫与原来的岳母结婚是假结婚。假结婚与假离婚不是在规范意义上判断的。是否存在婚姻关系，也不可能从感情或者性生活关系作出判断。有的人感情不好，但共同生活了一辈子；有的人感情特别好但就是没有婚姻关系。同样，有没有性关系，更不是判断有无婚姻关系的标准。所以，最好不要使用假结婚、假离婚的概念。

学生：但是，如果不认定诈骗罪的话，很多人都这样占国家或者单位便宜。

张明楷：一方面，这是政策制定出了问题，没有防止漏洞。另一方面，在这个案件中，如果夫妻二人仍然共同生活，保持事实婚姻的状态，而丈夫又与岳母登记结婚，只能考虑是否构成重婚罪，不能认定为诈骗罪。

案例三

王某和陈某是李某所经营的 A 公司的人员。A 公司债台高筑，在向银行申请贷款时，银行提出 A 公司账户资金不足，王某和陈某遂向 B 公司借款 1000 万元摆账，约定不得使用，期限为两天，A 公司向 B 公司支付利息 5 万元。同时约定，在摆账期间，A 公司应将其账户取款 U 盾交由 B 公司保管，期限届满由 B 公司持 U 盾将 1000 万元转出后，再将 U 盾交还 A 公司。协议达成的第二天，王某、陈某携带 A 公司证章及公司账户 U 盾与 B 公司会计一起去银行转账。在 B 公司会计验证 U 盾有效后，陈某与王某将已经挂失无效的 A 公司账户 U 盾趁机调换，A 公司先转账给 B 公司 5 万元，B 公司会计将 1000 万元转到 A 公司，双方转款离开银行后，银行电话通知王某账户中的 460 万元被某法院冻结，王某将余款 540 万元转到关联公司，B 公司发现 U 盾被调换，于是报警。

张明楷：检察院以盗窃罪起诉了王某、陈某，但法院认定为诈骗罪，李某没有参与其中。

学生：行为人是两个人还是一个人没有关系。

张明楷：被害人肯定是 B 公司，要区分是盗窃还是诈骗，关键是 B 公司将 1000 万元转入 A 公司账户后，这笔银行债权由谁占有。如果仍然由 B 公司占有，王某与陈某就是盗窃，如果由 A

公司占有，则不能认定为盗窃吧。

学生：B公司和A公司约好，把1000万转到A公司账户上摆两天，不得使用和转走，B公司把U盾拿走的话，是不是可以认为，钱仍然是B公司占有的？因为钱是B公司的。

张明楷："钱是B公司的"这句话太模糊，这里的"钱"是指银行债权还是现金？与银行债权相对应的1000万元现金，肯定由银行占有和所有。如果说是银行债权的话，既然B公司已经将1000万元转入A公司账上了，当然是A公司向银行享有债权。通俗一点说，就是B公司把钱借给A公司了，A公司又把钱借给银行了，这里有两个债权债务关系。

学生：但这笔钱其实是B公司的，A公司动不了。

张明楷：怎么动不了？事实上不就动了吗？只是按照约定动不了，但事实上B公司根本不能控制自己的1000万元。

学生：U盾加锁的话是动不了。

张明楷：那只是个约定，事实上B公司拿到的是一个没有用的U盾，锁不锁都没有关系。

学生：如果说1000万元转入A公司后，是A公司对银行享有债权，王某与陈某就不是盗窃。

张明楷：对，我主张定诈骗罪。1000万元转入A公司后，就已经是诈骗既遂。

学生：这么说的话，如果A公司不将1000万元转走，也是诈骗既遂吗？

张明楷：你不能这样假定。因为根据行为人的前后行为，完全可以说明行为人在实施欺骗行为时，就具有诈骗罪的故意与非法占有目的。在本案中，显然不是在 1000 万元转入 A 公司账户之后，王某与陈某才产生非法占有目的。既然这一点可以确定，就不能像你这样假设。

学生：我也感觉诈骗合适一点。

学生：其实定盗窃罪也一样，1000 万元打到 A 公司账户上就是盗窃既遂。

张明楷：怎么可能这样讲呢？将 1000 万元转入 A 公司的账户上，不是由盗窃行为导致，而是由诈骗行为引起。

学生：是不是要区分 460 万和 540 万？460 万元被冻结了。

张明楷：被冻结了也是王某与陈某诈骗既遂之后的事。如果认定为诈骗，数额就是 1000 万元，而不是 540 万元。

学生：还是一个盗窃和诈骗区分的问题。

张明楷：如果说，B 公司的 1000 万元转入 A 公司账户之前，还不成立犯罪，只是后面转走 540 万元才是犯罪，才涉及盗窃和诈骗的区分问题。但事实上不是这样的，前面的所谓借 1000 万元摆账本身就是一个诈骗行为。

学生：检察院以盗窃罪起诉，是把后面转走 540 万元的行为当作犯罪行为了。

张明楷：也可能是把行为对象与财物的占有理解错了，以为 U 盾在 B 公司那里，所以，B 公司实际上控制着自己的钱，A 公司将钱转走的行为就是盗窃。

学生：看来不能笼统用"钱"来描述这类案件的行为对象。

张明楷：这就是我经常讲的，在财产类犯罪中，首先要找到被害人，然后明确具体的被害内容，比如，是财物被转移了，还是财产性利益被转移了，是什么样的财物或者财产性利益被转移了，不要笼统说钱没了。

学生：这个案件如果说是盗窃的话，就只能认定盗窃 540 万元，另外的 460 万元就不能认定为盗窃了。

张明楷：是啊。可是，那 460 万元同样是 B 公司的财产损失，不能因为被法院冻结了，就否认 B 公司存在财产损失。

学生：王某与陈某也可能是临时起意。

张明楷：什么意思？

学生：在 1000 万元到账之后才产生犯意。

张明楷：但是，在调换 U 盾之前肯定已经产生了犯意，否则不会准备作废的 U 盾。

学生：有没有可能说，B 公司只是同意用来摆账，没有处分行为呢？

张明楷：怎么没有处分行为？摆账，就是要将钱从 B 公司账户转移到 A 公司账户上，这就是处分行为。或者说，B 公司将自己对银行享有的 1000 万元债权转移成为 A 公司对银行享有 1000 万元的债权。处分行为是明显存在的，否则，1000 万元不会转移到 A 的账户上。

学生：按照协议内容 B 公司好像没有处分的意思。

张明楷：诈骗罪中的被害人的处分不是民法上的处分。B 公司清楚地知道自己的 1000 万元转到 A 公司摆两天账，同时获得 5 万元的利息，当然具有处分意思。

学生：有转移占有的意思，但是没有处分意思。

张明楷：有转移占有的意思，就是有处分意思。

学生：现在最关键的问题已经不是这 1000 万元现金，1000 万元现金肯定是给银行了，问题是现在这 1000 万元的债权，虽然债权在 A 公司的账户上，但实际上是由 B 公司实际控制的。

张明楷：B 公司控制的不是银行债权，只是控制银行债权的行使。而且，所谓的控制只是约定，并不是真实事实，因为 B 公司拿到的是作废的 U 盾，根本控制不了债权的行使。你不能根据先前的约定判断这 1000 万元的债权由谁控制和占有。

学生：比如，A 跟 B 说，你的东西没地方放就放到我的储物柜里，我把钥匙给你，然后 B 把财物放到 A 的储物柜里，A 给 B 一把假钥匙。

张明楷：这个案例想说明什么？

学生：想说明 A 的行为是盗窃。

张明楷：A 盗窃谁的东西？如果 B 根本打不开储物柜，只有 A 能打开储物柜，不是正好说明 A 的行为是诈骗吗？

学生：这个例子没举好。老师，如果是诈骗的话还有一个问题：对于将 1000 万元转到 A 公司账户，B 公司是不反对的，但 B 公司就同意转给你 A 公司两天，反对的是 A 公司两天之内把钱又转走了。

张明楷：你这想说明什么？

学生：想说明 A 公司只是两天之内把钱又转走的行为才构成犯罪。

张明楷：这刚好说明 A 公司前面的行为欺骗了 B 公司，B 公司产生了认识错误，所以没有反对意见。如果 A 公司不隐瞒真相和虚构事实，B 公司会将 1000 万元转到 A 公司账户上吗？你和检察院犯的是相同的错误。

学生：我觉得，这里有一个对于财产性利益占有认定标准的问题，是从法律上认定还是从事实上认定。对于有体物的占有是从事实上认定，对于财产性利益的占有究竟该如何认定，也不是很清楚。

张明楷：当财产性利益成为盗窃罪的对象时，也是按照社会的一般观念，判断事实上的占有。只不过，财产性利益大多表现为债权，所以，在许多情况下需要根据民法的规定进行判断。例如，在我们讨论的这个案件中，根据民法的规定就很清楚地知道，只要 1000 万元转到 A 的账户，就是 A 对银行享有 1000 万元的债权。社会一般观念的标准与民法的标准，并不是对立的标准，而是可以统一的。

学生：我是说，当 B 公司把钱转到 A 公司账上后，B 公司自己又控制了 U 盾时，就可以转移这 1000 万元，所以就想说 B 公司控制着这 1000 万元。

张明楷：问题是，你说的不是事实，事实上 B 公司控制的是一个没用的 U 盾，怎么还悟不过来呢？如果 A 公司在前面没有实施任何欺骗行为，交付给 B 公司的也是真实的 U 盾，前面的行为当然就不能认定为诈骗罪了。因为在这种情况下，看不出有诈骗行为与诈骗故意。

学生：可是，即使前面 A 公司有欺骗行为，但将 1000 万元转移到 A 公司账上是不违反 B 公司意志的，只是后来转走才违反 B 公司意志。

张明楷：诈骗罪的成立本来就没有要求违反受骗人意志，只有盗窃罪、抢劫罪才要求违反被害人意志。比如，甲采用欺骗方法对乙说："你把你的宝马车借给我用两天，两天后还给你。"但甲拿到钥匙开走之后立即就将宝马车卖掉了。在这种场合，你不能说，乙并不反对甲用两天车，只是反对甲把车卖掉，所以，只能将卖车的行为认定为犯罪行为。相反，你只能说，前面就是一个骗取宝马车的诈骗行为。

案例四

甲乙夫妻二人负责经营一家有限公司，需要向银行贷款，但二人的银行账户资金往来数额不大，无法获得足额贷款。丙为了帮甲乙融资，从自己的银行账户向甲的银行卡汇款，同时为避免汇款后甲乙将款取走，丙就将甲的身份证、网银 U 盾、银行卡和存折拿走，丙汇款后自己立即将款转出。丙第一次向该账户汇款 50 万元，两天后将款转出；第二次汇款 47 万，还没有转出时，甲持自己之前因其他原因办理的临时身份证到银行办理挂失，将该卡上的 47 万元转入自己的其他账户。

张明楷：讨论这个案件，是以甲在转款时产生了非法占有 47 万元的目的为前提的；如果在此之前具有非法占有目的，就直接成立诈骗罪了。

学生：银行卡内的存款应该由持卡人占有，也就是说，虽然丙把甲的身份证、U 盾、银行卡和存折都拿走了，甲仍然是自己名下银行卡内存款的占有人。只要甲持临时身份证要求办理业务，银行就必须为甲办理。甲将自己占有下的他人财产性利益据为己有，其行为成立侵占罪。

张明楷：我也认为，在通常情况下，银行卡内的债权归账户名义人或者说银行卡持有人占有。只要丙把 47 万打到甲的账户，甲就对银行享有 47 万元的债权。甲实现了这笔债权。你们认为甲构成侵占罪，那么，甲侵占了谁的财物呢？

学生：丙在将钱存入银行之前，这笔钱就是丙的，丙收走甲的身份证、U 盾、银行卡和存折，就是要让甲明白，这笔钱虽然存入了甲的账户，但甲不能动用。甲私自取出的行为，就是侵占丙委托甲占有的财产性利益的行为。

张明楷：持卡人能不能随意把别人错误汇入自己账户的钱取出来？

学生：不能。

张明楷：既然错误汇入的钱已经在持卡人的账户，按照你刚才的观点，就应该认为持卡人已经占有了这笔债权，他又为什么不能随便取出来？

学生：看来在某些特定的情况下，持卡人也可能并不是账户内存款的占有人。

张明楷：你们刚才好像把民法中对债权的占有和刑法中的占有混淆了。民法为了交易方便快捷，认定持卡人就是账户内存款的占有人；但判断刑法中债权的占有还必须按照刑法上判断占有的方法来进行。刑法中的占有，必须根据一般社会观念来判断。在我们今天讨论的这个案件中，丙拿走了甲的身份证、U盾、银行卡和存折，丙把47万元存入甲的账户是为了帮助甲乙贷款提高资金流量，社会一般人会认为这时丙已经通过相应的手段占有了甲账户内的47万，甲不能随意动用丙存入的这笔钱。所以，还是有可能认为丙占有了甲账户内的47万元。甲通过银行职员转账的行为构成诈骗罪，欺骗的对象是银行职员，典型的三角诈骗。我这样说有什么问题吗？

学生：即使甲告诉银行职员事实真相，银行职员也不会认为甲无权从账户取钱，还是会把这笔钱转出去。

张明楷：持卡人在柜台取出他人错误汇入的钱时，如果告诉银行职员所取的钱是别人错误汇入的，银行职员还会把钱交付给持卡人吗？在日本，这样的案件就是按照诈骗罪认定的。或许其中有这样的考虑：持卡人虽然在法律形式上占有了债权，但是，由于债权的取得是没有根据的，所以，持卡人不能行使债权取出现金。如果取出现金，就是对银行实施了欺骗行为；被害人是银行，行为对象是银行的现金，而不是汇款人。

学生：有人会认为，只要是持卡人账户内的存款，在法律上持卡人可以处理就应该认为存款归持卡人占有。

张明楷：一般人不会认为在丙拿走甲的身份证、U盾等以后，甲还可以随意处置丙存入甲账户的存款。所以，我感觉甲虽然是银行卡的持有人，但按照社会一般观念以及甲与丙的约定，不能认为甲对丙汇入的47万元享有任何权利。在以社会的一般观念为标准判断占有时，丙拿走甲的身份证、U盾、银行卡等事实，是重要的判断资料。或许也可能这样说，就47万元的债权而言，虽然甲享有法律上的占有，但丙则享有事实上的占有。法律上的占有者对事实上的占有者当然可能实施盗窃或者诈骗行为。

学生：以前我们讨论过一个类似案例。未成年人A外出打工，发工资后因为没有身份证无法办理银行账户，就找到老乡B，用B的身份证开通了账户，把工资存入账户后，银行卡仍由B保管。当时，您认为B是存款的占有人，B取走存款的行为成立侵占罪。

张明楷：我感觉这个案例和我们今天讨论的案例不一样。A让B帮自己开账户后把钱存入B的账户，卡也在B手上。A已经把自己的这笔钱委托给 B 保管了，B 也是自己账户内存款的占有人。所以，A 是比较典型地将自己的工资委托给 B 保管，只能认定 B 的行为成立侵占罪。但是，在我们今天讨论的案件中，丙并不是委托甲保管自己汇入的 47 万元，相反，从事实上看，是丙在保管着自己汇入到甲账户上的 47 万元。

学生：在"何鹏案"中，银行失误造成何鹏的银行账户存款多了好几个零，何鹏从 ATM 取走了超过自己原本存款的款项，也有学者主张构成侵占罪。

张明楷："何鹏案"与日本讨论的行为人将他人错误汇入的存款取走，是完全一样的。日本的通说与判例认为，在这种情况下，如果从机器上取款就是盗窃，如果从柜台上取走存款就是诈骗罪。我感觉"何鹏案"和"许霆案"是一样的。并不能因为银行出现了失误，就认为行为人占有了账户内的存款，不能按照侵占罪处理，我还是主张按盗窃罪论处。

学生：因为何鹏的账户显示他的存款很多，很多学者认为应该将何鹏的行为认定为侵占罪；许霆的账户并没有那么多存款，他却利用银行技术问题取走了多于他存款的现金，所以许霆的行为成立盗窃罪。

张明楷：何鹏的账户是显示错了，许霆的账户是机器读错了，这样的区别有什么意义呢？归根到底，两人都没有占有自己账户内的存款，都没有权利取出存款。这些问题的关键，就是正确区分刑法中的占有和民法中的占有，不要用民法占有的思维认定刑法中的占有。我们今天讨论的案件，确实会有很大争议，关键是如何看待47万元汇款在甲名义的账户内，而甲又将银行卡、U盾等交给丙这一事实，社会一般观念会认为谁占有47万元的债权。我只是提出了一些初步的设想，而不是定论。此外，银行职员当时知道真相时，按照相关规定会做出什么反应，是不挂失、不转账还是相反。事实上，如果告知真相，银行职员就不会给甲挂失，当然也不可能转账，因为根本不符合挂失的条件。在这个意义上讲，认定为诈骗罪或许更有道理。

案例五

被告人曾经在一个物流管理公司工作过，离开物流之后又溜到物流管理公司的厂棚内，偷偷地把一个发给他人的货物快递单撕掉，然后贴上另一个快递单，收件人是自己的父亲。于是，物流公司送件人就把这个货物送给了被告人的父亲。

张明楷：这个案件应当不难，但司法机关有争议。

学生：只有两个罪可以选择：盗窃或者诈骗。

张明楷：如果是盗窃罪的话，就只能认定为间接正犯；如果是诈骗罪的话，则是直接正犯。

学生：货物到了物流公司送件人手上时，是由送件人占有吧？

张明楷：按理说是送件人占有，当然，内容物依然可能是寄件人占有。

学生：这是盗窃的间接正犯吧？因为送件人就是按地址送货，不存在什么受骗和处分意思的问题。

张明楷：按地址送货就不存在受骗和处分意思吗？问题是，谁是受骗人与处分人？这要看物流公司那里的具体操作流程。但可以肯定的是，流物公司有人占有了货物，有人受骗处分了货物，还是应当认定为诈骗罪吧。

学生：欺骗行为是什么呢？

张明楷：欺骗行为是偷换快递单啊。

学生：能不能说，换了快递单之后就已经既遂了呢？因为后面只是物流公司的机械化流程了。

张明楷：我觉得不能这么说。换了快递单之后，货物仍然由物流公司的人员占有。不管是说盗窃还是诈骗，都不能说换了快递单就是既遂。

学生：货物转移到被告人的父亲之后才既遂。

张明楷：那么，货物为什么转移到被告人的父亲那里去了呢？

学生：因为快递单换了，使送件人误以为货物就是应当送给被告人父亲的。

张明楷：这么说送件人还是有认识错误的吧。

学生：当然有。

张明楷：那么，送件人是否有处分行为与处分意思呢？

学生：当然也有。

张明楷：送件人有处分权限吗？

学生：他是物流公司的员工，公司安排他送货物，他事实上也占有着货物，还是有处分权的。

张明楷：这不就完全符合了诈骗罪的构成要件吗？

学生：定诈骗罪是合适的。

张明楷：如果说送件人没有基于认识错误处分货物，或者说送件人没有处分权限，那么，交给送件人送货的那个人肯定有认识错误，并且有处分行为与处分意识，当然有处分权限。比如，送件人是 A，A 之所以将货送给行为人的父亲，是因为负责派送的 B 将这个货交给了 A，A 当然是根据收件地址送货。所以，总会有一个处分人具有认识错误。可是，司法机关认定为盗窃罪，写文章的人也主张认定为盗窃罪。

学生：文章在哪里发表的？

张明楷：在《检察日报》上发表的。

学生：看到这篇文章的司法人员，以后遇到类似案件，可能就要认定为盗窃罪了。

张明楷：是的，一些司法人员常常将《检察日报》《人民法院报》上的文章的观点，当作最高人民检察院与最高人民法院的观点。而且，遇到棘手案件时，就喜欢在网上查有没有类似案件的判决；如果有，就按别人的判决来判，至于别人判得对不对，就不考虑了。所以，许多坏的先例一直在得到遵循。可是，法官不应当遵循坏的先例，因为至少有一个人已经深受其害了，法官不能让其他人因为相同的情形而再受其害。

案例六

甲购入某法院拍卖的一幢楼房后，长期未打理。乙等人把该幢楼房私自分层出租，一楼租给商户做店面，二至七楼租给其他住户。某日，甲来看自己购置的该幢大楼，得知真相后就找到乙，让乙清理楼房，乙把甲推搡了出去，于是甲报警。

张明楷：据说，甲报警后，警方表示乙的行为不构成犯罪。

学生：肯定要构成犯罪吧。

张明楷：如果这个案件发生在日本，乙对房主甲成立侵夺不动产罪，对承租人成立诈骗罪。因为承租人都误以为乙是房主，才会把租金交给乙。这样的案件发生在我国，你们觉得如何处理？

学生：我们国家刑法没有规定侵夺不动产罪，乙的行为能不能成立诈骗罪也是有问题的。因为我国民法规定无权处分是可撤销的，其效力待定，不是绝对无效，如果后来甲追认了承租人和乙签订的合同，那么，承租人还是可以按照约定租房，乙这样的行为也就不是诈骗罪了。

张明楷：乙的行为在民法上是不是无权处分，与诈骗罪成立与否没有直接关系。许多行为在民法上是无权处分行为，但完全可能构成盗窃罪或者诈骗罪。我觉得，乙对承租人成立诈骗罪是没有疑问的。因为承租人所要租用的不是有争议或者有瑕疵的房子，所要租的不是随时可能被收回去的房子，而是要租用房主有权出租的房子，但乙出租的房子却并非如此。即使在德国，也会认为承租人有财产损失吧。换言之，如果承租人知道真相，就不会租这个房子。当然，如果他知道了真相，但为了图便宜还是要冒风险去租，那是另外一回事。所以，我觉得这一点没有问题。

学生：如果乙拿了甲的房产证和委托证书，与承租人签订了租房合同，承租人向乙交付了租金，乙这样的行为在民法上会被认定为表见代理，他们之间的合同就是有效的，这样的话，是不是乙对承租人就没有犯诈骗罪呢？

张明楷：乙如果事实上并没有受甲之托帮助甲出租房屋，而擅用甲的相关证件签订房屋合同，即使这样的合同在民法上有效，在刑法上承租人只要是被乙欺骗，以为乙确实有权出租，基于这样的认识错误交付了租金的话，乙的行为还是可以成立诈骗罪的。

学生：如果乙的行为可以在民法上认定为表见代理，承租人就不会有财产损失了。我国司法实践基本上也是把诈骗罪当成整体财产犯罪来处理的。在承租人没有财产损失的情况下，司法机关不会认为乙诈骗了承租人。

张明楷：即使德国采取整体财产损失说，对这个有瑕疵的情形，还是会认定有财产损失的吧。我国刑法没有将诈骗罪规定为对整体财产的犯罪，所以，只能认定为对个别财产的犯罪，如果采取实质的个别财产损失说，也就是说，承租人交付了房租，但其租用没有瑕疵的住房的目的没有实现，就可以认定为有实质的财产损失。

学生：我倒觉得对这种情况认定为三角诈骗好一些。被害人是房东甲，被骗人是承租人，根据德国诈骗罪中的"阵营说"理论，承租人是被害人房东阵营的人，承租人基于被骗处分了房东因出租房屋可以获得的债权给乙，所以乙对甲成立诈骗罪，被害人不是承租人。

张明楷：如果按照德国的学说，这种情形可以成立三角诈骗。虽然"阵营说"在德国很有市场，但很多案件中很难分清受骗人到底是不是与被害人一个阵营，判断是不是一个阵营的标准是什么？比如在我们今天讨论的这个案件中，到底谁和谁是一个阵营？为什么你认为承租人和房东是一个阵营了呢？诉讼诈骗是典型的三角诈骗，法官和谁是一个阵营？如果认为法官和被害人是一个阵营，那这样的结论就和法官中立裁判的司法原则违背了。所以，我还是主张"处分权限说"。只要受骗人没有处分权限，就将行为认定为盗窃罪。而且，这个案件中乙并没有用甲的相关证件与承租方签订合同，乙完全是假冒的，好像也不符合表见代理的条件。如果符合了表见代理的条件，倒是有可能解释为三角诈骗。

学生：德国的阵营说还是有优势的，将乙的行为解释为对甲的三角诈骗，就可以比较好地处理这个案件了。

张明楷：德国将诈骗罪认定得比较宽，一个重要原因是刑法不处罚对财产性利益的盗窃。如果我们国家处罚对财产性利益的盗窃，我觉得可以让盗窃罪的成立范围宽一些，没有必要把诈骗罪的范围弄得太宽。

学生：乙对甲成立非法侵入住宅罪。

张明楷：非法侵入住宅罪保护的是住宅安宁，甲根本不在这栋楼居住，乙的行为显然没有侵犯甲的住宅安宁。但是，如果认为非法侵入住宅罪保护的法益是住宅权的话，那就要看这栋房屋是不是住宅，如果是住宅，就可以认为乙侵犯了甲对这幢楼的住宅权，这样的行为也构成非法侵入住宅罪。

学生：盗窃罪的对象包括财产性利益，是不是可以认为乙盗窃了本应属于甲的房屋租金这种财产性利益呢？

张明楷：感觉不好把这样的行为认定为盗窃罪。乙没有盗窃这幢楼本身，也没有盗窃这幢楼的产权，不好认为他盗窃了甲占有的财产性利益。

学生：但是，如果不将甲作为本案的被害人，也明显不合适。

张明楷：是的，否则就没有全面评价。可能还是要想方设法说明乙的行为成立三角诈骗。也就是说，如果不采取阵营说，有没有可能也认定乙的行为成立三角诈骗。认定为三角诈骗，就是将承租人当作受骗人，他们虽然处分的是自己的财物，但实际上使甲遭受了财产损失。我曾写过一篇关于三角诈骗类型的论文，讨论过这个问题（《三角诈骗的类型》，载《法学评论》2017 年第 1 期）。

案例七

甲在某大型商场外以 9 折的价格兜售该商场购物卡。某日，甲要把价值 7 万元的购物卡以 9 折卖给乙，二人来到自动取款机附近交易，甲以先付钱后验卡为名，先收取了乙的 6.3 万元，甲把钱放入自己包里后，乙催促甲交付购物卡，甲以种种理由推脱，找借口离开了自动取款机附近，乙虽然尾随甲，但跟得不够紧，甲中途逃跑。

张明楷：对本案有两种观点：一种认为甲的行为成立诈骗罪，另一种认为成立抢夺罪。你们怎么认为？

学生：怎么可能成立抢夺罪呢？

张明楷：现在司法机关把很多类似的案件都按照抢夺罪处理了。比如，被告人对被害人说，"借你手机打个电话"。被害人刚把手机递过去，被告人就跑掉，就有司法机关把这样的案件按照抢夺罪处理的。像这种借打手机的案件，还是应该定盗窃罪，不能认定为抢夺罪。当然，这与我们国家司法实践和通说要求盗窃必须是"秘密窃取"有关。

学生：我们今天讨论的这个案件，甲在收取乙交付的 6.3 万元时，并没有和乙交易的意图，乙受骗处分了自己的财产，甲的行为当然成立诈骗罪。

张明楷：我同意你的观点。在这个案件中，甲有欺骗行为，乙受骗后也处分了自己的财产，甲的行为成立诈骗罪。我估计那些认为甲的行为成立抢夺罪的人，认为乙还没有处分 6.3 万元给甲。他们的想法可能是，乙一直跟着甲，催甲把卡交付给自己，在甲交付购物卡之前，乙就没有处分财物。换言之，处分必须是一手交钱一手交货的，如果甲没有交货，乙就没有处分自己的钱。这其实是将诈骗罪中的处分行为与处分意思，与民法上的处分行为与处分意思相混同了。诈骗罪中的处分行为与处分意思，就是转移占有的行为与意思，乙将 6.3 万元交给了甲，当然具有处分行为与处分意思。此外，司法人员可能将诈骗既遂后的事实，当作重要考察对象了，或者说，把无关紧要的案件事实考虑得太多了。

学生：还有一些加霸王油的案件，有的司法机关也定抢夺罪。比如，甲开着卡车加油时，没有付款的意思，加了价值几千元的油之后，乘工作人员不备逃离加油站。有的地方也认定为抢夺罪。

张明楷：认定为抢夺罪的理由是什么？

学生：他们说，油加到甲的卡车之后，并不当然意味着财物完成了占有转移；加油站的工作人员并没有基于认识错误处分财产，因为交易惯例就是先加油再收费，加了油不等于就处分了财物，只有交了钱之后才能放行，所以不是诈骗，只能定抢夺。

张明楷：这也是误解了诈骗罪中的处分行为与处分意思。首先，汽油加到甲车里之后，当然就转移了占有，这是不可否认的。汽油明明从加油站转移了甲的卡车里了，怎么能说还没有转移占有呢？其次，不能完全按交易习惯判断是否转移占有，不能说只有当甲付了钱才算转移了占有，如果交了钱不就没有诈骗罪了吗？也就是说，如果按交易习惯，所有的诈骗罪都不存在处分行为与处分意思了，这显然不合适。最后，就是刚才讲的，诈骗罪中的被害人的处分行为就是转移财物的占有，这里的转移占有也是事实上的占有的转移，不能按民法理解处分行为与处分意思，所以，你说的这个加霸王油的案件，也是典型的诈骗。

学生：行为人以不付款的意思去餐馆吃饭，吃完饭之后乘餐馆人员不注意而逃走的，与上面这种加霸王油的案件是一样的。

张明楷：对！一模一样，只是财物的种类不同。既然去餐馆点菜吃饭，在一般人看来就是有付款的意思，餐馆人员也是这么认为的，但行为人隐瞒内心的真实想法，这也叫隐瞒真相，使得餐馆人员误以为行为人吃完后会付款，于是提供了饭菜。如果行为人在点菜时说明真相，"我们吃完后不付款"，餐馆工作人员就不会提供饭菜。提供饭菜就是被害人的处分行为，饭菜就是诈骗罪的对象。一般来说，上了饭菜就构成既遂，不必等到吃完。在加油站加油也是一样的。在一般人与加油工作人员看来，既然要来加油，当然是有付款的意思的，但行为人隐瞒了自己内心不付款的真实想法，导致加油站工作人员提供了汽油，汽油本身就是诈骗罪的对象，汽油加进被告人的车里后，行为人就构成诈骗既遂。

案例八

甲乙丙三人是货车司机，乙丙合伙，甲单干。甲用3000元购买了200张假交通处罚决定书，并将该200张假交通处罚决定书以4000元转卖给乙丙。乙丙行车随身携带七八张空白假罚单，一旦运输车辆超高超重，就会按照违规情况填写空白的假交通处罚决定书，交警误以为该车已被其他交警罚款，便不再做出交通处罚决定。乙丙用到第三张假交通处罚决定书时，被交警识破，当场查获乙丙二人身上的七八张假交通处罚决定书。这种假交通处罚决定书上既印有伪造的某交警的签章，也印有伪造的某交警大队的公章，经查交警大队真实存在，该交警查无此人。

张明楷：你们先说说这个案件应当如何处理。

学生：甲乙丙的行为是不是成立《刑法》第280条规定的伪造、变造、买卖国家机关公文、证件、印章罪？这种空白的假交通处罚决定书是不是国家机关公文？

张明楷：上面不是还盖了国家机关印章吗？

学生：是有印章。但这个罪是一个选择性罪名，起诉的时候以什么罪起诉好呢？

学生：买卖国家机关公文、印章罪。

张明楷：买卖国家机关公文、印章罪中的公文、印章包括伪造、变造的公文、印章吗？我是持肯定态度的，你们有没有见到反对观点的？

学生：好像没有见到不同观点。

张明楷：那么，本案被告人就只构成买卖国家机关公文、印章罪吗？

学生：乙丙对交警使用这种假交通处罚决定书是不是成立诈骗罪呢？

张明楷：是的，乙丙的行为还成立诈骗罪，诈骗的对象是骗免债务，诈骗数额就按乙丙逃避的罚款数额来计算。甲不构成教唆犯或者帮助犯吗？

学生：甲构成帮助犯，但与买卖国家机关公文、印章是同一行为，属于想象竞合。

学生：成立教唆犯吧。

张明楷：甲只是出卖给乙丙，如果没有其他行为的话，难以认定出卖行为是引起乙丙实施诈骗罪构成要件的教唆行为，不能认定为诈骗罪的教唆犯，认定为帮助犯倒是可能的。

学生：如果甲以为乙丙买了后也只是出卖的，就不构成诈骗罪了吧。

张明楷：那当然。但是，只要甲认识到乙丙可能利用假的处罚决定书骗免债务，就可以认定为帮助犯。

学生：德国司法实践不会把逃避国家罚款的行为认定为诈骗罪。他们认为，国家罚款是为了实现国家管理、惩戒，不是为了充盈国库，所以不是财产性利益，不能成为诈骗罪的对象。

张明楷：按理说，我们的罚款也不是为了充盈国库，但不可否认逃避罚款就是逃避了债务负担。罚款进入国库，国家的财政就增加了，这是不可否认的事实。所以，不能否认这里存在财产性利益。

学生：我看到过这样的事情。行为人停车违章了，料到会被交警贴罚单，就把前车的罚单贴到了自己的车上，交警一看就给前车又贴了一张罚单，没有给行为人贴罚单。这样的行为对交警也成立诈骗罪，对前车车主成立诈骗罪吗？如果前车车主最后也不得不交付第二次罚款的话，对这个车主也成立诈骗罪，欺骗的对象是交警，交警处分了前车车主的财产性利益，是三角诈骗。从损失来讲，交警并没有罚款损失，只有前车车主多交了一份罚款。

张明楷：如果不考虑数额的话，对交警成立诈骗罪。还是需要考虑一下对前车车主能不能成立诈骗罪，能不能把交警让前车车主多交了罚款的行为认定为交警因受骗而处分了前车车主的财产。虽然会有疑问，但也不是没有可能，也就是说，被告人的行为让交警因为受骗而给前车车主又设置了债务。

学生：有没有可能说是对前车车主构成故意毁坏财物罪？

张明楷：实际上不是单纯的毁坏财物，而是通过对前车车主设定债务，进而减少了行为人的债务。我再举个类似但明显不同的例子。甲乙二人平素有仇，都是给城市建筑工地运输沙土的货车司机。某天，甲看到乙停车在城市道路旁吃早餐，甲就从自己车上铲下大量沙土悄悄放到乙车周围，并给附近城管打电话，甲驾车离开现场。城管到达乙车现场后，对乙罚款 1 万元。甲的行为成立故意毁坏财物罪吗？

学生：如果让他人财产减少就是毁坏财物的话，让他人遭受罚款也会使财产减少。

老师：让他人背负债务或者遭受罚款，能不能认定为故意毁坏财物罪中的"毁坏"，还需要进一步讨论，肯定会有争议。

学生：很多人驾车时，会把自己之前受到交警处罚的罚单贴在车上，交警如果不仔细看，以为违章车辆已经被处罚过了，也就不会继续贴罚单。这样的行为成立诈骗罪吗？

张明楷：虽然驾车人可能主观上确实有逃避交警处罚、免交罚金的意图，但他在客观上并没有实施成立诈骗罪所要求的欺骗行为，既没有篡改罚单上的日期，也没有对交警进行任何虚假陈述。如果交警没看出来因而未贴罚单，只能说交警太马虎了，但并不能认定为驾车人的欺骗行为使交警陷入了认识错误。

案例九

甲乙是中国移动代理商，二人利用代理商身份获取了移动用户手机积分信息后，虚构移动公司积分送礼活动，以赠送价格低廉的礼品兑换客户积分，客户同意兑换后，以用户需要给移动公司发送兑换号码为由，在用户不知情的情况下将用户的手机积分兑换码发送到甲乙雇佣的同伙丙的手机上，再用积分兑奖二维码在商场将积分兑换成本应由客户兑换的高价值购物卡，三人非法获利 43 万元，涉案移动用户上千人。

张明楷：积分可不可以认定为财产性利益？甲乙在用户不知情的情况下将积分兑换码发给丙，积分兑换码是财产性利益，还是说只是获取财产性利益的一个条件？用户有没有处分意识？商场是不是被害人？也就是说，用积分兑换购物卡是不是诈骗行为？我觉得把这几个问题搞清楚了，也就不难弄清三人的行为构成什么犯罪了。

学生：积分可以评价为财产性利益，因为积分可以购买或者兑换商品。

张明楷：是这样的，航空公司的积分就可以用于订机票。所以，我认为积分可以评价为财产性利益。

学生：我以前也参加过移动公司话费积分兑奖活动。积分兑换码是通过移动公司的短信发送到用户手机的，这条短信里有一个二维码，就是积分兑换码。用户可以把这条短信转发给一人或多人，让别人享受积分送礼活动，但只要其中的一个人使用了这个二维码，其他人就不能再用。所以，积分兑换码不是财产性利益。本案中,虽然甲乙转发了用户的二维码,但二维码仍在客户手机,如果客户能够抢在行为人之前使用,就不会有财产损失。

张明楷：在拿积分换取行为人的廉价礼品时,用户知道自己是在用手机话费积分兑换礼品,可不可以认为用户有处分意识,并且已经处分了自己的积分?

学生：即使认为用户当时有处分积分的意识,但客观上并不能实现对积分的处分。因为是甲乙在用户不知情的情况下将兑换码发出去的,在兑换码发出去当时,积分并没有完全转移给甲乙,用户只要能够赶在行为人之前,仍然是可以使用积分的,可以认为即使兑换码发出去了,用户仍占有积分,也就不能说只要用户有了处分意识,他们就已经当然地处分了自己的积分。

张明楷：你说得也有一定的道理。不过我还是认为三人的行为可以成立诈骗罪。事实上,甲乙的欺骗行为使用户以为自己的积分只能兑换廉价礼品,于是处分了积分。从案情的发展过程来看,甲乙实施欺骗行为,用户将兑换码发出去之后,就已经认为自己的积分不存在了,根本不会再去商场兑换购物券,从用户一方来看,他们已经在被骗当时处分了自己的积分。事实上,用户并没有抢在甲乙之前使用积分。所以,还是可以肯定用户具有处分行为与处分意思的吧。

学生：就像被害人受骗之后将财物交付给被告人,尽管他当时反应快的话也可以把财物拿回来,但由于被害人受骗了,事实上不会将交付的财物拿回来,所以,被告人的行为依然成立诈骗罪。

张明楷：甲乙后来用积分兑奖二维码在商场将积分兑换成本应由客户兑换的购物卡，这一行为是否又构成诈骗罪?

学生：这要看商场兑换购物卡的条件，以及商场是否具有损失。如果商场根本不关心积分是如何取得的，只要有积分就可以兑换购物卡，那么，甲乙的行为就不再成立诈骗罪。就像行为人非法获取了不挂失的有价证券一样，其再使用的行为不成立诈骗罪。

张明楷：可以这样解释。

案例十

王某向张某谎称自己认识省高级人民法院副院长，可以安排张某的儿子到省高级人民法院工作。王某多次以"打点"为名骗走张某30万元，由于迟迟没有安排工作，张某要求王某退还30万元。王某告诉李某事情真相后，要求李某冒充省高级人民法院副院长与张某见面，李某多次冒充副院长与张某见面，后案发。

张明楷：这个案例原本很简单，居然出现了四种不同观点：第一种观点认为王某构成诈骗罪，李某是诈骗罪的从犯；第二种观点认为王某构成诈骗罪，李某构成招摇撞骗罪；第三种观点认为李某的招摇撞骗行为属于事后不可罚的行为，所以只认定王某构成诈骗罪即可；第四种观点认为王某的行为成立诈骗罪与招摇撞骗罪的牵连犯。我大体上能肯定，提出这四种观点的人都只是想到了张某先前交付的 30 万元的事实，没有考虑到张某要求王某返还 30 万的问题。李某冒充法院副院长，这样的行为确实能成立招摇撞骗罪，但李某的行为是不是又对张某 30 万的债权成立诈骗罪呢？

学生：对王某来说，之前谎称可以帮助张某的儿子安排工作拿走张某 30 万元的行为成立诈骗罪，这个诈骗罪的对象就是 30 万元的现金；之后又为了掩盖真相找李某冒充副院长的行为虽然也成立对张某 30 万债权的诈骗，但可否认为后一行为是事后不可罚的行为？

学生：可是，李某并没有参与王某诈骗张某 30 万元财物的犯罪，李某冒充副院长骗免张某 30 万元债权的行为就不可能是不可罚的事后行为。

学生：之前看到过一个涉及事后不可罚行为的案例。行为人把超市出售的一枚铂金戒指放到了口袋，也购买了很多其他物品，在过收银台时，其他物品都结账了，收银员问"还有其他东西吗"？行为人说"没有了"。这个行为人触犯了两个犯罪，把铂金戒指放在口袋的行为成立盗窃罪；过收银台隐瞒口袋里还需要付账的铂金戒指的行为构成诈骗罪，只不过他犯的两个罪侵犯了同一个财产法益，只按照一个罪定罪处罚就可以了，后面一个行为就是不可罚的事后行为。

张明楷：德国刑法理论把事后不可罚的行为放在法条竞合中讨论，我国刑法学者一般接受不了，日本刑法理论也不认为事后不可罚的行为属于法条竞合，而是放在包括的一罪里讨论的。德国法条竞合中的吸收关系很宽泛，也不要求法条本身具有逻辑的包容性或者重合性之类的，所以，我国刑法理论没有接受这一点。不知道留德的学者们，以后会不会将德国的这一理论也引入中国。你刚才讲的这个盗窃戒指的案件，前面是盗窃后面是骗免债务，但由于最终只侵害了商场的一个法益，所以，在日本就属于包括的一罪。也不能说，后行为就是不可罚的，而是包括地一并处罚。如果是夫妻二人一起进商场，妻子将戒指放入自己的口袋时，被丈夫发现了，丈夫没有吭声。到收银台时，收银员问还有没有其他东西时，丈夫抢先回答没有其他东西了，使收银员信以为真，丈夫还是要构成诈骗罪的吧。

学生：丈夫这个时候有作为义务吗？

张明楷：丈夫是作为形式的诈骗，不需要考虑作为义务。

学生：我们今天讨论的王某与李某案，与这个案件还是有点区别。首先可以肯定的是，王某就前面的 30 万元现金成立诈骗罪。问题是，在被害人索要 30 万元时，王某就有返还的义务，这是由他的诈骗行为产生的作为义务。王某请李某冒充法院副院长，实际上就是骗免债务，所以，李某就骗免债务成立诈骗罪。

张明楷：李某是对财产性利益的诈骗罪与招摇撞骗罪的想象竞合。这个结论应当没有问题吧。

学生：没有问题。

张明楷：王某的行为是成立一罪还是数罪？

学生：王某的前后两个诈骗只侵害一个法益，所以是包括的一罪。

张明楷：王某前面的行为构成诈骗罪，诈骗的对象是 30 万元现金。就后面的骗免债务而言，可以说是不可罚的事后行为或者共罚的事后行为，因为后面的行为是为了确保前面所骗取的 30 万元不返还。这在德国是法条竞合中的吸收关系，在日本是包括的一罪。就此而言，王某在诈骗方面仅成立一罪，这是没有疑问的。问题是，在李某同时触犯诈骗罪与招摇撞骗罪的情况下，王某也是李某招摇撞骗罪的教唆犯吧。我觉得王某触犯的招摇撞骗罪是可罚的，因为这一行为侵害了新的法益，而且具有期待可能性。这样的话，王某的行为成立数罪，即诈骗罪与招摇撞骗罪的教唆犯，应当实行数罪并罚。

案例十一

A 公司和 B 公司一直有生意往来，即 A 公司的司机负责把货物运到 B 公司去后，B 公司就把货款交给 A 公司的司机带给 A 公司的老板。后来 A 公司的司机辞职了，A 公司重新招了一名司机甲。A 公司老板对新来的甲不放心，就对甲说："你把货物运到 B 公司之后，就不要带货款回来了，我让 B 公司直接把货款汇到我们公司来。"但 A 公司老板忘了跟 B 公司老板说明这一点。甲把货送到 B 公司之后，就主动跟 B 公司老板说，我们老板要把货款带回去。由于以前一直是这样操作的，B 公司老板信以为真，就把 3 万元货款交给了甲，甲拿到 3 万元后逃走了。

张明楷：甲的行为肯定不是盗窃，是诈骗罪还是职务侵占罪？

学生：诈骗罪。

张明楷：诈骗了什么？

学生：3万元钱。

张明楷：谁是受骗人？

学生：B公司的老板。

张明楷：B公司的老板是否还要给A公司老板3万元？

学生：不用，因为已经成立表见代理。在B公司老板看来，甲就代表了A公司的利益，所以把义务履行了就可以了。

张明楷：如果是这样的话，就意味着B公司没有财产损失，所以，不能认定为两者间的诈骗了。

学生：我认为B公司的老板没有被骗。

张明楷：不能说没有被骗吧，只是说B公司没有财产损失罢了。如果B公司老板主动把货款交给甲，甲拿到之后跑了，那就是典型的职务侵占。但现在是甲主动欺骗了B公司老板，这也不能评价为利用职务上的便利骗取本单位财物，所以，不能认定为职务侵占罪。如果说是诈骗罪的话，只能考虑三角诈骗了。这在德国会成立三角诈骗吧？

学生：在德国的话，甲对A公司的3万元的债权成立三角诈骗，因为A公司与B公司属于同一阵营的，所以，B公司老板处分 A 公司的债权时，就是三角诈骗。

张明楷：如果诈骗对象是 3 万元的债权的话，对 3 万元的现金还可以成立侵占罪？

学生：对 3 万元现金还可以成立侵占罪。

张明楷：在我国一般不会再定这 3 万元的侵占罪。

学生：在德国最终会弄成一个罪。

张明楷：看来定三角诈骗是合适的，问题只是在于，如果不是采取阵营说，而是采用处分权限说，能否成立三角诈骗？

学生：在表见代理的情况下，也可以说 B 公司老板有权处分 A 公司的债权。

张明楷：也可以说，在表见代理的情况下，B 公司老板有义务这样做？

学生：既然有义务这样做，当然也就意味着有权这样做。

张明楷：这样解释也可以。事实上，只要处分人因为受骗处分自己的财产之后，被害人无权再要求处分人处分财产的，即使该行为导致被害人的财产损失，也是可以认定为三角诈骗的。

案例十二

甲男与乙女谈恋爱，乙在谈恋爱之前就以个人名义分期付款购买了一套商品房，而且还清了贷款。某日，甲向乙提出"能不能把你的商品房借给我抵押贷款做笔生意"，乙同意了，就将购房合同、购房发票等交给甲。甲拿到购房合同与发票后，未能取得贷款，于是，甲伪造了与乙的结婚证以及房屋过户授权委托书，到房地产开发商那里把购买合同的认购人变成甲本人。房地产开发商的工作人员到房管所办理了甲、乙为共有人的房产证，随后甲把商品房出卖给丙。

张明楷：由于我国刑法没有规定侵夺不动产罪，所以，只要一涉及不动产，案件的处理就有争议了。

学生：这个商品房不经过乙是卖不出去的。如果房屋所有权人替换为两个人，必须两个人同时在场。

张明楷：案情交待的是，甲伪造了房屋过户授权委托书。

学生：虽然后来办了共同所有的房产证，但如果房产证上是共有人的话，出卖时肯定要两个人同意才能出卖。

学生：可能伪造了签名之类的。

学生：我们那边出卖房屋需要真人到场，什么授权委托之类的，一律不认。

张明楷：乙肯定没有同意出卖，我们就不纠缠这个细节了。我们就讨论甲的行为可能构成什么罪？

学生：如果是诈骗罪的话，什么时候既遂？

张明楷：将商品房登记在两人名下时既遂了没有？

学生：既遂了一半。

张明楷：什么叫既遂了一半？要么是既遂要么是未遂。我们先讨论在甲还没有出卖的情况下，其行为是诈骗还是盗窃？

学生：是盗窃。

张明楷：盗窃的是什么？盗窃的是房屋本身还是房屋的所有权？

学生：可能是诈骗，受骗人是房屋登记机关的工作人员。

学生：登记机关工作人员没有处分权限。

张明楷：登记机关是哪个阵营的人？

学生：登记机关只管登记，并不进行实质的审核，所以，应当是盗窃。

学生：房产的所有权人也不完全是按照登记来认定的，不是说登记在你的名下，法律就一定认为你是房屋的所有权人。比如，A 出钱以 B 的名义买一套房子，虽然登记在 B 的名下，但如果有证据证明就是 A 出钱购买的，还是应当认定 A 是房屋的所有权人。在本案中，如果有证据证明登记错误的话，还不能说所有权已经是他们两人共有了。

张明楷：问题是，犯罪人都不可能取得所有权，但不能因此否认犯罪的成立吧。

学生：从事实上说，原本是乙一个人占有和所有的房屋，现在由两个人占有和所有了，所以，还是要认定为盗窃吧？

张明楷：如果登记机关具有诈骗罪中的处分权限，那么，甲的行为就是三角诈骗；如果登记机关只是形式审查，不具有处分权限，那么，甲的行为就是盗窃。我们以前讨论过的结论是，登记机关没有处分权限，所以，将乙一个人所有的房屋变成甲乙共有的房屋，可以认定为盗窃。那么，接下来要讨论的是，甲将房子卖给丙的行为构成什么罪？

学生：按照我们以前的讨论，甲出卖房屋虽然欺骗了丙，但是丙没有财产损失，而是导致乙遭受了财产损失，所以，也是三角诈骗。

张明楷：为什么说丙没有财产损失呢？

学生：因为丙是善意取得，房屋就归他所有了，因此没有财产损失。

学生：还可以说甲是表见代理，所以，丙支付了房款后，就对房屋享有所有权。

张明楷：不是说赃物不能善意取得吗？

学生：如果说这个房屋是甲盗窃所得，那么，丙就不能善意取得，丙购买房屋的目的就没有实现，所以，甲对丙成立诈骗罪，诈骗的对象是房款本身。

张明楷：归纳起来就是这样的：如果丙不是善意取得，甲就对丙成立诈骗罪，诈骗的对象是房款；如果丙是善意取得，没有财产损失，那么，甲就是对乙的三角诈骗，与我们前面讨论的受骗人基于行为人的表见代理而处分被害人的债权，是一样的道理。如果是这样的话，甲的后一行为成立什么罪，就与前面的盗窃形成不同的罪数关系了。

学　生：如果说甲的前行为是对乙的房屋的盗窃，后行为是对丙的诈骗（二者间的诈骗），那就要数罪并罚了。如果说甲的后行为仍然是对乙的诈骗（三角诈骗），那么，由于乙最终只有一个财产损失，就属于包括的一罪了。

张明楷：应当是这样的。

案例十三

被告人在路上欺骗被害人说："苹果 6 手机即将推出，但我们公司库存了一大批苹果 5S 手机，现在降价甩卖，你要不要？"被告人让被害人所试用的手机的确是苹果 5S 手机，当时该手机的价值为 5800 元。被害人试完手机后觉得不错，然后就开始讨价还价，最后，被害人同意以 2200 元购买。被害人在掏钱的时候，被告人说："这个手机 2200 元卖给你，但里面的 SIM 卡要卸下来。"被告人说你卸下吧。被告人假装取卡，实际上是用一个苹果 5S 模型手机调换了被害人试用的手机。被告人收到被害人的 2200 元钱后，把模型手机交给了被害人。

张明楷：有人说，被告人的行为构成盗窃罪，盗窃的就是价值 5800 元的苹果 5S 手机。

学生：理由是什么？

张明楷：意思是，被告人将苹果 5S 手机交给被害人试用后，被害人同意购买并付钱时，手机就由被害人合法占有，被告人假装卸卡时调包，就构成盗窃。

学生：看来说调包就是盗窃会误导一些人。

张明楷：没有人说调包一定就是盗窃，当人们说调包是盗窃时，是特指构成盗窃罪的情形，这个案件根本不是人们通常所说的调包。通常所说的构成盗窃罪的调包，是说占有人将自己的财物交给辅助占有人或者其他人时，辅助占有人或者其他人乘机调包。在这种情况下，占有人对自己的财产并没有转移占有，所以，辅助占有人或者其他人的行为构成盗窃。但本案与这种典型的调包案件完全不同。

学生：在本案中，在被害人没有付款的情况下，即使手机在被害人手中，被害人也没有取得占有。

张明楷：对，在被害人付款之前，即使达成协议，也不能认为手机已经由被害人占有。否则的话，如果被害人不付款，被害人也仍然占有手机，而被告人则既没得到货款，也不占有手机。这显然不合适。也就是说，不能因为协议的达成，就认为被害人占有了手机。

学生：当手机在被告人手上时，即使被害人给了钱，手机的所有权也还没有转移。所有权是要交付才转移，要卖的人把手机交给买的人以后，所有权才转移。

张明楷：所以，这个案件只能认定被告人诈骗了被害人2200元现金。

学生：诈骗2200元就不构成犯罪了，按照司法解释至少要诈骗3000元才构成诈骗罪。

张明楷：这是另一回事儿，但不能因为定诈骗不成立犯罪就直接定盗窃罪吧。

案例十四

某酒吧晚上生意特别火爆，很多人晚上驾车去该酒吧消费。酒吧停车场紧靠一条主干道，甲驾驶高档轿车停靠在主干道边，发现有人驾车从酒吧停车场拐出来时，甲就驾车以正常车速直行，会使对方车辆与自己车辆刮蹭。然后，甲以自己轿车高档、对方的保险无法全额理赔为由，让对方当场交付一定的赔偿金。由于对方往往已经饮酒，又想到自己的保险很可能无法全额理赔，所以就按甲的要求给钱。甲每次用这样的方法获得少则几千多则上万元乃至几万元的"赔偿金"。

张明楷：我国司法机关基本上都把这类碰瓷案件按照敲诈勒索罪处理。

学生：是这样的，我们办的这类案件都是按敲诈勒索罪处理的。

张明楷：我觉得还是应该将碰瓷案件做个区分，如果确实可以认为行为人对被害人实施了胁迫、恐吓行为，被害人产生恐惧心理才交付财物的，可以按照敲诈勒索罪处理；但如果被害人根本没有意识到自己的违章是对方造成的，也认为自己应该向行为人交付赔偿金的，我觉得就不能按照敲诈勒索罪处理了。比如这个案件就是这样。被害人显然是认为自己已经违章，车险又不能全额赔偿行为人高级轿车的剐蹭，这才交付财物的，被告人也没有实施任何胁迫、恐吓行为，被害人也没有产生恐惧心理。所以，我觉得把这样的案件按照诈骗罪处理比较合适。

学生：是的，本案是典型的诈骗罪。被告人的碰瓷行为以及随后的表述，使得被害人误以为自己违章，应当赔偿，于是基于认识错误处分了财产，只能认定为诈骗罪。

学生：实践中还有将碰瓷案件认定为以危险方法危害公共安全罪的。

张明楷：如果在高速路上故意制造事故，当然也可能认定为以危险方法危害公共安全罪。当然，一般应当在诈骗罪与敲诈勒索罪两罪中选择。例如，有的是一帮人坐在一辆车上，在制造碰瓷事件后，四五人一起下车，恶狠狠地向被害人要钱，其中明显存在胁迫行为。即使被害人意识到被告人是碰瓷的，也只好给钱。对这样的行为，当然应当认定为敲诈勒索罪。所以，我觉得一个很重要的判断资料是，被害人是否意识到被告人是碰瓷的人。如果没有意识到，十有八九要认定为诈骗罪；如果意识到了还得给钱，十有八九要认定为敲诈勒索罪。

学生：我讲一个有意思的案例：甲走到正停在十字路口等红灯的乙的车旁，敲乙的车窗打算问路，乙是富豪，以为甲是乞丐，就扔给甲1万元钞票，将车窗关上。甲又敲了一次乙的车窗，乙又递出1万元，甲再敲第三次，乙再次递出1万元，递出3万元后，乙探出头来对甲说"不准再敲了！"甲的行为构成犯罪吗？

学生：甲第一次敲乙的车窗，是想向乙问路，乙直接给了甲1万，甲第一次取得1万元的行为不构成任何犯罪。第二次、第三次敲车窗的行为，如果还是要问路，甲也不构成犯罪。

张明楷：在什么情况下，甲可能构成诈骗罪呢？

学生：如果甲第一次拿到1万元后，知道乙误将自己当作了乞丐，于是就继续装作乞丐再敲车窗的，就可能构成诈骗罪。

张明楷：可以这么说。

学生：如果说这个时候成立诈骗罪的话，甲的行为是作为还是不作为？

张明楷：还是认定为作为吧。就是说，甲将自己伪装成乞丐对乙实施欺骗行为。

学生：如果甲没有伪装成乞丐呢？

张明楷：如果甲没有伪装成乞丐，当然不成立诈骗罪。

学生：在甲第一次就陷入认识错误的情况下，能否说甲继续敲车窗就是不作为的诈骗？

张明楷：在当时的情况下，行为人客观上继续敲车窗给乙的感觉就是，甲还要钱，所以，没有必要从不作为的角度来讲。不过，以上只是我们的假设，事实上这个案件肯定不可能认定为诈骗罪。因为被告人有太多的辩解，任何辩解都足以推翻诈骗罪的认定。比如，甲辩解说，我是要继续问路，谁知道他又递出钱来。再比如，甲辩解称，我想问一下他为什么给我钱，哪知道他又给我钱。另外，在甲原本没有改变穿着，没有任何语言表述，只是重复敲车窗的情况下，难以认定他是在伪装乞丐。

案例十五

甲乙二人将多张真币变造成了错版人民币。某日，甲来到一个烟酒店，借故和女店主丙套近乎，买烟时把事先变造好的10元人民币递给丙，问丙是否认识收藏错版人民币的买家。这时乙进入烟酒店，表示愿意出1万元购买甲的错版人民币，但身上没带钱，马上回去取钱。丙信以为真，当场拿出1万元买下了甲的错版人民币。

张明楷：甲乙骗取女店主1万元的行为肯定构成诈骗罪，这是毫无疑问的。但如果被告人的辩护律师说：甲只是问丙是不是认识收藏错版人民币的买家，并没有主动要把变造的错版人民币卖给丙；乙也只是对甲说愿意出 1 万元购买，也没有让丙去购买，是丙主动购买的，检察官怎么回答呢？

学生：虽然甲乙二人谁都没有主动要求丙购买，但他们演的双簧的确让丙受骗，而且丙也确实因为甲乙的双簧陷入了认识错误。

张明楷：甲乙是作为的诈骗，还是不作为的诈骗？

学生：在德国，诈骗罪要求的作为包括明示的表达和默示的表达，即使行为人没有主动对被害人施骗，但根据社会生活经验，行为人的一系列行为还是会让被害人陷入认识错误时，这样的行为就是作为中的默示的表达。

张明楷：在我们国家，甲乙的行为也是作为的诈骗行为。以前有这样一个案例，某税务人员每天在菜市场收税，某日该税务人员没有来，甲就身穿税务人员的制服，坐在税务人员收税的老地方，很多商贩误以为甲是新来的税务员，就把税款交给了甲。甲可能会辩解道，"我什么都没说呀！"但甲的行为肯定成立诈骗罪。诈骗行为不是一定需要讲话的，关键是行为人的动作、举止等向对方传达的是什么样的信息。

学生：是不是也可以认为甲乙实施的是不作为的诈骗呢？甲乙之前的双簧让丙陷入了认识错误，在丙交钱的时候，甲乙基于之前的行为有义务告诉丙真相。没有告诉丙真相而拿走 1 万元的行为构成不作为的诈骗。

张明楷：如果是这样的话，几乎所有的作为的诈骗同时也存在一个不作为的诈骗。但是，如果能认定为作为的诈骗的话，就没有必要再认定为不作为的诈骗了。按照你的说法，认为本案同时包括了作为的诈骗与不作为的诈骗，也不是不可以。但是，这与真正的不作为的诈骗是不一样的。比如，行为人没有实施任何行为，或者行为人实施了某种行为但没有诈骗的故意，但当对方由于某种原因或者因为行为人的行为产生认识错误的时候，行为人就负有诚实信用义务，需要向对方说明情况。这种情形才需要讨论不作为的诈骗问题。

学生：甲乙的行为还构成变造货币罪吗？

张明楷：当然成立变造货币罪。司法解释也认为，即使没有增加币值，改变了货币的形态，也是变造货币，我觉得这是比较合理的。假如，1961 年版的硬币很有收藏价值，有人把 1964 年版的硬币改成 1961 年版的硬币，这种行为虽然没有增加币值，但却增加了收藏价值或者价值，改变了货币的形态，这种行为也是变造。我们今天讨论的案件也是这样的，甲乙没有增加 10 元人民币的币值，但却把它变造成了错版人民币，改变了货币的形态，所以构成变造货币罪。

学生：变造货币罪与诈骗罪是牵连关系吗？

张明楷：本案在客观上是有牵连关系，主观也有牵连关系，但是不具有类型性或者通常性，也就是说，被告人一般不采取这种方法骗取财物。所以，我主张实行数罪并罚。

案例十六

被告人与某航空公司签订合同代理售票，其通过输入虚假的护照号在订票系统中获得订票编码，然后在出票系统中手动将订票时填的成人票改为儿童票，以机票全价的七折优惠卖给乘客，最后以半价的儿童票与航空公司结算。同时，被告人安排人在机场自动值机处帮乘客打出登机牌，登机牌上未显示儿童票的字样。被告人通过这种方式给1600多人购买机票，给航空公司造成近160万元的损失。

张明楷：被告人的行为构成什么罪？

学生：被告人与航空公司是什么关系？被告人是否具有法人资格？

张明楷：被告人所在公司是一家航空服务有限公司，具有法人资格，与航空公司签订有正式的售票代理合同。

学生：本案受害人应该是航空公司。

张明楷：受害人是航空公司还是乘客？或者两方都是受害人？

学生：受害人应该是航空公司，乘客对被告人的行为是知情的。

张明楷：乘客知道真相的话，当然不是受害人。但是，乘客可能不知道自己买的是儿童票，以为自己买的是七折优惠的成人票。

学生：乘客都登上飞机到达目的地了，应该不算受害人。

张明楷：如果被告人对乘客说，我卖给你的是儿童票，但是你要补 20% 的差价。如何处理？

学生：这是乘客与被告人构成共犯的行为，不过，乘客参与的数额小，不可能构成犯罪。

张明楷：如果航空公司是受害人的话，被告人的哪一个行为是诈骗行为？

学生：应该是结算时的行为。

学生：被告人的行为是不是职务侵占行为？被告人在客观上利用了售票的职务便利。

张明楷：被告人与航空公司只是一种代售关系，不是航空公司的工作人员。如果是乘客直接打电话向航空公司订票，其工作人员实施这种行为的，才可能是职务侵占行为。像这样的案件，除了准确找到被害人之外，还要找到具体的被害内容。被害人交付或者损失的是有体物，还是财产性利益？如果结算时才有诈骗行为，那么其内容就是债权。

学生：什么债权？

张明楷：航空公司原本运送的是成人而不是儿童，所以，航空公司享有获得成人票款的债权，但被告人的欺骗行为使得航空公司只收取了儿童票款的债权。

学生：被告人在出票系统中手动将订票时填的成人票改为儿童票时，还不是诈骗行为吗？

张明楷：这个行为不能直接骗取航空公司的财物，或者说不能直接使航空公司的债权减少。这个行为只是诈骗罪的预备行为，只有后来与航空公司结算时，才能以儿童票为根据欺骗航空公司的相关人员。

学生：如果改成儿童票，但事后结算时还是支付成人票款，被告人的行为也不可能构成犯罪。

张明楷：对。那么，假如其他案情不变，被告人最后与航空公司以七折的价格结算的话，被告人还有罪吗？

学生：被告人就是以七折卖的机票，没有获利，应该无罪了。

张明楷：假如实际上应当全价售票，但被告人擅自以七折出售呢？

学生：那也不构成犯罪，结算也没有实施欺骗行为，只要事后赔偿损失就可以了。

张明楷：在民法上这样处理是可以的。那么，我们现在假定的是被告人应当全价售票、不得打折销售，认定被告人对航空公司构成诈骗罪的话，犯罪数额如何计算？

学生：被告人以半价的儿童票与航空公司结算，航空公司少收一半的钱，这一半的钱应该是犯罪数额。也就是说，航空公司的实际损失，就是被告人的诈骗所得。

张明楷：可是被告人的实际所得没有这么多，这该怎么解释？

学生：被告人以七折价格售票，以半价与航空公司结算，虽然只取得了全价票款20%的利益，但给被害人造成了一半的票价损失。

学生：诈骗行为的成立应该在以半价票卖给乘客时，后来的结算只不过是犯罪利益的兑现。这样的话，诈骗数额就是全价票款20%的利益，与被告人获取的利益完全一致。

张明楷：如果这样的话，诈骗的内容是什么？

学生：应该是财产性利益。

张明楷：可是，以半价票卖给乘客的时候被告人没有对航空公司的任何人实施欺骗行为。

学生：被告人虽然只得了全价票款20%的利益，但他同时使乘客获得了全价票款30%的利益。后一部分的利益，也要认定为诈骗数额。

张明楷：对！不管被告人怎么出售，在结算时，除了儿童票就是全价票，所以，即使被告人只收取了七折的票款，他也应当向航空公司履行全价票款的义务。实际上，被告人将成人价改为儿童价并以儿童票与航空公司结算时，不是只获取了全价票款20%的利益，而是获取了50%的利益，只不过其中的全价票款30%的利益实际上由乘客获得了。但这既不影响诈骗数额的认定，也不影响非法占有目的的认定。所以，实际上，航空公司损失多少，被告人的诈骗数额就是多少。

案例十七

甲乙丙丁四人成立一个未经工商注册登记的公司，四人事先串通，由甲在网上发布汽车无抵押贷款的广告，被害人 A 有一辆汽车想贷款，甲同意但同时要求在车上安装 GPS 并收取佣金，A 将自己价值 100 万元的汽车从外省开到甲所在地，甲称"只能贷 20 万，若想多贷必须出一份 A 在本省的工作证明"，A 称自己是外省人，开不了证明，甲表示自己可以帮 A 开出假工作证明，但佣金要提高几千元，A 同意。甲将被害人带到其所谓的"公司"签订贷款 35 万元的协议，协议中有一项违约条款："如果 A 提供虚假证明，则扣押车辆并可随意处置。"甲要求扣除安装 GPS 费用、走访调查费用、风险评估费用共计 10 万元，A 实际只能拿到 25 万元，但协议仍按 35 万元签订，A 同意并签字。签订协议后，四名行为人要在车上安 GPS，对 A 说要装在 A 不知道的地方，要求 A 不要跟随，A 将车钥匙交给四人并在"公司"等候，四人将车开走。四人随后打电话给 A 称因其工作证是假的，按照协议要把车扣押并随意处置，A 说不贷了并把 25 万元还给四人，四人要求 A 还 35 万元，被害人被迫借款并还给四人 35 万元。

张明楷：公安机关以诈骗罪立案，检察机关不批准逮捕，并认为被害人对扣押车辆等都知情，不构成诈骗罪。你们如何认定

甲等人的行为？

学生：还是要认定为诈骗罪吧。

张明楷：是整体上说构成诈骗罪，还是要把 A 给甲的几千元佣金、10 万元的费用和后面的 35 万元分开考虑？

学生：我觉得要分开来看，前面甲收取佣金的行为构成诈骗罪。

张明楷：先看佣金，收取佣金的行为定诈骗罪是没问题的，因为甲等人隐瞒了自己要利用假证明扣押车辆的内心想法。如果甲事先将这一内心想法告诉 A，A 就不会同意了。那么，如何看待后面的行为呢？是整体看还是说要具体分析行为人的哪一个具体行为使被害人多拿出 10 万元？

学生：我觉得应该具体分析。甲等人控制了被害人的汽车后，使被害人迫于无奈多退 10 万元，应当构成敲诈勒索罪，不应该整体上对 35 万元定敲诈勒索罪。

张明楷：可以接受这一说法。也就是说，行为人表面上一直在骗被害人，但被害人多退 10 万元实际上是基于行为人的恐吓行为所进行的处分；之所以进行这种处分，就是基于恐惧心理，而不是基于前面的错误认识。接下来，四人对 A 的汽车是否构成诈骗罪？能不能说，甲等人骗取汽车之后，再利用骗取的汽车勒索被害人 10 万元？甲等人对 A 的汽车有没有利用意思和排除意思？

学生：按汽车本来的用途来理解应该没有利用意思。

张明楷：利用汽车来进行敲诈勒索或者实施其他犯罪行为时是不是有利用意思呢？

学生：本案的甲等人利用汽车来敲诈勒索，好像没有利用意思。另外，我觉得排除意思也有问题。

张明楷：我也觉得甲等人对汽车没有利用意思与排除意思，而是将扣押汽车作为一个敲诈勒索的把柄，旨在要求 A 多还 10 万元。但是，还有一个问题需要讨论，虽然双方口头约定了安装 GPS 费用、走访调查费用、风险评估费等 10 万元费用，但实际上并没有产生这些费用，所约定的这 10 万元能不能构成诈骗罪呢？

学生：前面通过约定这些费用少给 10 万元和后面让 A 多还 10 万元，应该是一个法益。

张明楷：前面说花了 10 万元的费用，从发放的贷款中扣除，这时诈骗罪成立了吗？虽然只给了被害人 25 万元，但设定的债权却是 35 万，这就骗取了 10 万元的债权。后面把车开走迫使被害人多还 10 万元，把 10 万元的债权变成现金。等于说前面多设定 10 万元的债权，后来又通过敲诈的手段实现了债权，最终只侵害了一个法益，是包的的一罪还是想象竞合？

学生：两个行为怎么会是想象竞合呢？

张明楷：两个行为还是一个行为说不清楚的。事实上，德国刑法也不是说想象竞合就要求只有一个行为，而是说两个行为之间只要有一点重合即可，日本的通说认为，成立想象竞合要求行为主要部分的重合。总的来说，就这 10 万元来说，要么定狭义的包的的一罪，要么按想象竞合，无论如何不能数罪并罚。如果从最终只侵害一个法益来说，认定为包括的一罪也是可以的。

学生：如果认定为包括的一罪的话，假如认定为敲诈勒索罪，就需要与前面诈骗几千元佣金的诈骗罪进行并罚。

张明楷：是的。对这样的案件的讨论要一步一步来，不要总是从整体上看。在存在不同行为对象的情况下，首先要按行为对象进行区分，本案的对象包括佣金、虚构的 10 万元费用以及后来要求多还的 10 万元现金、汽车，要一步一步分析行为人针对不同的对象实施了什么性质的行为，或者说针对不同对象采用的是什么手段。然后，再分析各种行为之间的关系，尤其是行为究竟侵害了几个法益，最终确定是否实行数罪并罚。

案例十八

甲乙丙丁四名被告人系某高档餐厅主管，负责结账等事项。四名被告人先向顾客虚报菜价，多收顾客餐费；然后再利用其主管权限修改电脑账单，造成的假象是客人消费了与多收餐费等值的烟酒；最后利用修改过的账单入账，将对应的该部分烟酒据为己有。

张明楷：这个案件的案情似乎有点不太清楚，但还是可以讨论一下。

学生：行为人是否必须经过电脑入账，而不能直接将多收的餐费据为己有？

张明楷：估计是这样的。本案的被害人是谁，是顾客还是餐厅？

学生：如果是顾客的话，还要看被告人是在何时虚报菜价。是不是在顾客点菜时就虚报菜价，而顾客仍然接受虚报的菜价？

张明楷：这个案情说得并不清楚，但对本案的定性并不重要吧。如果被告人一开始就虚报菜价，当然对顾客存在欺骗；如果是在结账时虚报菜价，同样也对顾客存在欺骗。

学生：在第一种情况下，如果被告人一开始就虚报菜价，但顾客知道是虚高的价格仍然愿意接受的话，很难说是欺骗了顾客吧。

张明楷：在本案中不能这么说，即使是这样，被告人实际上隐瞒了抬高价格后的餐费是由被告人自己占有这一内心的想法，仍然是诈骗。所以，首先可以肯定，四名被告人对顾客成立诈骗罪。

学生：但是，四名被告人并没有直接将顾客多交的餐费据为己有。

张明楷：这一点没有问题。一方面可以说，四名被告人实质上是用顾客多交的餐费从餐厅为自己购买了烟酒，在这个意义上说，四名被告人不仅将餐费据为己有，而且非法占有目的表现为使自己非法占有。另一方面，如果说四名被告人是为了餐费而多收餐费，也不影响诈骗罪的客观构成要件符合性与非法占有目的的认定，因为非法占有目的包括使第三者非法占有。所以，本案的问题主要在于，餐厅有没有损失，餐厅是不是被害人？如果是的话，四名行为人对餐厅构成何罪？

学生：如果被害人是餐厅的话，餐厅就应当有损失。但餐厅的损失表现在什么地方呢？

学生：对这个问题有不同意见。一种意见认为，餐厅没有损失，因为餐厅既收回了餐费，也收回了烟酒的价款。另一种意见认为，餐厅有损失，因为客人虽然多付了款项却没有向餐厅索要等值的烟酒，也就是说餐厅本来是不用交付烟酒的，但现在这部分烟酒却被被告人非法占有了，所以餐厅仍然有损失。另外，不管这部分多收的款项是不是通过正当的途径收取的，但实际上都已经处于餐厅的支配之下了。换言之，多收的款项和未交付的烟酒都在酒店的支配之下，因此餐厅有损失，四名被告人的行为可能成立职务侵占罪。

张明楷：后一种意见的意思是，只要是多收的款项，不管正当与否，都属于餐厅占有和所有。即使四名被告人为了自己的利益而多收顾客的餐费时，多收的部分也归餐厅占有和所有。可是，餐厅占有和所有的根据是什么呢？

学生：至少多收的款项事实上在餐厅的账上，而不是在被告人手中。

张明楷：但不能因为多收的款项在餐厅的账上，餐厅对此就有了占有与所有的根据。这个案件有点类似于甲欺骗乙向丙的账户汇款，然后再从丙的账户将款项转入自己的账户。

学生：但是，被告人将餐厅的烟酒出卖给顾客并不违反餐厅的意志，因为餐厅的烟酒本来就是用来出卖的。被告人事实上是将卖给顾客的烟酒据为己有，对餐厅不成立职务侵占罪。

学生：餐厅多收的款项可以视为民法上的不当得利，该不当得利也受刑法保护。因为如果刑法不保护不当得利的话，就会形成一个法外空间。比方说，假如该款项被人抢劫了，刑法肯定不会因为是不当得利就不保护。

张明楷：问题在于，本案中多收的餐费是餐厅多收的，还是四名被告人多收的？不能说餐厅里的任何一个工作人员出于任何目的多收的，都是餐厅多收的吧。

学生：司法实践一般认为，只要钱进了单位的账户，就是单位的钱，不管因为什么原因到了单位的账户。单位的工作人员从单位账户将钱转走，就构成职务侵占罪或者贪污罪。

张明楷：我觉得还是要看看单位有没有获得这笔钱款的依据，以及被告人为什么将钱款放在单位账户。以前我们讨论过一个医生犯罪的案件。医生给病人做手术换心脏支架的流程是，医生开出换支架的处方，病人将费用交给医院后，由医生或者护士从药房领回一个全新的心脏支架，但医生却偷偷将一个已经使用过的心脏支架消毒后给病人使用，而将病人购买的全新的心脏支架留下后转卖给药品商。在这种场合，由医生或者护士领回的心脏支架，由谁所有、谁占有？

学生：医院已经不再占有和所有了，而是病人所有、医生占有。可以理解为医生是受委托占有，医生对患者成立侵占罪。

张明楷：医生对医院成立职务侵占罪吗？

学生：医院收了支架的费用后将支架交付给医生或者护士，医院没有财产损失。如果医生没有使用这个支架，支架就应当还给患者，而不是由医院再无偿取得。所以，医生对医院不成立职务侵占罪。

张明楷：医生对患者只成立侵占罪吗？能不能认为医生对患者成立诈骗罪？

学生：当然成立。患者付款后本来享有获得一个全新的心脏支架的权利，但行为人以次充好的行为，使病人放弃了要求一个全新支架的权利。这种权利是一种财产性利益，所以，医生的行为构成诈骗罪。

学生：是不是也可以说，医生隐瞒自己的真实想法，让患者为全新的心脏支架交费时，就是一种诈骗行为？因为如果医生告知真相，患者就不会向医院交费。

张明楷：这样说似乎也可以，问题是诈骗对象是什么？如何解释素材的同一性？

学生：从整体来看，认定患者被骗的是现金也是可能的。就是说，医生隐瞒了真相，让患者交费，但患者交费的目的没有实现，所以，患者损失的是所交付的费用。医生的诈骗行为是非法使第三者即医院占有财物，也具备相应的主观要素。

张明楷：但是，还不能说医院占有患者的交费是非法的，医院是合法收取费用，而且相应地提供了全新的支架。感觉不能说医生让医院非法占有了支架的费用。

学生：说医生用旧的支架冒充新的支架使患者遭受财产损失好一些，就是说，医生的调包行为使患者放弃了索要全新支架的权利。

张明楷：但是这样也会有障碍，患者都完全没有意识到这一点，怎么能说明患者具有处分意思呢？

学生：即使认为患者有不作为的处分，但感觉还是没有处分意思。

张明楷：可不可以这样说，医生开处方的时候就隐瞒了调换支架的内心想法，这就是一种欺骗行为，患者交费后就将支架处分给了医生。所以，患者损失的是自己购买的支架，医生得到的也是支架。这样，素材的同一性问题解决了，处分意思的问题也解决了。

学生：这样解释的话，如果患者交费后，医生由于某种原因仍然用了患者购买的全新支架的话，是不是也成立诈骗既遂呢？

张明楷：如果是这样的话，就不能证明医生有欺骗行为与诈骗故意，当然不能认定为犯罪了。我觉得，如果要认定为诈骗罪，这样解释可能更合适一些。

学生：有没有可能说医生的行为构成盗窃罪呢？

张明楷：如果要认定医生的行为构成盗窃罪的话，就必须说，患者将费用交给医院后，由医生或者护士从药房领回的全新心脏支架仍然由患者占有，而不是由医生或者护士占有。但这有明显的疑问，因为事实上就是由医生占有的。再回到我们今天讨论的餐厅被告人多收费的案件。顾客损失的是现金，这一损失是由四名被告人的行为造成的，所以，四名被告人对顾客构成诈骗罪。从形式上说，餐厅损失了烟酒，但是餐厅获得了烟酒的对价，而且餐厅本来就是要出售烟酒的，能说餐厅有财产损失吗？

学生：能否理解为被告人是将诈骗顾客的款项用于向餐厅购买烟酒？这属于对赃物的处置。

张明楷：如果这样来理解的话，被告人就只对顾客成立诈骗罪，而不对餐厅成立职务侵占罪。同样，如果被告人采用手写账单的方式，先虚报菜价多收顾客的款项，再填写一个顾客实际消费的账单入账，从而直接将顾客多付的款项据为己有的话，肯定就只成立诈骗罪，而没有职务侵占了，但本案的情况与此略有不同，表现在款项进入了餐厅的账户。

学生：因为本案需要平账，被告人就无法直接将顾客多付的餐费据为己有。顾客多付的餐费实际是由餐厅占有的，因此行为人就需要将多付的餐费转换为烟酒后再行占有，这就构成职务侵占罪。

张明楷：但我还是有疑问，被告人对顾客实施欺骗行为，只是利用了餐厅的账户，餐厅是没有损失的。将本案的案情归纳为被告人将从顾客那里骗来的款项用于向餐厅购买烟酒，还是可能被人接受的吧。

学生：但是，如果顾客发现后就会向餐厅索赔，而不是向被告人索赔。所以，到时候还是餐厅遭受实际损失。

张明楷：但是，餐厅最后的实际损失不是四名被告人的行为直接造成的，不能认为四名被告人直接对餐厅实施了财产犯罪。如果要从实际损失来说的话，餐厅在赔偿顾客之后，还是可以再找四名被告人追回损失。我们不可能这样无穷无尽地判断谁最终受损失。如果是这样的话，就没有犯罪了。因为顾客的损失已经由餐厅赔偿了，餐厅的损失就由被告人赔偿，而被告人也没有损失。所以，还是要看行为时的结果内容或者说行为本身造成的结果内容，而不是看最终的结果是什么。

案例十九

甲使用欺骗方法，让乙用不动产为自己向银行贷款提供担保，甲以乙提供的担保向银行骗取贷款1000万元后逃之夭夭。6个月后，银行要求乙代为还本付息，但乙仅代为还款100万元。

学生：这样的案件很多，而且在实践中有时不知道谁是被害人。例如，A通过欺骗方法让B为自己提供担保，A凭借这个担保向C借了30万元，A后来把30万元挥霍掉了，根本不可能还款。于是C找B还款，B这个时候也醒悟过来了，发现A骗了自己，就去报案。但警察说，你没有财产损失，不是被害人，你让C来报案。但C说，我也不是被害人，因为我自己也没有损失，因为我可以找B赔偿，于是C也不报案。

张明楷：难道警察就不立案了吗？你说的这个案件和我上面讲的案件是一样的，只是发展进程不完全一样。

学生：有一种观点认为，这种案件只有担保人是诈骗罪的被害人，银行不是被害人。因为银行可以找担保人还本付息。

张明楷：我很难赞成这种观点，因为这种观点存在许多疑问。第一，从银行是被害人的角度来说，甲在取得银行的1000万元贷款时，就已经是贷款诈骗既遂了。因为甲使用欺骗方法取得担保，而且甲根本没有还本付息的意图，相反具有非法占有目的。如果仅将担保人作为本案的被害人，不能说明诈骗罪的既遂时间。第二，甲从银行那里获得了1000万元的贷款，这个贷款不是从担保人那里获得的，而银行的确提供了1000万元的贷款。所以，从诈骗罪的素材同一性的角度来说，也必须肯定甲对银行成立诈骗。倘若银行将担保人的不动产拍卖了，担保人损失的是不动产，但甲并没有取得不动产。所以，否认银行是被害人，就完全不符合素材同一性的要求。第三，认为银行没有损失是有疑问的，或者说，认为只要有担保银行就没有损失的说法，是没有根据的。一方面，银行发放贷款的目的不是为了实现担保权，而是通过借款人还本付息从而实现目的。所以，在本案中，银行的目的并没有实现，银行是有实质的个别财产损失的。另一方面，即使有第三者提供担保，也可能由于某种原因而不能或者难以实现担保权。例如，本案的担保人就只还了100万元，后来案发了。还有一些场合，即使拍卖了不动产，银行也可能遭受损失。退一步说，即使银行完全实现了担保权，最终没有损失，也是因为实现担保权挽回了损失，而不是说甲没有给银行造成损失。所以，否认银行是被害人的观点，是难以成立的。事实上，甲对银行也实施了欺骗行为，并且具有故意与非法占有目的，所以，甲对银行肯定成立贷款诈骗罪。

学生：我认为甲对银行肯定成立贷款诈骗罪。问题是，甲对担保人是否成立诈骗罪？

张明楷：甲对担保人也成立诈骗罪。甲欺骗他人为自己提供担保时，本身就造成了担保人的财产损失。比如，担保人用不动产为甲提供担保时，其不动产一般就不可能出卖，也不可能再用该不动产为自己贷款提供担保，这显而易见是财产性利益的损失。既然承认财产性利益是诈骗罪的对象，就要承认担保是一种财产性利益。

学生：但是，甲并没有取得担保物权，甲获得的利益是什么呢？

张明楷：不是说甲获得了担保物权，而是说，甲向银行贷款时，原本要自己提供担保的，但甲不是自己提供担保，而是通过欺骗方法让乙为自己提供担保，于是自己就免除了担保这种负担。类似于你采用欺骗方法让别人给你还债，只不过这里不是还债，是让别人提供担保。

学生：不认定甲对担保人的诈骗会有问题吗？

张明楷：当然有问题。一方面，提供担保本身就使财产性利益遭受了损失。另一方面，如果银行实现担保权，拍卖了乙的不动产，乙的财产损失就更严重了。

学生：是的。

张明楷：既然乙有财产损失，就要讨论乙的财产损失是谁造成的。我的看法是，事实上，在乙将自己的不动产为甲提供了担保时，就已经使自己的财产遭受了损害，此时就成立诈骗既遂。

学生：能说甲骗取了乙的不动产吗？

张明楷：我不是这个意思。我的意思是，甲骗取乙的担保时，本身就骗取了乙的财产性利益。此时，乙的不动产的价值本身就存在减损，如不能出卖、不能再抵押等等。乙骗取的是担保，而不是不动产本身。

学生：如果说甲骗取乙的担保就是骗取财产性利益的话，数额怎么计算呢？

张明楷：数额按担保的数额来算就可以了吧。为1000万元的贷款提供担保的话，就认定骗取的财产性利益是1000万元。

学生：如果甲后来向银行还本付息了，担保人不就没有财产损失了吗？

张明楷：你完全改变了案件事实嘛。既然后来甲向银行还本付息了，你怎么认定甲对银行实施了贷款诈骗罪呢？又怎么说他欺骗了担保人呢？

学生：老师，甲的行为算不算包括的一罪呢？

张明楷：认定为包括的一罪好像不合适。甲明显实施了两个行为，有两个被害人，两个法益受到侵害。通常是说，行为人从被害人那里取得债权然后再用欺骗方法实现债权时，是包括的一罪。因为在这种场合，行为人虽然是有两次诈骗行为，但只有一位被害人，而且被害人最终只有一个财产损失。但是，我们讨论的这类案件则不同，不能说是包括的一罪。

学生：可不可以说是想象竞合呢？

张明楷：在德国有可能是想象竞合，因为让乙提供担保与向银行贷款之间有重合的部分。但是，如果我们坚持想象竞合只能有一个行为的话，本案最好在数罪并罚与牵连犯之间进行选择。如果认为实行数罪并罚的话处罚过重，就可以按牵连犯处理。

学生：现在，一些人通过欺骗方法向租赁公司骗取汽车，然后伪造证件用汽车作担保向别人借款，借了款之后逃之夭夭。这种案件与我们上面讨论的案件也是一样的吧。

张明楷：是一样的。一方面，行为人有不归还汽车的意思，租车是假骗车是真。因此，对租赁公司成立诈骗罪或者合同诈骗罪，诈骗的对象是汽车本身。另一方面，行为人借钱时提供的是虚假担保，如果被害人知道真相就不会借款，所以，行为人对出借人也成立诈骗罪。这个行为明显不是想象竞合，因为没有重合的地方，是在前一个诈骗既遂之后才实施的第二个诈骗，所以，只能在牵连犯与数罪并罚之间进行选择。

学生：在这样的案件中，能不能说租赁公司没有财产损失？

张明楷：为什么？

学生：因为租赁公司都在汽车上装了 GPS，他们知道汽车在哪里。如果租车人没有还车，他们就直接把车开回来。

张明楷：也不尽然。在一些场合，借钱的人不让租赁公司取车，而且公安人员去了人家也不让租赁公司把车取回来。借钱的人会说，你们应该找租车的人怎么还找我呢？我也是被害人啊！另一方面，即使租赁公司把汽车追回去了，也是在被告人诈骗既遂之后挽回了损失，不影响诈骗罪的成立。

学生：有一种观点认为，被告人把汽车骗来之后，将汽车作抵押骗取借款时，是处分赃物的行为，不另外构成诈骗罪。

张明楷：处分赃物的行为，只是在没有侵害新的法益，或者没有期待可能性的时候，才作为不可罚的事后行为处理。比如，把盗窃来的茅台酒喝完了，没有侵害新的法益。否则，是要另外构成犯罪的。隐瞒真相用骗来的汽车作抵押借款不还，又侵害了新的法益，而且并不缺乏期待可能性，怎么可能不构成新罪呢？

学生：赃物是不能随意处分的。

张明楷：涉及赃物时，总是有人犯罪。如果行为人隐瞒真相将骗来的汽车说成自己的汽车进行抵押骗取借款，行为人就对借款构成诈骗罪。如果行为人讲出真相用汽车作抵押借款，就没有欺骗行为，则出借人成立掩饰、隐瞒犯罪所得罪。所以，转移赃物时，不是本犯构成诈骗罪，就是他人构成赃物犯罪。否则，就难以保护被害人的利益。

案例二十

被告人公司已经骗取被害人公司 200 万元，被害人索要时，被告人说："现在没有钱只有向银行贷款还钱，但银行说贷款必须得有保证金 1000 万元，你向我账户打款 1000 万元，贷款成功后立即归还全部款项。" 实际上，被告人是想继续骗取 1000 万元。被害人认为这也是还款的办法，遂向银行打听，确认有 1000 万元保证金的话可以放贷 3000 万。于是被害人将 1000 万元打进被告人账户，并把被告人单位的所有可能用来转款的印章拿到自己手上，防止被告人动用自己打进的 1000 万元。后来被告人对被害人说打进的 1000 万元是定期，必须改成活期才能贷款，需要用被害人拿走的公司印章，被害人信以为真，被告人拿到印章后到银行划走了 320 万元，又把印章交给了被害人，被害人发现后把剩下的 680 万元划回自己的账户。

张明楷：我们以被告人具有诈骗行为与诈骗故意以及非法占有目的为前提，讨论一下诈骗的既遂时间以及诈骗数额。先说诈骗的既遂时间。

学生：被害人将印章给被告人并非处分了财物，被害人仍然占有着 1000 万元。

张明楷：按你这么说，好像被告人成立盗窃罪了。

学生：不应当认定为盗窃罪，因为被告人是想继续骗取 1000 万元。欺骗行为表现在，被告人谎称贷款成功后还款，但事实上并非如此。也就是说，被告人隐瞒了自己的真实想法，所以，被害人才将 1000 万元打入被告人的账户。

张明楷：1000 万元从被害人账户打入被告人的账户后，从民法上说，被害人是债权人被告人是债务人，但是从与银行的关系来说，则被告人对银行享有 1000 万元的债权，被害人不再对银行享有 1000 万元的债权。

学生：被害人拿着被告人单位的印章是否意味着对 1000 万元的控制？

张明楷：这种可能性是有的。

学生：应该说，当初被告人欺骗被害人，被害人将 1000 万元打入被告人账上时就已经诈骗既遂了，只是最后仅造成了被害人 320 万元的实际损失。

张明楷：实际损失是什么意思？

学生：就是说诈骗数额是 1000 万元，但被害人最终实质遭受的财产损失只有 320 万元。

张明楷：也就是说，不能认为诈骗数额只有 320 万元，680 万元实际上是被害人自己挽回的。

学生：如果被告人一开始就只想骗取 320 万，就说明他只有诈骗 320 万元的故意。关键要看被告人骗被害人打入 1000 万元时，其不想还的是 320 万元还是 1000 万元？

学生：从案情的交待来看，被告人对 1000 万元具有诈骗的故意，也骗取了 1000 万元，只是仅使用了 320 万元。比如，行为人盗窃被害人的钱包，但只用了其中的 100 元，但是对整个钱包里的财物仍然都有故意。

张明楷：本案认定被告人对 1000 万元有诈骗故意应该没问题，因为被告人得到 1000 万元后并没有去办理任何贷款手续，也没有归还原来所欠的 200 万。司法实践中认定犯罪结果时，总是喜欢从最终损失的角度来认定，被追回的损失往往不算在犯罪数额之内，或者在被害人自己把损失转嫁给别人时，也会认定被害人没有财产损失。最典型的例子就是冒用信用卡或者利用他人信用卡盗窃的情形。我们国家往往把持卡人作为被害人，而在日本是把银行作为被害人，犯罪人取出 5000 元现金，银行就丧失了 5000 元现金，这在对象上是同一的，至于持卡人的损失则是银行受损失后立即转嫁给持卡人的。如果把持卡人作为被害人的话，持卡人损失的是 5000 元的债权，而犯罪人却没得到 5000 元的债权，而是得到 5000 元的现金，所以只能说银行是受害人，否则就要推翻素材的同一性的理论。但是，如果不要求素材的同一性，就会导致财产犯罪的认定会无边无际。素材同一性的判断实际上包括了因果关系的判断，有利于构成要件的定型性与明确性。尤其是当财产罪的对象是有体物时，被害人损失的有体物与被告人得到的有体物就必须是同一物。

学生：诉讼诈骗是否没有素材的同一性？

张明楷：诉讼诈骗的情况下素材还是同一的，只是被骗的人和受害的人不一致，但是犯罪人仍然是从受害人那里得到财物。诉讼诈骗中法院并没有损失，法官只是处分人，但是处分的不是自己的财产，而是被害人的财产。只是在诈骗财产性利益时，素材的同一性只需要表现为对应关系或者表里关系。例如，在骗免债务的场合，被害人丧失了债权，但被告人并不是得到了债权，而是免除了与被害人的债权相对应的债务，这也认为具有素材的同一性。在本案中，如果有证据证明被告人只对 320 万元具有故意，诈骗数额当然可以认定为 320 万元，但即便如此也应将打进 1000 万时认定为诈骗 320 万的既遂，而不是取出 320 万元时才是既遂。但是，从案情的交待来看，应当认定被告人对 1000 万元具有故意，所以，诈骗数额应当是 1000 万元，而且在被害人将 1000 万元打入被告人账户时就构成既遂。

案例二十一

甲和澳门某赌场事先设好虚假赌局，骗内地富商乙赴该赌场赌博。乙先输掉 9000 万元，但身上没有现金和银行卡，甲和澳门赌场要求乙写下欠条、留下身份证。甲觉得赌债数额过大，乙很可能会起疑心不还赌债，就再次设好赌局，让乙误以为自己手气很好赢回 7000 万元，最终让乙立下 2000 万元欠条，乙回到内地后很快归还了 2000 万元。

张明楷：旧中国刑法理论与司法实践上一直有赌博诈骗的概念，日本刑法理论也有这样的概念，本案就是典型的赌博诈骗。

学生：但我国的司法实践有时将赌博诈骗认定为赌博罪。

张明楷：我在教材中批判过这种观点与做法。赌博诈骗就是以赌博的外表或者形式骗取"参赌人"的财物，所以称为赌博诈骗。同样，借款诈骗就是以借款的外表或者形式骗取对方的款项。真正赌博时，组织者与参赌人是都不知道结局的，只要行为人知道结局而与他人进行所谓赌博的，就是赌博诈骗。不能因为被害人参与赌博，就不将被害人当作诈骗罪的被害人。即使被害人是基于不法原因给付，也不影响对方的行为成立诈骗罪。

学生：甲的行为肯定成立诈骗罪，但诈骗的数额比较难认定。

张明楷：如果甲事先已经设计好一连串的赌局，骗乙参赌，让乙信以为真更容易还赌债，甲诈骗的数额就应该是 2000 万元。如果甲设好虚假赌局让乙输掉 9000 万元，乙已经写好欠条、留下了身份证，这时甲诈骗乙 9000 万元债权的犯罪就已经既遂；甲又担心乙起疑心或者甲知道乙没有那么多钱，再次设局让乙赢回7000 万元，乙最后交付甲 2000 万元，可以认为甲前面设局的行为骗了乙 9000 万债权，后面的行为骗取了乙 2000 万的现金，因为数个行为侵害了一个法益，只认定一个诈骗罪，诈骗数额为9000 万元。

学生：您在分析中，也十分重视甲的主观犯意的作用。

张明楷：不是甲的主观犯意重要，是需要综合判断甲让乙写下 9000 万元欠条、留下身份证的行为是已经构成诈骗罪的既遂，还是为了让乙能够交付 2000 万元实施的一系列欺骗行为中的一个环节。另一方面，对犯罪数额的认定不能超过故意的内容与非法占有目的的内容。当行为人只对 2000 万元具有非法占有目的时，就不能认定行为人对 9000 万元具有非法占有目的。

抢 夺 罪

李某站在地铁门边的位置，等车门快要关的时候，突然夺走刚上车的乘客的手机立即下车。李某下车后，乘客在车内无法下车。但李某在站台上被保安抓住了，当时发现李某衣服里还藏有一把匕首。

张明楷：这个案件能够定抢劫罪吗？

学生：李某携带凶器抢夺就变成抢劫了。

张明楷：我也听说检察院要定抢劫罪，准备以抢劫罪起诉李某。

学生：李某虽然是公然抢夺，但他没有对被害人使用凶器的打算，也基本上没有这种可能性，所以，只能定抢夺罪。

张明楷：我一直认为，因携带凶器抢夺成立抢劫罪时，要求客观上有随时使用凶器的可能性，同时行为人也有随时使用凶器的打算。当然，有没有这个打算，需要根据客观事实进行判断。我想问一下：如果被害人反应快，李某有没有可能使用凶器？

学生：一是被害人反应不过来，二是反应过来了李某掏出匕首也不容易。

张明楷：那么，还要不要考虑李某在站台上被抓的时候，对抓捕人员使用凶器的可能性呢?

学生: 这个时候是事后抢劫罪成立与否的问题了吧。

张明楷: 也就是说, 携带凶器抢夺所要求的使用凶器的可能性, 仅指对财物的被害人使用凶器的可能性, 而不包括对抓捕者等人使用凶器的可能性吗?

学生: 应该是这样的吧。

张明楷: 可是, 事后抢劫也是抢劫, 与普通抢劫是完全等价的。既然如此, 携带凶器抢夺也包括两种情形: 一是因对财物的被害人有随时使用凶器的可能性而成立抢劫, 二是因对抓捕者以及证据的保护者有随时使用凶器的可能性而成立抢劫。简单地说, 前一种是因为携带凶器抢夺有随时演变为普通抢劫的危险, 所以, 刑法将其拟制为普通抢劫; 后一种是因为携带凶器抢夺有随时演变为事后抢劫的危险, 所以, 刑法将其拟制为事后抢劫。这样说有什么问题吗?

学生: 将后一种情形也拟制为抢劫, 是不是没有法律根据啊?

张明楷: 《刑法》第 267 条第 2 款规定: "携带凶器抢夺的, 依照本法第 263 条的规定定罪处罚。"《刑法》第 269 条规定, 事后抢劫的, "依照本法第 263 条的规定定罪处罚"。这里存在双重拟制规定。但是, 第 269 条的法律拟制是第一层拟制, 即首先肯定事后抢劫是普通抢劫, 第 267 条第 2 款是第二层拟制。因此, 在事后抢劫成为普通抢劫之后, 携带凶器抢夺还是可能经由事后抢劫而拟制为普通抢劫的。

学生：从逻辑上似乎也能说得通。

张明楷：当然，这个问题肯定是有争议的，我也是因为这个案件才突然想到这个问题，上面只是提出有这种解释的可能性，而不是说上面的解释就是正确的。

学生：估计很多人会认为，如果是事后抢劫，就必须是已经实施了暴力或者以暴力相威胁。李某在站台上被抓捕后，没有以暴力相威胁，所以不成立事后抢劫。

张明楷：这是就典型的事后抢劫而言，而不是就《刑法》第267条第2款的拟制抢劫而言。如果我们离开《刑法》第267条第2款，携带凶器抢夺的，也不可能成立普通抢劫。

学生：老师，您刚才说《刑法》第269条是第一层的法律拟制，为什么不说第267条是第一层的法律拟制呢？

张明楷：我不是按条文顺序来说的，而是按立法沿革说的，历来都有事后抢劫的规定，1997年以后才有携带凶器抢夺的规定。也就是说，事后抢劫历来都是与普通抢劫等同看待的，因为二者原本就是最相当的。既然如此，携带凶器抢夺因而构成抢劫罪的，就可能构成普通抢劫与事后抢劫，最终又都是按普通抢劫处理。

学生：像这种特殊的案件，现在德国有人搞基于后果的论证，就是先设定合理的后果，回过头来对解释会产生一定的影响。

张明楷：这个解释方法其实普遍存在，达到目的也是一个解释理由嘛。

学生：我觉得还不能完全等同于目的解释。

学生：您举的两个对比的例子：一个是行为人的前行为是盗窃，当场为抗拒抓捕，使用暴力将抓捕者打成重伤的案件。另一个是行为人的前行为是普通抢劫，当场为抗拒抓捕，使用暴力将抓捕者打成重伤的案件。您是从处理后果的角度来说，将后者也认定为事后抢劫更合理，更能符合罪刑相适应原则。但像这种情况，就不是基于目的解释。

张明楷：这要看目的解释中的目的是什么，是狭义的法条的法益保护目的，还是包括更多的目的。

学生：但是他们所讲的目的，主要是从保护法益的角度来讲的。

张明楷：如果从保护法益的目的来说，就不好说是基于目的解释得出普通抢劫也能转移为事后抢劫的结论。如果从广义角度来说，如为了实现罪刑相适应的目的，也不妨说是目的解释。另外，可以肯定的是，后果考察或者基于后果的论证，可以说是从目的出发的，只不过这个目的不一定指法益保护目的，而是包括了其他目的，如自由保障目的。例如，当我认为将某种行为当作犯罪处理不合适时，我就以此为导向解释法条。道理应当是一样的吧。就是说，都不是在进行形式的三段式推理，而是在进行三段论的倒置。

学生：有人直接把后果考察或者基于后果的论证，说成是基于刑法目的的考察与论证。我总觉得，还是可以分开考察。

张明楷：如果说目的解释中的目的仅指刑法条文的法益保护目的，当然还是可以分开的，这可以由各个论者自己设定。如果说目的解释中的目的只是法益保护，那么，将后果考察或者基于后果的论证与目的解释等同起来，就是不合适的。一般来说，目的解释与后果考察是有区别的，但我认为二者的思路是相同的，都是追求合理、公平的解释结论。还是回过头来讨论李某的行为应当如何处理吧。

学　生：在站台上，李某是不是有事后抢劫的可能？

张明楷：李某被抓的时候没有反抗。如果使用暴力反抗，就直接适用《刑法》第269条了。现在的问题是，能否因为携带凶器抢夺而认定为抢劫？抢夺的对象肯定是手机。

学　生：能不能说李某是盗窃？

张明楷：在德国、日本就是盗窃了，在我们国家还是可以说李某是抢夺手机的。

学　生：按老师的说法，对携带凶器抢夺与携带凶器盗窃应当作不同解释，对前者的解释更严格。

张明楷：对，所以我说因携带凶器抢夺而成立抢劫罪的，客观上要有随时使用凶器的可能性，主观上要有随时使用凶器的意思。

学　生：这样来说的话，认定李某的行为构成抢劫罪的理由并不充分，因为李某并没有使用凶器。

张明楷：携带凶器抢夺时，没有要求使用，只是要求有随时使用的可能性与主观打算。

学生：这么说，对李某也是可能定抢劫的。

张明楷：但从李某选择的时间与环境来看，基本上没有随时使用凶器的可能性，他主要是利用被害人不能下车的情形实现自己的抢夺目的，所以，应当说认定为抢夺罪可能更合适。

敲诈勒索罪

案例一

甲在网上发帖揭发当地干部乙违规建房的行为，乙违规建房的照片流传在网上，在当地引起了网友关注。乙找到甲，提出给甲 3000 元，让甲删除网帖。甲对乙说："删帖不是我一个人能办到的，我还需要再打点别人，你给的钱少了。"乙就给了甲 1 万元现金和 4 条名烟，甲随后删除了自己发出的网帖。版主丙为了提高点击率，恢复了删除的网帖，该网帖在当地越炒越热。乙再次找到甲，甲提出再给 2 万就能找关系彻底删除。乙认为 2 万元太多，仅愿意出 1 万，甲收到乙 1 万元后，通过关系找到了版主丙，丙删除了网帖。

张明楷：如果乙找到甲，主动愿意出 1 万元让甲删帖，甲拿到这笔钱后删除了网帖，甲的行为构成犯罪吗？

学生：不构成，因为乙自愿给甲 1 万元删帖费，甲并没有实施任何胁迫行为。

张明楷：司法解释规定："以在信息网络上发布、删除等方式处理网络信息为由，威胁、要挟他人，索取公私财物，数额较大，或者多次实施上述行为的"，以敲诈勒索罪定罪处罚。如何理解和认定其中的威胁、要挟？甲并没有对乙说"你不给我钱，我就不给你删除"，而是说"我要打点别人，你给的钱少了"。这种情况下能否认定为威胁、要挟？

学生：认定威胁、要挟时，不能仅看行为人怎么说。在这个案件中，甲的意思显然是，你不给够钱，我就不给你删。不管行为人口气如何，只要他利用了足以让被害人交付财物的事实，就可以认定为胁迫。甲显然已经利用了被害人的困境，让被害人交付了财物。

张明楷：你的理解是对的。敲诈勒索罪的认定，不能仅看被告人的语言内容，要考虑场景，判断被告人是否利用了被害人的困境。

学生：如何认定甲敲诈勒索的数额呢？第一次乙自愿给甲 3000 元，甲提高到 1 万元，是不是可以认为甲敲诈勒索的数额只有 7000 元呢？

学生：是啊。3000 元是乙自愿给的，另外 7000 元才是甲索要的。

张明楷：如果乙说给甲 3000 元，甲同意并删帖，肯定不会认定为犯罪了。关键还是第一次多索要的 7000 元和名烟以及第二次索要的 1 万元。所以，将 3000 元排除在敲诈勒索罪的数额之外，也是可以的。问题是，甲第一次说要打点别人，但他根本没有打点，第二次也说找关系需要钱，他虽然找了关系但并没有花钱，实际上将所有的财物都据为己有，是不是还可以考虑甲的行为构成诈骗罪与敲诈勒索罪的竞合呢？

学生：完全有可能。在行为人编造恶害要求被告人交付财物，这个恶害主要取决于行为人的情况下就成立两罪的竞合。

张明楷：事实上，甲既利用了被害人的恐惧心理，也编造了打点别人的谎言，所以，认定为敲诈勒索罪与诈骗罪的竞合，应当是没有问题的。

学生：可不可以认为甲在和乙讨价还价，进而不将这种讨价还价的行为认定为胁迫呢？

张明楷：如果行为人有权利讨价还价，当然不能把这样的行为认定为胁迫。但如果行为人根本没有权利讨价还价，而是利用他人困境讨价还价，还是可以认定为胁迫的。比如，顾客于生日当天在有名的蛋糕店订购了生日蛋糕，但在吃蛋糕时发现一枚铁钉。顾客来到蛋糕店，要求店主给自己 50 万元的补偿，否则就向法院起诉、向媒体反映蛋糕的问题。像这样的案件，我就不主张定敲诈勒索罪。顾客有权索赔，有权利和店主讨价还价的。

学生：在您刚刚举的这个案件中，我觉得顾客向店主主张的赔偿额已经远远超过了正常的赔偿范围。如果顾客要求店主赔偿购买蛋糕价款的 3 倍，这是正常的索赔，但顾客要求店主赔偿 50 万，显然已经超过了正常索赔的范围，涉嫌敲诈勒索了。我再举一个例子。某天有人骑车撞了 A，仅是擦伤了皮，但 A 要求对方赔偿 2 万。您觉得这样的行为不构成敲诈勒索罪吗？

张明楷：A 的行为怎么可能成立敲诈勒索罪呢？他只是要求对方赔偿，而且他享有这样的权利，对方可以和他讨价还价。A 没有实施其他不正当的手段行为，目的也正当，只是数额太高，但这本来就是可以讨价还价的，所以，不能认定为敲诈勒索罪。在蛋糕案中，顾客的手段与目的也都是正当的。如果店主对顾客说："我不会给你 50 万元的，你去起诉去曝光吧。"难道你觉得顾客还构成敲诈勒索罪吗？

学生：虽然顾客索赔的手段是正当的，但他的目的并不正当。

张明楷：不能因为索赔的数额高就说目的完全不正当。关于精神损害赔偿的数额，恐怕谁也说不清楚。

学生：以前司法实践中对这种高价索赔的，有认定为敲诈勒索罪的，后来逐渐也不定罪了。

张明楷：当然不能定罪。如果被告人以非法手段索赔，则有可能认定为敲诈勒索罪。例如，如果将上面的案件改成这样的：顾客威胁店主说：如果你不赔偿 50 万元，我就放火将你的店烧掉。顾客的行为有可能被认定为敲诈勒索罪，但也不是没有疑问，或者说，不是必然构成敲诈勒索罪。关键在于你如何评价被告人的目的。如果目的完全正当，就不可能认定为财产犯罪。因为目的完全正当时，就可以否认被告人具有非法占有目的。

学生：您的意思是，如果顾客的目的是正当的，也不构成敲诈勒索罪？

张明楷：对。在刑法不仅规定了敲诈勒索罪，而且另外规定了胁迫罪的国家，如果目的正当、手段不正当，即使采取了胁迫的手段，对这种行为也只能认定为胁迫罪。在我们国家，由于没有胁迫罪，所以，敲诈勒索罪的范围事实上被扩大了。

学生：在这种情况下，是不是可以根据索赔数额是否过高来判断目的是否正当？

张明楷：这样会出问题。在许多情况下，我们法官都不知道应当赔多少，普通老百姓怎么知道索赔数额是否过高？所以，不要为了扩大敲诈勒索罪的处罚范围而将正当目的认定为不正当目的。在此问题上，最好仅从索赔性质上考虑，不要从索赔数额上判断。

案例二

甲盗窃了 20 多人的车牌号，分别给车主打电话，让车主出 100 元将车牌赎回。考虑到到车管所办车牌还需要交费，而且程序繁琐，车主纷纷出 100 元将车牌赎回。甲从中渔利 2000 余元。

张明楷：这样的案件，现在司法实践中都是当敲诈勒索罪处理的吗？

学生：是的。

张明楷：为什么都认定为敲诈勒索罪呢？

学生：20多个车牌价值没有达到盗窃罪的数额要求，不能认定为盗窃罪。甲给车主打电话，要求车主赎回的行为可以评价为敲诈勒索罪的胁迫行为，2000元可能达到了敲诈勒索罪的数额要求。

张明楷：但我一直认为，这种单纯给他人制造麻烦的行为还不能评价为敲诈勒索。因为被害人已经丢失了车牌，不满足被告人的要求时，也只是丢失车牌，所以，既不能认定被告人的行为构成胁迫，也不能认定被害人产生了恐惧心理。被告人往往也是要求被害人交付办理车牌费用相当的财物，被害人要是觉得划不来也可以自己去补办车牌，所以不能认为行为人实施了敲诈勒索所要求的胁迫或者恐吓行为。也就是说，在被害人已经丢失车牌的情况下，被告人要求被害人交付赎金的行为，并非以恶害相通告。

学生：有一种观点认为，我国刑法规定的敲诈勒索不同于国外的恐吓罪，恐吓罪要求胁迫行为对被害人产生恐惧心理，但敲诈勒索罪则不需要有这样的要求。

张明楷：日本刑法、旧中国刑法中的恐吓罪就是我们现在的敲诈勒索罪，为什么说不一样呢？日本刑法、旧中国刑法中的恐吓罪，都是要求以恶害相通告的行为使被害人产生恐惧心理。我觉得，有的人可能将国外的胁迫罪与恐吓罪混淆了，我国刑法没有胁迫罪，而不是没有恐吓罪。胁迫罪也是以恶害相通告，但不以索取财物为目的。

学生：人们或许认为，从"敲诈勒索"这个表述中，看不出要求使被害人产生恐惧心理。

张明楷：在日常生活中，当人们说某人在敲竹杠时，就是指行为人利用某种口实索取财物。"敲诈"这个词也能表明，如果不满足行为人的要求，就会产生更为不利的后果。而且，"敲诈"这个词还能说明，虽然行为人以恶害相通告，但其内心里并不一定会实现恶害。这正是"诈"的表现。可是，被告人盗走了车牌之后，被害人不满足被告人的要求时，也不会产生更为不利的后果，仍然只是丢失车牌。所以，我认为这种行为难以成立敲诈勒索罪。

学生：如果扩大敲诈勒索的范围，认为除了使被害人产生恐惧心理的情形之外，把本案的这种情形包括进来，有什么问题吗？

张明楷：这是两种不同的类型，真正的敲诈勒索时，如果被害人不满足行为人索要财物的要求，就会遭受更严重的恶害。在这种场合，才有必要当犯罪处理。如果被害人根本没有产生恐惧心理，就不属于同一类型了。

学生：可是，如果对这种行为不以敲诈勒索罪论处，有时就不能定罪了。

张明楷：你以敲诈勒索罪论处，有时也定不了罪。比如，盗窃了 3 个车牌，每个索要 100 元，也只有 300 元。我觉得把被告人偷走车牌的行为定盗窃罪就可以了。换言之，如果认定为多次盗窃，还是可以定罪的。即使是同一时间，在同一停车场，连续盗窃了 3 个车牌，我觉得也可以认定为多次盗窃。多次盗窃车牌的数额可以累加，累加仍不够的也可以认定为多次盗窃。

学生：能否说，凡是盗窃了他人财物后，向被害人索要财物的，都不构成敲诈勒索罪？

张明楷：当然不能这么说，具体案件总是不一样的。比如，被告人盗窃了他人的包，包里没有什么现金，都是重要证件或者文件。被告人向被害人声称，如果不交付多少钱，就销毁证件或者文件的，我就主张在盗窃罪之外，还可以认定为敲诈勒索罪。

学生：这与盗窃车牌后索要 100 元不是一样吗？

张明楷：不一样。车牌是没有障碍就可以补办一个的，而证件或者文件要么是不能补办的，要么补办是特别麻烦的。被害人肯定会担心被告人销毁证件或者文件，因而产生恐惧心理，但被害人不会因为被告人销毁车牌而产生恐惧心理吧。

案例三

女大学生借高利贷，周利息30%，被告人即出借方要求女大学生手持自己的身份证拍裸照，并将裸照交给出借方。当女大学生不能按期还款时，被告人就以在网上公布裸照相要挟，迫使女大学生还本付高息。

张明楷：如果被告人已经将裸照发布到网上，且裸照属于淫秽物品的，可以认定为传播淫秽物品罪。另外，不管被告人是否将裸照发布到网上，其以胁迫手段要求女大学生还本付高息的，该怎么处理呢？

学生：对于超出正常利率的部分可以考虑定罪吧。

张明楷：女大学生借款时对高利息是明知的，在明知的情况下还借款，能认定对方构成敲诈勒索罪吗？

学生：按照司法解释，对于超出年利率 36% 的部分可以认定敲诈勒索罪。被告人不仅有胁迫行为，而且使女大学生产生了恐惧心理，被告人对超出部分具有非法占有目的。

张明楷：但是，利息是借款当时就定好的，不是被告人事后提高的。如果被告人事后提高利息，以胁迫手段要求女大学生还高息，认定为敲诈勒索罪是没有问题的。

学生：对于超过年利率 36% 的部分，民法是不予保护的。对民法上不予保护的部分，被告人没有权利要求女大学生返还。因此，对于超出 36% 的部分使用胁迫手段要求返还的，就侵害了女大学生的财产法益。

张明楷：问题是，女大学生在借款时是同意的，或者说是承诺按周 30% 的利息返还的。在发放高利贷本身并没有作为犯罪处理的情况下，被告人采取胁迫手段要求女大学生还本付高息的，认定为敲诈勒索罪可能不合适。而且，如果将这种行为认定为敲诈勒索罪的话，就与相关的司法解释相冲突。根据最高人民法院 2000 年 7 月 13 日《关于对为索取法律不予保护的债务非法拘禁他人行为如何定罪问题的解释》的规定，行为人为索取高利贷、赌债等法律不予保护的债务，非法扣押、拘禁他人的，依照《刑法》第 238 条的规定定罪处罚，而不是认定为绑架罪与抢劫罪。

学生：但这种场合还是有一个罪可以认定啊。但本案中，没有其他的罪可以认定。

张明楷：由于我国刑法没有规定强制罪、暴行罪，所以导致定罪困难。当然，也有可能是上面说的司法解释存在问题。为了索取合法债务而扣押、拘禁他人的，当然没有侵犯被害人的财产法益，只能认定为非法拘禁罪。但为什么将非法债务也解释进来呢？这个解释是在《刑法修正案（七）》之前做出的，当时绑架罪的起点刑很高，这样解释也有实质的合理性。但是，现在绑架罪的起点刑已经降低到 5 年有期徒刑，对于为索取非法债务而绑架他人的，可以认定为情节较轻，判处 5 年以上 10 年以下徒刑，也是可以的。

学生：如果被告人在行为时利用了女大学生的无知，在利息确定方面具有欺骗性，后来使用胁迫手段要求女大学生归还超过 36% 的利息，认定为敲诈勒索罪也不是不可以。

张明楷：都是女大学生了，怎么可能还无知。如果被告人在前面签订贷款协议时有欺骗行为，就需要看前面的行为是否构成对财产性利益的诈骗。如果前面的行为构成诈骗，那么，后面的行为就肯定是敲诈勒索。由于二者最终只侵害一个法益，所以属于包括的一罪。如果前面没有任何欺骗，女大学生知道是高息，我觉得不能认定后面的行为成立敲诈勒索罪。

案例四

> 镇长与县政府签有协议或者叫保证书，内容是，镇长要向县政府交 3 万元保证金，如果本镇没有人到北京上访，年底就将 3 万元保证金还给镇长；如果有人上访，3 万元保证金就不返还了。没有任何上访理由的甲来到北京后给镇长打电话说，你要给我 1.5 万元，否则我现在就在北京上访。镇长一听就害怕了，同意给甲 1.5 万元，事后镇长从镇政府拿出 1.5 万元给了甲。

张明楷：本案与通常的上访完全不同。甲之所以只要 1.5 万，就是因为他知道如果要 3 万元的话，镇长可能不给了。

学生：3 万元的保证金是镇长个人出的吗？

张明楷：保证金是镇长个人出的，县政府就是为了让镇长保证本镇没有人员来北京上访。

学生：有许多人说，政府不可能成为敲诈勒索的对象。

张明楷：怎么可能向政府进行敲诈勒索呢？任何人都只能向个人提出敲诈勒索，比如，向书记、镇长、县长等人进行敲诈勒索。

学生：他们的意思是，政府不可能产生恐惧心理。

张明楷：产生恐惧心理的都是自然人，不可能是政府本身。县长、镇长产生恐惧心理，不等于政府产生恐惧心理。所以，不能以政府不可能产生恐惧心理为由，直接否认某种行为可能对政府负责人构成敲诈勒索罪。

学生：如果行为人对镇长说，如果镇政府不给我 10 万元，我就炸掉镇政府的办公楼。这就是对政府本身的敲诈勒索吧。

张明楷：但是，镇政府本身不可能产生恐惧心理，它只是财产的受害人，基于恐惧心理交付财物的仍然是镇长。这种情形就是我们通常所说的三角恐吓，即受恐吓的人与财产的被害人不是同一人，但受恐吓的人又能够处分被害人的财产。

学生：懂了，您的意思是，不能笼统说政府能否被敲诈勒索，而是要分析判断受恐吓的人与财产的被害人是不是同一人。政府本身不能被恐吓，但可能成为财产的被害人，而政府负责人可能被恐吓，但他可能处分政府的财产。

张明楷：是的。一些人就是没有明确区分这一点，单纯以政府不可能被敲诈勒索为由，否认敲诈勒索罪的成立，这显然讲不通。你们想一想，一位行为人要敲诈政府的财产时，他总是要将恶害通知或者传递给政府的某个具有决定权的人，他不会仅告诉在政府扫地的人。所以，凡是敲诈勒索时，他一定是使自然人产生恐惧心理，而不可能使政府、机关等本身产生恐惧心理。即使政府的全体人员都产生了恐惧心理，也只是自然人产生了恐惧心理，而不是说政府产生了恐惧心理。

学生：行为人不可能向某某人民政府的那块牌子去敲诈勒索。

张明楷：在我们所讨论的这个案件中，甲的行为肯定成立敲诈勒索罪吧。他明显使镇长产生的恐惧心理是，如果不给甲 1.5 万元，自己就会损失 3 万元。如果给甲 1.5 万元，自己年终还可以拿回 3 万元。这就是典型的敲诈勒索。

学生：但是，镇长不是自己给了甲 1.5 万元，而是从镇政府拿出来 1.5 万元给了甲。

张明楷：这一点不影响甲的行为成立敲诈勒索罪，只是涉及另一问题，即镇长的行为是否构成贪污？

学生：构成贪污。

学生：紧急避险，实在是没有办法了。

张明楷：怎么可能是紧急避险？甲不是向政府要钱，而是向镇长要钱，他知道镇长向县政府交了 3 万元保证金。

学生：如果这样的话，镇长的行为涉嫌贪污，但由于数额没有达到 3 万元，也没有其他严重情节，所以，不能以贪污罪论处。

张明楷：如果县政府或者镇政府有规定：遇到有人将要上访的，政府可以出钱让其不上访，那么，不管这个规定合适与否，都可以说镇长不涉嫌贪污。

学生：由此看来，笼统说上访者不构成敲诈勒索罪，也是不合适。

张明楷：任何事情都不能绝对化。在许多所谓相同的案件中，一个细微的差别也可能就是实质上的差别。但是，大多数上访者与本案的甲并不相同，而是有上访理由的。

学生： 能否说，凡是有上访理由的都不成立敲诈勒索罪？

张明楷： 那也不能这么说，需要考虑上访理由与取得"补偿"的关联性。比如，行为人承包的土地被征收后一直没有得到合理的补偿，于是上访。政府派人要将行为人找回来，行为人说如果不给予合理补偿，就一直上访，政府就给了行为人一笔钱。这样的案件，无论如何都不能认定为敲诈勒索罪。一方面，从构成要件的层面来说，这种行为本身就难以评价为敲诈勒索行为，因为他并不是以恶害相通告；另一方面，从主观要素来说，行为人的目的具有正当性，而不是具有"非法"占有目的。但是，如果上访人检举、揭发镇长的贪污行为却一直没有人管，上访人以此为由上访，但同时声称如果给自己一笔钱就不再上访的，则能成立敲诈勒索罪。

学生： 现在许多案件是，行为人上访时，政府派人将行为人哄回家，说回家后就给予补偿；回家后就给行为人一笔钱，然后报案说行为人构成敲诈勒索罪。

张明楷： 这显然不合适。

学生： 可不可以说，只要有权获得经济补偿但没有获得因而上访，并获得补偿的，都不能认定为敲诈勒索罪。

张明楷： 可以这么说。但不能说，凡是有上访理由的都不成立敲诈勒索罪，因为上访理由太多，而上访所要解决的不一定是财产问题或者经济补偿问题。

学生： 可以说，凡是没有上访理由的，构成敲诈勒索罪的可能性就较大。

张明楷：不能将这个问题简化为有没有上访理由，有的案件中，行为人虽然没有理由，但根本就没有敲诈勒索行为，也不可能认定为敲诈勒索罪。

案例五

甲女（已婚）是某大学一年级学生，其丈夫丙是某公司老板。乙女与甲是同学，乙的男朋友丁以虚假理由向甲借了5万元钱。后来，甲一直催丁还钱，丁也还了钱。在丁还钱的当天，甲就向丈夫丙说丁以虚假理由借钱的事。第二天，丙就带着甲和另外两个人，把丁约到一个公园，质问丁为什么撒谎借钱，并殴打丁，强行让丁借给甲25万元。但丁没有钱，甲就让丁去筹钱，丁后来凑了25万元打到甲的账号上。甲给丁出具了一个欠条。意思是，甲向丁借款25万元，3年后归还，但没有约定利息。甲并不缺钱用，也有归还的意思，甲与丙实施上述行为就是为了教训丁。

张明楷：这个案件该从哪里着手开始分析？

学生：抢劫也好、敲诈也好，问题的关键在行为对象是什么。

学生：行为对象是25万元。

学生：甲对25万元有归还的意思，行为对象应当是25万元在 3 年内的使用价值。

张明楷：25 万元在 3 年内的使用价值是多少？

学生：按照司法解释，24% 以内都是受法律保护的，所以，按 24% 计算使用价值。

张明楷：如果没有等 3 年就案发的，也按 3 年的利息计算吗？

学生：那倒不可能。

张明楷：丁将 25 万元汇到甲的账户后就报案了，丁的家人找丙要回了 25 万元，不仅如此，丙还多给了 25 万元给丁的家人。

学生：我觉得可以认定为敲诈勒索罪，数额就是 25 万元。

张明楷：甲和丙有归还的意思，这是否影响非法占有目的的认定？

学生：既然甲和丙有归还的意思，就不能将 25 万元本身认定为敲诈勒索罪的对象。

学生：强行借钱不能认定为敲诈勒索罪吧。

张明楷：我带几个人使用暴力，强行把你的奥迪车借走使用 3 年，你觉得无罪吗？

学生：老师，我没有奥迪车。

张明楷：这类案件在司法实践中有不同的判决结论，有的认定为寻衅滋事罪，有的认定为敲诈勒索，还有的认定为抢劫罪。

学生：认定为抢劫就太重了。

张明楷：如果确实使用了压制他人反抗的暴力、胁迫手段，还是有可能认定为抢劫的吧。只是抢劫或者敲诈勒索罪的对象究竟是 25 万元现金还是财产性利益，倒是需要讨论的问题。

学生：这样的案件在日本会怎么定？

张明楷：如果不符合抢劫罪的构成要件，我觉得会认定为敲诈勒索罪，行为对象就是 25 万元。你们想一想，行为人盗用他人的自行车几小时，在日本都会认定为盗窃罪，被告人使用胁迫手段让被害人借出 25 万元的，当然也成立敲诈勒索罪。

学生：感觉还是不一样，因为自行车是一个特定物，用的时间长了会有损耗。

张明楷：几个小时会有什么损耗？而且，日本在认定为盗窃罪时，不是认定为对损耗的价值的盗窃，而是对自行车本身的盗窃。这种行为在德国会怎么处理？

学生：德国刑法专门规定了无权使用他人物品的犯罪。如果用的时候出现毁坏结果的，就按毁坏财物罪处理。

张明楷：日本刑法与我国刑法没有规定无权使用他人物品的犯罪，所以，在非法占有目的的解释方面，会与德国有所区别。

学生：如果使用了胁迫手段借款，至少成立敲诈勒索罪，敲诈勒索的是财产性利益。因为金钱的使用本身就是财产性利益。

张明楷：我也觉得甲与丙的行为能够成立敲诈勒索罪。当然，能否作相对不起诉处理，则是另一回事。

学生：根据最高人民检察院 2014 年 4 月 17 日《关于强迫借

贷行为适用法律问题的批复》指出："以暴力、胁迫手段强迫他人借贷，属于刑法第 226 条第 2 项规定的'强迫他人提供或者接受服务'，情节严重的，以强迫交易罪追究刑事责任；同时构成故意伤害罪等其他犯罪的，依照处罚较重的规定定罪处罚。以非法占有为目的，以借贷为名采用暴力、胁迫手段获取他人财物，符合刑法第 263 条或者第 274 条规定的，以抢劫罪或者敲诈勒索罪。"按照这个批复，甲与丙的行为成立强迫交易罪。

张明楷：我知道这个司法解释。但是，其一，强迫交易罪是扰乱市场秩序的犯罪，应当要求被害人是在从事市场经济活动或者交易活动的主体吧，否则，怎么叫强迫交易？其二，强迫交易罪的成立，并不意味着对敲诈勒索罪的否认，二者完全可能成立想象竞合关系。其三，最为关键的是，如何判断行为人在借款时是否具有非法占有目的？能不能说，只要行为人有归还的意思就认定他没有非法占有目的呢？

学生：当然不能。

张明楷：非法占有目的包括排除意思与利用意思。本案甲与丙当然有利用意思；而排除意思实际上是指妨害他人对财物的利用的意思，强迫他人借给自己 25 万元，当然有妨碍他人利用 25 万元的意思。所以，不能因为有归还的意思，就否认非法占有目的。

学生：主要是数额不好确定。

张明楷：在日本就确定为 25 万元，但我们国家的很多人可能难以接受这样的认定。

侵 占 罪

被告人原来在 A 公司当会计，A 公司以自然人名义在保险公司买了一份保险，将投保人、受益人写成被告人。后来，A 公司要向银行贷款 45 万元，但按照银行与保险公司的协议，A 公司若要贷款就必须向保险公司投保，并将保单质押在银行。于是，A 公司去保险公司续保，投保人和受益人依然写成被告人。续保不久，被告人就离职了，A 公司凭保单顺利在银行贷款并如数还款，保单拿回后放在了 A 公司。被告人离职三年后，保险公司的业务员联系被告人续保，并告知其在保险公司的一笔 60 万元的保单已经到期，可以把 60 万元取出来。被告人问保单不在了如何办理，业务员说可以凭身份证申请保单挂失。于是，被告人去保险公司持身份证申请保单挂失，将 60 万元取出据为己有。

张明楷：被告人可能涉嫌哪些犯罪？

学生：涉嫌诈骗罪、侵占罪。

张明楷：侵占罪是将自己在事实上或法律上占有的财物非法据为己有。在法律上被告人是占有这笔款项的。对这个案件有三种定罪主张，分别是职务侵占罪、侵占罪和诈骗罪，多数人倾向于定诈骗罪。

学生：如果保险公司知道真相的话，是否会不支付这 60 万给被告人？

学生：保险公司应该是形式审查，只要保单写的受益人是被告人就应该支付。

学生：如果是这样的话，冒用他人信用卡的行为也不能认定银行或者商户受骗了。

张明楷：信用卡只限于本人使用，不是本人使用时，还是可以评价为欺骗行为吧。

学生：本案被告人是在法律上占有60万元，但所有权仍然归被告人原所在的A公司。

张明楷：刑法的判断肯定比民法要实质一些，二者的目的不同，民法考虑的是，当有人冒领时，金融机构是否要承担赔偿责任，而刑法考虑的是行为人是否实质上对金融机构享有债权。

学生：那么本案的被害人是谁？

张明楷：应当是A公司吧。如果将被告人的行为认定为侵占罪，仍然要考虑素材的同一性。首先被告人是侵占了A公司对保险公司的债权，然后将债权转换成了现金，这样素材就同一了，因为被害人单位损失的是一个60万元的债权，而不是60万元现金本身。

学生：如果被告人挂失之后重新办理了一张保单，而不取出现金，如何处理？

张明楷：仍然要定侵占罪，这就是侵占债权，素材仍然是同一的。

学生：如果侵占的是债权的话，什么时候是着手？

张明楷：如果按照日本学者的观点，只要被告人声称债权是自己的时候就可认定为着手。

学生：您刚才讲多数人主张定诈骗罪。

张明楷：要定诈骗罪，就必须说保险公司是受骗人。问题是能否说保险公司是受骗人？

学生：如果保险公司没有审查义务，或者即使被告人说明真相，保险公司也会给他挂失，那么，就不能认定为诈骗罪。反之，如果保险公司具有审查义务，或者只要被告人说明真相，保险公司就不会给他挂失，那么，被告人的行为就构成诈骗罪。

张明楷：道理上是这样的。如果被告人说明了真相，但保险公司说"这是你和 A 公司之间的事，你们自己去处理吧"，这样被告人就不可能成立诈骗罪；如果被告人说明真相，保险公司不向被告人支付 60 万元，则被告人的行为构成诈骗罪。

学生：如果是诈骗罪的话，被害人是保险公司还是 A 公司？

张明楷：如果是诈骗的话，我觉得认定为三角诈骗合适一些，即保险公司的职员是受骗人，其处分的是 A 公司的债权。

学生：这个案件在日本有可能认定为诈骗罪吗？

张明楷：我感觉有可能，但不能确定。例如，在日本，如果乙误将一笔钱汇到甲的账户上，甲明知是错误汇款，却在银行柜台取款的，也会被认定为诈骗罪。在这种场合，甲形式上似乎享有债权，但实质上是不享有债权的，换言之，甲账户多出的存款是没有任何根据的。但是，当单位的钱以行为人的名义存入银行时，行为人取出钱自己使用的，则认定为侵占罪。因为这里存在一种委托关系，行为人在法律上的占有是有一定根据的。我们讨论的案件似乎介于这两种情形之间。一方面，将投保人和受益人写成被告人是 A 公司的决定，另一方面，被告人又隐瞒真相挂失保单。如果被告人原本持有保单，直接去保险公司取出 60 万元，大体上会认定为侵占，不大可能成立诈骗罪。但是，由于被告人实施了欺骗行为，60 万元实际上又属于 A 公司所有，也可能因此而认定为诈骗罪。

学生：如果不将财产损失作为诈骗罪的构成要件要素，本案是可以认定为诈骗罪的。

张明楷：在本案中，这一要素并不是决定性的。因为即使要求财产损失，也可以认为本案是三角诈骗，A 公司遭受了财产损失。所以，关键还是在于，能否将被告人对保险公司的行为评价为诈骗罪的欺骗行为，以及保险公司的相关人员是否存在认识错误。当然，保单原本没有丢失但被告人声称丢失，这虽然是一种欺骗行为，但这种欺骗行为能否评价为导致保险公司产生处分财产的认识错误的行为，还是需要研究的。总的来说，我感觉认定为侵占罪是肯定没有疑问的，也就是说，认定为侵占罪没有任何障碍。但是，如果要认定为诈骗罪，则需要说明保险公司人员知道真相后不会将 60 万元交付给被告人。

职务侵占罪

案例一

被告人甲是某市物资局下属国营仓库的主管人员，于1997年退休。1999年国营仓库改制成有限责任公司，注册资本500万，市物资局以国营仓库资产投资控股60%，甲与乙持股40%，经过股东大会选举，甲被选为公司的副总经理，市物资局人员担任总经理。2001年初，公司在原国营仓库中发现物资局存在仓库中的50吨铝锭，甲将其出卖，得款60万元。2002年物资局发现有部分铝锭放在库房，便向甲索要，甲称以每吨1万元卖掉了，还给物资局50万元。

张明楷：这个案件涉及甲的行为构成何罪，以及犯罪数额如何确定的问题。

学生：铝锭是由谁保管、谁占有？

张明楷：铝锭由物资局所有，原本放在国营仓库，后来放在改制后的公司，但不属于改制后的公司的财产。

学生：改制后的公司账目上应该没有这50吨铝锭。

张明楷：铝锭并不在改制后公司的账上，所以要判断铝锭是什么性质的财物，是代为保管的财物，还是遗忘物？代为保管的财物能否认定为本单位财物？

学生：公司代为保管的财物应当属于本单位财物。

张明楷：简单一点说，就是对 50 吨铝锭是定普通侵占还是定职务侵占？

学生：应当是职务侵占，公司管理了物资局的财物时，就是本公司的财物。

张明楷：联系《刑法》第 91 条第 2 款的规定看，这 50 吨铝锭可以认定为公司的财物，即本单位的财物，所以，可以认定为职务侵占罪。

学生：如果甲误以为这是物资局的遗忘物，是否影响职务侵占罪的认定？

张明楷：这是事实认识错误还是法律认识错误？

学生：这不应当是事实认识错误，而是法律认识错误。

张明楷：显然，事实很清楚，就是物资局的财物放在公司的仓库，这一点甲没有认识错误，只是甲对财物性质的评价有错误。这个错误属于法律认识错误，所以，不影响职务侵占罪故意的成立。

学生：能否认定为无因管理？

学生：无因管理要有为他人管理的意思。本案中是否有这种意思？应该是没有管理意思。

张明楷：如果甲具有为物资局管理的意思，也可以评价为本公司的财物。也就是说，虽然在民法上，50 吨铝锭的所有权属于物资局，但在刑法上，根据第 91 条第 2 款的规定，50 吨铝锭也可以评价为本公司的财物，能够成为职务侵占罪的对象。况且，如果事后不知道这 50 吨铝锭的下落了，公司还是要向物资局赔偿相应的铝锭，结局还是使公司受损失。

学　生：如果是这样的话，甲的行为对 50 吨铝锭构成职务侵占罪。

张明楷：甲卖掉 50 吨铝锭时，能否认定其具有非法占有目的？或者说，他只是民法上的无权处分？

学　生：甲卖了一年后，在物资局找他要铝锭时，他才把 50 万元给物资局。这足以说明，他具有非法占有目的，而不单纯是民法上的无权处分。

张明楷：我赞成这个说法。如果甲将 50 吨铝锭出卖之后，立即将 60 万元交给物资局，就是民法上的无权处分，也不可能构成犯罪。所以，我们首先还是要肯定甲变卖 50 吨铝锭的行为成立职务侵占罪。

学　生：有没有可能不是职务侵占，而是盗窃？

张明楷：这个可能性当然有，但由于案情交待得不清楚，我们不好讨论。

学　生：在什么情况下构成盗窃呢？

张明楷：按照我的观点，只要甲没有基于职务占有这 50 吨铝锭，就可以认定其行为构成盗窃。

学生：老师是不主张职务侵占罪中包括利用职务上的便利窃取本单位财物这一行为方式的。

张明楷：是的。那么，职务侵占罪的数额是多少呢？

学生：铝锭当时的市场价格是多少，职务侵占罪的数额就是多少。

张明楷：对。如果市场价格是 60 万元，职务侵占罪的数额就是 60 万元。我们现在假定铝锭的价值就是 60 万元，如果甲后来把 60 万元全部都给了物资局，是否还要定职务侵占罪？

学生：应该还要定职务侵占罪。因为按照我们刚才的分析，甲的职务侵占已经既遂，所以，后来把 60 万元全部给物资局，只是既遂后的返还或者补偿的行为，不影响职务侵占罪的成立。

张明楷：理论上是这样的。不过，如果是这样的话，从证据的角度来说，可能难以认定甲具有非法占有目的，因而仅作为民法上的无权处分来处理了。那么，后来甲只给物资局 50 万元，是不是另成立诈骗罪？

学生：当然另成立诈骗罪，因为甲的行为使物资局免除了其 10 万元的债务。

张明楷：这个诈骗罪与前面的职务侵占罪是什么关系？

学生：包括的一罪吧。因为物资局所损失的只有一个法益。如果前面认定为职务侵占罪的数额为 60 万元的话，就不能再定甲诈骗了 10 万元。因为物资局总共只损失了 60 万元，如果认定甲的犯罪数额是 70 万元，就没有根据了。

张明楷：对，认定为包括的一罪比较好。

案例二

某网络服务公司的员工甲，私自将自己负责管理的公司游戏币、游戏装备等卖给玩家，获利百万元。

张明楷：有一种观点认为虚拟财产不是财物，认为甲的行为不构成任何犯罪。当然，你们肯定知道，我认为虚拟财产属于刑法规定的财物，甲的行为肯定也涉及财产犯罪。我要说的是，即使认为虚拟财产不是财物，甲的行为不构成财产犯罪，也不可能说甲无罪吧。有一个基本的常识，一个人利用自己的职务行为非法获取了数额巨大的不正当收入，怎么可能不构成职务犯罪呢？即使甲的行为不成立职务侵占罪，也能成立非国有公司人员受贿罪吧。

学生：在德国，这样的行为还会触犯背信罪。

张明楷：在日本，也会以背信罪处理。

学生：如果虚拟财产不是财物，似乎也很难认定为职务侵占罪。因为甲负责管理的不是财物。

张明楷：我们现在不讨论虚拟财产是不是财物，我们要肯定，如果虚拟财产是财物，甲的行为肯定成立职务侵占罪。如果虚拟财产不是财物，甲也是利用职务便利为玩家谋取利益，然后收受玩家给予的好处，至少也成立非国家工作人员受贿罪。不过，我还是主张定职务侵占罪的。

学生：定职务侵占罪的话，数额怎么计算呢？

张明楷：我觉得在本案中按甲出卖后所获得的金钱数额算就可以了。

学生：如果甲不是以公司的虚拟财产获利，而是直接将虚拟财产送给了自己的朋友用，是否构成职务侵占罪呢？

张明楷：同样构成职务侵占罪啊。就像单位的出纳将单位的钱送给朋友一样，当然也是职务侵占罪。

学生：如果说虚拟财产不是财产的话，将虚拟财产送给朋友的又该怎么办呢？

张明楷：这就麻烦了。因为我们国家刑法中没有背信罪，所以，如果认为虚拟财产不是财物，就没有办法处理了。

案例三

甲公司生产一种有名的牛肉，A、B两餐厅长期从甲公司购买该牛肉，并以该牛肉为招牌菜为甲公司做广告。甲公司常年以特惠价（仅为批发价的一半）向A、B两餐厅供应牛肉。甲公司销售经理乙以将牛肉卖给A、B餐厅为由，得到主管人员批准后，将牛肉从公司仓库拉出放入自己事先找好的冷库，再以通常价格销售给其他人，后又伪造与 A、B 餐厅的买卖牛肉合同，结算时按照特惠价交付公司货款。乙的行为导致甲公司损失几百万元。

张明楷：乙实际上是利用职务上的便利，欺骗主管人员，非法占有了本单位的财物。

学生：按照传统观点，乙成立职务侵占罪，但按照老师现在的观点，对乙的行为应当认定为诈骗罪。

张明楷：是的，我们暂且按传统观点，说乙的行为成立职务侵占罪，问题是，乙的行为何时既遂，是把牛肉从甲公司仓库拉出来就已经既遂了呢，还是乙办理好结算手续时既遂？在这个案件中，犯罪的对象影响犯罪既遂的认定，犯罪既遂的认定会影响犯罪数额的认定。

学生：这要看乙侵占的对象是什么。如果认为乙侵占的对象是牛肉，乙从甲公司仓库拉出牛肉时，犯罪就已经既遂了。乙结算回来的货款就是他为了掩盖自己的犯罪向公司交纳的钱。

张明楷：如果牛肉是侵占对象，那么，侵占数额怎么计算呢？

学生：牛肉值多少钱，侵占数额就是多少。

张明楷：不需要扣除他向公司交付的那部分牛肉款吗？刑法理论和司法实践在这一点上就可以看出来明显的不同。如果乙以将牛肉卖给 A、B 餐厅为由将牛肉从公司仓库拉出后以通常售价卖给了其他餐厅，乙把全部货款都交给了公司，你们会认为他的行为构成职务侵占罪吗？

学生：不会。

张明楷：这是为什么呢？

学生：因为不能证明乙具有非法占有目的。

张明楷：也就是说，只要能够证明乙有非法占有目的，就可以将牛肉作为侵占对象，并按牛肉的正常售价计算侵占数额吗？

学生：如果乙把牛肉从公司仓库拉到自己的冷库里还未销售时案发的话，恐怕就会按照当时牛肉的价值来认定职务侵占罪的数额了。

张明楷：但是，乙在拉出牛肉时，虽然有非法占有牛肉的故意，但同时有将批发价的一半返还给公司的意思。是不是可以认为，乙没有将牛肉的价值全部据为己有的意思呢？

学生：可是，职务侵占罪是对个别财产的犯罪，而不是对整体财物的犯罪，所以，不需要考虑乙是否有将批发价的一半返还给公司的意思。

张明楷：道理是这样的，如果公司主管人员知道了乙的意思，就不会批准将牛肉运出去。我也认为，从法条规定和刑法理论两方面来看，都应该把牛肉认定为犯罪对象，只要乙欺骗公司主管人员，把牛肉拉出公司库房，就应该认为犯罪已经既遂。乙再去把牛肉卖给别人，这样的行为已经不是职务侵占罪评价的对象了。归还批发价一半的货款给公司的行为可以说只是掩盖自己职务侵占的犯罪事实的行为。

学生：可不可以把乙骗公司以特惠价卖给 A、B 两餐厅的行为认定为欺骗公司进行债务减免呢？因为乙的行为导致公司少收部分牛肉货款。

张明楷：你的意思是乙骗取了甲公司的财产性利益。

学生：对！在乙欺骗甲公司要以特惠价把牛肉卖给 A、B 餐厅时，甲公司为乙减免了一部分债权，公司主管在审批单上签字时，犯罪就已经既遂，因为已经处分了公司的债权。

张明楷：牛肉都没有拉出来，怎么就有了债权、犯罪就既遂了呢？如果乙还没有拉出牛肉，公司就发现乙并没有与 A、B 餐厅签过合同，要求乙把这些牛肉按通常价格出售，难道这算是既遂以后的事实？

学生：这样确实会导致既遂太过提前，似乎也不合理。

张明楷：在日本，刑法理论与司法实践肯定会认为，如果甲公司主管知道真相就不会向乙交付牛肉，乙的行为构成对牛肉的诈骗，不可能认定为职务侵占罪。

学生：如果把犯罪对象认定为公司的债权，什么时候既遂合适？

张明楷：如果认定为公司的债权，恐怕只能说结算后才是既遂，数额也必须相应地减少。但是，这样认定在法理上说不通，因为乙首先侵占的是牛肉，其次才是再骗免因为侵占牛肉所产生的债务，但由于只侵害一个法益，所以，只定对牛肉的职务侵占是完全可以的。

学生：在侵占类犯罪中，如果不结合行为人侵占的意思来判断的话，很难认定行为人的行为是侵占。比如在我们刚刚讨论的这个案件中，如果不结合乙的内心想法，很难认为他把牛肉拉出公司仓库就已经犯罪既遂，因为他完全可能按照原价归还公司价款。

张明楷：你这个说法不一定准确。在实践中，行为人如果只是内心想侵占，没有任何客观行为，怎么可能案发呢？比如，你的一个朋友让你保管了一个价值5000元的物品，你不想归还，朋友第一天给你打电话，让你上课时候带给他，你没带过去；第二天朋友说自己去取，第二天你就把东西给朋友了。虽然理论上说，只要你产生了将这个东西据为己有的意思，这个意思表现于外就是侵占既遂。但是，在许多场合，事实上不能肯定据为己有的意思是否已经表现于外了。我刚才编的这个保管案件，显然不可能说是侵占。

案例四

某公司给员工买各种保险，其中包括养老保险。如果所买的养老保险越多，届时返还给员工的也就越多。公司每月给员工买500元的养老保险（由公司支付）。但是，公司的会计即被告人，只给员工买300元的养老保险，将10位员工每月剩下的200元变成自己购买的养老保险，于是，被告人每月购买了2500元的养老保险。

张明楷：公司原本每月支出 5500 元购买养老保险，每人 500 元，但现在变成每人 300 元，被告人 2500 元。从最终结局来看，公司没有财产损失，受损失的似乎只是 10 位员工。这是否影响职务侵占罪的成立？

学生：不影响职务侵占罪的成立。

张明楷：怎么说明被告人侵吞的是"本单位财物"呢？

学生：既然单位拿出钱给员工买保险，那么，这个钱就是员工的吧。是不是可以认定为普通侵占？

张明楷：你的意思是，被告人是受员工委托为员工购买养老保险吗？

学生：我是想问有没有这种可能性。

张明楷：在购买养老保险之前，这些钱是属于谁占有、谁所有？

学生：只要还没有转出公司的账户，就是公司所有的钱，只是由被告人占有和管理。

张明楷：如果被告人只给 10 位员工购买 300 元的养老保险时，剩下的 2000 元应当由谁所有？

学生：仍然由公司所有，不可能因为少给员工买了保险，被告人就取得了所有权。

张明楷：对。就像单位少发了一位员工的工资一样，不能认为剩下的钱就不是单位所有。既然如此，被告人侵占的就是本单位财物，当然成立职务侵占罪了。

学生：但是，公司没有受损失，因为公司每个月就是要出那么多钱，最终受损失的只是员工。这不影响职务侵占罪的成立吗？

张明楷：你这是将职务侵占罪当作对整体财产的犯罪了。事实上，即使从整体财产损失的角度来说，也可以认定公司受到了财产损失。

学生：公司的财产损失表现在什么地方？

学生：按照实质的个别财产损失的概念，公司目的没有实现。钱是用来实现各种目的的，目的没有实现，就意味着有财产损失。而且，职务侵占罪中也没有财产损失这一构成要件要素，只要行为人将自己基于职务所占有的本单位所有的财物据为己有，就成立职务侵占罪。本案的被告人事实上就是将本单位的金钱据为己有了，而这些金钱原来是由被告人基于会计职务占有的，所以，成立职务侵占罪没有问题。

学生：有没有可能认定被告人盗窃了 10 位员工的财物？

张明楷：司法机关好像也想认定为盗窃罪。

学生：他们为什么想定盗窃罪？

张明楷：可能是因为盗窃罪的数额起点低，或者想判重一点吧。

学生：但是，不可能成立盗窃罪吧。

张明楷：当然不可能，因为用于购买保险的这些钱，原本就不是员工占有的，而是在公司的账户上，或者说是由被告人占有的。怎么可能自己盗窃自己占有的财物或者财产性利益呢？司法机关想认定为盗窃罪，可能还有一个原因，就是被告人的行为减少了员工将来的收入。但一个减少被害人将来收入的行为，不可能当然符合盗窃罪的构成要件。

学生：办案人员可能想到的就是"秘密窃取"。

张明楷：员工肯定要求严厉处罚会计。因为即使后来补交养老保险，员工也会有财产损失。但是，我觉得员工必然遭受的财产损失，可以通过提起民事诉讼来解决。

学生：所以，即使认定为对 10 位员工的犯罪，充其量也只能认定为普通侵占罪。

张明楷：认定为普通侵占罪不合适，因为并不是员工委托被告人管理财物，而是公司让被告人直接为员工购买养老保险，根本不存在普通侵占罪的前提。

故意毁坏财物罪与破坏生产经营罪

某机票代购公司的员工甲与经理乙有矛盾，就想报复乙。甲知道公司购买机票系统登录账户，就利用该账户向某外国航空公司预定了 60 张机票，直到飞机起飞时，甲既没有退票也没有付款。根据合同约定，机票代购公司向外国航空公司赔偿 7 万元。

张明楷：对甲的行为应当如何处理？

学生：甲在公司不知情的情况下，使用公司订票账户和密码，是不是可以认定为非法侵入计算机信息系统罪？

张明楷：甲是公司员工，明明可以进入公司订票系统，能叫非法侵入吗？即使甲不是机票代购公司的员工，而是外部人员，其行为属于非法侵入因而认定为非法侵入计算机信息系统罪，也没有全面评价案件事实。因为非法侵入计算机信息系统罪属于对公法益的犯罪，而甲的行为显然还侵害了私法益，所以，不能一涉及计算机时，就只想到定一个计算机犯罪。

学生：甲实际上为公司设定了一个不得不履行的债务。

张明楷：这样的案件如果发生在日本，除了触犯背信罪之外，还可以说同时触犯了妨害业务罪。比如，行为人把商家挂在门上的"营业中"的牌子换成了"休业中"，就要认定为妨害业务罪。

学生：可否认为甲的行为构成寻衅滋事罪？我的意思是，既然网络也是一个公共空间，可以认定为公共场所，甲用公司账户购票的行为属于寻衅滋事罪中的"任意毁损他人财物"？

张明楷：感觉有问题。一方面，难以把甲的行为认定为"任意毁损他人财物"，因为当我们说毁损财物时，必须客观上已经存在一个财物，但本案实际上只是事后才对公司造成损失。另一方面，也不能轻易说虚拟的网络就是公共场所，公共空间不等于公共场所。我们经常听到宇宙空间的说法，但有宇宙场所的说法吗？另外，如果说甲的行为是任意毁损他人财物的话，还不如直接定故意毁坏财物罪。

学生：认定为故意毁坏财物罪，还是有障碍，因为甲只是为公司设定了一个按合同必须赔偿的前提事实，而不是直接使公司的某个财物的价值减少或者丧失。

张明楷：我也不赞成认定故意毁坏财物罪，我的意思是，既然不是毁坏财物，就不能说甲是任意毁损他人财物的寻衅滋事行为。但我们也确实可以认为，甲的行为损害了公司的财产性利益，问题是，能不能说损害公司财产性利益的也构成故意毁坏财物罪。

学生：如果说刑法上的财物包括财产性利益的话，也可以肯定损害财产性利益的行为也构成故意毁坏财物罪。

张明楷：问题是，为公司设定一个债务的行为，可不可以叫损害了公司的财产性利益？更重要的是能不能评价为"毁坏"？一般来说，使他人财产性利益受到损害的行为，是为他人处理财产事务的人才能实施的，所以，在德国、日本，为了损害委托人的利益而实施的背信行为，构成背信罪。但我们国家没有这个罪，如果将这个罪中的损害他人利益的行为归入故意毁坏财物罪，可能存在明显的疑问。

学生：能够将甲的行为认定为破坏生产经营罪吗？

张明楷：这当然是可以讨论的。关键是甲的行为是不是刑法所规定的"毁坏机器设备、残害耕畜或者以其他方法破坏生产经营的行为"中的"以其他方法破坏生产经营"。当然，如果从破坏生产经营罪这个罪名来看的话，甲的行为似乎就是破坏了公司的生产经营活动，但联系这个罪的构成要件进行同类解释的话，破坏的对象必须是与"机器设备""耕畜"相当的生产资料，甲并没有破坏公司的生产资料，所以，难以把甲的行为认定为破坏生产经营罪。我发现我们国家的司法机关在适用破坏生产经营罪这个罪的时候，并没有采用同类解释，而只是按罪名本身即行为是否破坏了生产经营来适用本罪的。例如，发生征地纠纷后，村民对征地补偿款不满意，采用挖村头道路或者在村路上拦截开发商或者经营商等方式要求提高征地补偿款。一些司法机关把这样的行为按照破坏生产经营罪处理了。姑且不说村民的行为不符合破坏生产经营罪的"泄愤报复或者其他个人目的"这一主观要素，仅从客观行为来看，村民也没有破坏对方的生产设备等生产资料，怎么就能把这样的行为认定为破坏生产经营罪呢？以前，我国刑法把破坏集体经济罪放在了分则第三章"破坏社会主义经济秩序罪"里面，即使刑法条文规定"毁坏机器设备、残害耕畜或者以其他方法破坏生产经营"，也还是可以把行为人没有破坏生产资料但确实严重影响了生产经营的行为按照这个罪处理的，因为这个罪是被放在了第三章；现在刑法已经把破坏生产经营罪放在了侵犯财产罪中，只要行为没有直接破坏生产资料，就不能按这个罪处理，也就是说，现在成立破坏生产经营罪的行为必须是通过破坏生产资料来破坏生产经营，条文就是这样列举的，需要根据同类解释的原则解释"以其他方法破坏生产经营"。

学生：您的意思是，现在的破坏生产经营罪只是故意毁坏财物罪的特别规定。

张明楷：我还是愿意把破坏生产经营罪解释为特殊的毁坏财物罪，毁坏的对象就是生产资料。我国的破坏生产经营罪并没有比毁坏财物罪规定更重的法定刑，但成立这个罪并不需要数额较大或者情节严重。从这个意义讲，毁坏的对象是生产资料时，成立犯罪的条件要比毁坏其他财物构成犯罪的条件低了不少。

学生：这样的话，我们国家刑法对厂方的生产经营保护力度就太低了。比如，行为人为了不合理的索赔，雇了一大帮人堵在某公司门前，不让公司正常营业，这样的行为也不能认定为破坏生产经营罪了。

张明楷：如果这样的行为导致他人工作生产无法进行，还是可能定其他犯罪的吧，比如寻衅滋事罪或者聚众扰乱公共秩序罪等。

学生：我们今天讨论的这个案件中的甲，到底该定什么罪呢？

张明楷：我感觉没有办法定罪，公司可以要求行为人赔偿损失。

第十二堂
妨害社会管理秩序罪

妨害公务罪

案例一

甲乙二人因为琐事发生口角进而相互斗殴，警察到现场后将甲乙二人带到派出所，并进行了相关处理，乙离开了派出所。甲在离开时认为警察处理不公平，朝警察小腿上踢了一脚后就逃，但被警察抓回来。

张明楷： 甲构成妨害公务罪吗？

学生： 实践中有将类似行为认定为妨害公务罪的。

张明楷： 为什么会定罪呢？

学生： 因为行为人袭警。

张明楷： 中国的妨害公务罪不能用袭警二字来归纳吧，而且，中国的妨害公务罪也不同于日本、韩国等国的妨害公务罪。

学生： 区别在什么地方？

张明楷：例如，《日本刑法》第 95 条规定："当公务员执行职务时，对其实施暴力或者胁迫的，处 3 年以下惩罚、监禁或者50 万元以下罚金。"日本刑法理论没有争议地认为，妨害公务罪的保护法益是公务，或者说是公务员职务行为的顺利实施，而不是公务员的身体。但是，从法条的规定来说，日本的妨害公务罪是抽象的危险犯，而不是具体的危险犯，更不是实害犯。因此，只要公务员在执行职务时，行为人对之实施暴力或者胁迫的，就成立妨害公务罪，并不需要具体判断公务是否具有被妨害的危险。但是，我国刑法规定的妨害公务罪与日本刑法规定的不同。你们再看看法条！

学生：《刑法》第 277 条第 1 款规定："以暴力、威胁方法阻碍国家机关工作人员依法执行职务的，处 3 年以下有期徒刑、拘役、管制或者罚金。"

张明楷：日本的妨害公务罪的重点在于行为人对正在执行职务的公务员实施暴力或者胁迫行为，而且对"正在执行职务"解释得比较宽。我们国家的妨害公务罪的重点在于"以暴力、威胁方法阻碍公务"。所以，我国的妨害公务罪至少是具体的危险犯，甚至有可能是实害犯。当然，如果将我国的妨害公务罪解释为实害犯，就明显缩小了处罚范围，不利于保护公务。但是从法条的字面含义来说，解释为实害犯也不是没有可能的。不管怎么说，有一点可以肯定的是，我国的妨害公务罪不是抽象的危险犯。

学生：所以，要具体判断行为人的暴力、胁迫是不是有导致公务难以履行的具体危险。

张明楷：对。我们需要对案件进行具体判断，只有当行为人的暴力、威胁行为足以阻碍国家机关工作人员执行职务时，才有可能认定为妨害公务罪。因此，如果行为并不明显阻碍国家机关工作人员依法执行职务的，就不应认定为犯罪。

学生：你刚才说的案件就不能认定为妨害公务罪了。

张明楷：是的。事实上，警察当时的公务已经履行完毕，不可能阻碍警察执行公务了。即使警察立即要处理其他事项，但由于甲只是踢了警察一脚，没有造成任何伤害，根本不影响警察处理其他事项。

学生：这个案件在日本会认定为妨害公务罪吗？

张明楷：我觉得完全可能。例如，日本有这样的判例：警察要强行解散未经许可的游行队伍时，行为人向警察投掷石块，就投掷了一次，而且没有投中。日本最高裁判所认为，即使行为人只有一次性的瞬间行为，也成立妨害公务罪。

学生：这个案件是在警察执行职务的过程中。

张明楷：是的。但是，日本刑法理论与判例对"当公务员执行职务时"解释得比较宽。例如，两个职务行为前后连接时，会认定二者之间具有一体性，属于执行职务时。再如，与职务行为紧密相连的准备行为，为执行职务而处于待命状态的，都属于执行职务时。

案例二

甲去某洗浴中心做按摩，正在接受按摩时，警察接到卖淫嫖娼的举报撞进房间。甲并没有嫖娼，但是警察要甲出示身份证件。甲没有带身份证，就对警察说："我的办公室就在边上，要不你们同我一起去我的办公室查对身份证。"警察不同意，就让甲报身份证号，甲报的身份证号有误，警察就更加怀疑甲有嫖娼行为，但甲确实没有嫖娼。这个时候甲就想跑掉，警察不让甲逃跑，甲就踢了警察两脚。

学生：甲跑掉了吗？

张明楷：没有跑掉，立即被采取了强制措施。

学生：甲确实是在警察执行公务时对警察使用了暴力。

张明楷：应该认定为妨害公务罪吗？

学生：肯定会认定。

张明楷：是你们自己认为要认定为妨害公务罪，还是说司法机关肯定会认定为妨害公务罪？

学生：司法机关肯定会认定为妨害公务罪。

张明楷：如果是在日本或者旧中国，也是肯定会认定为妨害公务罪的。

学生：甲明显是在警察执行公务时以暴力袭击警察，应该认定为妨害公务罪吧。

学生：《刑法修正案（九）》在《刑法》第 277 条后增加了第 5 款："暴力袭击正在依法执行职务的人民警察的，依照第 1 款的规定从重处罚。"甲完全符合这一规定。

张明楷：那么，问题来了。我们以前讨论过，说我国的妨害公务罪是具体危险犯，而不是抽象危险犯。《刑法》第 277 条第 1 款规定的妨害公务罪中，手段行为是暴力、威胁，目的行为是阻碍公务，当然，二者完全可能一体化。但我要说的意思是，妨害公务罪的行为不是单纯的暴力、威胁，而是以暴力、威胁方法阻碍公务。可是，第 277 条第 5 款的表述与第 1 款的表述明显不同。第 5 款规定的袭警给人的感觉是抽象的危险犯。如果说是抽象的危险犯的话，第 5 款的规定就不是一个单纯关于法定量刑情节的规定，而是对以警察为对象的妨害公务罪的构成要件有所修改。就是说，第 5 款实际上是减少了构成要件的要求，并且还要从重处罚。

学生：这样会不会有问题？

张明楷：从字面上确实可以这样解释的。就是说，当行为对象是其他国家机关工作人员时，妨害公务罪是具体危险犯；而当行为对象是警察时，妨害公务罪是抽象的危险犯，而且还要从重处罚。

学生：仅从字面解释确实可能是这样。

张明楷：但是，这样的解释是否具有实质的合理性呢？

学生：不好说。

张明楷：我认为缺乏实质的合理性。警察虽然处理的事务多一些，但这并不意味着警察的事务比其他国家机关的事务更重大。不仅如此，其他国家机关工作人员的强制力量远远不如警察，警察都是经过特殊训练的。所以，用具体危险犯保护其他国家机关工作人员的公务，用抽象危险犯来保护警察的公务，明显不合适。因此，在我看来，虽然《刑法》第277条第5款规定的好像是抽象的危险犯，但还是应当将第1款作为基本规定来理解第5款。就是说，第5款并没有修改构成要件，只是单纯地规定了从重处罚情节。因此，只有当行为人的暴力、威胁行为足以阻碍警察的公务时，才能认定为妨害公务罪。

学生：如果这样来说的话，甲的行为也未必足以阻碍警察执行公务。

张明楷：这只是一个方面的问题。另一方面要讨论的是，对于被强制执行的人员来说，还有一个期待可能性的问题。一般人都不愿意去公安局及其派出所接受处理，谁都向往自由，所以，对于依法执行公务的对方（即被执行者，如被逮捕者）实施的一般暴力、威胁行为，因为没有期待可能性，不要认定为妨害公务罪。当然，更不能将依法执行公务的对方所实施的摆脱、挣脱行为认定为妨害公务罪。

学生：本案中的甲可能就是不想被带到派出所。

张明楷：是这样的。在我看来，警察确实没有必要期待一般公民对他们的职务行为都服服帖帖，不希望被警察带走是人之常情。所以，在妨害公务罪的认定方面，要考虑期待可能性的问题。当然，这只是针对被执行人而言，如果是第三者对警察实施暴力、威胁，则不可能以缺乏期待可能性为由不以犯罪论处。

伪造国家机关公文、证件、印章罪

案例一

有的城市实行居住证制度，只有取得居住证，人们才能买房买车。但是，要想拥有居住证，就需要符合相关条件（比如，要缴纳一定年限的所得税等）。甲企业则专门做这方面的假材料。如乙想办理居住证，甲企业为乙出具相关的证明材料（如证明乙是甲企业的员工，工作了多少年，缴纳了多少税等），然后就到社保局为乙办理居住证，一个居住证收费 20 万元。

张明楷：对甲企业的行为应如何处理？能定诈骗罪吗？

学生：不能吧。

张明楷：这在日本就能定诈骗罪，骗取的对象就是那个居住证，因为居住证是有体物。

学生：我们国家要求诈骗数额较大，所以没有办法定诈骗罪。

张明楷：能认定为非法经营罪吗？

学生：也不能定吧。因为成立非法经营罪，要求违反国家规定，但这个居住证制度都是各个城市自己制定的，并不是国家规定的。

张明楷：能定伪造国家机关公文、证件罪吗？

学生：甲企业只是伪造了企业的相关材料，也没有伪造企业的印章，不能定伪造国家机关公文、证件罪吧。

张明楷：伪造国家机关公文、证件罪不是亲手犯吧。能不能认定甲企业成立伪造国家机关公文、证件罪的间接正犯？

学生：这是有可能的。因为甲企业要证明乙是他们公司员工的话，其必须提供相关合同、证明文件等，而这些肯定是伪造的。

张明楷：甲企业肯定伪造了相关材料，但是这种行为并不构成犯罪。因为我们国家没有伪造公司、企业文书的罪，也没有伪造私文书罪。

学生：那还是定诈骗罪好一些。

张明楷：刚才不是说了居住证本身的数额不可能达到较大吗？我是说，能不能认定居住证本身就是伪造的，甲企业构成伪造居住证的间接正犯？在旧中国和日本刑法中，有一个罪叫使公务员制作虚假文书罪，其中就包括采用欺骗手段使公务员制作虚假文书的情形。这个罪实际上是把间接正犯规定为直接正犯了，也可以叫间接正犯的直接正犯化。在本案中，即便不能说甲企业构成伪造国家机关证件罪的间接正犯，按照我的观点也可以认定为伪造国家机关证件罪的教唆犯，因为教唆犯的成立只需要被教唆者实施符合构成要件的违法行为，而不要求被教唆者产生犯罪的故意。所以，关键的问题是，能不能说甲企业为乙等人办理的居住证是伪造的证件？

学生：可以。因为甲企业提供的所有材料、信息都是假的。没有这些假材料、假信息，就不可能拿到居住证。过程是假的，结果就是假的。

张明楷：这样说不严谨。什么叫过程是假的结果就是假的？应该说，居住证虽然形式是真实的，但内容是虚假的。就像考试作弊一样，尽管卷面上回答的全是对的，但因为是抄袭的，所以，内容实际上是伪造的。也就是说，取得居住证需要一定的实质条件，不具备实质条件的人，社保局就不会给他们发放居住证。在不具备实质条件的情况下所发放的居住证，就是伪造的居住证。

学生：如果身份证上的信息都是真的，但身份证本身是由制假证的人制作的，那就是伪造的身份证。既然如此，为什么实质内容是假的、形式是真的，反而不可以认定为伪造呢？

张明楷：因为身份证应当是由国家机关制作，不是由国家机关制作的就是伪造的。但这个居住证也是社保局正儿八经制作出来的，上面也会显示一些信息吧，但估计居住证上也不会显示乙缴纳税款等信息。

学生：一般居住证上会显示姓名、性别、民族、身份证号码、家庭住址、聘用单位、有效期限等。

张明楷：这就好办了。如果这个居住证上面有虚假信息，比如，居住证上的聘用单位可能就是虚假的，如果是这样，能肯定居住证是伪造的，甲企业就是间接正犯。也就是说，甲企业通过使用虚假材料，利用了不知情的社保局工作人员，使得社保局工作人员制作了内容虚假的居住证，所以，构成伪造国家机关证件罪的间接正犯。换句话说，如果社保局的工作人员自己伪造内容虚假的居住证，就属于无形伪造，即有制作权限的人伪造内容虚假的证件。既然如此，甲企业就是无形伪造的间接正犯。

学生：这个容易理解。

张明楷：如果内容本身没有虚假，而仅仅因为获得真实证件背后所需要的材料是虚假的，能说这个居住证是虚假的吗？例如，丙确实是甲企业的员工，但他工作年限以及纳税金额等都没有满足获取居住证的条件，但甲企业提供虚假材料，使丙获得居住证。如果从居住证上看不出内容虚假时，这个居住证还是不是伪造的国家机关证件？

学生：这个居住证内容虚假在什么地方呢？

张明楷：我们之所以讨论这些案件，是因为现行刑法没有设置伪造、变造文书的罪名。在旧中国和国外，不管是伪造公文书还是私文书都会构成犯罪。如果有这样的罪名，那么在本案中，只要甲企业把这些办居住证所要的假材料报送到社保局，就构成伪造文书罪。

学生：感觉这个时候难以说是伪造的居住证。

张明楷：一般人会说，这个居住证作废或者需要收回之类的，但不是伪造的居住证。我的感觉是，如果居住证上的内容没有虚假的，就难以说这个居住证是伪造的。就像有人原本没有通过驾驶资格考试，但他让驾校的工作人员出具了相关证明，证明他考试合格，使得这个人取得了一个驾驶证上的内容完全真实的信息，我们好像也不能说这个驾驶证就是伪造的国家机关证件。你们再想一想，如果居住证的内容真实，我们又不认为该居住证是伪造的国家机关证件，对甲企业还有没有别的罪名可以适用？

学　生：能不能把甲企业看做一个中介组织，适用《刑法》第229条规定的提供虚假证明文件罪？

张明楷：根据《刑法》第229条的规定，如果是合法的中介组织提供虚假的证明文件，当然是可以构成本罪的。问题是，甲企业实际上是非法的中介组织，非法的中介组织能不能成为本罪的犯罪主体？

学　生：不能。本条要求"承担资产评估、验资……职责的中介组织"，这肯定是把非法的中介组织排除出去了。

张明楷：把非法的中介组织排除出去了？这怎么可能？你让我想起了以前有位律师找我们讨论的案例。行为人非法设立屠宰场，杀了猪之后不检疫就去卖。律师说，行为人不构成犯罪，因为国务院的相关法规规定，依法设立的屠宰场不检疫的才构成犯罪；行为人的屠宰场不是依法成立的，所以不能适用国务院的相关规定。

学　生：这也太荒唐了。

张明楷：总的来看，如果居住证上有虚假的信息，应该可以说该居住证就是伪造的。社保局工作人员客观上是无形伪造，由于他们没有故意，所以不成立犯罪。但是，甲企业利用了不知情的社保局工作人员，使他们制作了内容虚假的国家机关证件，所以，甲企业构成伪造国家机关证件的间接正犯。与此同时，甲企业的行为也同时触犯了提供虚假证明文件罪，二者是想象竞合关系。如果居住证上没有虚假内容，甲企业就成立提供虚假证明文件罪。我顺便问你们一下，居住证能叫身份证件吗？

学生：可以，因为承载了当事人的身份信息。

学生：关键是它能不能代替身份证使用？

张明楷：一定要能代替身份证使用才能叫身份证件吗？

学生：居住证上的信息比身份证还多，应当属于身份证件。但能不能代替身份证使用则不一定。比如驾驶证，我在上海就可以用它来买车票，但在北京就不能用它买车票。

张明楷：准考证是不是身份证件？

学生：准考证不是。因为准考证只能在考试时起证明作用，而且要配合身份证一起使用才能进入考场。

张明楷：身份证件一定只能由国家机关制作吗？国有事业单位能不能制作身份证件？

学生：不行吧。我们学校属于国有事业单位，但是学校制作的学生证离开学校后一点用都没有。

张明楷：准考证在考试时是身份证件吗？

学生：不是，因为考生要想进入考场，除了准考证之外还需要有身份证。准考证只是证明你有考试资格，身份证则证明你是你本人。这两个证件结合在一起才可以参加考试。

张明楷：再问一遍，身份证件只能由国家机关制作吗？

学生：应该是。主要是因为法条所列举的几个身份证件都是由国家机关制作的，按照同类解释的规则，应该得出这样的结论。

张明楷：除了法条列举的几种身份证件外，还有没有其他的证件可以算作身份证件？

学生：户口本是可以算作身份证件的。我小孩没有身份证，都是用户口本办理相关事项的。此外，还有警官证、律师证、记者证、港澳通行证等。

张明楷：记者证是身份证件吗？

学生：记者证是谁发的啊？

张明楷：是国家新闻出版广电总局发的。

学生：那还是可以认定为身份证件吧。

张明楷：身份证件的复印件能叫身份证件吗？买卖身份证复印件的能定买卖身份证件罪吗？例如，A 去办事时，对方让 A 提供身份证复印件，A 提供了一个虚假的身份证复印件。A 的行为构成使用虚假身份证件罪吗？再如，在某些场合，对方要先看身份证原件，随后还要行为人提供一个身份证复印件，行为人给对方看了一下真实的身份证，但提交的复印件是伪造的身份证的复印件。这种情况能不能认定为使用伪造的身份证件？

学生：可以吧。

张明楷：这个问题在国外有争议，在我们国家肯定也会有争议。我再讲一个案件：甲将盖有国家机关印章的公文扫描到电脑中后，对公文的发文号与发文时间进行了修改，然后用彩色打印机打印出来后提交给相关部门，用于证明某个事项。甲的行为是伪造还是变造？

学生：如果只修改了发文号与发文时间，没有修改其他内容的话，应当是变造吧。

张明楷：变造是指在真实的公文上进行篡改，本案中的真实的公文被篡改了吗？

学生：没有。

张明楷：既然没有的话，怎么能叫变造呢？只能叫伪造国家机关公文、印章。

学生：甲没有伪造印章吧。

张明楷：甲在虚假的公文上印上了国家机关的印章，当然同时伪造了国家机关的公文与印章。这是没有疑问的。

学生：甲打印出来的公文与真实的公文只是发文号与发文时间不同，能说是伪造的吗？

张明楷：甲没有制作权，即使甲制作出来的公文与真实的公文的内容一模一样，也是伪造国家机关公文。现在，甲制作了与国家机关所制作和发布的公文内容不完全一样的公文，当然更应当认定为伪造。

案例二

2014 年 3 月份，犯罪嫌疑人甲向乙女允诺可以帮其办理用电审批手续。甲明知"刻章李"（另案处理）在制作假印章，仍授意其模仿环保执法中队工作人员 A、B 及某街道办事处副主任 C 的签名，伪造"某街道办事处"印章盖在乙女的两份政府环境整治区域客户用电申请审批表上。事后，甲向乙索要人民币 4000 元。

张明楷：对甲的行为应当如何处理？

学生：客户用电申请审批表是电力部门制作的，该审批表需要某街道办事处审批方能生效，是否可以据此认定该审批表是公文？如果甲授意"刻章李"制作假印章，因"刻章李"有可能原本就有假的"某街道办理处"印章，而非甲授意后而制作出来的，证据上可能存在疑问。

张明楷：你的意思是，"某街道办事处"的印章不是甲让"刻章李"制作的？

学生：是的，也可能"刻章李"早就伪造了"某街道办事处"的印章，因为总是有人需要盖这样的章，他那里就一直留着这样的印章。

张明楷：这个案件有两个问题：第一，要不要从国家机关公文的角度来讨论本案？第二，什么叫伪造印章？

学生：客户用电申请审批表是电力部门早就制作好的，只是需要街道办事处审批，审批后盖上街道办事处的印章。

张明楷：如果电力部门不是国家机关，就没有必要将审批表当作国家机关公文考虑吧。如果电力部门是国家机关，就意味着审批表由此国家机关制作，再由另一国家机关审批，这样的话，也可以说是国家机关公文。不过，在本案中，主要的问题不是行为人伪造审批表的内容，而是盖上了"某街道办事处"的印章。所以，只需要讨论是否属于伪造国家机关印章就可以了吧。况且，伪造国家机关公文、印章是选择性罪名，也不存在并罚的问题。

学生：没有证据证明是甲让"刻章李"制作了"某街道办事处"的印章。

张明楷：是谁将"某街道办事处"的印章盖在审批表上的？

学生：当然是甲，或者是甲让"刻章李"盖的。

张明楷：由于"某街道办事处"的印章肯定是伪造的，所以，认定甲的行为构成伪造国家机关印章罪没有任何问题。印章，包括印形与印影。印形，是指那个有体物，正确的表述是，固定了国家机关名称等内容并可以通过一定方式表示在其他物体上的图章；印影，是指印形加盖在纸张等物体上所呈现的形象。伪造印章并不限于伪造印形，就是说，伪造印章不限于刻出一枚印章出来，而是同时包括在文书上描绘出印章的形象出来。比如，用细笔蘸上印泥后在文书上描绘一个"某街道办事处"的印章的，也是伪造印章。

学生：司法实践中一般只考虑谁刻了图章，或者谁让"刻章李"刻了图章。

张明楷：这是一种想当然的形式化理解。如果从法益保护的角度来说，伪造印形的行为对法益的侵害未必大于伪造印影的行为。比如，行为人伪造印形或者私刻了图章，根本不使用，侵害了什么法益？充其量只有侵害法益的抽象危险。但是，如果行为人在有证明意义的文书上伪造了印影，就直接侵害了印章的公共信用。你们了解一下日本刑法理论在这个方面的争论就清楚了。日本现行刑法规定了各种伪造印章的犯罪。一种观点认为，其中的伪造印章，仅限于伪造印影，而不包括伪造印形。理由就是我刚才讲的，单纯伪造印形，并不一定侵害法益。另一种观点则认为，伪造印章包括伪造印形与伪造印影。日本的改正刑法草案为了避免争议就有作了修改。即在第 234 条至第 236 条分别规定了伪造天皇押印、公务机关或者公务员的押印以及他人的押印，这里的押印就是指印影；第 237 条规定："以伪造前三条规定的押印为目的，伪造印形的，与伪造各押印的，处同一刑罚。"很清楚，首先规定的是伪造印影，其次才规定伪造印形。这是从法益侵害程度的角度来考虑的，而不是随便规定的。

学生：这么说来，我们国家的司法机关完全是颠倒的。

张明楷：是啊。所以，在本案中，不管是甲让"刻章李"刻了"某街道办事处"图章，还是甲让"刻章李"在审批表上盖上了"某街道办事处"的印章，都构成伪造国家机关印章罪。所以，本案也不存在什么证据问题。因为没有其他可能性，只有这两种可能性。

非法利用信息网络罪

甲是吸毒人员，在网络上发布教人如何制作简易的吸毒工具、怎么吸食毒品的视频。

张明楷：制作吸毒工具与吸毒本身不是犯罪行为，甲的行为在《刑法修正案（九）》之前肯定不成立犯罪。但是，《刑法修正案（九）》增加了《刑法》第287条之一，本条所规定的非法利用信息网络罪有三种类型：第1项是设立用于实施诈骗、传授犯罪方法、制作或者销售违禁物品、管制物品等违法犯罪活动的网站、通讯群组的；第2项是发布有关制作或者销售毒品、枪支、淫秽物品等违禁物品、管制物品或者其他违法犯罪信息的；第3项是为实施诈骗等违法犯罪活动发布信息的。甲的行为符合第2项的规定吗？

学生：甲发布的不是制作毒品的视频，而是制作吸毒工具的视频，应当不构成犯罪吧。

学生：问题是，第2项还有一个"其他违法犯罪信息"的兜底规定，如何制作吸毒工具与如何吸毒的视频，也是违法信息吧。

张明楷：肯定是违法信息，因为吸毒是违法的。问题是，《刑法》第287条之一中的"违法犯罪信息"包括所有的一般违法与犯罪信息吗？

学生：立法机关的工作人员说，在网上发布招嫖广告的都构成非法利用信息网络罪。

张明楷：如果是组织卖淫的人在网上发布招嫖广告，就直接认定为组织卖淫罪。如果是卖淫的人自己在网上发布招嫖广告，也能认定为本罪吗？

学生：从法条表述上来看，似乎也可以定罪。

张明楷：可是，卖淫本身都不是犯罪行为，凭什么将卖淫的人自己在网上发布招嫖广告的行为当作犯罪处理呢？

学生：明显不协调、不均衡。

张明楷：如果某人以前不是卖淫的，现在开始卖淫，于是在网上发布招嫖广告。这个行为只是一般违法行为的预备行为，我们连一般犯罪行为的预备行为都不处罚，怎么突然就处罚一般违法行为的预备行为呢？

学生：从实质解释的角度来说，发布招嫖广告的行为以及发布如何制作吸毒工具或者如何吸毒的视频的行为，不能认定为非法利用信息网络罪。

学生：还是要从保护法益的角度进行理解和限缩。

张明楷：非法利用信息网络罪想要保护的法益是什么？我琢磨了很久，但难以得出一个自己满意的结论。难道要保护信息网络空间的纯洁性？

学生：那是绝对不可能做到的。

张明楷：现实空间都不可能纯洁，信息网络空间怎么可能纯洁？

学生：在信息网络上发布违法犯罪信息，造成的影响会比较大。在现实空间说几句话，只是附近的人可以听到，但在信息网络上说几句话，全世界人民都能看到。

张明楷：但是，不能因此就认为，信息网络空间里成立犯罪的标准必须低于现实空间的成立犯罪的标准吧。为了使犯罪之间保持协调关系，我在论文与教材中提出，只有当利用信息网络实施的行为，至少是某种具体犯罪的预备行为时，才可能认定为非法利用信息网络罪。

学生：事实上，《刑法》第 287 条之一第 1 款第 1 项与第 3 项规定的行为，就是犯罪的预备行为，只有第 2 项不一定是犯罪预备行为。

张明楷：既然如此，为了使法条内部保持协调关系，也可以要求第 2 项的行为至少是犯罪的预备行为。

学生：这样限制解释是没有问题的。问题是，如何解释法条中的"违法犯罪信息"？这其中的违法显然不是指犯罪，否则，立法者不会增加"违法"两个字。

张明楷：我有时候想这样来解释，就是说，这个条文中的违法犯罪理解为刑法意义上的违法犯罪，其中的违法是指没有责任的不法，犯罪则是有责的不法。

学生：这样解释我们可以接受，但其他人不一定能接受。

张明楷：正是考虑到这一点，所以我在论文与教材中都没有这样解释。其实，第2项的表述也是很奇怪的，你们再读一读会发现法条所列举的是发布有关制作或者销售毒品、枪支、淫秽物品等违禁物品、管制物品的信息，而兜底规定则是"发布其他违法犯罪信息"。如果有人在信息网络上发布谁杀人、谁抢劫的信息，似乎也是在发布犯罪信息，但肯定不会成立犯罪吧。

学生：肯定不会，还是应当要求信息的内容本身是违法犯罪的。

张明楷：也就是说，要求信息的内容本身是淫秽物品之类或者是煽动、引诱他人实施违法犯罪的。

学生：应当是这个意思。

张明楷：但是，如果不对"违法"进行限制，发布招嫖广告的行为，以及我们讨论的发布如何制作吸毒工具、如何吸毒的视频，也成立非法利用信息网络罪。也就是说，如果不进行限制，教唆他人实施一般违法行为的，以及传授实施一般违法行为的方法的，都构成犯罪。这恐怕不合适。不过，所谓对"违法"限制，实际上是不考虑"违法"二字。用已往提到的解释方法来说，就是"多余的，解释掉"。

学生：前一段时间，一个网站专门发布新闻说，有几个人长期吃霸王餐被抓。这个新闻出来之后，另一个网站就有一个专栏教人们怎么吃霸王餐，其中提到，要选择什么样的时间、什么样的餐馆、什么样的店主等，讲得很详细。我当时就在想这不是在传授犯罪方法吗？

张明楷：吃霸王餐的具体方式是什么？

学生：就是吃了之后不给钱。比如几个人去餐馆吃饭，一个人继续留在餐馆，其他人先走了，最后这个人也不付钱。老板要他付款，他说，我的朋友请我吃饭，我也不知道他到哪里去了。

张明楷：那你也得付啊。

学生：但是他身上确实没有一分钱。

张明楷：这是事先安排好的典型的诈骗，诈骗的对象是食物，而不是债权。

学生：我问一下，如果说诈骗的对象是食物，那么，后面老板要行为人付款时，行为人拒不付款，对老板实施暴力的，还能成立抢劫罪吗？

张明楷：当然能成立抢劫罪，有什么疑问吗？

学生：如果行为人不是为了抗拒抓捕与毁灭罪证，因为食物已经吃掉了，又不可能为了窝藏赃物，怎么可能认定为事后抢劫罪呢？

张明楷：这个时候可以直接认定为普通抢劫，不需要认定为事后抢劫。也就是说，行为人使用暴力免除债务，债务又是源于行为人吃霸王餐。

学生：您不是说诈骗的对象是食物吗？

张明楷：是啊。但是，诈骗了食物之后，这一犯罪行为就产生了作为义务，即必须支付餐费。如果行为人使用暴力使店主免除餐费，就直接构成普通抢劫，而不是事后抢劫。

学生：这与为窝藏赃物而实施的事后抢劫不是一样吗？为什么就变成了普通抢劫？

张明楷：因为本案不是为了窝藏赃物，所以不能适用事后抢劫的规定，但财产性利益可以成为抢劫罪的对象，所以，为了免除债务而对债权人实施暴力的，直接成立普通抢劫罪。

学生：这个普通抢劫与前面的诈骗要实行并罚吗？

张明楷：应当是包括的一罪，因为最终只侵害一个法益。

学生：明白了。

张明楷：继续讨论非法利用信息网络罪的问题，刚才说的那个网站教人们如何吃霸王餐的行为，既触犯了传授犯罪方法罪，也触犯了非法利用信息网络罪，属于想象竞合。这一结论应当没有问题吧？

学生：没有问题。

张明楷：在网络上教大家如何自杀的，邀约大家集体自杀的，是否构成非法利用信息网络罪？

学生：这个在我看来倒不可能构成犯罪，因为自杀不违法。

　　学生：但是，如果多人纠集到某个地点，比如纠集到天安门一起自杀就是违法的，因为扰乱社会公众秩序。

　　张明楷：这个问题太复杂了。如果说自杀在刑法上是违法的，只是自杀者没有责任，那么，我觉得上述行为还是可以认定为非法利用信息网络罪的；如果自杀并不违法，则上述行为不可能成立犯罪。

　　学生：另外，微信群属于《刑法》第287条之一所规定的通讯群组吗？

　　张明楷：当然属于通讯群组。我想问一下，微信的公众号是不是通讯群组？

　　学生：不是通讯群组，公众号只是向公众推送相关内容，但公众不是公众号的组成人员。

　　张明楷：公众是可以关注公众号的，这是不是相当于加入了公众号，因而与微信群相同？

　　学生：但是，关注公众号的人并不能直接在公众号上发布什么信息，最多只是发表评论。

　　张明楷：公众号更不可能叫网站吧？这么说的话，建某种公众号的行为本身是不可能符合《刑法》第287条之一第1款第1项的规定的，但可能符合第2、3项的规定。而建用于实施诈骗等犯罪活动的微信群的行为本身反而可以构成第1项的犯罪，这是不是有疑问？

　　学生：如果没有人关注公众号，公众号发布出来的信息就没有人看，如果关注的人越多，看到公众号发布的信息的人就越多。

张明楷：如果是这样的话，还是可以说公众号是通讯群组的吧。

学生：我觉得公众号应当是通讯群组。

张明楷：我也觉得公众号是通讯群组，只是加入的人不是由建公众号的人确定的，而是由加入者确定的。我再问你们一下，《刑法》第287条之一第1款的3项之间是什么关系？

学生：第1项是以实施违法犯罪为目的建立网站、通讯群组，第2项是向不特定人发布违法犯罪信息，第3项是为了实施诈骗等违法犯罪发布信息。

张明楷：如果删除第3项，能否将第3项的行为归入第2项？

学生：完全能够归入第2项。

张明楷：如果行为人不实施第2项的行为，能够认定行为人以实施违法犯罪为目的建立网站、通讯群组吗？

学生：好像不能。

张明楷：这么说的话，是不是只要有第2项就够了，第1、3项完全是多余的？

学生：可以这么说。

张明楷：这就是我经常说的，我们的刑事立法太缺乏类型化了，只知道根据案件事实表述条文，而完全没有归纳和抽象；条文越来越多，条文的字数也越来越多。

编造、故意传播虚假信息罪

　　2014 年 3 月 14 日，成都春熙路有人造谣"有人砍人"，引起在场群众恐慌，造成数百人在春熙路一线往蜀都大道群体逃散。3 月 15 日上午 8 时 30 分许，广州沙河大街某服装城的保安员抓获一名小偷，该小偷突然大喊一句"有人砍人!"引起周边群众向四周逃散。

　　张明楷：这样的案件在《刑法修正案（九）》之前与之后的处理应当有区别吗？

　　学生：在《刑法修正案（九）》之前，这样的行为被认定为编造、故意传播虚假恐怖信息罪。因为最高人民法院 2013 年 9 月 18 日《关于审理编造、故意传播虚假恐怖信息刑事案件适用法律若干问题的解释》第 6 条规定："本解释所称的'虚假恐怖信息'，是指以发生爆炸威胁、生化威胁、放射威胁、劫持航空器威胁、重大灾情、重大疫情等严重威胁公共安全的事件为内容，可能引起社会恐慌或者公共安全危机的不真实信息。"在公共场所谎称"有人砍人"，一般人会认为是恐怖分子在砍人，所以，会认定为编造、故意传播虚假恐怖信息罪。

　　张明楷：是的，根据这个司法解释，编造地震等自然灾害也是编造虚假恐怖信息。再如，假如电影院内好几百名观众在看电影，行为人喊了一句"失火了"，在场观众信以为真，都往外跑，现场十分混乱。根据司法解释，这个行为也属于编造虚假恐怖信息。也就是说，司法解释是将恐怖信息理解为令人恐惧的信息，而不是有关恐怖主义活动的信息。

学生：是这样的。

张明楷：我们暂且不讨论以前的司法解释是扩大解释还是类推解释，但可以肯定的是，《刑法修正案（九）》增加了第291条第2款之后，即在增加了编造、故意传播虚假信息罪之后，就不能像司法解释那样理解恐怖信息了。因为《刑法修正案（九）》增加的这一款规定："编造虚假的险情、疫情、灾情、警情，在信息网络或者其他媒体上传播，或者明知是上述虚假信息，故意在信息网络或者其他媒体上传播，严重扰乱社会秩序的，处3年以下有期徒刑、拘役或者管制；造成严重后果的，处3年以上7年以下有期徒刑。"显然，虚假的险情、疫情、灾情、警情不属于虚假的恐怖信息。

学生："有人砍人"这样的信息，应当属于虚假的警情，不能再认定为虚假的恐怖信息。

张明楷：编造"有人砍人"这样的虚假信息，在昆明暴恐事件发生以前，很难认为是虚假恐怖信息。我们中国人爱看热闹，当有人喊"有人砍人"时，大家会认为砍人的人不会砍自己，说不准还会凑上去围观看热闹。但昆明暴恐事件以后，"砍人"似乎成了恐怖袭击的一种表现形式了。人们一旦听到"有人砍人"，生怕行为人会砍到自己，就会四散逃跑，造成社会秩序的混乱。

于是，如何区分虚假的警情与虚假的恐怖信息，就成为一个问题。

学生：如果在《刑法修正案（九）》之前，我们今天讨论的这两起案件肯定是编造虚假恐怖信息。但是《刑法修正案（九）》之后，联系具体的场景，也可能认定为编造虚假恐怖信息罪。

张明楷：《刑法修正案（九）》规定的编造、故意传播虚假信息罪，要求行为人在信息网络或者其他媒体上传播，我们今天讨论的这两个案件，都不是在信息网络或者媒体上传播，所以，不可能构成编造、故意传播虚假信息罪。当然，也不能因此认为"有人砍人"就是虚假恐怖信息。在我看来，在《刑法修正案（九）》之后，"有人砍人"这样的虚假信息，最好归到虚假的警情。

学生：虚假的犯罪情况能不能说是虚假的警情呢？

张明楷：警情包括警察正在做什么以及需要警察做什么等情况，所以，将编造虚假的犯罪情况归入编造虚假的警情，也未尝不可吧。

学生：我看立法机关的人写的释义书上，也是说"警情包括有违法犯罪行为发生需要出警等情况"。

张明楷：如果将"有人砍人"这类虚假信息归入虚假的警情，我们今天讨论的这两个案件，就只能认定为其他犯罪了。这样的行为是不是寻衅滋事中说的"在公共场所起哄闹事，造成公共场所秩序严重混乱"呢？

学生：应该算起哄闹事，即使不能认定为编造虚假恐怖信息罪，也能成立寻衅滋事罪。

张明楷：如果好几个人一起在公共场所喊一些并没有发生的灾情或者"砍人"，造成现场秩序混乱的，是不是还成立聚众扰乱社会秩序罪呢？

学生：可以啊。这样的行为完全符合聚众扰乱社会秩序罪的构成要件。

张明楷：看来，一两个人在公共场所乱喊，可能成立寻衅滋事罪；三个人以上在公共场所乱喊，可能成立聚众扰乱社会秩序罪。当然，后一种行为也同时触犯寻衅滋事罪。我刚看到一个案例。被告人在某网络平台上注册账号做直播，2016 年 5 月至 10 月间，被告人为发泄情绪，多次使用手机随意拨打全国多地的 110 报警电话，进行骚扰。2016 年 9 月至 11 月间，被告人为博取眼球、提高收视率，在其网络视频直播时，多次使用手机随意拨打各地 110 报警电话，进行骚扰谩骂，造成大量在线网友围观评论。被告人被控寻衅滋事罪。我不理解为什么会认定为寻衅滋事罪？

学生：可能是按照司法解释认定的吧。根据"两高"2013 年 9 月 9 日《关于办理利用信息网络实施诽谤等刑事案件适用法律若干问题的解释》第 5 条第 2 款的规定："编造虚假信息，或者明知是编造的虚假信息，在信息网络上散布，或者组织、指使人员在信息网络上散布，起哄闹事，造成公共秩序严重混乱的，依照刑法第 293 条第 1 款第（四）项的规定，以寻衅滋事罪定罪处罚。"

张明楷：有疑问。这一条规定的行为，显然不能再认定为寻衅滋事罪了。第一，对于编造、传播虚假的险情、疫情、灾情、警情的行为，不可能按照司法解释认定为寻衅滋事罪。这是不言而喻的吧。第二，倘若在信息网络或者媒体上传播任何虚假信息的行为，都成立寻衅滋事罪，那么，《刑法》第291条之一第2款就不会将虚假信息的内容限定为虚假的险情、疫情、灾情、警情。反过来说，既然《刑法》第291条之一第2款将虚假信息的内容限定为虚假的险情、疫情、灾情、警情，就意味着编造或者传播此外的虚假信息的行为，不构成犯罪。第三，如果上述司法解释第5条第2款的规定继续有效，就意味着编造、传播虚假的险情、疫情、灾情、警情的行为成立编造、故意传播虚假信息罪，而编造、传播其他虚假信息的行为则成立寻衅滋事罪。可是，编造、故意传播虚假信息罪的基本法定刑是"3年以下有期徒刑、拘役或者管制"；造成严重后果的升格法定刑为"3年以上7年以下有期徒刑"。寻衅滋事罪的基本法定刑是"5年以下有期徒刑、拘役或者管制"；"纠集他人多次实施前款行为，严重破坏社会秩序的，处5年以上10年以下有期徒刑，可以并处罚金"。显然，后者的法定刑明显高于前者的法定刑。如果将编造、传播险情、疫情、灾情、警情之外的谣言的行为，认定为寻衅滋事罪，必然形成处罚不公平、不协调的局面。

学生：这么说，上述拨打110的被告人就不构成犯罪了？

学生：能不能直接适用刑法关于寻衅滋事罪的规定，认定被告人在公共场所起哄闹事？

张明楷：我不认为网络空间是公共场所，网友上线围观评论，怎么可能属于公共场所秩序严重混乱呢？而且，我相信多数网友肯定是指责被告人。我觉得只要针对随意拨打 110 的行为给予治安处罚就可以了。而且，这个行为人在此之前的半年内都在随意拨打 110，如果公安机关早一点给予治安处罚，就不至于发生后面的事情。

学生：《刑法修正案（九）》增加了《刑法》第 290 条第 3 款规定："多次扰乱国家机关工作秩序，经行政处罚后仍不改正，造成严重后果的，处 3 年以下有期徒刑、拘役或者管制。"如果被告人多次随意拨打 110 电话的行为受过行政处罚，以后再继续随意拨打的，就可以适用这一规定。

张明楷：可以说，随意拨打 110 是扰乱国家机关工作秩序的行为，问题是，在什么情况下才能认定为"造成严重后果"？随意拨打 110 电话这一行为本身，难以造成严重后果，至少在我们讨论的这个案件中，没有造成什么严重后果。所以，也不能适用《刑法》第 290 条第 3 款。

寻衅滋事罪

案例一

甲随意扇断臂的残疾人耳光，残疾人随即咬住了甲的手指。甲把手指拉出来的时候，将残疾人的两颗门牙拉掉了。甲的手指受伤了，但属于轻微伤；残疾人的两颗门牙掉了，属于轻伤。

张明楷：甲的行为是构成故意伤害罪、寻衅滋事罪还是不构成犯罪？

学生：甲把手指拉出来的行为不是犯罪的实行行为。

张明楷：为什么？

学生：甲把手指拉出来的行为不是伤害行为，他总不能一直把手指放在残疾人的口里啊。

学生：甲打人是伤害行为或者寻衅滋事行为，残疾人咬甲的手指是防卫行为，但甲把手指拉出来不是实行行为。

张明楷：可是，这一行为造成了残疾人的轻伤，怎么不是伤害罪的实行行为呢？

学生：要评价为实行行为的话，应该有因果关系，本案是不是属于异常的因果关系啊？

张明楷：拉出手指导致残疾人的牙齿掉了是异常因果关系吗？

学生：就是说，如果整体评价的话，甲打人耳光结果导致被害人牙齿掉落，中间介入了甲拉回手指的行为，所以因果关系异常。

张明楷：是因果关系异常，还是说甲对造成残疾人的门牙脱落没有故意？

学生：我刚才可能是觉得甲对残疾人的门牙脱落没有故意，就否认了因果关系。

张明楷：一方面，你没有从客观到主观分析案件，因为你觉得甲没有伤害的故意，所以就否认了伤害行为。以后分析案件时，一定要从客观到主观。另一方面，你认为甲是应当将手指拉回来的，他不可能一直让残疾人咬他的手指，所以，甲拉回手指的行为是正当行为。但是，不能因为拉回手指是正当的，就否认其行为造成了伤害结果。

学生：也可能是残疾人咬得太紧了。

张明楷：咬得太紧了也是正当防卫，而且，并没有咬成轻伤，只是轻微伤。

学生：但不能因此认为，甲应当永远让残疾人咬自己的手指吧。

张明楷：我也没有这个意思，但甲不能为了避免防卫的结果而造成残疾人轻伤吧。

学生：对正当防卫行为不能再防卫，当然也不能造成轻伤结果。

张明楷：所以，既不能认为甲拉回手指的行为没有造成轻伤结果，也不能认为将这种结果归属于残疾人本人。

学生：但是，认定甲构成故意伤害罪似乎也不合适。

张明楷：能不能认定为寻衅滋事罪？

学生：您是说甲随意殴打他人，情节恶劣吗？

张明楷：是啊！

学生：就打残疾人的耳光而言，能评价为情节恶劣吗？

张明楷：在随意殴打的过程中，还过失造成被害人轻伤，评价为情节恶劣有没有疑问？

学生：后面把残疾人的牙齿拉掉了也算是随意殴打吗？

张明楷：什么情况下可以整体评价？什么情况下才需要分开评价？从随意殴打开始到最后结束，就是一个行为整体。这样说的问题在哪里？

学生：如果整体评价的话，定寻衅滋事罪比较合适，我们司法机关一般比较喜欢整体评价。

张明楷：整体评价需要有整体评价的理由，不能胡子眉毛一把抓。特别要注意的是，不能将不同性质的行为进行所谓整体评价，只能把性质相同的行为进行整体评价。另外，如果所要认定的是故意犯罪，也不能将故意行为与过失行为进行整体评价。只有当所认定的犯罪是过失犯罪时，才有可能将故意行为也评价为过失行为。

学生：这么说的话，关键在于甲为什么要将手指往外拉，如果往外拉是为了再继续殴打残疾人，就可以进行整体评价。

学生：甲如果不把手指拉出来就要被咬断了。

张明楷：你的意思是，如果甲不把手指拉出来，残疾人就防卫过当了吗？

学生：我没有这个意思，只是随便说说。

张明楷：虽然细节还不清楚，但我觉得甲对残疾人的门牙脱落没有故意，只有过失。如果要定寻衅滋事的话，也不能把过失行为造成的结果评价进来。如果要认定为寻衅滋事罪，也只能看前面随意打人耳光是否属于情节恶劣。

学生：殴打残疾人本身就可以评价为情节恶劣。

张明楷：这至少是一个判断资料。

学生：我们司法机关会把对象是残疾人、造成轻伤、恶劣社会影响等一起进行整体评价。

张明楷：我知道，你们不仅整体评价，而且也不会指出被告人的行为触犯的是哪一项，引用法条也是整体引用。我前不久在裁判文书网上查了一些非法经营罪的判决，绝大部分都不说明适用《刑法》第225条的哪一项规定。法官都不把行为触犯哪一项写清楚，那他是怎么定的罪呢？这种写法让被告人及其律师怎么辩护呢？

学生：可能大家都知道行为触犯的是哪一项。

张明楷：你说错了，我有时候看了也不知道法官适用的是哪一项。

学生：有时候觉得一个行为构成寻衅滋事罪，但就是不知道适用哪一项。我有一次坐地铁，站台上人特别多，一个女的将很多超级脏、超级恶心的垃圾往人群中一扔，里边还有没有喝完的豆浆之类的。地铁的工作人员也没有管她，工作人员将垃圾扫起来之后，她又往人群中扔。我感觉对这个女的要定寻衅滋事罪，但好像哪一项都不合适。

学生：有可能成立侮辱罪吧。

张明楷：侮辱罪当然是可能成立的。问题是造成公共场所秩序严重混乱这个结果应当如何评价？

学生：把垃圾扔在他人身上，也叫暴行吧。

张明楷：当然叫暴行，但感觉不能叫殴打。

学生：那能不能叫"在公共场所起哄闹事，造成公共场所秩序严重混乱"？

张明楷：在地铁的站台上向人群扔垃圾，场面可想而知，说造成公共场所秩序严重混乱，可能问题不大，关键是叫不叫起哄闹事？

学生：司法解释也没有解释什么叫"起哄闹事"。

张明楷：什么叫"起哄"？什么叫"闹事"？中间可不可能打一个顿号来理解，只要起哄或者闹事，造成公共场所秩序严重混乱就可以成立犯罪？还是说必须通过起哄的方式闹事，才可能成立犯罪？

学生：词典上说，起哄是指（许多人在一起）胡闹、捣乱，或者许多人向一两个人开玩笑。闹事是指聚众捣乱，破坏社会秩序。

张明楷：一人不能起哄、一人不能闹事？比如，教室里有100个学生上课，一个学生不可能起哄和闹事？我经常听有的父母说，孩子在家总闹事；还经常听说，这个孩子就是爱起哄。

学生：这充分证明了您所说的"解释刑法时不要查字典"。

张明楷：我感觉在站台上向人群扔垃圾还是可以叫起哄闹事的吧。

学生：不说话也能叫起哄吗？

张明楷：起哄一定要说话吗？

学生：通常都是要说话的吧。

张明楷：这是通常的事实，但不是规范。另外，我前面提到，起哄与闹事是什么关系？是必须通过起哄的方式闹事，再造成公共场所秩序严重混乱的结果吗？

学生：感觉起哄与闹事都是捣乱的意思，通过起哄的方式闹事，就是通过捣乱的方式捣乱。

张明楷：这么说的话，起哄和闹事之间还是可以用顿号分开的啰。

学生：感觉分不分开没有区别。

张明楷：虽然字典上说起哄和闹事都是捣乱的意思，但在日常用语中，起哄和闹事还是不一样的，我感觉起哄是指行为人在众人面前挑起一种事端。闹事的外延太广，如果不作限制，就无边无际了。所以，还是理解为以起哄的方式闹事比较好一点。

案例二

A、B、C 三人半夜喝醉后在街上闲逛，A 看到甲后，上前无故殴打，B、C 看到 A 殴打甲，也过来对甲拳打脚踢，C 捡起路边石块砸了甲的头部，甲的手机掉到地上后，B 将甲的手机拿走了，又从甲的身上搜走了 70 元。事后鉴定甲的手机价值 531 元，甲没有受伤。

张明楷：如何认定 A、B、C 三人的行为？

学生：A、B、C 三人无故殴打甲的行为可以成立寻衅滋事罪。但司法解释要求无故殴打他人致一人轻伤或两人轻微伤才成立寻衅滋事罪，但甲并没有受伤，A、B、C 三人的行为也就不构成寻衅滋事罪了。

张明楷：司法解释还规定持凶器随意殴打他人的，也成立寻衅滋事罪。C 从路边捡起石块砸甲头部，难道不能评价为持凶器随意殴打吗？

学生：石块也能评价为凶器吗？

张明楷：用石块砸头部这样的行为当然可以评价为持凶器殴打他人。

学生：如果石头只有鹅卵石那么大，砸几下也伤不了人，能认定为"凶器"吗？

张明楷：如果那么小的话，拿在手上怎么打人？既然能够将石块拿在手上打人的，肯定是凶器了。

学生：案情说的是"C捡起路边石块砸了甲的头部"。

张明楷：如果是将石块从手上扔出去砸人，也能评价为凶器。而且，司法解释就寻衅滋事罪所说的凶器，不必像"携带凶器抢夺"那样要求。所以，就随意殴打他人的行为评价为寻衅滋事罪，是没有问题的。

学生：B在A、C殴打甲的过程中，从甲身上搜走了70元钱，他们的行为可不可能构成抢劫罪呢？有的人可能认为只是寻衅滋事罪中的强拿硬要行为。

张明楷：A、B、C三人在对甲实施暴力的过程中，如果压制了甲的反抗，从甲身上拿走了70元钱，完全可以认定为抢劫罪。如果没有压制甲的反抗，评价为寻衅滋事罪中的强拿硬要即可。我觉得A、B、C三人无故对甲拳打脚踢，还用石块砸人，应当是压制了甲的反抗。

学生：本案的关键是，对拿走一部手机的行为如何评价？

张明楷：甲的手机掉到地上后由谁占有？

学生：当然还是甲占有。

张明楷：既然还是甲占有，那就容易分析了。

学生：我觉得A、B、C一直对甲实施暴力，手机掉在地上后，手机还在甲的占有下，B拿走手机甲不敢反抗，因为当时存在A、B、C三人的暴力威胁，所以完全可以将B拿走手机的行为也认定为抢劫罪。

张明楷： A、B、C 实施暴力并不是为了取得甲的手机，手机掉在地上后，B 要将手机据为己有时，只要甲知道自己的手机掉在地上被 B 拿在手上，并且，A、B、C 仍然在实施暴力或者以暴力相威胁，就可以评价为抢劫。如果甲不知道手机掉在地上被 B 拿走，或者 A、B、C 后来根本没有实施暴力或者以暴力相威胁，就不能够认定为抢劫罪。

学生： B 拿了手机之后还搜了身，所以，认定后面存在暴力或者胁迫行为，应当没有问题。只是不清楚，甲是否知道自己的手机掉在地上，以及被 B 拿走。

学生： 那么，在这个案件中，如何处理罪数问题呢？

张明楷： 认定为 A、B、C 三人构成寻衅滋事罪与抢劫罪是可能的。

学生： 处理这个案件的司法机关就是定了三人寻衅滋事罪和抢劫罪两个罪，寻衅滋事罪判了 6 个月徒刑，抢劫罪判了 3 年徒刑。

张明楷： 但我感觉只认定为一个抢劫罪可能更合适，或者说可以评价为包括的一罪。

学生： 寻衅滋事罪与抢劫罪分别是对公法益的犯罪与侵害个人法益的犯罪，能够评价为包括的一罪吗？

张明楷： 从行为的一体性的角度来说，是完全可能的。而且，寻衅滋事罪中的随意殴打他人，实际上也是对个人法益的犯罪。

学生：我当时觉得定一个寻衅滋事罪就可以了。因为这个案件中，三被告人的行为既是随意殴打他人，又是持凶器殴打，还是强拿硬要。一个寻衅滋事罪就足够评价所有行为了。

张明楷：问题是，强拿硬要行为是否符合了抢劫罪的构成要件，如果符合了，就不能只定寻衅滋事罪了。另外，如果认定为一个寻衅滋事罪的话，是只适用《刑法》第293第1款的某一项，还是同时适用好几项呢？比如，按照司法解释，强拿硬要他人财物数额要超过1000元，才符合《刑法》第293条第1款第3项，但本案的行为人只是拿走了600多元的财物，所以不能适用这一项。既然如此，怎么能说认定一个寻衅滋事罪就全面评价了案件事实呢？这也从一个侧面说明我们的司法解释太死板了。在司法解释出台前，法官完全可以根据案情自由裁量是否成立寻衅滋事罪，但法官们往往不敢裁量，在定罪与否的问题上左右为难、举棋不定，希望有司法解释。死板的司法解释出台后，法官们的正义感又冒出来了，觉得司法解释过分死板，让很多可以定罪的案件无法定罪了。没有司法解释时没胆量，有了司法解释时有正义感，所以很纠结。我觉得把A、B、C的行为认定为一个抢劫罪，量刑轻缓一些就可以了。A、B、C三个人的暴力行为并不严重，也没拿走多少钱，定寻衅滋事罪和抢劫罪实行数罪并罚，就有些重了。

学生：您觉得这个案件如果仅按照寻衅滋事罪处理，合不合适？

张明楷：如果单纯从量刑上来说肯定是合适的，但在定罪上有两个问题：一是行为人使用暴力压制了被害人的反抗且强取财物，却只定寻衅滋事罪，这明显不合适。二是定寻衅滋事罪只适用《刑法》第 293 条第 1 款的第 1 项，明显没有全面评价案件事实，但同时适用第 3 项，却又不符合司法解释的规定。

开设赌场罪

案例一

某宾馆有一个娱乐厅，住店的客人凭房卡花 300 元可以买一张门票。持门票到娱乐厅之后可以看电影、看演出、听音乐、喝咖啡（这些都是免费的），还可以把 300 元门票以 1 比 10 的比例换成 3000 个游戏币，参加里面的各种赌博活动。如果客人输掉了 3000 个游戏币，还可以凭房卡再去购买门票；如果客人赢了，宾馆也不兑换现金，而是将客人赢的游戏币再以 10 比 1 的比例变成积分，如果赢了 4000 个游戏币，就可以变成 400 个积分，可以折抵 400 元的房费，也可以在宾馆内部消费或者购买商品。但是，没有在宾馆入住的人，不能购买门票和进入娱乐厅。

张明楷：这种行为是不是开设赌场？

学生：行为人不能盈利吧，不能说是开设赌场。

张明楷：谁不能盈利？宾馆当然盈利，一张门票 300 元，仅凭门票就可以盈利。

学生：里面确实是赌博吗？

张明楷：当然是赌博，否则哪来游戏币的输赢？

学生：2005 年 5 月 11 日最高人民法院、最高人民检察院《关于办理赌博刑事案件具体应用法律若干问题的解释》第 9 条规定，不以营利为目的，进行带有少量财物输赢的娱乐活动，以及提供棋牌室等娱乐场所只收取正常的场所和服务费用的经营行为等，不以赌博论处。

张明楷：本案显然不能适用这条司法解释。

学生：有没有赌徒专门住在这里赌博？

张明楷：我估计不会有。这对认定开设赌场有意义吗？

学生：没有，我只是想知道。

学生：这个宾馆的行为和一般商店的促销手段有什么区别？比如在娱乐厅放一个抽奖箱，300 元钱可以抽 10 次，万一抽到了可以折抵房费，没有抽到可以再买再抽，多买多抽，促进消费。

张明楷：你说的这个不叫赌博吗？

学生：这种促销方式商场经常用，你来我的商场消费了，我给你一个消费券，你凭券去抽奖。

张明楷：可是你刚才说的是花 300 元去抽 10 次，这显然不一样。商场的做法是，购买商品后抽奖。如果直接花钱抽奖，岂不是像发行彩票一样了，怎么可能允许？有人为了抽奖而购买自己不需要的商品吗？不会有吧。但是，赌博就不一样，很多人就是为了赌博才购买那张门票。

学生：如果宾馆的做法是，客人入住后，可以凭房卡直接进入娱乐厅兑换3000个游戏币，输完了就不能再兑换了，赢了可以折抵房费或者在宾馆内消费、购物，这样的话就不成立开设赌场罪了吧？

张明楷：这种方式就与商店促销一样的，不能认定为开设财场罪。

学生：这种方式宾馆根本不可能有盈利，宾馆才不会这样做呢。

张明楷：我们前面讨论的这个案件，从刑法规定与刑法理论上讲，就是开设赌场，只不过跟一般的开设赌场不一样。一般的开设赌场，不会限制赌徒进入，赌徒也可以一直赌下去，赢了也可以把钱拿走。本案中参与赌博的人，只能是入住宾馆的人，而且几乎不可能一直赌下去，除非是常年住宾馆的人；参与赌博的人也拿不走所赢的钱，只能在宾馆消费。但是，这些都不影响开设赌场罪的成立。

学生：如果把本案改一下，客人只能凭房卡花300元购买一张门票，赢了后可以折抵房费或者在宾馆消费，输了后不能再花钱买门票，还叫不叫开设赌场？

学生：也是开设赌场，只不过限制了他人参与赌博的时间与输钱的数量。

张明楷：我也觉得还是开设赌场，只不过情节较轻而已。

案例二

几个朋友相约在不固定的几个地点赌博，数额很大，一次输赢就可能是几十万元。但是大家为了避免被警察抓获，就专门请李某来结算赌资，并在流转的赌资中抽取一定比例的好处给李某，李某不参与赌博，但他放贷给参与赌博的人。

张明楷：这个案件的疑问在哪里？

学生：公安机关认定李某构成开设赌场罪，检察机关以赌博罪批准逮捕。

张明楷：参与赌博的人是否被认定为犯罪？

学生：没有。只抓了李某一人。

张明楷：肯定不能认定李某的行为成立开设赌场罪吧。他根本没有支配他人参与赌博的场所与空间。我觉得李某只是赌博罪的共犯，而不可能成为赌博罪的正犯，因为他本人并没有聚众赌博或者以赌博为业。

学生：我也这么想，但是现在能不能不定其他人而只定李某赌博罪呢？

张明楷：当然是可能的，但你必须在起诉书上讲清楚其他赌博的人是正犯，李某是赌博罪的共犯。没有赌博的正犯哪里会有赌博的共犯呢？

学生：但是公安机关人员说，赌博有次数限制，几个参与赌博的人没有固定的召集者，而且场所也不固定，公安机关觉得查不清参与赌博的人谁构成赌博罪。但李某是每次都参加，而且他没有其他工作，他其实是以向赌博者放贷为业，所以想定李某以赌博为业的赌博罪。

张明楷：但是，李某以给赌徒放贷为业不等于以赌博为业。我觉得，如果其他参与赌博的人都不构成赌博罪，那么李某也不能构成赌博罪的共犯。就是说，如果事实上没有正犯，是不可能认定共犯的。只要事实上有正犯，即事实证明参与赌博的人中有人构成了赌博罪，即使不处理正犯，也有可能处理共犯。当然，这种做法不一定合适。但是，如果没有任何人事实上成立赌博罪的正犯，就不可能有赌博罪的共犯。否则，就违反了共犯的基本原理。

学生：公安机关引用的是《关于办理网络赌博犯罪案件适用法律若干问题的意见》中的一个规定，这个规定说，明知是赌博网站，为赌博网站提供资金支付结算服务，收取服务费数额在1万元以上或者帮助收取赌资20万元以上的，属于开设赌场罪的共同犯罪。

张明楷：这个规定是以存在赌博网站为前提的，我们讨论的这个案件根本就没有赌博网站。也就是说，这个规定是以有人成立开设赌场罪的正犯为前提的，所以认定提供资金的人是开设赌场的共同犯罪。怎么可能引用这个规定呢？如果是某个人单独成立开设赌场罪，就要求他支配、控制了赌博场所。

学生：这样的话，就不能认定李某构成赌博罪。

张明楷：我觉得不能认定为赌博罪与开设赌场罪。

学生：在赌场向参加赌博的人发放贷款的，能定开设赌场罪的共犯吗？

张明楷：这种行为一般可能成立赌博罪的共犯。但是，如果开设赌场的人知道行为人在赌场放贷并且同意的，或者说与开设赌场的人共谋，对赌场的维持起到作用的，才能认定为开设赌场罪的共犯。

辩护人伪造证据罪

甲是刑事被告人乙的辩护律师，乙在一审时被判处死刑立即执行，甲希望乙在二审时能被改判为死刑缓期执行。为了帮助乙搜集重大立功表现的证据，甲向乙的家属要了一些钱，拿出其中的 5 万元找到一个熟悉毒品犯罪的线人丙，让丙找人贩卖 500 克毒品。丙找到丁，让丁贩卖了 500 克毒品。随后，甲让乙在二审时检举揭发丁贩卖毒品的事实，以便二审法院认定乙有重大立功表现。

　　张明楷：这个案件的甲与丙应当成立贩卖毒品罪的教唆犯。但我们不讨论这一点，而是讨论甲是否构成辩护人伪造证据罪，这就涉及如何理解《刑法》第306条规定的"证据"的问题。第306条规定的构成要件是，"在刑事诉讼中，辩护人、诉讼代理人毁灭、伪造证据，帮助当事人毁灭、伪造证据，威胁、引诱证人违背事实改变证言或者作伪证"，其中的"证据"不能限制解释为犯罪本身的证据；凡是影响对被告人定罪量刑的证据，都应该属于这一条规定的"证据"；伪造立功表现的证据应该也是这一条规定的"伪造证据"。

　　学生：甲没有伪造毒品犯罪的证据，甲让丙教唆丁去贩卖毒品，丁确实也贩卖了毒品，有关丁贩卖毒品的事实和证据都是真的，不能认定为伪造证据。

　　张明楷：这就涉及如何理解《刑法》第306条规定的"伪造"了。

　　学生：甲"造"了证据，但不是"伪造"了证据。

　　张明楷：不能只是考察甲"造"出来的证据是真是假。虽然丁确实犯了贩卖毒品罪，但原本就不存在表明乙有重大立功的证据，而甲制造了原本没有的立功证据，所以，甲的行为还是符合《刑法》第306条规定的。甲是否伪造了立功证据，不是简单地看甲提供的证据是不是丁的真实犯罪事实，而是要考察乙原本有没有立功的证据，在没有的情况下，是如何形成立功证据的。

　　学生：如果乙的家属知道丁贩卖毒品500克，丁贩卖毒品的行为也不是别人指使的，乙的家属把丁的犯罪事实告诉了乙，乙在二审时提出的，能不能认定乙有重大立功表现？

张明楷：司法解释认为这种情况不能算重大立功，但我觉得还是可以算立功表现的。揭发他人重大犯罪行为是立功表现，这样的规定有刑事政策上的理由，鼓励犯罪人检举他人的犯罪行为，让司法机关发现犯罪。犯罪人的家属知道别人的犯罪事实也可以不举报，现在由犯罪人检举揭发了，这样的行为对司法机关发现犯罪有好处的，符合设立立功制度的宗旨。

学生：司法解释认为立功线索来源是"犯罪分子通过贿买、暴力、胁迫等非法手段，或者被羁押后与律师、亲友会见过程中违反监管规定，获取他人犯罪线索并'检举揭发'的，不能认定为有立功表现"。如果辩护人在与被告人会见过程中违反监管规定，把自己知道的他人犯罪线索告诉了被告人，辩护人的行为是不是也成立辩护人伪造证据罪？

张明楷：辩护人只是把自己知道的他人犯罪事实告诉被告人，这样的行为还不能认定为辩护人伪造证据罪。

学生：在这种情况下，被告人之前确实也没有这样的立功证据，是辩护人的行为使他有了立功证据，在这一点上，和我们刚刚讨论的案件是一致的呀。

张明楷：我刚刚讲过，之所以规定检举揭发他人犯罪是立功，刑事政策的理由就是鼓励罪犯检举揭发犯罪，让司法机关发现已经发生的犯罪。如果辩护人只是把自己知道的他人犯罪事实告诉了被告人，被告人又为了立功把犯罪事实告诉了司法机关，这样的行为还是符合立功背后的刑事政策理由的。但如果原本可以避免犯罪，或者说原本不存在犯罪，辩护人为了帮助被告人减轻刑罚，教唆他人犯罪，制造了犯罪，又把这样的犯罪事实告诉了被告人，这与立功背后的政策理由严重背离，不仅不是立功，辩护人的行为除了构成相应犯罪的教唆犯以外，还成立《刑法》第306条规定的辩护人伪造证据罪，只是应当数罪并罚还是按想象竞合处理的问题。当然，根据司法解释，辩护人将自己以前知道的犯罪事实有偿或者无偿提供给被告人的，不能认定为立功，但不能因为司法解释把这些行为认定为不是立功，就要把提供线索的辩护人的行为认定为伪造证据罪。辩护人只是把别人的犯罪线索告诉了被告人，他伪造了什么证据呢？当然没有。但是，如果辩护人制造了新的犯罪，再将这一犯罪事实提供给被告人的，则是伪造立功证据。

学生：在辩护人有偿或者无偿把他人以前的犯罪线索告诉被告人，被告人用这些线索立功的情况下，判断是不是立功是司法机关的事，但不能说辩护人伪造了证据。

张明楷：可以这样理解。

学生：您刚才说对甲的贩卖毒品罪与辩护人伪造证据罪究竟应当数罪并罚还是以想象竞合处理？

学生：甲只有一个行为吧。

张明楷：也可以说甲有两个行为，一是唆使丙教唆丁贩卖毒品，这是间接教唆，成立贩卖毒品罪；二是将丁的犯罪线索提供给乙，让乙在二审过程中检举揭发丁的罪行。但从"伪造"证据的角度来说，两个行为具有重合部分。按照德国的标准可能认定

为想象竞合吧，按照主要部分重合说，也有可能认定为想象
竞合。

妨害作证罪

某地发生了一起盗窃案，在两名公安人员进行现场勘验、检
验时，被告人周某以暴力相威胁阻止二人进行现场勘验、检验。

张明楷：案情简单的犯罪，往往涉及许多问题。从事勘验、
检验的人员一般都是什么人员？

学生：一般情况下都是公安技术支队的人员。

张明楷：他们也是国家机关工作人员吧？他们同时也是证人
吗？阻止他们做勘验、检验的，能认定为《刑法》第 307 条的妨
害作证罪吗？

学生：周某的行为不是妨害公务吗？

张明楷：这里是否存在妨害公务罪和妨害作证罪的竞合？还
有，比如以暴力、威胁、贿买的方式让这些人员做虚假的勘验、
检验笔录的，是否构成第 307 条的妨害作证罪呢？

学生：这两种情况还是不一样。阻止他们去勘验、检验和使
其出具假的勘验、检验笔录不一样。在前一种情况下，即在阻止

他们勘验、检验的情况下，他们还没有实施勘验、检验行为，怎么去作证？公安人员进行勘验、检验只是一个查明案件事实的过程。后一种情况，即以暴力、威胁、贿买的方式让这些人员做虚假的勘验、检验笔录的，可以定妨害作证罪。

张明楷：能不能说，前一种情况也是一个广义的作证过程呢？没有勘验、检验过程，后面怎么作证呢？也就是说，阻止他人勘验、检验的行为，能不能评价为阻止证人作证？

学生：公安技术人员在勘验、检验时还不是证人吧。

张明楷：如果只有在法庭上作证了才叫证人，那么，就不存在阻止证人作证的现象了。显然，法条中的阻止证人作证，是指阻止可能作证的人作证。例如，B说自己捡到了杀人犯用于杀人的一把刀，A威胁B说"不准你把刀拿出来，否则我杀了你"。这是不是阻止证人作证？再如，乙说"我知道杀人犯把刀放在哪里了"，打算告诉公安人员，行为人甲威胁乙，不准乙告诉公安人员。这是不是妨害作证？

学生：妨害作证啊。确切地说，这是取证，能不能算作是作证？

张明楷：这要看"作证"可以解释到什么程度。比如，日本刑法规定了隐灭证据罪。如果行为人把证人藏起来的，判例与通说都认为这是隐灭证据，没有任何争议。在我们讨论的案件中，阻止勘验、检查人员去提取一个脚印，阻止B、乙拿出凶器来，不是一样的吗？实际上，妨害作证就是妨害司法机关获得证据。这样理解可以吗？

学生：可以吧。

张明楷：那么，勘验、检验人员做虚假的勘验、检验笔录的，能同时构成伪证罪吗？

学生：如果勘验、检查人员既是司法工作人员，同时也是证人，就同时触犯徇私枉法罪与伪证罪，属于想象竞合。

张明楷：不过，人们肯定会提出反对意见，一个人怎么可能既是司法工作人员同时也是证人？

学生：其实也很好理解，警察出庭作证是很正常的事情，但他们同时也是司法工作人员。

张明楷：对！再如，检察院派驻看守所的工作人员丙，看到嫌疑人被刑讯逼供，但却作证说嫌疑人没有被刑讯逼供，导致原本应当排除的口供被采信。本来，如果这个证据（口供）被排除的话，当事人就无罪。这时，丙的行为构成徇私枉法罪吗？是否同时构成伪证罪？

学生：在这种情况下，丙不是办案人员，只是一个证人的角色，不构成徇私枉法罪，只构成伪证罪。

张明楷：应该说只有办案人员才能构成徇私枉法罪，所以，认定丙构成伪证罪是没有疑问的。

学生：这么说，前面所说的周某的行为构成妨害作证罪吗？

张明楷：我觉得也可以认定为妨害作证罪与妨害公务罪的想象竞合。

帮助伪造证据罪

余某酒后毁坏了银行的自动取款机而被刑事拘留，余某的妻子托刘某帮忙把余某"捞出来"。第二天，刘某找到负责维修取款机的工程师邱某，问维修取款机需要多少钱。邱某如实地开出一张维修价值为 14300 元的定审单。开出之后，刘某拿这个单子给银行，就向银行赔了 14300 元。之后，刘某又请工程师邱某出具一张维修价值 3000 元的定审单，刘某就将 3000 元的定审单和赔付证明提交给公安机关。但是，余某对此事不知情，过了一段时间，公安机关就把余某放出来，理由是余某毁坏财物的价值没有达到 5000 元。后来，公安机关知道了真相，重新拘留了余某。

张明楷：刘某的行为是构成妨害作证罪还是帮助伪造证据罪？

学生：应当是帮助伪造证据罪吧。

学生：刘某指使邱某作伪证，成立妨害作证罪吧。

张明楷：帮助伪造证据罪，既可以是自己伪造，也可以是让他人伪造，但妨害作证罪要求指使他人作伪证。你们要注意，法条的表述是"指使他人作伪证"，而不是"指使证人作伪证"。

学生：不管邱某是不是证人，他确实出具了一个伪证，所以，刘某的行为属于指使他人作伪证。

学生：既然帮助伪造证据罪包括让他人伪造证据，当然也可以认为刘某的行为属于帮助伪造证据。

张明楷：能不能说邱某是帮助伪造证据，而刘某是指使他人作伪证，因而成立妨害作证罪？

学生：如果说邱某是帮助伪造证据，刘某也是帮助伪造证据的教唆犯。

张明楷：教唆犯被正犯化了吧。

学生：这个证据没有上法庭，能说妨害作证或者帮助伪造证据罪吗？

张明楷：妨害作证罪的成立不要求证据上法庭吧。在立案前帮助伪造证据的，也完全可能成立犯罪。

学生：如果说，帮助伪造证据的是正犯，而指使者成为另一个法定刑更重的正犯，好像不协调。

张明楷：我也觉得不协调。帮助伪造证据罪以情节严重为前提，最高刑只有 3 年徒刑；妨害作证罪没有这个要求，而且最高刑为 7 年徒刑。

学生：但是，说刘某指使邱某作伪证，也是可以接受的。

张明楷：案情介绍说的是刘某"请"邱某出具证明，这能评价为指使吗？

学生：在我们司法实践中，凡是让人做坏事的，不管采用什么方法，都叫指使。

张明楷：如果指使是出主意让他人干坏事，刘某的行为也是指使他人作伪证。

学生：这么说，邱某成立伪证罪吗？

张明楷：邱某不是证人，不能成立伪证罪吧。指使证人作伪证的是伪证罪的教唆犯，同时成立妨害作证罪的正犯，由于教唆犯被正犯化了，应当按妨害作证罪论处。在这种情况下，不能说是想象竞合。指使他人伪造证据的，似乎也是妨害作证罪的正犯。但是，虽然前一种情形是协调的，后一种情形却不太协调。在这个意义上，我觉得可以将刘某与邱某都认定为帮助伪造证据罪。

学生：妨害司法罪中的这些犯罪是很混乱的。

张明楷：是的，很难理顺。比如，假如邱某不知情因而不成立犯罪，那么，不管对刘某是定妨害作证罪还是定帮助伪造证据罪，都看不出不协调的问题。但是，一旦邱某知情，因而成立帮助伪造证据罪，对刘某的定罪就必须考虑二者之间的协调问题了。

学生：就我们讨论的案件来说，对刘某与邱某都认定为帮助伪造证据罪，应当比较协调。

张明楷：可以这么说。我再讲一个案件：甲被以受贿罪定罪判刑，刑满释放后，甲想通过审判监督程序改判自己无罪，于是找到当初的行贿人Ａ、Ｂ，要求他们证明甲并没有受贿，Ａ、Ｂ同意后写好了证言并进行了公证。检察院重新调查案件，找到 A、B 二人了解情况。A、B 说，证言并不是按照自己的意愿所写，而是应甲的要求写的；甲经常来找自己，碍于当年的情面，又怕甲经常纠缠，才勉强写下新的证言。但是，甲对 A、B 并未使用暴力、胁迫、贿买等手段。这个案件应当如何处理？

学生：妨害作证罪是否要求案件已经进入刑事诉讼程序？在德国，即使让他人做伪证的行为并不是发生在刑事诉讼中，但只要伪证在刑事诉讼中使用了，会认为构成要件行为和着手之间有间隔，刑事诉讼程序启动时，行为才着手。

张明楷：现在这样的案件在实践中可能并不少，尤其是职务犯罪的被告人，出狱以后就开始想着翻案，想着恢复公职。我国刑法并没有要求妨害作证罪发生在刑事诉讼过程中，由于我国有再审程序，所以，即使刑罚执行完毕后，为了提起再审，也可能存在妨害作证的现象。

学生：甲与 A、B 的行为事实上又导致检察机关开始调查案件，的确妨害了司法。所以，只要妨害作证的行为事实上妨害司法的，不管行为发生在什么时间，都是可能成立犯罪的。

张明楷：但是，我觉得，对于本案的甲不应当认定为妨害作证罪。首先，甲并没有"采用暴力、威胁、贿买等方法阻止证人作证或者指使他人作伪证"。《刑法》第 307 条第 1 款中的"等方法"，也必须是与"暴力、胁迫、贿买"相当的方法。甲只是反复劝说 A、B 二人，这样的行为与"暴力、胁迫、贿买"不相当。其次，对于甲来说，也可以认为缺乏期待可能性。所以，本案的关键在于 A、B 的行为是否成立帮助伪造证据罪。

学生：A、B 后来提供的证言如果确实与事实不相符合，当然可以认定为帮助伪造证据罪。

张明楷：但是，帮助伪造证据罪要求情节严重才构成，本案的 A、B 行为的情节并不严重吧。因为检察机关来调查时，他们立即说明了真相，没有严重妨害司法。所以，不应当作为犯罪处理。

非法行医罪

2008 年 11 月至 2013 年 10 月，某幼儿园的负责人孙某等人为了提高幼儿出勤率，增加幼儿园的收入，以吃药能预防幼儿感冒为由，冒用其他医疗机构的名称，从四家医疗批发零售的企业先后分 10 次购进 54600 片病毒灵，给幼儿服用的时间是每年春秋两季换季期间。小班的儿童每次半片或一片，将药片溶进白开水，每天一次，连服两天。大班的儿童每次一片，连服三天，把药片发给孩子用白开水服下。幼儿园一般安排孩子在上午 10 时服药，有时还会增加服药的次数。喂药的幼儿园保健医生只持有某省发放的医师资格证，并未取得卫生部门发放的医生执业资格。

张明楷：我从三十多年前起就经常讲一句话，我们国家有太多的人想钱想疯了。想钱想疯了就会实施犯罪行为，因为最能赚钱的行为方式都写在刑法条文中。

学生：孙某等人的行为是不是可能构成故意伤害罪，或者侵犯公共安全法益的犯罪，比如投放危险物质罪或者以危险方法危害公共安全罪？

张明楷：并没有儿童因为吃药致伤致死，肯定不能认为喂药行为成立故意伤害罪。况且，即使有儿童出现了一些不适症状，也很难证明这是喂药行为造成的。危害公共安全的行为必须具有导致多数人或者不特定人死伤的危险，既然喂药行为没有造成儿童的身体伤害结果，也很难确定一定的症状与喂药行为有因果关系，就不能认为这样的行为危害公共安全，不能按投放危险物质罪或者以危险方法危害公共安全罪处理。

学生：确实不能说"病毒灵"就是投放危险物质罪中的"危险物质"，不能定投放危险物质罪。

张明楷：如果行为人投放了某种物质，但又不可能构成投放危险物质罪，也就肯定不可能成立以危险方法危害公共安全罪。同样，如果行为人点火燃烧财物等，但又不可能构成放火罪，就绝对不可能构成以危险方法危害公共安全罪。

学生：幼儿园的保健医生并没有行医资格，"病毒灵"又是处方药，这种喂药行为是不是可能成立非法行医罪呢？

张明楷：对。我觉得把这样的行为认定为非法行医罪还是比较合适的。认为孙某等人的行为不构成非法行医罪的人，都是以医生的通常形象和行为为标准认定犯罪，而不是从非法行医罪的构成要件出发认定犯罪的。非法行医罪是指未取得医生执业资格的人擅自从事医疗活动，情节严重的行为。人们总是认为行为人以医生的形象和医生的名义诊治疾病，才叫从事医疗活动，才叫"行医"。实际上，医生主要是从事疾病的治疗和预防，在这个案件中，保健医生给幼儿喂药就是在预防疾病，这样的行为可以认定为"从事医疗活动"或者"行医"。就像刚才你说的那样，幼儿园保健医生没有行医资格，"病毒灵"又是一种只有具有医生执业资格的人才能开具和使用的处方药，一个没有医生执业资格的人对那么多幼儿使用这种药，这样的行为当然可以成立非法行医罪了。

学生：在我们今天讨论的这个案件中，幼儿园的保健医生并没有卫生部门发放的医生执业资格，所以还可以按照非法行医罪定罪。但如果幼儿园请了一位具有卫生部发放的医生执业资格的医生来给幼儿长期喂病毒灵，这样的医生可以开处方药，是不是这样的行为就不能定任何罪，因而就无罪了呢？

张明楷：要是幼儿园的保健医生有医生执业资格的话，就不好定非法行医罪了。

学生：如果幼儿园保健医生给幼儿服用的是板蓝根的话，可能就不构成犯罪了。

张明楷：板蓝根不是处方药但也是药，将板蓝根给儿童吃，同样是在从事医疗活动吧。

学生：患者在没有医生处方的情况下去药店买了处方药，最后由于不对症导致重伤或者死亡的，药房的行为构成非法行医罪吗？

张明楷：我们刚刚讨论的案件是孙某等人把处方药拿给幼儿吃，你说的这种情况是患者主动去药房购买处方药，不能说药房卖药的行为是行医行为。这类行为违反的是相关的行政法规，没有违反刑法。或者说，在这种情况下，重伤与死亡结果要由患者自我答责了。

贩卖毒品罪

乙向甲购买毒品，甲声称要先收到钱才能向乙提供毒品。于是，乙给甲汇了 1.2 万元，甲用乙汇来的钱向丙购买了冰毒，但还没有提供给乙时，就被公安机关抓获。

张明楷：这样的案件，你们在司法实践中都是认定为贩卖毒品既遂吗？

学生：是的。

张明楷：是因为甲已经收到了毒资，还是因为甲已经购买了毒品？

学生：因为甲已经为了贩卖而购买了毒品。

张明楷：也就是说，为了贩卖而购买就是贩卖既遂。

学生：是的。

张明楷：从语法上讲就说不通！为了销售假药而购买假药是销售假药既遂吗？

学生：当然不是。

张明楷：既然是为了贩卖而购买，就表明还没有贩卖；既然还没有贩卖，怎么可能就是贩卖既遂呢？所以，在语法上说不通。如果要在语法上说得通，就必须说，贩卖包括购买与出卖，为了出卖而购买的就是贩卖。但是，即使这样说，也有另一个问题，既然贩卖包括购买与出卖，当行为人只实施了其中的购买行为时，怎么可能就把贩卖行为也实施完了，因而构成贩卖既遂呢？所以，无论如何都不能说为了贩卖而购买毒品的就是贩卖毒品既遂。

学生：我们在司法实践中就是按司法解释处理贩卖毒品案件的。

张明楷：现在司法实践中贩卖毒品的既遂标准过于提前了。我的观点是，即便已经买进来，也并不一定着手了，只是贩卖毒品的预备。当然，购买了毒品后，同时也就持有了毒品，所以，在贩卖毒品的预备犯与非法持有毒品罪的既遂犯中选择一个重罪定罪就可以了。当然，有时候还可能构成运输毒品罪的既遂犯。

学生：为了贩卖而购买的，不能说是贩卖毒品未遂吗？

张明楷：如果说贩卖毒品就是指出卖毒品，那么，为了贩卖而购买的行为就是预备行为；如果说，贩卖包括购买与出售，那么，购买就是着手实行了。可是，当我们说"贩卖包括购买与出售"时，显然是指贩卖由购买与出售两个行为构成，而不是说只要有购买或者出卖就叫贩卖。这是显而易见的道理。可是，一方面，如果说贩卖由购买与出售两个行为构成，那么，行为人出卖祖传的鸦片或者捡拾了毒品后再出卖的，就因为缺少购买行为而不成立贩卖了，这显然是行不通的。另一方面，如果说贩卖是购买或者出卖，就是直接将购买评价为贩卖了，或者将购买直接评价为出卖了，这是违反生活常识的吧。因为这样说的话，买卖双方都说不清谁买谁卖了。所以，只能说，贩卖毒品就是出卖毒品，为了贩卖而购买的，只是贩卖的预备行为。

学生：有人认为，不买入就无法卖出，所以就以贩卖毒品罪既遂论处。

张明楷：这在逻辑上说不通。如果杀人时不准备凶器就无法杀人，准备凶器就是杀人既遂了吗？

学生：我觉得主要原因是，大家认为贩卖毒品犯罪非常严重，为了提前打击，所以要将为了贩卖而购买的行为认定为贩卖既遂。

张明楷：也就是说，因为贩卖毒品是严重犯罪，所以，不需要按照构成要件判断犯罪既遂？这可能不合适吧。

学生：还有"警察陷阱"的情况，比如，警察让线人与被告人联系购买毒品，被告人为了卖给线人而购买毒品的，都是认定为贩卖毒品既遂。

张明楷：这也存在明显的问题。另外，警察与线人进行所谓陷阱教唆时，在德国对警察与线人是怎么处理的？

学生：这个在德国有争议。德国有的学者对构成要件进行限缩解释，认为这个时候警察与线人的行为还不符合构成要件；也有学者认为这个时候警察与线人的行为符合构成要件，但由于是为了打击犯罪，可以成立紧急避险，进而给警察、线人脱罪。

张明楷：但是，即使是这样，也只有当警察与线人是针对有毒品犯罪嫌疑的人进行陷阱教唆时，才可以说不符合构成要件或者是紧急避险。倘若警察与线人随意针对他人进行陷阱教唆，我觉得还是有问题的，甚至可能成立贩卖毒品的教唆犯。

学生：老师，我想问一个案件。A 经常为自己吸毒而购买毒品，一来二去与毒贩很熟悉。A 的一些朋友也吸毒，他们经常聚在娱乐场所内，想吸毒的时候就让 A 去联系毒贩购买，买到后大家一同吸食。A 帮助朋友购买毒品三四次，每次都没有从中牟利，只是购买后和朋友一起吸食而已，其中可能有蹭吸的行为。就是自己没有出钱，但与朋友一起吸食。

张明楷：你们是怎么认定的？

学生：我们按贩卖毒品罪起诉，法院也按照贩卖毒品罪定罪量刑了。这样处理合适吗？

学生：我认为，只要 A 的行为促进了或者帮助了毒品的买卖，就能够认为 A 是贩卖毒品的共犯。

张明楷：怎么能这样认为呢？按照你的逻辑，为自己吸毒购买毒品的人也都是贩卖毒品罪的共犯。可是，当刑法只处罚贩卖行为时，单纯的购买行为就不可能成立贩卖行为的共犯。这是在讨论对向犯时就确定了的规则。

学生：但在实践中，A 这样的行为都会被按照贩卖毒品罪定罪。这是因为毒品交易很特殊，卖家不是向谁都会卖，他们只卖给熟客；公安机关很难抓到贩卖的老板，往往只抓到这些经常找卖家为自己和别人吸毒购买毒品的人。很多大城市又为了遏制毒品蔓延，对贩卖毒品罪的认定就会很宽松。

张明楷：你说的都是一些和定罪没关系的事情。行为能不能构成贩卖毒品罪，还是要回到贩卖毒品罪的构成要件上来。A 这样的行为到底是贩卖还是购买？当购买行为没有被刑法规定为犯罪时，单纯的购买行为就不能评价为贩卖的共犯，否则，就明显不合适。

学生：A 只能购买供自己吸毒用的毒品，他替别人购买的行为也会侵犯别人的身体健康法益和社会管理秩序法益，这和其他贩卖行为没什么两样。

张明楷：既然只是帮助别人去购买，也就意味着行为人还是买方，怎么就变成贩卖了呢？你们再把别的贩卖类的犯罪拿出来比较一下。帮朋友代购淫秽光盘的人，是不是也成立贩卖淫秽物品罪呢？这些犯罪都只是处罚出卖行为，不处罚购买行为，在这一点上是相同的。

学生：最高人民法院 2008 年 12 月下发的《全国部分法院审理毒品犯罪案件工作座谈会纪要》指出："有证据证明行为人不

以牟利为目的，为他人代购仅用于吸食的毒品，毒品数量超过刑法第 348 条规定的最低数量标准的，对托购者、代购者应以非法持有毒品罪定罪。代购者从中牟利，变相加价贩卖毒品的，对代购者应以贩卖毒品罪定罪。明知他人实施毒品犯罪而为其居间介绍、代购代卖的，无论是否牟利，都应以相关毒品犯罪的共犯论处。"显然，我们今天讨论的案件中，行为人没有从中牟利，没有变相加价，但有可能属于"居间介绍、代购代卖"。

张明楷：不能将 A 的行为评价为"居间介绍、代购代卖"，他只是为朋友购买毒品。也就是说，应该以法条中的"贩卖"为根据理解这里的"居间介绍、代购代卖"，不能脱离法条来随意理解。我认为，应该将这里的"居间介绍、代购代卖"理解为帮卖方找买主，不包括帮买方找卖家。你们想想，所有的购买都是一种帮助贩卖的行为，为什么我国刑法没有把吸毒的人自己购买毒品的行为规定为犯罪？说明在这个问题上我国刑法没有采取家长主义，没有处罚吸毒行为，而只是处罚贩卖行为。当你在判断某个行为是不是贩卖的帮助行为的时候，脑子里一定要记住，在我国购买毒品是无罪的，只要是没有超出购买范畴的行为，都不能按照贩卖毒品罪处理。

学生：如何判断哪些行为超出了购买？

张明楷：帮助卖家找买家的行为就超出了购买的范畴；帮助卖家与买家谈价的行为也超出了购买范畴。如果只是帮助买家找卖家，还没有超出购买的范畴。单纯为吸毒者寻找、联系贩卖者的，仍属购买毒品的行为，不应当认定为贩卖毒品的共犯。但是，为贩卖者寻找、联系上游贩毒者或者下游吸毒者的，则成立贩卖毒品罪的共犯。

学生：本案的 A 有蹭吸的行为，也就是说，他去购买毒品后与朋友一起吸食，但他没有出钱。这是否属于贩卖呢?

张明楷：我觉得，对于为了"蹭吸"而帮助吸毒者购买毒品的，因为没有贩卖行为，不应认定为贩卖毒品罪。为了"提成"毒品而帮助吸毒者购买毒品，即帮助吸毒者购买毒品后按一定比例提成部分毒品据为己有的，应认定为贩卖毒品罪。所以，我认为，本案的 A 不成立贩卖毒品罪。如果他每次购买的毒品数量较大，有可能在购买后吸食前这段时间构成非法持有毒品罪，但无论如何不能认定为贩卖毒品罪与运输毒品罪。

非法持有毒品罪

甲给乙打电话要购买毒品，乙就安排丙携带毒品到某市一个宾馆里去。第二天，甲去了宾馆之后，就将 1 万元现金交给了丙，但是，乙要求甲把钱汇到某个账户上。于是，甲、丙二人准备到银行将 1 万元汇到乙指定的账户上，此时公安人员来到了宾馆，从丙的房间搜出了毒品。

张明楷：乙的行为肯定构成贩卖毒品罪，只是既遂还是未遂的问题。丙把毒品送到宾馆的某个房间，也可以认定为贩卖、运输毒品。问题是，甲的行为是什么性质？有人认为，甲的行为构成非法持有毒品。

学生：甲没有拿到毒品怎么就构成非法持有毒品罪呢？

张明楷：持这种观点的人认为，刑法上的持有表现为行为人对特定物品的一种支配力、控制力；持有的方式，既可以是行为人直接持有，也可以是间接占有；既可以是独自占有，也可以是两人以上共同占有。总之，只要物品实际归行为人支配、控制，就可构成持有。该案中，甲与丙已经达成协议，并将 1 万元毒资交给了丙，双方毒品交易已经完成，虽然丙还没有将毒品交给甲，但是毒品的所有权已经归属于甲，所以甲构成非法持有毒品罪。

学生：这个说法前后矛盾。毒品还没有交付给甲，怎么能说毒品交易已经完成呢？

张明楷：更为重要的是，这种观点认为，只要取得了毒品的所有权，就对毒品形成了支配、控制，所以，非法持有了毒品。

学生：这种观点偷换了概念。所有与占有是可以分离的，不能因为甲已经取得了所有权，就认为他已经占有。

张明楷：毒品也不存在所有权的问题吧。

学生：这个观点太离谱了吧。

张明楷：你们认为非法持有毒品罪存在预备与未遂吗？

学生：理论上讲，也许有成立预备的可能性，但成立未遂的可能性比较小吧。

张明楷：比如，丙刚把毒品交给甲，或者说甲刚把毒品拿到手上，警察就进宾馆房间了。

学生：既然拿在手上了，不能成立非法持有毒品既遂吗？

张明楷：持有型犯罪需要一定的持续性，刚拿到手还没有形成持续性的持有吧。我感觉，这个时候说是非法持有毒品的未遂，也是有可能的。但我们讨论的案例中的甲还不成立非法持有毒品的未遂，充其量只是非法持有毒品的预备。

容留他人吸毒罪

酒吧里张贴了禁止吸毒的标语。客人到酒吧房间后，女服务员甲为客人提供相应的服务。在客人吸毒时，服务员甲放任不管，任由客人在房间吸毒。

张明楷：对服务员的行为能认定为容留他人吸毒罪吗？

学生：不能定罪吧。酒吧又不是服务员控制的场所，怎么可以说她容留他人吸毒呢？

张明楷：容留他人吸毒罪是作为犯还是不作为犯？

学生：既可以是作为犯，也可以是不作为犯，看到别人在自己控制的场所内吸毒而放任不管的，也可能成立容留他人吸毒罪。

张明楷：别人到自己家里做客、聊天，一聊天就开始吸毒。主人放任不管的，对主人的行为是评价为作为还是评价为不作为？

学生：不作为。

张明楷：作为义务的内容是什么？是应该将客人赶出家门，还是应当制止客人的吸毒行为？

学生：应当赶出去没有赶出去，或者应当制止没有制止时，就可以评价为主人鼓励客人吸毒，因而要认定为不作为。

张明楷：为什么主人应当将客人赶出去或者应当制止呢？

学生：因为不赶出去或者不制止的话就是容留了。

张明楷：你这是循环论证了吧。我是问作为义务来源于什么？

学生：房屋等领域有支配者，要保证自己所支配的领域不能被他人用于进行违法和犯罪活动。

张明楷：你的意思是，主人没有制止客人的违法活动，所以构成犯罪？不阻止一般违法行为怎么就成了犯罪？从不作为角度好说明吗？

学生：也可以说明吧。因为毕竟在我们国家吸毒本身不是犯罪，但是容留他人吸毒就是犯罪。

张明楷：这是另外一回事。我是问，不作为能否成立容留他人吸毒罪？酒吧服务员不阻止客人吸毒是否成立犯罪？

学生：服务人员有管理职责吗？

学生：如果她管理这个房间，她就有义务制止，至少需要报告酒吧老板。

张明楷：那是不是要区分房间的固定服务员和不固定的服务员呢？因为有的酒吧的房间服务员是固定的，比如，A 服务员一直在 1 号房间服务；有的酒吧的房间服务员不是固定的，是随机安排的。这样对作为义务的来源有影响吗？

学生：没有影响。

张明楷：为什么没有影响？

学生：好像没差别。

张明楷：我怎么感觉有差异？如果说容留是不作为的话，固定的服务员更可能有作为义务。问题是，如果说是不作为的话，在吸毒造成的危险由吸毒者承担的情况下，作为义务究竟来源于什么？

学生：属于危险源的控制义务。

张明楷：危险源来自于什么地方？危险源来自于吸毒者吧。如果说容留可以是不作为，我感觉好像可以说行为人有保证自己支配的领域不发生吸毒现象的作为义务。不管是从作为角度来说，还是从不作为的角度来说，首先还是要解释"容留"是什么意思。

学生：容许他人吸毒，而且把他人留下来。

学生：比如吸毒者说"我现在要吸一会毒，我出去吸"。行为人说"不用出去，就在我这里吸"。这个就是容留。

张明楷：你说的这种情形当然是容留，但容留不是所谓容许他人吸毒并且把他人留下来，而是指容纳、收留他人吸毒。

学生：在有些场合下，容留可能没有身体外在的动作，一般都是把没有身体动作的行为评价为不作为。

张明楷：这涉及如何区分作为与不作为的古老话题。

学生：把吸毒者叫到自己家里来吸肯定是作为的方式；客人到自己家后开始吸毒时，主人任由客人吸毒的，则是不作为的方式。

学生：这不是作为与不作为的区别，而是主动与被动的区别，二者都是作为。

张明楷：如果都是作为的话，乙与丙都到甲家做客时，乙在甲家吸毒，甲与丙都予以放任的，为什么只有甲构成容留他人吸毒罪呢？

学生：因为吸毒所在的场所是由甲管理的，而不是由丙管理的。

张明楷：这么说，好像还是可能有不作为的容留。也就是说，只有支配了某个场所的人，才对发生在这个场所的吸毒行为有阻止义务，不履行义务就是容留。这样说有什么问题吗？

学生：感觉没有问题。

张明楷：但我总觉得将容留解释为作为就可以了。就是说，行为人将自己支配的场所提供给他人吸毒。容许他人在自己支配的场合吸毒，就是将自己支配的场所提供给他人吸毒。不是说，因为行为人支配了场所，所以产生了什么作为义务。

学生：是否要求行为人对场所有实际的支配？

张明楷：当然要有实际的支配，而且在这种场合也应当是排他的支配。

学生：假设吸毒人员真的没有地方吸毒，已经被公安人员盯上了，就跟他的朋友说我们出去玩吧，朋友开着自己的车出去玩。吸毒人员在车上开始吸毒了，朋友没有制止，而是让他在车内吸毒。这个朋友是容留吸毒吗？

张明楷：汽车是朋友所支配的，应当是容留他人吸毒。

学生：怎么制止他人吸毒呢？把吸毒人员从车上赶下去，还是采取防卫的方法，夺走毒品之类的？

学生：都可以吧。

学生：如果是在高速公路上行驶，不能把吸毒人员赶下车怎么办？

张明楷：我觉得，即使是作为犯罪，也需要考虑结果回避可能性的问题。此外，还有期待可能性的问题。

学生：上面讲的酒吧的服务员究竟是否构成容留他人吸毒罪？

张明楷：我觉得，如果行为人是酒吧特定房间的固定服务员，酒吧的管理者也要求服务员禁止他人在房间吸毒，服务员还是可能构成容留他人吸毒罪的。

学生：您为什么附加两个条件呢？

张明楷：一方面，如果服务员是特定房间的固定服务员，更容易说明他对该房间有一定的支配地位；另一方面，不给吸毒者提供场所，首先是对酒吧管理者的要求，但酒吧管理者不可能亲自管理所有房间，当他对服务员提出了相应的要求时，服务员也应当做到。

学生：如果女服务员根本管理不了呢？

张明楷：自己管不了，可以报告酒吧管理者。另外，还可以考虑结果回避可能性与期待可能性的问题。这是两个不同的问题。

学生：如果酒吧房间没有固定服务员，叫谁来服务一下谁就来一下，这时的服务员就不构成容留他人吸毒罪了吗？

张明楷：我觉得不构成，因为这种场合不能说服务员支配了房间这个领域，所以，不能说服务员将自己支配的场所提供给他人吸毒。

非法种植毒品原植物罪与非法持有
毒品原植物种子、幼苗罪

公安人员在巡逻的时候，发现村民甲的院落中种有大量的罂粟，清点后发现有3600株。公安人员让村民甲和村干部一起去派出所。但在去派出所的途中，甲因害怕拉了一裤子，公安人员便让甲回家换裤子后自己去派出所。甲回家后换了裤子，并且和家人一起把罂粟全部铲除了，然后骑自行车去了派出所。

张明楷：《刑法》第351条第3款规定："非法种植罂粟或者其他毒品原植物，在收获前自动铲除的，可以免除处罚。"甲符合这一规定吗？

学生：公安人员要求他铲除了吗？

张明楷：没有。

学生：那就是自动铲除。

学生：叫不叫毁灭证据？

张明楷：怎么叫毁灭证据呢？当事人自己毁灭证据也不可能构成犯罪啊！刑法规定的自动铲除，没有要求必须发生在公安机关发现之前，或者说，在公安机关发现后也可以自动铲除啊！而且，公安人员已经知道甲种了3600株罂粟。

学生：如果甲不是铲除，而是一把火烧了行不行？

学生：烧不着吧。

学生：浇上汽油之后再烧。

学生：这样会不会让周边闻到味道的人吸毒呢？因此，属于强迫他人吸毒？

张明楷：你们的想象力还是蛮丰富的嘛。铲除不限于用铲子铲除吧，而是包括使罂粟不能再生长的一切行为。

学生：法条表述的是在收获前自动铲除，这与中止犯里面的自动性差不多吧。已经被公安机关发现了还能叫自动吗？

张明楷：被公安机关发现了怎么不能叫自动呢？公安人员还没有要求甲铲除的时候，甲就铲除了，当然是自动的。

学生：自动铲除是不是和强制铲除是相对的，只要不是别人强制他铲除的应该都可以叫自动铲除吧。

张明楷：不能一概这么说，可能要联系具体案件讨论。

学生：如果说种植者知道警察要来了，他怕警察发现自己把罂粟铲除了，这个很难说是自动铲除吧？

张明楷：这当然是自动铲除！在犯罪的时候怕警察发现而放弃犯罪的，也是中止犯吧。

学生：甲除了成立自动铲除之外，还成立自首吗？

张明楷：当然成立自首。你们想想，即使是被拘留、逮捕但脱逃的罪犯，或者是被通缉的人，后来自动去派出所投案交待罪行的，都是自首，甲没有被拘留、逮捕，也没有公安人员跟着他回家，他后来还是骑自行车去了派出所，只要他承认种植罂粟的事实，就完全符合了自首的成立条件。

学生：是的。

张明楷：关于非法种植毒品原植物罪，这有一个问题可以讨论。《刑法》第 351 条第 1 款第 1 项规定，种植罂粟 500 株以上或者其他毒品原植物数量较大的，成立本罪。但是，最高人民法院 2016 年 4 月 6 日《关于审理毒品犯罪案件适用法律若干问题的解释》第 9 条规定，非法种植罂粟 200 平方米以上不满 1200 平方米、大麻 2000 平方米以上不满 12000 平方米，尚未出苗的，应当认定为《刑法》第 351 条第 1 款第 1 项规定的"数量较大"。这样解释是否违反罪刑法定原则？

学生：这个司法解释是说种植包括播种。

张明楷：种植当然包括播种了，不播种怎么能种植呢？

学生：司法解释的意思是说播种就既遂了！

张明楷：问题是，刑法明文规定种植罂粟 500 株以上才构成犯罪，播种后没有长出一株，能确定有多少株吗？比如，行为人撒下去 3000 粒种子，它就能出 3000 株罂粟吗？能说在 200 平方米的土地上播种就一定能长出 500 株罂粟吗？

学生：没有出苗的时候能不能说是非法种植毒品原植物罪的未遂或者预备呢？

学生：已经撒种了还是预备吗？

张明楷：能成立未遂吗？

学生：成立未遂有可能，因为要长出 500 株以上才构成非法种植毒品原植物罪；行为人虽然播了种，但是没长出 500 株来时，就可能是未遂啊。

张明楷：按照我们主张的着手判断标准，是不是只有快长出 500 株来时才是未遂呢？还是说只要一播种就是犯罪未遂呢？

学生：这属于隔时犯的着手，应当是罂粟快要长出来时才是着手。

张明楷：这一点我可以接受。那么，另外的问题又来了：如果行为人播种的罂粟出苗了，数去数来只有 480 株，这能定非法种植毒品原植物罪的未遂吗？再如，行为人播种了 500 颗种子，是否能认定为本罪的未遂呢？可不可以说，不管已经长出来多少株，只要有长出 500 株的可能性，就能成立犯罪未遂？

学生：那是不是还要看种植水平、土壤条件之类的？

张明楷：在座的人也没有人种过，所以，不知道播种后长出来的可能性是多大，所以不好回答这个问题。

学生：其实，我们说只要有长出 500 株的可能性就认定为非法种植毒品原植物罪的未遂，比司法解释仁慈多了，司法解释根本不考虑有长出多少株的可能性，只是按面积计算。

张明楷：司法解释没有说种植面积多少就按非法种植毒品原植物罪的未遂犯处理吧？

学生：司法解释的意思应当是按既遂处理。可是，如果一株都没有长出来，按既遂处理明显不合适啊。

张明楷：对有播种行为但没有长出罂粟苗的，完全可以认定为其他犯罪吧。

学生：《刑法》第 352 条规定了非法买卖、运输、携带、持有毒品原植物种子、幼苗罪，构成要件的内容是，非法买卖、运输、携带、持有未经灭活的罂粟等毒品原植物种子或者幼苗，数量较大。凡是种植罂粟的人，事前一定非法持有了种子或者幼苗。

张明楷：万一种植的行为人没有持有呢？比如行为人让出卖种子的人直接将种子撒在自己的承包地上呢？撒在地上后能评价为持有吗？

学生：播种之后也还持有种子或者幼苗。

学生：那要看种在什么地方，在自己的承包地、院子里播种时当然还持有。

学生：假如像萝卜籽那样小的种子撒在地上后，行为人根本不可能捡起来，还叫持有吗？

张明楷：持有不是单纯的物理概念，持有所要求的是事实上的支配，如果行为人能对种子进行管理，就表明他持有了种子。所以种子撒在自己的承包地之后，还是可能评价为持有的吧。

学生：这么说的话，行为人将种子撒在地上后，有可能长出 500 株罂粟苗时，就是非法种植毒品原植物罪的未遂犯和非法持有毒品原植物种子罪的既遂犯。这是法条竞合还是想象竞合？

张明楷：表面上是一种补充关系，但实际上不是法条竞合，还是认定想象竞合合适一些。

强迫卖淫罪

案例一

甲男在网络聊天时骗取了乙女的真实信息及裸照，然后以在网上散布乙女的裸照为要挟，要求乙女卖淫。甲男随后冒充嫖客与乙女发生性关系，给了乙女200元。乙女父母得知后报警。

张明楷：我们不讨论乙在网络上聊天时为什么就把自己的真实信息与裸照发给甲，我们只讨论甲的行为构成什么犯罪。

学生：甲的行为可能涉及强奸罪与强迫卖淫罪。实际上，甲就是以在网络上散布乙的裸照相威胁，迫使乙与自己发生性关系，所以完全可以把甲的行为认定为强奸罪。

张明楷：如果甲直接以发布裸照威胁，要求乙与自己发生性关系的话，可以毫无疑问将甲男的行为认定为强奸罪。但在这个案件中，甲并没有直接以发布裸照为由要挟乙与自己发生性关系，而是要求乙女去卖淫，自己冒充嫖客，难道甲的行为不能构成强迫卖淫罪吗？甲对乙提出的要求是让乙卖淫，并不是只与自己发生性关系，乙也知道自己是去卖淫，甲与乙发生性关系后也付费了。严格来说，甲不叫"冒充嫖客"，因为他就是嫖客。试想一下，如果乙按照甲的要求去卖淫，在甲嫖宿乙之前还有其他人也嫖宿过乙，你们是不是很容易就会接受甲的行为成立强迫卖淫罪的结论呢？你们的思路就是：甲就是想强奸乙，以散布裸照相威胁，迫使乙与自己发生性关系，所谓强迫乙卖淫只是甲强奸乙的方法或者借口嘛。

学生：对对对，我就是这样想的。

张明楷：你们这种从行为人主观出发分析案件的思维会直接将甲的行为认定为强奸罪。认定行为符合什么罪的构成要件，不是由行为人的主观想法决定的，而是由客观事实决定的。严格地说，甲想与乙发生性关系，只是前构成要件的目的实现意志或者行为意志，并不是故意内容。

学生：前构成要件的目的实现意志或者行为意志是什么意思？

张明楷：可以理解为行为人在实施构成要件行为之前内心里所要达到的目的，它本身并不是故意的内容。

学生：如果甲要求乙前往自己指定的地点卖淫，这个地方特别隐蔽，一般人根本找不到，而且并不是强迫乙长期卖淫，还能将甲的行为认定为强迫卖淫罪吗？

张明楷：这种情况涉及能不能将乙的行为认定为"卖淫"

了，以及甲的行为是否属于强迫"卖淫"。我一直认为，强迫卖淫罪是指行为人强迫被害人向不特定人提供有偿性服务，在你说的这种情况下，乙女只是为甲这个特定的人服务，不属于卖淫，认定为强奸罪更合适。

学生：如果行为人强迫被害人向某一个特定的嫖客提供性服务，就不能成立强迫卖淫罪了吗？

张明楷：你的这个表述就有疑问。既然只是向一个特定的人提供性服务，为什么还可以说对方是嫖客？我们以前就讨论过这样一个案件。A赌博欠了B几十万元，B对A说："如果你能让你老婆来和我睡觉，这笔钱就不用还了。"A回家后使用暴力强迫自己的妻子和B发生了性关系。难道能把A的行为认定为强迫卖淫罪吗？

学生：似乎强迫卖淫罪的行为人往往是强奸罪的间接正犯。

张明楷：也不能一概这样说，既可能存在间接正犯的情形，也可能存在共同正犯的情形。比如在我刚刚说的这个案件中，B对A说："一定要你老婆同意才行哦，我可不想犯强奸罪。"A回家后跟妻子说，但妻子不同意，A就对妻子拳打脚踢，硬是要妻子同意，后来A的妻子与B发生性关系时没有表示任何不愿意。这时，能够认定A是强奸罪的间接正犯，当然也可能说A也实施了部分直接正犯的行为。但是，如果在时间、场所紧密的场合，B也知道A的妻子不同意，就完全可能是强奸罪的共同正犯。

学生：在我们今天讨论的这个案件中，甲原本是希望通过威胁乙卖淫来以非强奸的方式与乙发生性关系，但殊不知强迫卖淫罪的法定刑重于强奸罪，甲真是亏大了！

张明楷：由于强迫他人卖淫是强迫他人向不特定的人卖淫，所以，法定刑重于普通强奸。在本案中，虽然甲只是与乙发生了一次性关系，但由于乙被迫卖淫，乙还可能受到其他人的侵害。从法益侵害的角度来说，强迫卖淫罪重于强奸罪是很好理解的。

学生：您刚才说强迫卖淫罪要求行为人强迫被害人向不特定的人提供服务，但"卖淫"这个语词本身并没有这样的限定，这个词的关键是性和财物的交换，即使向特定的一个人提供性服务收取财物，也当然是"卖淫"啊？

张明楷：如果强迫妇女与一个特定人发生性关系也是强迫卖淫的话，就不好理解为什么普通强迫卖淫罪的法定刑高于普通强奸罪的法定刑。另外，如果说强迫妇女与一个特定人发生性关系也是卖淫的话，引诱妇女与一个特定人发生性关系，只要有财物对价的，也属于引诱卖淫。这显然不合适。再如，在包养情妇的场合，是不是可以说包养者就是嫖客呢？这种说法好像不符合一般人的观念。

学生：情人间有金钱往来，有性关系存在，但一般人不会认为金钱是性行为的对价，这与卖淫有很大差异。

张明楷：社会一般观念会认为在包二奶的情形中，二奶就是直接冲着钱去的，你能说二奶在卖淫吗？

学生：不能。因为二奶往往与男方有感情纠葛，即使男方给了二奶钱，也不能说他们直接就是赤裸裸的金钱和性的交易。

张明楷：这些与特定人发生性关系并有金钱给付的情形，你们都不认为是卖淫。既然如此，就要将"卖淫"理解为向不特定人提供有偿性服务。我再举一个例子。乙女和朋友甲男发生了一夜情，甲男给乙女1000元，乙女后来改邪归正再也没有发生过一夜情，难道乙女是"卖淫"吗？如果乙女是卖淫，那甲男就是嫖娼，双方都会受到行政处罚，你们觉得合适吗？

学生：确实不合适。

张明楷：所以，"卖淫"还是需要针对不特定人或者多数人，需要卖淫方有向不特定人反复实施的意思。总之，如果仅针对某个特定人的话，不宜认定为卖淫。

学生：前一段时间在网络上看到一个日本女明星和自己的丈夫签订了一份合同，他们一个月仅能发生3次性关系，超出部分丈夫要向该女明星支付10万日元。您觉得这是卖淫吗？

张明楷：这显然不是卖淫吧。

学生：在我们刚才讨论的这个案件中，如果甲男在嫖娼的过程中遭到乙女反抗后，使用暴力与乙女发生性关系，那就肯定构成强奸罪了。

张明楷：在你假设的这种情况下，甲男不仅构成强奸罪，他以散布裸照为由强迫乙女卖淫的行为还构成强迫卖淫罪，这个时候就要考虑罪数的问题了。

学生：如果甲男冒充嫖客与乙女发生关系时被乙女认出，那么是不是可以将甲的行为认定为强奸罪？

张明楷：也不能说只要乙女认出了甲男，就可以将甲男的行为认定为强奸罪。关键在于甲男在与乙女发生性关系时，是否使用了暴力、胁迫等手段，如果甲男并没有使用暴力、胁迫等手段强迫乙女与自己发生性关系，即使乙女认出了甲男，也只需要将先前的强迫行为认定为强迫卖淫罪吧。

学生：如果乙女认出甲以后非常害怕，怕甲把自己的裸照传到网络上，怕自己不从甲会施暴，不得已与甲发生关系，在这种情况下，也不能将甲的行为认定为强奸罪吗？

张明楷：不是只看被害人的心理内容，关键还要看行为人的行为与故意内容。如果甲在冒充嫖客的过程中根本没有实施暴力、胁迫等强奸行为，乙女再害怕，也不能认定甲的行为构成强奸罪。

学生：如果嫖客事先知道女方是被强迫的还去嫖宿，嫖客的行为是否可以认定为强奸罪？

张明楷：这要看具体情况。比如，甲乙二人开了一个洗浴中心，招聘了一个女被害人丁，要求丁卖淫，但丁不同意，没有答应。第二天来了一个嫖客丙，甲乙就安排丁接待丙。丙到了包房之后，丁说我不是卖淫的，他们强迫我卖淫，但我是不干这种事情的。丙就找到甲乙说，我已经支付了嫖宿费用，但丁不愿意，你们看怎么办，要不然把钱退给我。于是，甲乙就到包房去对丁实施暴力，逼迫丁同意卖淫。甲乙从包房出来后，就对丙说，行了，你再进去吧。丙进包房后对就丁说"这就不怪我了"，随后与丁发生性关系。甲乙的行为肯定成立强迫卖淫，问题在于是否还触犯强奸罪？更重要的问题是，丙是否构成强奸罪？

　　学生：丙与丁发生性关系时，使用了暴力、胁迫等手段吗？

　　张明楷：没有，但丁肯定是不愿意的。甲乙除了成立强迫卖淫罪之外，另外触犯的是强奸罪的间接正犯还是共同正犯？这与丙是否构成强奸罪密切关联，甚至可以说是一个问题的正反面。

　　学生：如果说丙不构成强奸罪，则甲乙是强奸罪的间接正犯；如果说丙构成强奸罪，则甲乙与丙是强奸罪的共同正犯。

　　张明楷：可以这么说。丙肯定知道甲乙进包房后对丁实施了强迫行为，这是没有疑问的。

　　学生：甲乙丙应该是强奸罪的共同正犯。

　　张明楷：丙出去与甲乙商量该怎么办时，事实上相当于共谋。丙的要求显然是，要么你们退钱给我，要么你们让丁同意与自己发生性关系，当甲乙进包房而丙在外等候时，丙就知道甲乙进包房是要强迫丁同意。也就是说，由甲乙压制丁的反抗之后，再由丙实施奸淫行为。这就形成了强奸罪的共同正犯。在共同正犯的场合，不必再要求丙实施了暴力、胁迫等行为，因为场所、时间如此紧密，明显是甲乙使用暴力压制丁的反抗，丙在丁被压制反抗的情形下实施奸淫行为。所以，认定为共同正犯没有问题。当然，甲乙的行为同时触犯强迫卖淫罪。

　　学生：本案与被害妇女早就被营业场所的人压制反抗后被迫同意卖淫的情形，是不一样的。

　　张明楷：洗浴中心的人员早就以暴力手段强迫妇女同意卖淫

后，嫖客与妇女发生性关系时，妇女没有任何反抗表示的，嫖客当然不成立强奸罪。

学生：我把我们刚才讨论的案件改一下：如果甲乙进包房后对丁使用暴力，丁假称同意，但丙进包房后，丁仍不同意，丙使用暴力与丁发生性关系的，是不是仍然成立共同正犯？

张明楷：如果甲乙的行为与奸淫结果之间仍然有因果性的话，就成立共同正犯的既遂；否则的话，甲乙只成立强奸罪的共同正犯的未遂。道理应当是这样的，只是如何判断因果性的问题。

学生：按理说，这个时候还是有因果性的，甚至可以认为，甲乙的行为对丙的强奸具有心理的因果性。

张明楷：一般来说还是有因果性的。

学生：按照您的说法，如果场所、时间等并不密切，在前行为人强迫妇女卖淫，妇女被迫同意后在卖淫场所卖淫的，即使嫖客是知情的，但他并没有实施暴力、胁迫等强制行为时，就不能认定强奸罪。

张明楷：是这样的。否则，就意味着只要行为人与妇女发生性关系，而妇女内心是不愿意的，就构成强奸罪。这就完全修改了强奸罪的构成要件，明显不合适。

学生：嫖客可以和实施暴力、胁迫的人构成强奸罪的共犯啊。强迫卖淫的人实施了强奸罪的暴力、胁迫，嫖客实施了奸淫行为。

张明楷：在前面所说的场所、时间紧密的场合，由于可以认定嫖客与强迫卖淫的人形成共谋与分工，所以可以这么说。但是，如果强迫卖淫的人已经迫使妇女从事卖淫活动之后，嫖客单纯知道卖淫妇女被强迫这一事实的，不能成立强奸罪。另外，虽然妇女卖淫是被强迫的，但不能说妇女因此每次与嫖客发生关系都是被强迫的。只要妇女在卖淫时还是清醒的，没有任何反抗，就很难说嫖客强奸了妇女。在我们今天最先讨论的原案中，如果甲男以散布乙女裸照为要挟，要求乙女去指定地点与指定人发生关系，那我觉得要认定甲的行为构成强奸罪。但案情交待的是甲强迫乙去卖淫，也就是说，强迫乙为不特定人提供有偿性服务。我正是在这个意义说，认定甲男构成强迫卖淫罪。当然，如果你们说，这个案件中的甲只是强迫乙女与一个特定的人发生性关系，那当然只是构成强奸罪。

学生：也可能大家对事实的归纳不同。

张明楷：我再举一个案例。B住在某宾馆后想找一个卖淫女，就要A去找，A找不到合适的卖淫女，就强迫C女与B发生性关系，事后还给了C女1000元钱。根据我们刚才讨论得出的结论，你们认为A的行为构成什么罪？

学生：A强迫C女与特定的B发生性关系，B并不知道C女是被强迫的，A利用了不知情的B的行为，A是强奸罪的间接正犯，不构成强迫卖淫罪。

张明楷：对。其实，A也不只是单纯的强奸罪的间接正犯，实际上还直接实施了强制行为，可以说同时包括了直接正犯与间接正犯。

学生：强制不正是间接正犯的一种表现形式吗？

张明楷：强迫被害人卖淫和强迫被害人自杀、自伤是不一样的。在强迫被害人自杀的情形，客观上是被害人的行为致使自己死亡，这样的死亡结果是间接正犯的强制行为导致的，所以可以直接把死亡结果归责于强迫方。但在我们刚才讨论的这个案件，A 不是通过强制手段强迫被害人对自己造成损害，而是通过欺骗手段利用不知情的 B 对 C 女实施强奸行为。

案例二

刘某强迫几名妇女在自己开设的洗浴中心卖淫。某日，嫖客王某在对被害人陈某实施嫖宿行为时，一只手间断地掐陈某的脖子，过失导致陈某死亡。

张明楷：《刑法修正案（九）》删除了强迫卖淫罪的结果加重犯，以情节严重取代了原本规定的所有加重情节。在本案中，王某显然构成过失致人死亡罪，问题是，陈某的死亡结果应否同时归属于刘某的强迫卖淫行为？《刑法》第 358 条原本规定了五种加重情节，其中一种是"造成被强迫卖淫的人重伤、死亡或者其他严重后果"，以前我们没有讨论其中的重伤、死亡结果，这里的重伤、死亡结果是只限于强迫卖淫者在强迫的过程中直接造成

的、还是包括嫖客的嫖宿行为造成的重伤、死亡结果？如果认为包括后者，我们现在也可以据此认为刘某强迫他人卖淫情节严重。

学生：如果从直接性要件来说，陈某的死亡结果不能归属于刘某的强迫卖淫行为。

学生：从法条原本的表述来看，所谓"造成被强迫卖淫的人重伤、死亡"显然是指强迫卖淫的行为造成被强迫卖淫的人重伤、死亡。

张明楷：我也是这样理解的。但是，如果刘某是强迫幼女卖淫，嫖客在嫖宿幼女时，导致幼女重伤、死亡的，会不会感觉刘某对幼女的重伤、死亡应当负责呢？

学生：感觉刘某要对幼女的重伤、死亡负责。

张明楷：为什么在被害人是幼女的场合，就符合结果加重犯的直接性要件呢？

学生：因为幼女发育还不成熟，让幼女卖淫的行为本身就包含了导致其重伤、死亡的危险，实施强迫行为的人也容易预见这种危险。

张明楷：预见的难易程度不能影响直接性要件符合与否的判断吧？

学生：不能影响。

张明楷：所以，关键还是在什么样的情况下，能够将嫖客对被害人造成的伤亡结果归属于强迫卖淫者。例如，强迫卖淫者强迫患病的妇女卖淫，但不知情的嫖客发生性关系导致被害人伤亡的，这一伤亡结果是不是可以归属于强迫卖淫者？

学生：这种情况应当能将伤亡结果归属于强迫卖淫者。

张明楷：也就是说，只有强迫卖淫的行为本身导致了妇女的伤亡时，才能将该结果归属于强迫卖淫者。

学生：如果强迫卖淫的对象是普通成年妇女，嫖客的过失行为导致妇女伤亡的，还是不能将伤亡结果归属于强迫卖淫者吧？

张明楷：是的。但是，《刑法修正案（九）》将强迫卖淫的五种加重情节全部归纳为一个情节严重，一方面，如果伤亡结果能够归属于强迫卖淫者的行为时，肯定可以说强迫卖淫情节严重。另一方面，在嫖客过失导致被害妇女伤亡时，即使不能将伤亡结果归属于强迫卖淫者的，能否也认定为情节严重呢？

学生：情节严重不只是对原本的五种加重情节的归纳，肯定同时也扩大了加重情节的范围。

张明楷：我也是这样理解的，因为原本最高刑是死刑，现在只是无期徒刑，所以，扩大加重情节的范围也是合理的。问题是，在伤亡结果不能归属于强迫卖淫者的行为时，认定强迫卖淫情节严重的根据何在？仅仅因为伤亡结果与强迫卖淫行为之间具有条件关系吗？我还是有疑问。

学生：按照您的观点，情节严重是不法的提升或加重，而且行为人对此必须有责任，既然结果不能归属于强迫卖淫行为，就不能认为不法提升或加重了，所以，不能认定为情节严重。

张明楷：在我们刚才讨论的这个案件中，由于王某间断地掐陈某的脖子，导致了陈某的死亡。姑且不要求直接性要件，就是单纯从过失致人死亡罪的角度来说，刘某也不能承担责任，更不可能承担结果加重犯的责任。

传播淫秽物品牟利罪

快播公司通过免费提供快播资源服务器程序和快播播放器程序的方式，为网络用户提供网络视频服务。任何人均可通过快播资源服务器程序发布自己所拥有的视频资源。具体方法是，"站长"选择要发布的视频文件，使用资源服务器程序生成该视频文件的特征码，导出包含特征码等信息的链接。"站长"把链接放到自己或他人的网站上，即可通过快播公司中心调度服务器与点播用户分享该视频。这样，快播公司的中心调度服务器在站长与用户、用户与用户之间搭建了一个视频文件传输的平台。为提高热点视频下载速度，快播公司搭建了以缓存调度服务器为核心的平台，通过自有或与运营商合作的方式，在全国各地不同运营商处设置缓存服务器1000余台。在视频文件点播次数达到一定标准后，缓存调度服务器即指令处于适当位置的缓存服务器抓取、存储该视频文件。当用户再次点播该视频时，若下载速度慢，缓存调度服务器就会提供最佳路径，供用户建立链接，向缓存服务器调取该视频，提高用户下载速度。部分淫秽视频因用户的点播、下载次数较高而被缓存服务器自动存储。缓存服务器方便、加速了淫秽视频的下载、传播。

张明楷："快播案"虽然宣判了，但争议仍然很大。

学生：有人提到一个技术中立的问题，认为快播公司属于中立的帮助，不应当认定为犯罪。

张明楷：判决书也大多是从监管义务的角度来说理的，其实，"快播案"的行为并非不作为，而是作为。

学生：是用户上传淫秽物品到网络上的，快播公司没有删除，能认定这是作为吗？

张明楷：用户虽然也传播了淫秽物品，但这不意味着快播公司没有实施传播淫秽物品的作为。

学生：快播公司的作为表现为什么呢？

张明楷：判决书里写得很清楚："在视频文件点播次数达到一定标准后，缓存调度服务器即指令处于适当位置的缓存服务器抓取、存储该视频文件。"抓取、存储淫秽视频文件后，就方便了其他用户的下载、观看、传播。

学生：但这也是其他用户的传播，而不是快播公司在传播。

张明楷：你没有理解传播的真实含义，你只是将传播理解为在网络上上传淫秽视频。传播淫秽物品，是指通过播放、陈列、在互联网上建立淫秽网站、网页等方式使淫秽物品让不特定或者多数人感知以及通过出借、赠送等方式散布、流传淫秽物品。传播的方式形形色色，但其实质都是让不特定人或者多数人可以感知（看到、听到）淫秽物品。比如，在日本刑法与旧中国刑法中，散布、陈列淫秽物品的行为都可以算作我们现在所说的传播。快播公司的行为至少也是陈列淫秽物品，陈列本身就是传播的正犯行为。就用户的上传行为来说，快播公司只是起到了帮助作用，但是，就陈列而言，快播公司的行为是典型的作为。例如，一个展览厅的管理者，不仅允许他人将淫秽图片存放在展览厅，而且允许不特定或者多数人进入展览厅观看淫秽图片，这样的行为，当然属于传播淫秽物品。快播公司的行为与此相类似，也属于传播淫秽物品。在行为人实施的多种行为中，既有中立的帮助也有正犯行为时，两种行为侵害同一法益的，应当直接按正犯论处，而不能以行为属于中立的帮助为由否认犯罪的成立。快播公司抓取淫秽视频文件存储在缓存服务器里，并且向用户提供缓存服务器里的淫秽视频文件的行为，不是中立的帮助行为，而是传播淫秽物品的正犯行为，对正犯行为不可能适用有关中立帮助的任何理论。也就是说，不能因为上传淫秽视频文件的用户实施了传播淫秽物品的行为，就否认快播公司实施了传播淫秽物品的行为；事实上，二者只是传播的方式与情节不同而已。

学生：数据本身就是从快播服务器上传过去的，快播本身就是在传播。

学生：快播本身不提供淫秽影片，它只是提供那种相关的链接。

张明楷：但是快播抓取、存储了淫秽视频文件，而不只是提供搜索引擎。

学生：快播的运行是有其特殊之处的，快播之所以播得快是因为它可以把别人播过的东西缓存在自己的服务器上，然后再从它的服务器上传出去，这个跟百度搜出来的需要从别人服务器上获取的资源是不一样的。

张明楷："快播案"的起诉书写得不好，公诉人没有抓住要害，导致一些人认为快播公司是技术中立行为。当一个人把淫秽视频文件存储下来，其他人一进入快播就可以直接观看时，这个存储行为肯定是传播行为了。

学生：所以快播比别的播放器更快。迅雷虽然快，但迅雷是从很多个点吸收数据，快播相当于提供了一个服务器。比如说你的手里有一个我想看的东西，如果从你手里传到我手里特别慢，但如果通过快播，影片先到快播再经由快播到我的手里就可以特别快。这样绝对是传播，根本就不是帮助行为。

张明楷：快播对于下载播放淫秽影片的第一个人来说是帮助，但其构成传播淫秽物品的行为不是指这个帮助行为。

学生：根本没有必要揪住第一个人不放。

张明楷：这里其实存在正犯行为、帮助行为的相对性问题。不能说，相对于某个正犯行为属于帮助行为的，在任何场合都永远只是帮助行为；事实上，相对于上传者是帮助行为，但相对于下一个观看者则可能成为正犯行为。

学生：快播公司有一个抗辩理由，就是快播本身无法分辨影片是好的还是坏的，因为这个技术确实没有。

张明楷：这跟技术没有关系，据说打开快播就可以看到淫秽影片的目录，是按观看者的数量排列的，但警方没有固定这方面的证据。另一方面，既然是抓取、存储视频文件，你就不得抓取、存储淫秽视频文件。

学生：快播是否抓取、存储视频文件，是根据下载、观看的用户多少来决定的。观看的人越多，快播越会存储。

张明楷：有学者说，这表明快播是根据国民的需要抓取、存储的，怎么可能认定为犯罪呢？问题是，这种需要是受到法律限制的，而不是其他合理的需要。你们想一想，就像超市进货一样，某种商品买的人越多，超市进的货也就越多。可以肯定，如果超市销售淫秽物品，购买的人也会特别多。但不能说，超市是根据国民的需要进货、卖货的，所以，不成立传播淫秽物品罪。

学生：既然快播公司的行为是作为，为什么判决书基本上是围绕不作为写判决理由的？

张明楷：一个原因可能是受起诉书的影响，另一个原因可能是想把各种理由都讲清楚一点吧。其实，在我看来，根本没有必要从监管义务的角度去说理，直接说陈列行为属于传播行为就可以了。

学生：还有人说，传播公司不知道用户上传了淫秽物品。

张明楷：这不符合事实，传播公司曾经因此受到行政处罚，怎么可能不知道呢？

学生：其实，快播公司不是通过传播淫秽物品本身去牟利，而是通过扩大市场、扩大市场占有率，再通过流量、广告获利，所以，快播与典型的淫秽网站还是不一样的。

张明楷：这是另一个问题，你是说，传播淫秽物品牟利罪的牟利目的，必须通过传播淫秽物品本身牟利吗？还是说，只要以牟利为目的就可以？或者说，通过广告收入牟利，就不符合本罪的牟利目的的要求吗？"以牟利为目的"并没有限定利益是构成要件行为直接获得的，只是讲主观上实施构成要件的行为必须是出于牟利目的。《刑法》第 363 条第 1 款规定了制作、复制、出版、贩卖、传播五种行为。其中，贩卖淫秽物品可谓断绝的结果犯，即只要实施贩卖淫秽物品的行为，就可以实现牟利目的；制作、复制、出版淫秽物品则是短缩的二行为犯，即只有在完成上述行为之后再实施其他行为，才可能实现牟利目的，至于这里的"其他行为"则没有任何限定，也不要求行为人再实施其他行为；传播淫秽物品则既可能是断绝的结果犯，也可能是短缩的二行为犯。例如，单纯将淫秽光盘播放给他人观看，不收取任何费用，不获取任何财产性利益的，虽然属于传播淫秽物品，但不能认定具有牟利目的。反之，通过在特定场所播放淫秽影片而收取门票费的，或者交费后才能观看网络上的淫秽视频的，则明显具有牟利目的，这可谓断绝的结果犯。同样，倘若行为人以各种方式在淫秽光盘上附加广告，意图在发放淫秽光盘的同时或之后，从广告主或者广告经营者那里获得相关费用的，则无疑具有牟利目的。快播公司虽然不是从下载或者观看淫秽视频文件的用户那里直接获得利益，而是通过淫秽视频的点击数量获得广告收益，但由于刑法并没有限定牟利目的的实现方式，只要主观上具有牟利目的即可，故认定快播公司具有牟利目的，不存在疑问。

学生：老师，我顺便问一下，在日本，裸奔能不能构成陈列淫秽物品？

张明楷：日本有公然猥亵罪，通说会认为裸奔可能成立公然猥亵罪。但是，也有学者主张，在舞台上进行淫秽表演属于陈列淫秽物品。如果持这种观点的话，裸奔也可能属于陈列淫秽物品。但是，将人体评价为物品，感觉还是有点障碍，在日本认定为公然猥亵罪则没有什么障碍。不过，实际上是否会定罪，则完全是另一回事了。

学生：我们国家刑法没有规定公然猥亵罪，可不可以将裸奔行为认定为传播淫秽物品罪？

张明楷：没有这个必要。刚才说了，将人体评价为物品并不合适。如果认为身体是淫秽物品，那么，每个人都持有淫秽物品。这行得通吗？肯定行不通。裸奔行为没有蔓延的可能性，即使不定罪也不会导致其他人实施相同行为，或者说，缺乏一般预防的可能性，不必想方设法定罪。

第十三堂

贪污贿赂罪

贪污贿赂罪概述

被告人甲于 2006 年受贿 6 万元，按照行为时的刑法规定，应当适用"5 年以上有期徒刑"的法定刑。由于 2014 年还在追诉期内，检察院开始立案追诉，一审判处甲有期徒刑 5 年，被告人上诉。在二审时，立法机关通过了《刑法修正案（九）》，而且"两高"2016 年 4 月 18 日《关于办理贪污贿赂刑事案件适用法律若干问题的解释》提高了数额标准，按照从旧兼从轻的原则，对于甲只能适用"3 年以下有期徒刑或者拘役"的法定刑。

张明楷：这是《刑法修正案（九）》以及"两高"的司法解释公布后必然形成的问题，而且这样的案件可能还不少。按理说，这个案件在 2011 年的时候就已经过了追诉时效。现在这个案件怎么办？

学生：追诉时效是不是应该从 2014 年开始算？2014 年因为已经追诉了所以中止计算。

张明楷：如果按照新的司法解释，在 2014 年时就已经超过了追诉时效，而检察院在 2014 年才开始追诉。因为现在法律发生变化了，应当按照从旧兼从轻的原则来适用法律，所以应当适用新的司法解释。现在按照新的司法解释，该行为应当适用"3 年以下有期徒刑或者拘役"的法定刑，追诉时效就是 5 年，所以追诉时效就已经过了，不能再追诉了。

学生：2014 年检察机关的追诉并没有错，既然没有错，就应当继续追诉吧。

张明楷："2014 年检察机关的追诉并没有错"，这一结论是以修改前的刑法条文为根据的；如果按照修改后的《刑法》第 383 条与第 385 条的规定，就不能再追诉了。

学生：是的，否则就违反了从旧兼从轻的原则。

张明楷：我再举一个案例：被告人乙于 2006 年 10 月受贿 6 万元，2010 年受贿 1 万元，2015 年受贿 5 万元，2015 年才被检察机关发现并立案，追诉时效怎么计算？2010 年受贿的 1 万元算不算是后罪（按照新的司法解释未达到数额较大的追诉标准）？2006 年受贿 6 万元的追诉时效要不要从 2010 年受贿 1 万元的时候开始算？

学生：犯后罪能不能理解为一般违法意义上的后罪？

张明楷：当然不能这样理解。构成犯罪的才能是"后罪"，而按照从旧兼从轻的原则，需要适用现在新的司法解释所规定的定罪标准，1 万元还没有达到受贿罪的起点，也就是说，在 2010 年受贿 1 万元的行为不能作为后罪来认定。所以，只能针对 2015

年的受贿 5 万元进行追诉。

学生：如果是针对同一对象、同一事实的行贿行为呢？例如，针对一个持续几年的大工程对同一对象多次行贿的，应当可以评价为概括的一行为进行认定。

张明楷：那就需要评价这些行为是否具有持续性与连续性，如果具有连续性，则可以追诉。

学生：在《刑法修正案（九）》通过之后，司法解释把贪污、受贿、职务侵占等罪的定罪数额起点确定得太高了。

张明楷：我近期曾给《政法论坛》写了一篇文章，主要内容是在《刑法修正案（九）》修改了贪污贿赂罪的法定刑以及"两高"关于贪污贿赂犯罪的新的司法解释公布之后，应当如何处理相关犯罪之间的协调关系。根据新的司法解释，一般情况下要贪污 3 万元以上才成立犯罪，而职务侵占要达到 6 万元以上才成立犯罪，这与盗窃罪、诈骗罪的成立标准明显不协调，很不公平，让人感觉国家工作人员或者其他具有职务的人员，因为期待可能性低，所以他们成立犯罪的数额标准要高一些。我首先想说的是，关于提高所谓贪污贿赂罪的数额标准，包括学者在内的很多人都认为提高是合理的，一个重要理由是人均 GDP 提高了多少倍。我真不知道人均 GDP 与贪污贿赂罪的定罪数额起点有什么关系。按照这个逻辑，再过几年贪污贿赂数额应该提到 30 万元。可是，在其他国家，这些犯罪的定罪起点与人均 GDP 都没有关系。还有一个理由是，要处理好党纪与刑法的关系，就是说要把党纪放在前面。问题是，在职务侵占罪中，肯定要把党纪放在前面吗？如果职务侵占 5 万元，但不是党员，又该怎么办呢？

学生：民营公司里没有职务的人盗窃了 3000 元就构成犯罪，而有职务的人利用职务盗窃了 3 万元，也不构成犯罪，确实不公平。

张明楷：是啊。关于贪污罪的规定中，毕竟有窃取、骗取行为的规定，但刑法关于职务侵占的规定并没有写明窃取、骗取行为，所以，首先要把窃取、骗取行为排除在职务侵占罪之外，对于任何盗窃与诈骗行为，都直接认定为盗窃罪与诈骗罪，而不管行为人是否利用了职务上的便利，也就是说，使职务侵占罪只剩下行为人将基于职务或者业务占有的单位财物据为己有的一种情形；然后考虑如何限制贪污罪中的窃取、骗取行为。但麻烦的是《刑法》第 183 条，如果没有这个条文，职务侵占罪就很好办了。

学生：第 183 条明确规定保险公司人员利用职务上的便利，故意编造未曾发生的保险事故进行虚假理赔，骗取保险金归自己所有的，依照《刑法》第 271 条定罪处罚。

张明楷：我只好说这是个例外规定。事实上，就《刑法》第 183 条规定的内容来看，保险公司负责理赔的工作人员，他们虽然形式上是欺骗了上级主管人员，但上级主管人员对于理赔一般只是形式审查，在这种情况下，说保险公司工作人员是侵占的间接正犯，也是完全可能的。即使一般人难以接受这一点，也可以把第 183 条视为例外规定。从长远来看，在刑事立法上，也要把盗窃、诈骗行为排除在贪污罪之外，最后再将职务侵占罪与贪污罪合并，不管主体是不是国家工作人员，凡是将基于职务或者业务而占有的财物据为己有的，就成立业务侵占罪，这样就能平等保护市场主体，而不至于对国有企业与民营企业的财产保护不平等。

学生：这样的话，凡是盗窃与诈骗的，不管是否利用职务上的便利都是盗窃或者诈骗，而且也减少了难以区分国家工作人员与非国家工作人员的麻烦。

张明楷：我觉得即使不修改刑法条文，现在对一些盗窃、诈骗行为也不应当认定为贪污罪。例如，国家工作人员出差回来后，报销的时候把住宿费从1400元改为11400元，多报销了1万元。一般认为这种行为属于贪污。可是，我怎么也想不通，这跟职务有什么关系？如果国家工作人员让下属或者亲属帮忙报销时，下属或者亲属在1400元之前加一个1的，还有没有贪污？国家工作人员的职务是出差还是报销？我们平时分析案例不精细，都不考虑行为与国家工作人员的哪个具体职务有关系。出差是职务行为，这个职务行为与篡改发票有什么关联性？能说国家工作人员利用了主管、管理公共财产的职权吗？显然不能嘛。所以，我觉得，就贪污罪而言，只能把类似于《刑法》第183条所规定的情形，认定为利用职务上的便利骗取公共财物，其他情形就是普通的诈骗罪。

学生：利用职务上的便利的盗窃也应当限制。

张明楷：利用职务上的便利的盗窃，只限于两个国家工作人员共同占有时，其中一人利用职务上的便利取得该财物的情形，其他情形根本不可能属于利用职务上的便利盗窃。这样解释的话，贪污罪的范围明显就缩小了。

学生：贪污罪的成立范围缩小了，检察院的相关指标就难以完成了。

张明楷：我知道。正因为检察机关对职务犯罪有指标，所以，检察机关对职务特别敏感，凡是主体为国家工作人员的，首先想到的就是职务犯罪，恨不得把国家工作人员利用职务之便杀人的也认定为滥用职权罪。

学生：有一个单位的工作人员给社保局上报相关资料时，伪造了部分资料，社保局工作人员没有发现，行为人从社保局骗取了 8 万多元，检察机关就是以贪污罪起诉的，法院也是判的贪污罪。

张明楷：理由肯定是利用了职务上的便利。可是，职务便利是什么呢？按司法解释与通行的说法是，利用主管、管理、经手公共财产的便利条件，可是，你这个单位的工作人员怎么可能主管、管理、经手社保局的公共财物？当社保局多给行为人 8 万多元时，行为人就已经诈骗既遂了。所以，一个犯罪行为与职务有关，不等于行为人利用了主管、管理、经手公共财物的职务便利。但我发现，检察机关在认定贪污罪中的利用职务上的便利时，根本不考虑是不是利用主管、管理、经手公共财物的便利条件，只是看行为是否与职务有关。按照现在的逻辑，一位村长都可以贪污财政部的资金，很奇怪。

学生：实践中贪污罪中的利用职务上的便利与受贿罪中的利用职务上的便利混淆了。

张明楷：还是要把贪污罪理解为财产罪，虽然主体是国家工作人员，但本质上还是侵犯财产的犯罪，不能跟受贿罪一样理解；不能因为它们规定在分则的同一章，就认为它们侵犯的法益相同。

学生：老师，在中国有很多这样的情形，下级或者其他单位的国家工作人员报来的材料，具体的主管人员根本不审查，就直接批准，于是，上报材料的人就能非法获取国有资产。

张明楷：尽管如此，你说的这样情形中的国家工作人员既不是直接管理财物的人，也不是对财物的管理者具有领导、指示权力的人，怎么可能将其行为评价为贪污呢？我认为，贪污罪的主体要么是直接管理公共财物的人，要么就是主管公共财物的人，所谓主管，就是对直接管理公共财物的人进行管理、指示的人。但是，后一种情形的管理，必须是我们通常所说的管理财务的负责人之类的人。比如，县委书记让本单位会计给 10 万元自己私用，在这种场合，会计是贪污罪的正犯，县委书记只是教唆犯，当然在某些场合也有可能是共同正犯。

学生：县委书记有没有可能是间接正犯？

张明楷：我觉得一般不要认定为间接正犯，除非会计丧失了自由意志，但一般不可能。

学生：但我们在实践中，对于这种情况一般只定县委书记贪污，而不会定会计贪污，因为会计是按照县委书记的指示办事的。

张明楷：会计管理着公共财物，当然是贪污的正犯。现在经常把教唆、唆使的行为人的责任看得比谁都重大，好像正犯都是缺乏独立思考能力的人，这带来了许多问题。暑假我去一个中级法院讲座时，讲到了这个问题。我说教唆犯的责任不能重于正犯，如果教唆犯的责任重于正犯，许多正犯就会声称是别人让自己这么干的，而且我们的司法机关都会相信正犯的这一交待，即使别人不承认教唆，也会认为别人的认罪态度不好，而不是怀疑正犯是不是诬陷。于是，正犯的责任就减轻了，没有教唆的人也可能成了教唆犯，冤假错案就不可避免。如果即使受他人指使，正犯的责任也不减轻，正犯还会诬陷他人教唆自己犯罪吗？所以，即使从刑事政策的角度来说，也不应当认为教唆犯的责任重于正犯。后来在吃饭时，负责处理刑事案件的副院长跟我讲："说实话，你这个观点对我触动太大了，我仔细想一想，确实是你说的这回事。"现在，一些人犯罪后，就把单位主管人拉进来，说是领导让自己干的。可是，正犯自己是有自由意志的人，怎么可能什么都听别人的？我有时在讲座时还问司法人员：你们肯定经常要求你们的子女做这做那，你们的子女听你们的吗？我还说，我一直要求学生多看书、多写论文，可是他们也不听我的。连这么好的建议都不听，为什么听犯罪的建议？问题出在哪里？当然首先是正犯的责任，其次才是教唆犯的责任。

学生：您的意思是，即使是单位领导，也可能只是贪污罪的教唆犯，而不一定是正犯。

张明楷：对啊。基于职务占有公共财物的人肯定是正犯。

学生：刚才讲到《刑法》第183条，基于职务占有公共财物的人以及主管领导可能受骗，完全不知道负责理赔的工作人员故意编造了虚假的理由，在这种情况下，负责理赔的工作人员如果是国家工作人员，还是要认定为贪污罪吧？

张明楷：这是《刑法》第 183 条明文规定的，只能认定为贪污罪。但是，一方面，我们可以将这一规定视为特别规定，另一方面就像前面所说的那样，可以把负责理赔的国家工作人员的行为看成侵吞的间接正犯。而且，在我看来，《刑法》第 183 条所规定的行为主体，实际上主要是指保险公司中负责理赔的人，其他人很难编造虚假理由。

学生：有些地方在征地补偿时，村委会人员帮助农民虚报青苗数、住房面积，在相关报表上签字确认，使农民多得补偿款的，都是定村委会人员贪污罪。

张明楷：这种行为应该是诈骗罪，因为村委会人员根本不是补偿款的主管者与管理者，上级将补偿款发下来时，诈骗就已经既遂了。例如，某地政府出台了拨款补贴农民危房改造的政策。某村村支书甲等人以该村已去世村民乙的名义谎报需要改造 1067 平方米危房。得到政府补贴后，该村"两委"7 名班子成员私自分掉了补贴款。司法机关对 7 人定了贪污罪。这样认定合理吗？

学生：司法机关认为行为人利用职务之便骗取了公共财物，这样的行为成立贪污罪。

张明楷：我觉得，贪污罪的对象是行为人可以支配、管理的财物，甲并不支配、管理改造 1067 平方米危房的补贴款，怎么能贪污这笔款项呢？

学生：当这笔款项拨付到村的时候，应该是在甲的管理、控制之下，后来被 7 名被告人贪污了。

张明楷：甲在实施欺骗行为的时候，这笔款项还在上级政府那里，怎么能认定是甲自己管理支配的财物呢？当这笔款项拨付到村的时候，就已经是诈骗既遂了，怎么能以诈骗既遂后的管理、控制，反过来说行为人利用了职务上的便利呢？我觉得定甲等人诈骗罪更合适。我前面说过，只要案件中有国有单位人员利用了职务便利，有公共财产，司法机关就都会往贪污罪上靠。根本不考虑行为人利用的职务，是不是主管、管理公共财物的职务。贪污罪中的职务便利还是要限定在主管、管理公共财物的职务，但受贿罪的职务便利没有这样的限定，两个罪中的"利用职务上的便利"的含义是不一样的。

学生：如果将这种行为认定为诈骗罪不太符合我的感觉。

张明楷：你长期将这种行为认定为贪污罪，所以不符合你的感觉。我也可以说，你将这种行为认定为贪污罪，不符合我的感觉。问题在于，每个人的感觉是怎么形成的？形成的根据何在？是否需要及时反省自己的感觉？不能认为感觉永远是正确的，不能永远跟着感觉走。

学生：即使将许多行为排除在贪污罪与职务侵占罪之外，还是会存在不公平的现象。

张明楷：是的，但能减少一点不公平就减少一点不公平。我曾经想，能否认为《刑法》第 382 条中的"窃取""骗取"与盗窃罪、诈骗罪中的窃取、骗取不是一个意思，从而完全将利用职务便利的窃取、骗取行为排除在贪污罪之外？这也不是不可行的，而且这样解释的话就可以避免不公平的现象，只不过人家都不会接受。人家会问我，《刑法》第 382 条中的"窃取""骗取"是什么意思呢？我也能回答这样的问题。但想一想，还是先别这样写论文了。

学生：我觉得问题不一定出在刑法规定上，而是出在司法解释上。如果司法解释规定的贪污罪的数额起点低于盗窃罪、诈骗罪，就不会有这样的问题了。

张明楷：我也这样认为，所以，我反对司法解释提高贪污受贿罪的定罪数额起点，也反对提高盗窃罪、诈骗罪的定罪数额起点。我一直主张，降低这些犯罪的"数额较大"的起点，但同时大幅度提高"数额巨大""数额特别巨大"的起点。比如，盗窃罪、诈骗罪的数额较大标准为 500 元，而数额巨大的起点为 10 万元，数额特别巨大的标准为 200 万元。但是，对于达到数额较大起点的初犯、偶犯等作相对不起诉处理，这样就好处理各种犯罪了。问题是，人微言轻，说了话没用，人家根本不听你的，而且司法解释又有法律效力，在下级司法人员那里，司法解释的效力比刑法本身的效力还要高。于是只好在解释论上做一点文章，虽然很悲哀，但也算是自娱自乐吧。

学生：一般人都认为贪污与职务侵占只是主体不同与行为对象不同，其他方面完全相同，像您这样解释，一般人确实难以接受。

张明楷：但是，如果你将贪污罪、职务侵占罪分别与盗窃罪、诈骗罪进行比较，就会立即发现问题。职务侵占罪比盗窃罪、诈骗罪的法定刑轻，但司法解释却将职务侵占罪的定罪数额规定得比后两个罪高很多，如果职务侵占罪中包括了利用职务上的便利的窃取与骗取，就表明利用职务便利反而成为减轻处罚的事由，世界上哪有这样的道理？贪污罪之所以勉强能够包含窃取与骗取行为，是因为贪污罪的法定刑比盗窃罪、诈骗罪的法定刑重。也就是说，将窃取、骗取行为包含在贪污罪中，在立法上原本不会导致利用职务便利反而成为减轻处罚的事由，只是由于司法解释的不合理规定，才导致利用职务便利成为减轻处罚的事由。

学生：现在有人主张职务侵占罪与盗窃罪、诈骗罪是法条竞合的交叉关系，主张适用重法条。

张明楷：这样解释也是一个思路，但在我看来，交叉关系都是想象竞合关系，如果说利用职务上的便利窃取、骗取的行为同时触犯数罪，然后从一重罪处罚，也是可以接受的。但是，不管怎么说，现在的司法实践都把贪污罪与职务侵占罪中的利用职务上的便利这一要素解释得太宽泛了。快递公司的分拣员，他们根本没有占有那些快递的物品，分拣员利用工作的便利偷偷地将物品据为己有的，应该直接定盗窃罪。如果定职务侵占罪，快递行业几乎就没有犯罪了，因为职务侵占的追诉数额很高。

学生：那么，分拣员的盗窃行为是针对包裹原所有人的盗窃，还是针对快递公司的盗窃？

张明楷：是针对快递公司的管理人员的盗窃，因为从封缄物的整体来讲是快递公司的管理者占有。这个问题不涉及行为人构成什么罪的问题，只涉及快递公司和寄件人的关系。

学生：如果是投递员将快递据为己有呢？

张明楷：这时投递员只是占有了封缄物，如果其将封缄物的内容物占为己有了，当然也是定盗窃罪。当投递员对封缄物整体实施了处分等行为时，也就可以认定他对封缄物的内容据为己有了，应当认定为盗窃罪。

学生：是否存在投递员只对封缄物的整体构成职务侵占罪，而不对内容物构成盗窃罪的情形？

张明楷：除非说对投递员的行为只能评价为其将封缄物据为己有，而没有将内容物据为己有。但几乎难以见到这样的情形。比如说某个封缄物作为一个整体放在行为人家里，而行为人没有将其拆开，也没有将这个物品整体处分给其他人，这个时候根本不能证明行为人把封缄物的整体据为己有了。如果他人要求行为人交出封缄物时，行为人根本不交出，这个时候，就可以认定行为人对内容物也据为己有了。所以，关于封缄物的占有，虽然存在不同观点，但不同观点在绝大多数情况下得出的结论并没有区别，只有在极少数情况下，才可能得出不同结论。

学生：既然如此，将封缄物区分为封缄物整体是受托人所有，而内容物是委托人所有还有意义吗？

张明楷：首先，如果对侵占行为采取越权行为说，上述区分肯定是有意义的。其次，即使采取取得行为说，不排除就特殊的封缄物，如一般人基本不可能打开的封缄物而言，只认定行为人侵占了封缄物整体，而没有窃取内容物。最后，上述区分涉及如何理解盗窃罪中的被害人对财物的占有的判断。

贪　污　罪

案例一

国有 A 公司董事会决定，将公司的 1000 万元借给 B 民营企业使用，每月利息 50 万元。但 A 公司与 B 公司签订的是无息借款合同，B 公司将每月 50 万利息交给 A 公司董事会，A 公司董事会成员将利息私分。

张明楷：董事会成员的行为肯定构成犯罪，只是构成什么罪，需要讨论。

学生：A 公司董事会成员成立挪用公款罪，董事会成员以董事会名义挪用公司公款 1000 万元用于谋利。

张明楷：可是，按照立法解释，这样的行为符合挪用公款罪的构成要件吗？你们查查立法解释是怎么规定的？

学生：全国人大常委会 2002 年 4 月 28 日《关于〈中华人民共和国刑法〉第三百八十四条第一款的解释》规定："有下列情形之一的，属于挪用公款'归个人使用'：（一）将公款供本人、亲友或者其他自然人使用的；（二）以个人名义将公款供其他单位使用的；（三）个人决定以单位名义将公款供其他单位使用，谋取个人利益的。"

张明楷：本案显然不符合第（一）规定，也不符合第（二）项规定，因为他们不是以个人名义将公款借给 B 公司使用，同样也不符合第（三）项，因为他们不是个人决定而是单位集体研究决定。所以，董事会成员的行为不可能成立挪用公款罪。

学生：董事会的行为看似单位行为，在刑法不处罚单位犯罪的情况下，根据立法解释可以认定为自然人犯罪，这样的话，是不是也可以认为董事会成员依然要作为自然人承担挪用公款罪的刑事责任呢？

张明楷：你对单位犯罪的立法解释有误解吧。全国人大常委会 2014 年 4 月 24 日《关于〈中华人民共和国刑法〉第三十条的解释》规定："公司、企业、事业单位、机关、团体等单位实施刑法规定的危害社会的行为，刑法分则和其他法律未规定追究单位的刑事责任的，对组织、策划、实施该危害社会行为的人依法追究刑事责任。"这是指，实质上是单位犯罪，但是刑法没有规定为单位犯罪的情形。但是，本案中的董事会的行为是为了个人谋取利益，而不是为了单位谋取利益，实质上属于个人共同犯罪，所以，不可能适用上述立法解释。也就是说，即使刑法规定了单位可以成为挪用公款罪的主体，本案也不是单位犯罪。既然如此，对本案董事会成员的行为就不可能认定为挪用公款罪。

学生：明白了。单位董事会研究决定骗取贷款归单位使用的，才是立法解释所规定的情形。

张明楷：对。这个案件认定为贪污罪没有问题吧？A 公司的董事会决议将这笔钱借给 B 公司，每月 50 万的利息原本属于公司所有，但董事会成员将其据为己有，而且，明显利用了职务上的便利，所以构成贪污罪。贪污的对象是 1000 万元产生的利息，而不是 1000 万元本身。

学生：但是，司法解释认为，挪用公款将孳息据为己有不能认定为贪污罪。

张明楷：司法解释的这个规定，是以挪用行为构成挪用公款罪为前提的，但本案不存在这个前提，所以，不能适用这个规定。另一方面，司法解释的这个规定也有问题，在某些情况下会导致处罚不公平。

学生：老师，我这里还有一个有关贪污的案件。某国有公司总经理甲要求下属在通信公司做活动期间预存 1 万元话费，因此免费受赠两部手机，甲将获赠手机据为己有。能不能认定甲的行为构成贪污罪？

张明楷：甲的手机费是由单位支付吗？

学生：是的，但原本 1 万元是不需要提前存入的，手机也是单位购买的。

张明楷：如果是这样的话，可以认为受赠的两部手机属于国有公司的财物，甲的行为属于贪污行为。不过，在贪污罪的数额标准提高以后，这个行为也不可能达到定罪标准，只是一般的贪污行为了。

案例二

甲负责 A 国有单位招投标项目，乙是 B 单位负责人。甲在负责的某个招投标项目竞标前主动向乙表示，如果 B 单位想中标，就得先给甲 100 万元。乙交给甲 100 万元后，B 单位中标，甲把项目中的某一原材料从单价 20 元提高到 25 元，A 国有单位因此多向 B 单位支出 200 万元。

张明楷：甲的行为触犯了哪几个罪？

学生：甲的行为既可能成立受贿罪，也可能成立贪污罪。竞标前，甲就向乙索贿 100 万元；B 单位竞标成功后，甲又把 A 国有单位的 200 万元多付给了 B 单位，后一行为成立贪污罪。如果认为甲事先索取的 100 万元就是他事后从 A 国有单位多付给 B 单位的 200 万元中的一部分的话，似乎甲的行为只成立贪污罪。

张明楷：如果甲事前与乙有共谋，让 B 单位先给自己 100 万元，然后甲返回 200 万元给 B 单位，这就是典型的贪污，乙也成立贪污罪的帮助犯。但是，本案的真实情况是，甲并没有与乙进行这样的共谋，只是说，如果 B 单位想中标，就得先给甲 100 万元。所以，甲利用职权向乙单位索取 100 万元的行为肯定要成立受贿罪，这是典型的索取贿赂。甲利用职权为 B 单位从 A 国有单位多拿 200 万元的行为，是因为索取贿赂而为对方谋取不正当利益的行为。以前争论的问题是，因受贿为他人谋取不正当利益的行为构成犯罪的，是否需要数罪并罚？现在似乎有了定论，司法解释也规定，对这样的情形要实行数罪并罚。所以，我们需要讨论的是，甲的后一行为究竟是贪污罪还是滥用职权罪？

学生：司法机关一般会认为这种行为不构成贪污罪。

张明楷：理由是什么？

学生：可能认为甲没有非法占有目的。

张明楷：其实这一点根本不是理由，非法占为己有包括使自己占有与使第三者占有，第三者当然包括单位。问题只是在于，对第三者的范围是否需要限定？在德国是不限定的，在日本有限定。这个问题需要从一般预防的必要性大小来考虑。我觉得，即使对第三者进行限定，本案的甲也因为使第三者非法占有而存在非法占有目的，还是可以认定为贪污罪的。

学生：能否认为，甲的行为同时符合滥用职权罪的构成要件？

张明楷：当然也符合。事实上，任何国家机关工作人员的贪污罪都可能符合滥用职权罪的构成要件，但不能因此认为其行为不构成贪污罪。在触犯数罪的情况下，可以认定为想象竞合。

学生：这样的话，甲的行为就是受贿罪与贪污罪，对二者应当实行数罪并罚。

张明楷：我认为应当这样处理。

学生：乙的行为成立行贿罪吗？

张明楷：虽然乙被甲索贿，但 B 公司获取了不正当利益，应当认定为单位行贿罪。

挪用公款罪

案例一

被告人甲是国有房地产公司负责人，个人欠乙 800 万元，因一直未还而被乙催讨。甲便出主意让乙向甲所在房地产公司购买房屋并获得产权，由甲支付 800 万元算作归还欠款，乙表示同意。但甲因为没有资金，于是让会计丙在公司账面上记载甲欠公司800 万元，3 个月后，公司让甲返还了 800 万元。

张明楷：甲的行为构成挪用公款罪吗？

学生：从实质上看，甲的行为就是挪用公款。因为公司原本在 3 个月前就会有 800 万元公款的，但事实上没有，而这 800 万元其实是甲用于归还个人债务了。

张明楷：可是，公司原本并没有 800 万元公款。公司本来是对房屋享有物权，现在物权变成了债权。这能叫挪用公款吗？

学生：甲实际上没有归还公司的欠款。

张明楷：让公司给自己设定一个真实的债务，使自己对公司有欠款，而且欠债是事实上的，这种行为能否评价为挪用公款？也就是说，成立挪用公款罪，是否要求将公司已有的公款转移为自己使用？

学生：甲实际上是变相挪用公款。

张明楷：问题就在这里，变相挪用公款是不是挪用公款？因为"变相"了嘛！变相是否导致行为不符合挪用公款罪的构成要件了？

学生：以前在讲刑讯逼供时，就习惯于说使用肉刑或者变相肉刑进行逼供。

张明楷：这不一样。因为"肉刑"并不是刑法规定的构成要件要素，刑法只规定了"刑讯"，所以，在解释论上，将肉刑以及类似于肉刑的情形包含在"刑讯"之中，是没有问题的。也就是说，变相肉刑仍然符合"刑讯"的构成要件。但是，本案的变相挪用公款行为是否还符合挪用的构成要件呢？

学生：甲实际上是借用了公司的800万元。

张明楷：可以这样说，但甲不是将公司已有的800万元借出，而且，如果乙不购房，公司未必能卖出那套房。

学生：其实，如果公司卖出那套房，公司就会有800万元的公款，甲借用800万元还乙的债，显然是挪用公款。

张明楷：问题是，本案恰恰缺少了这个环节，甲没有将公司已有的800万元公款借出来使用。

学生：但是，在职务侵占罪中这种预收款是可以评价为单位的财物的，行为人利用职务之便将单位的预收款或者应收款据为己有的，成立职务侵占罪。

张明楷：如果是单位确定的预收款，当然是本单位财物。但是，在职务侵占罪中，只要行为人侵吞了本单位的财物即可构成。而挪用公款罪有一个前提条件，必须将单位现有的公款挪作他用，所以，只有当单位收回了预收款之后，原来的预收款才能成为单位的公款，行为人再挪给自己使用的，才成立挪用公款罪。

学生：可不可以说，公司将房屋卖给乙之后，实质上就将房款收到手中了。

张明楷：你完全脱离了案件事实。挪用公款是使公款脱离单位的支配、控制，单位本来还没有收回房款，怎么就对房款进行支配、控制了呢？

学生：其实，单位里有应收账款很正常，就是挂账嘛。

张明楷：应收款不等于已收款，所以，我总感觉甲缺少成立挪用公款罪的前提条件。

学生：可以评价为国有公司人员滥用职权吗？

张明楷：国有公司人员滥用职权需要造成财产损失，如果财产损失达到了标准，当然可以认定为滥用职权罪。

学生：司法机关一般会很实质地认为，甲的行为实质上是挪用公款。

张明楷：实质判断也要以行为符合构成要件为前提，不能离开构成要件进行实质判断。实质判断也可以说是规范判断，但规范判断以事实判断为前提。

学生：把案件改一下：行为人自己与公司签订房屋买卖合同，但是没有实际交付房款，也就是说欠公司 800 万元。然后，行为人将房屋再过户给借款人冲抵 800 万借款，3 个月后又归还了 800 万元。这个行为能成立挪用公款罪吗？

张明楷：这更不成立挪用公款罪了。我再举一个例子：A 是某开发区负责人，负责相关资金的使用。A 的朋友 B 有一家公司，急需资金使用，想从 A 那里借用 1000 万元，A 知道这明显是挪用公款，于是就想了另一个办法。A 提前 4 个月向某施工单位支付了 1000 万元，然后，再由施工单位借给 B 的公司使用。A 的行为构成挪用公款罪吗？

学生：开发区应当向施工单位支付 1000 万元吗？

张明楷：是的，但是应当在 4 个月之后支付，而不应当现在支付。

学生：这与将单位的公款挪用给他人使用 4 个月没有区别。

张明楷：在这个案件中，A 的确将开发区管理、控制的公款挪出去了，感觉可以认定为挪用公款罪。

学生：但是，挪用公款罪时存在归还的问题，但是本案已经不存在归还的问题了。

张明楷：挪用公款罪的构成要件中根本没有归还的要求，只是将"挪用公款数额巨大不退还的"规定为加重情节。也就是说，即使归还了也成立犯罪，你说的不存在归还的问题，实际上也可以理解为 4 个月后行为人已经归还。这就成立挪用公款罪了。

学生： 感觉这个案件中的 A 的行为还没有上一个案件中房地产公司的甲的行为严重。

张明楷： 从实质上说似乎没有区别，但从构成要件符合性的角度来说，甲的行为不是将单位已有的公款挪作他用，而 A 则是将单位已有的公款通过提前支付的方式挪作他用。所以，后者还是符合挪用公款罪的构成要件的。

学生： 我还是感觉房地产公司的那个甲的行为构成挪用公款罪。

张明楷： 如果很实质地看，甲的行为的确相当于将 800 万元公款借给自己用于还债了，3 个月之后才归还。问题是，挪用公款罪是否要求将单位已有的公款挪出单位之外？也就是说，挪用公款罪是否仅限于将单位实际管理、控制的公款转移到单位之外？如果持肯定回答，甲的行为就难以成立挪用公款罪。我的感觉也是要认定甲的行为成立挪用公款罪，但我是从挪用公款罪的构成要件角度提出疑问的。当然，我的结论不一定对，你们可以再讨论。

案例二

A 国有公司与 B 民营公司（外企）经营同类商品，B 民营公司意欲收购 A 国有公司，主管部门通知 A 国有公司赴瑞士参加商品展览。甲既是 B 公司董事长，也是 A 国有公司负责人，但甲未持有 B 公司股份。甲与主办单位沟通后，以 B 公司名义参展，参展产品系 B 公司生产。原定 A 公司派两人参加，共向国内主办方交款 20 万元，甲从 A 公司支出该笔费用，A 国有公司账目标明为暂付款。原定参加的 2 人中只去了 1 人，由于少去了 1 人，国内主办方要向 A 公司退还 4000 美元。甲以 B 公司的名义领取了这笔钱，B 公司向国内主办方提供了收据，并将 4000 美元用于 B 民营公司开展业务。几个月后，B 公司按照原计划收购了 A 公司，将之前 A 公司支出的 20 万元也评估为国有财产。

张明楷：司法机关对这个案件很有争议，争论的重点是国内主办方退的 4000 美元到底是 B 民营企业的财产，还是 A 国有公司的财产。也就是说，司法机关对这个案件的争论集中在事实的归纳，而不是法律的适用。

学生：我觉得无论这 4000 美元是谁的都没关系，关键是甲从 A 国有公司支取 20 万元的行为能不能认定为挪用公款罪。甲在接到参展通知后，与主办方协商以 B 公司的名义参展，却用 A 国有公司的 20 万元支付了参展费用，这样的行为能够成立挪用公款罪。

张明楷：司法机关争论 4000 美元到底是 A 国有公司的财产，还是 B 民营公司的财产，以及是不是国有财产没有多大意义。应该判断甲从 A 国有公司支取 20 万元的行为是不是构成挪用公款罪。如果甲从 A 公司支出这些钱时，还没有跟主办方说把参展公司名义换成 B 公司，也就是说，如果参展方仍然是 A 公司，那么，即使客观上挪用了国有公司的资金，但由于主观上没有挪用的故意，就不成立挪用公款罪。如果甲与主办方已经确定要以 B 公司的名义参展，却又从 A 公司支出 20 万，就要判断这样的行为是否成立挪用公款罪。其中最重要的是，这样的行为是否属于立法解释所规定的"个人决定以单位名义将公款供其他单位使用，谋取个人利益"。B 公司是外资企业，甲不持有 B 公司股份，显然不能认为甲挪用公款归个人使用，甲的行为也就不构成挪用公款罪。接下来再看主办方退回的 4000 美元，应当如何处理。甲已经从 A 国有公司挪出了 20 万元，退回的 4000 美元属于 20 万元之中的款项。B 公司领取了这笔美元，还出具了收据，所以应该认为 4000 美元由 B 公司占有。在这种情况下，不可能认定甲从 A 公司挪用了 4000 美元。又由于这 4000 美元用于 B 公司业务开支，所以不能认为甲对 4000 美元成立职务侵占罪。

受贿罪与行贿罪

案例一

国家工作人员甲多次为乙办事情。2012 年甲所在单位机关服务局开发一个房地产项目（别墅），甲这样的干部才可以购买，每套别墅的价格为 300 万元。甲就让乙代自己去办理购房手续，但是只给了乙 100 万元，乙垫付了 200 万元并落户在乙的亲属名下，但占用的是甲的购房指标。甲购买房屋的本意是投资并非自住，一年后甲让乙将房屋卖掉，当时房价已涨到 500 万。乙将房屋卖掉之后，扣除了自己垫付的 200 万元，将剩余的 300 万元交给甲。

张明楷：有人认为甲构成受贿罪、乙构成行贿罪。理由是，既然甲是炒房，而自己只出了 1/3 的购房款，乙出了 2/3 的购房款，那么，甲就只能得到盈利 200 万元中的 1/3，所以，多得的部分是受贿。但是，乙认为，甲当时只是因为钱不够而让自己帮忙垫付，相当于借款，因而不是行贿。

学生：这种行为在我们国家不会认定为受贿罪和行贿罪吧。

张明楷：在德国、日本，公务员向请托人借钱就是受贿罪，即使支付利息也是受贿罪。因为借钱本身就是一种财产性利益。但是，在我们国家，还没有把借钱本身认定为受贿罪，只是把以借为名的受贿行为认定为犯罪。

学生：认定甲构成受贿罪有点牵强，因为购房指标本身就有价值，不能说甲只能得到 200 万元中的 1/3 吧。

张明楷：确实。如果一定要说是受贿的话，受贿数额只能是 200 万元 1 年的利息。

学生：可是，这是乙愿意给甲垫付的啊。

学生：除了索取贿赂的以外，行贿受贿本来就是你情我愿的啊，这不是否认犯罪的理由吧？可不可以说甲没有受贿的故意、乙也没有行贿的故意？

张明楷：如果说是垫付，就相当于甲向乙借款200万元用了1年。这在德国、日本肯定是受贿，但在中国还没有这样认定。

学生：为什么国家工作人员向他人借款也是受贿呢？

张明楷：借钱也是一种利益，当然也是贿赂，只是需要判断借钱与职务是否具有关联性。

学生：真正借钱的话是应当有利息的。

张明楷：200万元1年的利息是多少？

学生：按7%计算的话，一年的利息是14万元。

张明楷：如果要认定为受贿的话，就可以按照这个数额认定。

学生：可是，甲也没有向乙借钱啊。甲会不会不知情啊？

张明楷：怎么可能？自己单位建房，明明是300万元一套，自己只给了乙100万元，他肯定知道。

学生：一切尽在不言中。如果乙最后拿走了14万元的利息，在我们国家是不是就不构成受贿罪了？

张明楷：在我们国家肯定是这样处理了，我刚才说了，但在德国、日本，公务员向有求于自己的人借款，即使支付利息，也可能构成受贿罪。

学生：我们国家主要是必须说明受贿的数额是多少，所以很麻烦。

张明楷：我觉得这个案件不认定对利息的受贿罪的话，会带来一连串的问题。比如，因为不管甲说是炒房还是不炒房，实际上让乙垫付200万元，垫付多久也没约定，事实上是刚好等了1年房价涨了才卖。万一房价跌了呢？就还一直不能卖。如果是5年之后才卖出去，乙才把200万元收回来呢？这显然存在财产性利益与职务的交换。但是，受贿罪的数额计算，有时确实让人头痛。以前我们讨论过这样的案件：行贿人跟国家工作人员说要开发项目，声称项目是绝对挣钱的，请国家工作人员入股，投资500万元占10%的股份。但是国家工作人员说自己没钱。行贿人说"没关系，我借给你500万元"，但既没有打借条，也没有说借多久。前3年未分红，第4年行贿人要收购股权，说国家工作人员10%的股份值2000万元，行贿人要以2000万元收购国家工作人员所持的10%的股份。第一种情况是，行贿人给国家工作人员2000万元，但国家工作人员没有退回原本借的500万元。有人认为，受贿数额是500万元，有人认为受贿数额为2000万元。第二种情况是，国家工作人员退回500万元，自己净得1500万元。有人认为，受贿数额是1500万元，有人认为无罪。

学生：没扣借款的，受贿数额就是500万；扣了借款的，受贿数额就是500万元3年的利息。

张明楷：但是，从朴素的法感情来说，两个国家工作人员都没有掏一分钱，就分别挣了2000万和1500万，这明明是职务换来的嘛，怎么可能无罪，或者认定的受贿数额那么少呢？

学生：比如，我给官员行贿送了他一件宝贝，后来涨了 10 倍的价钱，那是按原来的价钱算还是涨价后的价钱算？

学生：应该是行贿时的价钱算吧。

张明楷：这明显不一样，不具有可比性。你讲的这种情况，在官员得到那件宝贝时就已经既遂，既遂时的价钱就是原本的价钱。我们讨论的这两个国家工作人员，其受贿行为究竟什么时候既遂？如果你说同意借 500 万元时就是既遂，那么，同意时连利息都没有，即使有 1 天的利息，也不可能构成犯罪。所以，只能看后来是如何处理 10% 的股份的。假如 4 年过去了，既没有分红也没有收购股权，此时案发了。如果借钱只是名义，我们会认定 500 万元是受贿数额；如果确实是借钱投资，我们会认定 500 万元 4 年的利息是受贿数额。但是，像借钱、贿赂表现为股份等形式时，有时难以确定受贿的既遂时间，常常只能按案发时的具体情况考虑受贿数额，于是就出现了很多麻烦。

学生：刚才讲的两位国家工作人员的受贿，是否属于收受干股？

张明楷：干股不是这样的，我请教过商法学的教授。干股实际上是公司给的，不是哪一个人给的。从直觉上讲，国家工作人员最后所得的 2000 万与 1500 万全部都是用职务换来的，检察机关也是这样起诉的，基本的理由是，前面的借款、占多少股份等，都是走个过场、搞个形式给别人看看而已。但如果从民商事关系上说，双方都说是借款 500 万元，而且在工商注册的时候国家工作人员就是占 10% 的股份，验资时也有这 500 万元，这 500

万元就是从行贿人那里借来的。虽然没有书面合同，但是双方都承认是借款。这就导致了认定受贿数额的分歧。从另外一个角度看，就是我们立法的问题。除了当下的中国刑法以外，不管是国外还是古代，受贿罪的处罚都不是按数额的，而是按是否违背了职责。普通受贿是没有违背职责的，加重受贿就是违背了职责的。其他的情节，都分别在普通受贿与加重受贿中考虑。比如，有的行贿人根本没有具体的请托事项，但逢年过节时，给国家工作人员一给就是 50 万，因为给少了拿不出手，国家工作人员也没有实施任何职务行为。对这种受贿，处罚就要轻一点。反之，有的国家工作人员收了几万元就严重违背职责，对这种受贿行为就要严厉处罚。

学生：如果这样的话，会不会鼓励国家工作人员只收钱不办事？

张明楷：你放心，如果国家工作人员都不给人家办事，人家就不会送钱了。

学生：老师，刚才说的两个国家工作人员借 500 万元的案件，究竟应当如何认定受贿数额呢？

张明楷：只有两种选择：一是前述两种情况分别认定为 2000 万元与 1500 万元，二是分别认定为 500 万元与 500 万元 3 年的利息。作前一种选择时，量刑时就从轻一点。如果要让一般人满意，只能作前一种选择。

学生：老师，我再讲一个案件。甲是 A 品牌汽车制造公司的总经理，帮助乙开设了 A 品牌汽车的 4S 店。乙在成立 B 品牌汽车的 4S 店公司时，注册资金 1000 万。甲知情后对乙说，你借我500 万作为注册资金入股，以后这笔钱会还给你。乙认为这样对甲不好，就让甲去其他地方借款入股。甲借来 500 万元用于出资，随后，乙从自己的其他公司抽出 500 万元借给甲用于还债。甲、乙投资的 B 品牌汽车 4S 店年底分红时，甲应分 1000 万元，甲用其中的 500 万元偿还了借款。在该 4S 店的经营过程中，甲以其妻的名义参股，甲的妻子是名义上的董事，但每次都是甲参加董事会，甲实际参与了公司的管理。

张明楷：你们觉得甲是以合办公司为名收受贿赂吗？

学生：我觉得甲的行为并不构成受贿，因为即使是国家工作人员也完全可以向他人正常借贷。在这个案件中，500 万元是甲向乙借的，后来公司分红以后把欠款还上了，这里并不存在收受贿赂的问题。如果甲没有向乙借 500 万元，而是一直向其他人借这笔钱，分红以后甲把欠款还清，也就根本没有必要讨论甲是否构成受贿罪了。

张明楷：如果甲从他人那里借了 500 万元用于出资，等到自己分红时归还该欠款，当然与乙不存在受贿与行贿的问题。我想问的是，为什么甲没有这样做，而是先从他人那里借来 500 万元，然后再从乙这里借 500 万元归还给他人呢？显然他人要求及时还，或者说不能等到分红时再归还。所以，是否借款、借款何时归还以及利息多少，明显是一个财产性利益。这个案件如果发生在日本，甲的行为肯定构成受贿罪，因为日本刑法中规定的受贿罪对象中的财产性利益包括借款。我认为，本案中 500 万元借款期间的利息，可以成为贿赂对象。

学生：在司法实践中，国家工作人员以借为名的受贿都不一定完全当作犯罪处理，真正的借款就更不可能当作受贿罪处理了。

张明楷：这是由各种原因造成的。比如，这个案件之所以在我国很难认定为受贿罪，在日本很容易定受贿罪，原因就是我国的受贿罪是有数额要求。甲借了乙 500 万元还债，分红时又归还了 500 万元，数额怎么认定呢？但日本的受贿罪并没有数额要求，只要是给予了财产性利益就可以认定为受贿，这样的案件在日本就可以毫无悬念地认定为受贿罪。再如，我们对贿赂的范围认定得比较窄，但在日本，任何能满足人的需要的东西都是贿赂。

学生：在日本，国家工作人员就不能向他人借钱了吗？一旦借钱就构成受贿罪吗？

张明楷：当然不是。日本的国家工作人员不能向有求于自己职务行为的人借钱，这样的借款完全可以评价为利用职务之便收受财产性利益。向和自己职务行为毫无关系的人借款，肯定不能认定为受贿。上面讨论的这个案件，总是有一种想要把甲的行为认定为受贿罪的冲动，至少可以按利息认定为受贿罪。

案例二

甲是某省移动公司副总经理，负责省移动公司相关业务。丙得知这一信息后，邀请甲的弟弟乙和自己一起成立了一家公司，给乙 40% 的股份，但乙并没有出资。丙要求乙通过甲把移动公司的业务做进来。乙跟甲说明了这个情况，甲同意了。此后两三年，乙通过甲的关系或者打着甲的旗号拉了很多项目，分得利润92万元，但甲没有从中获得任何好处。

张明楷：类似这样的案件较多，你们怎么看？

学生：乙的行为至少成立利用影响力受贿罪，丙成立对有影响力的人行贿罪。

张明楷：问题是，甲的行为是否成立受贿罪？

学生：甲知道乙没有出资却取得了40%的股份，应当构成受贿罪吧？

张明楷：甲的行为是否成立受贿罪，取决于受贿罪中的收受财物是不是包括给第三者。在旧中国的判例中，受贿罪中的收受财物不仅包括自己直接收受，还包括使行贿人将财物给第三者。日本刑法也规定了使请托人向第三者交付贿赂的犯罪。我国现行刑法所规定的受贿罪，并没有将索取财物与收受财物限定为国家工作人员直接取得财物，所以，行贿人基于国家工作人员的职务行为而将贿赂给予与国家工作人员有密切关系的第三者的，以及国家工作人员要求请托人将贿赂交付第三者的，国家工作人员都可能成立受贿罪。本案中的甲完全知情，当然成立受贿罪。乙的行为可以说是受贿罪的共犯与利用影响力受贿罪的想象竞合；丙的行为也是行贿罪与对有影响力的人行贿罪的想象竞合。

学生：现在司法解释要求行贿人将贿赂交付给国家工作人员的特定关系人，才认定为受贿罪。

张明楷：我觉得要分两种情况：第一种情况是，当请托人有求于国家工作人员时，国家工作人员要求请托人将财物交付给第三者的，不管这个第三者与国家工作人员是什么关系，国家工作人员肯定成立受贿罪。因为在这种场合，国家工作人员与该第三者肯定有某种关系，更为重要的是，请托人是基于国家工作人员的要求而将财物交付给第三者的，仍然是对国家工作人员职务行为的不正当报酬。例如，第三者可能与国家工作人员关系不好，但知道国家工作人员的隐私，国家工作人员为了封口，让请托人将财物给第三者时，国家工作人员当然成立受贿罪。总之，凡是在这样的场合，司法机关根本不需要判断第三者与国家工作人员是什么关系。第二种情况是，请托人主动将财物给国家工作人员的近亲属或者其他关系密切的人。在这种场合，由于不是国家工作人员要求请托人这样做的，所以，只有当请托人将财物交给与国家工作人员有共同利益关系的人，而且国家工作人员也知情时，国家工作人员才成立受贿罪。本案就属于这种情况。现在的司法解释没有分清这两种情况。

学生：是否限于第三者成立受贿罪共犯的情形？

张明楷：在第一种情况下，第三者如果不知情，当然不成立受贿罪的共犯。在第二种情况下，一般来说是请托人通过国家工作人员的亲属等人要求国家工作人员为自己谋取利益，所以，第三者也就是国家工作人员的亲属等人，很可能构成受贿罪的共犯。当然，也可能有例外，这只需要联系共犯的成立条件判断就可以了。

学生：也就是说，第三者是否成立受贿罪的共犯，与国家工作人员是否成立受贿罪的正犯没有什么关系。

张明楷：你的这个表述有问题。应当说，第三者是否成立受贿罪的共犯，不影响国家工作人员是否成立受贿罪的正犯；但如果国家工作人员不成立受贿罪的正犯，第三者无论如何也不能成立受贿罪的共犯。

案例三

被告人甲是某县人民防空办公室领导，在人防工程招投标过程中，一家外地公司中标。甲随后向中标公司谎称：招标工作花费了 80 万元，但人防办经费紧张，希望公司承担一半。中标公司按甲的示意将 40 万元交付给人防办长期挂单的一家饭店，并收到饭店开具的发票。甲将其中的 5 万元用于偿还人防办餐费，将剩余的 35 万元据为己有。

张明楷：这个案件很简单，但司法机关争议还不小。

学生：涉及诈骗罪、受贿罪和贪污罪。

学生：可能还有单位受贿的问题。

张明楷：所谓招标工作花费了 80 万元是虚构的事实。可以

说，甲是通过欺骗方法让中标公司给自己好处。如果承认受贿罪
与诈骗罪存在想象竞合关系，那么，甲的行为就是这两个罪的想
象竞合。

学生：甲是以单位名义索要的，索要的 40 万元应当属于单
位所有，所以，能不能认为甲的行为构成贪污罪，数额为 35 万
元呢？

张明楷：单位凭什么对这 40 万元享有所有权？不能因为甲
以单位名义索要，40 万元就当然属于单位所有吧。

学生：我们司法机关的很多人都这么认为。

张明楷：如果是这样的话，比如说，某银行工作人员为了骗
取投资人的资金，以银行的名义虚构理财产品，将投资人的资金
据为己有的，就不成立诈骗罪，而是成立职务侵占罪吗？

学生：这个行为还是要成立诈骗罪的吧。

张明楷：银行工作人员也是以银行的名义从事诈骗的呀，按
照刚才的逻辑，骗来的资金属于银行所有，而工作人员将银行的
资金据为己有，不是职务侵占吗？

学生：看来，不能说以谁的名义得到了财物，财物就是名义
人的。

张明楷：就是嘛。所以，只能认为甲是索取贿赂与诈骗罪的
想象竞合。

学生：如果认定为索取贿赂的话，不能认定受贿 40 万元吧，
因为其中 5 万元是用于偿还单位债务了。

张明楷：5 万元有两种可能：一是作为单位受贿的数额，但由于数额小，所以，单位不构成犯罪；二是作为甲个人受贿的数额，只是甲受贿后将其中的 5 万元用于单位的开支，但不影响受贿数额的认定。

学生：但是，甲不可能用个人受贿的钱款偿还单位债务。

学生："两高" 2016 年 4 月 18 日《关于办理贪污贿赂刑事案件适用法律若干问题的解释》规定："国家工作人员出于贪污、受贿的故意，非法占有公共财物、收受他人财物之后，将赃款赃物用于单位公务支出或者社会捐赠的，不影响贪污罪、受贿罪的认定，但量刑时可以酌情考虑。" 本案可以适用这一规定。

张明楷：我觉得可以适用这一规定。你们想一想，甲的行为同时触犯受贿罪与诈骗罪，诈骗的数额肯定是 40 万元，而不可能说是 35 万。

学生：中标公司构成单位行贿罪吗？

学生：中标公司没有谋取不正当利益，不构成单位行贿罪吧。

张明楷：我也认为不构成单位行贿罪。

学生：周光权老师讲过类似案例：税务所长要求企业赞助本单位外出旅游，将收到的钱部分用于旅游，其余用于举办自己女儿的婚宴。周老师主张成立单位受贿罪和贪污罪两罪。

张明楷：这个案件与我们刚才讨论的不一样。税务所长事实上是以单位名义为了本单位员工外出旅游而索取贿赂的，所以，所索取的财物属于单位的财物，这首先成立单位受贿罪。没有用完的钱当然还是单位的财物，所长据为己有的，当然成立贪污罪。与此不同的是，我们所讨论的案件中，甲一开始为自己索取财物，只是中标公司需要发票，只好将40万元打入饭店。否则，就会露出破绽。

学生：假设人防办对饭店所负债务是35万，甲据为己有的只有5万元，是否应认定为单位受贿罪呢？数额比例在定罪中起怎样作用呢？

张明楷：数额比例当然是判断是单位行为还是个人行为的一个重要依据。此时，成立单位受贿罪的可能性很大，单位受贿数额40万元；甲个人贪污5万元。当然，还需要考虑行为人的故意内容。

学生：假如40万元中，20万用于偿还单位债务，20万据为己有呢？

张明楷：有可能成立单位受贿罪与受贿罪两罪，只是需要区分是想象竞合还是实行数罪并罚。

学生：这在德国应该是实行行为的部分竞合，想象竞合的可能性会比较大。

张明楷：在中国认定为想象竞合也是可能的。

案例四

公司老板甲想得到领导乙的关照，就将公司的干股给乙的儿子丙。丙利用其父亲乙的影响力四处活动，为公司协调了很多事情，而且让公司得到了一个重大项目。此时，乙还不知情。后来，在丙把干股兑换成1000万现金时，有关部门要对公司重大项目进行调查。由于该重大项目明显存在违规现象会受到查处，于是，丙就跟乙讲了真相，让乙跟有关部门打招呼，不要调查公司的重大项目。乙知道丙得到了1000万元现金，就跟有关部门打招呼，有关部门没有对公司项目进行调查。

张明楷：这个案件其实并不复杂，你们觉得乙和丙构成什么罪？

学生：丙构成利用影响力受贿罪。

张明楷：其中的贿赂是干股本身还是1000万元现金？

学生：认定为1000万元现金简单一些，要不然还要评估干股的价值是多少。

张明楷：干股的价值就是1000万元啊。"两高"2007年7月8日《关于办理受贿刑事案件适用法律若干问题的意见》规定："干股是指未出资而获得的股份。国家工作人员利用职务上的便利为请托人谋取利益，收受请托人提供的干股的，以受贿论处。进行了股权转让登记，或者相关证据证明股份发生了实际转让的，受贿数额按转让行为时股份价值计算，所分红利按受贿孳息处理。股份未实际转让，以股份分红名义获取利益的，实际获利数额应当认定为受贿数额。"在本案中，显然要认定干股是贿赂，而且干股的数额是 1000 万元。如果说干股不是贿赂，那么，倘若丙还没有兑换成现金，就不好说明贿赂内容了。

学生：这么说的话，最好还是将干股认定为贿赂。

张明楷：乙构成受贿罪的障碍是什么？

学生：乙不构成受贿罪，只是滥用职权包庇丙。

张明楷：你的意思是认定为滥用职权罪或者包庇罪吗？乙怎么包庇丙了？

学生：乙滥用了职权，可以认定为滥用职权罪。

张明楷：贪污、受贿都会滥用职权，问题是，乙的行为是否构成受贿罪？

学生：丙在收受干股时，其利用影响力受贿罪已经既遂了。

张明楷：丙利用影响力受贿罪的既遂，是否影响乙构成受贿罪？"两高"2016 年 4 月 18 日《关于办理贪污贿赂刑事案件适用法律若干问题的解释》规定："特定关系人索取、收受他人财物，国家工作人员知道后未退还或者上交的，应当认定国家工作人员具有受贿故意。"这一规定能否适用于乙的行为？

学生：这应当是指国家工作人员为他人谋取了利益，其特定关系人索取或者收受他人财物时，才适用本规定。但在本案中，乙没有为他人谋取利益，因而不能适用这一规定吧。

张明楷：所谓丙利用乙的影响力四处活动，实际上是指丙通过乙职务上的行为，或者利用乙的职权或者地位形成的便利条件，通过其他国家工作人员职务上的行为，为公司谋取了不正当利益，否则，怎么能认定丙的行为构成利用影响力受贿呢？实际上，利用影响力受贿的成立，不是指国家工作人员没有为他人谋取不正当利益，只是因为国家工作人员不知情，所以，国家工作人员不可能成立受贿罪，而特定关系人也不是国家工作人员，所以，刑法增加了利用影响力受贿罪。

学生：这么说的话，对乙还是可以适用上述司法解释的规定，认定为受贿罪。

张明楷：在本案中，乙事后打招呼的行为，使自己被丙利用的职务行为与干股的对价得以维持，或者说，乙确认了这种对价关系。所以，乙应当成立受贿罪。而且，按照上述司法解释的规定，即使乙没有打招呼，但只要丙向他说明真相后，乙未退还或者不上交的，也成立受贿罪。

学生：现在，乙不仅未退还和不上交，而且还进一步利用职务之便实施了维持上述交易关系的行为，更应当成立受贿罪。

张明楷：问题是，在上述情形下，怎么样说明国家工作人员有受贿行为？也就是说，在不退还的情况下，难道是不作为构成受贿罪吗？例如，我们以前讨论过这样的案例，行贿人将一条烟送给国家工作人员，国家工作人员真的以为是一条烟就收下了，但一个月后拿出来时，发现里面是一根金条，国家工作人员没有退还与上交。这肯定是受贿罪。但是，国家工作人员在客观上实施收受行为时，没有受贿的故意；发现是金条后，才能说他具有受贿故意，但此时行为与故意不是同时存在的，因此必须说，国家工作人员在发现是金条时，还有受贿行为。那么，这个受贿行为是什么？

学生：没有受贿行为了。

张明楷：如果没有受贿行为了，就没有理由认定为受贿罪。但不认定为受贿罪，也是不可能的。所以，必须说明受贿行为是什么。

学生：国家工作人员持有金条的时候有受贿故意。

张明楷：但受贿行为不是持有行为。要么从不作为的角度解释，要么从规范的角度说明存在收受贿赂的作为行为。但是，如果说受贿行为可以是不作为，总觉得有点不合适。

学生：先前的接收行为使法益产生了危险，国家工作人员只有退回或者上交金条，才能够消除这种危险。在这个意义上，也可以说是不作为犯的收受行为。

张明楷：这样解释也不是没有可能。因为对方将一条烟给国家工作人员时，还不能确定国家工作人员发现是金条时会是什么反应，这个时候还不能说法益受到了侵害，但是有受到侵害的危险性。如果国家工作人员发现是金条后不退还、不上交，危险就现实化了。在此意义说，不作为也可以成为受贿罪中的收受行为。如果要说是作为，该怎么说明呢？

学生：没有身体动作啊。

张明楷：可不可以说，国家工作人员不退还与不上交的行为，其实是确认了或者认可了财物与职务行为的交换关系，因而评价为作为？因为物理上的接受贿赂，实际上就是确认或者认可了交换关系；在误以为是香烟而接收后，发现是金条时不退还与不上交的，也是确定或者认可了交换关系。一个确认或者认可的行为，可以评价为作为吧。

学生：能接受。

张明楷：在我们前面讨论的父亲乙帮助丙打招呼，避免公司项目被调查的案件中，乙不只是确定或者认可了自己以前的职务行为与丙获得干股之间的对价关系，而且还另外又通过打招呼固定了这种对价关系，当然也应当认定为受贿罪。

学生：乙事后为丙打招呼的行为，是不是同时也成为丙利用影响力受贿罪的共犯？

张明楷：不能这么说吧。因为丙的利用影响力受贿罪早已既遂了。

学生：丙除了构成利用影响力受贿罪之外，是否也和乙构成受贿罪的共同犯罪呢？

张明楷：我觉得完全可能啊。虽然丙自己的利用影响力受贿罪早已既遂，但乙的受贿罪还没有既遂。当丙将真相告诉乙，要求乙打招呼时，乙的确认、认可以及打招呼的行为，就成为受贿行为，产生了法益侵害结果，而丙的行为与这个结果之间具有心理的因果性，所以，丙仍然可能成立受贿罪的共犯。

学生：儿子丙和父亲乙谁是正犯？

张明楷：受贿罪的正犯当然是乙，利用影响力受贿罪的正犯是丙。

案例五

甲是国家工作人员，多次利用职务之便帮助过乙。后甲的妻子要开公司，甲向乙借了 100 万元，双方签订了借款合同，合同约定 1 年的还款期以及借款利率，并且进行了合同公证。1 年后，乙觉得甲多次帮助过自己，就不再想讨回借款，甲看乙不向自己要钱，觉得乙可能不会要钱了，也就没有要还的意思。8 年后，甲因单位女同事向他人借款 300 万未还被判有罪因而担心出事，于是立即向乙归还了 100 万元。

张明楷：甲的行为构成受贿罪吗？

学生：如果甲一直有归还的意愿，只是合同到期没钱归还，这样的行为就不构成受贿罪；但如果甲 1 年后没有归还意图，就把甲的行为认定为受贿罪，这似乎就是主观归罪，并不合适。所以，我还是倾向于不将甲的行为认定为受贿罪。

张明楷：你的意思是，上述两种情况都是客观上没有还款，前一种情况是没有钱还，后一种情况是不想归还，如果将后一种情况认定为受贿罪，就是主观归罪吗？

学生：是这个意思。

张明楷：可是，在前一种情况下，还存在债权债务关系，因此不存在职务行为与财产的交换关系；但在后一种情况下，已经不存在债权债务关系，或者说债权债务关系已经消灭，因而存在职务行为与财产的交换关系。显然二者在客观方面就明显不同，怎么能说客观方面完全一样呢？

学生：是明显不一样。

张明楷：甲在1年后不准备归还这100万元时，乙也是心知肚明的。在这种情况下，双方就已经达成了钱权交易的约定。这个时候就已经受贿既遂了。

学生：如果乙不再想讨回借款，但是甲仍然归还了借款的，甲肯定不成立受贿罪。反过来，如果甲不想归还，而乙想讨回借款，该怎么办呢？

张明楷：如果乙讨回了借款，甲当然不成立受贿罪；如果乙未能讨回借款，甲的行为当然成立受贿罪，而且可以认定为索取贿赂。我想问你们的是，本案中甲受贿的对象是什么？

学生：就是100万元啊。

张明楷：要说具体一点！是最先借的100万元现金，还是其他的财产性利益？

学生：是免除了100万元的债权。

张明楷：对。千万不能说，甲受贿的是100万元现金。因为甲当初确实是向乙借款。只能说免除100万元的本息是本案的受贿对象。如果是这样的话，数额就肯定不止100万元了。

学生：除了100万元以外，还包括100万元8年的利息吗？

张明楷：既然是在1年后双方确认了100万元债务的免除，就只能将1年的利息数额以及本金的数额计算到受贿数额中。

案例六

某县级市市长甲利用职务便利为某工程队谋取了利益，工程队长乙送给甲两瓶酒。甲收下后打开一看，发现是50万元现金，甲立即给乙打电话让乙取回去，乙没有回来取。第二天甲又给乙打电话，但乙因有急事去了外地。等乙回到本市时，甲刚好去外地出差。甲在出差期间，放在家里的50万元现金被盗。于是，甲与常务副市长丙商量该事该怎么办，丙说"算了吧"，意思是不要告诉任何人，甲就没有报案，也没有向有关部门报告情况。后来盗窃犯被抓获，供述了此事。

张明楷：能否认定甲的行为构成受贿罪？

学生：不能定罪吧。关键是甲发现现金被盗之后与丙商量了此事，不好认定甲有受贿的故意。

张明确：先从客观方面开始讨论。甲是否有收受贿赂的行为？

学生：客观上当然有收受贿赂的行为。

张明楷：但甲在误将现金当作美酒收下时，客观上虽然收受了现金，主观上并没有收受现金的故意。这一点没有疑问。问题是，在甲与丙商量不报案之后，甲还有没有可以评价为收受的行为？

学生：决定不报案就意味着甲将这笔钱当作自己的财物处

理了。

张明楷：也就是说，不报案说明甲客观上就最终接受了50万元现金。或者说，在甲要退回行贿人的过程中，由于某种原因没有退回的，还是应当认定甲收受了贿赂。

学生：应当是这样的。

张明楷：甲在决定不报案时，确认了50万元现金与职务行为的对价关系或者交换关系，应当认定为受贿行为，同时也产生了受贿故意。

学生：决定不报案时，还不好认定甲有受贿的故意吧。成立受贿罪需要行为人以非法占有为目的。甲开始肯定是没有受贿故意的，但在现金被盗之后，客观上已经没有可以退回的可能，没有作为可能性了。

张明楷：这扯到哪里去了？这是没有受贿故意与非法占有目的的问题吗？还是说不能期待甲在被盗后自己拿出50万元退回给乙或者交给纪委呢？

学生：也可以这样说。

张明楷：可是，我们也没有期待甲退回50万元啊。如果甲报案或者向纪委、检察机关说明真实情况，就可以说他没有确认、认可50万元现金与职务行为的对价关系，因而没有受贿行为。难道不能期待他报案或者向有关部门说明情况吗？

学生：这个期待可能性当然有。现金被盗以后不报案，就意味着把这笔现金当作自己的现金在处理。如果被盗走的是别人的现金，肯定就报案了。因为不报案的话，别人要找甲归还。

张明楷：这么说，甲的行为还是构成受贿罪的。当然，量刑时可以从轻处罚。丙是否构成受贿罪的教唆犯或者帮助犯呢？

学生：从理论上讲，完全可能成立受贿罪的教唆犯。

张明楷：肯定有这种可能性，当然还要判断丙主观上有没有教唆的故意，一般来说，应当没有问题。

案例七

某副镇长为了完成区政府下达的纳税任务，找税务所的副所长（被告人）帮忙，副所长找到某国有企业，让该企业提前完成半年的纳税任务，企业同意了副所长的请求。企业纳税事宜由企业的会计与副镇长交涉，副所长介绍企业与副镇长认识之后就退出此项事宜。副镇长告知企业会计，缴税后可以返还一部分利给企业，副镇长向镇政府和区政府申请了该企业纳税返利事宜，镇政府和区政府很快同意了返利12%。为了促进企业缴税，镇政府与企业要签订返利协议。副镇长与企业会计共谋后，在镇政府留存的协议上写的是返利12%，但给企业留存的协议上写的却是返利5%。后来，副镇长将7%返利截留下来，将其中的三分之一给了企业会计，自己留下了三分之一，剩下的130万元以银行卡的方式给了之前帮忙介绍企业的副所长。

张明楷：副镇长与公司会计的行为成立贪污罪，这一点应当没有疑问，关键是税务所的副所长是否成立犯罪？成立何罪？对于副镇长与企业会计商量贪污返利的7%的事宜，税务所副所长是不知情的。副镇长事后拿了一张银行卡给副所长，告知副所长说，你帮了大忙，给你点辛苦钱。副所长以为是一点点钱就收了，事后去银行查询发现有130万元，觉得太多了，有点心虚，就一直将银行卡放在办公室，也没敢使用，既没有告知其他人，也没有退还。副所长对于副镇长的贪污行为完全不知情，前面做的唯一工作就是帮助副镇长找到企业，让企业缴税。

学生：副所长构成掩饰、隐瞒犯罪所得罪。

学生：可是，副所长根本不知道这些钱是犯罪所得。

学生：副所长有可能知道这些钱的性质吧。如此巨额财产，他至少应该退还，不应该就这么一直非法占有。

张明楷：副所长拿到银行卡时，肯定不知道是副镇长的犯罪所得。

学生：掩饰、隐瞒犯罪所得是一种持续行为，副所长后来发现巨额款项，就可以知道款项的性质。为什么别人会给你那么巨额的钱？这可以推定他知道卡里有巨额现金之后有认识到是犯罪所得的可能。副所长心虚，一直没敢使用银行卡，就说明了这一点。

学生：这种推定不具有合理性，他也可能由于别的原因而不敢使用。

张明楷：将副所长的行为认定为掩饰、隐瞒犯罪所得罪是比较勉强的。副所长的行为难道不成立受贿罪吗？副镇长跟他说，你帮了大忙，给你一点辛苦钱。这显然是对副所长职务行为的报酬。

学生：属于事后受贿吗？

张明楷：先前肯定没有形成约定，只能说副所长先为副镇长谋取了利益，事后知道银行卡中的款项是对自己职务行为的报酬，却仍然收下。

学生：副所长不是为副镇长个人谋取利益，只是为了完成本镇的纳税任务。

张明楷：这个不重要。为副镇长个人以及为了镇政府完成纳税任务，都符合为他人谋取利益的要件。为他人谋取利益的要件中的"他人"不限于自然人，肯定包括单位。否则，那些为公司、企业谋取利益而收受财物的，就都不能认定为受贿罪了，这显然不合适。

学生：事实上，由于副镇长分管财税业务，所以，即使主观上是帮助镇政府，客观上也帮助了副镇长。

张明楷：这样说也是完全可以被接受的。这里可能涉及一个问题：《刑法》第385条中的"非法收受他人财物，为他人谋取利益"中的两处"他人"是否必须为同一人？是必须绝对同一，还是说有一定的对应关系即可？副镇长是将贪污的款项给了副所长，而他之所以能够贪污，也是因为副所长帮了忙。在本案中，我们完全可以说，副所长收受了副镇长的财物，为副镇长谋取了利益，还是具有同一性的。

学生：关键是副所长前面的行为可不可以评价为"为副镇长谋取利益"？

张明楷：客观上可以这样评价。即使不这样评价，也可以认定为受贿罪。例如，有的老板私人拿钱出来用于行贿，让国家工作人员为公司谋取利益；还有老板用自己小公司的钱行贿，让国家工作人员为大公司谋取利益。在这种情况下，还是可以肯定同一性的。所以，即使认为副所长是为镇政府谋取了利益，他的行为也构成受贿罪。

学生：不定受贿罪比较好，感觉没有期待可能性，认定为掩饰、隐瞒犯罪所得罪比较合适。

张明楷：不存在没有期待可能性的问题，不收银行卡或者退还银行卡，都是具有期待可能性。另外，即使肯定副所长的行为构成掩饰、隐瞒犯罪所得罪，与其行为构成受贿罪也不矛盾，无非是想象竞合而已。也就是说，当行贿人用犯罪所得行贿时，国家工作人员明知是犯罪所得的，就同时触犯了两个罪。

学生：在德国，只要公职人员收受贿赂就可以构成犯罪了，不需要为他人谋取利益。如果收受贿赂，并有为他人谋取利益的行为，就要加重处罚了。所以，副所长的行为能够成立受贿罪。

张明楷：我们现在的解释也是只要职务行为与贿赂具有关联性即可，事实上也不要求国家工作人员有为他人谋取利益的客观行为与结果，所谓的许诺为他人谋取利益，实际上强调的就是职务行为与贿赂的关联性。

学生：副所长完成的是上级交办的任务，是不是就不存在为他人谋取利益的问题？

张明楷：不能这么说，只要能够评价为"为他人谋取利益"即可，而不管是由谁交办的。

学生：下级做好本职工作，可以认为是为他人谋取利益的行为吗？

张明楷：当然可以这样认定，做好本职工作与为他人谋取利益完全可以是同一的。在判断这样的问题时，不能用另外一套语言来否定构成要件符合性。构成要件要素是为他人谋取不正当利益，你只能根据这一要素归纳案件事实，判断案件事实是否具备这一要素。你不能用另一套话语描述案件事实，再说二者不一致，进而否认构成要件符合性。比如，你不能用上级交办的任务、做好本职工作这些话语，来直接否认为他人谋取利益。再比如，你不能用滥收费、滥用人、滥花钱这套话语，来直接否认滥用职权罪的构成要件符合性。同样，你不能用打人、打架之类的话语，直接否认故意伤害罪的构成要件符合性。

案例八

书店找到中学老师，让老师推荐学生到自己的书店买书。老师就推荐学生去该书店买书，于是学生都去该书店买书。后来，书店给了中学老师不少好处费。

张明楷：如果中学老师是国家工作人员，其行为是不是利用职务上的便利？

学生：这种情况太普遍了。

张明楷：太普遍就不构成犯罪了吗？日本东京艺术大学的一个教授推荐他的学生到某个店去购买乐器，事后店主给了教授100万日元。这个案件一度争议很大，日本最高裁判所认定，教授向学生推荐特定的乐器商店与其职务具有密切关系，所以，认定教授的行为构成受贿罪。日本最高裁判所的这个判决，如果翻译成中文大概有15万字，我手上还有这个判决。东京艺术大学是国立大学，国立大学的教师都是公务员。

学生：与日本的这个案件相比，如果不考虑主体身份的话，中学老师的行为就构成受贿罪了。

张明楷：而且，日本的那个案件的大学教授是向大学生推荐乐器商店，本案是中学老师向中学生推荐，中学生更加会听老师的，而且老师说要买什么书，中学生都会买。更为重要的是，向学生推荐什么书，肯定是老师的职务行为。而推荐学生去哪个书店买书，当然就与其职务行为具有密切关系。所以，认定中学老师构成受贿罪，在利用职务上的便利这一点上，没有什么明显的障碍。当然，中学老师是不是国家工作人员，则是另一回事，我们不讨论了。

案例九

国家工作人员甲调到异地任职后，购买了一套别墅。甲委托请求于自己职务行为的乙帮自己找人装修别墅，乙找到了负责装修的丙。双方既没有谈预算，也没有签合同，丙就开始自己垫钱装修别墅。装修完成后，丙提出装修款总共 230 万元，乙将装修款数额告诉甲，甲认为太贵了，就只给了乙 100 万元，乙将这 100 万元以及自己的 20 万元交给丙，还差 110 万元未付。乙对丙说，以后多给你介绍业务，110 万元你就不要收了。丙知道别墅主人是领导，也就同意了。

张明楷：甲的行为构成受贿罪没有疑问，所争议的是，受贿数额是 130 万元还是 20 万元？

学生：丙肯定没有垫资 230 万元。

张明楷：丙是装修人员，当然是要挣钱的，各种材料加上人力成本以及利润等，加起来就是 230 万元。

学生：甲知道乙多给了 20 万元吗？

张明楷：甲知道与否有那么重要吗？

学生：甲受贿数额应当是 130 万元，因为他被免除了 130 万元的债务。

学生：我认为甲的受贿数额是 20 万元，因为当丙提起民事诉讼时，被告人是乙而不是甲，是乙让丙装修房屋，甲作为受益人就成了第三人，法院就会判甲支付 110 万元。

张明楷：你这种观点好荒唐。如果说甲是受益人，还需要再支付 110 万元的话，不是正好说明甲的受贿数额是 110 万元，再加上乙替甲支付的 20 万元，于是加起来就是 130 万元吗？

学生：甲根本不知道最后乙是如何与丙结算的。

张明楷：这没有什么关系，因为甲明明知道自己应当支付 230 万元，但自己只支付了 100 万元，剩余的 130 万元就只能由乙负责解决了。甲只是不知道这 130 万元是完全由乙支付，还是乙采取其他的办法。所以，认定甲对 130 万元具有受贿故意是没有任何问题的。

学生：本案事实上使丙损失了 110 万元，但甲并没有为丙谋取利益，能认为这 110 万元是贿赂吗？

张明楷：由于乙说以后再为丙联系业务，丙也知道了房主是领导，丙才同意的。也就是说，丙的 110 万元的损失，将来要由乙通过联系业务来补偿。丙损失的利益与乙交付的 20 万元，就共同构成了甲的受贿数额。至于甲是否为丙谋取了利益，我觉得关系不大。而且，也不可能认定丙构成行贿罪，而是说，乙通过损害丙的利益向甲行贿。

学生：如果乙事后与丙讨价还价，就只给丙 200 万元，其他的什么都不说，丙同意只收 200 万元，于是乙自己掏了 100 万元。这个时候该如何计算甲的受贿数额？

张明楷：如果是这样的话，我认为甲的数额受贿就是 100 万元。

学生：司法实践中经常为受贿数额争来争去的。

张明楷：是的。司法实践中存在几类收受赝品的贿赂案件，比如收受假冒的字画。第一种情形是，行贿人确实花了 80 万元买了一幅字或者一幅画送给国家工作人员，国家工作人员收下了，还开了发票，受贿人与行贿人都以为值 80 万元。但案发后经鉴定发现是假冒的，只值 5000 元。第二种情况是，拍卖行专门给人提供赝品，比如物品原价值 2000 元，然后拍卖行在对方付给其 6000 元后便出示证明，将赝品标明为真品，于是行贿人拿着一张写有价值 80 万的发票和赝品送给国家工作人员，此时行贿人知道该物品为赝品。

学生：第二种情况只能认定受贿数额为 6000 元，而不能认定为 80 万元。

张明楷：有人问我，能不能认定为受贿 80 万元未遂？

学生：如果采取主观的未遂犯论，就可能是受贿 80 万元未遂了；但如果按照您的观点，只能认定为受贿 6000 元，因而不能以受贿罪论处。

张明楷：是的，因为从客观上来说，受贿人事实上没有收受 80 万元的可能性，所以，不能认定为受贿 80 万元未遂。关键是第一种情形应当如何认定受贿数额，对此，有以下几种可能性：一是认定受贿数额为 5000 元，因而不构成犯罪；二是认定受贿数额为 80 万元，而且既遂；三是认定为受贿 80 万元未遂；四是不计算数额，仅按情节轻重处理。

学生：行贿人确实花了 80 万元，如果认定受贿数额为 5000 元，是不是有点不合适？

张明楷：但是，行贿人的 80 万元实际上是被卖方骗走了，你不能因为行贿人被骗了，就认定受贿人收受了 80 万元吧？

学生：仅认定为 5000 元似乎也不合适。

张明楷：我也是这个感觉，因为这种情形与第一种情形毕竟不一样。所以，只能在后两种方案中选择。

学生：按理说，乙花 80 万元买字画有可能不被骗，也就是说，乙花 80 万元买到的也可能是真品。所以，可以认定受贿 80 万元未遂。

张明楷：认定 80 万元未遂与认定有较重情节，在量刑上可能没有那么多的差别。

学生：可能都是适用最低档法定刑量刑。

张明楷：但是，如果行贿人花了 80 万元，但事实上购买的是赝品，可能适用的法定刑就有区别了。我觉得按情节轻重认定为受贿既遂，相对而言，可能更合适一些。

学生：如果是这样的话，对方是否成立行贿罪呢？

张明楷：根据有关行贿罪的立案标准去判断就可以了，不存在什么疑问。只是有没有可能认定为行贿未遂的问题，我觉得也是有可能的。

学生：认定行贿未遂与受贿既遂是不是有矛盾？

张明楷：这要看具体情形。如果都是从数额角度来认定的话，不可能是受贿既遂而行贿未遂；但如果对受贿人从情节较重角度认定，而对行贿人从数额角度认定，认定受贿既遂与行贿未遂则并不矛盾，因为行贿与受贿不是财产犯罪。

学生：如果是在国外，上面两种情形可能也都会认定为受贿既遂。

张明楷：是的。我再说一个受贿数额的计算问题。某房地产开发公司老板向国家工作人员行贿，双方签了一个购房合同，公司把价值 170 万元的房屋送给国家工作人员，并且已经登记在国家工作人员妻子名下。登记了 4 个月之后，国家工作人员担心自己被查处，就跟企业老板说，这个房子我不能要了，风险太大，把房子退给你。于是，就把房子又过户到行贿人名下。行贿人心想，国家工作人员帮了自己很多忙，一套房子也退回来了，就把一张存了 100 万的银行卡交给国家工作人员，国家工作人员又收下了。国家工作人员成立受贿罪没有问题，但关于受贿数额存在 270 万元、170 万元、100 万元三种观点。

学生：认定受贿数额 270 万元。

张明楷：为什么要定 270 万元？

学生：房屋已经登记 4 个月，肯定已经既遂，后来又收受 100 万元，也是既遂。加起来就是 270 万元。

张明楷：只认定为 100 万元肯定不合适吧？

学生：肯定不合适，至少是 170 万。

张明楷：对！我们就在 270 万元与 170 万元之间选择。

学生：我觉得是 270 万元。

张明楷：为什么要定 270 万元？

学生：因为两次收受财物都与职务行为有关。不能说因为某一次职务行为就只能收受一次贿赂吧。国家工作人员为他人谋取利益后，他人第一次行贿 100 万元，后来行贿 200 万元的，肯定得认定为 300 万元吧。

张明楷：你说的这个案件没有问题，肯定要认定为 300 万元。

学生：本案中，国家工作人员退掉房屋只是量刑情节。

张明楷：说退赃是量刑情节，只是表明 170 万元的房屋肯定要认定为受贿罪既遂。但 100 万元是因为房子退回来后才给国家工作人员的补偿。如果房子不退回来，公司老板就不会给国家工作人员 100 万元。

学生：如果后面不给国家工作人员 100 万元，受贿数额就没有了吧？

张明楷：怎么会呢？至少也是 170 万元。能不能说，170 万元的房屋是对国家工作人员以前的职务行为的不正当报酬，后面 100 万元是因为国家工作人员把房子退回来了，才给予的补偿。

学生：行为人到底行贿了几次？

张明楷：这看你怎么评价案件事实。如果说只行贿一次，后面一次就不是行贿。

学生：我觉得是行贿两次。

张明楷：说两次当然是可能的。问题是，能不能说后来的100万元与前面的170万元的房屋实际上是一种交换。我换一个例子，行贿人向国家工作人员送了价值100万元的字画，国家工作人员也收下了。但过了4个月，受贿人跟行贿人讲，我对字画一点兴趣都没有，你把字画拿回去吧。行贿人说，行吧，那些字画是我花100万元买的，我把字画拿回来，给你100万元的银行卡。在这种情况下，受贿数额是100万元还是200万元？

学生：感觉这个案件只能认定为100万元。因为可以说，行贿人因为国家工作人员不喜欢前面送的财物，而改换为另一种国家工作人员喜欢的财物。

张明楷：前面价值100万的字画是对以前的职务行为的报酬，由于国家工作人员说不喜欢，就换成100万元的银行卡，后者也是对以前的职务行为的报酬。

学生：但是，如果国家工作人员一开始就没有接收字画，说对字画不感兴趣，过了两天对方换成100万元，这个可以只认定为100万元。

张明楷：这相当于国家工作人员将100万元的字画卖回给行贿人？

学生：但是，如果国家工作人员将字画退给行贿人之后，行贿人不再给国家工作人员100万元的，也是要认定受贿数额100

万元。

张明楷：前面的肯定百分之百地认定为受贿数额，关键是怎么看待后面的行为事实。

学生：老师的意思是，我们讨论的这个案件中，国家工作人员是以170万元的房子换回100万元的银行卡？

学生：如果时间比较长怎么办？

张明楷：如果认为后面不是行贿，只是双方的交易，是对退房的一种补偿，而不是对以前职务行为的不正当报酬，即使时间间隔再长，也可以不认为是新的行贿受贿。

学生：能不能说第一次行贿失败，第二次再次行贿。

张明楷：怎么失败了？第一次就行贿、受贿既遂了。

学生：我觉得这个问题在于对于某一次特定的职务行为而言，可不可以重复行贿。

张明楷：重复行贿当然也可以，问题是，后面一次是对以前职务行为的又一次行贿，还只是对退赃的一种补偿。

学生：我觉得两次都是行贿。

张明楷：如果国家工作人员将房子退了以后，行贿人后来又请求于国家工作人员，因而再给国家工作人员100万元的，肯定两次都是行贿、受贿既遂。但我们讨论的案件显然与此不同。

学生：我想起之前有一种行贿受贿的方式：行为人给人送礼品，送完之后告诉受贿人，如果不喜欢可以到某商店退货。受贿人拿到礼品后，都到商店退货，最终得到现金。

张明楷：这与我们讨论的案件也不一样，不存在两次行贿、受贿的可能性。我再改换一下：行贿人向国家工作人员送了两套房子，而且都转移登记了，后来国家工作人员听到风声，就将两套房子退回去了。风声过了之后，行贿人又将其中的一套房子送给国家工作人员。你们觉得国家工作人员受贿的是两套房子还是三套房子？

学生：三套啊。

张明楷：这么说的话，除了要没收国家工作人员最后收到的一套房子后，还要再从行贿人那里没收两套房子吗？

学生：只能从行贿人那里再没收一套房子吧。

张明楷：因为后面的一套房子还是前面的两套中的一套。

学生：是的。但是，我们前面讨论的案件，是房子与100万元的银行卡，不具有同一性。这会不会影响受贿数额的认定呢？

张明楷：不一定是同一性的问题。还是后面一次究竟是独立的行贿、受贿，还是受贿后的财物与行贿人的其他财物的交换问题。

学生：都是数额惹的祸。

张明楷：我觉得问题在于后一次行为是不是新的受贿行为。对此，应综合考虑对方的请托事项的多少（是否只有同一请托事项），请托事项是否已经完成（是否仍有其他请托事项），退回的财物与索回的财物是否具有同一性，在单位行贿的场合退回时的接收者与索回时的对象是否具有同一性等因素，判断后一次行为是否构成新的受贿行为。如果得出肯定结论，就应当将前后两次受贿数额相加计算；如果得出否定结论，就认定为一次受贿。我感觉本案有可能将受贿数额仅认定为 170 万元。

案例十

犯罪嫌疑人甲乙丙丁戊己 6 人是某行政执法中队工作人员。2009 年至 2013 年间，该 6 人利用行政执法人员报告、巡查、制止辖区内违章建设行为等职务上的便利，先后多次单独非法收受或伙同他人共同非法收受行贿人贿送的款物，并在巡查、制止"两违"的工作过程中为行贿人的违建行为提供关照和帮助。6 人受贿的方式有两种：一种是私下接受违建业主的贿赂；另一种是一个嫌疑人到村社区进行巡查，当发现违章建筑时进行制止，此时行贿人将贿赂款交给巡查的执法人员，行贿人知道给予该贿赂款后，其他行政执法队员也不会再来阻止违建。巡查人员收到贿赂款后，会将贿赂款分给其他行政执法中队人员，其他行政执法人员同样对该违建业主予以关照。违建业主（即行贿人）、收到贿赂款的执法中队人员，以及其他执法中队人员在长达数年的时间内已经形成这种"默契"。

张明楷：对前一种受贿的数额认定没有问题，收受的人对受贿数额负责，其他人不对该数额负责。争议的主要是第二种情况，也就是说，第二种情况是一个嫌疑人收受贿赂后将赃款分给其他5人，只是一个嫌疑人构成受贿罪，还是6人共同受贿？

学　生： 我觉得只有一个嫌疑人构成受贿罪，其他5人成立掩饰、隐瞒犯罪所得罪，因为一个嫌疑人去查处违章建筑以及收受贿赂时，其他人都不在场，怎么能认定其他5人成立受贿罪的共犯呢？

张明楷： 比如甲第一次去查处违章建筑以及收受贿赂时，其他人确实不知情，但是，在第一次分赃后，其他5人就都知情了。而且，其他5人也不再就违章建筑进行查处，放弃了自己的职务行为。同样，下一次乙去另一地查处违章建筑及收受贿赂回来分赃时，大家就心照不宣了，完全形成了默契。

学　生： 如果是这样的话，充其量第一次不认定为共同受贿，此后对形成默契的部分应当认定为共同犯罪。

张明楷： 我就是这个观点。对于形成默契的部分，认定为共同受贿没有任何疑问。因为行贿人给予其中一人的贿赂，并不只是让其中一人不再查处，而是期待整个执法中队不再查处。事实上，整个执法中队的所有人都不再查处。所以，行贿人给予的贿赂，是对执法中队所有人员的职务行为的不正当报酬，而不只是到达现场的那个人的职务行为的报酬。

学　生： 这样说的话，第一次不认定为共同受贿时，是否还存在掩饰、隐瞒犯罪所得的问题？

张明楷： 如果一开始就形成了默契，就没有必要认定掩饰、隐瞒犯罪所得罪。而且，在我看来，认定这些行为人一开始就形成了默契也是完全可能的。当然还是要看具体情况。

学生：老师，我说一个案例：甲是国有飞机制造公司总经理，乙是国有汽车制造公司总经理。甲、乙二人互不相识，但均曾多次利用职务之便分别帮助过配件商丙。丙为了感谢二人，出资 1000 万元成立 C 品牌汽车的 4S 店有限责任公司，将甲乙二人约在一起，送给甲 30% 股份，送给乙 20% 股份。在公司成立的过程中，三人一直共同参与、全程打理。为了能使公司顺利成立，甲乙二人多次出面与 C 品牌汽车公司总经理洽谈，最终公司得以成立。

张明楷：这个案件也是甲乙是否成立受贿罪共犯的问题。

学生：甲对乙能够顺利占有 20% 的股份起到了作用；同样，乙也对甲能够顺利占有 30% 的股份起到了作用。所以，甲乙成立受贿 500 万元的共犯。

张明楷：二人成立受贿罪的共同正犯，都对 500 万元负责。

图书在版编目（CIP）数据

刑法的私塾. 之二. 全 2 册/张明楷编著. —北京:北京大学出版社，
2017. 11

ISBN 978 - 7 - 301 - 28893 - 1

Ⅰ. ①刑… Ⅱ. ①张… Ⅲ. ①刑法—案例—中国 Ⅳ. ①D924. 05

中国版本图书馆 CIP 数据核字（2017）第 256440 号

书　　　名	刑法的私塾（之二）（上、下）
	XINGFA DE SISHU
著作责任者	张明楷　编著
责 任 编 辑	白丽丽
标 准 书 号	ISBN 978 - 7 - 301 - 28893 - 1
出 版 发 行	北京大学出版社
地　　　址	北京市海淀区成府路 205 号　100871
网　　　址	http://www. pup. cn
电 子 信 箱	law@ pup. pku. edu. cn
新 浪 微 博	@北京大学出版社　@北大出版社法律图书
电　　　话	邮购部 62752015　发行部 62750672
	编辑部 62752027
印 刷 者	北京宏伟双华印刷有限公司
经 销 者	新华书店
	880 毫米×1230 毫米　A5　30.375 印张　672 千字
	2017 年 11 月第 1 版　2022 年 7 月第 9 次印刷
定　　　价	98.00 元（上、下）